버크에서 엘리엇까지

보수의 정신

THE CONSERVATIVE

버크에서 엘리엇까지

보수의 정신

MIND

RUSSELL KIRK

• 러셀 커크 지음 | 이재학 옮김 •

nomad
지식노마드

이 책이 출판되기까지

1950년대에 들어서자 앨버트 녹(Albert J. Nock), 엘리엇(T. S. Eliot), 리처드 위버(Richard Weaber), 엘리세오 비바스(Eliseo Vivas)를 비롯해 많은 지식인들이 자유주의를 비판하는 글을 쏟아내기 시작했다. 그러나 그들의 글은 2%가 부족했다. 일관된 시각이 없었고, 보수주의 운동을 하나로 묶어낼 사고방식이나 통일성 또는 정체성이 결여됐다.

그런 점에서 러셀 커크(Russell Kirk)의 『보수의 정신(The Conservative Mind)』은 위대한 업적을 이루어냈다. 혹자는 역사적 업적이라고 평할 수도 있다. 1953년에 발행된 이 책이 보수주의를 하나로 묶어내는 데 필요했던 개념을 제공했기 때문이다. 커크는 보수주의가 명예로울 뿐 아니라 지성적으로도 존경받을 만하며 나아가 미국 전통의 핵심이라는 사실을 설득력 있는 증거로 뒷받침했다. 물론 2차 세계대전 이후의 보수주의 운동이 이 책의 출판에서 전적으로 비롯됐다고 말하기는 어려울지 모른다. 그러나 이 책이 적어도 보수주의에 합당한 이름을 붙여주고, 더 중요하게는 보수주의에 결핍됐던 일관성을 부여했다는 점은 부인하기 어렵다.

책이 출판되고 명성을 얻었을 무렵 러셀 커크는 미시간주립대학의 역사학 강사였다. 그는 『보수의 정신』에 앞서 『John Randolph of

Roanoke(로어노크의 존 랜돌프)』라는 책을 출판했고 영어권 매체에 수많은 글을 발표했다. 나는 친구인 버나드 이딩스 벨[i]을 통해 커크의 존재를 알게 됐다. 그러나 그의 책을 출판하게 된 것은 벨과 나의 친구였던 시드니 가이르(Sidney Gair) 때문이었다. 가이르는 동부 유수 출판사의 대학 교재 판매상이었지만 우리 회사와 인연을 맺은 때는 이미 그 일에서 은퇴한 다음이었다.

가이르는 유쾌한 사람이었다. 독서의 폭은 광범위하고 수준은 높았으며 더불어 대화하기에 부족함이 없었고 매너 역시 나무랄 데 없었다. 그는 폴 엘머 모어[ii]와 어빙 배빗[iii]을 열성적으로 흠모한, 누가 봐도 영락없는 보수주의자였다. 그는 이런저런 말 다 필요 없이 보수주의자에게 둘 더하기 둘은 언제나 변함없이 넷이지만 자유주의자는 그런 명백한 사실을 받아들이려 하지 않는다고 말하곤 했다. 나는 그런 가이르를 통해 러셀 커크를 만나『보수의 정신』을 출판했다. 나는 늘 시드니 가이르에게 감사하는 마음을 잊지 않으려 한다.

1952년 초, 가이르가 미시간 지역의 여러 대학을 둘러보고 돌아와 내게 말했다. 자기 친구인 미시간주립대학의 한 젊은 강사가 쓴 원고가 있는데 내가 관심이 있을 거라고 생각했다는 것이다. 나는 문제의 젊은 강사를 묘사하던 가이르의 말을 지금도 분명히 기억한다. "열차 기관사의 아들이지만 만만찮은 지성을 겸비한 사람이지. 말하자면 생물학적

---

i   Canon Bernard Iddings Bell(1886~1958): 미국 성공회 사제. 보수적 사회평론가로 2차 세계대전 이후 미국 사회를 비판했으며 앨버트 녹, T. S. 엘리엇, 러셀 커크 등이 그의 글을 높이 평가했다.

ii   Paul Elmer More(1864~1937): 미국의 언론인 문학 비평가이자 저술가. 커크는 그를 20세기의 가장 위대한 기독교 호교론자라 평가했다.

iii   Irving Babbitt(1865~1933): 미국의 학술 문화 비평가. 미국 신인문주의(New Humanism) 운동의 초석을 놓았다고 평가받는다. 에드먼드 버크의 추종자로 루소의 낭만주의를 지속적으로 비판했다.

사고로 태어난 사람이라고나 할까. 말은 그리 많지 않아. 거북이처럼 말이 없을 정도야. 그래도 타자기 앞에서 만들어내는 문장들은 어마어마하게 인상적이야."

얼마인가 지나 가이르는 스코틀랜드 세인트앤드루스에서 커크가 보내온 편지를 읽어보라고 건넸다. 편지에서 커크는 자신이 막 끝낸 도보 여행을 묘사하고 있었다. 노섬벌랜드의 해안을 따라, 황폐한 램머무어 언덕을 넘어 에딘버러에서 애닉까지 90마일을 걸었던 여정이었다. 그는 자신이 겪었던 다양한 일들을 묘사하고는 다가오는 여름에 나와 만날 수 있기를 바란다고 했다. 이를 계기로 나는 커크와 편지를 주고받기 시작했다.

내가 원고에 관심을 보이자 커크는 크노프(Knopf) 출판사에 원고를 보내놨는데 거기서 출판을 거절하면 바로 내게 원고를 보내주겠다고 답장했다. 또 편지에서 이렇게 강조했다. "설사 단점이 조금 있더라도 주제의 광범위함이라는 면에서 지금까지 이런 책은 없었다. 부제는 '버크(Burke)에서 산타야나(Santayana)까지 보수주의 개념의 정리'다."

1952년 7월 31일, 커크가 세인트앤드루스에서 편지를 보냈다. 크노프 출판사가 원고를 당초의 반으로 줄인다면 출판하겠다고 연락했다는 소식을 전했다. 그러면서 그는 원고를 보내줬다. 동봉한 편지에서 커크는 다음과 같이 말했다.

이 책은 우리 문명의 정치적이고 정신적이며 지적인 전통을 지켜내려는 우리의 노력에 바치는 나의 헌신이다. 현대인의 정신을 구해내려면 바로 지금 당장 행동해야 한다. 매슈 아널드[i]가 '집중의 시대[ii]'라 일컫던 그 순간이 임박했다. 이 시기를 정체된 억압이 아니라 계몽된 보수주의의 시기로 만들려면 우리는 결단력을 가지고 움직여야 한다. 싸움은 다가오는 세대의 마음속에서 이루어지며, 특히 사유할 수 있는 힘을 가진 소수가 실질적으로 그 결과를 좌우한다. 나는 역사의 뒤편으로 물러나는 세대의 썩어가는 '자유주의'를 두려워할 필요는 그리 없다고 생각한다. 디즈레일리(Benjamin Disraeli)가 말했듯이 "시대를 풍미하는 견해는 일반적으로 역사에서 퇴장하는 세대의 견해"이기 때문이다. 그러나 우리는 새로운 사회를 지배할 생각을 찾아가는 길에 도움이 될 일정한 확신을 줄 필요가 있다. 이 사회에서 당신은 바로 당신이 출판하는 책을 통해 누구보다 많이 그런 일을 해왔다고 생각한다.

8월 21일에 이런 내용의 편지와 함께 원고를 받았던 만큼 나는 더욱 원고를 읽고 싶어졌다. 사실 출판용 원고를 평가하는 나의 판단력은 그다지 썩 훌륭한 편이 아니었다. 그러나 이 원고를 보고 매우 중요하고도 위대한 책이 되리라는 것을 금세 알아챘다. 비록 상업적으로 성공하리라고 기대하지는 않았지만 이런 내 생각이 잘못되었다는 것도 나중에 증명됐다. 나는 당장 출판하겠다는 결심이 섰다. 그런 뜻을 전하는 내 편지에 보낸 답장에서 커크는 일단 "허명을 좇아 소중한 우리 것을 잃지 않도록 하자"고 촉구하며 우리가 함께 싸우고 있다고 생각하는 전투에 관

---

i Matthew Arnold(1822~1888): 영국의 시인이자 평론가. 시는 시인이나 그 시대적 환경과 무관하게 시 자체의 텍스트로 비평해야 한다는 객관적 비평가 그룹에 속한다.
ii Epoch of concentration: 매슈 아널드의 용어로 생각이나 개념들이 정체되고 그것들의 자유로운 교환이 억눌린 시대.

해 다음과 같이 묘사했다.

우리가 아무리 노력해도 결국에는 오욕의 구렁텅이에 빠질 수도 있다. 그러나 카토[i]는 끝내 이겼다. 우리 역시 어떠한 경우에도 신이 부여한 우리의 역할에 최선을 다해야 한다. 찰스 1세[ii]의 실패조차 역사라는 긴 시각에서 보면 상당한 성공이었다. 불가피해 보이는 그 무엇에 저항할 때 우리는 종종 그 힘이 결코 불가항력이 아니라는 사실을 발견하게 된다. 그리고 최악의 경우에도 우리는 로데릭 두[iii]의 무리에 맞서 싸운 색슨 족의 영웅적인 태도를 견지했다는 만족감을 얻게 된다.

오라 너, 아니 모두 다 덤벼라. 이 바위가 날아갈 것이다.

그 단단한 대지 위에서, 내가 곧![iv]

원고는 손 댈 곳 거의 없게 완벽해 보여서 받은 그대로 출판을 해도 될 정도였다. 단 하나 저자가 붙여온 제목, "보수주의자들의 참패(The Conservatives' Rout)"가 마음에 걸렸다. 아무도 좋은 제목이라고 여기지 않았다. 가이르가 제안한 "오래된 후퇴(The Long Retreat)"는 오히려 더 안 좋았다. 내가 편지에서 커크에게 언급했듯이, 가이르는 참패라는 단

---

i   Marcus Porcius Cato(BC95~BC46): 마르쿠스 포르키우스 카토. 로마 공화정 말기의 정치인으로 율리우스 카이사르에 대적하여 로마 공화정을 수호했으며, 스토아학파의 철학자로 부패가 만연한 로마의 정치 상황에서 완고하고 올곧으며, 청렴결백함을 상징한 인물. 증조할아버지인 대(大)카토와 구분하여 소(小)카토라고 부른다.

ii Charles Ⅰ(1600~1649): 1625년부터 1649년까지 잉글랜드를 통치한 국왕으로 올리버 크롬웰에 의해 폐위됨과 동시에 처형되었다. 의회와 벌인 권력 투쟁으로 유명하다.

iii Roderick Dhu: 1810년에 월터 스코트이 쓴 스코틀랜드를 배경으로 한 장편 서사시 「호수의 여인(The Lady of the Lake)」에 등장하는 인물로 알파인 부족의 족장.

iv 「호수의 여인」의 한 구절로 용기를 북돋는 의미.

어가 너무 급작스럽게 벌어진 일이라는 느낌을 준다고 생각했다. 하지만 커크는 참패라는 단어에는 오히려 고적대의 둥둥거리는 긴박감이 있지 않냐는, 그다지 도움이 안 되는 주장을 담아 답장을 보내왔다. 그러다 누군가 "보수의 정신(The Conservative Mind)"이라는 아이디어를 냈다. 커크도 이를 기꺼이 받아들였다.

　우리는 책 디자인에 각별히 신경을 썼다. 책에 담긴 내용의 중요성과 언어의 위엄을 고려할 때 그에 합당한 대접을 받아야 한다고 생각했다. 표지는 이 저작물이 현대 사상사에 기념비적인 작품이 되리라는 사실을 당당하게, 또 결과적으로 올바르게 예언했다. 뒷면에는 『보수의 정신』이 단일한 출판물이 아니라 일관된 노력의 일환이라는 사실을 분명히 알리고자 우리 출판사가 최근에 펴낸 네 권의 제목을 실었다. 고든 찰머스 (Gordon Charlmers)의 『The Republic and the Person(공화국과 그 사람)』, 13명의 미국 철학자와 레바논의 찰스 말리크(Charles Malik)가 자연주의 [i]를 반박하는 글을 모은 『The Return to Reason(이성으로의 회귀)』, 알렌 테이트[ii]의 『The Forlorn Demon: Didactic and Critical Essays(버려진 악마: 교훈적이고 비판적인 수필)』, 윈덤 루이스[iii]의 『Revenge for Love(사랑을 위한 복수)』가 바로 그 책들이다.

　1953년 3월과 4월, 우리는 두려움과 불안을 느끼며 『보수의 정신』의 서평용 가제본을 발송했다. 우리 출판사로서는 대단히 무게를 실어 추진하는 일이었기 때문에 어떤 반응이 올지 매우 초조하게 결과를 기다렸

---

[i]　Naturalism: 가설을 세우고, 예측하고, 실험하고, 그 과정을 다시 반복하는 식의 과학적 방법만이 진실을 규명하는 효율적인 방식이라는 관점.

[ii]　John Orley Allen Tate(1899~1979): 미국의 시인 수필가 사회 평론가. 1943년 44년 계관 시인.

[iii]　Wyndham Lewis(1882~1957): 영국의 화가이자 문학 비평가, 소설가. 소용돌이파 운동의 공동 창립자.

다. 다행스럽게 얼마 지나지 않아 우리는 기대하던 수준을 훨씬 넘어서는 극찬를 받았다.

커크는 보수주의가 우리 시대와도 밀접하게 연결된 전통이라는 점을 전달하는, 이 어려운 일을 손쉽게 해냈다. 자신이 가진 두 가지 엄청난 장점을 잘 활용한 덕분이다. 커크는 자신이 잘 아는 분야이긴 했지만 매우 방대한 지식을 알기 쉽게 꾸려내는 능력이 있었다. 거기에 글도 탁월하게 잘 썼다. 그는 "혼란한 이 시대에 보수주의의 개념들이 어떤 의미가 있는지 따져보는 동시에 그 내용을 평가하는 게 이 책의 목적"이라고 말했으며 한 걸음 더 나아가 이렇게 말했다. "이 책은 보수 정당들의 역사서가 아니라… 차라리 보수주의를 정의하는 긴 에세이다. 영국과 미국 보수주의의 핵심은 무엇인가? 영미에 공통적인 어떤 사상 체계가 보수적인 본능을 지닌 사람들로 하여금 프랑스혁명 이후의 급진적인 이론이나 사회 변혁에 저항할 수 있도록 해주었는가?"

이어 해박한 어떤 보수주의자도 "심오하고 복잡한 지적 체계를 몇 마디 그럴듯한 구절로 압축하길 꺼린다. …보수주의는 고정되거나 불변하는 교리를 모아 놓은 지식 체계가 아니다. 그리고 보수주의자들은 에드먼드 버크(Edmund Burke)로부터 자신들의 신념을 시대에 맞게 다시 표현해내는 능력을 물려받았다. 그럼에도 하나의 실용적인 전제로서 사회적 보수주의의 핵심을 말하자면 인류의 고대 도덕적 전통을 보호하는 것이라고 할 수 있다"고 말했다.

커크는 젊은 청년 시절에 『보수의 정신』을 저술했다. 20대 후반으로 아직 스코틀랜드 세인트앤드루스대학에서 박사과정을 밟고 있는 학생일 때였다. 그는 그곳에서 연구를 시작했고 30대 초반에 집필을 완성했다.

따라서 원고를 읽다보면 자신의 새로운 발견에 더할 나위 없이 기뻐하는 청년의 모습이 보인다. 혼란스러운 시대에 자신의 길을 찾아가는, 만족할 만한 인생관을 찾은 청년 말이다. 그리고 커크가 찾아낸 보수주의는 그에게 방향을 제시하고 가장 절실한 문제에 해답을 주었다.

성숙하고 탄탄한 학문적 토대 덕분에 커크는 첫 번째 장에서 이미 명백하게 드러나듯 논의의 수준을 시종일관 유지해간다. 그는 절친 가이르가 묘사했듯이 젊은 사람으로서는 "거북이같이 과묵"했는지 모른다. 그러나 커크의 글은 위대한 진실을 발견하고 이를 다른 이들에게 전해주고자 하는 청년의 열정으로 쓰였다. 해박함 못지않게 새로이 발견한 그 진실의 수준이 『보수의 정신』을 성공으로 이끌었고, 2차 세계대전 이후 가장 영향력 있는 도서의 하나가 되도록 해주었다.

커크의 책이 긍정적인 평가를 얻게 될 것이라는 첫 번째 조짐은 다소 예상치 못했던 곳에서 나타났다. 《커커스 북 리뷰 서비스(Kirkus Book Review Service)》 3월 15일자 기사의 사전 원고였는데, 우리가 바라긴 했어도 분명 기대 이상이었다. "1790년에서 1952년에 이르기까지 정치·종교·철학·문학에 나타난 보수주의 사상을 잘 정리한 연구다." 5월 1일에는 《라이브러리 저널(Library Journal)》이 커크의 책을 추천하는 글을 썼다. "이 책은 분명 불꽃 튀는 논쟁을 촉발할 것이므로 모든 도서관이 마땅히 구비해두어야 한다."

출판을 하루 앞둔 5월 17일, 《뉴욕 타임스(The New York Times)》 일요 서평란에는 고든 찰머스가 눈에 띄는 자리에 반 페이지 분량의 훌륭한 서평을 실었다. 이 글은 우리의 희망과 기대를 한껏 높여주기에 충분했다. 우리는 커크에게 편지를 보내 일주일에 100여 권은 팔리겠다고 알렸다.

그러나 이 책이 진짜 논의의 핵심으로 떠오른 이유는 7월 4일에 발간된 시사주간지 《타임(Time)》(발행일 7월 6일자)이었다. 《타임》은 서평란 전체를 할애해 오직 《보수의 정신》만을 분석한 매우 사려 깊고 지적인 서평을 실었다. 조지 워싱턴(George Washington) 초대 대통령이 표지에 등장했으며 커크의 책이 서평란 전체를 차지했다. 커크의 책은 《타임》 같은 호의 뉴스 기사에도 언급됐다. 잡지의 전체적인 주제가 미국 보수주의 전통의 유지라고 여겨질 정도였다.

《타임》의 서평은 막스 웨이즈(Max Ways)가 썼다고 한다. 호평이었으며 독자의 흥미와 호기심을 유발하는 글이었다. 비판적이든 긍정적이든 간에 모든 서평이 다 해당 도서를 사보고 싶게 하지는 않는다. 그런데 잘 쓰인 서평인 데다 그 기사가 실린 《타임》이 다루는 전체적인 주제, 또 《타임》이 커크의 책을 다룬 방법 때문에 『보수의 정신』 자체가 하나의 중요한 사건이 되어버렸다. 도서 판매가 일주일에 400권으로 급등했고 우리는 커크에게 초판 1쇄가 7월 말로 다 팔렸다는 편지를 보냈다. 5천 부 찍은 2쇄는 8월에, 3쇄는 그해 말에 도착했다. 러셀 커크는 자신이 나중에 "거대한 짐승 같은 대학"이라고 조롱했던 대학의 이름 없는 강사에서 일약 전국적인 인물로 부상했다.

1953년 『보수의 정신』이 처음 출판됐을 때 사회에 미쳤던 영향을 지금 상상해보기는 어렵다. 당시에는 자유주의가 오랫동안 지배적인 이념으로 자리 잡고 있을 때였다. 자유주의자들은 서민 대중을 높이 받들고 인류의 모든 문제에 기계론적이고 정치적인 해결책이 있다고 믿었으며 인생의 비극적이거나 영웅적인 측면을 거부했다. 그런 그들의 생각을 담아내던 문장들도 그다지 가슴을 뛰게 하는 명문들은 아니었다. 이런 형편에 "신이 인간에게 베푼 삶의 기쁨(the unbought grace of life)", "위대하거나 미미하고 살아 있거나 죽은 사람들의 권리와 의무가 무한하게 연결된 사슬(eternal chain of right and duty which links great and obscure, living and dead)", "정치는 초자연적인 정의의 여신을 이해하고 적용하는 기술이라고 보는 관점(view of the politics as the art of apprehending and applying the Justice which is above nature)"이라는 문장들은 마치 오랜 가뭄 끝의 단비처럼 다가왔다.

어거스트 헥처(August Hekscher)는 1953년 8월 2일자 《뉴욕 헤럴드 트리뷴(New York Herald Tribune)》에 실린 서평을 이렇게 시작했다. "미국에서 보수주의자라는 말은 오랫동안 낙후된 사람이거나 심지어 사회에서 소외된 사람이라는 의미와 동일하다고 여겨졌다. 따라서 보수주의라는 용어를 이렇게 당당하게 정당화한 커크 씨의 책은 환영받아야 한다." 해리슨 스미스(Harrison Smith)는 《워싱턴 포스트》를 비롯해 여러 신문에 실린 서평을 통해 다음과 같이 말했다. "전체주의 이론들과 혁명이 세계 각지에서 빠르게 확산되는 현실을 우려하는 사려 깊은 미국인이라면 현대 사상사에서 기념비적인 러셀 커크의 책을 반드시 읽어야 한다."

피터 비렉(Peter Viereck)은 《새터데이 리뷰(Saturday Review)》에 서평을 썼다. 경제 잡지 《포춘》은 가장 호의적이고 효과적인 서평을 실었고 《파르티잔 리뷰(Partisan Review)》는 두 번에 나누어 책을 길게 논해주었다. 《케니언 리뷰(Kenyon Review)》는 존 크로 랜섬(John Crowe Ransom)이 쓴 장문의 글을 실었고 이 글은 나중에 그의 다른 글과 함께 묶여서 책으로 출판됐다. 부분적으로 랜섬의 글에 답하는 형식으로 브레이너드 체니(Brainard Cheney)가 《스와니 리뷰(Sewanee Review)》에 평을 실었다. 《런던 타임스 서평 부록(London Times Literary Supplement)》도 커크의 책을 평해주었고, 골로 만(Golo Mann)과 빌헬름 뢰프케(Wilhelm Roepke)는 각각 독일의 여러 출판물에 상세한 서평을 썼다. 이렇게 2차 세계대전 이후의 보수주의 운동은 지적인 존경과 그 정체성을 획득했으며 그 뒤로도 그 운동은 계속됐다.

주간지 《타임》의 서평은 휘태커 체임버스(Whittaker Chambers) 덕분이다. 내가 그를 처음 만난 것은 1952년, 체임버스가 밀워키의 마운트매리대학에서 명예박사 학위를 받을 때였다. 나는 그가 밀워키에 있다는 말에 전화를 걸어 만날 수 있냐고 물었다. 당시 나는 약간 주저하면서 전화를 걸었다. 그의 사생활을 방해하기 싫었기 때문이다. 하지만 체임버스가 기꺼이 만나겠다며 한걸음에 와줘서 몹시 기뻤다.

체임버스의 『증언(Witness)』을 읽었을 때부터 느꼈던 존경심은 따뜻한 우정으로 빠르게 발전했다. 나는 그의 매릴랜드 농장을 여러 차례 방문했고 그때마다 아주 즐거운 시간을 보냈다. 그리고 체임버스가 영면할 때까지 우리는 편지를 주고받았다. 체임버스를 알고 그를 친구라 부를 수 있었던 것은 대단한 영광이었다.

그랬기에 나는 『보수의 정신』을 읽자마자 그에게 내 생각을 들려주었으며 가제본이 나오자마자 책을 보냈다. 반응은 1953년 6월 26일자 체임버스의 편지에 다음과 같이 나타났다.

주간지 《타임》의 편집장 로이 알렉산더(Roy Alexander)에게 최근 편지를 썼네. 러셀 커크의 책은 앞으로 당분간 출판될 책 중에서 가장 중요한 책의 하나라고 말일세. 《타임》이 서평란 전체를 할애해 다룰 만하다고. …또《타임》에 왜 내가『보수의 정신』이 중요하다고 생각하는지, 그리고 그 책의 내용이 무엇이고 어떻게 쓰였는지도 말했네. 어제 로이가 전화로 다음 주에 나올 잡지 서평란 전체를 커크의 책에 할애하기로 했다고 말해주었네. 7월 4일자로 표지에는 조지 워싱턴이 실린다고 하네. 그동안 당신이 내게 많은 것을 베풀어주었지. 마침내 나도 당신에게, 또 당신과 내가 보물이라고 동의하는 커크의 책에 조금이나마 도움이 될 만한 일을 하게 됐네. 우리가 무기력함을 극복하겠다는 의지가 있다면 펜을 집어 들기만 해도 가치 있는 일이 이루어진다는 사실을 보여주는 사례가 아니겠나.

나는 휘태커 체임버스에게 우정 말고는 준 것이 없다. 이런 나의 우정에 답해준 그의 우정만으로도 이미 더 많이 보답받았다고 느끼고 있다. 체임버스는 우리 시대가 낳은 위대한 인물 가운데 한 사람이다. 그의 말대로 "신의 은총과 신앙의 강화된 능력을 의도치 않게 목격했던 존재"를 자임하는 엄청난 부담을 떠안았다는 사실만으로 우리 모두는 그에게 한량없는 빚을 진 셈이다.

주간지《타임》의 시쇄지가 도착했을 때 느꼈던 의기양양한 기분을 나는 지금도 생생하게 기억한다. 나에게 처음 원고를 소개했던 가이르는 거의 무아지경이 되기 일보 직전이었다. "이것 좀 봐." 그는 잡지를 손으로 치며 말했다. "폴 엘머 모어와 어빙 배빗의 사진이 주간지《타임》에 실렸어. 이게 다 당신이 출판 사업에 뛰어들기로 결정했기 때문에 벌어진 일이란 말이지."

물론 모든 서평이 다 우호적이지는 않았다.《하퍼(Harper)》나《아틀란틱(Atlantic)》 같은 잡지는 아예 서평을 실어주지도 않았다. 특히 학계의 고집불통 자유주의자들은 커크의 책을 조금도 인정하려 들지 않았다. 컬럼비아대학 피터 게이(Peter Gay)는 1953년 12월 계간지 《폴리티컬 사이언스 쿼털리(Political Science Quarterly)》에 실린 그의 서평을 이렇게 마무리했다. "라이오넬 트릴링[i]의 견해(미국 보수주의자들은 철학도 없고 성마른 정신적 태도나 행동으로만 자신들을 드러낼 뿐이다)를 반박하려 했지만 결국은 그 견해가 맞았다고 확인시켜주었을 뿐이다."

스튜어트 개리 브라운(Stuart Gary Brown)은 1953년 10월 《에식스(Ethics)》(시카고대학이 발간하는 계간 학술지)에 서평을 실었으나 그리 높게 평가하지는 않았다. 동시에 스코트 뷰캐넌(Scott Buchanan)의 『Essays in Politics(정치학 에세이)』라는 책을 평가하면서 "커크의 책보다 훨씬 낫다"고 말했다. 노먼 토머스(Norman Thomas)도 1953년에 《유나이티드 네이션즈 월드(United Nations World)》에 매우 긴 서평을 실었지만 다음과 같은 언급으로 그가 책을 제대로 읽지 않았다는 인상을 주었다. "저자의 특별한 호소는 다소 우아한 문체로 이루어졌지만 그가 제시한 내용은 우리 시대의 철학으로서는 부분적으로 오류가 있었으며 전체적으로는 매우 위험하고도 부적절했다."

피터 게이나 스튜어트 개리 브라운과 대조적으로 클린턴 로시터(Clinton Rossiter)는 1953년 9월 《어메리컨 폴리티컬 사이언스 리뷰(American political Science Review)》에서 커크의 "학문적 성과는 명백히 최고의 수준"이라고 단호하게 말한 뒤 다음과 같이 그의 서평을 마무리

---

i Lionel Mordecai Trilling(1905 ~1975): 미국의 문학 평론가이자 단편소설 작가.

했다. "이 책의 출판으로 2차 세계대전 이후, 소위 '신보수주의'는 그 의미와 실체가 분명해졌다." 커티스(L. P. Curtis)는 1953년 《예일 리뷰(Yale Review)》 가을호에 커크의 책과 리처드 페어스(Richard Pares)의 『King George III and the Politicians(조지 3세와 정치가들)』을 함께 다루면서 다음과 같이 말했다. "설득력 있고 확신에 찬 이 책은 당대의 보수주의자들을 격려하고 그들이 향유하는 도덕적 유산의 찬란함에 눈뜨게 해주었다. 또한 셰익스피어의 연극에서 율리시스(Ulysses)[i]가 했던 예언을 낡은 모자일 뿐이라고 무시해버렸던 과학만능주의적 계획가[ii]들이나 감상주의자들은 이 책을 읽고 잠시 숨을 멈춘 뒤 생각해봐야 한다. …단점에도 불구하고 커크의 책은 역사가의 더욱 높은 목표 하나를 성취했다. 그는 우리에게 하나의 생활양식, 더욱이 몸소 실천했으며 우리의 조건에서 생겨난 그 생활양식을 가르쳤다."

자유주의의 지배에 맞서는 저항 운동으로 성장하는 그 무엇인가를 보수주의라고 부르자는 데 많은 이들이 쉽사리 동의하지는 않았다. 반대 세력도 만만치 않았다. 프랭크 메이어(Frank S. Meyer)는 나중에 보수주의 운동을 이끄는 지도자로 누구나 인정하는 인물이 되었다. 하이에크(F. A. Hayek)는 계획경제에 맞서 싸우는 운동의 충실한 토대와 방향을 누구보다 많이 제공한 사람이다. 그럼에도 이들 모두 처음에는 보수주의라는 명칭에 격렬하게 반대하는 글을 썼다.

보수주의 운동의 창시자 가운데 한 사람으로 꼽히는 하이에크는 자

---

i 셰익스피어가 1602년에 트로이 전쟁을 배경으로 썼다고 하는 비극 『트로일러스와 크레시다(Troilus and Cressida)』에 등장하는 인물로, 신이 부여한 사회적 질서를 무시하면 멸망한다고 강조하는 연설로 매우 유명하다.
ii 전체주의자.

신을 기꺼이 보수주의자라고 지칭한 적이 한 번도 없었다. 그는 자기 자신을 올드 휘그(Old Whig)라고 불렀다. 그러나 이 명칭을 설명하려면 몇 페이지가 필요한데, 그 내용을 모두 읽으면 하이에크 교수 자신만 빼고 누구나 그가 뼛속 깊이 보수주의자라는 사실을 확신하게 될 것이다. 이 모든 사실은 커크의 말처럼 "급격히 늘어나는 다양성과 전통적 삶의 신비"를 말해주는 좋은 예다. 보수주의자들은 바로 그 다양성과 신비를 특별히 아낀다.

하이에크는 몽 펠르랭 소사이어티(Mont Pelerin Society) 회의에 제출한 논문을 통해 보수주의라는 표현을 처음으로 거부했다. 몽 펠르랭 소사이어티는 고전적 자유주의와 자유사회 유지라는 관심사를 공유한 학자들이 모여 만든 국제기구다.

기구의 첫 번째 모임은 1947년 4월 스위스에서 열렸다. 그 이후 매년 9월 연례회를 열며 현대의 다양한 문제와 관심사에 관해 최고 수준의 사려 깊은 논의의 장을 제공해왔다. 하이에크는 이 회의체의 창립자였으며 문제의 「왜 나는 보수주의자가 아닌가?」라는 논문을 1957년 총회에 제출했을 당시 회장을 맡고 있었다. 하이에크는 이 논문을 1968년 그의 기념비적인 저작인 『The Constitution of Liberty(자유의 조건)』을 출간하면서 책의 발문으로 실었다.

그 논문에서 하이에크는 『보수의 정신』이나 커크를 특별히 언급하지는 않았다. 그러나 『보수의 정신』이 거둔 성공, 또는 커크가 다룬 개념들의 영향력에 자극을 받은 게 명백했다. 왜냐하면 곧 스스로 변호해보라며 연례회에 커크를 초대했기 때문이다. 커크는 이 초청에 응했으며 어떤 메모도 보지 않은 채 대단히 명석하고 효과적으로 즉흥 연설을 선보였다.

스위스의 아름다운 호텔에서 국제적인 명성의 학자들을 앞에 두고 이루어진 두 사람의 만남은 기억에 잊히지 않는 극적인 장면이었다. 한 사람은 동시대 가장 존경받는 경제학자의 한 사람으로서 비엔나와 런던, 시카고에서 교수직을 갖고 있는 명예로운 학자였고, 다른 한 명은 미시간 미코스타에서 온 젊은 학자였다. 비록 객관적인 증언이 아닐지 몰라도 나는 미코스타에서 온 청년이 그 대결에서 졌다고는 생각하지 않는다.

앞서 말했듯이 커크는 『보수의 정신』이 출판됐을 당시 미시간주립대학의 역사학 강사였다. 미시간주립대학은 당시 널리 믿어졌던 신념, 즉 대학교육은 모든 이에게 실용적으로 유용하고 도움이 되어야 하며, 정의와 민주주의 원칙에 따라 모두에게 제공되어야 한다는 믿음에 따라 거대 교육기관으로 성장했다. 커크의 말대로 중세 철학뿐만 아니라 플라이낚시 초급과 고급 과정까지 다양한 강좌가 개설됐다. 커크의 판단에 따르면, 교문을 들어선 젊은이들이 사회 현실에 적응하는 데 도움이 될 가치나 지식은 조금도 주지 않은 채 그저 지니고 있던 선입견이나 도덕적 원칙들을 박탈한 다음 세상 밖으로 내보내는 것이 대학의 주요 기능이 되어버렸다.

『보수의 정신』이 출판되고 얼마 지나지 않아 커크는 미시간주립대학을 사직했다. 그리고 나중에 묘사한 대로 그 기회를 빌려 "양계학 학사이자 자신의 대학에서 법학 명예 박사학위를 받은" 당시 총장 존 한나(John Hannah)와 미시간주립대학이 추구하는 이념 자체를 격렬하게 비난했다.

그가 사직 의사를 밝혔을 때 나는 재고를 권유했다. 월급이 나오는 상대적으로 안정적인 교직이 작가나 강연자로 불안정하게 사는 것보다

낫지 않겠냐는 뜻이었다. 기존 학계의 보복이 예상되는 상황은 두말할 것도 없었다. 이런 조언에 그는 특유의 태도로 자신의 견해를 밝히는 편지를 보내왔다.

가난은 나를 힘들게 한 적이 없다. 어쩔 수 없다면 1년에 400달러만으로 살아갈 수 있다. 생각할 시간과 자유로운 행동이 지금 내게는 경제적 이득보다 더 중요하다. 나는 언제나 스스로 나의 길을 개척해왔다. 우리를 위해 일한다는 사람들이나 시대가, 나를 도와주기보다는 언제나 방해했다. 따라서 앞으로도 나는 나의 길을 개척해갈 생각이다.

커크는 진정 자신의 길을 걸어갔고, 우리 시대에 가장 영향력 있는 한 사람이 되었다. 우리는 그가 권위 있게 말했기 때문에 그의 목소리에 귀를 기울였다. 그러나 그의 권위는 세금을 징수하는 사람들이나 여느 공직자들이 겉으로 드러내는 그것과 달랐다. 자신의 말과 그 말의 의미를 깊이 숙고한 사람이 지니는 내면적인 권위이자 기꺼이 자신의 말에 책임을 지겠다는 사람의 권위였다.

커크는 미시간 북부의 작은 마을 미코스타에서 살기로 했다. 어린 시절 여러 친척들과 즐거운 여름을 보냈던 곳이다. 작은 호수들과 모래 언덕, 한때 그 땅을 뒤덮었던 위대한 소나무 그루터기가 있는 지역이다. 총각 시절 그가 살았던 증조부의 집은 불타 없어졌다. 대신 철거된 공공건물에서 가져온 돔을 지붕으로 삼은 크고 단단한 새 벽돌집이 완성됐다. 이 집에는 소박하지만 매력적이고 활력이 넘치는 부인과 딸 네 명, 많은 방문객을 맞이할 충분한 방이 있었다. 위대한 시민이 주인인 만큼 그 집은 마을에서 존경을 받았다.

집에서 400미터쯤 떨어진 곳에는 서재가 만들어졌다. 예전에 목공 공방이었던 가게다. 오랫동안 그가 해온 엄격한 연구 결과로서 모인 책들에 둘러싸인 그곳에서 커크는 연구를 이어갔다. 대개는 학생이나 수제자들이 거주하며 공부했고 휴가철이면 학생들이 집단으로 몰려와 연구하거나 토론을 벌였다. 구석지고 변변치 않은 마을 미코스타가 지성의 중심지가 됐다. 사상의 세계에서 미코스타는 그가 버린 대규모 대학들보다 긍정적인 영향력을 더 많이 행사하는 곳이 되었다.

커크의 경력에서 가장 눈에 띄는 대목의 하나는 굳은 결심의 일관성이다. 혼돈의 시대에 그는 지치지도 않고 설득력 있게 질서의 원천과 필요성을 설파했다. 모든 가치는 상대적이고 의지와 욕망에서 비롯된다는 그릇된 예언자들에 맞서 그는 가치의 불변성을 강조했다. 그리고 인간이 무슨 일이든 할 수 있다고 믿는 사람들에게 창조와 존재의 질서를 존중하는 것이 지혜의 시작이라는 사실과 겸손을 가르쳤다.

러셀 커크는 이미 우리 곁에 없다. 그러나 그의 말과 책, 기념비적인 글에서 우리는 여전히 위안과 힘을 얻게 된다. 그중에서도 가장 으뜸은 바로 이 『보수의 정신』이다.

1995년 6월, 시카고 일리노이에서
헨리 레그너리[i]

---

i Henry Regnery(1912~1996): 미국의 출판 발행인이자 작가.

새로운 세대의 독자들을 맞이하며

이 책은 35년 전 고풍스러운 세인트앤드루스대학과 스코틀랜드 파이프 지역의 한 시골집에서 썼다. 사상사를 다룬 장문이었지만 그런 책으로서는 대단히 이례적으로 우리 시대에 영향력을 얻었다. 그렇기에 저자로서 몇 마디 추가한다 해도 용서 받을 수 있으리라 생각한다.

1953년 헨리 레그너리가 처음 출판한 이래 이 책은 T. S. 엘리엇이 주선한 런던의 페이버 앤 페이버 출판사의 판본을 포함해 영어권에서 모두 6번의 개정판을 냈다. 취리히와 마드리드에서는 번역판이 나왔다. 내가 서문을 쓰는 이 7차 개정판은 아마 이 책의 최종본이 될 것이다.

내가 두 번째 저서인 이 책을 처음 집필할 때는 서른 무렵으로, 이 보수주의 사상사 연구가 여론을 움직여주리라 기대했다. 그러나 책은 그 기대 이상의 성공을 거두었다. 1953년 봄, 여러 주요 매체에서 호평해주었고 진지한 역사서나 정치이론서로서는 분에 넘치도록 폭넓게 대중의 사랑을 받았다. 비평서나 학술지에서도 논의되고 재평가되었다. 이 책의 내용은 직접 읽어보거나 혹은 재인용되면서 많은 독자들에게 순식간에 알려졌다. 독자들은 비록 잘 알려지지 않은 보통 사람들이었으나 영국의 법학자 앨버트 벤 다이시[i]가 일찍이 말한 대로, 이들은 대중의 여론을 좌우하는 다양한 계층의 사려 깊은 남녀들로, 이웃과 자신들의 공동체에도 영향력을 행사했다.

물론 전문가들도 이 책을 읽었다. 많은 정치인이나 의원들, 정당의 지도자들 책상에서도 이 책이 보였다. 그 결과 이 책은 보수주의 정치 조직의 재등장 또는 재무장의 촉매제로 기능하기 시작했다. 정확하게 말하면 나는 나중에 이 책이 그렇게 기능했다는 소리를 힘 있는 사람들, 심지어 미국의 대통령들에게서 직접 들었다. 비교적 어려운 이 정치사상사 책에 대중이 보여준 반응은 마치 프랑스혁명 이후인 150년 전 프랑스인들이 샤토브리앙(François-René de Chateaubriand)의 책 『기독교의 진수[ii]』를 따듯하게 맞아준 것에 비견될 만했다. 대중적 지도자도 아닌 내가 쓴 글이 미국의 대규모 정치 운동에 기여했다는 사실이 놀라웠다.

이 운동은 몇 년 지나지 않아 당대 미국을 지배해왔던 자유주의를 무력화시켰다. 사실 이 책에 처음 붙였던 제목은 '보수주의자의 참패'였다. 미국과 영국의 보수주의가 지난 200년간 형편없이 두드려 맞았다고 생각했기 때문이다. 그러나 발행인은 지금의 제목으로 바꾸라고 나를 설득했다. 제목을 바꾸고 나니 참패가 재집결이나 시위로 바뀐 것 같았다. 마치 나의 학문적인 노력 덕분에 존 스튜어트 밀(John Stuart Mill)이 보수파를 "바보들의 무리"라고 지칭했던 명예훼손이 사라져버린 듯 미국의 보수주의자들은 신속하게 사고하고 행동하기 시작했다. 보수주

---

i   Albert Venn Dicey(1835~1922): 영국의 법학자이자 정치학자.
ii   Genius of Christianity: 프랑스의 소설가이자 외교 정치가인 프랑스와-르네 드 샤토브리앙
    (François-René de Chateaubriand, 1768~1848)이 1790년 영국 망명 시절에 프랑스혁명의 공격을
    받았던 가톨릭을 옹호하려고 집필한 책. 1802년 프랑스에서 처음 발행되었다.

의를 지지하는 학자와 지식인들의 책이 속속 등장했고 보수적인 성향의 주간지와 계간지가 창간됐으며 대학에 보수적인 토론 동아리가 만들어졌다.

내 책의 지지자들은 내가 잊혀진 보수주의의 진수를 되살렸다고 선언했다. 반면 자유주의적이거나 과격한 비평가들은 필자가 '용의 이빨[i]'을 심었다고 주장했다. 그러나 나는 책에서 무기를 들라고 촉구하지 않았다. 오히려 관점을 무장하라고 이야기했을 뿐이다. 그렇게 할 때 콜리지[ii]의 말처럼 면도칼의 날이 톱이 되기 때문이다. 걱정스러운 이 시대에도 도덕적 상상력을 일깨우는 방법을 통해서만 질서와 정의, 자유가 유지된다고, 당시의 젊었던 나는 그렇게 주장했다.

1953년 자유주의자들에게 평지풍파를 일으킨 이 책은 미국의 문학이나 정치 비평을 주름잡던 당대의 전문가들도 당황하게 만들었다. 그들이 공동 전선을 다시 구축하기까지는 몇 달 아니 몇 년이 흘렀다. 과거의 이야기를 토대로 했으나 내 책이 보여준 시각이 그만큼 놀라웠기 때문이다. 수많은 전문가들이 『보수의 정신』을 공격했다. 나는 전설적인 로마 장군 코리올라누스(Coriolanus)처럼 "나 홀로 이 모든 싸움을 이겨냈다!"고 소리 지르고 싶은 충동을 느꼈다. 당시 나는 결국 뉴욕 지성계에서 축출됐고 문화적 게릴라의 삶을 택할 수밖에 없었다. 그러나 오히려 그 모험 가득한 인생이 체질에 맞았다.

왜 이 책 한 권으로 그 많은 소동이 일었는지 궁금할 것이다. 조지 산

---

i 그리스 신화에 등장하며 땅에 심으면 나중에 완전히 무장한 무사로 자라난다.
ii Samuel Taylor Coleridge(1722~1834): 영국의 시인이자 철학자, 낭만파 운동의 창시자.

타야나[i]의 표현을 빌자면 이 책이 "박탈되고 버려진 정설의 목소리"를 대변하고 "악을 예언"했기 때문이다. 자유주의자들은 산타야나의 말처럼 "떠들면 떠들수록 더 이해받기 어려워지는 불안의 목소리를 억누를 수 없었다." 내 책의 위험성은 상대적으로 명징한 문장의 힘에 있었다. 상당수 독자가 이해할 만한 글이었으며 그렇기에 고든 찰머스가 지칭한 당시의 "지리멸렬한 자유주의자들"이 전율할 수밖에 없었다.

『보수의 정신』은 인간의 존재에서 영원한 것들을 아끼는 경향이나 그런 사람, 또는 지식인의 유형을 묘사했다. 보수주의자들은 진지한 문제나 일반적인 원칙에서 서로 동의하지 않을 때가 상당히 많다. 따라서 이 책도 다양한 의견의 하나일 뿐이다. 그러나 소위 보수주의자라는 사람들은 삶의 오래된 형태를 파괴하거나, 시민사회 질서의 토대에 해를 가하거나, 인간의 투쟁을 단지 물질적 생산과 소비에 국한시키려는 시도에 힘을 모아 저항한다.

이 책은 독자들에게 보수주의 이데올로기를 제공하지는 않는다. 보수주의자들은 모든 형태의 이데올로기를 혐오한다. 추상적이고 엄격한 일련의 정치적 독단이 이데올로기이며, 그것은 신봉자들에게 지상의 낙원을 약속하는 '정치적 종교'다. 그리고 그 낙원은 대개 기습적으로 탈취된다. 보수주의자들은 인간의 본성과 사회를 완벽하게 만들겠다는 그런 선험적 설계를 혐오한다. 왜냐하면 카페에서 헛소리를 떠드는 광신자들의 도구와 무기가 무엇인지 알기 때문이다.

보수주의자들에게 관습, 일반적 합의, 법률과 규범은 건강한 시민사

---

i George Santayana(1863~1952): 스페인 태생의 미국인 철학자이자 비평가.

회 질서의 근원이다. 인간은 천사가 아니기 때문에 형이상학적 열정만으로 지상 낙원은 만들어지지 않는다. 오히려 이런저런 종류의 이데올로기로 지상 지옥은 쉽게 만들어질 수 있다. 20세기 세계 각지에서 바로 그런 일들이 벌어졌다.

보수주의자들은 광신적 이념의 독단이 아니라 정치의 일반적 규칙을 신뢰한다. 이런 원칙들은 대개 전통과 폭넓은 합의에서 도출됐으며 오랜 경험으로 검증됐다. 그러나 인류를 둘러싼 환경이 지역이나 시대에 따라 다 다르기 때문에 이런 원칙들은 신중하고 가변적으로 적용되어야 한다. 보수주의자들은 종교를 대신해 이상향을 건설하겠다는 정치적 신념을 거부한다(에릭 푀겔린[i]의 표현에 따르면, 이데올로기에 빠진 몽상가들은 종교의 초월적 상징을 내재화한다). 『보수의 정신』도 부분적으로 그런 일반 원칙들을 언급하기는 하지만 이상향으로 가는 길을 가리키지는 않는다.

이 책은 시민사회 질서를 바라보는 하나의 시선을 역사적으로 분석했을 뿐, 어떤 정당의 행동 방향을 제시한 안내서는 아니다. 주요 저자나 정치인들의 말을 인용해 보수주의자와 보수주의가 무엇인지 정의하고, 보수주의자들이 어떻게 도덕적·사회적 질서의 원칙을 이해하는지 말해주는 게 이 책의 제한된 목적이다.

이 책은 비록 이데올로기적인 동기는 아니지만 신념을 토대로 쓰였다. 일찍이 "금언들이 커크의 펜을 통해 폭탄처럼 쏟아진다"고 어떤 비보수적인 평론가가 선언하기도 했다. 아마 그럴지 모른다. 나는 당시 젊고 자신만만했으며 전투적이었다. 보수주의자들이 참패한 "전투의 잔해와

---

i Eric Voegelin(1901~1985): 독일에서 태어난 미국의 철학자. 1938년 나치를 피해 미국으로 망명하여 1944년 미국 시민이 됐으며, 노틀담대학 등에서 교수로 재직했다.

병사들의 시신을 비추는 불꽃이 / 너울거리는 처참한 전장에서", 나는 도전적인 자세로 서 있었다. 내가 던진 비유적인 폭탄은 적대적 세계의 무질서에 맞서려는, 문자의 폭탄을 밀쳐내고자 하는 노력의 일환이었다.

시간이 가면서 분명해졌지만 보수 진영은 급진주의자들이 바랐던 만큼, 또 보수주의자(일부 자유주의자들을 포함해)들이 우려했던 만큼 치명적인 상처를 입지는 않았다. 1950년대 초, 미국과 영국의 여론은 보수적인 정책이나 후보 쪽에 기울었다. 소비에트 연방공화국의 위협과 정치적 인도주의의 결과에 대중적인 실망감이 더해졌기 때문이다.

이 책과 또 다른 출판물들이 보수적 충동과 그 동력을 설명해주고 정당화했다. 여론 조사 추이나 다른 지표로 볼 때, 시간이 가면서 보수주의자를 자처하는 미국 사람들이 점점 더 늘어났다. 비록 영국에서는 그 현상이 상대적으로 덜 두드러졌지만 역시 비슷한 추이를 보였다. 1980년에 이르러 미국의 자유주의와 영국의 사회주의는 시들어갔다. 그러나 그런 선거의 승리는 착각을 불러일으켰다. 사회적 여건이 크게 변하지 않은 상황에서도 선거의 승리는 가능하다. 또 물질적 풍요는 잠시나마 도덕적 해체를 가려준다.

지금은 세계적으로 도덕적 타락이 크게 진전된 상황이다. 이 책이 처음 출판된 이래 지난 수십 년간 문화는 마지막 파멸의 길로 접어들었다. 과거에는 근대 기술과 이념적 광기에 영향을 받지 않았던 세계에서 가장 외진 곳조차 1950년대 이후엔 "묵시록의 네 기사ⁱ"에 의해 최악의 유린을 당했다. 티베트, 인도차이나, 엘살바도르, 아프가니스탄, 르완다,

---

i 「요한 묵시록」에 등장하며 각각 지상의 4분의 1을 지배하고 검과 기근과 죽음, 동물로 지상의 인간을 죽일 권위가 주어졌다고 한다.

티모르, 사이프러스를 비롯해 관습과 일반적 합의, 전통이 그대로 유지됐던 거의 모든 옛 피난처들이 파괴됐다. 이 책이 영향력을 행사했던 짧은 기간 동안 이른바 "부상하는" 아프리카는 폭력과 경제적 어리석음에 휩싸인 침몰하는 아프리카가 됐다. 아시아에서는 수백만 명이 굶어죽거나 도살됐다. 대의민주주의와 법의 지배는 이제 고작 몇몇 나라에서만 확실하게 자리를 잡은 듯 보인다. 건강한 시민사회 질서의 체계가 갖추어진 나라에서조차 오르테가의 그 유명한 "대중의 반역[i]"이 일어났다. 1950년 이래 세계 각지에서 온갖 형태의 가치 기준이 파괴됐고 문명은 단순히 물질적 욕구를 충족하는 수단에 지나지 않게 됐다.

자케타 혹스[ii], 로버트 그레이브스[iii], 올더스 헉슬리[iv]와 조지 오웰[v]이 묘사했던 평등주의의 디스토피아는 이미 지상에 만들어졌다. 산타야나의 예언대로 신기루 같던 자유주의의 시대는 종말을 고했다. 그런 국가의 외부 질서는 무자비한 이데올로그나 더러운 몇몇 과두 지배자의 수중에 떨어졌다. 영혼의 내부 질서는 최근 유행하는 개념인 "환원주의"와 파괴적 욕구의 승리로 헝클어졌다.

그러나 이 서문은 우리의 고뇌가 무엇인지 자세히 분석하는 논문이 아니다. 오늘날 무엇이 인류를 괴롭히는지 알아보려면 우리 세대의 고귀한 예언의 목소리인 러시아의 알렉산더 솔제니친(Aleksander

---

i 『The Revolt of the Masses』: 스페인의 호세 오르테가(José Ortega)가 1930년대에 출간한 책. 여기선 스페인 내전을 지칭한다.
ii Jacquetta Hawkes(1910~1996): 영국의 고고학자이자 소설가.
iii Robert Graves(1895~1985): 영국의 소설가이자 시인, 역사학자.
iv Aldous Huxley(1903~1990) 영국의 언론인.
v George Orwell(1903~1950): 본명은 에릭 블레어(Eric Arthur Blair). 영국의 소설가. 민주적 사회주의의 공개적 지지자.

Solzhenitsyn), 영국의 맬컴 머거리지[i], 스위스의 막스 피카르트[ii], 프랑스의 구스타브 티봉[iii]에게 귀 기울이면 된다. 그 외에 도덕적 상상력과 삶의 비극적인 감각(sense)으로 충만한 사람들의 목소리를 찾아보라. 스웨덴의 철학자 타게 린드봄(Tage Lindbom)이 쓴 「The Tares and the Good Grain(독보리와 좋은 곡식)」이 가장 좋은 예로 떠오른다. 그는 한때 마르크스주의자였으나 지금은 신의 왕국에 사는 국민이다.

린드봄은 감동적으로 우리에게 이야기한다. 인류는 신의 왕국을 버리고 인간의 왕국으로 하강했다. 그리고 인간의 왕국은 파멸을 면치 못한다. 우리는 쉽게 충족되는 욕망의 노예가 되었으며, 우리가 만들어낸 장난감 때문에 어리석음에 빠졌다. 인간은 피할 수 없는 불운이 임박했다는 경고를 무시한다.

"2차 세계대전 이후에야 인간의 왕국이 그 대가를 확인하는 시기에 돌입했다." 린드봄은 말한다. "우리는 이제 세속화된 세대에 직면했다. 그들에게는 물질이 전부이고 영적인 삶은 무가치하다. 이 세대는 모든 상징을 점점 더 이해할 수 없게 됐다. …이 세대는 가족이라는 개념을 그들의 의식에서 제거해가는 과정에 있다…."

"그토록 오래 봉쇄됐던 무질서가 우리 앞에 위협으로 등장했다. 그리고 이 위협은 세속적인 지침으로는 회피하기 어렵다. 독재 정부나 테크노크라시의 독재만 막아낼 수 있다. 현실에서 이 독재는 이미 한발 한발 들어서기 시작했다."

---

i Thomas Malcolm Muggeridge(1903~1990): 영국의 언론인이자 풍자 작가. 젊어서는 좌익 동조자였으나 반공산주의자가 됐다. 서방에 테레사 수녀를 알린 인물.
ii Max Picard(1888~1965): 스위스 저술가.
iii Gustave Thibon(1903~2001): 프랑스 철학자.

"그럼에도 겉으로 드러난 무질서와 독재의 위협이 가장 중요하지는 않다. 그것들은 비교할 수 없을 만큼 더 심각하고 위험한 그 무엇의 투영일 뿐이다. 바로 내부의 무질서, 인간의 마음을 사로잡은 혼란이다. 총체적으로 보자면 그것은 이제 거짓과 참, 옳고 그름, 선과 악을 구분할 수 없는 우리 세대의 문제가 됐다. 인간의 왕국은 이제 그 심판의 순간을 맞았다."

린드봄의 목소리는 200년 전 에드먼드 버크의 목소리와 비슷하다. 불가능한 것을 요구하며 법과 자연에 반항하는 사람은 스스로 멸망하려고 애쓰는 꼴이다. 버크는 이렇게 외쳤다. "반역자는 법으로 금지해야 한다. 그들은 이성, 질서, 평화, 미덕, 결실이 있는 참회의 세계에서 버려지고 추방돼야 한다. 그들이 가야 할 곳은 광기와 불화, 악덕과 혼란 그리고 헛된 슬픔의 적대적 세계다."

법과 자연의 세계는 얼마나 보존돼 있을까? 적어도 미국에서는 질서와 정의, 자유의 적에 맞서 싸우려는 추진력이 아직 약하긴 해도 점차 커지고 있다. 보수주의자라는 단어는 이제 수호자나 옹호자, 보존하는 사람을 상징한다. 그렇다면 이 추진력은 올바른 이성과 상상력으로 이끌어지고 있을까? 인간의 왕국이 그 심판을 맞을 때, 그래서 결국 태워버릴 수밖에 없는 독보리에 지나지 않는다는 사실이 드러날 때 우리 문명에서 건져낼 게 하나라도 있을까? 우리가 자부심을 느낄 만한 게 있기는 할까?

젊은이들에게 보수적 의지와 재능이 있다고 가정한다면, 지금도 우리 문화에서 보존할 만한 가치를 지닌 많은 것들을 보호하고 되살릴 수 있다고 생각할 여지는 있다. 적대 세력으로의 완전한 몰락을 신의 역사가 불가피하게 선언하지는 않는다. 버크는 1795년 위대한 국가도 불가피하게 성장과 쇠락의 순환에 종속된다는 얘기를 격렬하게 부인했다.

"어떤 나라가 이해할 수 없는 불명예와 재난의 심연에 빠졌다고 보이는 바로 그 순간에 그들은 갑자기 부상한다. 새로운 길을 찾아내고 새로운 가능성을 연다. 비운의 심연 속에서, 멸망한 국가의 잔재에서 그들은 솟아올라 오래 지속될 위대한 국가의 초석을 놓는다. 그들에게 고통을 가져온 일반적 여건에 명백한 변화의 조짐이 없었어도 이 모든 일은 발생한다. 결정적인 시기에 한 인간의 죽음, 한 인간의 민중 혐오, 한 인간의 군대 철수, 한 인간의 불명예는 국가 전반에 수많은 재앙을 가져온다. 평범한 병사와 어린아이, 그리고 어느 여인숙 문 앞의 소녀가 운명의 얼굴은 물론이고 천지만물의 얼굴까지 바꿔버린다."

마지막 두 문장에서 버크는 우선 고대 아테네의 정치가 페리클레스(Pericles), 로마의 장군 코리올라누스, 영국의 대(大) 피트(William Pitt the elder), 봉건제를 옹호하려 했던 프랑스 군사 지도자 샤를 3세 드 부르봉(Charles III de Bourbon)의 불운을 지칭했다. 평범한 병사는 스위스의 민족 영웅 윙켈리트의 아널드(Arnold of Winkelried)로, 그는 젬파흐에서 오스트리아의 창에 자신의 몸을 던져 희생했다. 어린아이는 12세의 나이에 죽을 때까지 로마와 싸우겠다고 서약한 한니발(Hannibal)이며, 여인숙 문 앞의 소녀는 프랑스의 영웅 잔다르크(Joan of Arc)를 지칭한다. 우연이나 신의 섭리 혹은 개인의 강력한 의지가 국가나 문명의 명백한 방향을 급작스럽게 바꾸어나갈 수 있다는 버크의 선언이다.

무언가 지키며 보호하고 싶은 경향을 지녔거나 개혁할 능력이 있는 사람들은 버크의 이 주장을 종종 마음에 새길 필요가 있다. 그들이 가장 힘들 때 위로가 될 수 있기 때문이다. 그들에게 어떤 사상과 감정을 계승했는지 상기시키고자 나는 이 책을 썼다.

이 일곱 번째 개정판은 새로운 세대의 독자들을 맞이한다. "나는 젊은이들에게 증언한다!"고 버크 또한 의회의 마지막 연설에서 선언했다. 실로 영국의 그 젊은이들은 죽은 버크의 자문에 따라 행동했다. 저물어 가는 20세기를 힘들게 살아가는 세대는 그들이 겪는 시련의 아픔을 인지하면서 다음 세대로 계속 보존해야 할 것을 지키려 열심히 노력할 것이다.

이 책은 널리 오래 합의된 지혜(Conventional Wisdom)를 여러분에게 전달한다. 우리 시대의 궤변론자와 경제학자, 숫자로만 생각하는 사람들은 종종 이 지혜를 폄하하듯 사용한다. 마치 (일반적으로 널리 합의된) 관습과 (경험을 토대로 한 바른 판단인) 지혜가 경멸할 만한 대상이라는 식이다. 이 책은 로버트 프로스트[i]의 관찰에 동의하면서 그들과 견해를 달리한다.

> 우리가 삶에서 본다고 생각하는 대부분의 변화는
> 시류에 따라 바뀌는 진실에서 비롯될 뿐이지.

올바르게 이해한다면, 많은 사람들이 공감하는 지혜는 프로스트의 말대로 "우리가 언제나 끊임없이 다시 되돌아가는 진실"로 이루어졌다.

어느 사회나 건강하게 작동하려면 개선하려는 추진력과 보존하려는

---

i   Robert Frost(1874~1963): 미국의 시인.

추진력이 모두 필요하다. 시대의 환경에 따라 우리는 진보 쪽에 힘을 보탤지 아니면 계속성에 무게를 두어야 할지를 결정한다. 현대 사회는 눈이 핑핑 도는 속도로 변화한다. 그에 따른 도덕적 질서와 시민적 질서의 해체를 막는 데 지금의 보수적 추진력은 충분할까? 그 사실 여부는 오늘날의 보수주의자들이 얼마나 그들의 유산을 잘 이해하느냐에 달려 있다.

1986년 7월, 미시간 주 미코스타의 피에티 언덕에서
러셀 커크

보수주의의 뿌리

헤리티지 재단(Heritage Foundation)은 2013년『보수의 정신』출판 60년을 기념하는 학술 세미나를 열었다. 발표자들은 이 책이 1950년대 미국에서 일어나기 시작한 움직임에 "보수주의"라는 이름을 붙여줬고 1980년대 미국 정치에서 보수주의가 꽃피우는 밑거름이 됐다고 평가했다. 심지어 저자가 숨진 지 20년 가까이 지났지만『보수의 정신』이 아직도 미국 사회에 많은 가르침을 주고 현실 정치 비판의 준거를 제공한다는 상찬도 잊지 않았다.

이 세미나의 사회자였고 헤리티지 재단에서 보수 사상의 연구를 담당하는 명예선임연구원(Distinguished Fellow)인 리 에드워즈(Lee Edwards)는 2017년 가을『보수의 정신』을 두고 다음과 같이 평가했다.

"18세기 중반에서 20세기 중반에 이르기까지 미국과 영국에서 전개된 보수주의 사상의 역사를 한 사람이 단숨에 써내려갈 가능성은 거의 없다. 누가 거의 200년에 이르는 정치사, 철학사, 문화사를 두루 꿰뚫어서 종합해낼 수 있겠는가? 그는 아인슈타인처럼 다른 사람이 보지 못한 연결고리를 볼 줄 아는 초월적 정신의 소유자여야 한다. 동시에 수십 권의 책에 등장했거나 저자 수십 명이 써낸 주요 문장들을 자유롭게 활용할 줄 아는 사진기 같은 기억력도 필요하다. 그는 역사가이자 전기 작가이며, 철학자이고, 모르는 게 없는 여우일 뿐 아니라, 오직 하나, 보수주의의 핵심만 꿰뚫는 두더지여야 한다."

『보수의 정신』이라는 책의 요약이자 저자 러셀 커크가 어떤 사람인지 말해주는 평가다. 더구나 그 책을 집필하던 무렵의 커크는 30대 초반이었고 초판본의 분량은 175,000단어였다.

2차 세계대전 이후 미국의 보수주의는 크게 네 가지 흐름을 보였다. 가장 먼저는 방임자유주의로도 불리는 자유지상주의(libertarianism)다. 개인의 자유와 경제적 자유, 이 두 가지를 동시에 주장했다. 타자의 신체나 정당하게 소유한 물질적 재산을 침해하지 않는 한, 개인이 원하는 모든 행동은 기본적으로 자유라는 생각이다. 이들에게 국가는 개인의 경제적 그리고 사회적인 자유를 공격적으로 제한하는 존재다. 프리드리히 폰 하이예크(Friedrich von Hayek)나 루드비히 폰 미제스(Ludwig von Mises), 그리고 알버트 제이 녹(Albert Jay Nock) 등이 이를 옹호했다.

두 번째 흐름은 공산주의, 특히 소비에트 제국주의에 맞서야 한다는 생각으로 뭉친 사람들이다. 휘태커 챔버스(Whittaker Chambers), 프랭크 메이어(Frank Meyer), 에릭 푀겔린(Eric Voegelin) 등이 이에 속한다.

세 번째로 사회의 도덕적 규범, 질서가 엄격한 자유, 가치나 미덕을 회복하자는 전통적 보수주의자들이 있다. 그들은 도덕적 상대주의나 대중문화에 비판적이고 과거의 문화를 보호해야 한다고 생각한다. 전통을 보호하려면 먼저 무엇이 전통인지 정의하고 밝혀내야 한다고 믿었다. 러셀 커크, 리처드 위버(Richard Weaver), 로버트 니스벳(Robert Nisbet) 등이 기꺼이 그런 도전에 나섰다.

마지막으로 신보수주의자(Neocon)라고 불리는 집단이 1964년 대통령 선거 이후 등장했다. "현실의 습격을 당해" 환상에서 깨어난 자유주의자(liberal)들이었다. 1960년대의 사회적 혼란, 신좌파의 반미주의 경향이나 고립주의, "위대한 사회"를 주장한 집권 세력의 자유주의적 행태에 실망한 나머지 보수주의로 넘어온 사람들이다. 유태인들이 주류를 이룬 이 집단은 선한 의도가 언제나 바람직하고 효과적인 정부를 보장하지 않는다는 사실을 깨달았다. 어빙 크리스톨(Irving Kristol)이 대표적인 인물이다. 이들의 또 다른 특징은 미국의 가치를 전 세계에 획일적으로 이식해야 한다는 견해를 보였다는 점이다.

소련 공산주의가 무너졌고 동유럽이 모두 시장 경제로 편입됐으며, 중국이 개혁 개방에 나섰고 베트남도 시장 경제 개혁으로 방향을 틀었다. 그러자 프랜시스 후쿠야마(Francis Fukuyama)는 『역사의 종언』이라는 책을 통해 인류의 이념 전쟁은 우파의 승리로 끝났다고 선언했다. 그럼에도 『보수의 정신』이 출판된 지 60년이 넘도록 아직 미국에서 의미 있는 영향력을 유지하는 이유는 어디에 있을까? 역설적으로 들리겠지만 시류에 편승하지 않고 철학적 종교적 근본에 충실한 전통 보수주의를 고집했기 때문이 아닐까 한다. 『보수의 정신』은 보수주의의 뿌리를 역설한다. 그리고 이 뿌리에서 21세기가 원하는 보수주의의 새로운 길은 충분히 모색될 수 있다.

『보수의 정신』이 옹호하는 보수주의는 귀족정치를 지향한다. 소수가 다수를 대변하는 대의제 정치는 기본적으로 귀족정치라는 게 커크의 시각이다. 그에 따르면 남들의 표를 얻고, 그들의 의사를 대신해서 정치적 결정에 반영하는 사람은 지도자고, 지도자는 귀족이며, 귀족은 귀족다운 도량을 발휘해야 한다. 커크가 말하는 귀족은 출신 성분이 결정하지 않는다. 남을 대신해 정사를 다루는 선출된 사람들은 귀족이며, 그렇기에 그들은 누구보다 투철한 공인 의식을 지녀야 한다는 말에 다름 아니다.

커크는 동부 명문가의 일원이지도 않고 가정환경이 넉넉하지도 않았다. 박사학위를 획득할 때까지 굶기를 밥 먹듯 했다. 사후에 발간된 그의 자서전 『상상력이라는 칼(The Sword of Imagination)』에 이런 일화가 등장한다. 대공황이 밀어닥쳤을 때 먹을 게 없었던 어머니가 밥 대신 시집을 읽어주겠다고 집에 있던 러디야드 키플링(Rudyard Kipling)의 시집을 펼쳤다. 그런데 당시로서는 적지 않은 금액이었던 20달러짜리 지폐가 책갈피에서 떨어져 나왔고 그 덕분에 온 가족이 한동안 넉넉하게 먹을 수 있었다.

커크는 미시간 주 디트로이트(Detroit) 시에서 서쪽으로 36km 떨어진 뉴잉글랜드풍의 플리머스(Plymouth)에서 태어났다. 플리머스는 인구 3천 명의 한적한 시골 마을이다. 그가 어린 시절 동네 사람들은 그 누구도 문을 걸어 닫지 않았으며 1930년대까지 TV는 물론이고 라디오조차 없던 마을이었다. 커크의 집은 기차역에 붙은 2층짜리 목조 주택이었다. 아버지는 초등학교 6학년 학력이 전부인 철도 기술자로 (아들의 글은 전혀 읽지 않았지만) 평생 신문을 읽었던 성실하고 따뜻한 인품의 소유자였다. 어머니는 시를 즐겨 읽었고 자신의 아버지가 운영하던 식당의 종업원으로 일했다.

플리머스에서 고등학교까지 마친 커크는 각종 장학금으로 대학(미시간주립대학)과 대학원(듀크대학), 그리고 박사과정(세인트앤드류스대학)까지 마친다. 2차 세계대전 기간 유타 주의 그레이트솔트레이크(Great Salt

Lake)의 사막 지대에 있던 미군의 생화학무기 연구소에서 1946년까지 4년 가까이 의무 복무했으며 이 덕에 퇴역 군인에게 주는 장학금을 받아 영국의 스코틀랜드로 유학할 수 있었다. 커크의 조상이 스코틀랜드 출신이었다.

장학금이 있긴 했어도 식비가 부족해 공부하는 내내 땅콩버터를 바른 크래커 몇 개나 빵 하나로 하루를 넘겨야 했던 때가 적지 않았다. 그는 오히려 배가 고플수록 독서로 허기를 달래고 석사 논문과 박사 논문 집필에 매달렸다. 장학금 말고는 문학이나 학술 잡지 등에 기고한 단편 소설이나 에세이 등의 글 값으로 생활비를 충당했다. 고등학교 이후 그는 사실상 경제적으로 독립했으며 대학을 다닐 때 앵두를 따는 등의 아르바이트를 하게 되면 그 수입을 가사에 보태기도 했다.

『보수의 정신』은 커크가 세인트앤드류스대학에서 받은 박사학위 논문이었다. 그의 지도교수는 존 윌리엄스 윌리엄스(John Williams Williams) 역사학 연구교수였다. 그가 대학에서 맡은 유일한 의무는 박사학위 학생 1명의 지도였고, 커크를 바로 그 학생으로 받아들였다. 그러나 커크가 논문을 쓰는 동안 단 한마디도 거들지 않았다고 한다. 교수는 논문 주제인 에드먼드 버크만 승인했을 뿐이다. 일주일에 한 번 만났던 두 사람은 위스키소다를 마시면서 논문 주제 밖의 이야기만 했다고 한다. 『보수의 정신』 원고를 조금씩 가져다주었지만 윌리엄스 교수는 쳐다보지도 않았으며 어느 날 쌓여가던 원고 뭉치를 돌려주면서 "당신 말을 들으니 쓰고 있는 논문의 주제를 잘 아는 듯 보인다. 이 원고는 나중에 책으로 나오면 기쁘게 읽겠다"고 했을 뿐이라고 한다.

학위 논문이었던 『보수의 정신』이 완성되고, 지도교수 윌리엄스를 비롯해 당대의 거물이었던 세인트앤드류스대학 철학과의 녹스(T. M. Knox) 교수, 더햄(Durham)대학 역사학과의 번(W. L. Burn) 교수에게 논문 심사가 맡겨졌다. 윌리엄스 교수도 마침내 한 권으로 묶이자 읽겠다고 동의했다. 세 사람은 모두 훌륭한 논문이라고 말했다고 커크는 전했다. 세인트앤드류스대학은 커크에게 단순한 박사(Ph.D.)가 아니라 최고 등급의 박사 학위(doctor of letters)를 주었다. 이는 그 대학이 미국인 인문학 전공자에게 준 학위로는 전무후무한 최고급 학위였다.

커크의 지적인 성장에 가장 큰 영향을 미친 인물은 외할아버지와 그의 서재였다. 그는 플리머스에서 철도 노동자를 상대로 식당을 했었고 나중엔 소규모 은행의 관리자로도 일했다. 그러나 그 시절 그 지역에서는 보기 드물게 많은 책을 읽고 보유했으며 자신의 책을 탐독하는 손자와 많은 대화를 나누었다. 그들의 대화는 주로 영국사와 역사적 인물에 집중됐다고 한다. 영원성의 본질, 꿈의 중요성, 진보의 개념을 비롯해 에드가 앨런 포의 문제 등도 화제로 삼았다고 커크는 밝혔다.

커크가 열병처럼 앓았던 독서열은 어릴 때 많은 책을 읽어준 어머니 덕분이었다. 커크는 초등학교에 입학하고도 1년 반이나 글을 배우지 않으려 했다고 한다. 어머니가 늘 읽어주는데 굳이 글 읽기를 배울 필요가 있겠느냐며 떼를 썼다고 한다. 그러나 어머니는 커크가 7살이었을 때 여동생을 임신했다. 더 이상 책을 읽어줄 시간을 내기 어렵겠다고 판단한 어머니는 2주 만에 글 읽는 방법을 가르쳤다. 그런 다음 헌책이었지만 너새니엘 호손(Nathaniel Hawthorn), 페니모어 쿠퍼(Fenimore Cooper), 월터 스코트(Walter Scott)의 전집을 커크에게 선물했다. 이런 성장 배경이 밑거름이 됐는지 커크 자신도 딸들에게 스스로 만든 우화를 들려주거나 책을 읽어주었다. 임종에 이르러서는 딸과 부인이 읽어주는 시를 들으며 눈을 감았다.

조숙했던 커크는 8살 때 월터 스코트의 소설을 탐독했고, 10살 무렵엔 빅토르 위고(Victor Hugo), 찰스 디킨스(Charles Dickens), 마크 트웨인(Mark Twain)의 작품까지 거의 다 읽었다고 한다. 이미 어머니가 읽어주던 책을 통해 많은 단어를 익혔기 때문이다. 『보수의 정신』에서 그 저자들의 책이 자유자재로 활용될 수 있었던 토대는 이처럼 어릴 때 만들어진 셈이다.

커크는 자신이 학교를 다녔던 때가 다행스럽게도 아직 존 듀이(John Dewy)의 실용적인 교육관이 공교육을 엉망으로 만들기 전이었다고 말했다. 따라서 전인 교양교육을 충분히 받았다는 주장이다. 그러나 커크를 연구한 학자들은 교사들에게서 배웠다기보다는 학교 도서관의 수많은 책을 탐독하며 생각의 힘을 길렀으리라 유추한다.

커크는 총각 시절 『보수의 정신』이 많이 팔려 비교적 넉넉해지면서 미코스타(Mecosta)로 거주지를 정한다. 디트로이트에서 북서쪽으로 200여 km이상 떨어진 마을이며 어머니의 외할머니가 살았던 곳이다. 벌목 산업이 한창이던 1800년대 말까지는 번창했으나 1900년대로 넘어오면서 한창 때보다 인구가 10분의 1로 줄었다. 주변에 호수가 100여 개나 되는 조용한 시골 마을이다. 어릴 때 어머니의 손을 잡고 기차 여행으로 자주 방문했기에 커크에겐 제2의 고향이나 마찬가지다. 커크는 그 외증조할머니의 집을 사들여 개축했고, 이모할머니 두 분에게는 인근에 별도로 집을 사드렸다. 미코스타 인근 호숫가에 오두막을 구입해 아버지와 새어머니(친어머니는 군 복무 중 암으로 사망했다)를 모셨고, 이모와 이모부에게도 집을 사주고 생활을 보살펴드렸다. 나중엔 부인 아네트의 부모까지 인근에 모시고 살았다.

커크는 숫기가 없어서 첫사랑에 실패한 채 40살이 넘도록 보헤미안처럼 홀로 살았다. 그러다 1960년 가톨릭계 여자대학 3년생이던 20여 년 연하의 아네트 이본 세실 쿠르트망쉬(Annette Yvonne Cecile Courtemanche)를 만나 사랑을 키웠고 1964년 가을에 결혼했다. 아네트는 인디안 조상에 아일랜드와 프랑스계가 섞인 캐나다인이었다. 아네트에 따르면 대학 3학년 2월 어느 토요일 뉴욕에서 열린 대학생들의 독서토론회에서 커크의 책『The American cause(미국의 뿌리)』독후감을 발표했고 점심식사 자리에서 그 저자와 나란히 앉게 됐다고 한다. 아네트는 "매력적이지만 수줍음이 많은 사람이라 여겼는데 디저트를 먹을 때쯤 우리는 같은 종류의 사람이라는 사실을 발견했다"고 말했다. 정치적으로 활발했던 아네트는 동부 해안가 대학들에 커크의 강연을 적극 주선하며 두 사람의 인연은 이어졌다. 커크도 2년 남짓 매일같이 장문의 편지를 아네트에 보내 각별한 마음을 드러냈다. 무신론자였던 커크는 아네트와 결혼하며 가톨릭 신자가 된다.

아네트에 따르면 커크는 말수가 적었고 사색적이었다. 반대로 자신은 적극적인 행동파였다고 한다. 그렇지만 30년간의 결혼 생활에서 이견을 보였던 대목은 단 두 가지였다. 전화 요금이 너무 많이 나와 말씨름을 했을 때와 공항에서 집으로 돌아오는 길을 선택하면서 풍광이 좋은 길로 돌아갈지, 아니면 고속도로를 택할지를 두고 티격태격했을 때다. 커크는 평생 운전을 하지 않았다. 누가 풍광이 좋은 길을 원했을지는 자명하다.

두 사람은 딸 4명을 잇달아 낳았다. 그리고 파이어티 힐(Piety Hill)이라 불린 커크의 미코스타 집은 이내 수많은 제자와 조력자들로 가득 찼다. 1970년에 벽돌 건물이 추가되면서 미혼모, 개과천선한 잡범들, 베트남 난민 가족, 자유를 찾아 조국을 등진 에티오피아인, 폴란드인, 크로아티아인를 비롯해 대학에 환멸을 느낀 대학 중퇴자들로 북적였다. 이중 가장 오래 살았던 클린턴 월러스(Clinton Wallace)은 도둑질 전과가 있는 부랑자로 감옥을 들락거리며 6년이나 식객으로 머물다가 어느 겨울 폭설에 길을 잃고 동사했다.

커크의 수입 절반은 강연료였다. 심지어 71살의 나이에도 1년에 3분의 1은 강연 여행을 해야 했다. 10여년 남짓 워싱턴(Washington D.C.)의 헤리티지 재단에서도 60회 이상의 강연을 했는데 같은 기간에 그렇게 많은 강의를 헤리티지 재단에서 한 학자는 그가 유일하다고 한다.

베스트셀러 작가가 아니면 원고 작성으론 그다지 돈이 되지 않았다. 1988년 미국인 전업 작가의 연평균 수입은 8,000달러가 채 안 됐다고 한다. 커크는 『보수의 정신』 출판과 함께 미시간주립대학의 교수직을 박차고 나온 대가를 평생 톡톡히 치러야 했다. 따라서 1994년 세상을 뜰 때까지 전업 작가(학자, 비평가, 편집자, 소설가)로 활약하면서 『The Roots of American Order(미국 질서의 뿌리)』, 『America's British Culture(미국 안의 영국 문화)』, 『The Politics of Prudence(사려 깊은 정치)』, 『Eliot and His Age(엘리엇과 그의 시대)』, 『Enemies of the Permanent Things(영원한 것들의 적들)』, 『Edmund Burke(에드먼드 버크)』, 『Redeeming the Time(세월 아끼기)』, 『John Randolph of Roanoke (로어노크의 존 랜돌프)』를 비롯해 평생 26권의 역사와 철학 분야의 전공 서적, 단편소설집과 소설 9권, 서평 255편, 다른 저자가 쓴 책의 머리말과 추천사 68편, 정기 간행물에 실린 에세이 814편, 신문 칼럼 3천 편 이상의 다작을 해야 했는지 모른다.

커크는 보통 사람들이 평생 읽어야 하는 양을 집필했다고 해도 과언이 아니다. 게다가 세상을 등질 때까지 보수사상 전파를 지지하는 각종 단체들의 재정 지원에 힘입어 파이어티 힐에서 진행한 세미나를 거쳐 간 교수와 학생들은 모두 2천여 명이었다고 한다.

군 시절 생화학 무기 연구소에 근무하면서 포스겐(Phosgene) 가스에 노출됐고 그 바람에 과장하자면 목소리가 헬륨가스를 들이킨 듯 아주 가늘어졌다. 그런 이유였는지 아니면 수줍은 성격 탓인지 커크의 말투는 언제나 우물거리는 듯했다. 어쨌든 커크는 모든 연설을 반드시 사전에 원고로 작성해 낭독했고 그 덕에 그의 강연은 나중에 책으로 묶여 나올 수 있었다.

야행성으로 밤을 새워 글을 쓰고 아침에 식사를 한 다음 다시 잠을 자기 시작해 낮 12시쯤 깨어나는 특이한 생활습관을 유지했다고 한다. 커크의 전기를 집필한 작가들은 부인 아네트가 없었다면 커크가 파이어티 힐에서 각종 세미나를 열어 자신의 생각을 피력하고, 원고를 집필하며 대가족에 수십 명의 식객까지 거느리지 못했을 것이라고 말한다.

커크는 아내가 언제나 옷은 중고만 사서 입을 정도로 검소했다고 말했다. 두 사람은 나중에 경제적으로 쪼들리고 집안어른들이 돌아가시자 그들에게 사주었던 집을 다시 팔기 시작했다. 그러면서도 끝까지 책을 사들여 수천 권의 장서를 지닌 개인 도서관을 유지했지만 나중엔 모두 힐즈데일대학에 팔아야 했다. 물론 커크 가족이 그 도서관을 마음대로 이용할 수 있다는 조건을 붙였다. 커크가 세상을 뜨고 나서도 부인 아네트는 1995년부터 "문화 부흥을 위한 러셀 커크 센터(The Russell Kirk Center for Cultural Renewal)"를 운영하며 영원한 것들을 보호하자는 커크 박사의 유지를 이어간다.

『보수의 정신』에서 한국(Korea)은 단 한 차례 언급된다. 책의 말미다. 사회적 균형을 결정하는 문명 체계의 경제적 중심이 역사적으로 점차 서쪽으로 옮겨갔다는 어느 미국 사상가의 주장에 담겨 있다. 그에 따르면 바빌론에서, 콘스탄티노플, 이탈리아의 베네치아, 네덜란드의 앤트워프, 영국의 런던, 미국의 뉴욕으로 경제의 중심이 이전됐다. 그 사상가에 따르면 마지막 경제적 대결은 중국과 한국에서 미국과 러시아가 맞붙는다고 했다.

『보수의 정신』은 보수주의를 보는 다양한 시각의 하나다. 1950년대 초에 처음 집필됐기 때문인지 때론 그 표현과 어법이 지나치다 싶을 정도로 고색창연하고 현학적이다. 결코 읽기 쉬운 책은 아니다. 커크 박사의 둘째 딸 세실리아 넬슨(Cecilia Nelson)도 "고상한 문체 때문에 심지어 교양 있는 미국인들도 이해하기 힘들어 한다"고 전했다.

이 책을 읽기 전과 후로 역자는 분명 달라졌다. 적어도 정치와 정치인, 정부와 국가를 보는 눈이 조금 생겼다. 더 크게 말하면 인간과 역사를 보는 시각이 길러졌다. 아직 그리 대단한 수준은 아닐 것이다. 그러나 비유컨대 이 책을 읽기 전 아예 눈을 감았었다면 이제는 실눈이라도 떴다고 말할 수 있다.

보수주의는 독재나 재벌의 이해를 대변하는 사상이 아니다. 어떤 일관된 논리 체계가 있는 이념도 아니다. 보수주의를 굳이 몇 마디로 요약하자면 인간은 대단히 불완전한 존재여서, 지상 낙원이나 천국을 지구상에 구현할 방법이 없으니 조금씩 노력해 더 나은 사회를 이루도록 최선을 다하자는 생각이다. 동시에 이 지구는 조상들이 살았고 후손이 살아갈 곳이니 지금 우리가 처음이자 마지막으로 사는 땅인 듯 마음대로 행동하지 말고 충분히 겸손해야 한다고 요구한다.

뒤늦게나마 이런 책을 번역하여 국내 독자들에게 전할 수 있어 매우 기쁘게 생각한다. 정치에 조금이라도 관심 있는 사람이라면 마땅히 읽어야 할 책이기 때문이다. 정치를 공부하는 학생에게나, 현실 정치에 참여하는 사람에게 자신의 정치적 정체성이 무엇인지 분명하게 깨닫도록 해주리라 믿어 의심치 않는다.

책을 읽기 시작하자마자 오리무중이었던 생각이 확 풀리는 듯했다. 그러나 읽으면 읽을수록 머리와 마음을 무겁게 했다. 한국 정치가 맞닥뜨린 문제에 시원한 해답을 주지는 않았기 때문이다. 그 해답으로 가는 길이 참으로 지난하겠다는 좌절감까지 내리 눌렀다. 그러나 이제부터라는 결의와 용기도 용솟음쳤다. 독자들에게도 역자가 느꼈던 그런 지성의 축제가 그대로 전해졌으면 한다. 그러나 책을 읽는 내내 교차하던 그 청량감과 이율배반적인 고통을 얼마나 제대로 옮겼는지 자신이 없다.

최선을 다해 번역했다. 그러나 만족스럽지는 않다. 군데군데 미심쩍은 부분이 없지 않다. 오역을 발견하면 주저 없이 theconservativemind@naver.com으로 질타해주시길 바란다. 서양의 전통과 문화에 저자만큼의 배경 지식이 없는 역자로서는 사실 많은 부분 역부족이었다. 이 책이 그 오랜 세월이 지나도록 왜 아시아에서 한 번도 완역되지 않았는지 절감할 수 있었다. 일본 요미우리(讀賣)신문사의 출판 부문인 중앙공론사(中央公論社)가 교도(共同)통신 출신 원로 기자에게 의뢰해 최근에야 번역에 들어갔다는 소식을 커크의 둘째 딸과 주고받은 이메일로 알게 됐다.

쉽지 않았던 번역 과정에서 도움을 준 사람들이 여럿이다. 우선《뉴스위크》한국판의 이원기 전 편집장이 가장 고맙다. 수수께끼 같은 문장에 부딪칠 때마다 돌파구를 열어주었다.《코리아 중앙 데일리(Korea JoongAng Daily)》의 편집장이었던 찰스 셔먼(Charles Sherman)도 미로 같은 문장들을 함께 걸어주었다. 레그너리(Regnery) 출판사의 매슈 매스키노(Matthew Maschino)의 조언도 큰 도움이 됐다. 지상 최대의 도서관 구글(Google) 덕분에 『보수의 정신』에 인용됐던 책들을 영인본으로 만났고 그에 힘입어 저자의 글을 조금 더 이해할 수 있게 됐다.

이 번역서가 책으로 모습을 갖추어가기까지는 지식노마드 출판사 노창현 편집위원의 노고도 컸다. 첫 번째 독자로서 역자가 빠트리거나 오역한 대목을 찾아내 바로잡도록 해주었다. 또 단어의 선택과 위치가 바뀌며 훨씬 더 읽기 쉽고 뜻이 명료해졌다.

지난 1년여 혼신을 다하도록 늘 격려해주던 민국홍 선배의 따뜻한 마음을 간직하려고 한다. 아울러 번역에 매달리며 아들과 가장의 역할을 게을리 했던 역자를 크게 나무라지 않은 가족들도 너무 고맙다. 마지막으로 이 책의 한 구절을 인용하면서 이 글을 마친다.

"보수주의자들은 무장한 교리와 이념의 통제에 저항한다. 그들은 진정한 정치사상의 올바른 추론을 회복하려 노력한다. 비록 이 땅에 천국을 창조할 수는 없지만 이념에 사로잡히면 지구상에 지옥을 만들어낸다는 생각을 견지한다. 정치적 정상성의 회복이 진행되는 동안 보수주의자들은 종종 단호한 외교적 군사적 결정을 통해 질서, 정의, 자유를 훼손하려는 자들에 맞서서 버텨내야 한다."

2018년 3월

이재학

CONSERVATIVE

차례

MIND

완전히 야만적인 나라가 아니라면 좋든 나쁘든 하나의 철학이 있기 마련이다. 실천을 무시하는 태도는 어리석고 실없기에 이론과 사색만 이야기하는 것은 경멸스러운 풍조일지 모른다. 그럼에도 우리가 사는 현 시기에 존재하는 사색의 정신이 있고, 그 정신이 종교와 법, 도덕 , 심지어 미술, 풍습, 유행의 바탕이라는 사실을 증명하기는 어렵지 않다. 대다수의 사람들이 황혼 속의 박쥐처럼 시대의 철학을 반향과 굴절로만 알고 느낀다고 해서, 그 사실이 틀렸다고는 결코 이야기할 수 없다.

_콜리지, 『Essays on His Own Times(당대를 읽는 에세이)』

THE CONSERVATIVE MIND

I

보수주의의 핵심 기둥

　　　　　　　:
　　　　　　　:

　　"바보들의 무리", 존 스튜어트 밀[i]은 보수주의자들을 이렇게 묘사했
다. 그러나 이 말은 재평가할 필요가 있다. 19세기의 또 다른 자유주의
자들이 영원한 승리를 장담하며 의기양양하게 내뱉었던 여러 단정적인
선언들도 마찬가지다. 특히 자유주의적이고 급진적인 개념들이 해체되
는 이 시대에는 더욱 그러하다. 분명히 둔감하고 지각없는 많은 사람들
이 보수주의의 대의에 무관심했다. "실천적인 목적에서 보자면 보수주의
자들은 아무 말도 안 하고 가만히 앉아서 생각하거나, 아니 그저 가만히
앉아 있기만 해도 충분했다"고 헌쇼[ii]는 말했다.[1] 가장 위대한 보수주의
사상가인 에드먼드 버크도 보수주의자에게 확실한 건 선입견과 규범일
뿐이라는 그 소박한 사람들의 특질을 기꺼이 인정했다. 애정을 담아 그
들을 영국의 떡갈나무 아래에서 한가로이 노니는 소에 비유하기도 했다.
급진적인 개혁이라는 곤충의 윙윙거림에 무관심한 채 말이다. 그러나 보
수주의의 원칙은 지난 200여 년 동안 천재적 지성인들의 옹호를 받아왔
다. 이 책의 목적은 이 혼란의 시대에 과연 보수주의가 어떤 의미를 지니
는지 따져보면서 그 개념을 검토하는 데 있다. 그러나 이 책에서 보수당
의 역사를 다루지는 않았다. 이 연구는 보수주의를 정의한 장문의 글이
다. 영국과 미국의 보수주의는 무엇인가? 영국과 미국의 공통적인 그 무
엇이 프랑스혁명 이후 풍미한 급진적 이론과 사회변혁에 맞서 싸우도록

---

i　John Stuart Mill(1806~1873): 영국의 사회학자, 철학자, 정치경제학자. 방대한 저술을 남겼다.
ii　F. J. C. Hearnshaw(1869~1946): 영국의 역사학자.

보수적 성향의 사람들을 이끌었는가?

　아일랜드 사법부의 중심인 사(四)재판소[i]의 돔 지붕 동쪽, 더블린의 리피 강 옆을 좀 걷다 보면 낡은 출입구가 있는 막다른 벽을 만나게 된다. 이 막다른 벽은 18세기 주택의 지붕이 뜯겨나간 잔해다. 애런 키 12번지. 전에는 3층짜리 벽돌 건물이었다. 중산층 신사의 집이었다가 상점으로 전락했고, 다시 하급 행정 업무를 처리하는 관공서로 이용되다가 1950년에 철거됐다. 1729년 에드먼드 버크가 태어난 이래 아일랜드 사회에 벌어진 엄청난 변화를 보여주는 하나의 사례. 근대 더블린의 기억은 오코넬[ii] 시대 이전으로 거슬러 올라가지 않는다. 그래서일까, 버크의 생가를 철거했지만 아무런 대중적 저항도 발생하지 않았다. 최근 들어 키 지역의 다른 고가들도 잇달아 철거됐다. 18세기 건축물이 있던 대부분의 지역은 버려진 채로 남아 있다. 물리적 과거는 이렇게 시들어간다. 버크의 생가(아니 그 슬픈 잔재) 뒤로는 그가 세례를 받았던 세인트 미선(St. Michan) 교회 쪽으로 쓰러져가는 벽돌 건물들이 죽 늘어섰고 맨발의 아이들이 무너진 담장 위에서 뛰놀고 있다. 오코넬 거리로 들어서면 얼마 지나지 않아 트리니티대학의 고풍스러운 정문, 그리고 버크와 골드스미스[iii]의 흉상을 만나게 된다. 북쪽 파넬 광장 근처에서는 확성기로 아일랜드 독립을 이끄는 방법을 외치는 웅변가들을 보게 될지도 모른다. 그렇다면 당신은 버크와 함께 잠시 상념에 잠겨도 된다. "우리는 지금 어떤 그림자이며 어떤 그림자를 좇고 있는가!"

---

i　아일랜드의 사법부 중앙 건물. 현재는 최고재판소, 고등재판소, 순회재판소가 있으나 2010년 이전까지는 중앙형사재판소도 이 건물을 썼다.
ii　Daniel O'Connell(1775~1847): 아일랜드의 독립을 위해 노력한 정치가.
iii　Oliver Goldsmith(1728~1774): 아일랜드의 소설가이자 시인.

버크의 시대 이후 더블린은 커다란 변화를 겪었다. 그러나 방문객에게 때때로 아일랜드는 아직 전통이 보존된 곳처럼 여겨진다. 더블린은 보수적인 옛 도시이다. 버크는 1790년 불타는 에너지가 담긴 수사를 동원해 우리 시대의 사회상을 다음과 같이 예고했다. 전통을 매도하고 평등을 외치며 변화를 환영하는 세계, 루소(Jean Jacques Rousseau)를 꽉 붙들어 삼켜버리고는 더 급진적인 예언자를 요구하는 세계, 산업주의로 더럽혀지고 대중으로 규격화되고 정부로 통합된 세계, 전쟁으로 불구가 되고 동서의 거대한 대립 사이에서 떨며 무너진 바리케이드 너머로 소멸의 심연을 바라보는 세계라고 말이다. 대체로 급진적인 사상가들이 이 시대를 지배해왔다. 지난 150년간 보수주의자들은 전투에서 졌다. 방어하며 뒷걸음질치다 몇 번 이겼을 뿐 사실상 패배의 연속이었고, 그것도 일패도지였다.

그러나 이 기진맥진한 패배의 원인이 무엇인지는 분명하지 않다. 일반적으로 두 가지 설명이 가능하다. 우선 근대에 접어들며 계속해서 물질이 주도권을 잡았다. 따라서 보수주의의 이념이 아무리 건전해도 산업주의, 중앙 집중화, 세속화, 평등화를 추동하는 터무니없는 힘에 저항하기 어려웠다. 두 번째로는 보수주의 사상가들에게 시대의 난제에 맞설 만한 통찰력이 결여됐기 때문이다. 이 두 가지의 설명에는 조금씩 그 근거가 있다.

이 책은 보수주의 사상을 다루었다. 따라서 보수주의의 패배를 촉진했거나 그 결과이기도 했던 물질적 힘이나 정치적 사조를 다룰 지면은 거의 없다. 비슷한 이유로 보수주의의 급진적 경쟁 상대도 제한적으로 다룰 수밖에 없다. 그러나 1790년 이후의 정치사들은 비교적 잘 정리돼 있고 그 덕에 자유주의와 급진주의의 내용은 대중의 마음에 충분히 자리 잡았다. 반면 보수주의를 기록한 역사가는 거의 없다. 프랑스와 독일의 보수주의 연구(버크, 드 메스트르[i], 보날드[ii], 기조[iii], 겐츠[iv], 메테르니히[v] 그리고 다른 십여 명의 학자들 덕에 영국과 미국의 보수주의 사상은 잘 연결돼 있다)에 흥미로운 부분이 많이 있지만 이 자리에서 다 다루기에는 너무 복잡한 주제다. 대륙의 사상가들 중에서는 유일하게 토크빌[vi]만이 이 책에서 제대로 다루어진다. 그가 미국인과 영국인에게 지속적인 영향을 미쳤기 때문이다.

이 책은 오래 확립된 질서와 전통을 존중한 영국과 미국의 사상가들만 다루었다. 1790년 이래 미국과 영국만 혁명을 피했다. 이는 영국과 미국의 보수주의가 꾸준히 성장했고 그것의 철저한 연구가 보람 있는 일이 되리라는 반증으로 보인다. 그러나 연구 대상을 조금 더 제한하고자 버크와 일맥상통하는 사상가들만 분석했다. 버크와 그 추종 세력이 보수주의 원칙의 진정한 학파라는 신념에 따라 로[vii] 같은 가장 반민주적 자유주의자들, 스펜서[viii] 같은 극단적 반정부 개인주의자들, 칼라일[ix] 같은 가장

---

i   Joseph de Maistre(1753~1821): 프랑스의 보수주의 철학자, 작가, 외교관. 프랑스혁명 직후 군주제 국가를 옹호했다.
ii Louis Gabriel Ambroise de Bornald(1754~1840): 프랑스의 반혁명 철학자이자 정치가.
iii François Pierre Guillaume Guizot(1787~1874): 프랑스 역사가이자 정치가.
iv Friedrich von Gentz(1764~1832): 독일의 정치가이자 철학자.
v   Klemens Wenzel Lothar von Metternich(1773~1859): 오스트리아 제국의 외무장관. 보수주의자로 1848년 프랑스 2월 혁명으로 자리에서 물러날 때까지 빈 의회 의장이었다. 후에 영국으로 망명했다.
vi Alexis de Tocqueville(1805~1859): 프랑스의 외교관이자 정치 역사학자.
vii Robert Lowe(1811~1892): 영국의 정치인, 19세기 후반 글래드스턴 총리 밑에서 각료를 지냈으며 선거제 개혁에 반대했다.
viii Herbert Spencer(1820~1903): 영국의 철학자. 생물학자이자 인류학자. 빅토리아 시대의 고전적 자유주의 정치학 이론가. 다윈의 『종의 기원』을 읽고 "적자생존"이란 표현을 만들어냈다.
ix Thomas Carlyle(1795~1881): 스코틀랜드 철학자이자 작가.

반의회주의적 문필가들을 연구 대상에서 제외했다. 버크의 동시대 인물들이었던 미국의 연방주의자들까지, 이 책에서 논의되는 모든 보수주의 사상가들은 모두 위대한 휘그의 영향력 아래 있었다. 비록 때때로 버크의 사상이 그들에게 침투했지만 오직 휘그라는 하나의 지적 시각을 통해서만 이뤄졌다.

근대적 의미의 의식적인 보수주의는 1790년 버크가 『프랑스혁명에 관한 고찰』을 출간하면서 그 모습을 드러냈다. 그 해 버크의 예언적 힘은 대중의 의식에 처음으로 보수와 혁신의 두 기둥을 각인했다. 프랑스 혁명의 노래는 우리 시대의 개막을 선언했다. 영국 북부의 석탄과 증기의 거무튀튀한 에너지는 또 다른 혁명의 조짐이었다. 이보다 앞선 영국 보수주의의 발자취를 좇으려 한다면 곧 휘그당원이나 토리당의 이념을 비롯한 지적인 골동품 연구에 빠지고 만다. 왜냐하면 근대적인 문제의 초창기 모습이 있긴 했어도 아직 분명하게 정리돼 있지는 않았기 때문이다. 시민 쥐네[i]나 토머스 페인[ii]이 프랑스적 자유의 열정을 대서양 너머에서 가져오기 전까지 미국 내 보수주의자와 급진주의자들의 투쟁도 그렇게 격렬하지 않았다. 실질적으로 미국 독립혁명은, 영국의 정치 전통에서는 왕정의 혁신에 반대하는 보수 반동이었다. 버크에 앞서는 보수주의 설교자를 찾으려 애쓴다 할지라도 종교적 회의주의 때문에 볼링브룩[iii]이라는 인물에서 만족하기는 어렵다. 마키아벨리적인 홉스[iv]나 낡은 전제주

---

i   Edmond-Charles Genêt(1763~1834): 시민 쥐네로도 알려졌다. 프랑스혁명 시기 프랑스가 영국, 스페인과 벌이는 전쟁을 미국이 지지하도록 권유하려고 미국에 대사로 파견되었다.
ii Thomas Paine(1737~1809): 영국 태생의 미국 정치 운동가. 미국을 건국한 국부 중 한 사람이다.
iii Henry St. John, 1st Viscount Bolingbroke(1678~1751): 영국의 정치가이자 철학자. 토리당 지도자.
iv Thomas Hobbes(1588~1679): 영국의 정치철학자. 최초의 민주적 사회계약론자.

의자 필머ⁱ도 마찬가지다. 물론 포클랜드ⁱⁱ, 클라렌든ⁱⁱⁱ, 핼리팩스^{iv}, 스트래퍼드^v는 연구할 만한 대상이다. 심오한 보수적 논점을 발견한 리처드 후커^{vi}는 더더욱 그렇다. 버크는 영국국교회주의와 함께 후커의 사상을 많이 추종했다. 후커는 중세의 스콜라 철학자들에게서 일부 사상적 영향을 받았다. 이런 식으로 거슬러 올라가다 보면 16세기로, 13세기로 자꾸 넘어간다. 그러나 이 책은 현대적 문제에 국한한다. 따라서 실질적으로 버크가 우리가 논하려는 보수주의의 창시자다.

캐닝^{vii}, 콜리지, 스코트^{viii}, 사우디^{ix}, 워즈워스^x의 정치적 신념은 버크의 상상력에서 비롯된다. 해밀턴^{xi}과 존 애덤스^{xii}는 미국에서 버크를 읽었다. 랜돌프^{xiii}는 버크의 사상을 미국의 남부에서 선포했다. 버크의 프랑스 제자들은 보수주의자라는 단어를 채택했다. 한때 소(小)피트^{xiv}와 포틀랜드^{xv}

---

i Robert Filmer(1588~1653): 영국 정치가이자 정치철학자. 왕권신수설을 옹호했다.

ii Lucius Cary, 2nd Viscount Falkland(1610~1643): 영국의 작가이자 정치가. 왕정 옹호론자.

iii Edward Hyde, 1st Earl of Clarendon(1609~1674): 영국의 왕당파 정치가이자 역사가.

iv George Savile, 1st Marquess of Halifax(1633~1695): 영국의 정치인이자 학자. 1660년 하원의원이었고 1668년 귀족이 된 다음 상원의원이 됐다.

v Thomas Wentworth, 1st Earl of Strafford(1593~1641): 영국의 정치가. 의회에 맞서 왕권을 수호하려 했다.

vi Richard Hooker(1554~1600): 영국국교회 사제이자 신학자.

vii George Canning(1770~1827): 영국의 정치인. 토리당 정치인으로, 여러 총리 밑에서 각료로 재직했으며 죽기 넉 달 전 총리로 취임했다.

viii Sir Walter Scott(1771~1832): 스코틀랜드의 역사소설가.

ix Robert Southey(1774~1843): 영국의 낭만파 호반시인, 계관시인. 친구인 워즈워스와 콜리지의 명성에 조금 가려졌다.

x William Wordsworth(1770~1850): 영국의 낭만파 시인.

xi Alexander Hamilton(1755 or 1757~1804): 미국의 초대 재무장관. 미국 건국의 아버지로 불린다.

xii John Adams(1735~1826): 미국의 초대 부통령이자 2대 대통령. 변호사이자 외교관이었으며 그의 아들은 미국의 6대 대통령이었다.

xiii John Randolph(1773~1833): 미국의 정치가. Randolph of Roanoke으로도 알려졌다. 러시아 주재 대사를 지냈으며 한때 하원에서 토머스 제퍼슨을 대변했다.

xiv William Pitt the Younger(1759~1806): 토리 정치인. 24살에 영국의 최연소 총리를 역임했다. 1804년에서 사망 전까지 총리로 재직했으며 재무장관을 겸임했다.

xv 3rd Duke of Portland(1738~1809): 영국의 휘그에서 토리로 변신한 정치인. 두 차례 총리를 역임했으며 옥스포드대학 총장을 지내기도 했다.

의 추종자였던 크로커[i], 캐닝, 필[ii]은 함께 힘을 합쳐 더 이상 토리도 아니고 휘그도 아닌 위대한 정당에 이 보수주의란 이름을 갖다 붙였다. 토크빌은 자신의 자유주의적 목적에 맞게 버크의 지혜를 활용했다. 맥컬리[iii]는 버크 사상의 개혁적 특징을 그대로 복제했다. 이들은 버크의 전통을 후대에 전한 사람들이다. 그런 제자들을 둔 버크를 보수주의의 진수라고 말한다 해도 누가 감히 부인할 수 있겠는가. 그럼에도 헤겔(Hegel)을 버크의 보좌 신부쯤으로 만들려고 노력한 일부 저명한 학자들도 있었고, 새뮤얼 존슨[iv]은 흄[v]에 관해 "경(卿)이여, 그 친구는 공교롭게도 토리입니다"라고 말하기도 했다. 토크빌의 말처럼 헤겔의 보수주의도 비슷하게 우연일 뿐이다. "헤겔은 오래전부터 형성된 당대의 권력에 복종할 것을 요구했다. 그는 당대의 권력이 존재 그 자체만으로도, 또 그 근원을 따져서도 정당하다고 믿었다. 그를 연구하는 학자들은 다른 종류의 권력을 형성하려 한다. …이 판도라의 상자로부터 온갖 도덕적 질병이 쏟아져 나와 사람들은 아직도 고통받는다. 그러나 나는 이 세속적이고 사회주의적 철학에 일반적인 거부감이 형성되고 있다고 이미 지적했다"고 토크빌은 말했다.[2] 슐레겔[vi], 괴레스[vii], 슈톨베르크[viii]와 프랑스의 테느[ix]학파는

---

i　John Wilson Croker(1780~1857): 아일랜드 출신 정치인이자 작가.
ii　Sir Robert Peel(1788~1850): 근대 영국 보수당의 창설자 중 한 명으로, 영국의 보수당 소속 총리를 두 번 역임했다.
iii　Thomas Babington Macaulay(1800~1859): 영국의 역사학자이자 휘그 정치인.
iv　Samuel Johnson(1709~1784): 영국의 시인이자 비평가. 헌신적인 토리이자 국교회주의자. 흔히 존슨 박사(Dr. Johnson)로도 불린다.
v　David Hume(1711~1776): 스코틀랜드 철학자이자 역사가. 실증주의, 회의주의, 자연주의로 유명하다.
vi　Karl Wilhelm Friedrich Schlegel(1772~1829): 독일의 시인이자 문학평론가, 철학자.
vii　Joseph von Görres(1776~1848): 독일의 철학자이자 역사학자, 신학자, 언론인.
viii　Leopold Stolberg(1750~1819): 독일의 시인이자 법률가.
ix　Hippolyte Taine(1828~1893): 프랑스 비평가이자 역사학자.

헤겔과 버크를 동시에 흠모한다. 그것이 아마도 그들의 유사성과 동시에 근본적인 적대성이라는 혼란스러움을 설명해주는지도 모른다. 버크는 헤겔의 형이상학만큼이나 그의 문체도 혐오했으리라 생각된다. 헤겔 자신은 버크를 읽지 않았다고 보인다. 이 두 사람이 같은 사상 체계의 서로 다른 얼굴을 보여준다고 생각하는 사람은 정치적 의미에서 권위주의와 보수주의를 혼동할 위험이 있다. 마르크스(Marx)는 헤겔의 학문적 저장고에서 무언가 꺼내 쓸 수 있었다. 그러나 버크에게서는 본인의 뜻에 맞는 어떤 것도 찾아낼 수 없었다.

그러나 그러한 구별은 서문보다는 결론에서 더 적절하다. 지금으로선 보수주의의 기본적인 정의가 필요하다.

어떤 학식 있는 보수주의자도 심오하고 미묘한 보수주의의 지적 체계를 서너 마디의 그럴듯한 문구로 정리하기를 꺼린다. 그는 차라리 그런 솜씨를 급진주의자들의 열정에 양보하길 원한다. 보수주의는 고정불변한 교리의 묶음이 아니다. 보수주의자는 시대에 맞게 보수주의를 새롭게 표현해내는 재주를 버크로부터 물려받았다. 그럼에도 실천적인 관점에서 사회적 보수주의의 핵심은 인류의 오랜 도덕적 전통을 보호하는 데 있다고 말할 수 있다. 보수주의자들은 조상들의 지혜를 존중한다(이런 구절은 버크가 자세히 설명하기 이전에 이미 스트래퍼드와 후커가 사용했다). 보수주의자들은 전면적인 개조나 변화를 의심스러워한다. 보수주의자들은 사회가 영생하며, 섬세한 법률 체계를 지닌 영혼이 있는 실체라고 생각한다. 마치 기계나 상대하듯 한꺼번에 없애고 다시 만들 수 있는 존재가 사회라고 생각하지 않는다. "보수주의는 무엇인가"라고 한때 에이브러햄 링컨(Abraham Lincoln)은 물었다. "새롭고 아직 시도하지 않은 것보다, 낡고 여러 번 해본 그 무엇을 고수하는 게 보수주의 아닌가?" 맞다. 그러나 거기서 한발 더 나아간다. 헌쇼는 『Conservatism in England(영국의 보수주의)』라는 책에서 보수주의의 원칙을 열 개 남짓 언급했다. 그러나 조금 더 간략한 목록으로 정리해서 이해할 필요가 있다. 나는 보수주의 사상의 핵심 기둥을 다음 여섯 개로 정리해 보았다.

(1) 초월적 질서 또는 자연법 체계가 사회와 인간의 양심을 지배한다는 믿음. 정치적 문제는 궁극에 이르면 종교적이고 도덕적인 문제들이다. 협소한 합리화, 이른바 콜리지가 말하는 이해[i] 그 자체로는 인간의 필요를 모두 충족시키지 못한다. "모든 토리는 현실주의자다"라고 키이스 펠링[ii]은 말했다. "보수주의자는 인간의 철학이 헤아리거나 납득하지 못할 위대한 힘이 하늘과 땅에 존재한다는 사실을 안다."[3] 진정한 정치는 영혼의 공동체에서 반드시 구현되어야 할 신의 섭리를 이해하고 적용하는 기술이다.

(2) 협소한 획일성과 평등주의 그리고 모든 급진적 체계가 가진 공리주의적 목적이 아니라 다양성의 확산과 인간 존재의 신비에 느끼는 애정. 다시 말해 보수주의자들은 로버트 그레이브스가 말하는 "논리우선주의(Logicalism)"의 사회를 거부한다. 이러한 신념은 "기쁨의 보수주의"라 불렸다. 인생은 살 만한 가치가 있다는 느낌이며 월터 배젓[iii]에 따르면 "활

---

i 콜리지에 따르면 감각과 사고의 합법적 교류로 만들어지는 지식이 이해라고 했다. 반면 이성은 경험에서 직접 온다고 했다. 이해는 직접적인 경험이 강요하는 정보를 받아 논리와 합리라는 법칙에 적용했을 때 얻어진다. 따라서 이해의 힘은 우리의 직접적인 경험 밖에 있는 무엇을 알게 한다. 그리고 이해의 발견이 서양의 계몽을 이끌었다고 콜리지는 생각한다.

ii Keith Feiling(1884~1977): 영국의 보수주의 역사학자이자 옥스퍼드대학 교수.

iii Walter Bagehot(1826~1877): 영국의 언론인이자 기업가이며 수필가로 정부와 경제, 문학 분야의 글

기찬 보수주의의 바람직한 원천"이다.

(3) 문명화된 사회는 "계급 없는 사회"가 아니라 질서와 계급을 요구한다는 확신. 당연히 보수주의자들은 종종 "질서를 존중하는 사람"으로 불린다. 만약 인간의 자연적 차별이 사라지면 그 진공 상태는 몇몇 과두 지배자가 차지한다. 신의 판단 앞에서 인간은 궁극적으로 모두 평등하며, 법 앞에서 누구나 평등하다는 생각은 보수주의자들도 인정한다. 그러나 조건의 평등은 노예 상태와 지루함의 평등이라고 생각한다.

(4) 자유와 재산은 밀접하게 연결된다는 신념. 재산을 사적 소유에서 떼어내면 국가(Leviathan)가 모든 것을 지배하게 된다. 경제적 평준화는 경제적 진보가 아니라는 견해를 유지한다.

(5) 법률과 규범을 믿고 추상적 설계에 따라 사회를 구성하려는 "궤변론자, 숫자로만 생각하는 사람과 경제학자"를 불신함. 관습, 일반적으로 널리 합의된 지혜, 오래된 규범은 인간의 무정부적인 충동과 권력을 추구하는 개혁가들의 탐욕을 모두 다 견제한다.

(6) 변화가 유익한 개혁이 아닐 수 있다는 인정. 급작스런 개혁은 진보를 알리는 횃불이기보다는 모든 것을 삼켜버리는 대화재일지도 모른다. 물론 사회는 변화해야 한다. 신중한 변화야말로 사회를 보존하는 수단이다. 그러나 지도자들은 신의 섭리를 고려해야 한다. 플라톤(Plato)과 버크에 따르면 지도자의 주요 덕목은 신중함이다.

을 많이 남겼다.

i sophisters calculators and economists: 버크가 『프랑스혁명에 관한 고찰』에서 프랑스혁명으로
　기사의 시대가 가고 궤변론자 등등의 시대가 왔다며 사용한 어법.

이 여섯 개의 기둥에서 번져간 다양한 이야기가 있다. 이에 딸린 부속적 의견도 많이 있다. 그러나 보수주의자들은 대개 지난 200년간 위와 같은 신념이나 정서를 견지해왔다. 보수주의자의 적들이 어떤 신념 체계를 보유하는지 몇 마디로 분류하기는 더 어려울지 모른다. 버크가 정치에 입문한 이래 지금까지 대체로 대중의 사랑을 받으려 애쓴 급진적 주요 사상은 다섯 가지로 나눠볼 수 있다. 합리주의 철학, 루소와 그 동지들의 낭만적 해방론, 벤담 지지자들의 공리주의, 콩트(Comte)학파의 실증주의, 마르크스와 다른 사회주의자들의 집단적 유물론이 그것이다. 그러나 보수적 질서의 첫 번째 원칙을 가장 많이 훼손한 다윈주의 등의 과학적 학설은 제외했다. 이 여러 급진적 사상을 관통하는 공통적인 요소를 몇 마디로 정리하려는 것은 주제넘은 짓이며, 보수주의의 철학적 교의에도 어긋나는 일이다. 그럼에도 거칠게 일반화를 해본다면 1790년 이래 급진주의는, 규범적 가치에 따라 확립된 사회를 다음과 같은 이유로 공격했다.

(1) 인간은 완벽해질 수 있고 사회는 무한히 발전할 수 있다는 사회 개량론(Meliorism). 급진주의자들은 교육, 법률의 제정, 환경의 개선으로 신과 유사한 인간을 만들어낼 수 있다고 믿는다. 그들은 인간의 폭력적 성향과 죄를 범하는 자연스러운 성향을 부정한다.

(2) 전통 경멸. 사회복지를 이끌어내는 방법으로 조상들의 지혜를 신뢰하기보다는 이성과 충동, 물질적 결정론을 몇 배나 더 선호한다. 국가가 인정하는 종교를 부정하며, 그 대안으로 다양한 이데올로기들을 제공한다.

(3) 정치적 평준화. 질서와 특권을 규탄한다. 실행 가능한 한 직접적이

고 완전한 민주주의를 급진주의자의 이상이라고 내세운다. 일반적으로 이와 유사한 정신에 따르면 전통적인 의회주의를 혐오한다. 그리고 중앙집중화와 통합을 열성적으로 갈구한다.

(4) 경제적 평준화. 예전부터 내려온 재산권, 특히 토지소유권을 모든 급진주의자들은 의심한다. 집산주의적인 개혁가들은 철저하게 사유재산권 제도를 공격한다.

다섯째 이유는 국가의 기능을 보는 급진주의자들의 공통적인 견해에서 찾을 수 있을지 모른다. 그러나 이 대목에서 각 그룹의 생각들이 서로 크게 달라서 만족스럽게 일반화하기는 어렵다. 단 하나, 국가의 운명을 신이 정한다는 버크의 묘사를 혐오한다는 데는 모든 급진주의 사상이 일치한다. 더불어 죽은 자와 산 자 그리고 앞으로 태어날 세대를 포함한 모든 사람들의 도덕적 연대에 의지해 사회가 영속된다는 버크의 개념, 즉 영혼의 공동체라는 생각도 혐오한다.

이 정도로 기초적인 윤곽을 마무리하자. 결국 급진주의자는 변화를 사랑하는 신자주의자(neoterist)다. 반면 보수주의자는 주베르[i]와 함께 "이것이 한 세대에서 다음 세대를 연결해주는 꺾쇠다"[ii]라고 말하는 사람들이다. 그 꺾쇠가 바로 "정치와 종교의 오랜 제도들"이라고 말하는 사람들이다. 그대의 아버지가 바라보았던 것들을 아끼라[iii]. 만약에 이 이상으로 보수주의의 정의를 찾으려 한다면 하루빨리 특정한 사상가를 찾는 편이 훨씬 더 안전하다. 보수주의자들은 이 책에서 정치 지도자, 비

---

i   Joseph Joubert(1754~1824): 프랑스의 도덕주의자이자 저술가.
ii Ce sont les crampons qui unissent une génération à une autre.
iii Conservez ce qu'ont vu vos pères.

평가, 형이상학자, 지성인 등으로 묘사된다. 나폴레옹(Napoleon)이 잘 알고 있었듯이 정당의 지도자가 아니라 상상력을 가진 인물이 역사의 궁극적 방향을 결정한다. 나는 그런 기준에 따라 내가 원하는 보수주의자들을 선택했고 그들을 설명해나가려 한다. 솔즈베리 경[i], 스토리[ii] 대법관 등 조금 더 쓰고 싶은 보수주의 사상가들이 있었다. 버크의 제자 중에 흥미로웠던 아널드, 몰리[iii], 브라이스[iv]도 있었지만 굳이 다루지는 않았다. 이들은 정통파 보수주의자가 아니었기 때문이다. 그러나 1790년부터 1986년까지 보수주의의 주류는 빼놓지 않고 다루었다.

혁명적인 시기에 인간은 때때로 온갖 신기한 경험을 한다. 그러나 그에 질리고 난 다음에는 오래된 원칙으로 되돌아간다. 너무나 오랫동안 사용되지 않아서 다시 발견했을 때는 오히려 신선하고 강렬하게 보일 정도다. 역사는 때때로 룰렛의 회전판처럼 보인다. 우주에는 시작도 끝도 없다는 고대 그리스의 순환 사상에도 일리가 있어 보인다. 한 바퀴 더 돌면 보수적 질서를 상징하는 번호가 나올지도 모른다. 불기둥 하나를 신에게서 빼앗아 우리가 자의적으로 남용하면 지금의 정교한 건축물들을 다 쓸어 없앨 것이다. 마치 파리의 포부르 생 제르망 지역에 울려 퍼진 경종이 순식간에 한 시대를 끝냈듯이 말이다. 그러나 이 룰렛 회전판이란 비유를 버크나 존 애덤스는 불쾌해할 것이다. 그들은 역사를 신의 뜻

---

i   Lord Salisbury(1830~1903): 영국의 보수주의 정치지도자. 1885~1886년, 1886~1892년, 1895~1902년 이렇게 13년간 세 차례 총리를 역임했다.

ii Joseph Story(1779~1845): 미국의 대법관.

iii John Morley(1838~1923): 영국의 정치인이자 작가, 신문 편집자. 언론인이었다가 의회에 진출했다. 윌리엄 글래드스턴을 영웅으로 여겼다. 19세기의 위대한 마지막 자유주의 정치인으로 유명하며 러시아의 동맹으로 끌려 들어가는 1차 세계대전 참전을 거부해 1914년 내각을 떠났다.

iv James Bryce(1838~1922): 영국의 학자, 법률가, 역사학자, 자유주의 정치인.

이 펼쳐지는 과정으로 알았기 때문이다. 진정한 보수주의자는 우연이나 운명처럼 보이는 이 과정을 오히려 신의 섭리에 따라 운행되는 양극단의 도덕률이라고 생각한다. 버크가 만약 우리가 사는 이 시대를 보았다면 곧 종말을 맞게 될 소비 만능의 이 사회가 신이 인간에게 준비한 마지막 목적지라고 손쉽게 굴복하지 않았을 것이다. 보수적 질서가 진정 되돌아오려면 그에 따르는 전통을 알아야 한다. 또 그래야만 우리 사회를 재건하게 된다. 보수적 질서가 되돌아오지 않는다 해도 우리는 여전히 보수적이라는 개념을 이해해야 한다. 그래야 고삐 풀린 의지와 욕구라는 대참화의 잿더미 속에서 그슬린 문명의 조각들이라도 찾아낼 수 있기 때문이다.

CONSERVATIVE

Ⅱ

보수주의의 시조 : 에드먼드 버크

MIND

∶

믿기 힘든 전통이었던 기적의 시대가 저 멀리 사라지고, 심지어 널리 오랫동안 합의된 지혜가 존재하던 시대도 과거가 됐다. 지금 인간의 존재는 오랜 세대를 지나는 동안 단순한 신조들에 안주해왔으며 그 신조는 시간이 흘러감에 따라 공허해져갔다. 더 이상 현실은 존재하지 않고 현실의 환영만 있는 듯하다. 신의 세계는 양복장이나 가구장이의 작업을 넘어서지 못해, 인간은 그저 딱딱한 삼베 가면이나 다름없게 됐다. 그들은 이곳저곳에서 손짓하며 얼굴을 찡그릴 뿐이다. 그럴 때 갑자기 지구가 크게 갈라져 지옥의 연기가 피어오르고 강렬한 불꽃이 넘실대는데 머리가 네 개나 달리고 불을 내뿜는 과격 공화주의(Sansculottism)가 솟아올라 묻는다. '너희는 내가 무엇이라고 생각하느냐?'

1. 버크의 정치 역정

칼라일은 1789년 프랑스혁명의 분출을 위와 같이 묘사했다. 액튼 경[i]은 칼라일의 『The French Revolution(프랑스혁명)』이라는 책이 "영국인을 버크의 예속에서 해방시켰다"고 말했다. 19세기 자유주의의 견해를 가장 감성적으로 대변하는 판단에 따르면 액튼 경은 로베스피에르[ii]와 버크를 같은 교수대에 올려 처형했을지 모른다. 그러나 그런 교수형의 집행 자체는 자유주의자들이 극히 혐오했을 관행이다.[1] 칼라일 이후 대다수

---

i   Lord Acton(1834~1902): 영국의 가톨릭 역사학자이자 정치가. "권력은 부패하기 마련이고 절대 권력은 절대 부패한다"는 말로 유명하다.

ii Maximilien Robespierre(1758~1794): 프랑스혁명을 주도한 정치인. 공포정치를 휘두르다 테르미도르 쿠데타로 반대파에게 처형당했다.

진지한 대중은 프랑스혁명의 진실이 에드먼드 버크와 굳이 한 사람을 꼽자면 콩도르세ⁱ라는 사람의 견해 사이에 있으리라 믿었다.

지난 100여 년간 주도권을 행사했던 자유주의자들은 버크가 '대홍수ⁱⁱ의 중요성을 엄청나게 잘못 짚었다고 비난해왔다. 버클ⁱⁱⁱ은 한심스러운 장문의 글을 통해 버크가 1790년에 미쳤다고 주장하기까지 했다.[2] 그럼에도 불구하고 프랑스혁명을 지성적으로 옹호하려는 노력은 버크의 공격을 충분히 이겨내지 못했다. 버크의 동시대인이었던 제임스 매킨토시^{iv}는 그의 위대한 경쟁자에게 조건 없이 항복했다. 낭만파들은 버크의 호소에 따라 평등주의라는 가치를 포기했다. 칼라일은 프랑스혁명을 황홀하게 동경하는 페인의 시각을 공유할 수 없었다. 버크의『프랑스혁명에 관한 고찰』은 차세대 가장 강력한 인물들의 상상력을 사로잡았다. 왜냐하면 영국 청년들 대부분의 눈에는 "번개처럼 갈라지고 생동감 넘쳤으며 독이 오른 뱀 같은"(해즐릿^v의 표현) 버크의 문장이 루소의 문장을 능가했기 때문이다. 버크의 저작은 페인의 공격을 물리쳤고 끝내 그의 글을 무색하게 만들었다. 버크는 영국 보수주의의 길을 열었고 대륙의 정치 지도자들이 본받을 만한 인물이 되었다. 심지어 미국의 반역적인 정치인들에게도 자신의 사상을 주입했다. 삼베 가면이나 다름없던 인류는

---

i Marquis de Condorcet(1743~1794): 프랑스혁명기 입법의회와 국민공회의 의원. 1793년 지롱드 헌법 초안의 기초자였으나 의회에서 부결되고 고발까지 당하여 파리에 숨어 살면서『인간 정신의 진보에 관한 역사적 개요』(1793)를 집필했다. 거리에서 체포되자 독약으로 자살했다.

ii 신화나 성경에 등장하는 홍수에서 시작해 17세기 중반 폴란드 리투아니아 전역에서 벌어진 전쟁 등을 지칭하나 여기서는 프랑스혁명을 가리킨다.

iii Henry Thomas Buckle(1821~1862): 영국의 역사학자.『History of Civilization in England(문명의 역사)』라는 미완의 역사서를 썼다. 과학적 역사의 아버지라 일컫는다.

iv James Mackintosh(1765~1832): 스코틀랜드 법률가이자 의사, 휘그 정치인, 역사학자.

v William Hazlitt(1778~1830): 영국의 작가이자 문학 비평가, 철학자.

대홍수를 피할 수 없었다. 버크 자신도 그 혁명을 "지금까지 세계에서 벌어진 가장 놀라운 일"이라고 선언했다. 버크는 삼베 가면을 쓴 인간이 아니었다. 아니 널리 합의된 지혜의 시대에 속하지도 않았다. 그는 기적의 시대, 인간의 노력이 기적을 만들어내는 새로운 기적의 시대가 아니라 그 옛날 기적의 시대를 믿었다. 그는 프랑스에 일었던 불길을 제압할 새로운 불을 지폈다.

1789년 여름, (버크가 일찍이 친구로 삼았던) 토머스 페인은 파리에서 버크에게 편지를 썼다. 위대한 웅변가인 버크가 영국에 "더 확장된 자유의 체계"를 도입하도록 설득하리라는 희망과 기대가 있었기 때문이었다. 나아가 버크가 대중의 불만과 국민 주권을 옹호하는 대변자가 되기를 바랐다. 미라보[i]조차 프랑스혁명기 국민의회에서 (때로는 버크를 거명하거나 명시하지 않은 채) 버크의 연설문을 길게 인용해 휘그당의 그 지도자를 열렬하게 찬양했다. 그러한 일들이 오늘날에 놀라운 일일 수 있지만 당시로서는 하나도 이상한 일이 아니었다. 젊은 청년 듀폰[ii]이 순수한 마음으로 조지 3세(George Ⅲ)를 반대하는 사람들이 자신에게 찬사를 보내리라 기대했을 때이기도 했으니 말이다. 보수주의자 버크는 자유주의자 버크이기도 했다. 그는 영국, 미국, 인도에서의 자의적인 권력 행사에 반대했다. 그러나 또한 일관되게 프랑스혁명, 아니 모든 혁명에 맞서 싸웠다.

전통을 사랑하는 버크는 평민이자 신흥 중산층이었다. 18세기 후반 30여 년은 신흥 중산층이 지배하던 시대였다. 지적이고 정신적인 평등

---

i Count of Mirabeau(1749~1791): 프랑스혁명의 초기 지도자. 영국의 입헌군주제를 옹호했다.
ii Pierre Samuel du Pont(1739~1817): 프랑스의 작가. 초기엔 프랑스혁명을 지지했다. 나중에 가족을 데리고 미국으로 이민했다.

은 프랑스혁명에 앞장선 사람들이 열정적으로 요구하던 내용이다. 그러나 서유럽 전반에 특히 영국에서 그런 평등은 바스티유 감옥이 무너지기 몇 년 전에 실질적으로 확고하게 자리 잡았다. "진취적 재능"이라는 실질적인 우월함이 그 혁명적 변화의 성공을 가능하게 했다. 그 변화는 지위가 낮은 사람들의 장점을 보상하는 데 꼭 필요했던 전주곡이라고 공표됐다. 버크의 시대 영국에서 가장 유명했던 인사들은 신흥 중산층 출신이었다. 스미스, 존슨, 레이놀즈[i], 윌크스[ii], 골드스미스, 셰리든[iii], 크래브[iv], 흄을 비롯해 수많은 사람들이 있다. 철학자 명부에도 같은 이름들이 많이 등장한다. 버크가 하원 의사당[v]에서 연설하면서 언급한 국가의 운명을 위임받은 귀족은 사실 그 자신을 의미했다.

신흥 중산층 출신이자 더블린 변호사의 아들인 버크는 귀족적 자유주의를 확립하고 그 철학적 기반을 다졌다. 왜 버크는 토리가 아니었고, 로어노크의 존 랜돌프는 연방주의자가 아니었을까 자문하면서 볼드윈[vi]은 다음과 같이 썼다. "그들의 자부심은 남들이 넘볼 수 없었을 정도로 컸고 깊었기 때문에 개인의 자유를 강력히 사랑했다. 따라서 옛날의 의미로 휘그다. 동시에 그들은 출신 계급의 의식, 다른 말로 하면 그들과 그들이 속한 계급의 권리에 헌신하겠다는 생각이 강했다."[3]

휘그의 사상이 무엇인지 정의하기는 쉽지 않다. 휘그는 군주권의 자

---

i   Joshua Reynolds(1723~1792): 18세기 유명 초상화가. 왕립미술학교 초대 학장.
ii John Wilkes(1725~1797): 영국의 급진적 언론인이자 정치인. 유권자의 권리를 위해 싸웠다.
iii Richard Brinsley Butler Sheridan(1751~1816): 영국의 풍자 작가, 극작가, 시인. 32년간 휘그당 소속 하원의원을 지냈다.
iv George Crabbe(1754~1832): 영국의 시인이자 의사. 중산층과 그들의 일과 삶을 직접적으로 묘사하는 작품으로 활동했다.
v   Stephen's Hall: 웨스트민스터 궁의 교회로 1547년부터 1834년까지 영국 하원 의사당으로 사용됐다.
vi John Denison Baldwin(1809~1883): 미국의 정치인이자 언론인. 매사추세츠 출신 하원의원.

의적 행사에 반대하고 통치의 내적 개혁을 지지했다. 영국의 해외 식민 활동에 대개는 부정적이었다. 버크가 의회에 진출했을 때 휘그당은 일곱 번이나 집권한, 오늘날 영국의 보수당만큼 오래 집권한 정권이었다. 휘그당은 기업가나 대규모 지주들의 이해를 미미하게나마 대변했다. 휘그당의 정책에는 버크처럼 젊은 청년들의 상상력을 자극할 만한 내용이 많았다. 법이 보장하는 자유, 질서의 균형이 확립된 국가, 상당한 정도의 종교적 자유, 의회주의가 도입된 1688년 명예혁명의 지적인 유산 등이 그것이다. 토리당 역시 버크를 반겼을지 모른다. 토리당 안에는 버크의 지인들이 적지 않았다. 그러나 토리당은 완고한 왕의 지배를 지지했으며, 때때로 식민 지배나 내정에서 바보스러울 정도로 엄격한 정책을 적용했다. 아일랜드 가톨릭의 무력화를 목도한 사람에게 비국교도에 관대하지 않은 토리는 상극이었다. 어느 정당이든 급진주의의 성향은 조금도 없었으며 진정 의식적인 보수주의도 들어서지 않았다. 버크는 자신을 필요로 했던 로킹엄[i]이 이끄는 휘그당을 선택했다.

"휘그가 국정을 담당한 시대에도 그들은 통치의 실행이나 경제이론의 세세한 부분을 그다지 신경 쓰지 않았다"고 데이비드 세실 경[ii]은 말했다. "그들에게 정치는 우선 사람의 문제였고 그 다음이 일반 원칙이었다. 일반 원칙도 그들에겐 사상이 아니라 표현의 계기였을 뿐이다. 그들은 휘그 전통의 근본적인 핵심이 무엇인지 자문하려 하지 않았다. 휘그

---

i   The Rockingham Whigs: Rockinghamites. 18세기 영국 휘그당 내 정파의 하나로 1762년부터 1782년까지 로킹엄(Charles Watson-Wentworth, 2nd Marquess of Rockingham)이 이끌었다. 1765~1766년 그리고 1782년에 집권했으나 대부분은 야당으로 활동했으며 집권보다는 왕권 견제에 주력했다.

ii Lord Edward Christian David Gascoyne-Cecil(1902~1986): 영국의 역사학자.

당은 질서 있는 자유, 낮은 세금, 토지를 묶어 거대한 농장을 만들자는 인클로저를 믿었고, 절대자의 독재정치나 민주주의를 부정했다. 그들의 유일한 관심은 이 반박할 수 없는 진실을 신선하고 효과적인 방법으로 어떻게 다시 표현하느냐 뿐이었다."[4]

휘그 체제의 약점은 굳이 언급할 필요도 없었다. 로킹엄 경이 새로 뽑은 지칠 줄 모르는 이 인재는 휘그당이라는 낡은 집의 갈라진 틈새를 메우는 작업에 당장 착수했다. 정치경제학에도 깊은 관심이 있었고 다른 정치인과 달리 산더미처럼 많은 세부 사항을 다룰 줄 알았다. 버크는 혼자서 경제 개혁안을 입안하고 하원에서 통과시켰다. 동시에 그는 그가 사랑한 일반 원칙을 명료하고 아름다운 말로 표현해낼 줄 알았다. 휘그당의 다른 지도자와 달리 버크는 기꺼이 열심히 일하려는 미덕을 겸비했으며 연설의 시대였던 당시 가장 위대한 웅변가였다. 까칠한 비평가 존슨 박사(Samuel Johnson)도 애정을 듬뿍 담아 흠모했던 저술가가 바로 버크였다. 휘그당 행정 업무의 상당 부분은 물론 이념적으로 당을 이끌 책임도 버크의 어깨에 놓였다. 폭스[i]가 버크를 돕기 시작하고 나서도 사정은 크게 달라지지 않았다. 존슨이 말하길 버크는 어떤 일도 잘해낼 수 있는 천재였다. 주교, 총독, 시인, 철학자, 법조인, 교수, 군인을 했어도 대단히 성공적으로 해냈을 인물이었다. 심지어 귀족적이었던 버크의 시대에 그 같은 사람이 위대한 정당을 이끌어간 지도자 중 한 명이었다는 건 놀라운 일이었다. 그는 뛰어났으며 천재였지만 실제 정치의 세계에서

---

i Charles James Fox(1749~1806): 휘그당 정치인으로 38년간 의회에 몸담았다. 소피트(William Pitt the younger)의 경쟁자.

는 자주 실패했다. 따라서 (선거구 조정과 유권자 증가가 이뤄진) 1832년[i] 이후 정계에 뛰어들었다면 버크가 실제로 해냈던 정치적 활약을 못 해냈을 가능성이 크다. 디즈레일리[ii]처럼 유연하지도, 그의 정적 글래드스턴[iii]처럼 자신만만한 교활함도 없었기 때문이다. 한때 자신의 선거구에서 버림을 받기도 했던 버크는 민주주의적 운영이라는 기술을 경멸했다.

버크의 활동 시기는 크게 네 가지 주요한 주제로 특징지어져 나뉜다. 왕권의 제한, 미국 식민지 논란과 연이은 미국 독립혁명, 인도 문제와 헤이스팅스[iv] 재판, 프랑스혁명과 그에 이은 전쟁이 그것들이다. 버크는 첫 번째 과제에서만 실질적인 성공을 거두었을 뿐이다. 그와 동료들은 미국과의 화해를 이끌어내지 못했다. 헤이스팅스는 풀려났고, 영국이 자코뱅 시대의 프랑스와 벌인 전쟁도 버크가 원했던 방식과는 달리 피트와 던다스[v]에 의해 치러졌다. 버크가 의회 경력을 통해 또 한편으로 노력한 분야는 경제 개혁이었다. 지금 우리들의 시각으로 보자면 미미하지만 당시로서는 가장 중요했다. 버크는 이 부분에서는 비교적 운이 좋았고 영국의 통치에 꾸준한 혜택을 주었다. 이들 문제를 다루면서 버크의 보수주의 개념이 어떻게 발전했는지가 우리의 주 관심사이다. 버크가 왕당파(the court faction)의 부패에 저항했을 때부터 혁명 이후의 프랑스와 전쟁을

---

i   1832년 선거제도가 개혁되어 성인 남성의 20%로 유권자가 늘어났다. 인구수에 기반을 둔 선거구 조정도 이루어졌다.

ii   Benjamin Disraeli(1804~1881): 영국의 보수당 정치인으로 1868년에 총리를 맡았다. 현대 영국 보수당 창건에 핵심적인 역할을 했다.

iii William Ewart Gladstone(1809~1898): 영국의 자유주의적 초기 보수정치인. 총리를 4번 따로 역임했다. 영국 최고령 총리였으며 마지막으로 84세에 총리직에서 물러났다.

iv   Warren Hastings(1732~1818): 1773년부터 1785년까지 영국의 초대 인도 총독으로, 1787년에 부패 혐의로 탄핵당했지만 오랜 재판 끝에 1795년 무죄 판결을 받았다.

v   Henry Dundas(1742~1811): 스코틀랜드 출신 토리당 정치인. 영국의 첫 번째 전쟁장관.

불사해야 한다는 주장을 하기까지 그의 생각은 꾸준히 발전해왔다.

어거스틴 버렐[i]은 "버크가 말년에 이른바 자유주의적 견해를 버린 배신자였다고 비판한다면 천박하기 그지없는 짓이다"라고 말했다. "버크는 평생을 통해 사물의 확립된 질서를 열정적으로 옹호하고, 형이상학적이고 추상적인 정치를 격렬하게 증오했다. 프랑스혁명의 통렬한 비판에서 폭탄처럼 폭발했던 그의 생각들은 초기 저작에서도 상대적으로 평온하지만 부드러운 광채를 발했다. …인류를 근면이라는 벌집을 쉼 없이 드나드는 벌이라고 비유했던 버크는 늘 자문하곤 했다. 어떻게 이들을 무질서 상태에서 구해낼 것인가?"[5]

보수주의, 그것은 무엇을 꾸준히 보존한다는 것인가? 버크는 영국의 헌정 체제를 보호하겠다는 생각이 견고했다. 영국 헌정 체제의 그 전통적인 권력 분배는 후커, 로크[ii], 몽테스키외(Charles De Montesquieu)의 주장으로 더욱 강화됐으며 유럽에서도 자유와 질서에 가장 우호적인 체제라고 버크는 생각했다. 버크는 더 나아가 문명이라는 더 큰 헌정 체제를 보호해야 한다는 입장이었다. 아나카르시스 클루츠[iii]를 인류의 웅변가라 주장할 수 있을지 모르지만 버크는 확실히 인류 보존가였다. 버크는 그의 연설과 저작에서 문명화된 인간의 보편적 헌정 체제를 상정했다. 버크의 주요 글은 다음과 같은 논지를 견지했다. 사회가 이뤄진 모습은 하

---

i   Augustine Birrell(1850~1933): 영국의 자유당 정치인. 소작농이 토지를 소유하도록 해주었다.

ii   John Locke(1632~1704): 영국의 철학자이자 정치사상가. 영국의 첫 경험론 철학자이며 사회계약론자로도 유명하다. 가장 영향력 있는 계몽주의 사상가이자 자유주의 이론가의 하나로 널리 알려져 있다. 볼테르와 루소에게 영향을 주었으며, 미국 혁명뿐만 아니라 여러 스코틀랜드 계몽주의 사상가들에게도 영향을 미쳤다. 그의 영향은 미국 독립 선언문에 반영되어 있다.

iii   Anacharsis Cloots(1755~1794): 프러시아의 귀족으로 프랑스혁명의 주요 인물. 인류의 웅변가이자 신의 적이라 불리기도 했다.

늘이 그렇게 원했기 때문이라는 믿음, 개인이나 공공의 삶은 전통과 선입견에 따라 이뤄져야 한다는 생각, 인간은 오직 신의 눈에서만 평등하다는 확신, 개인적 자유와 사유재산을 헌신적으로 지지하지만 교조주의적 변화에는 반대한다는 내용이다. 『프랑스혁명에 관한 고찰』에서 이러한 믿음들은 다음과 같이 여러 차례 불타오르는 진실로 표현돼 있다.

그러한 협력의 목적은 몇 세대에 걸쳐서도 달성될 수 없기 때문에 산 자들만의 협력이 아니라, 죽은 자 또 앞으로 태어날 사람들과의 협력이기도 하다. 어느 특정한 나라의 (협력을 규정한 그) 개별적인 계약은 영원한 사회 최초의 계약, 그 위대한 계약의 어느 한 구절에 불과하다. 모든 도덕적이고 물질적 성질들을 각자 지정된 장소에 붙잡아두는 신성한 서약으로 허락된 어느 불변의 계약에 따라, 보이는 세계와 보이지 않는 세계가 연결되고, 인간의 저급한 본성과 고매한 본성이 이어진다….

선입견은 비상시에 쉽게 적용된다. 지혜와 미덕의 꾸준한 과정에서 마음을 미리 허락했기 때문이다. 따라서 결정의 순간에 회의하거나 혼란스러워 하거나 쉽게 결심하지 못한 채 주저하지 않게 된다. 선입견은 인간의 미덕에 일련의 연결되지 않은 행위가 아니라 습관을 부여한다….

국민들은 보호받고 만족하며 부지런하고 순종적이 된다. 그들은 어떤 조건에서도 미덕을 통해 찾을 수 있는 행복을 추구하고 받아들이도록 훈련받는다. 진정한 도덕적 평등은 바로 그런 행복에서 비롯된다. 고된 삶의 불투명한 길을 걸어가야 할 운명을 타고난 사람들에게 거짓 관념과 헛된 기대를 불어넣으면 실질적인 불평등을 악화시키고 계속 쓰라리게 만들 뿐이다. 그처럼 말도 안 되는 허구는 그들의 불평등을 절대 해소할 수 없다. 시민 생활의 질서가 바로 그런 행복을 만들어낸다. 그 질서에 따라 어쩔 수 없이 어려운 삶을 살아야 하는 사람만이 아니라 그 질서 때문에 더 나은 삶의 조건을 누리지만 그렇다고 더 행복하지 않은 사람에게도 질서는 똑같이 적용된다….

이 협력의 과정에서 모든 인간에겐 동등한 권리가 있다. 동등한 소유가 아니라…

이 현명한 선입견 때문에 우리는 그들 나라의 어린이들을 바라보며 공포를 느낀다. 그들이 나이 든 아버지[i]를 조각조각 난도질해서 마법사의 솥에 독초와 함께 집어넣은 다음 알 수 없는 주문을 외우면 아버지의 삶이 다시 원기를 회복하거나 아버지를 완전히 새롭게 만들어낼 수 있다고 희망하기 때문이다.

그러나 이는 예상 가능한 얘기다. 도덕적 질서, 예전의 좋은 규율, 조심스러운 개혁은 비단 영국에서만 적용되는 원리가 아니라 일반적으로도 적용이 가능하다. 버크는 그런 원리들이 영국의 브리스틀뿐 아니라

---

i   오래된 헌정 체제.

인도의 마드라스에서도 유효하다고 믿었다. 또 버크의 프랑스인과 독일인 제자들도 19세기를 통해 대륙의 각종 기관과 제도에도 그런 원리를 적용할 만하다고 여겼다. 당시 버크의 지적 체계는 단지 영국의 정치 제도만 보호하겠다는 의도가 아니었다. 만약 그뿐이었다면 그의 철학 체계가 지닌 중요성의 절반은 그저 골동품 정도의 가치밖에 없다고 해야 한다. 그러나 버크가 찬양했던 특정한 국가의 헌정 체제를, 아니 그것의 토대가 되는 18세기 사회와, 동시에 그에 의지하는 정치적 구성체를 조금이라도 살펴보면 버크의 의도가 단지 영국에만 머물러 있지 않았음을 금세 알 수 있다. 최근 18세기에 보내는 향수 어린 찬사가 마구 쏟아졌다. 우리가 그 시대를 그리워해야 할 이유는 차고 넘친다.

버크는 영국의 헌정 체제가 모든 영국 사람을 보호하며 자유, 법 앞의 평등, 품위 있게 살 수 있는 기회를 영국인에게 보장해주려고 존재한다고 말했다. 그렇다면 그런 헌정 체제의 근원은 어디에서 오는가? 영국인의 권리라는 전통, 왕들이 양보한 법률들, 1688년 왕과 의회가 합의로 만들어낸 제도에서 온다. 영국 국민은 자신의 권리를 위임받은 사람이 아니라 대변자를 통해 그 국가의 정부에 참여한다. 대변자들은 불분명한 신민의 덩어리가 아니라 예전부터 내려온 국가의 공동체들에서 선출된다. 누가 국민인가? 버크의 견해에 따르면 대개 40만 자유인이 그들이다. 재산과 여가 시간을 보유한 사람으로서 어떤 책임 있는 공동체의 일원이어야 정치의 기본을 이해할 수 있다(버크는 유권자의 범위를 얼마나 확대해야 하느냐의 문제는 시대의 특수성과 형편에 따라 신중하게 결정해야 한다고 인정했다). 남성으로서 향사[i], 농부, 전문 직업 종사자, 상인, 제조업자, 대학 졸업생, 지역구에 따라서는 상점 주인, 성공한 숙련공, 연간 40실링의 임대료를 받을 수 있는 부동산 소유자 등의 순서로 투표권이 부여된다고 버크는 말했다. 이렇게 해야 왕과 귀족, 지주 계급과 중산층을 비롯해 옛 시가지와 대학가의 정치적 영향력을 다투는 다양한 계층 간에 적절한 견제와 균형이 부여된다고 생각했다. 이런 다양한 계층의 사람들 덕분에 모든 영국 사람들의 진정한 이해가 반영된다. 좋은 정치에서 투표의 목적은 그들이 직접 개별적으로 투표를 하든 안 하든 모든 사람의 이해를 대변해주는 데 있지 그들 자신의 주장과 기분을 표현하는 데 있지 않다.

지금은 모든 사람이 18세기 영국 선거 제도에 어떤 문제가 있는지 잘 안다. 그러나 『The Annual Register(연감)』[ii]의 편집인이었던 버크보다 영국의 당시 처지를 더 잘 아는 사람은 없었다. 버크보다 선거 제도 개혁의 필요성을 더 잘 이해할 사람도 없었다. 그러나 개혁에는 섬세한 접근이 필요하다고 버크는 말했다. 버크는 부패한 선거구나 특정인이 좌우하는 선거구의 문제들을 비롯해 신흥 산업 도시를 제대로 대변하지 못한다거나, 정견 발표나 의회 자체를 망치는 의회의 만연한 부패와 위대한 휘그당 몇몇 실력자들의 전횡 등 이 모든 실상을 잘 알았다. 그래서 버크는 영국 사회의 구성을 더욱 촘촘하고 강하게 만드는 개혁을 기꺼이 지지하려 했다. 그러나 정치적 발전의 연속성을 깨고 완전히 새로운 옷으로

---

i   鄕士: 재산이 있는 무직자

ii 1758년 버크가 처음 발간하기 시작했던 연보로 당시 세계의 주요 사건이나 시대상의 흐름과 추세, 경제·과학·법률·종교·환경 등 각 분야에서 발표된 주요 글을 담았다. 지금까지 계속 발간되고 있다.

갈아입으려는 개혁에는 반대했다. 특히 리치먼드 공작[i]이 요구했던 보통 선거와 연례 의회 소집에는 공감하지 않았다. 버크는 자유주의자였으나 민주주의를 지지하지는 않았다. 투표권을 획득할 수 있는 자격에서 토지와 여가라는 기준은 그때나 지금이나 광범위하게 퍼져 있다. 버크의 시대 이래, 교육도 투표권을 부여하는 자격의 하나로 폭넓게 확산됐다. 그러나 버크는 당시 누구에게나 주어진 교육을 염두에 두진 않았다. 개인소득이라는 기준 역시 점점 더 평등하게 진행되는 추세였지만 유권자 자격이 부여될 만한 정도의 소득이 있는 사람의 비율이 사회 구성원 전체로 확산되어야 한다고는 생각하지 않았다. 버크는 아마도 근대 민주국가를 두려워했을지 모른다.

버크의 시대는 종종 귀족적이라고 일컬어진다. 그러나 엄격한 의미에서는 그렇지 않다. 권력의 기반은 귀족이나 신사 계급보다는 훨씬 폭넓었다. 버크 자신도 중산층의 지지에 상당히 의존했다. 따라서 그는 "나는 귀족의 친구가 아니다. …정부가 (귀족의) 그 엄격하고 오만한 지배를 받느니 차라리 다른 형태로 해체되길 바란다"고 말할 정도였다.[6] 토크빌의 학자적 능력은 이러한 영국의 자유주의적 상황을 다음과 같이 간명하게 설명해냈다. "언뜻 보면 영국에는 구습과 옛 제도가 그대로 남아 있는 듯하다. 그러나 자세히 보면 이러한 환상은 곧 사라진다. 남아 있는 옛 이름이나 옛 형태를 무시하면 이미 17세기에 영국에서는 실질적으로 봉건제가 철폐됐다는 사실을 발견하게 된다. 모든 계급이 자유로이 교류한다. 귀족 계급은 유명무실해졌고 모두에게 개방됐다. 부가 가장 최고

---

i   Charles Lennox, 3rd Duke of Richmond(1735~1806): 로킹엄 휘그당파 소속 의원. 보통선거를 지향하는 선거 제도 개혁에 찬성했다.

의 권력으로 자리 잡았다. 모든 인간은 법 앞에 평등하다. 세금도 평등하게 부과된다. 언론의 자유와 공공의 토론이 보장된다. 이 모든 현상은 중세 사회엔 없었다. 젊은 피가 세련되게 봉건사회에 주입되어 그 사회의 수명이 그대로 보존된 셈이다. 봉건사회의 옛 형태를 빼앗지 않고 새로운 생명력을 불어넣었다고 보인다."[7] 정신적 연속성, 관습의 체계 안에서 계속 변화해나가는 것의 엄청난 중요성, 사회가 영생불멸체라는 인정 등이 심오한 진실들이 영국 사회의 자유로운 제도를 관찰한 버크의 마음에 깊이 각인됐다. 어떤 필자들은 잘 알지도 못하면서 버크가 사회를 '유기체'로 간주했다고 말하고는 한다. 유기체란 실증적이고 생물학적 진화론을 암시하는 용어다. 사실 버크는 그 성급한 유추에 엮이지 않으려고 대단히 조심스러워했다. 그는 사회를 정신적 통일체라고 말했다. 언제나 망하지만 언제나 다시 살아나는 영원한 협력체, 마치 또 달리 영속하는 집단이자 통일체인 교회와 매우 흡사하다고 말이다. 버크는 일찍이, 후커가 암시했지만 누구도 그렇게 분명하게 표현해내지 못한 철학(사상)을 옹호하면서, 영국 제도의 성공은 이러한 사회관의 견지에 달려 있다고 생각했다.

버크는 자유가 정교하고 미묘한 과정을 통해 생겨난다고 생각했다. 그리고 그 자유의 영속성은 야만인을 서서히 그리고 힘들게 문명 사회적 인간의 상태로 이끈 생각과 행동의 습관을 얼마나 유지하느냐에 달려 있다고 생각했다. 버크의 주요 관심사는 생애 내내 자유와 정의였다. 그는 자유와 정의가 함께 서 있어야 하며 어느 한쪽이 없으면 다른 한쪽도 그 유지가 불가능하다고 생각했다. 법 아래의 자유, 한계가 뚜렷한 자유, 법률로 그 한계가 결정되는 자유 말이다. 그는 왕에 맞서 영국인의 자유를, 영국 왕과 의회에 맞서 미국인의 자유를, 유럽인에 맞서 힌두인의 자유를 옹호했다. 그 자유가 이성의 시대에 발견된 혁신적 내용이라서가 아니라 태고의 관례가 보장한, 아주 오래된 특권이라서 보호받아야 한다고 생각했다. 버크는 보수적이었기 때문에 자유주의자였다. 버크의 바로 이런 생각을 톰 페인은 전혀 이해하지 못했다.

버크는 여기서 다루어진 18세기의 정치적 삶에 실질적으로 만족했다. 버크는 사회개량론자가 아니었기 때문에, 몽상가의 구상에 따라 다시 만들어지는 사회라는 불안정한 가능성보다는 설사 결점이 있다 해도 상대적으로 평화롭고 평온한 그 시대를 선호했다. 거대한 지적인 힘을 동원해 그는 당대의 주요한 윤곽을 그대로 보호하려고 애썼다. (잠시 샛길로 빠지자면) 바로 이 부분은 버크의 통찰이 틀렸다고 성공적으로 지적할 수 있는 몇 안 되는 대목이다. 『사회계약론(The Social Contract)』이 18세기의 사고방식을 거부했듯이 버크는 18세기 사회문화적 환경의 몰락을 불러온 경제적 영향력을 분명히 무시했다고 여겨진다. 그는 정치경제학이란 과학을 아주 잘 알았다. 아담 스미스(Adam Smith)가 버크에게 직접 이야기했다면서 제임스 매킨토시는 다음과 같이 말했다. "그들이 정치경제학의 어떤 논제들을 이야기하고 난 후 버크는 추가적인 정보 교환 없이 스미스와 똑같이 그 문제를 정확하게 생각할 줄 알았다."[8] 그렇다면 영국 농촌 사회의 붕괴에 침묵한 버크를 어떻게 평가해야 할까? 버크나 제퍼슨(Thomas Jefferson)이 알았듯이 혁신은 도시에서 비롯된다. 토지를 상실한 사람들이 도시에서 새로운 세계를 만들려 하기 때문이다. 보수주의의 가장 충성스런 신봉자들은 시골에 있었다. 그곳의 사람들은 무한한 하늘의 신과 자신을, 그의 발밑에 묻힌 아버지와 자신을 연결해주던 오래된 방식과 쉽게 단절하려 들지 않기 때문이다. 버크가 심지어 떡갈나무 아래 노니는 소 같은 이들의 둔감함을 두둔하는 동안 휘그 실력자들에게 권력을 가져다준 근원이었던 대대적인 인클로저 운동[i]은 자작농, 날품팔이 농부를 비롯해 다양한 하위 계층의 시골 거주자들을 대거 도시로 내몰았다. 토지 소유자의 정치적 영향력은 줄어들 게 뻔했다. 버크는 "최종적으로 얼마나 나대지와 공유지를 묶는 게 현명하고 실용적일까 하는 질문은 어떤 관점에서는 아직 불확실한 문제다. 그러나 인클로저 운동이 이미 지나칠 정도로 이뤄졌다고 생각하는 사람은 없다"고 말했다. 그는 이 이상 더 걱정하거나 염려하지 않았다.

그러나 이 대목의 버크는 예외적이다. 버크는 실제로 중요하게 영향을 미치는 현실을 고려에서 제외한 적이 거의 없다. 그는 거의 모든 문제를 실질적으로 다 들여다본 사람으로 유명하다. "나는 현실을 봐야 한다. 나는 사람들을 봐야 한다." 그는 정치의 방법과 방편을 권모술수라는 지형에서 미덕이라는 기품으로, 다시 말해 신중한 분별의 수준으로 끌어올렸다. 버크는 자신의 정치적 실천을 "나는 한 걸음 한 걸음 내디딜 때마다 신중하게 그 의미를 따져보았다"고 표현했다.

아일랜드 출신 웅변가들은 신중함과는 거리가 좀 있었다. 버크의 재기 넘치는 달변은 누구나 잘 알고 있었다. 헤이스팅스 재판 때, 겁에 질린 토리당 구경꾼들 앞에 선 버크는 언제나 조심스럽고 신중하겠다고 다짐한 사람 같지 않았다. 그러나 버크는 정치인으로서 보편적으로 적용되는 정책을 말할 때는 정확하게 묘사했다. 왜냐하면 중요한 결정을 할 때

---

i 목축업과 농업의 산업화를 목표로, 나대지, 공유지, 경작지를 한데 묶거나 몰수했던 현상.

마다 구체적인 사항들을 면밀하게 따졌기 때문이다. 그는 "추상"을 극히 싫어했다. 원칙들에 반감을 가졌다는 말이 아니라 인간의 나약함을 무시한 채, 특정한 시대와 국가의 상황을 고려하지 않은 허황된 일반화를 혐오했다. 따라서 버크는 영국 사람들의 권리와 보편적으로 적용되는 어떤 자연법을 믿었지만 동시에 페인과 프랑스의 공론가들이 불가침이라고 선언했던 "인간의 권리"는 경멸했다. 버크는 일종의 문명화된 사람들의 정치 체제를 믿었다. 그는 새뮤얼 존슨과 함께 보편적 인간성이라는 신조를 지지했다. 그러나 그러한 권리의 범위와 실천은 지역적 환경과 규율로 정해질 수 있다고 생각했다. 이런 점에서 버크는 프랑스의 개혁가들보다 오히려 더 충실하게 몽테스키외를 읽었다고 평가된다. 인간은 자기 방어의 권리를 보유했지만 언제 어디서나 칼집에서 칼을 빼들고 휘두를 권리까지는 없다.

　프랑스라는 솥이 부글거리기 시작했을 때 거의 60세에 가까웠고, 정부에 반대하느라 늙어갔으며, 의회 경력에서는 짧게 두 번 직책을 맡았을 뿐 중책을 맡지 않았던 버크야말로 영국에서 구체제를 몰아낼 만한 가장 자연스러운 지도자라고 페인과 미라보와 클루츠는 생각했을지 모른다. 버크는 수십 년간 권력자들을 격렬하게 비난했다. 프랑스에서는 어느 누구도, 심지어 볼테르(Voltaire)조차 엄두도 못 냈던 일이다. 버크는 영국의 왕을 교활한 폭군으로, 인도 정복자를 파렴치한 약탈자로 불렀다. 그러나 페인과 미라보, 클루츠가 잊었던 사실은 버크가 조지 3세와 워런 헤이스팅스에 맞서 싸웠던 이유였다. 버크는 그들이 혁신가들이었기 때문에 대항해 싸웠다. 버크는 이성의 시대(Age of Reason)에 사회를 완전히 뒤엎으려는 혁신의 획책을 예견했다. 그는 영속성을 저해하는 이 새로운 위협을 열정적으로 폭로했다. 버크는 그 위협을 대단히 싫어했다. 심지어 그가 토리당과 인도에서 떼돈을 번 부패한 사람들(nabob)[i]에게 쏟아냈던 모든 욕을 합쳐도 모자랄 판이었다. 왜냐하면 휘그당의 위대하고 경험이 풍부한 이 대변인은 프랑스의 수많은 경제학자와 지식인들보다 인류가 무엇을 원하는지 더 잘 알았기 때문이다. "버크는 정치적 지혜의 영원한 지침서로 오랫동안 인정됐다. 그 지침이 없는 정치인은 마치 해도가 없는 바다에 나선 선원과 같다." 이 말을 한 사람은 처칠(Winston Churchill)도 아니고 태프트[ii]도 아니다. 이 말은 해럴드 라스키[iii]가 했다. 철학적 보수주의는 버크의 혁명 이론 분석 때문에 출현하게 됐다.

2. 버크가 맞서 싸운 혁신 이론들

『프랑스혁명에 관한 고찰』은 1790년에 출간됐다. 버크가 폭스의 휘그당과 결별한 다음이다. 『A Letter to a Member of the National Assembly(의회의 한 의원에게 보내는 편지)』와 『An Appeal from the New to the Old Whigs(신휘그에서 구휘그로 돌아가자는 호소)』가 그 다음 해에 등장했다. 『A Letter to an Noble Lord(고귀한 경에게 보내는 편지)』, 『Thoughts on the Prospect of a Regicide Peace(대역자와 맺는 평화의 전망에 관한 생각)』의 초기 편지들이 1796년에 나왔다. 그리고 그 편지들의

---

i Nabob: 네이밥. 동양. 특히 인도에서 부패한 방법으로 벼락부자가 된 사람을 지칭하는 단어.
ii William Howard Taft(1857~1930): 미국의 27대 대통령(1909~1913)을 거쳐 10대 대법원장(1921~1930)을 담당한 유일한 인물.
iii Harold Joseph Laski(1893~1950): 영국의 정치이론가이자 노동당 당수.

결론이 등장한 게 1797년이다. 위대한 성인이 거의 죽음에 임박해 남긴 이 모든 저작들이 바로 보수주의의 헌장들이다. 탁상공론에 불과한 철학이나 추상적으로 날조된 체계를 경멸했던 만큼, 버크는 몇 마디의 정치적 신조로 자신의 생각을 정리하려는 노력은 전혀 안 했다. 그러나 프랑스에서 벌어진 일시적 공포의 현장에 적용한 보편적 원칙은 당시의 현안에 국한되지 않는 초월적인 내용이었다. 바로 역사와 사람에 관한 해박하고 풍부한 지식 덕분에 버크는 생생한 기록물을 남길 수 있었다. 따라서 그런 글에 담긴 버크의 견해는 경쟁자들의 논문보다 훨씬 이해하기 쉬웠다. 그의 소논문은 우선 프랑스의 개혁에 영국이 열광하지 못하도록 견제했다. 또한 피트 총리가 프랑스에 맞서 영국의 애국심을 독려할 수 있도록 했고, 사회적 평준화의 원칙들에 맞서 싸우도록 고취해 향후 40여 년간 영국의 헌정 체제가 바뀌지 않도록 해주었다. 그의 영향력은 아직도 세계 곳곳에 남아 있다.

매우 최근까지 버크의 철학을 진지하게 비판한 글의 대부분은 자유주의자들이 저술했다. 그들은 진보와 민주주의를 의심한 버크의 생각을 공유하지 못했다. 1차 세계대전 이전과 러시아혁명 이전에 글을 썼던 낙관주의자들은 사회를 통해 구현되는 물질적이고 문화적인 성취라는 매력적인 풍경을 기대했다. 그들은 버크가 프랑스에서 벌어진 혁명적 운동의 일반적인 경향을 분명 오해했다고 주장했다. 왜냐하면 아무리 그 직접적인 구현 과정이 불편하더라도 혁명은 보편적 평등, 자유, 번영으로 가는 데 필요한 단계라고 보았기 때문이다. 그러나 사건의 전개는 버크의 예언을 입증하는 듯했다. 결국 오늘날의 모든 문제들은 혁명의 시대에 싹튼 무제한적인 희망들이 글자 그대로 붕괴한 데서 비롯됐지 않았는가. 습자책 제목의 신들[i]은 불덩이나 도살자와 함께 되돌아온다. 버크는 습관적으로 장기적인 추세나 결과라는 관점에서 생각했다. 버크는 단순한 개인들의 집합체로 해체된 국가, 소유권을 재분배하는 정치조직, 무자비한 전쟁의 시대, 무질서 속에서 폭정을 구축하려는 군사 독재자들의 등장, 형편없이 병들어 버린 도덕성과 사회적 품위 등을 예언했고, 이 예언은 모두 실현됐다. 버크는 이러한 공포의 근원을 혁명적 사상가들의 급진적 시각에서 찾았다.

1914년까지 대부분의 비평가들은 버크가 영국에 미치는 과격 공화주의의 직접적인 위험을 지나치게 과장했다고 생각했다. 그들은 아직 러시아에서 거둔 마르크시즘의 성공을 목도하지 못했다. 러시아는 모든 유럽 국가에서 공산주의 실험에 가장 적합하지 않은 나라였는데도 말이다. 버크가 영국 내 급진주의 세력을 과대평가했는지는 모르겠다. 그러나 지금 버크의 훈계와 피트의 조심성에서 보수주의의 승리가 얼마나 직접적으로 비롯됐는지 누구라도 따져 말하기 힘들다. 그저 보수주의의 승리에 버크와 피트의 정책이 대단히 중요했다고 말할 수 있을 뿐이다. 버크는 평등이라는 추상적 원칙에 열광하는 사조를 막았다. 1790년이 되자, 프랑스의 필리프 에갈리테[ii]와 같은 역할을 베드포드 공작[iii]이 맡아 줘야 한다는 말이 돌 정도로 영국에서도 혁명의 열기가 적지 않았다. 유명한 동년배인 리치몬드, 더비(Derby), 노포크(Norfork), 셀커크(Selkirk),

---

i   1919년에 『정글북』의 작가 러디어드 키플링이 발표한 시의 제목. 보편적이거나 전통적인 가치, 규범, 미덕, 지혜를 의미한다.

ii Louis Philippe Joseph d'Orléans(1747~1793): 오를레앙 공작. 프랑스혁명을 적극 지지한 귀족으로 이름도 필립 에갈리테(Philippe Egalité)로 개명한다. 그러나 공포정치 시대에 단두대에서 처형된다.

iii John Russell(1766~1839): 6대 베드포드 공작. 1802년까지 존 러셀 경으로 알려졌다. 휘그당 소속 유력 정치인으로 후에 총리에 지명된 존 러셀의 아버지.

에핑엄(Effingham)은 급진적인 단체인 헌정사회(Constitutional Society)의 회원이었다. 폭스와 셰리든도 혁명의 바람이 부는 방향을 잘못 생각했다. 콜리지, 사우디, 워즈워스도 나중엔 버크의 제자가 됐지만 처음엔 평등의 환상에 빠졌다. 솜 제닌스(Soame Jenyns) 같은 학자는 "멋진 토리"가 "추첨의 원칙[i]"을 비롯한 고전적인 민주주의를 채택해야 한다고 주장했다. 인클로저 운동으로 탄압받던 영국의 농업 노동자들, 광산 마을이나 북부 영국에서 열악하게 살아가던 산업 노동자 계급, 희가극의 주인공 같은 인물인 조지 고든 경(Lord George Gordon)이 지도자로 나섰는데도 수도를 마비시켰던 사나워진 군중, (스코틀랜드 에든버러) 북부의 리스 지역 폭동들, 무시무시하게 노려보던[ii] 아일랜드, 감성적 급진주의자였던 합리주의 목사들, 이들 중 절반 이상이 처음엔 프랑스에서 진행된 사회적 격변에 공감을 표했다. 버크에겐 프랑스와 영국의 모습이 너무나 익숙하게 겹쳐 보였다. 프랑스의 물리적 상황은 대화재를 불러일으키기에 더없이 좋았다. 혁명적 선전물은 불씨를 풍부하게 제공했다. 버크는 영국에서 그 불씨를 억압하기로 작정했다. 버크가 그 촛불을 끄지 않았더라면, 폭스와 함께 자유와 평등과 동지애를 찬양했다면 아마 누구도 그 불을 꺼트리지 못했을 것이다. 버크의 비평가들은 백 년도 지나지 않아 그를 비판했다. 그러나 백 년은 세계를 뒤엎은 대화재의 결과를 평가하기엔 짧은 기간이다. 버크를 평했던 한 사람은 유명한 민주주의의 열렬 당원이었지만 누구보다 현명했다. 프랑스혁명을 비판하며 영국을 향해 경고했을 때 "버크는 그 자신이었으며 옳았다"고 말했다. 다름 아

---

i 고대 그리스 민주주의에서는 정부 관리를 추첨으로 선출했다.
ii 가톨릭 탄압이나 정치적 억압에 따른 불만이 가득했다.

닌 우드로 윌슨(Thomas Woodrow Wilson)[i]이다.[9]

인류평등주의(egalitarianism)라는 가설을 뒤엎는 체계를 고안하는 과제는 버크의 본성에 맞지 않는 일이었다. 심지어 그가 『프랑스혁명에 관한 고찰』을 쓸 때처럼 그 과제에 끈질기게 매달렸을 때조차 고작 몇 문단 정도만 추상적인 원칙을 표현했을 뿐이다. 비록 구체적인 상황을 떠난 일반화는 꺼려 했지만 개념에 맞서려면 개념을 말해야 할 필요성을 느끼긴 했다. 1793년에 이르렀을 때 그의 대응책은 혁명적 개혁에 헌신했던 많은 영국 사람들을 효과적으로 위축시켰다. "나는 내 인생의 특별한 시기에 도달했다. 우리의 존재를 가지고 놀도록 허락되지 않는 그 시기 말이다." 그 두려운 시기에 피츠윌리엄 백작[ii]에게 쓴 편지에서 버크는 이렇게 말했다. "내가 지금 처한 세계의 현실은 사소한 장난이나 하도록 내버려두지도 않고, 내가 궁극적으로 맡아야 하는 과제를 더 작은 부차적 고려사항으로 쉬워지게 만들지도 않는다. 지난 반세기 동안 내가 알아왔던 대로 늘 그렇게 사태가 전개됐다는 듯 행동할 수가 없다. 인류의 도덕적 상태가 나를 실망과 공포에 휩싸이게 했다. 지옥의 심연이 우리 앞에 입을 벌렸다. 이런 엄청난 현실 인식에 따라, 나는 느끼고 생각하고 행동해야만 한다."[10] 버크만큼 정치 철학자가 되고 싶지 않았던 정치인은 없었다. 그러나 버크만큼 의미가 큰 변신도 없었다.

"순수형이상학자의 심장보다 더 강한 것은 생각하기 힘들다"고 버크

---

i Thomas Woodrow Wilson(1856~1924): 미국 28대 대통령으로 1913년에서 1921년까지 재임했다. 1902년에서 1910년까지는 프린스턴대학 총장으로 재직했으며 이후 1911년에서 1913년까지 뉴저지주 주지사로 활동하고 대선에 출마했다.
ii William Wentworth-Fitzwilliam, 4th Earl Fitzwilliam(1748~1833): 18세기 말과 19세기 초를 풍미한 영국 휘그당 정치인.

는 썼다. "그 심장은 인간의 나약함이나 격정보다는 사악한 영혼의 냉혹한 악의에 더 가깝다. 마치 그것은 악마 그 자체의 본질로, 실체는 없지만 순수한, 무엇과도 섞이지 않은, 물기가 하나도 없는 깨끗한 악 그 자체다." 1798년, 그럼에도 마지못해 경외심을 드러낸 해즐릿은 사우디에게 이렇게 말했다. "버크는 형이상학자이고 매킨토시는 그저 논리에 능한 사람일 뿐이다."[11] 이처럼 상황 때문에 부득이 버크는 추상의 세계에 발을 들여놓게 됐다. 그렇지만 상황이 요구하는 이상으로는 그 공허한 영역에 한 발자국도 더 들어가지 않았다. 존슨처럼 그도 도덕적 영역의 첫 번째 원칙들은 계시와 직관을 통해 온다고 확신했다.

에드먼드 버크의 보수주의 논지는 세 종류의 급진주의 학파에 답하는 과정에서 만들어졌다. 세 학파는 18세기 계몽시대 지식인들의 합리주의, 루소와 제자들의 낭만적 감상주의, 초창기 벤담(Jeremy Bentham)의 공리주의였다. 여기서 볼테르, 돌바크[i], 엘베시우스[ii], 디드로[iii], 튀르고[iv], 콩도르세, 시에예스[v], 루소, 모렐리[vi], 마블리[vii], 페인, 고드윈[viii], 프라이스[ix], 프리스틀리[x] 등 '이성의 시대'에 등장한 이 모든 달변가이자 혁신가들의 무

---

i   Baron d'Holbach(1723~1789): 독일에서 태어났으나 주로 파리에서 저술 활동을 했다. 프랑스 계몽 철학자이며 무신론으로 유명하다.

ii   Claude Adrien Helvétius(1715~1771): 프랑스 철학자.

iii   Denis Diderot(1713~1784): 프랑스 철학자 예술 비평가 작가. 계몽주의 시대 백과사전학파의 일원.

iv   Anne Robert Jacques Turgot(1727~1781): 프랑스 경제학자. 초기 경제 자유주의 옹호자로 잘 알려졌다.

v   Emmanuel Joseph Sieyès(1748~1836): 프랑스 가톨릭 사제이자 정치이론가. 나폴레옹 보나파르트를 왕위에 오르게 한 쿠데타 주역의 한 명이다.

vi   Étienne-Gabriel Morelly(1717~1778): 프랑스의 이상주의 사상가이자 소설가.

vii   Gabriel Bonnot de Mably(1709~1785): 프랑스 철학자이자 역사학자.

viii   William Godwin(1756~1836): 영국의 언론인이자 정치철학자. 공리주의자이자 무정부주의자.

ix   Richard Price(1723~1791): 영국의 도덕 철학자. 미국 건국의 아버지들과 긴밀한 관계였으며 급진 공화주의자였다.

x   Joseph Priestley(1733~1804): 18세기 영국 신학자이자 자연철학자. 산소를 발견한 학자로 유명하다.

한한 이론과 계획을 일목요연하게 정리하기는 힘들다. 심지어 그들 사이의 차이점을 정리하는 일조차 쉽지 않다. 버크는 루소 지지자들의 낭만적 이상주의와 볼테르 지지자들의 합리주의 사이에 적대감이 존재한다는 사실을 알았다. 그는 양 학파를 동시에 공격했지만 공격의 초점은 루소라는 "정신 나간 소크라테스"에 주로 집중됐다. 이 서로 다른 체계를 공격하는 과정에서 버크는 휘그당의 공식적인 철학자였던 로크가 제시한 원칙들의 상당 부분을 부인했다. 로크의 이론들은 매우 다양한 사람들이 수용했다. 제네바의 루소, 올드 쥬리ⁱ의 프라이스, 의회의 폭스, 도서관의 벤담, 몬티첼로의 제퍼슨이 그들이다. 그러나 이 사상가들의 여러 보편적 개념 가운데 버크 이후의 보수주의가 여전히 유지한 개념은 사유재산권을 보호하려는 필요에 따라 정부가 발생한다는 로크의 주장 하나밖에 없다.

이 학파들 사이의 차이점에도 불구하고 버크는 비교적 눈에 두드러지게 공통적인 특질을 지닌 개혁 정신에 맞서 싸워야 한다는 사실을 잘 알고 있었다. 18세기 말 급진주의 사상의 교의는 다음의 범주로 압축해 볼 수 있다.

(1) 우주에 신성한 권위가 있다면, 그것은 기독교의 신이라는 개념과는 본질적으로 크게 다르다. 어떤 급진주의자들에게는 이신론(理神論)자들이 받드는 희미하고 냉정한 존재이고, 또 다른 급진주의자들에겐 새로 만들어진 안개처럼 아련한 루소라는 신이다.

ⁱ Old Jewry: 런던 금융 중심지의 일방통행로. 프라이스가 활약한 분야를 지칭한다.

(2) 추상적 이성이나 (그 대안으로) 목가적 상상력이 사회의 운명을 연구하는 방법에 그치지 않고, 사회가 앞으로 나아갈 길을 직접 지시하도록 만든다.

(3) 인간은 자연적으로 자비심이 풍부하고 관대하며 건강한 영혼이지만 이 시대의 제도가 그 인간을 타락시켰다.

(4) 인류의 전통은 대부분의 경우 혼란스럽고 허황된 신화일 뿐이라 우리가 그로부터 배울 게 거의 없다.

(5) 인류는 무한히 개선해나갈 수 있기 때문에 이상향을 향해 끊임없이 투쟁해가며 언제나 미래를 향해 시선을 고정해야 한다.

(6) 개혁가의 도덕적이거나 정치적인 목적은 해방이다. 낡은 신조, 낡은 맹세, 구체제에서 벗어나는 자유다. 미래의 인간은 순수한 자유, 무제한적 민주주의, 자치와 자기만족을 누리게 된다. 정치권력이 개혁의 가장 효과적인 도구다. 다른 관점에서 말하면 기존 정치권력의 파괴가 개혁의 가장 유효한 도구다.

이런 급진주의 개념에 공리주의자들과 집산주의 학파가 나중에 수정안을 제시했다. 그러나 우리의 현 관심사는 버크가 맞서 싸웠던 혁신 이론에 국한한다. 버크는 그의 적들에게 단 하나의 전제에서도 양보하지 않았다. 사회를 보호하겠다는 버크의 노력은 신의 거대한 계획에서 시작해 그곳에서 마쳤다. 그의 경건한 시선에는 세속적인 모든 현실이 도덕적 질서의 표현이었다.[12] 이것이 바로 "정치학"을 초월한 그 무엇으로 버크의 사상을 고양시켰으며, 다른 학자들이 버크의 생각을 따라가지 못하겠다고 실토하는 이유이기도 하다. 그러면서도 버크는 현실의 문제를 충분히 천착해 형이상학자들을 당황하게 만든다. 버크의 보수주의 체계를 검토할 때 우선 종교적 신념의 고상한 경지에서 시작하는 게 바람직하다. 왜냐하면 버크에게 인간의 존재가 의지했던 기본 원칙들은 공허했던 적이 없기 때문이다.

3. 신의 섭리와 존숭

"토리는 언제나 주장했다. 인간이 개인적 미덕을 계발한다면 사회문제는 저절로 해결된다." 그랜빌 힉스[i]는 경멸하는 투로 로버트 루이스 스티븐슨[ii]을 두고 그렇게 썼다. 이 관찰에는 일리가 있다. 비록 버크보다는 존슨에게 더 맞는 이야기이지만 말이다. 그런 인식이 버크가 제시하는 사회 문제 해결책의 전부는 아니다. 버크는 좋든 나쁘든 기득권에 자리 잡은 권력의 힘을 누구보다 잘 알고 있었다. 그러나 버크는 정치를 도덕적 행위로 보았다. 이런 점을 지적하는 보수적 사고의 상당 부분은 버크에게서 왔다. 국가를 알려면 먼저 윤리적 인간을 알아야 한다고 버크는 생각했다.

"루소는 도덕주의자다. 아니라면 그는 아무것도 아니다." 이런 판결을 내린 다음 버크는 루소를 무자비하게 공격하기 시작한다. 그래서 독자들이 얼른 "루소는 도덕주의자가 아니다"라고 말하고 싶게 만든다. 그러나 버크는 루소의 『사회계약론』을 과소평가하지 않았다. 루소의 도덕론

---

i   Granville Hicks(1901~1982): 미국의 소설가이자 비평가. 공산주의자였다가 반공산주의자로 전향했다.
ii Robert Louis Stevenson(1850~1894): 스코틀랜드 출신의 소설가이자 여행 작가. 작품으로는 『보물섬』, 『지킬 박사와 하이드』 등이 있다.

은 틀렸지만 대단한 허세가 있다. 따라서 그에 맞서려면 더 고상한 도덕론을 제시해야 한다. 최신 유행의 도덕론은 괴물 같은 사기다. 버크는 이 문제에서 대부분의 다른 경우와 마찬가지로 규범과 전례, 진정한 개혁가의 손에 쉽게 주어지는 옛 경험에 의지해 반대되는 도덕론을 제공한다. 버크의 그 도덕론은 혁명적 도덕론이 만들어낸 상처를 아물게 해준다. 버크는 자주 겸손을 찬양한다. 그의 도덕 체계에서 버크는 자신을 겸허하게 드러낸다. 무엇을 새로이 만들어낸다는 허황된 과시를 경멸하면서 버크는 아리스토텔레스(Aristotle), 키케로(Cicero), 초기 기독교 신학자들, 후커와 밀턴[i]의 논지를 번쩍이게 만들고 그들의 문장에 새로운 온기를 불어넣을 뿐이다. 그러면 그들의 생각이 자코뱅주의자들이 든 횃불 위에 자연스레 불타오르게 된다. 갑작스러운 충동과 물질적 욕구에 굴복하는 세계라는 개념을 거부하면서 버크는 강력하고 미묘한 목적에 따라 지배되는 세계라는 개념을 해설한다. 이 옛날의 도덕론에 아일랜드인의 상상력이라는 촉매를 더한다. 그러면 깜빡거리는 불빛에 지나지 않았던 고전적 사상과 신고전의 형식을 중시하는 종교가 갑자기 불바다로 변해 버린다.

계시와 이성, 감각을 초월하는 확신이 우리를 창조한 신의 존재를 말해주며, 또한 전지한 신이 선의로 인간과 국가를 창조했음을 말해준다. 기독교의 이 일반적 정설이 버크 철학의 핵심이다. 신이 지구상에 어떤 목적을 가졌는지는 역사의 전개로 드러난다. 신의 마음과 의지는 어떻게 알게 되는가? 신의 수단과 심판을 겪은 수천 년 인간의 경험이 인류의

---

i　John Milton(1608~1674): 영국의 시인이자 논쟁가. 올리버 크롬웰 아래에서 관료를 지내기도 했다. 서사시 『실낙원(Paradise Lost)』의 저자.

마음에 심어놓은 선입견과 전통을 통해서 알게 된다. 이 세계에서 우리의 목적은 무엇인가? 우리 자신의 욕구 충족이 아니라 신의 명령에 순종하는 것이다.

사물의 본질을 이렇게 보는 시각이 공리주의자와 실증주의자들에게는 망상처럼 보일 수도 있다. 그러나 종교적인 사람들에게는 초월적 진리로 보인다. 이 논리가 건전하든 그렇지 않든 간에 이런 믿음의 고백에서 이해하지 못할 구석은 없다. 심지어 애매모호함도 없다. 버크의 입장은 가장 단순한 용어로 설명된다. 그는 자신의 견해를 명료하고 고급스러운 언어로 다시 한번 분명하게 드러낸다. 지난 천 년 동안 유럽에서 어떤 지식인도 이런 믿음에 이의를 제기하지 않았다. 그러나 20세기 "정치 현실주의"에 속한 학자들은 과학적 원칙으로 사회가 운영될 수 있다는 개념을 받아들여, 사도 바울과 소크라테스의 도덕적 전통에 근거한 버크의 견해를 "반계몽주의"로 부르기까지 했다. 매키버(R. M. MacIver) 교수는 공포에 가까운 격렬한 감정으로 이렇게 말했다. "버크가 정부의 임무를 신비로운 애매모호함에 또다시 감싸버릴 때, 정치의 영역에서 재차 이성에 반해 종교와 전통에 호소할 때 우리의 이해에 기여하는 바는 전혀 없다."[13]

그러나 이런 반론은 의문을 불러일으킬 뿐이다. 버크가 화려한 수사를 모두 동원해 저항했던 그 이성의 시대는 사실 무지의 시대였다. 만약 (인간의 역사가 시작된 이래 모든 인간이 믿어왔듯) 인간 복지의 기초가 신의 섭리라면, 정치와 윤리를 보잘것없는 이성으로 제한하는 일이야말로 바보 같은 짓이자 우스꽝스럽게 주제넘은 도피다. 바로 불타는 떨기나무의 광휘를 보지 못하는 이 맹목과, 시나이 산 정상에서 울려 퍼지는 천

둥소리를 듣지 못했던 게 프랑스 "계몽"의 주요한 잘못이라고 버크는 선언한다. 루소는 비록 초자연적 방향성은 오만하게 부인했지만 무오류를 주장하는 인간의 합리성을 지나치게 확신하지는 말라고 외쳤다. 제1의 원리를 둘러싼 어떤 분란도 잠잠해지지 않았다. 삼라만상의 목적에 관한 아리스토텔레스와 세네카(Seneca), 토머스 아퀴나스(Thomas Aquinas)의 견해가 회의론자들을 납득시키지 못한다면 그들이 품위 있게 개종될 가능성이 없다는 사실에 버크도 공감했다. 그러나 계몽주의 철학자들이 시답잖은 논리와 낄낄거리는 재담으로 천재들의 증명과 시대의 믿음을 가볍게 부인해버리는 태도에는 분개했다. 왜냐하면 버크의 고귀한 정신에 따르면 이러한 문제들에 대한 판단의 정지가 만족스러울 수 없기 때문이다. 우주에 질서가 있거나 아니면 전부 무질서이거나 둘 중 하나다. 우리가 무질서를 떠돈다면 연약한 평등의 원칙들이나 혁명적 개혁가들이 앞세우는 해방의 강령들에 어떤 의미도 없다. 무질서의 소용돌이에서는 오직 힘과 욕구만 의미가 있을 뿐이다.

> 도덕적 법률을 구성할 만큼 현명하고, 그것을 강제할 만큼 힘이 있는 초월적 통치자가 존재하지 않는다면 지배 권력의 의지에 맞서는 가상이나 실제의 어떤 계약도 지켜질 수 없다는 것을 나는 인정한다. 그러한 가정에서 어떤 무리가 자신들의 의무를 무시할 만큼 강력하다면 그들에게 의무는 더 이상 의무로 존재하지 않는다. 우리는 그 저항할 수 없는 권력에 그저 호소만 할 뿐이다.

---

i First principle: 철학에서는 가장 기초적이고 근원적인 가정 또는 제안을, 수학에서는 공리를 의미한다.

혹독한 불운 속에서 동정을 받기는커녕,

인간의 법이나 자애로운 정의마저 우리를 외면한다 해도

언제나 옳은 신은, 우리를 대신해 복수해 주신다.[i]

프랑스혁명의 추종자들에게 이 글을 쓰지 않는다는 전제로 말한다. 나는 우리의 두려운 창조주가 존재의 질서 속에 이 공간을 만들어냈다고 가정한다. 그 신은 성스러운 방책으로 우리의 의지가 아니라 그분의 의지로 우리를 이끌고 인도하셔서, 신의 처분과 재량에 따라, 우리에게 할당된 부분에 속하는 역할을 담당하도록 우리를 실질적으로 복속시킨다. 우리는 인류 전반에 의무가 있다. 그것은 특별히 자발적으로 맺은 계약의 결과가 아니다. 그 의무는 인간과 인간의, 신과 인간의 관계에서 나온다. 그 관계들은 선택의 문제가 아니다. …우리는 결혼한다. 그 선택은 자발적이다. 그러나 결혼의 의무는 선택의 문제가 아니다. …자연의 이 신비스러운 과정을 만들어내는 천성은 우리 자신이 만들어내지 않았다. 차라리 우리가 알지 못하는, 알 수도 없는 물리적 힘에 의해 그 도덕적 의무는 만들어진다. 우리는 그 의무를 완벽하게 이해할 수 있고 반드시 그 의무를 수행해야만 한다.[14]

이는 위대한 가르침이다. 신의 신비에 대비되는 인간 이성의 무력함과 "인류의 이 위대하고 신비스러운 합체"를 계속 유지하려면 인간은 도

---

i Si genus humanum et mortalia temnitis arma, at sperate deos memores fandi atque nefandi: 로마의 시성 베르길리우스(Publius Vergilius Maro, B.C.70~B.C.19)가 쓴 로마의 국가 서사시 『아이네이스』에 나오는 대목이다.

덕적 질서에 즐겁게 순종해야 한다는 필요성을 이처럼 설득력 있게 제시한 사람은 없다. 버크는 우리가 짧은 인생을 살면서 신의 목적을 정확하게 알기는 힘들다고 말한다. 초월성을 이론적으로 설명하려 애쓰느라 시간을 낭비하는 철학자는 인간의 천박하고 졸렬한 무신론만 자극한다. 인간에게 있는 오직 하나의 확실성은 이미 신이 내려준 진실에 복종하는 것뿐이다. 도덕성을 강제하는 초월적인 존재가 없다면 "이성", "계몽", "연민"은 그저 꿈이 만들어낸 수많은 허구의 하나에 불과하다. 정의와 목적이 없는 세계에서 인간은 지식과 자선이라는 개념도 잊어버릴 수 있기 때문이다. "과거의 투쟁들을 밝게 비추고, 현재의 의무들을 강화하고 고상하게 만들며, 인간의 의지라는 소란스러운 세계에서 언제나 위협이 되는 그 패배와 타락으로부터 미래를 지켜내려면 무엇이 필요할까. 국가의 삶이라는 위대한 드라마 전체는 절대자가 명령한 대로, 신이 마련한 단 하나의 계획에 과거와 현재, 미래가 유기적으로 연결된 그대로 경건하게 인정되어야 한다. 그렇게 믿는다는 진정한 정치적 신앙만이 버크에게는 (인류와 국가의 영속성을 유지하는) 마지막 수단 같아 보인다"고 맥쿤(J. H. MacCunn)은 버크의 신념을 묘사했다.[15] "사물을 제자리에 견고하게 붙잡아 두는 질서가 있다"고 보수적인 본능의 바로 그 뿌리를 관통하는 말을 버크 자신이 했다. "질서는 우리에게 주어졌고 우리는 질서에 따라 만들어졌다."

버크는 종교가 질서를 담보해 준다고 주장하지 않았다. 다만 그는 세속의 질서는 신성한 질서에 그 기원이 있으며 또한 그 일부분으로 남아 있다고만 말한다. 종교는 대중적 욕구를 일정한 테두리 안에 묶어두는 데나 편리한 신화가 아니다. 버크는 고대인이 무질서에서 인류를 구해내려고 종교를 발명했다는 폴리비우스(Polyvius)의 견해에 공감하지 않는다. 사물의 첫 시작부터 정해졌다는 환상 속에서 이미 확립된 질서를 인간이 숭배하도록 종교적 신화를 처음부터 끝까지 창조했다는 플라톤의 생각에도 동의하지 않는다. 버크는 정치와 도덕이 믿음과 회의에서 추론된다고 봤다. 인간은 자연적 사물을 유지하는 초자연적 사물의 존재를 스스로 확신하는 데 결코 성공하지 못했다. 영국의 신학자들, 중세의 스콜라 철학자들과 아리스토텔레스 등이 증명한 신의 뜻에 근거한 목적의 실재, 우주의 지적인 방향이 버크의 글에 암묵적으로 드러난다. 종의 영속성이라는 보편적 본능, 양심의 충동, 불멸의 암시, 어떤 위대한 계속성과 정수(essence)를 함유한 인간의 심오한 의식 등 이런 증거들은 처음부터 끝까지 그의 저작에서 빛난다. 그러나 버크는 신학을 학자들에게 남겨두고 자신만의 멋있는 새로운 증명을 시도하지는 않았다. 항상 바빴고 논리를 다지는 데도 시간이 부족했던 이 남자는 직관적 진리를 두고 시비를 벌이는 데 격분했던 존슨 박사와 견해가 일치했다. 본능적 지식의 확신은 존슨 박사를 고함치게 했다. "아니 이보세요, 우리는 의지가 자유로운지 압니다. 그러나 그 한계는 있어요!" 오직 들뜨고 천박하며 스스로 도취한 무신론자나 자기 자신보다 더 위대한 어떤 존재를 인정하길 거부하는 사람만이 진실로 이 종교적 통찰의 원천을 부인하는 뻔뻔함을 보일 수 있다. 그리고 이렇게 겸손하게 확신하는 버크의 정리된 지성이 보여주는 인상적인 광경, 초기 기독교 신학자들의 평결을 입증하는 박식함, 종교적 전통의 규율에 복종하는 신중하고 실천적인 개혁 정신은 아마도 인간에게 주어진 어떤 직접적인 증거보다 더 훌륭하게 우리의 세계가 위대한 영적 위계질서의 오직 작은 한 부분일 뿐이라는 사실을 증명한다. 이는 기독교와 고전의 지혜에 정통한 사람의 믿음이다. 국가가 신의 뜻에 따라 미리 정해진다는 버크의 선언에는 플라톤의 목소리와 거의 비슷한 그리스의 경건함이 잔뜩 묻어난다. "우리의 미덕으로 완벽해질 자연을 신이 우리에게 주었다면, 그 완벽을 추구하는 데 필요한 수단도 역시 주셨다. ―신은 그러므로 국가를 주셨다.― 신은 국가가 모든 완벽함의 근원과 최초의 원형에 연결될 수 있도록 해주셨다."[16] 무차별적으로 관대한 인간의 동정심을 감성적으로 옹호하거나 보편적 연민이 확산된다고 해도 절대자가 국가를 만들었다는 개념을 거부하는 사회를 구제하기에는 충분하지 않다.[17] 모든 국가는 신의 섭리가 만들어낸 창조물이다. 그 종교가 기독교이거나 아니거나 상관없다. 기독교가 최상의 종교지만 모든 간절한 신조는 우주에 신의 섭리가 있다는 인정이다. 또 모든 세속적인 질서는 아버지에게서 물려받은 그 종교적 신조를 숭배하는 데서 나온다. 이러한 확신은 버크가 헤이스팅스를 더욱 혐오하게 만들었다. 영국의 인도 총독이었던 헤이스팅스가 현지의 종교적 전통과 의례를 짓밟았기 때문이다.

버크에게 종교적 경건함이라는 정신이 없었다면 지속 가능한 사회적 질서를 생각할 수도 없었을 것이다. 정치 지도자들은 주교 못지않게 성스러운 임무를 실현하는 사람들이다. "이 성스러움은 인간을 통치하는 일에 종사하는 모든 사람이 마치 신의 위치에 서 있는 듯 자신들이 하는 일과 운명에 고매하고 합당한 개념을 부여할 때 만들어진다. 그들은 영원히 계속되는 희망에 가득 차야 한다. 순간의 하찮은 이득을 지향하지 말아야 한다. 일시적이거나 덧없는 대중의 찬사에도 현혹되지 말고, 그들 본성의 영원한 부분에 있는, 오직 단단하고 영속적인 존재를 추구해

들 본성의 영원한 부분에 있는, 오직 단단하고 영속적인 존재를 추구해야 한다. 아울러 세계에 풍부한 유산을 남기려는 노력의 본보기로서 영원한 제도와 신의 영광을 좇아야 한다."[18] 군주제와 귀족정치보다 보통 사람들이 지배자를 선출하는 대중적인 정부에서 그러한 성스러운 목적 의식이 더 필요하다. 그래야 국민들이 권력을 나누어 갖는다는 기쁨을 누리게 되며, 권력의 의무를 이해하게 되기 때문이다. "조금이라도 권력을 가진 사람들은 신뢰할 만한 행동을 해야 한다는 사실을 강하고 두렵도록 통감해야 한다. 그들은 위대한 주인, 조물주이자 사회의 설립자가 위탁한 신뢰에 따라 행동해야 할 책임이 있다."

버크의 이 총명하고 생생한 경건함을 "반계몽주의"나 "신비주의"로 묘사하는 것은 철학적 용어의 중대한 남용이며 그런 묘사는 20세기가 의미론적인 암흑기에 빠져들었음을 보여준다. 버크의 신념은 고매할 뿐 아니라 동시에 공적인 명예나 책임이라는 개념에 충실한 실천적인 사람의 신념이기도 하다. 그는 정의로운 신이 지배하는 세상을 믿었다. 비록 대개는 불가사의한 방식이지만 역사의 과정은 신의 섭리로 이미 정해져 있다는 믿음이다. 동시에 인생에서 개인적인 단계는 "신의 방책"으로 할 당된다고 생각한다. 선(善)을 지향하는 마음과 원죄는 모두 신이 마련한 계획의 일환이며 개혁가는 우선 신이 만든 질서의 골격을 알아내려는 노력을 해야 한다고 믿는다. 그런 다음 자연적 정의가 내리는 명령에 정치적 합의를 일치시키려 애써야 한다고 주장한다. 회의론자들은 이러한 신념을 선언하는 사람들이 틀렸다고 믿을지 모른다. 그러나 회의론자들이 그 사람들을 신비주의자라 부른다면 잘못이다. 경험의 세계와 대단히 친숙한 사람의 종교적 원칙들이기 때문이다. 버크는 그의 신조를 조금 더 개인적이고 정치적인 삶의 일부로 만들어갔다. 만약 우리 세계의 질서가 신의 생각에 합당하게 짜였다면 사회의 구조를 바꾸려는 시도는 대단히 신중해야 한다. 우리가 신의 의지에 따라 변화의 도구로 봉사한다고 해도 우선 그 점에서 우리의 양심을 만족시켜야 할 필요가 있기 때문이다. 또한 버크는 인간의 보편적 평등이 존재한다고 했다. 그러나 그 평등은 기독교적이고 도덕적인 평등이다. 더 정확하게 말하면 신의 궁극적 심판 앞에서 누리는 평등이다. 우리가 그 밖의 평등을 선망한다면 어리석거나 불경스러운 일이다. 가장 영리한 인도주의자 레너드 울프(Leonard Woolf)는 사회적 보수주의와 기독교의 유대를 꿰뚫어 봤다. "기독교는 인간 사회의 틀을 이미 담고 있다. 그 틀에서 세속적인 불행은 영원하고 명예로우며 고유한 위치가 부여된다. 시련은 신이 우리를 시험하고 훈련하려고 보냈기 때문에 그 불행에 투덜거린다면 불경한 일이다."[19] 버크는 이 비난을 기꺼이 수긍했을 것이다.

인간의 완벽성이라는 개념을 경멸했던 버크는 죄와 고난이라는 기독교의 그림 위에 자신의 심리학을 세웠다. 가난, 잔혹함과 불행은 사물의 영원한 질서에 속한 부분들이다. 죄는 지독하게 실재적이며 명백한 사실이다. 우리 악행의 결과이지 잘못된 제도 탓이 아니다. 종교는 입법이나 혁명으로 제거되지 않는 그 불행을 위로한다. 종교적 신앙은 존재를 견딜만하게 해준다. 경건한 자제가 결여된 야망은 반드시 실패한다. 그리고 그 실패의 폐허에는 종종 보통 사람들의 운명적인 가난과 미천함을 위로하는 저 아름다운 종교적 숭배가 있다.

사람들이 이 종교적 숭배를 깨우치도록 하고, 공직을 신성하게 만들려면 교회가 사회 조직과 밀접하게 연결돼야 한다고 버크는 믿었다. 그에게 교회란 이상적인 영국의 국교회 체계이거나 오히려 그 이상이었다. 버크의 교회엔 고전주의적이거나 가톨릭적인 요소까지 있었다. 그래서 늙은 뉴캐슬 공작(Duke of Newcastle)을 비롯해 편협한 사람들은 버크가 틀림없이 가톨릭 학교인 세인트오메르에서 교육받았을 거라고 수군대기도 했다. "종교는 기독교 지도자의 영역 밖에 있는 존재가 아니다"라고 버크는 말했다. "종교는 기독교 지도자가 보살피는 대상이자 그가 근심하는 주요한 것이어야 하며 종교의 목적은 최고의 선이자, 궁극의 목표, 인간 그 자체의 목적이어야 한다."[20] 그러나 이는 전적으로 중세의 교회 이념은 아니다. 알프레드 코반(Alfred Cobban)은 "버크의 이상은 개신교적인 국가지상주의나 가톨릭의 신권정치가 아니었다. 지구상에 만들어진 신의 왕국이라는 개념과 훨씬 더 비슷했다"[21]고 말했다.

국가와 교회가 분리된 존재들이 아니어야 하지만 진정한 종교는 국가의 정신을 단순히 드러내는 데서 그치지 않는다. 종교는 세속적인 법을 훨씬 상회하며 사실 모든 법의 원천이다. 키케로나 필로[i]와 함께 버크는 우주의 법이라는 강령을 선언했다. 그 우주의 법은 신의 마음이 창조했으며 인간의 법은 오직 그것의 불완전한 구현일 뿐이다. "모든 인간의 법은 적절하게 말하면 단지 선언적이다. 인간의 법은 양식과 적용이 변경될 수 있다. 그러나 최초의 정의라는 실체를 능가할 힘은 없다."[22] 인간은 자신들의 환상이 제시하는 대로 법을 수정할 권리가 없다. 초월적인 법은 어떤 정치적 공동체도 수정할 힘이 없다.

버크는 이렇게 말한다. 우리의 질서는 도덕적 질서다. 그리고 우리의

---

i Philo: 고대 그리스의 유대인 철학자. 기원전 30~기원후 45년까지 살았다고 추정된다.

법은 영원히 계속되는 도덕률에서 나왔다. 더 고매한 행복은 도덕적 행복이다. 고통의 근원은 도덕적 악이다. 자부심, 야망, 탐욕, 복수, 욕망, 난동, 위선, 통제되지 않은 열정, 난잡한 갈망 등의 부도덕함이 우리의 삶을 고통스럽게 만드는 파란의 실질적인 원인들이다. "종교, 도덕률, 법률, 관직의 특권, 특전, 자유, 인간의 권리 등은 감상적 인도주의자들이나 사회에 해를 끼치는 선동가들이 앞세우는 혁명의 핑계다." 이들은 기존의 제도들이 인간의 고통을 야기하는 근원이어야 한다고 생각한다. 그러나 실제로는 인간의 심장이 악의 근원이다. "군주제를 없애고, 국가의 장관이나 장성, 공공기관들을 제거하고, 기독교 교리를 억누르고, 법을 해석하는 사람이 사라진다 해도 우리는 악을 해소하지 못한다. …현명한 사람은 그들의 구제책을 악의 근원에 적용하지 각종 이름에 적용하지 않는다."[23]

이 도덕적 질서는 사람의 숫자를 세는 과정[i]을 통해 변형되지 않는다. 오래전부터 자리 잡았던 제도를 부숴버린다고 도덕적 질서가 개선되지 않는다. "가장 많은 사람들의 의견이 올바름을 판단하는 기준이라면 나는 그 의견을 내 양심의 주인으로 삼아야만 한다. 그러나 만약 전능의 신이라도 옳고 그름을 결정짓는 본질을 변경할 수 있는 능력을 가졌는지 의심된다고 치자. 그렇다면 다른 사람들과 내게 그러한 힘이 있을 리는 없다고 확신할 수 있다."[24] 이제 다시 버크는 사적인 만족과 공공의 평화로 가는 열쇠인 두 가지 미덕, 신중함과 겸손을 찬양한다. 신중함은 고전 철학이 이룬 탁월한 성과이며, 겸손은 기독교 수양이 거둔 발군의

---

i 투표를 지칭한다.

승리다. 그런 미덕이 없었다면 인간은 틀림없이 비참했을 것이다. 또한 종교적 경건함이 없다면 인간은 귀하고 축복받은 그 두 미덕의 어느 쪽도 인지할 수 없다.

영혼의 평화를 찾는 고독한 인간과 영원한 질서를 추구하는 사회를 위해 신은 인류가 이 도덕적 우주를 이해할 수 있는 수단을 제공했다. 문명화된 사회적 인간을 안내하는 등불은 전통과 규범이다. 따라서 버크는 18세기 이전 대부분의 인간이 한 치의 의심 없이 받아들인 널리 합의된 지혜와 관습에 사회적 원칙들이라는 명예를 부여했다.

4. 선입견과 규범

"우리가 먼저 가장 위대한 것에, 다음으로 가장 오래된 것에 경탄하는 이유는 전자가 신의 무한한 본질에, 후자가 신의 무한한 계속성에 가장 가깝기 때문이다."[25] 버크는 후커의 이 구절을 외우고 있었다. 이는 그들이 주장하는 규범의 철학에서 가장 핵심적인 내용을 말해준다.

인간은 삶의 계속되는 질서를 믿어왔다. 버크는 인간의 그런 전제를 이성의 시대에 또다시 강조할 필요에 직면했다. 도덕과 정치의 기초는 무엇인가? 어떤 기준으로 인간은 어떤 특정한 행위가 신중했었는지, 그 행위에 정당성이 있었는지 판단하는가? 일상적인 삶의 과정에서 종교적 영감에만 의지할 수는 없다. 초자연적인 우주가 자연적 세계의 일상적 개념들(the routine concepts)을 관리해주리라 기대하기도 힘들다. 버크는 그런 질문에 이렇게 대답했다. 신은 수천 년의 경험과 명상을 통해 인간에게 집단적인 지혜를 가르쳤고 그때그때의 편의로 조화된 전통을 가르쳤다. 인간은 필요한 결정을 내려야 할 때 인류의 관습을 품위 있게 존중하는 방법을 채택해야 한다. 그때그때의 편의를 조심스럽게 고려하고 자신의 특정한 상황에 맞게 관습과 원칙들을 적용해야 한다. 추상화를 경멸하는 버크였지만 일반적 원칙과 금언을 거부하지는 않았다. 신성한 목적이라는 신조가 있기 때문에 버크의 "편의(expedience)"와 마키아벨리(Machiavelli)의 편법(expediency)은 크게 다르다. 바로 그 때문에 버크는 지정학적, 역사적 결정론의 몽테스키외와 그의 제자 테느와도 구분된다. 개인은 멍청하다. 그러나 인류는 현명하다. 인간이 열정과 욕구에만 사로잡히지 않도록 보호하려고 인류의 지혜가 채택한 수단이 선입견(prejudices), 규범(prescriptions), 추정(presumptions)이다. 때때로 버크는 인간의 집단지성이라는 이론에 근접한다. 부분적으로는 직관에 의한 지식이고, 부분적으로는 의식적인 지식이다. 개개인은 이 지식을 자위의 차원에서, 태어남과 동시에 얻는다. 관념연합론(associationist) 이론들이 설명하지 못하는 복잡한 심리적 충동에 관심이 있었으며 인간 특질의 온갖 신비를 잘 아는 버크는 암묵적으로 로크의 타불라 라사[i] 개념을 거부한다. 인간과 동물을 구분하는 상상력과 개개인의 특성을 설명하는 데 부적절하다고 생각하기 때문이다. 인간이라는 존재는 수많은 조상들의 축적된 경험에 동참하기 때문에 무엇 하나도 완전히 잊히지는 않는다. 그러나 이 지식의 극히 작은 일부분만이 종이 위에 공식적으로 기록되며 신중한 가르침이 된다. 아주 많은 부분은 본능에, 공통된 관습에, 선입견에 또 오래된 관례(ancient usage)에 스며든다. 이 엄청난 양의 지식

---

i Tabula rasa: 라틴어로 '깨끗한 석판'을 의미한다. 인간이 태어날 때는 마음이 백지와도 같은 상태이며 출생 이후에야 지각 활동과 경험으로 지적 능력이 형성된다는 개념.

을 무시하거나 경솔하게 다룬다면 인간은 감정과 야망의 바다에 두렵게 떠다니는 존재가 된다. 그럴 때 인간은 공식적 학습으로 배운 작은 분량의 지식과 개인적 사유 능력이라는 미미한 자원에만 의지할 수밖에 없다. 인간은 종종 아주 오래된 선입견과 관습의 의미를 깨닫지 못하기도 한다. 가장 지적인 인간이라도 전통적 도덕들과 우리 사회의 구석구석에 담긴 모든 비밀을 이해하겠다고 나서기는 힘들다. 그러나 신은 인간의 시행착오라는 방식을 통해 중요한 목적을 지닌 오래된 습관들을 만들어냈다. 새로운 시대의 긴급 사태에 이 물려받은 집단적 의견을 적용해야 할 때 인간은 가장 신중해야 한다. 물론 때로 그렇게 전락하기도 하지만, 선입견은 멍청한 편협함이나 미신이 아니다. 선입견은 미리 내려진 판단이다. 시간과 지식이 없어 순수한 이성에만 근거해 결정을 내려야 할 때 조상들의 합의된 의견과 직관이 인간에게 공급해주는 대답이다.

20세기에 들어 이론 심리학자들은 더 진지하게 인간과 동물의 집단 정신이라는 개념을 조사하기 시작했다. 버크의 이 선견지명은, 사회적 삶에서 관습의 중요성을 강조한 것과 일상적 문제에서 습관과 본능적 동기가 이성을 능가한다는 점을 강조한 견해들과 더불어 광범위한 영향력을 행사해왔다. 버크의 그런 견해는 콜리지, 메인[i], 배젓, 그레이엄 월리스[ii], 화이트헤드(A. N. Whitehead)를 비롯한 십여 명의 다른 중요한 사상가들의 저작에서도 나타난다. 오늘날 교육을 받은 사람은 아무도 인간

---

i Sir Henry James Sumner Maine(1822~1888): 영국의 비교법학자, 역사가. 인간의 문명은 지위에서 계약으로 전진해왔다는 주장으로 유명하다. 고대 인간은 지위와 전통적인 공동체에 묶였으나 점차 스스로 원하는 계약을 체결할 수 있는 개인으로 발전해왔다고 주장했다.

ii Graham Wallas(1858~1932): 영국의 사회학자, 사회 심리학자, 교육가. 페이비언파 지도자이며 런던 정경대학의 공동 창립자.

의 본성이, 예를 들어 콩디야크[i]가 믿었듯이 그렇게 단순하다고 생각하지 않는다. 버크는 죽어가는 미신을 옹호하는 낡은 지식인이 아니었다. 그는 "이성의 시대"라는 가면 아래 있는 인간 존재의 어두운 복잡성을 드러냈다. 그 덕에 버크는 아직도 사상의 시장에서 살아 있는 영향력을 행사한다. 반면 급진적 사상을 지녔던 그의 경쟁자들 대부분은 지성사의 뒤안길에서 그저 이름만 남았을 뿐이다.

낭만주의자들은 이 점에서 버크를 추종했다. 19세기 작가 대부분은 버크의 심리학이 로크의 단순한 계산 위에 세워졌다는 가정하에 그를 공리주의적이라고 찬양했다. 그러나 버크를 이보다 더 천박하게 보는 시각은 없다. 버크는 인간의 피부 바로 밑에 야만인, 짐승, 괴물이 준동한다는 사실을 알았다. 수천 년의 쓰디쓴 경험이 그런 거친 본성을 불확실하게나마 억제해놓도록 가르쳤을 뿐이다. 그런 두려운 지식은 신화, 제례, 관습, 본능, 선입견에 잘 남아 있다. 교회는 언제나 이런 진리를 충분히 알았다[폴 엘머 모어가 라프카디오 헌(Lafcadio Hearn)을 다룬 글에서 진지한 존경을 담아 표현한 대로]. 과학적 합리주의가 인간의 잔인한 본성에 숨겨진 비밀을 그대로 드러낼 수 있기 때문에 교회는 그것의 등장을 의심의 눈초리로 바라보았다.

버크는 또 경험주의자나 실용주의자의 선구자로 오해받기도 한다. 버크가 추상이 아니라 사실을 다루겠다는 결심을 밝혔기 때문이다. 버클[ii]은 버크의 이런 측면을 자기 나름대로 해석해 대단히 열광했다. 버클

---

i   Étienne Bonnot de Condillac(1714~1780): 프랑스 철학자이자 심리학자.
ii Henry Thomas Buckle(1821~1862): 영국의 역사가. 미완의 역사서(History of civilization)의 저자. 과학적 역사의 아버지로 불린다.

은 버크가 스스로 일반화에 의지하려는 유혹에 저항하면서 "자신의 견해를 사건의 전개에 따라 일치시켰다. 또 정부의 목적은 특별한 제도들이 아니라 국민 대다수의 행복을 보존하는 데 있다고 인정했다. …버크는 어떤 관습 아래 한 나라가 오랫동안 번성했기 때문에 그 관습은 반드시 훌륭하리라는 보편적인 주장을 지칠 줄 모르고 공격했다"고 말했다.[26]

버클은 여기서 버크의 예외를 버크의 법칙으로 해석했기 때문에 틀렸다. 최대 다수의 최대 행복인가 시험해보거나, 직접적인 효용이라는 견지에서 모든 관습을 따져보자는 생각은 은둔 철학자 벤담의 특징이지 버크 같은 정치 지도자와는 무관하다. 무엇보다도 버크의 철학은 그 표지에 원칙과 규범이라는 도장이 찍혀 있다. 버크는 원칙과 규범이 아니라 추상화와 그 남용을 공격했다. "나는 추상적인 생각을 완전히 논외로 치부하지 않는다. 그렇게 치부하면 원칙을 버려야 한다는 것을 나는 잘 알고 있다. 그러나 원칙들이 없다면 정치적 사고는, 다른 모든 일에서도 마찬가지지만, 이론적이거나 실천적인 어떤 결론을 추려낼 수 없다. 원칙이 없는 모든 정치적 사고는 그저 특별한 사실이나 세세한 내용들이 엉망으로 뒤섞인 잡탕에 불과할 뿐이다."[27]

원칙은 영속적인 형태로 표현된 올바른 이성이다. 추상은 이성의 타락이다. 일반적인 지식을 특별한 사실에 현명하게 적용하는 게 편의다. 기회주의는 편의가 타락한 형태다. 인간은 신의 목적이 구현됐다고 보이는 자연과 역사를 이해하면서 원칙에 도달한다. 인간은 인내심 있는 관찰과 조심스러운 조사를 통해 신중함을 획득한다. 신중함이 모든 미덕을 통제하고 규율하는 기준이 된다. 편의를 통해 원칙을 실현하지만 편의가 원칙 자체를 대신하지 않는다. 왜냐하면 원칙은 인지한 신의 목적을 우리가 표현한 것이기 때문이다.

역사는 (버크의 역사적 지식을 기번[i]과 흄도 존경했다) 단계적으로 구현된 신의 계획이다. 깜박이는 우리의 눈에 신의 계획은 때로 희미한 그림자처럼 보이지만, 섬세하고 저항할 수 없으며 자비심으로 가득하다. 버크에게는 양심의 무조건적인 도덕률에 따른다는 헤겔의 결정론적 기미가 전혀 없다. 왜냐하면 버크는 자유의지라는 기독교 교리에 충실하면서 자의적이고 터무니없는 충동이 아니라 인간의 본성과 행동이 역사를 이끌어간다고 말하기 때문이다. 신의 섭리는 자연적인 방법으로 작동한다. 만약 그 섭리의 방향이 분명하게 보인다면 그 웅장한 계획에 저항하는 건 불경스럽다. 그러나 인간의 능력으론 신의 목적을 완벽하게 이해하지 못한다. 정치 지도자와 철학자는 역사 그 이상을 알아야 한다. 그들은 천지 만물, 즉 자연을 알아야 한다. 버크의 "자연"은 인간의 본성이다. 이 본성은 문명화된 인간이 보이는 보편적인 행동의 원천이다. 낭만주의자들이 말하는 유사 범신론적 자연이 아니다. 루소나 페인이 주장한 "자연 상태"라는 구절은 버크의 정확한 지성에서 볼 때는 짜증스런 표현이다. 버크는 이를 인정하지 않았다. 그러나 키케로가 사용한 "본성"의 용례는 버크도 받아들였다. 역사와 인간의 본성을 안다면 인간은 신의 섭리를 이해하려고 겸손하게 노력할 것이다.

그러나 역사와 인간의 본성을 공부해도 인간 지혜의 더 많은 부분을 다 알 수는 없다. 인류의 경험은 주로 전통, 선입견, 규범에 그 핵심적인

---

i Edward Gibbon(1737~1794): 영국의 역사가.

보물이 모인다. 그리고 그런 것들이 책이나 추론보다 더 확실하게 인간의 행동과 양심을 이끈다. 습관과 관습은 배우지 못한 사람의 지혜일 수 있다. 그러나 습관과 관습은 인류의 오래된 가슴에서 온다. 가장 현명한 사람조차 이성만으로는 살아가지 못한다. 선입견의 요구(대개 양심의 요구)를 무시하고 거만한 이성만 따른다면, 우리는 신과 인간이 모두 사라진 황무지에 도달하게 된다. 시들어버린 희망과 외로움으로 울부짖는, 전통과 직관을 빼앗긴 이 지적 허영의 불모지는 예수가 사탄의 유혹을 받는 광야보다 더 무섭다. 현대인을 유혹한 것은 사탄이 아니라 인간이 자신에게 느끼는 자부심이다.

우리는 인간이 서로 개인적으로 축적한 이성에 의지해 살아가야 할까 봐 걱정스럽다. 왜냐하면 개인적으로 쌓은 내용이 아무리 많다 해도 민족과 시대가 축적해놓은 이성의 자본과 은행을 활용하면 더 나을 게 분명하기 때문이다. 심사숙고하는 사람들은 대부분 일반적인 선입견을 거부하기보다는 그 안에 풍부하게 담긴 숨어 있는 지혜를 찾으려 총명함을 발휘한다. 그들이 원하는 내용을 찾고자 하면 거의 실패하지 않고 찾을 수 있다. 그들은 선입견의 외투를 벗어던지고 벌거벗은 이성만 남겨두기보다 이성이 첨가된 선입견을 유지하는 게 더 현명하다고 생각한다. 왜냐하면 이성으로 걸러진 선입견에는 그 이성에 부합하는 행동을 해야 할 동기와 영속성을 부여하는 성향이 있다.[28]

습관과 관습을 존중하느냐 마느냐가 우연하게도 버크와 낭만주의자를 가르는 두드러진 기준의 하나가 되었다. 어빙 배빗은 다음과 같이 썼다. 낭만주의는 (직접적으로 버크의 영향을 받아 때로 일관성을 상실한 사람들은 제외하고) "분명 습관에 적대적이다. 왜냐하면 습관이 판에 박힌 세계, 생동감과 놀라움이 없는 세계로 이끈다고 보기 때문이다." 버크는 지극한 개인주의를 두려워했다. 습관과 선입견은 사람들이 규칙이나 관습 등에 순응하도록 함으로써 사회의 유지를 가능하게 한다. 따라서 새롭다는 이유만으로 도덕적 방종을 장려하는 일은 인간이 수행할 수 있는 가장 위험한 실험이다.

"선입견"은 반쯤 직관적인 지식이며 인간이 살아가면서 부딪히는 문제를 큰 고민 없이 대처해나가도록 만들어준다. "규범"은 수많은 세대가 널리 합의했거나 계약을 맺은 내용에서 자라나는 관습적 올바름이다. "추정"은 인류의 보편적 경험에 따른 추론이다. 이러한 도구를 채용해야 인간은 어느 정도 번영과 평화를 누리며 함께 살아갈 수 있다. 영국이라는 나라(The English constitution)의 설립은 규범적[i]이다. "그것의 유일한 권위는 예로부터 존재해왔다는 사실이다. 왕, 귀족, 법관, 저명한 사람들과 평범한 사람들을 비롯해 모두가 규범적이다." 규범, 추정, 선입견은 개인의 양심과 로마 원로원 의원들을 지도하고 감독하기에 충분하다. 규범과 추정, 선입견 등이 없으면 무력과 정복자만이 사회의 파괴를 막을 수 있다. "어딘가에 반드시 욕망과 의지의 통제가 있어야 한다. 통제가 없을수록 욕망과 의지가 강해지고, 통제가 많을수록 약해진다." 욕망과 의지의 통제가 폐지되면 인간이 수천 년을 통해 고통스럽게 극복한 원시 상태로, 버크 역시 (대부분 홉스와 견해가 다르지만 이 부분에서는 같다) "불

---

i 그 시원을 알 수 없다는 의미다.

행하고 불결하며 잔인하고 부족하다"고 알았던 그 상태로 다시 전락하지 않도록 막아주는 도구는 단 하나만 남는다. 바로 합리성이다. 그러나 18세기 프랑스 계몽주의자들이 사랑스러워하는 이성은 버크에겐 끽해야 약하거나 대개는 믿을 수 없는 도구일 뿐이다. 집단으로서의 인류는 거의 전혀 사유하지 않거나 더 높은 의미로는 사유가 불가능하다고 생각한다. 민간에 전래된 지혜나 법칙을 빼앗긴다면 인간은 선동가를 부추기거나 사기꾼을 배불리고, 전제군주에 항복하는 일밖에는 할 수 없다. 보통 사람은 무식하지 않다. 그러나 그들의 지식은 일종의 집단적 지혜다. 수천 년간 세대에서 세대로 천천히 축적되어온 총합이다. 이를 잃어버리면 인간은 다시 개별적 이성의 총량으로 되던져지며 그 결과는 파멸일 뿐이다. 가장 영리한 사람이라도 수 세기 동안의 합의를 무시하고 이성의 생성물로만 맞서려 한다면 그저 자만에 들떠 잘난체하는 꼴이 된다. 버크는 하나 또는 다른 관점에서 시대는 변할 수 있다고 인정한다. 특정한 상황에서 과거의 경험은 유효하지 않고 혁신가의 생각이 맞을 수도 있다. 그러나 인류의 보편적 경험에 따른 추론인 추정은 대개 그 반대다. 어떤 경우라도 수학적 정확성과 교과서적 일체성을 교조주의적으로 사랑해, 관습을 급진적으로 타파하고 사회의 몸체에 해악을 끼치는 위험을 감수하기보다는 심지어 실수하는 아이처럼 보일지라도 예전의 관례를 유지하는 게 더 현명하다. "이 계몽의 시대에 나는 대담하게 고백한다. 우리는 일반적으로 자연히 터득한 감정들의 소유자다. 우리의 오래된 선입견을 모두 던져버리느니 우리는 상당한 정도로, 또 우리 스스로 더 수치스러워할 정도로 선입견을 존중한다. 우리는 선입견이기 때문에 소중하게 여긴다. 오래된 선입견일수록 일반적으로 더 강력하며 우리는 그래서 더 귀하게 여긴다."

선입견과 규범을 사랑하는 버크의 생각은 영국의 사상에선 새롭지 않다. "선입견은 결코 실수가 아니다. (일반적으로는 그렇게 생각되어지지만) 그 반대로 가장 의심의 여지가 없는 진실일 수 있다. 자세히 따지지도 않고 그대로 믿고 습관적으로 마음에 품는 사람들에게는 여전히 선입견일 뿐이지만. …대다수의 인간은 올바르게 사유할 수 있는 충분한 시간적 여유나 지식이 없다. 도대체 왜 사유하도록 인간을 가르쳐야 하는가? 정직한 본능적 자극과 건전한 선입견들이 절반쯤 익은 사유보다는 인간을 훨씬 더 잘 이끌지 않겠는가?"[29]라는 체스터필드[i]의 말은 바로 버크가 하고 싶었던 말이다. [칼 베커(Carl Becker)가 그의 책 『The Heavenly City of the Eighteenth-Century Philosophers(18세기 철학자들이 사는 낙원)』에서 우리에게 말했듯이] 흄은 선입견과 그것의 사회적 이득에 강한 존경심을 드러냈다. 도덕의 원천을 따졌던 그 자신의 사색 과정에서 스스로 놀란 흄은 이렇게 자문했다. "그러나 그러한 생각은 유용한가?" 그리곤 자신의 노트를 서랍에 넣고 잠가버렸다. 하지만 흄과 달리 버크는 최신 유행이었고 백과전서파[ii]가 그 운동의 성격을 규정했던 이성의 시대를 공격하면서 당시를 풍미했던 지적 풍토에 정면으로 맞섰다. 선입견을 옹호하는 선언을 하려면 용기가 필요했다. 버크보다 지적인 몸집이 작았다면 그러한 용기는 지성계의 경멸을 초래했을 가능성이 있다. 그러나 영국에서는 버크만큼 이성이 탁월했던 사람은 없었다. 버크의 기독교적 겸손의 힘이 있었기 때문에 더 가능했는지도 모른다. 또 날카롭고 폭

---

i   Philip Dormer Stanhope, 4th Earl of Chesterfield(1694~1773): 영국의 정치인이자 학자.
ii Encyclopédistes: 프랑스 계몽사상가 집단.

넓은 지식으로 무장한 그였기에 비범한 인간의 허영에 맞서 인류의 본능을 열성적으로 지지하는 사람이 될 수 있었다.

버크는 인간의 욕구가 게걸스럽고 지독하다는 사실을 알고 있었다. 그런 욕구는 우리가 선입견, 전통, 관습적 도덕률이라 부르는 집단적이고 아주 오래된 지혜로 통제된다. 이성만으로 그 욕구들을 의무에 매달아두지는 못한다. 한순간 선입견과 규범의 껍질이 뚫리면 저 아래에서 불꽃이 튀어 올라 그 갈라진 틈이 더 벌어질 심각한 위험이 있다. 심지어 문명의 절멸로 이어질지도 모른다. 만약 인간이 고대의 관습을 존중하지 않는다면 그들은 지금의 이 세계를 마치 자신들의 사유재산인 듯 자신들의 감각적 욕구 충족에 모두 소진해버릴 게 틀림없다. 따라서 자신들의 즐거움을 추구하는 욕망 때문에 미래 세대는 물론, 동시대인들 더 나아가 자신들의 자산을 파괴하고 탕진해버릴 것이다.

국가와 그 법률이 성스러워지는 가장 중요하고 우선되는 원칙 중하나는 국가의 한시적 소유자, 아니 평생 세 들어 사는 인간이 조상에게서 무엇을 받고 후손에게 무엇을 물려줘야 하는지를 무시하지 않는 것이다. 자신들이 전부를 소유한 완벽한 주인인 양 행동하지 않아야 한다. 한사상속[i]의 제한을 해제하거나 유산을 낭비할 권리가 자신들에게 있다고 생각하면서 자신들의 즐거움을 추구하려고 사회에 원래 있었던 전체 조직을 파괴해 다음 세대에 주거지가 아니라 폐허를 물려주는 위험을 초래하지 말아야 한다. 그들 스스로 조상들이 물려준 제도

---

i   몇 대에 걸쳐 상속인을 미리 지정하는 제한적 상속제도로, 우리나라에는 없다.

들을 존중하지 않는다면, 후손들 역시 그들이 만들어낸 그 무엇도 전혀 귀하게 여기지 않게 된다. 떠돌아다니는 유행과 환상의 종류만큼이나 자주, 많이, 다양한 방법으로 고삐가 풀린 듯 국가를 바꾸다보면 국가의 영속성이라는 전체적인 고리는 깨지고 만다. 한 세대가 다음 세대로 이어지지 않는다. 그렇게 되면 인간은 여름날의 파리보다 나을 게 없다.[30]

사라지는 숲, 침식돼 스러져가는 토양, 낭비되는 석유와 무차별 채굴, 채무 이행이 불가능할 정도로 무책임하게 늘어나는 국가의 빚, 계속 개정되는 실정법 등 현대의 이 모든 광경은 신의 섭리를 존중하지 않는 시대가 자신과 후손에게 어떤 일을 하는지 보여주는 증거다. 버크는 미래를 내다봤다. 반면 콩도르세와 마블리는 자신들의 환상 속에 있는 장밋빛 풍경만 보았다. 그것이 자신들의 예언에 영감을 준다고 잘못 생각했다.

선입견과 규범은 오래됐음에도 불구하고, 아니 그렇기 때문에 섬세하게 자라난다. 만들어지기는 힘들고 상처받기는 쉬우며 되살리기는 거의 불가능하다. 사회를 정화하려는 의도가 있는 추상적 형이상학자이자 광적인 개혁가는 사회를 정말 깨끗하게 씻어냈다고 생각할지 모른다. 이들은 "자신의 시계를 분해할 만큼 어리석지는 않지만, 시계보다 훨씬 중요하고 복잡하며 수많은 바퀴와 스프링과 균형추, 길항하고 서로 협력하는 동력 장치로 만들어진 또 다른 형태의 도덕적 기계는 자기가 원하는 대로 언제나 분해했다가 안전하게 다시 조립할 수 있다고 자신만만해하는 무지한 사람이다. …그들의 망상에 가까운 선한 의도는 그들의 주제넘음을 정당화할 근거가 못 된다."[31]

선입견과 규범을 준수하면 인류는 조상들의 발자국만 끝없이 계속해 답습하게 될까? 버크는 인간이 사회적 변화를 겪지 말아야 한다고 생각하지는 않았다. 사회적 형태의 경직성도 바람직하지 않게 여겼다. 사회의 더 큰 보존이라는 차원에서 변화는 불가피하며 신의 섭리로 그런 변화는 계획된다고 말한다. 적절하게 이끌어지면 변화는 쇄신의 과정이다. 그러나 변화는 일반적으로 느껴지는 필요의 결과로 이루어져야지 잘 꾸며진 추상적 논의로 촉발되어서는 안 된다. 심오하며 서서히 진행되는 자연스러운 변화와 시대의 미혹을 구분해, 옛 질서를 새로이 하고 수선하는 게 우리의 역할이다. 대개 바람직한 변화는 인간의 의식적인 노력과는 무관한 과정이다. 스스로 잘못을 저지를 가능성을 충분히 염두에 두고 신의 섭리를 존중하는 정신으로 임하면 인간의 이성과 숙고는 낡은 질서를 새로이 조정하는 데 도움이 될 수 있다. 명확한 지식이 등장하면 심지어 오래된 선입견과 규범도 때로는 위축되어야 한다. 그러나 자코뱅주의자들은 사소한 불편과 실질적 쇠퇴를 구분하지 못했다. 통찰력이 있는 개혁가는 개혁의 능력과 보존의 성향을 잘 결합한다. 변화를 사랑하는 사람은 그의 그 욕망 때문에 변화를 이끄는 대리인이 될 자격을 완전히 상실한다.

추상적 이성에 비해 전통이 더 낫다는 주장이 이보다 더 잘 표현된 적은 없다. 그러나 과도기적 상황과 불완전한 지식에 근거해 모든 사람들이 주관대로 스스로 의견을 내세우는 당대의 성향을 버크는 거의 억제하지 못했다. 문자 해독률의 증가, 신문과 책의 가격 하락, 대중의 관심을 자연스레 사로잡은 개인주의적 교리 등이 미친 영향은 버크의 설득력만으로 감당하기엔 너무 컸다. 그레이엄 월러스는 인간이 개인적인 사유만으로 현명하게 행동하기 어렵다는 버크의 확신을 이해했다. "그러나 버크가 옹호했던 의식적인 규범 추종은 다른 문제다. 왜냐하면 그것은 묻지도 따지지도 않고 과거에 충성하겠다는 선택에서 오는 결과이기 때문이다. 지식의 나무에서 열매를 따 먹었던 사람은 결코 그 맛을 잊을 수 없다."[32] 어빙 배빗은 선입견과 규범을 옹호하는 전투에서 버크가 패배했다고 믿었다. "반성을 능가하는 지혜"는 더 이상 수백만 산업노동자들의 삶을 지배하지 않는다. "현대인들을 단지 이 시대의 시끄러운 곤충이라고 한쪽으로 치워놓을 수는 없게 됐다. 그들의 생각이 둔감하고 굳었으며 건전하지 않은 지적 활동이라고 반대하기도 어렵다. 그들은 이미 참나무 그늘 아래에서 되새김질을 하는 위대한 소가 되었다."[33] 이러한 비판은 차라리 너무 무차별적이다. 결국 한정된 권리, 사유재산, 삶의 습관을 선호하는 규범이나 옛날의 고상함, 가족, 종교적 교리를 선호하는 선입견은 가장 도시화되고 산업화된 국가에서도 여전히 큰 영향력을 행사하는 힘이기 때문이다. 정신을 좀먹는 지적 원자론에 저항하는 어떤 대안적 체계를 제시하기는 상대적으로 더 어렵다. 오히려 버크의 (규범과 선입견을 지지하는) 변호에 내재한 약점을 들추는 편이 더 쉽다. 엄청나게 비싼 공교육 체계에도 불구하고 개인적 판단이 전통적 견해를 대신하기 시작했을 때, 그것이 공공의 삶과 개인의 품성에 미친 해악은 아직도 완전히 해소되지 못했다.

그러나 한 측면에서 버크는 무차별적인 개혁적 충동을 압도했다. 그는 영국의 정치 지도자들이 용기와 능수능란함을 지니고 변화에 대응해, 변화의 결과는 온건하게 만들고 개혁가들을 납득시켜 가장 좋은 옛

것을 보호하도록 했다. 버크가 정치에서 은퇴한 이래 단 한 명의 강력한 반역자도 발생하지 않았다. 고작 기괴한 음모나 소란 정도가 있었을 뿐이다. 만약 버크의 권유를 그대로 실행했다면 아일랜드의 역사도 훨씬 더 나았을 가능성이 있었다. 오늘날 영국에선 대단히 적대적인 정당 간 정권 교체가 이뤄지는데도 사회적 불안은 전혀 없다. 왜냐하면 변화가 굳이 와야 한다면 평화가 유지되면서 가장 피해가 적게 와야 한다는 사실을 영국인들이 알기 때문이다.

우리는 모두 변화의 위대한 법칙을 준수해야 한다. 그것은 자연의 가장 강력한 법칙이자 아마도 자연을 보존하는 도구이기도 하다. 우리가 할 수 있는 일은, 또 인간의 지혜가 할 수 있는 일은 잘 느끼지 못할 정도로 변화가 진행되도록 하는 것이다. 그래야 변화의 불편함을 초래하지 않고 변화의 모든 장점을 누리게 된다. 이러한 방법이 한편으로 모든 관계자들의 이해를 한꺼번에 박탈하지 못하도록 막는다. 단번에 모든 영향력을 잃고 고려 대상에서 제외된다면 누구나 격렬하고 음울한 불만을 키울 가능성이 크다. 다른 한편 이런 단계적인 변화의 과정은 사회에서 오래 억눌려 있던 사람들이 갑작스러운 권력의 증가에 취해 이성을 잃지 않게 막아준다. 갑자기 권력이 많이 주어지면 사람들은 언제나 오만방자하게 남용하기 마련이다.[34]

보수주의는 변화를 인정하지 않을 때보다 폭넓은 화해를 목적으로 품위 있게 변화를 받아들일 때 더할 나위 없는 존경을 받아왔다. 누구도 아닌 성마른 버크가 그러한 원칙을 가장 앞세웠다.

5. 사회적 인간의 권리와 자연권

18세기 말 급진주의는 "자연권"이라는 용어로 자신들의 철학을 표현했다. 페인의 『The Rights of Man(인간의 권리)』[i]이 발간된 이래, 대중은 인간의 절대적 권리(양도할 수 없는 권리)라는 개념을 개인적인 욕망과 혼동하면서 모호하고 호전적인 형태로 받아들였다. 이런 혼란스런 정의가 오늘날 사회를 괴롭힌다. 가장 유명한 사례가 유엔이라는 기구가 만든 "세계인권선언(Universal Declaration of Human Rights)"이다. 이 선언은 30개 조항으로 이뤄졌으나 그보다 조금 더 많은 "권리"를 정의한다. 예를 들면 무상교육을 받을 권리, "예술을 즐길" 권리, 지적 소유의 권리, 국제질서의 권리, "인격이 충분히 계발될" 권리, 동등한 임금의 권리, 결혼할 권리 등등. 실제로는 권리가 아니라 단순한 희망사항이 권리라는 이름으로 나열돼 있다. 모든 급진주의적 "자연권"은 본질적으로 "게으를 수 있는 권리"일 뿐이라는 보수주의자들의 금언도 24조에 제시됐다. "모든 사람은 휴식과 여가의 권리가 있다. 근로 시간은 합리적으로 제한돼야 하고 정기적인 유급 휴가가 주어져야 한다." 이 기나긴 "권리들"의 목록은 이른바 진정한 권리에 달린 두 가지 필수적인 조건을 무시한다. 우선 소위 권리를 주장하고 행사할 개인의 능력이 전제되어야 한다. 다른 하나는 모든 권리에 부수하고 상응하는 의무다. 만약 한 남자에게 결혼할 권리가 있다면 어떤 여자에게는 그와 결혼할 의무가 있다. 만약 한 남자가 휴식을 취할 권리가 있다면 다른 누군가는 그의 휴식을 지원할 의

---

i 토머스 페인이 쓴 31개의 글을 모은 책이다. 페인은 정부가 국민의 자연적인 권리를 보호하지 않으면 혁명이 허용된다고 주장했다.

무가 있다. 만약 이처럼 권리와 욕구가 혼동되면 대중들은 태어날 때부터 자신들이 획득한다고 들었던 그 절대 권리를 어떤 거대한 보이지 않은 음모가 망쳐버린다고 느끼게 마련이다. 버크(그에 이어 콜리지도)는 사회에 영원한 불만과 좌절감을 안겨줄지 모를 위험을 감지하고 진정한 자연권과 자연법을 정의하려고 애썼다.

세계가 헌법 제정에 열광하고, 시에예스[i]가 국가의 기초와 관련한 법률들을 대대적으로 만들어내며, 합리적인 계획에 따라 국가의 법령을 손질할 자격이 되는 철학자들이 카페마다 넘쳐나고, 미국이 새로이 헌법 14개조를 만들고 좀 더 만들려던 그때, 버크는 인간이 법을 만들지 않는다고 선언했다. 인간은 단지 신의 법률들을 비준하거나 왜곡할 뿐이라고 선언했다. 사람들이 말하는 자연권은 그들의 본성에서 직접 추론됐을 뿐이며 인간에게 그들이 원하는 그 권리는 없다고 말했다. 휘그당의 개혁자이자 계몽된 편의를 옹호하는 버크는 진정으로 변하지 않는 법과 절대적인 권리가 있기는 하나 그 근거와 성격은 계몽주의자나 평등주의자들이 생각하는 그것과는 심각하게 다르다고 영국인들에게 말했다.

겉으로 드러난 정치의 일정 부분에서 버크와 비슷한 구석이 있었던 볼링브룩이나 흄과 달리 버크는 대단히 종교적인 사람이었다. "버크는 영국국교회의 교리를 근거로 인류에 관한 가장 중요한 문제들에 답했다."[35] 공명정대한 신이 인간의 구원을 허락하려고 도덕적 질서를 부여한 기독교적 세계관을 버크는 믿었다. 신은 인간에게 법을 주었고, 그 법을 근거로 인간에게 권리를 주었다. 이것이 모든 도덕적 법률적 문제에

---

i　프랑스혁명의 주요 정치이론가로, 가톨릭 사제라 'abbé Sieyès'라고 불리기도 한다.

서 버크가 견지하는 전제다. 그러나 그 법과 그 법에서 연유하는 권리를 현대인들은 잘못 이해했다.

> 인간의 권리는, 소위 말하는 인류의 자연권은 진정 신성하다. 만약 어떤 공적인 조치가 그러한 권리에 위해를 가한다고 증명된다면 그 조치에 결사적으로 반대해야 한다. 설사 그러한 조치에 반대하는 강령이 전혀 만들어질 수 없다 해도 마찬가지다. 만약 이 자연권이 특별히 합의된 법률로 확인되고 선언된다면, 문서화된 도구와 명확한 약속으로 정의의 훼방꾼, 권력, 공공기관에 맞서 확보된다면 그 자연권은 더 나은 조건에 있다. 그런 자연권에는 확보된 목적의 신성함뿐 아니라 그런 중요한 목적을 지켜주는 대중의 엄숙한 믿음 그 자체가 담겨 있다. … 이러한 도구들로 확보된 권리는 기만적인 애매모호함이 없이 매우 적확하게 "공인된 인간의 권리"라고 불릴 수 있다.[36]

폭스의 '동인도 법안(East-India Bill)'을 두고 버크는 위와 같이 말했다. 두 개의 혁명이 벌어지는 그 사이에, 세계를 곧 진동시킬 자연권이라는 주장과 관련해 버크가 한 말이다. 버크의 이 연설에는 자연권이라는 일반적인 질문에 직접 맞서지 않으려는 망설임이 조금 엿보인다. 그럼에도 버크는 추상적이고 정의되지 않은 권리는 의심하지만 규범과 법률이 보장하는 특권에는 헌신적임을 보여준다. 그는 곧 그러한 그의 구분을 더 강조해야 했다.

아무리 희미하다 해도 인간의 역사에는 그 목적이 식별되기 때문에 신의 영원한 법령들이 존재한다고 버크는 말했다. 그리고 우리는 인간의 본성을 관찰하고 역사를 공부해서 그 영원한 법령들을 이해하려고 노력할 수 있다. 인간의 권리는 신의 법에 복종할 때 존재한다. 권리는 법의 자식이기 때문이다. 비록 로크의 어법을 가끔 채택하기는 하지만 로크의 "자연권" 개념과 버크의 생각은 근본적으로 다르다. 그리고 버크의 자연권 개념은 루소의 자연권과도 명백히 다른 근거에 뿌리를 둔다. 루소의 자연권은 신화적인 자유의 원시 상태와 주로 로크로부터 영향을 받은 심리학에 근거한다. 반면 버크의 자연권은 키케로의 자연권과 기독교 교리 그리고 영국의 보통법 원리로 강화된 개념이다. 제3의 관점에서 흄은 자연권이 널리 합의된 지혜(convention)의 문제라는 견해를 유지한다. 또 다른 시각에서 벤담은 자연권이 사람의 눈을 속이는 상투어라고 선언했다. 버크는 이 두 합리주의자들을 혐오했다. 그는 자연권은 신의 의도에 일치하는 인간의 관습이라고 말했다.

버크는 정치적 논쟁에서 자연권을 적합한 무기로 여기지 않았다. 그는 자연권의 근원을 너무 많이 존경했다. 그는 개혁가의 역할에서나 기존 질서의 수호자 역할에서도 상대방의 정책을 공격하거나 자신의 조치를 변호하려는 목적에서 자연권이라는 개념을 거론하지는 않았다. 그는 자연권을 세세하게 규정하기 꺼려했다. 그에게 자연권은 오직 신의 지식으로만 이해될 수 있는 개념이었다. 자연권은 신의 영역에서 시작되고 끝나기 때문에 인간이 판단하기에는 적합지 않다고 생각했다. 인간의 법률이 허락하지 않으면 하늘의 법이 작동되지 않는다는 생각은 주제넘은 판단이다. 그러나 우리가 자연적 정의의 모습을 어렴풋이 그려내는 한 인류의 경험은 하늘의 법률이 무엇인지 인간에게 알려준다. 인류의 경험은 역사뿐 아니라 신화와 우화, 관습과 선입견으로도 우리에게 전해진다.

루소가 퍼트린 환상, 즉 자유롭고 행복하며 법이나 재산도 없는 자연 상태라는 주장을 버크는 시종일관 비난했다. 인간이 세속적인 규약에 묶이지 않고 자연권이 보장하는 편안한 충동에 따라 만족스럽게 살았다는 원시적 조건이라는 개념을 역사와 전통은 지지하지 않는다고 버크는 고함쳤다. 자연법은 규범과 법률에 구체화되는 한에서만 우리의 인식에 들어온다. 나머지는 우리에게 봉인된 책이나 마찬가지다. 우리는 신의 법을 모방하려는 인간의 법을 통해서만 신의 법을 안다. 신이 우리에게 알기 쉽게 쓰인 성약(聖約)이나, 이상향에 이르는 헌정 체제를 주지는 않았기 때문이다. 키케로가 말했듯이 가장 분명한 사실은 인간의 법이 그 자체로 충분치 않다는 것이다. 우리의 불완전한 법률은 신의 영원한 질서에 다가서려는 우리의 노력일 뿐이다. 신은 벽에 문자로 자신의 뜻을 써놓는 경우가 거의 없다. 우리는 인간 본성의 아주 오래된 불완전성에 의지해 천천히 미약하게 신의 정의를 향해 더듬어갈 뿐이다.

사회적 법의 구속력을 규정하지 않아도 자연법을 추종해갈 수 있다고 생각한다면 어리석다. 마찬가지로 자연법 전체를 조항마다 모두 법률로 정의하려는 시도 역시 주제넘은 노릇이다. 18세기 계몽주의자들은 한두 번 그 두 가지 잘못을 모두 저질렀다. 신과 신의 본성(버크라면 제퍼슨의 구절을 뒤집었을 테니까)은 인간을 정의라는 지식에 진실로 안내할 수 있다. 그러나 신은 안내자이지 추종자가 아니라는 사실을 우리는 잊지 말아야 한다. 허영심 가득한 인간이 그 자신의 추상적 개념화에서 뽑아낸 지도를 무기 삼아 안내자 역할을 자처한다면 사회는 파멸에 이른다. 버크를 세상에 처음 알린 저작은 『A Vindication of Natural Society(자연 상태의 사회를 옹호함)』으로, 합리주의와 목가적 환상 모두를 풍자한 글이었다. 스러져가는 천재의 비범함으로 반짝이는 책『Thoughts on the Prospect of a Regicide Peace(대역자와 맺는 평화의 전망에 관한 생각)』은 인간의 진짜 권리와 거짓 권리를 격렬하게 구분한다. 버크는 위험하리만큼 모호하게 묘사된 자연법이나, 반대로 위험하리만큼 정확하게 묘사된 자연법이라는 개념 모두에 언제나 경계를 늦추지 않았다.

존슨 박사처럼 버크도 정제되지 않은 본성이라는 개념을 싫어했다. 버크는 "예술은 인간의 본성"이라고 썼다. 인간의 본성은 사람의 고매한 단계에 있지 가장 단순한 형태로 있지는 않다. "절대로, 절대로 인간 본성이 하나를 이야기할 때, 지혜가 다른 걸 말하지 않는다. 인간의 고상한 감정들은 과장되거나 부자연스럽지도 않다. 본성은 가장 고상한 형태로 존재한다. …벨베데레의 아폴로 조각상(아직 벨베데레에 그대로 남아 있다면)은 렘브란트(Rembrandt)의 연필화에 있는 인물이나, 테니르스(David Teniers)의 그림에 등장하는 촌스런 잔치의 광대만큼이나 인간 본래의 모습이다."[37]

버크의 관심사는 "자연 상태"의 인간이 아니라 문명화된 인간이었다. 그리고 만약 사회가 가상의 원시인이 보유했다는 "자연권"을 영국인의 훨씬 사실적이고 가치 있는 특권에 적용하려 한다면 그 형벌은 끔찍한 위험이다. "평범한 삶에 진입한 이런 추상적 권리는, 밀도 높은 매개물을 뚫고 들어오는 광선처럼, 자연의 법칙에 따라 직선에서 벗어나 굴절된다. 진실로 거칠고 복잡한 인간의 격정과 이해관계라는 덩어리 속에서, 이른바 인간의 원시적 권리는 유사한 굴절과 반사를 겪는다. 따라서 원래의 방향대로 단순하게 그대로 그 자연적 권리가 계속된다고 말하면 어리석은 일이 된다."[38] 인간의 본성은 얽히고설켰으며, 사회는 놀라울 정도로 복잡하다. 원시적 단순성이 위대한 나라의 정치적 문제에 적용되면 파멸을 초래한다. "인간이 고안한 단순한 그 무엇이 어떤 새로운 정치 체제를 목표로 했으며 훌륭하다고 칭송되는 경우 나는 지체 없이 그것을 고안한 사람은 자기가 무슨 일을 하는지 모르거나 의무를 태만히 했다고 결론을 짓는다."『Tracts on the Popery Laws(천주교 법에 관한 소논문)』(사후 출간)에서 버크는 또다시 사회적 원시주의를 공격한다. 시민사회의 목적은 "우리의 자연적 권리의 즐거움을 확보하고 보호하는 데 있다." 환상 속에서 만든 인간의 권리를 수립하려는 어떤 미치광이의 계획에 맞추려고, 혹은 조금 더 확실하게 그 권리를 보호한다는 핑계로 이 진정한 자연적 권리를 정지 또는 철폐하려는 시도는 "논리적으로 앞뒤가 뒤바뀐 끔찍한 과정일 뿐만 아니라 그 결과도 숨 막히고 무자비하다."[39]

인공적이면서 자연적인 귀족정치를 철폐하고 평등이라는 가짜 "자연권"의 회복을 달성하겠다는 인류평등주의적 제안은 이런 끔찍하고 불합리한 특징을 드러낸다. "필연적으로 이 귀족정치를 만들어내는 시민사회의 상태는 자연적이다. 야만적이고 뒤죽박죽인 삶의 방식보다 훨씬 더 자연적이다. 인간은 천성적으로 합리적이다. 따라서 완벽하게 자연적인 상태에 있지는 않다. 이성이 가장 잘 계발될 수 있는 위치에 놓였을 때 인간은 가장 뛰어나다. …적어도 인간은 미성숙하고 무력한 어릴 때나 다 성장했을 때도 모두 자연 상태에 있다."[40] 여기서도 버크는 무엇이 자연의 법칙인지보다는 무엇이 자연의 법칙이 아닌지를 적극적으로 말하려 한다. 자연의 법칙을 정확하게 정의 내리기를 내켜하지 않는 마음도 숨기려 하지 않는다. 그는 자신의 적인 평등주의자 지식인들에 대해 이렇게 말했다.

이 이론가들이 내세우는 가짜 권리는 모두 극단적이다. 그들이 형이상학적으로 옳은 만큼에 비례해 도덕적으로나 정치적으로는 틀렸다. 인간의 권리는 일종의 중간이다. 정의 내리기는 불가능하지만 구분하기 불가능할 정도는 아니다. 정부가 보장하는 인간의 권리들은 그들에게 주어진 유리함이다. 이 권리들은 종종 선과 악이, 때로는 악과 악이 균형을 이룬다. …인간은 합리적이지 않은 것에 권리가 없다. 자신들에게 이롭지 않은 것에도 권리가 없다.[41]

버크는 자연적 권리가 대중적인 권력과 동일하지 않다고 설명했다. 정의에 부합하지 않으면 권리이기를 멈춘다고 했다. [비록 정의(正義) 자체에는 인간이 생각하는 이상의 내용이 있지만] 정의의 집행은 유익한 인공물이자 사회적 합의의 산물이다. 사회적 계약의 주요 목적은 이 정의의 집행 촉진이다. 이를 얻으려고 "자연적"인 인간은 정의와 부합하지 않는 무질서한 자유를 오래전에 포기했다(그의 암묵적 동의에 따라 앞으로도 계속 양도할 것이다). 이 사회적 계약이 버크에게는 대단히 실재적이었다. 역사적 계약도 아니요, 주식회사를 위한 합의도 아니고, 법률적인 개념도 아니다. 이 계약은 모든 세대에서, 매년, 매일, 타인에게 자신을 맡기는 모든 사람이 재확인한다. 우리의 공통된 복지를 위해 세속적 정의로 지켜지는 신탁의 혜택을 받고자 하니 보답이 없는 자연적 "자유를" 포기하자고 우리의 조상들은 동의했고, 우리가 오늘 동의하며, 앞으로 후손들이 동의하게 된다. 따라서 정의의 집행관에 불복하게 만드는 자연적 권리는 존재하지 않는다. "시민사회로 가는 첫 번째 동기의 하나이자 시민사회의 근본적 규칙의 하나는 누구도 자신의 대의를 스스로 판단하는 재판관이 되어서는 안 된다. 다시 말해 인간은 이미 어느 순간 계약에 얽매이지 않는 첫 번째 근본적 권리, 즉 스스로 재판관이 되고, 자기 자신의 대의를 주장할 권리를 스스로 없앴다는 뜻이다. 스스로 자기 자신의 통치자가 될 모든 권리를 포기했다. 마찬가지로 자연의 첫 번째 법인 자기방어의 권리를 상당히 많이 버렸다. …비록 일정한 자유를 확보할 수 있지만 그 권리 전체를 남의 손에 믿고 맡기는 굴복을 선택했다."[42]

남의 손에 믿고 맡기는 굴복을 선택한다는 의미를 따져보자. 인간은 비록 시민사회와 야만사회의 권리를 동시에 누릴 수는 없지만, 무질서를 포기하는 대신 정의를 보장받는다. 그 믿음을 더럽히면 그에 맞서 싸우는 저항은 정당화된다. 그렇지 않다면 저항할 수 없다. 정의의 명령뿐만 아니라 일반적인 도덕의 명령도 인간을 서로 의지하도록 구속한다. 야만인이나 문명화된 인간이나 이웃을 팔꿈치로 계속 밀칠 수 없다. 그렇게 할 때마다 어느 정도 그의 "자연적 권리"는 제한되어야 한다. 타인의 권리를 위험에 빠뜨리기 때문이다. "절대적 자유"를 지향하는 프랑스인들의 헌신은 (버크가 이어 나오는 문장을 쓴 지 50년이 넘었는데도 합당한 근거도 없이 라마르틴[i]은 여전히 절대적 자유를 요구한다) 역사적으로, 사회적으로 터무니없는 짓이다. "아무런 도덕적 제약 없이, 어디서나 자신이 원하는 대로 행동할 수 있는 권리는 존재하지 않는다. 인간은 어떤 경우에도 서로 완벽하게 독립적인 존재일 수는 없다. 우리의 자연 조건이 그것을 허락하지 않는다. 남에게 어떤 영향을 전혀 미치지 않고, 또 자신의 행동

---

i　Alphonse de Lamartine(1790~1868): 프랑스 낭만파 시인이자 외교관, 정치가로서도 활약했으며 1848년 프랑스 임시정부 외무대신.

에 따른 상당한 정도의 책임을 만들어내지 않으면서, 자신의 행동을 꽤 길게 계속할 수 있는 인간은 없다."[43]

자연적 권리는 상황과 무관하게 존재하지도 않는다. 어떤 사람에게 어떤 경우엔 자연적 권리였지만 다른 때 다른 사람에겐 부당하고 어리석은 행위다. 신중함은 실제적 권리를 판단하는 기준이다. 사회는 그 권리 행사에 적합하지 않은 사람에게 투표권을 부여하지 않을 수 있다. "그러나 투표권을 부여하지 않는 게 현명한지 바보 같은지, 정당한지 부당한지, 신중한지 비겁한지는 전적으로 그 사람이 보유한 재력의 상태에 달려 있다."[44]

이 모두가 자연적 권리는 아니다. 그럼 자연적 권리는 무엇인가? 실질적이고 절대 필요한 혜택의 보호가 세속적 질서의 주요 목적이라고 버크는 선언했다. 버크가 생각하는 진정한 자연적 권리는 『프랑스혁명에 관한 고찰』에서 가장 잘 묘사됐다.

만약 인간에게 진정한 권리를 주거나 보류할 권한이 내게 있다면 이론적으로 진정한 권리를 부인하거나, 실제로 그 권한의 부여를 억제할 마음은 전혀 없다. 그들의 그릇된 권리 주장을 거부한 의도는 그들의 진정한 권리를 해치려는 뜻이 아니었다. 오히려 그들의 그릇된 권리가 진정한 권리를 철저히 파괴하기 때문이었다. 만약 시민사회가 인간에게 혜택을 주려고 만들어졌다면 그 사회가 주려는 모든 혜택은 결국 인간의 권리가 된다. 사회는 선행을 베푸는 제도다. 법 그 자체는 규칙에 따라 행동하는 선행이다. 인간은 그 법칙에 따라 살아갈 권리가 있다. 공공의 기능을 담당했든 평범한 직업을 가졌든 인간은 누구나 자신들 안에서 정의를 구현할 권리가 있다. 그들은 그들의 근면이 맺는 결실에 권리가 있다. 동시에 그들의 근면이 결실을 맺도록 하는 수단에도 권리가 있다. 그들은 부모의 재산에 권리가 있다. 또 자녀를 양육하고 잘 키울 권리가 있다. 살아선 교육을 받을 권리가, 죽어선 위로받을 권리가 있다. 개인은 남의 권리를 침해하지 않고 홀로 무엇이든 할 수 있는 권리가 있다. 또 노련함과 강제력의 조합으로 사회가 개인에게 해줄 수 있는 모든 것에 권리가 있다. 이러한 협력 관계에서 인간은 동등한 권리가 있다. 그러나 동등한 사물을 소유할 권리는 없다. 500파운드가 있는 사람이 더 큰 비율에 해당하는 권리가 있듯이 이 협력 관계에서 5실링을 가진 사람은 그에 해당하는 권리가 있다. 그러나 그 두 자본이 함께 창출한 배당금에 동등한 권리가 있지는 않다. 개인이 국가의 운영에서 마땅히 가져야 하는 권위와 권력, 방향성의 몫이 같지 않다는 말이다. 그러한 동등한 권리가 시민사회의 인간에게 주어진 직접적인 최초의 권리에 포함된다는 것을 나는 부인한다. 내가 사유하는 대상은 다른 사람이 아니라 사회적 시민뿐이다. 인간의 권리는 두루 합의해 결정할 문제다.[45]

위에 적시한 문장은 정치사상에 버크가 보탠 가장 중요한 기여로 보인다. 동등한 정의는 진정으로 자연적 권리다. 그러나 동등한 배당금은 전혀 권리가 아니다. 자연의 법칙, 다시 말해 인간이 문명에서 획득하는 자연에는 개인적인 힘이나 장점을 고려하지 않은 재화의 나눔이라는 조항이 없다. 정치적 권력도 자연적으로 평등하지 않다. 경제적이고 정치적인 평준화를 얼마나 이룰지는 신중함에 호소해 결정돼야 할 문제다.

권리 침해를 받지 않을 권리는 자연적으로 있다. 남의 권리를 침해할 자연적 권리는 없기 때문이다. 정의의 지배를 확보하고 사회적 연대에서 각 개인의 정당한 몫을 보호하려는 목적으로 정부는 수립된다. 정부는 실제적 고려에 따라 통치하려는 실질적 창조물이다. 버크에게 "국가" 또는 사회적 존재는 신이 그 운명을 결정하지만 "정부" 또는 정치적 행정은 널리 합의된 결과물이다. 정부의 "기초는 상상으로 만들어낸 인간의 권리에(최상의 경우에도 사법적 규칙과 시민적 규칙의 혼동에 지나지 않는다) 있지 않고, 정치적 편리함과 인간의 본성에 있다. 그 본성은 보편적이거나 혹은 지역적 기질이나 사회적 습성에 따라 수정된다." 정부는 우리의 수요에 부응하거나 우리의 의무를 강요하려고 한다. 우리의 허영심이나 야망에 따라 조작할 만한 장난감이 아니다.[46]

정부가 자연적 권리 확보에 실제적으로 관심을 집중하면 무질서로, 격렬하고 편협한 개인주의로 이어진다. 자연적 권리가 압도하게 되면 심지어 의회조차 남아나지 않는다. 왜냐하면 어떤 형태의 대의 정부도 일정 부분 "절대적 자유"를 침해하기 때문이다. 여기서 버크는 루소의 초기 미성숙한 일반의지라는 구상을 공격한다. 루소의 일반의지에서 인간은 의회 제도의 중재 없이 모두 정부의 운영에 참여한다. "절대적인 권리를 주장하는 사람은 개인적인 의사 표현이 아닌 그 어떤 대안으로도 만족하지 못한다. 왜냐하면 모든 자연적 권리는 개인들의 권리이기 때문이다. 그들에게 본질적으로 정치적이거나 집단적 인격체는 있을 수 없다. 이 모든 개념들은 그저 법의 허구일 뿐이다. 그들은 자발적인 제도라는 피조물들이다. 인간으로서의 인간은 그저 개인일 뿐이다." 그러나 정부의 모든 일에 개인적으로 참여하거나, 대리인을 일일이 보낸다는 건 현대 국가에서는 완벽하게 불가능하다. 정부의 복잡한 과정에 직접 참여하겠다는 그러한 광적인 결단은, 그런 열정이 선포한 바로 그 "자연적 권리"를 반드시 파멸시켜버린다. 그렇게 운영되는 정부는 오래지 않아 무질서로 굴러떨어지게 되고 어떤 종류의 권리도 인정되지 못한다고 버크는 선언했다. 거짓 권리와 진정한 권리의 혼동은 반드시 그러한 재앙으로 향하게 된다.

인간의 진정한 자연적 권리는 동등한 정의, 노동권과 재산권의 확보, 문명화된 제도들의 편리함, 질서 있는 사회라는 혜택 등이다. 이러한 권리를 실현해주려고 신은 국가의 운명을 정해두었다. 그리고 진정한 자연인이 바랐던 권리가 바로 그러한 권리들이라는 사실을 역사는 말해준다. 이 참된 권리를 보장하지 않는 정부는 찬탈자에 지나지 않는다. 버크는 이와 대조적으로 해협 건너에서 강렬하게 추구되던 그릇되고 헛된 "인간의 권리"는 사실 정의의 부정이라고 주장했다. 사실상 불가능하지만 설사 프랑스의 신봉자들이 추구하는 절대적 의미의 그 권리가 획득된다 해도 인간은 도덕적이고 사회적인 대혼란에 빠져버리고 만다. 왜냐하면 그 권리가 사람들에게 주어지는 즉시 서로가 서로의 권리를 침해하는 결과를 초래하기 때문이다. "절대 자유", "절대 평등"과 유사한 구호들은 자연적 권리가 아니다. 오히려 루소가 사용한 "자연"이라는 용어와는 아주 동떨어지고 눈에 두드러지게 비자연적인 조건이다. 그러한 상태는 오직 대단히 문명화된 국가에서 잠시나마 존재할 수 있기 때문이다. 사회적 합의와 편의라는 문제를 미묘하고 거의 정의 불가능한 신의 자연적 질서와 혼동했던 계몽 철학자들과 루소의 추종자들은 인위적인 제도나 기관의 해체로 사회를 위협한다.

이런 몇 가지 이유로 버크는 로크의 학파에 속했든 루소의 추종자들이든 간에, 형이상학자들이 추상적이고 제멋대로 생각해낸 "자연적 권리"를 경멸하며 거부한다. 오히려 인간이 격정의 노예에서 풀려나려면 사회는 자연적 원칙을 보유해야 한다. 자연적이고 도덕적인 질서를 사회에 구현하는 데 그것 말고 어떤 다른 기초가 필요하겠는가? 볼테르는 그 기초가 "이성"이라고 답할지 모른다. 벤담은 "공리"라고 주장할 것이다. 대중의 물질적 만족이라고 마르크스주의자들은 60년 뒤에 응수하리라. 대부분의 사람들이 충분한 이성을 보유하지 않았기 때문에, 버크는 이성을 나약한 버팀목이라고 봤다. 또한 그에게 공리는 수단의 기준이지 목적의 기준이 아니었다. 그리고 물질적 만족은 버크에겐 아주 저급한 지향이었다. 버크가 말하는 사회적 원칙의 또 다른 근거는 "신의 섭리에 복종하라"이며 다른 말로 하자면 자연적 질서에 복종한다는 개념이다. 선입견과 규범을 적절하게 존중하면 우리는 충실한 복종의 수단을 발견할 수 있다. 종족의 집단적 지혜, 인류의 정제된 경험은 "이성"의 주제넘음과 "인간의 권리"라는 무질서에서 우리를 구해낼 수 있다.

자연의 명령에 진정으로 일치하려면 과거를 존중하고 미래를 염려해야 한다. "자연"은 지나가는 한순간의 감각이 아니다. 잠시 살아가는 덧없는 인간으로서야 오직 그 일부를 경험할 뿐이지만 자연은 영원한 존재다. 인류의 유산을 신중하지 않게 다뤄야 하며 후세의 행복을 망칠 권리가 우리에겐 없다. 추상적인 "자연적 권리"에 열광하는 사람은 진정한 자연법의 작동을 방해한다.

국가는 공간적인 개념만은 아니다. 개별적이고 일시적인 순간의 집합도 아니다. 국가는 시간과 숫자와 공간이 무한히 늘어가는 계속성의 개념이다. 국가는 어느 날 일군의 사람들이 선택한 결과물이 아니다. 오합지졸의 경솔한 선택도 아니다. 국가는 여러 세대와 여러 시대의 계획적이고 사려 깊은 선택의 결과다. 국가는 단순한 선택보다는 수만 배나 더 나은 선택으로 이루어진 구성체다. 국가는 고유의 환경, 기회, 추세, 경향에 의해 또 오랜 시간에 걸쳐 스스로 모습을 드러내는 사람들의 도덕적, 시민적, 사회적 습성으로 만들어진다. 정부의 규범은 맹목의 무의미한 선입견에 그 근거를 두지 않는다. 인간은 가장 지혜가 없는 존재이지만 또 가장 현명한 존재이기도 하다. 개인은 어리석다. 대중도 사려 깊게 생각하지 않고 행동할 때는 잠시 어리석다. 그러나 인간이란 종족은 현명하다. 그들에게 시간이 주어지면 인간은 총체적으로 언제나 올바르게 행동한다.[47]

구체적이고 실제적인 문제에서 벗어난 경우에만 마지못해 일반적인 원칙들을 선언하면서 버크는 그 시대의 평등주의 운동에 자신의 견해를 즉각적으로 적용했다. 버크는 사회적이고 정치적인 평등은 인간의 진정한 권리에 속하지 않는다고 선언했다. 오히려 그 반대로 계급 제도와 귀족정치가 인간 생활 최초의 자연스러운 틀이었다. 우리가 계급 제도와 귀족정치의 영향력을 수정해야 한다면 "자연적 권리"에 복종해서가 아니라 신중함과 널리 합의된 견해에 따라야 한다. 이것이 그가 자연스러운 귀족정치를 찬양하고 사회적 평등화를 비난하는 자명한 원리들이다.

6. 귀족정치는 불평등한가

신이 우리에게 베푼 자연에는 당연히 존재하는 평등이 있을까? 버크는 오직 한 가지 종류의 평등이 그렇다고 답한다. 도덕적 평등이다. 신의 자비는 인간을 세속적 재산의 유무가 아니라 우리의 선행으로 심판한다. 그리고 결국 이것이 세속의 정치적 평등을 훨씬 더 초월한다. 프랑스인들을 꾸짖으며 버크는 그가 자주 커다란 연민을 담아 표현하는 문장으로 다음과 같이 피력했다.

국민들은 보호받고 만족하며 부지런하고 순종적이 된다. 그들은 어떤 조건에서도 미덕을 통해 찾을 수 있는 행복을 추구하고 받아들이도록 훈련받는다. 진정한 도덕적 평등은 바로 그런 행복에서 비롯된다. 고된 삶의 불투명한 길을 걸어가야 할 운명을 타고난 사람들에게 거짓 관념과 헛된 기대를 불어넣으면 실질적인 불평등을 악화시키고 계속 쓰라리게 만들 뿐이다. 그처럼 말도 안 되는 허구는 그들의 불평등을 절대 해소할 수 없다. 시민 생활의 질서가 바로 그런 행복을 만들어낸다. 질서에 따라 어쩔 수 없이 어려운 삶을 살아야 하는 사람만이 아니라 그 질서 때문에 더 나은 삶의 조건을 누리지만 그렇다고 더 행복하지 않은 사람에게도 질서는 똑같이 적용된다.[48]

자연 상태에서 인간은 명백히 평등하지 않다. 지적으로나 육체적으로나 정력으로나 모든 물질적 환경에서 평등하지 않다. 사회의 문명이 덜 발달할수록 일반적으로 사람들의 의지와 욕구는 견제되지 않은 채 발현되며, 개인의 지위도 더 불평등하다. 평등은 인위적인 산물이지 자연적인 존재가 아니다. 만약 사회적 평등의 정도가 질서와 계급을 말살해 인간을 그저 장기판의 졸로 전락시키려면, 신이 인간의 진정한 본성에 따라 마련한 계획을 손상시키는 인공적 수단이 동원되어야 한다. 버크는 다양성과 개성이 박탈된 사회의 황폐한 단조로움을 혐오했다. 그는 그러한 사회는 불평등의 새로운 조건으로 곧 침몰하게 되며 지배자 1인, 혹은 소수의 지배자가 다수의 노예를 거느리는 사회가 되리라 예견했다.

다수결이라는 규칙도 평등만큼이나 자연적인 권리가 아니다. 우리가 정치에서 이 규칙을 받아들인다면 그것은 신중함과 편의 때문이지 어떤 추상적이고 도덕적인 명령이기 때문이 아니다. 선거권의 보유, 공직 진출, 권한 위임 등의 문제들은 시간과 주변 상황, 국가 성향에 따라서 달라지는 실질적 고려 사항들에 근거해 결정되어야 한다. 민주주의는 전적으로 나쁘거나, 일정한 유보를 전제로 받아들일 만하거나, 전적으로 바람직할 수도 있다. 나라와 시대, 민주주의가 채택되는 특정한 조건에 따라 그 판단은 다 달라진다. 버크는 이 주장을 뒷받침하려고 몽테스키외를 인용했다. 만약 우리가 사물의 자연적 질서에 호소한다면 다수결의 규칙을 파괴하게 된다. 그러한 결정의 양식은 대단히 정교한 인공적 장치이기 때문이다. "시민사회를 벗어난 자연 상태는 이런 결정 방식을 전혀 모른다. 심지어 시민적 질서에 따라 이루어진 사회에서도 매우 오랫동안 훈련을 받지 않으면, 인간은 이런 결정 방식에 승복하지 않는다. … 의지가 거의 동등한 곳에서, 상황에 따라 적은 수의 사람들이 더 강력한 곳에서, 명백한 명분이 한쪽에 있고, 다른 쪽에는 격렬한 욕구밖에 없는 경우를 포함해 다수결의 결정 양식은 매우 특별하고 특수한 사회적 합의의 결과다. 다수결은 이런 종류의 일반적 의지를 강제로 집행할 능력이 있고 정주하는 항구적 권력이 부여된 강력한 지도자에 의해, 오랜 복종의 습관으로, 사회적 훈련의 하나로 점차 확립된 제도다."[49]

의회제의 자유[i]를 가장 설득력 있게 옹호하는 버크는 적절하게 이해된 다수결의 규칙을 믿었다. 그러나 편의는 언제나 "무엇이 다수결을 구성하느냐?"는 질문을 야기한다. 버크는 인간에게 정치권력을 행사할 "자연적 권리"라는 개념은 역사적, 물리적, 도덕적 근거가 없는 허구라고 부인했다. 전통, 신분, 교육, 재산, 정치적 기능을 수행할 도덕적 본성 등의 기준에 따라 자격을 갖는 사람들 안에서 적절한 다수가 만들어진다고 주장했다. 영국에서 이런 사람들은 당시 40만 명가량의 남자였다. 버크는 무차별적으로 채택된 모든 사람들이 아니라 이 제한된 사람들의 다수가 능력이 있고 적절한 다수라고 말했다. 정치권력의 분담은 변치 않는 권리가 아니라 지성과 성실성에 따라 많은 사람에게 확대되거나 오히려 줄어드는 특권이다. "단순히 숫자로 세어진 다수가 국민이고, 그들의 의지가 곧 법이어야 한다는 원칙을 세우는 데 어떤 현명함이나 효용성 또는 권리가 있다고 보이지 않는다."[50] 만약 자연적 권리를 문제 삼는다면 인간에겐 자연적 권리가 있기는 있다. 정치권력에 쓸데없이 참견하려 들지 않을 권리다. 자격이 없는데도 그렇게 해봐야 자기들에게 손해만 되기 때문이다. 우리가 물려받은 자연은 방종의 자연이 아니다. 규율과 훈련의 자연이다. 인간에게 주어진 모든 자연적 권리가 항상 마음에 들지도 않는다. 그러나 자연이 부여하는 제약은 우리를 보호하려고 계획

---

i   Parliamentary liberties.

됐다. 드링크워터[i]의 〈The Bird in Hand(손 안에 든 새)〉에서 늙고 완고한 토리당원인 하층민 여관 주인이 국가의 목적은 스스로 다스릴 줄 모르는 사람을 지배하려 만들어졌다고 투덜거렸을 때, 그는 (버크가 누구보다 잘 설명한) 이 오래된 보수주의 원칙을 잘 드러낸 것이다.

"정부는 인간의 필요를 충족시키려고 인간의 지혜가 고안해냈다"고 버크는 말했다. "인간은 이 지혜로 자신의 필요를 충족시킬 권리가 있다. 이러한 필요에는 시민사회를 통해 그들의 격정을 충분히 억제한다는 항목도 포함돼 있다. 개인의 격정은 지배되어야 하며 군중이나 집단, 심지어 개인의 차원에서도 인간의 성벽(性癖, inclinations)은 자주 좌절되어야 한다고 사회는 요구한다. 아울러 인간의 의지는 통제되고 그들의 격정도 제압되어야 한다. 이는 오직 그들 자신에게서 나온 힘으로 가능하다. 사람들의 의지와 격정에 종속된 정부는 그 의지와 격정에 고삐를 채우고 제압하기 어렵다. 이런 점에서 자유는 물론 인간에게 주어지는 제약도 그들에게 계획된 권리의 하나다."[51] 이 제약의 정도는 특정 사회의 문명과 종교적 경건함의 정도에 따라 달라진다. 추상적인 법칙에 근거해 정해질 수는 없다.

버크는 (과도한 권력 때문에 스스로를 통제할 능력이 없는) 전권을 가진 다수라는 이론과 1인 1표의 민주주의 개념을 『프랑스혁명에 관한 고찰』의 앞부분에서 강력하게 부인한다. "2,400만이 20만을 제압해야 한다고 말한다. 맞다. 왕국 구성의 본질이 수학적 문제라면 맞는 말이다. 그런 식의 논리는 바보의 동의를 받기는 쉬워도 차분히 사유하는 인간에게는

---

i   John Drinkwater(1882~1937): 영국의 시인이자 극작가. 1927년에 발표한 〈The Bird in Hand〉는 희극이다.

우습기 짝이 없는 이야기다. 많은 사람들의 의지나 그들의 이해는 당연히 매우 자주 서로 엇갈린다. 더구나 그들이 그릇된 선택을 할 때 그 차이는 더 크다."[52]

우리 시대의 공리주의와 평등주의 사상에서 버크의 정치적 원칙들은 많이 수세에 몰렸다. 그러나 민주적 정치 체제의 자연적 권리라는 개념에 가한 통렬한 비판은 반대자들의 추상적 개념을 박살 내버렸다. 20세기 민주주의를 지지하는 학자들은 정치권력을 폭넓게 분산해야 한다는 근거를 평등의 자연법이 아니라 편의에서 찾는다. 데이비드 톰슨[i]은 버크와 디즈레일리가 정치사상에 각인했던 이 지배적인 견해를 다음과 같이 표현한다. "보통선거권과 정치적 평등의 근거는 모든 인간이 투표권을 얻어서 동등하게 현명해지거나 동등하게 지성적이 된다는 미신에 있지 않다. 그 근거는 역사적으로나 철학적으로 사회의 어떤 계층이라도 투표권이 박탈되면 그들의 이해가 자칫 무시되기 쉽고 불평의 고리가 쉽게 만들어져 불평의 악순환이 정치 체제에 만연할 가능성이 있다는 믿음에 있다."[53]

정치적 평등은 따라서 어떤 의미에서 자연적이지 않다. 오히려 귀족정치가 자연스럽다고 버크는 결론짓는다. 휘그당의 지도자인 버크는 오직 여러 가지 유보를 조건으로 달아 귀족정치를 높이 평가했다. "나는 귀족정치의 친구가 아니다. 적어도 그 단어가 일반적으로 이해되는 의미로는 그렇다."[54] 귀족정치는 견제되지 않으면 "가혹하고 거만한 지배"다. "만약 귀족정치가 마지막 극단에 이르러, 혈통의 경쟁이 된다면 신이여,

---

i   David Thomson(1912~1970): 영국의 역사가. 영국사와 유럽사를 저술했다.

귀족정치를 금하시라. 내게 할 일이 있다면 나는 나의 운명을 가난한 자, 지위가 낮은 자, 미약한 사람들과 함께하겠다."[55] 그러나 자연은 사회에 귀족정치의 물질적 토대를 제공했다. 현명하게 행동하는 국가라면 이를 알아보고 존중한다. 그러나 항상 귀족의 배타적 야망을 견제하는 평형추는 마련해둔다. 상당히 많은 사람들은 정치권력을 행사하기에 적합하지 않다는 게 자연의 섭리이듯이 몇 가지 이유에서 소수의 사람들만이 지적으로, 육체적으로, 정신적으로 사회 지도자에 적합하다는 사실이 사물의 영원한 헌법에 쓰여 있다. 그들의 봉사를 거부하는 국가는 정체되거나 멸망하게 마련이다. 이 귀족들은 부분적으로 "더 현명하고, 더 전문가이며, 더 풍요로운" 사람들로서 "더 약하고, 지식이 부족하고, 재산이 풍족하지 못한" 사람들을 안내하고 계몽하고 보호하게 된다.[56] 버크는 출생도 존중한다. 그는 성직자들, 사법관들, 교사들, 상인들을 더 각별하게 애정을 담아 언급한다. 우연한 출생이 아니라 본성이 이들을 귀족으로 만들었다. 자연의 진정한 법에 맞게 그러한 사람들이 보통의 시민보다 월등한 사회적 영향력을 행사하는 게 현명하고 정당하다. "진정한 자연적 귀족은 국가에서 분리된 계급이 아니다. 국가 그 자체와 분리하지도 못한다. 바르게 구성된 더 큰 체제에 핵심적으로 필수 불가결한 부분이다. 일반적으로 말해 실제적 진실로 인정되어야 하는, 정당한 추정에 근거한 계급으로부터 귀족정치는 형성된다." 모든 문명사회의 조직과 뗄 수 없이 긴밀하게 연결된, 귀족을 묘사한 버크의 다음과 같은 글은 기억할 만한 대목의 하나다. 영국과 미국 정부의 헌법적 정체성을 보호하는 데 일정한 몫을 담당한 글이다.

존경받는 곳에서 자라고, 어린 시절부터 저급하거나 지저분한 것을 보지 않고, 자기 자신을 존중하도록 가르침을 받고, 대중의 눈으로 검열과 감사를 받는 것에 익숙해지고, 일찍이 여론에 주의를 기울이고, 광범위하고 무한히 다양한 사람들과 함께 거대 사회의 문제들을 폭넓게 바라볼 수 있도록 높은 곳에 서고, 책을 읽고 반성하며 대화를 할 수 있는 여유가 있고, 어디에 있든 왕실이나 현명하고 지적인 사람들의 관심을 끌 수 있는 능력을 키우고, 명예와 의무를 좇는 일에 익숙해지고, 조금의 잘못이 가장 파멸적인 결과를 가져오는 상황에서 무사히 잘못을 저지르지 않도록 최고의 조심성과 통찰력, 신중함을 키우도록 교육받고, 동료 시민이 가장 염려하는 문제들의 교사로, 또 신과 인간의 중재자로 여겨진다고 생각해 조심성 있고 정리된 행동을 하도록 이끌어지고, 법과 정의의 집행관으로 채용되고, 인류에게 처음 자선을 베푸는 사람의 하나가 되고, 과학자, 인문학자, 독창적 예술가가 되고, 사업에 성공하여 날카롭고 왕성한 이해력이 있다고 생각되는 부유한 상인들과 교류하고, 근면, 질서, 성실, 조화로움의 미덕을 보유하고, 교환의 정의를 습관적으로 중시하도록 수련하는 등등, 이 모든 인간의 정황들이 내가 말하는 자연적 귀족을 형성하는 토대다. 그런 자연적 귀족들이 없는 국가는 없다.[57]

역사상 다른 어느 계층보다 18세기와 19세기 영국의 상류 계급이 이런 칭송을 들어 마땅하다. 그들은 집단으로서 명예롭고, 지적이며, 도덕적이고, 강건한 사람들이었다. 이런 계급의 지배가 진정으로 자연적이라고 버크는 말했다. 범용한 사람들이 사회를 지배하는 경우가 오히려 자연스럽지 못하다. 정치 지도자들이 수행해야 할 의무의 하나는 자연적 귀족들의 능력을 국가의 공공 사업에 활용하는 것이다. 그들을 대중의 무리에 빠트리면 사회의 안정만 해칠 뿐이다.

능력이 있고 가문이 좋으며 부를 소유한 사람들이 사회를 이끌어가는 게 문명화된 삶의 가장 자연스럽고 가장 좋은 모습의 하나다. "본성"은 문명화된 질서 안에서 가장 높은 곳에 있는 인간의 특성이다. 인간의 권리는 의무에 연결돼 있다. 인간의 본성으로 뒷받침되지 않는 터무니없는 주장들이라고 할 자유와 평등, 세속적 지위 강화 등으로 인간의 권리가 왜곡될 때 그 권리는 악으로 전락한다. 신 앞에서 평등, 법 앞에서 평등, 소유권의 안전한 보장, 공동체 활동 참여, 사회적 위로야말로 진정한 자연적 권리들이다. 루소, 콩도르세, 엘베시우스, 페인이 주제넘게 요구했던, 역사상 어떤 나라도 주지 못했던 절대적 자유야말로 자연적 정의를 정면으로 거스른다. 그런 요구는 자연에 부합하지 않는다. 사악하고, "이기적 성정의 결과이거나 편협한 견해들"이기 때문이다. 정치의 영역에서 이러한 요구들은 어리석다. 어떤 권리의 행사도 특정한 상황에 맞게 제한되거나 수정돼야 하기 때문이다.

자연의 법과 진정한 조화를 이루려면 물리적으로나 정신적인 측면에서 영원한 자연이 우리 앞에 놓은 본보기에 우리 사회를 적용시켜가야 한다. 사회적 원시주의라는 몽환적인 주장을 토대로 급진적인 변화를 요구해선 안 된다. 모든 사물을 제자리에 유지하는 영원한 자연적 질서의 일부분이 인간이다. "우리의 정치 체계는 세계의 질서에, 일시적인 부분들로 구성된 항구체라고 신이 정해준 존재의 양식에 대칭되거나 정당하게 상응하도록 놓여 있다. 거대한 지혜의 섭리에 따라 뭉쳐진 인류라는 이 위대하고 신비스러운 혼합체 전체는 어느 한순간 노년이거나, 중년이 거나 젊지 않으며 오히려 변하지 않는 항상성이라는 조건에 있다. 인류 는 그런 상태로 쇠퇴, 몰락, 쇄신, 발달이라는 영속되는 다양한 경로를 통해 앞으로 나아간다. 이렇게 국가의 행위에 자연의 방법을 보존해 우리는 개선되며 결코 완전히 새로워지지 않는다."[58] 이러한 원칙에 따라 행해지는 정치적 개혁과 공정한 정의는 겸손과 신중함을 구현한다. 초월적 도덕 질서에 순응하려면 인간은 마땅히 겸손과 신중함을 계발해야 한다. 이렇게 자연과 권리를 정의하고, 항상성과 변화를 보는 버크의 시각들은 프랑스 개혁 이론에 포함된 단순한 원칙들을 훨씬 상회하는 성찰의 경지에 버크를 올려놓는다. 동시에 버크의 개념들은 정치학의 변천과 무관하게 지속적인 고매함을 유지한다.

7. 질서는 인간이 선택한 권리다

버크는 영국의 헌정 질서와 규범적 사회를 불변의 존재로 만들지는 못했다. ―설사 그가 모든 변화를 반대하고자 했더라도 불변의 존재로 만들겠다는 목적은 없었다.― 그럼에도 정치학과 사색의 흐름에 그의 사상이 미친 구속적 영향력은 계산하기 힘들 정도로 막강했다. 버크 자신도 1791년 말 혁신의 사조가 압도하는 데 절망했다. 그는 자코뱅주의가 세상을 휩쓸고 심지어 휘그당에까지 범람하는 상황이라고 봤다. 그런 상황에서 그는 피츠윌리엄 백작에게 편지를 썼다. 백작은 아직 버크의 선견지명에 완전히 설득되기 전이었다. "경이시여, 우리가 함께 싫어한다고 믿는 체제의 성장을 막는 데 필요한 최선의 방법과 관련해 그대와 견해의 차이를 보일 생각이 전혀 없다는 걸 알아주셨으면 합니다. 나는 경과 의견이 다를 수 없습니다. 왜냐하면 어떤 방법도 막지 못하리라 생각하기 때문입니다. 해악은 이미 저질러졌습니다. 원칙적으로 일은 이미 벌어졌습니다. 우리는 이제 우리보다 월등한 힘이 그 해악을 완벽하게 실현할 때까지 기다리는 수밖에 없습니다."[59] 버크는 여기서 지나치게 겸손했다. 진정한 자코뱅주의가 영국이나 미국에 건너오지 못한 까닭은 버크의 보수적인 천재성과 그의 학문적 업적 덕분이었다. 그는 우선 영국이 단호한 힘으로 프랑스혁명의 에너지에 맞서도록 하는 데 성공했다. 버크가 사망했던 1797년 무렵에는 신을 경배하고 언제나 신중해야 한다는 개념들에 토대를 둔 정치학파가 이미 구축됐다. 이 학파는 이후 개혁의 충동에 언제나 맞서 싸워왔다. "우리는 지금 당장 이해할 수 없는 그 무엇을 존숭해야 한다"고 버크는 자라나는 세대에 가르쳤다. 신의 섭리가 구현된 조상들의 지혜를 존중해야 한다는 버크의 생각은 모든 일관된 보수주의 사상의 첫 번째 원칙이다.

버크는 경제학과 정치학이 서로 독립적인 과학이 아니라고 생각했다. 그것들은 일반적 질서, 다시 말해 도덕적 질서의 구현에 지나지 않는다. 그는 자신의 위대한 실용적 지성으로 질서의 원칙을 선명하게 서술했다. 그의 저작엔 시인의 상상력과 비평가의 예리함이 곳곳에 드러난다. 버크는 형이상학의 쉬운 익숙함을 대단히 싫어했지만 당대 벌어진 질서와 개혁 사이의 투쟁이 비롯된 원인은 형이상학적이고 종교적인 문제에 있다고 보았다. 배질 윌리[i]가 말한 대로 버크는 사회악의 뿌리가

---

i Basil Willey(1897~1978): 영국 캠브리지대학의 영문학 교수. 영국 문학과 사상을 다룬 저작으로 유명하다.

"세상에서 신비로운 신의 행진에 주제넘게 끼어들어 간섭하려는 인간의 본능에 있다고 생각했다. 버크는 세상의 이 모든 이해하기 어려운 일들의 무게를 끊임없이 의식하는 사람들의 무리에 속했다. 그는 우리를 가두고 이 모든 일을 하도록 우리를 이끄는 복잡한 힘을 누구보다 잘 알았다. 그러나 우리 자신을 제한하는 바로 그 환경을 수정하거나 그에 맞서는 우리 내부의 힘은 그다지 중시하지 않았다."[60] 버크는 확신했다. 인간은 결코 신이 될 수 없다. 그저 진정한 인간성만 획득하려 해도 인간은 모든 의지와 미덕을 다 소진해야 한다. 그리고 아리스토텔레스가 말했듯이 홀로 있을 수 있는 존재자는 동물이거나 신이다. 급진적 개혁은 인간을 과거와 단절시킨다. 세대에서 세대로 이어져온 무한한 연대감도 파괴한다. 동시에 인간을 기억과 향상심으로부터 고립된 채로 놔둔다. 그런 상황에서 인간은 동물의 수준으로 추락한다. "나는 우리가 14세기 사고의 위엄과 관대함을 잃지 않았다고 여긴다. 아직 우리 자신을 야만의 단계로 떨어뜨리지도 않았다." 그러나 자코뱅주의로 불리는 고삐 풀린 열망과 지독한 시기(猜忌)의 물결에서, 악마적 에너지의 강렬한 조류에서 인간을 어떻게 구해내야 할까?

지적인 오류의 결과에 맞서 안전을 확보하려는 우리의 희망은 올바른 의견에 굳건하게 매달리는 데 있다. 전체적으로 본다면 버크의 업적은 질서의 원칙을 정의한 데 있으며 지금까지 그 원칙을 간략히 검토했다. 버크의 사상 체계는 공리주의, 실증주의, 실용주의에 대한 시대를 앞선 반박이자 자코뱅주의에 가하는 시대를 앞선 공격이다. 버크는 타의 추종을 불허하는 사회적 예측의 솜씨 덕분에 프랑스혁명이 결코 단순한 정치적 실험이나 계몽의 정점이 아니라 신의 섭리에 도전한 무질서라는 질병이며, 그 질병이 수명을 다할 때까지 사회가 극복하지 못할 도덕적 경련의 시작이라는 사실을 알았다. 그 경련을 멈추게 하려고 버크는 사회를 바라보는 경건한 시각인 아리스토텔레스, 키케로, 스콜라 학파와 후커의 사상을 당대 세계의 난제에 적용했다.

좋든 나쁘든, 정당하든 압제적이든, 사회엔 하나의 질서가 존재해야 한다. 정의의 진정한 개념을 확인한 상태에서 단결하도록 "신의 책략이 우리를 인도하셨다." 신의 섭리를 존중하고 규범적 지혜에 충성했기 때문에 인간은 무질서에서 구원됐다. 인간은 선입견과 단계적 변화로 구원된다. 버크를 음미하는 유일한 방법은 그의 저작을 직접 읽는 것이다. 따라서 더할 나위 없이 심오하고 방대한 그의 사상을 단순히 몇 개 문장으로 줄여야 한다면 신이 마련한 질서에 복종해야 한다는 버크의 취지만을 어렴풋이 그려볼 수 있을 뿐이다. 버크와 같은 저자를 상대로 그 이상을 시도한다면 "그 나머지는 헛되고, 그 나머지는 범죄다."

(1) 이 한시적 질서는 단지 초월적 질서의 한 부분이다. 사회적 안정의 토대는 종교적 숭배다. 존숭이 결여되면 삶은 권리 침해와 반역의 끝나지 않는 전투에 지나지 않는다. 존슨 박사가 그랬던 만큼 계율과 복종을 옹호하지는 않았지만 버크는 사회의 첫 번째 규칙이 자연적 과정을 통해 작동하는 신과 신의 섭리에 순종하는 것이라고 강조했다. "우리에게 알려지지 않았고 아마 우리가 알 수도 없는 물리적 원인에서 도덕적 의무가 발생한다. 그 의무를 완벽하게 이해할 수 있는 대로 우리는 그 의무를 반드시 수행해야 한다." 서머싯 몸(W. Somerset Maugham)은 버크의 문체에 관한 흥미로운 글에서 우리 현대인들은 존숭의 정신에 진입하기

가 불가능하다고 말했다.[61] 그의 말은 옳다. 아니 거의 옳다. 그러나 사회에서 존숭이 없어지면 사회는 몰락한다. 버크가 말했듯이 여기서 순환적 과정이 그 작동을 시작하는 듯하다. 인류는 재앙을 겪은 후 두려움을 갖게 되고, 그 두려움은 경외로 이어진다. 경외로부터 존숭이 다시 부활한다. 존숭은 가부장적 사회의 산물로 나온 사고방식일지 모른다. 억지 이론으로 존숭이 제거됐을 때 신은 우리를 아버지에게 거칠게 되돌아가도록 강제하는 방법을 지녔다.

(2) 신의 질서 다음으로 정신적이고 지적인 가치의 질서가 온다고 버크는 말했다. 모든 가치는 동일하지 않다. 모든 충동과 모든 사람이 동일하지는 않다. 어떤 정서는 소중하게, 어떤 정서는 값싸게 여기도록 자연의 단계적 변화는 인간을 가르쳤다. 평준화를 추구하는 급진주의는 모든 느낌과 감정을 평범함이란 같은 수준에 몰아넣으려 노력한다. 그렇게 해서 동물과 인간을 구별하게 해주는 도덕적 상상력을 지워버리려 한다. "이런 수준의 구상에서 왕은 그저 인간이고 왕비는 그저 여자일 뿐이다. 마찬가지로 여자는 단지 동물이고, 동물은 최고 수준의 질서에 속하지 않는다." 버크가 어떤 과정을 거쳐 "배움은 진창에 던져질 것이며, 돼지 같은 군중의 발굽에 밟힐 것"이라고 썼을 때, 이 구절은 그가 썼던 모든 문장 가운데 가장 격렬한 비판(심지어 존 애덤스의 비판까지)을 촉발시켰다. 물론 버크는 「마태복음」 7장 6절을 응용했을 뿐이다. 그의 말은 어떤 저명한 사회주의적 비평가가 두려워하게 됐던 그 무엇을 의미했다. 다시 말해 적절하게 지적인 지도력을 잃은 군중, "품위 있는 삶의 모든 옷이 거칠게 뜯겨 나간" 군중은 살덩이가 아닌 것에는 무관심하거나 적대적이 되고 말리라는 의미다.

(3) 의무와 특권의 사회적 구분을 대체로 수용하면 물리적이고 도덕적 무질서는 방지된다. 사람들이 자연적 귀족을 알아보지 못하면 아첨꾼과 짐승 같은 놈들이 얼굴 없는 "인민"을 대신해 귀족들이 방기한 그 기능을 수행하게 된다. 고매한 인격, 강한 지성, 출신 가문의 고귀함, 실천적 문제에서의 명민함 등이 사회에서 존중된다면, "이러한 성향이 계속되는 한 베드포드 공작[i]과 우리 모두는 안전하다. 위에서는 시기의 곤경이나 탐욕스런 강탈을, 아래에서는 철권 통치의 압제나 뻔뻔스러운 멸시와 경멸을 겪지 않아도 된다." 이는 자연스러운 귀족들의 지배여야지, 야망이 있고 똑똑한 개혁가들로 이뤄진 행정 관리 집단의 지배가 되어선 안 된다. 정당의 광신에 부합하거나, 유해한 지적 신조를 정열적으로 집착한다는 이유로 채용된 "엘리트"의 개혁적 구상에 맞서, 버크는 두 번째 편지 'Regicide Peace(대역자와 맺는 평화)'[ii]에서 다음과 같이 말했다. "그들에게 개인의 의지, 희망, 필요, 자유, 그리고 땀과 피는 무의미하다. 그 정부의 구상에서 개인의 문제는 고려의 대상이 아니다. 국가는 그저 집단일 뿐이다. 모든 건 힘의 생산에 맡겨지며, 이후 전부 국가가 마음대로 쓸 수 있게 위탁된다. 원칙, 공리, 정신이나 작동의 측면에서 그것은 군사정부다. 국가의 유일한 목적은 지배와 정복이다. 개종을 통한 마음의 지배, 무기를 통한 육체의 정복이 그것이다." 이것이 자코뱅주의자들의 행태다. 이 묘사는 공산주의자와 나치가 말하는 "엘리트"의 지배에도 해당한다. 여기서 누구나 한순간에 버크가 말하는 질서의 원칙이 의

---

i Duke of Bedford: 1414년 초대가 만들어져 1962년에 태어난 15대 공작까지 계속 이어진다. 여기서는 귀족정치가 지속된다는 의미의 상징으로 사용됐다.

ii 버크는 프랑스혁명 이후 프랑스와 평화를 유지하자는 토리당의 정책을 비판하는 공개 편지를 네 차례나 썼다. '대역자와 맺는 평화'는 이 편지들을 통칭하는 이름이다.

미하지 않는 게 무엇인지 금세 알아챌 수 있다. 여기서 사람들은 헤겔과 버크의 간극을 인지하게 된다. 버크의 건설적인 상상력은 광적인 사회 계획이나 국민 투표식 민주주의를 비판하는 데서 그치지 않고 20세기에 더 많은 시사점을 던진다. 아마도 현 세대는 버크가 말했던 진정한 질서의 원칙으로, 존숭과 규범으로 이끌어지는 사회로 되돌아가려는 싸움을 시작할지 모른다.

정치적 장치를 헤아릴 수 없을 정도로 능가하는 존재가 사회다. 이를 알았기 때문에 버크는 동시대인들에게 존재의 무지막지한 복잡성을, "인류의 신비스러운 합체"를 납득시키려고 노력했다. 자코뱅주의자나 벤담 추종자나, 대부분의 다른 급진주의자들이 그러하듯이 만약 사회를 수학적 논리로 관리되는 간단한 기계로 취급하면, 인간은 죽은 자와 산 자 그리고 아직 태어나지 않은 자를 아우르는 영원한 계약의 동반자, 신과 인간이 맺는 연대의 협력자보다는 훨씬 더 미약한 존재로 전락하게 된다. 이 세계의 질서는 하늘의 질서에 따른다.

오늘날 비컨즈필드[i]를 찾아가도 버크의 시골집 그레고리를 찾을 수는 없다. 오래전에 불타 없어졌기 때문이다. 그러나 멋있는 옛 교회를 찾아가면 에드먼드 버크가 교회 어딘가에 묻혀 있다는 기록이 담긴 소박한 명판을 볼 수 있다. 정확하게 어디에 묻혔는지 아는 사람은 없다. 버크는 영국의 자코뱅주의자들이 승리해 자신의 뼈를 파헤쳐 모욕을 줄까 두려웠다. 그래서 자신의 시신을 비밀리에 매장하도록 했다. 그런 치욕의 순간이 영국에는 찾아오지 않았다. 영국 사회는 대신 보수적인 방

---

i Beaconsfield: 런던 중심부에서 서북쪽에 위치한 버킹햄셔 주의 고색창연한 지역.

향으로 움직였다. 버크가 그런 움직임의 가장 핵심적인 추동 세력이었다. 버크와 디즈레일리의 기억은 비컨즈필드를 매혹시켜왔다. 비록 런던의 신흥 주택 개발과 교외 주택 지대가 버킹엄셔[i] 주를 꽤 깊이 파고들고 경공업이 인접 마을을 침범했지만 이곳은 그다지 많이 변하지 않았다. 400년 전의 훌륭한 옛집들이 즐비하고 뼈대가 목조인 여관과 커다란 참나무나 조용한 거리는 버크의 시대와 마찬가지다. 몇 마일 떨어진 스토크 포지즈[ii]에는 거대하고 으스스한 건축물이 들어선 공간이 보인다. 이 지극히 단조로운 건물은 그레이[iii]의 시가 쓰인 교회 마당 바로 앞에 있다. 비컨즈필드 구시가지는 경공업과 노동자들의 바다에 떠 있는 고대 영국이라는 섬 같다. 그러나 버크의 철학은 급진 사상의 바다에 떠 있는 섬 이상이다. 거대한 규모로 보수주의 사상을 방어해줬고 여전히 당당하게 서 있으며 우리 시대에도 실패할 가능성은 없다. 버크가 죽은 지 150년이 지났지만 매슈 아널드가 말한 집중의 시대가 곧 또다시 찾아오리라 보인다. 1917년 러시아에서 폭발한 이래 계속 확장됐던 혁명의 충동과 사회적 열정은 보수주의의 정신 앞에 퇴조하기 시작했다. 아널드가 말한 "집중의 시대"에 놓였던 영국, 스코트와 콜리지, 사우디, 워즈워스, 피트, 캐닝의 영국은 비록 환멸을 느끼는 사람도 있지만 지적으로 고매한 수준의 사회였다. 따라서 사회에 잠복했던 혁명의 에너지를 건설적인 목적으로 전환할 수 있는 능력이 있었다. 아널드는 집중의 시대가 왕성

---

i　Buckinghamshire: 영국의 수도 런던과 옥스퍼드 사이에 위치한 주.
ii　Stoke Poges: 버킹엄셔 남쪽 사우스벅스(South Bucks) 구의 마을. 성 가일의 교회(St Giles' church) 가 유명하다.
iii　Thomas Gray(1716~1771): 영국의 시인. 1751년 발표한 「Elegy Written in a Country Churchyard(교회 마당에서 쓰여진 비가)」는 성 가일의 교회 마당에서 쓰였다고 한다.

하게 드러냈던 지적이고 도덕적 자질은 버크의 영향 덕분이라고 말했다. 우리 시대 역시 버크의 영감이 사회적 보호라는 형태로 형성해간 어떤 사상을 더듬어 찾아가는 듯하다. 이런 노력에서 실패하거나 또 다른 진정한 원칙을 찾지 못한다면 우리 자신의 집중의 시대는 냉소적 무관심이나 지쳐버린 억압으로 추락할지도 모른다.

THE CONSERVATIVE

III

미국 보수주의의 창시자: 존 애덤스

MIND

저마다 그에 합당한 권리(Jus cuique), 이 황금률이 이성과 상식으로 지지되고 보호되는 평등 그 자체. …내가 저술한 『A Defence of the Constitutions of Government of the United States of America(미합중국 정부 헌정 체제의 옹호)』와 『Discourses on Davila(다빌라를 논함)』[i]은 나를 향한 엄청난 악평을 불러일으켰다. 마치 실로암의 망대가 내게 무너져 내린 듯했다.[ii] 반면 당신은 민주주의 원칙들을 꾸준히 옹호하고 프랑스혁명에 변함없이 우호적인 의견을 내놓아 당신을 향한 끝없는 호평의 기반을 다졌다. 이렇게 세상의 영화는 흘러가리라[iii].

1. 연방주의자와 공화주의자

존 애덤스, 매사추세츠 주 브레인트리에 정착한 농부의 아들은 자신의 정적 때문에 책을 쓰게 됐다. 정적은 토머스 제퍼슨, 책은 『A Defence of the Constitutions Government of the United States of America(미합중국 정부 헌정 체제의 옹호)[iv]』였다. 그는 제퍼슨과 한때 친구였으나 이후 오랫동안 경쟁자였다가 말년에 다시 친구가 되었다. 엄격하고 직선적이며 작은 키의 이 매사추세츠 출신 변호사는 라파예트[v], 로

---

i   Enrico Caterino Davila(1576~1631): 이탈리아 역사가이자 외교관. 16세기 프랑스의 종교전쟁을 다룬 역사서를 집필했다.

ii   「누가복음」 13장에 따르면 실로암의 망대가 무너져 18명의 무고한 사람이 죽었다. 개인적인 회개가 중요하다는 예수의 언급에 등장한다.

iii   Sic transit gloria mundi.

iv   이하 『Defence of the Constitutions(헌법을 옹호함)』.

v   Marquis de Lafayette(1757~1834): 프랑스 귀족 출신의 장군으로 미국 독립전쟁에 참여했다. 1789년과 1830년 프랑스혁명의 주요 인물.

슈푸코[i], 콩도르세, 프랭클린[ii]의 환상에 충격을 받았다. 애덤스는 그들이 역사적으로 무지하다고 비난했다. 대중적 인기에는 전혀 연연하지 않으며 애덤스는 전 생애에 걸쳐 당당하게 선언했다. 당위로서의 인간성이 아니라 있는 그대로의 인간성을 인정하는 냉정한 사람들만이 자유를 획득하고 유지할 수 있다고 말이다. 학식과 용기는 애덤스를 위대하게 만들었고, 그는 미국 보수주의의 진정한 창시자가 됐다. 미국 대통령직에서 물러난 지 13년 뒤에 애덤스는 위와 같은 문장들을 썼다. 대통령 선거에서 자신에게 패배를 안겼던 사람에게 어떤 표독스러움이나 신랄함 없이 담담하게 말이다. 일반적으로 연방주의자들[iii]은 비관적이었다. 그래서인지 애덤스는 자신의 생각과 구상이 미국의 미래 세대에 큰 영향력을 미치지 못하리라고 과소평가했다. 중대한 잘못들을 더러 저질렀어도 미국은 오늘날 강력하고 번영된 국가로 남아 있다. 자유와 재산권도 꽤 괜찮게 보장돼 있다. 인류가 보유한 미덕과 지혜를 담담하게 피력했던 애덤스는 미국이 지금까지 거둔 업적에 나름 만족스러할 것이다. 그는 당대를 초월하는 선하고 실질적인 법률의 가치를 누구보다 열심히 가르쳤다. 미국 정부는 인간의 정부가 아니라 법률의 정부라고 그만큼 강조한 사람도 없다.

큰 틀에서 보면 미국 혁명은 혁신을 노린 동란이 아니었다. 식민지의

---

i Duke of La Rochefoucauld(1747~1827): 프랑스 사회개혁가.

ii Benjamin Franklin(1706~1790): 미국 건국의 아버지 중 한 명으로 전기를 발견한 과학자이자 정치가 겸 저술가. 1776~1785년까지 미국의 초대 프랑스 대사를 지냈다.

iii Federalists: 대문자로 시작하는 경우는 대개 조지 워싱턴(1789~1797)과 존 애덤스(1797~1801) 대통령을 지지했던 정치인들을 지칭한다. 이들은 나중에 알렉산더 해밀턴이 창당한 연방당의 당원이기도 했다. 1790년대와 1800년대 초 토머스 제퍼슨과 제임스 매디슨은 민주공화당을 조직해 연방주의자들과 대립했다. 새로이 만들어진 헌법을 얼마나 광범위하게 혹은 협소하게 적용하느냐가 쟁점이었다.

특권을 회복하려는 보수적인 운동이었다. 처음부터 자치에 익숙했던 식민지 사람들은 영국 국민들의 권리를 유산으로 물려받았다고 느꼈다. 또 규범에 따라 자신들에게 고유하고 특별한 권리가 있다고 생각했다. 따라서 야심 넘치는 영국의 왕과 냉담한 의회가 과거에 행사하지 않았던 조세권과 행정권을 미국에 행사하려 하자 자신들의 규범적인 자유를 주장하려고 일어섰다. 협상의 시간이 끝나자 그들은 주저하고 겁먹었으며, 마지못해 독립을 선언했다. 이렇게 해서 본질적으로 보수적인 사람들이 승리를 거둔 반역자가 됐다. 동시에 기대하지 않았던 독립을 얻으면서 새로운 국가의 설립에 필요한 제반 사항에 자신들의 전통적인 생각과 가치를 일치시켜야 하는 과제를 떠안았다. 그것은 심각한 문제였다. 제퍼슨을 필두로 한 공화주의자들은 선험적 개념을 적용해 이 문제를 해결하려 했기에 프랑스의 평등사상과 이론에 공감하게 됐다. 그들에 반대했던 연방주의자들은 역사적 교훈, 영국 자유의 유산, 규범적 헌정 체제의 보장을 호소했다.

두 가지의 급진주의가 독립 미국의 첫 번째 보수파였던 연방주의자들을 위협했다. 하나는 프랑스에 그 근원이 있었다. 버크가 직면했던 바로 그 거대한 사회적이고 지적인 경련이었다. 다른 하나는 자생적이지만 부분적으로는 영국에 전통을 둔 토지 균분 공화주의였다. 이 사조의 대표 주자는 제퍼슨이다. 그는 한사상속, 장자상속, 교회 기득권 그리고 귀족들의 모든 흔적을 철폐하고자 열망했으며 또한 중앙집권제, 강력한 정부, 공채, 군대 창설 등에 반대했다. 연방주의자들은 도시, 상업과 제조업의 이해를 대변했고 금융업자(채권자)들의 지지를 받았다. 공화당은 시골, 농업 부문, 채무자들이 지지했다. 셰이즈의 반란[i]과 후에 벌어진 위스키 반란[ii]으로 연방주의자들은 반대파의 야망과 권력이라는 대단히 불쾌한 개념을 깨닫게 되었다. 따라서 연방주의자들은 보수주의자들과의 통합으로 지역적 급진주의에 맞서겠다는 절박한 결의를 하게 됐다.

토지 균분을 주장하는 민주적 공화주의자들 가운데 고집 센 인물 제퍼슨이 부상했다. 그의 신조는 언제나 자신의 정치적 실천보다는 더 급진적이었고 프랑스의 자유라는 개념보다는 덜 극단적이었다. 제퍼슨은 모든 일에 손을 댔고 종종 성공을 거두었다. 엄청나게 다방면에서 재주가 있었기 때문인지 때때로 일관되지 않거나 뜻밖의 모습을 보였다. 정치적 순결성과 소박함을 추구했으면서도 제퍼슨은 "흉측하게 부패를 사고팔았던" 기디언 그레인저(Gideon Granger)를 대법관으로 추천했고, 헌법의 엄격한 해석을 옹호했으면서도 루이지애나 주를 사들였다. 다양성과 창조성을 사랑했으면서도 북서부 영토를 장기판처럼 분할했다. 그 결과 단조롭고 엉망인 도로 형태와 경계가 멋대로 나뉜 여러 주가 만들어졌다. 그러나 이 모든 것에도 불구하고, 또 프랑스와 계몽주의 사상가들을 사랑했음에도 불구하고 제퍼슨은 코크[iii], 로크, 케임즈[iv]를 자신의 정치적 스승으로 삼았다. 제퍼슨도 그들처럼 마음의 반은 보수주의자였다. 심지어 반 이상 보수주의자이기도 했다.

---

i   Shays' Rebellion: 1786년에서 1787년에 매사추세츠 주 중부와 서부(주로 스프링필드)에서 빚과 세금에 분노한 가난한 농민이 중심이 되어 일어난 무장봉기이다.

ii Whiskey Rebellion: 펜실베이니아 머논가힐라 강 유역에 있는 워싱턴 근처에서 1791년에 시작해 1794년까지 이어진 민중봉기. 조지 워싱턴 정부가 국채를 상환하려고 위스키에 과세를 부과했기 때문이다.

iii Edward Coke(1552~1634): 17세기 영국의 식민지 사업가, 판사, 정치인. 전제군주제 시대에 왕권보다 법이 우선시되어야 한다고 주장한 것으로 유명하다.

iv Henry Home, Lord Kames(1696~1782): 스코틀랜드의 철학자이자 법관, 농업개량자.

어쨌든 진정한 미국 혁명은 제퍼슨과 공화주의자들의 승리가 정점에 올랐을 때인 1800년 무렵에 발생한다. 그 혁명은 미국 최초의 정권 교체였는데 거의 무혈혁명이었다. 그러나 연방주의의 장점은 1800년 이후에도 전적으로 사멸하지 않았으며 지금도 살아 있다. 연방주의가 유지된 데에는 존 애덤스의 역할이 대단히 크다.

오늘날 존 애덤스의 저작은 읽히지 않는다. 비록 백 년 전에 출판되었음에도 그의 책 10권을 다 읽은 사람은 내가 첫 번째일 것이다. 애덤스는 열정과 재치 그리고 부러울 정도의 정확성으로 그 책들을 썼다. 그러나 아무도 그를 읽지 않는다. 애덤스의 사상은 의식적인 노력으로 받아들여졌다기보다 천천히 미국인의 마음에 파고들었다. 미국인들은 건국의 아버지 중에 보수주의자를 찾을 때 해밀턴을 쳐다본다. 물론 해밀턴의 저작을 읽어서가 아니다. 그가 꼼꼼한 데다 인격적으로도 훌륭한 신사였기 때문이다. 『The Federalist(연방주의자 선집)』를 예외로 하면 그는 사회사상이라고 할 만한 글을 거의 쓰지 않았다. 그러나 재정 전문가, 당의 운영자, 제국의 건립자였던 알렉산더 해밀턴은 재산 취득의 본능과 보수주의 사상을 혼동한 많은 미국인들을 매료시켰다. 그 혼동 때문에 미국인들은 나중에 "미국의 첫 번째 기업인"이 곧 미국에서 첫 번째로 유명한 보수주의자라고 확신하게 됐다. 사실 해밀턴은 첫 번째로 유명한 보수주의자는 아니지만 미국의 미래에 중요한 영향을 끼쳤다. 해밀턴과 함께 피셔 에임스[i]와 존 마셜[ii]도 이 장에서 다룬다. 이들이 반민

---

i Fisher Ames(1758~1808): 미국의 하원의원으로 연방주의자의 중요 지도자. 뛰어난 연설가.
ii John Marshall(1755~1835): 미국의 4대 연방대법원 대법원장(1801~1835) 역임. 사법부를 입법 행정과 함께 정부의 일원으로 확립하는 데 기여했다. 하원의원으로선 연방주의자에 속하며 존 애덤스 대통령의 국무장관을 역임했다.

주주의적이고 재산권을 존중하며, 중앙집권적인 연방주의의 좋은 예들이고 애덤스의 경우보다 열등한 견해들이기 때문이다. 해밀턴, 에임스, 피커링[i], 드와이트[ii] 같은 사람들은 옛 왕당주의(Old Toryism)와 신념 체계가 대단히 비슷해 보인다. 그러나 애덤스는 미래의 특징을 보는 시각이 훨씬 더 광범위하고 예리했다. 이 덕분에 애덤스는 버크의 제자들이 보수주의라 명명한 규범적 지혜에 자유주의 개념을 첨가한 사상을 제시했다. 굳건한 애국심에서 고대 로마인들과 비슷했던 애덤스의 추종 세력들은 여러 세대에 걸쳐 존 애덤스의 신중한 정직성을 미국 사회에서 숙성시켜왔다.

애덤스는 언제나 엄격했고 때로는 거만했으며 대중의 열정을 거의 본능적으로 경멸했다. 그가 미국의 대통령이 될 수 있을 만큼 대중적 지지를 얻었다는 사실 자체가 놀라울 정도다. 상당수의 보통 사람들은 자신들에게 아첨하지 않는 애덤스를 존경했다. 그들은 완벽한 정직성과 지칠 줄 모르는 근면함으로, 과거의 소박함과 충절에 헌신하는 애덤스를 알아보았다. 마치 아테네 사람들이 니키아스[iii] 장군을 믿었듯이 그들은 애덤스를 신뢰했다. 그 신뢰 덕분에 미국인들은 아테네 사람들보다 더 좋은 결과를 얻었다. 1796년과 1800년 두 번의 선거에서 해밀턴은 음모를 꾸며 당의 지도부가 이 매사추세츠 출신의 투박한 정치인에게 보냈던 지지를 거두게 만들었다. 그러나 해밀턴이나 그의 부하들은 연방주의를 지지하는 유권자 대부분을 끌어들이지는 못했다. "어떤 민주주의도 존

---

i   Timothy Pickering(1745~1829): 매사추세츠 출신의 정치인. 1795~1800년까지 국무장관을 지냈다.
ii Timothy Dwight(1752~1817): 미국의 교육자이자 신학자. 8대 예일대 총장.
iii Nicias(BC470~BC413): 아테네의 정치인이자 장군. 펠로폰네소스 전쟁 때 여러 차례 전투를 이끄는 장군으로 선출됐으나 큰 전과는 올리지 못했다.

재하지 않았고, 존재할 수도 없다"고 애덤스는 단호하게 말했다. 바로 이 담대함 때문에 농부들과 어부들, 상인들은 그를 1774년엔 필라델피아에, 1777년엔 파리에, 1785년엔 런던에, 1793년과 1797년엔 워싱턴에 보냈다. 혁명의 지도자였던 이 보수주의자의 결연한 견해를 자세히 연구하기 전에 더 정통에 가까운 해밀턴과 에임스의 연방주의를 먼저 살펴볼 필요가 있다.

2. 중앙 집권을 강조한 해밀턴

"압제자의 찬탈에서 시작된 혁명의 초기 단계라면 대중의 마음은 마땅히 경계심을 풀지 않는 지극한 정신이어야 한다." 알렉산더 해밀턴은 1788년 뉴욕에서 열린 연방 헌법 비준회의에서 말했다. "모든 공적, 사적 기관들의 중요한 목적은 권리침해를 막아내고 이 경계심의 정신을 기르는 데 있었다. 자유를 향한 열정이 압도적이고 지나칠 정도가 됐다. 우리 국가연합을 형성하는 과정에서 이 열정 하나가 우리를 움직이게 만든다. 독재의 폭압에서 우리를 구해낼 다른 관점은 없는 듯 보인다. …그러나 열정만으로 충분하지 않으며, 오히려 부족하다. 우리에겐 폭압에서 벗어나는 일 못지않게 동등하고 중요한 목적이 있다. 그것은 우리의 정부가 강하고 안정돼야 하며 그 운영엔 왕성한 활력이 있어야 한다는 원칙을 의미한다."

이 짧은 글은 보수주의 사상가로서 해밀턴의 약점과 강점을 말해준다. 그의 정치적 원칙은 단순하다. 해밀턴은 대중적이고 지역적인 충동은 신뢰하지 않는다. 평준화라는 생각이 낳을 바람직하지 못한 결과에서 우리를 구해내려면 아주 강력한 권한을 가진 국가를 수립해야 한다고 믿었다. 그는 권력이 중앙에 집중된 형태의 정부를 좋아했다. 그러나 이런 형태의 정부가 미국에서는 거의 불가능하다고 생각했기에 그는 연방정부를 수용했다. 그래서 해밀턴은 연방정부의 가장 강력한 옹호자이자 창시자가 됐다. 미국 헌법의 채택은 매디슨[i]과 제이[ii], 해밀턴 덕분이다. 그것이 해밀턴의 지혜였고 업적이다. 그렇기에 심지어 헌법 수립 200주년을 기념하는 오늘날에도 사람들은 해밀턴을 생생하게 기억한다. 그러나 사람들은 많은 대목에서 해밀턴을 오해한다. 해밀턴 장군의 예언 능력은 신통치 못했다. 버크가 최고였고 그 다음은 애덤스였다. 해밀턴은 자코뱅주의자들이 활개치던 프랑스를 눈앞에 두고도 강력하게 통합된 국가가 평등과 개혁을 추진하는 나라가 되리라는 생각은 못한 듯하다. 아울러 정부의 권력이 보수적인 질서 유지가 아닌 다른 목적에 사용될 가능성도 전혀 생각해보지 않은 듯하다. 정치경제학에서도 해밀턴은 실천적 재정가였지 경제 사상가는 아니었다. 자신이 추진했던 산업화된 나라가 보수적인 산업가들뿐만 아니라 급진적인 공장 노동자도 양산하리라는 가능성을 무시했다. 산업국가의 노동자들은 무한히 더 많을 뿐만 아니라, 해밀턴이 생각하는 옛날식 계급이나 질서에 대해 제퍼슨의 버지니아에 있는 토지 균분론자들보다 오히려 더 적대적일 수밖에 없다. 물론 미국 산업을 진작하려는 해밀턴의 계획은 협소하거나 이기적이지 않았다. 해밀턴은 진정으로 산업화의 보편적인 혜택을 기대했다고

---

i   James Madison(1751~1836): 미국의 4대 대통령(1809~1817)이자 건국의 아버지 중 한 사람이며 헌법의 초안을 작성했다.

ii John Jay(1745~1829): 미국의 정치인이자 건국의 아버지. 강력한 중앙정부를 옹호했으며 초대 연방 대법원장(1789~1795), 뉴욕 주지사(1795~1801)를 역임했다.

말하는 편이 옳다. "해밀턴은 산업의 보호를 요구했지, 특혜를 주라거나, 그 이익을 늘려달라고 요구하지 않았다. 오직 자유로운 나라의 자연적인 일, 말하자면 농업을 문화의 진보라는 흐름에 동참하게 하라고 요구했을 뿐이다"라고 페이[i]는 썼다.[1] 그의 실무적인 능력들은 여전히 뛰어났지만 그 바탕엔 순진하거나 유치한 전통적인 가정들이 있었다. 그의 선입견과 미국의 산업적 정열이라는 특효약이 섞였을 때 그 복합물로 어떤 결과가 도출될지는 거의 숙고하지 않았다.

버넌 패링턴[ii]은 비록 가끔 토리(Tory)란 용어와 자유주의적이라는 용어를 거의 구별하지 않고 사용했다는 문제가 있긴 했지만, 해밀턴이 근본적으로는 왕이 없는 왕당파이며 흄과 홉스가 그의 스승이었다는 지적은 정확했다. 모든 혁명적 열정에도 불구하고 해밀턴은 영국의 식민지 시민이 흠모하듯 영국 사회를 사랑했다. 그가 그렸던 미래의 미국은 더 강하고 더 부유한 또 다른 18세기의 영국이었다. 그는 그의 꿈이 실현되는 과정이 얼마나 어려울지 전혀 알아채지 못했다. 가급적 권력이 세습되는, 더 강력한 중앙집권적 통치 체제를 그린 해밀턴의 구상에 미국 전체가 적대감을 드러냈다. 그는 이 때문에 놀라기보다는 슬퍼하며 고통스럽게 자신의 계획을 단념했다. 영국은 단일 국가로 그 주권은 분리할 수 없었으며 의회에 전권이 주어졌다. 해밀턴은 미국도 이와 같아야 한다고 생각했다. 버크라면 당연히 가장 먼저 인정하고 승인했을 지역적 특권이나 역사적 기원, 영토의 범위에 대한 고려를 성급하게 무시해버렸다.

"인간의 본성에 비추어볼 때 대상의 분산 정도와 떨어진 거리에 비

---

i   Charles Ryle Fay(1884~1961): 영국의 경제 역사학자. 노동자와 여성의 권리를 옹호했다.
ii Vernon Louis Parrington(1871~1929): 미국의 역사학자.

례해 인간의 애정이 일반적으로 약해지기 마련이라는 사실은 잘 알려져 있다." 해밀턴의 말이다. 애덤스는 카리브 해 네비스 출신의 그를 가리켜 "스코틀랜드에서 온 싸가지 없는 장돌뱅이"라고 했다. 조슈아 퀸시ⁱ나 존 랜돌프 같은 지도자들의 경우 애국심은 저리 가라 할 정도로 자신의 출신지를 격정적으로 사랑했다. 그러나 그들과 달리 해밀턴에게는 조상이나 출신지에 따른 지역적 귀속감이 전혀 없었다. "인간은 공동체보다 가족에 더 큰 애착을 보인다는 원칙에 입각해 각 주의 주민들은 연방 정부보다는 주 정부에 더 강하게 치우치는 경향이 있다. 따라서 연방정부가 더 강력하게 구성되어 그런 원칙과 경향을 부숴버려야 한다."² 해밀턴은 바로 이 이국적 정서 때문에 지역적 특성을 무시하는 애국심을 키우게 됐다. 동시에 여러 주 정부에 내재됐던 끈끈하고 집요한 결의와 지역적 집착을 보지 못했다. 위에서 언급한 자신의 말에도 불구하고 해밀턴은 그 뿌리 깊은 충동을 단순히 과도기적 환상으로 오해하고 말았다. 그는 강력한 정부의 힘, 다시 말해 연방 법원, 의회, 관세, 은행 등 계획했던 국가화의 구상으로 그런 지역적 애착을 없애버릴 수 있다고 생각했다. 장기적으론 그런 도구들이 결국 지역적 특성을 없애버렸다. 그러나 남북전쟁이란 내전을 촉발하고 나서였다. 이 내전은 해밀턴이 염원했던 고요한 18세기 귀족 사회를 해체해버렸는데, 그것은 제퍼슨이 상상했던 그 이상이었다. 해밀턴은 시대의 흐름(의도적으로 추구되는 중앙 정부의 정책 없이도 자연적으로 지역주의 대신 통합을 지향하는)과 반대자들의 집요한 용기를 모두 오해했다. 일급의 정치사상가라면 그보다 더 위대한 선견지

---

i   Josiah Quincy II(1744~1775): 미국의 보스턴 출신 변호사.

명이 있어야 했다.

마찬가지로 해밀턴이 성공적으로 장려한 미국의 산업화에도 무거운 짐이 따랐다. 오만하고 강력한 신흥 귀족인 해밀턴이 미처 생각하지 못했던 결과 때문이었다. 상업과 제조업은 부유한 사람들을 만들어내고 그들의 이해는 국가가 추구하는 가치에 부합하리라고 믿었다. 아마도 사회의 이런 기둥들이 위대한 영국의 상인들과 같으리라고 생각한 듯하다. 신흥 부자들이 시골의 장원을 사들이고, 곧 여가, 재능, 재산을 소유한 안정적 계급을 형성해 국가의 도덕적, 정치적, 지적 지도력을 제공해주리라고 말이다. 일반적으로 말해 미국의 실제 기업인들은 전혀 다른 종류의 인간들이었다. 바다 건너 5,000km 이상 떨어진 사회의 사회 계급을 이 땅에서 복제하는 일은 어려웠다. 해밀턴이 현대 산업의 수장들, 현대 도시, 산업 노동자들의 힘 등을 본다면 놀라워하고, 충격받고, 경악할 것이다. 해밀턴은 사회 변화가 어떤 뒤틀린 특질들을 초래할지 잘 몰랐다. 그 작동이 과학적이기보다는 기적에 가깝기 때문이다. 파우스트 박사의 하인처럼 해밀턴은 새로운 산업주의라는 마법을 불러낼 수는 있었지만 불려나온 산업주의는 능수능란한 재무장관이었던 18세기 거장의 통제를 벗어나 사회를 마구 휩쓸어버렸다. 사실, 해밀턴은 새로운 산업주의의 창조보다는 이미 기울어가던 유럽 경제 체제의 복제를 더 많이 기대했었다.

정책의 최우선 목적은 국가에 유리한 교역의 균형 유지다. 개인의 탐욕은 그 균형을 무너뜨려 국가에 불리한 교역 방향을 추구하는 경향이 자주 있다. 이에 맞서 정부는 효과적인 장애물을 세울 수 있다.

다른 한편, 처음 시작은 대단히 어려울지 몰라도 일단 시작되면 자리 잡는 데까지 드는 비용과 어려움을 충분히 보상할 만한 새로운 교역의 가능성도 있다. 그 일은 개인적인 능력이나 자본력을 초과할 수 있어서 국가 당국의 지원이나 재정적 지원이 적지 않게 필요할지도 모른다.[3]

이는 중상주의다. 해밀턴은 아담 스미스를 주의 깊게 읽었다. 그러나 그의 마음은 17세기에 있었다. 그의 시각에 따르면 정부는 영향력을 적절하게 행사해 특정한 계층과 직업을 장려하고 풍요롭게 만들 수 있다. 이러한 행위는 궁극적으로 국가 전체에 이득이 된다. 해밀턴의 정책을 미국이 따르지 않았으면 미국의 산업 성장은 더 늦어졌겠지만 그 결과도 눈에 띄게 덜 거칠었을 게 분명하다. 그러나 해밀턴은 계획된 생산성이라는 개념에 매료됐다. "공동 번영에서 각자가 담당하는 몫에 따라 사회 전체나 각 부분에 모두 유익하더라도 이런저런 방식으로 어떤 특정한 부문에 더 이롭게 작동하는 계획이 인간 사회엔 거의 불가피하다는 사실을 우리는 숙고하지 않는 듯하다. 우리는 이와 같은 협소한 경향성을 극복하고 대체적인 방향이 맞다면 어떤 조치를 긍정적으로 평가하도록 배워야 한다. 그렇지 않으면 우리는 위대하거나 행복한 국민이 될 수 없고, 국민으로 남아 있을지도 의문이다."[4] 버크는 영국식으로 표현된 비슷한 주장을 대단히 의심스러워했다. 버크라면 개혁적 에너지에도 불구하고 어떤 변화가 어느 기회주의자의 합법적 소유권과 특권을 위협한다면 틀림없이 그 변화를 무한히 연기했을 것이다. 좋은 의도가 있다는 대체적 방향성 때문에 현재 정의롭지 못한 일을 시행하자는 건 보수주의자로선 대단히 위험한 주장이다. 해밀턴의 견해는 그가 일반적 원칙보다 개별적 구체성에 훨씬 더 친숙하다는 것을 보여준다.

그 외에도 해밀턴은 중상주의적 미국을 어떻게 관리하느냐는 문제를 거의 언급하지 않았다. (철저히 대중을 경멸했기 때문에) 해밀턴은 정치적 조작을 통해서 또 법과 국가의 통합을 강력하게 집행함으로써, 부자와 좋은 가문의 사람들이 영국의 시골 유지처럼 제국을 운용해나갈 수 있으리라 생각한 듯하다. 그러나 이런 것들은 멀리 내다보지 못한 사람의 희망에 불과하다. 그보다 7년 전 젊은 존 퀸시 애덤스[i]는 유럽에서 그의 아버지에게 편지를 썼다. "왜 이런저런 사람들이 이렇고 저런 즐거움을 누리도록 우리가 희생해야 할까? 그런데 정작 우리는 왜 그런 즐거움을 누리지 못하는 거지? 유럽 국가들의 다수 대중이 이렇게 자문하도록 깨닫는다면 유럽의 신분제 사회엔 내전의 신호가 켜진 셈입니다. 그 내전은 봉건적 헌정 체제가 완전히 무너져야 끝날 것입니다."[5] 해밀턴이 그리 쉽게 국가에 부여하려던 권력은 궁극적으로 해밀턴의 기대와 반대되는 목적으로 사용될 수도 있다. 또 해밀턴의 정책이 양성한 도시민들은 더 새로운 급진주의가 배양되는 토대가 되었으리라 보인다. 국민과 직업에 멋대로 끼어들자는 해밀턴의 생각에 제퍼슨이 눈살을 찌푸린 것은 그의 복잡한 성격 중에서 보수적 성향 때문이었다. 먼저 랜돌프, 그에 이어 칼훈[ii]이 무기력한 분노를 드러내며 새로운 산업 시대의 도래를 비난했다. 그들의 눈에 산업 시대는 식민지 상태보다 더 끔찍해 보였다. 여

---

i   John Quincy Adams(1767~1848): 미국의 6대 대통령이자 2대 대통령 존 애덤스의 아들.
ii John Caldwell Calhoun(1782~1850): 미국 사우스캐롤라이나 출신 정치인이자 정치이론가. 미국의 7대 부통령.

러 측면에서 그들이 해밀턴보다 훨씬 더 건전한 보수주의자였다. 왜냐하면 해밀턴은 두드러진 도시인이었고, 또한 포장도로 위에서는 전통과 신을 받들어 모시는 존숭이 시들어가기 때문이다. "야생 인동 덩굴이 자랐던 곳에 세워진 새 주유소를 사랑하도록 배우기는 어렵다"고 월터 리프먼[i]은 썼다. 그러나 해밀턴은 정치의 표면 아래에 있는 존숭과 추정의 신비를 결코 알아채지 못했다.

그럼에도 해밀턴을 공리주의자들과 혼동하면 안 된다. 그의 잘못이라면 철학적 급진주의자들이 아니라 옛 토리의 유행을 따랐다는 것뿐이다. 그는 공식적인 18세기 방식의 기독교인으로 남았고 프랑스혁명의 어리석음에 관해 글을 쓰기도 했다. "자유를 사랑한 정치인은 혁명에 나선 군중을 유감스럽게 본다. 그가 몸바쳐온 자유를 삼켜버릴지도 모를 심연으로 보이기 때문이다. 그는 전복된 도덕과 (도덕은 종교와 함께 몰락한다) 독재의 공포만이 인간의 맹렬한 격정을 억제하고 인간을 사회적 의무의 테두리 안에 묶어둔다는 사실을 안다."[6] 존 애덤스, 존 퀸시 애덤스, 랜돌프를 비롯한 수많은 미국인에게 영향을 미쳤듯이 버크의 예언들은 해밀턴도 뒤흔들었다. 그러나 버크의 영향력은 해밀턴에게서 더 깊이 발전하지 못했다. 해밀턴은 시대에 뒤진 낙오자였다. 새로운 시대를 예언하는 사람은 아니었다. 대단히 흥미로운 우연의 일치로 이 구식의 당당한 신사는 벤담의 친구이자 제자인 애런 버[ii]와의 결투에서 그의 총에 맞아 숨졌다.

---

i Walter Lippmann(1889~1974): 미국의 평론가·칼럼니스트. 미국 정계뿐만 아니라 세계적으로 영향을 미치는 평론을 발표했다. 1947년에 발표한 『냉전』은 이후 국제정치의 유행어가 됐다.

ii Aaron Burr Jr.(1756~1836): 토머스 제퍼슨의 첫 임기 1801년부터 1805년까지 제3대 미국의 부통령을 지냈다.

3. 에임스의 비관적 예언

"정지한 물체를 압도하는 힘이 있어야 물체가 움직인다는 사실이야말로 정치학의 법칙이자 물리학의 법칙이다."[7] 에임스는 이것이 보수주의의 영원한 약점이라고 말했다. 그리고 미국에서 치러진 경기에서 보수주의는 이미 패배했다고 에임스는 생각했다.[i]

피서 에임스는 매사추세츠 데드햄 출신이다. 베버리지[ii]는 그를 가리켜 "유쾌한 반동분자"라 불렀다. 그는 죽기 전까지 병상에서 몇 년을 보냈다. 새뮤얼 애덤스[iii]를 이기고 등장한 의회 활동 초기, 자신의 장엄했던 약속을 실현하지 못했던 건 에임스의 병약한 체질 때문인지 모른다. 타고난 뚱한 성격, 인정을 경멸하는 태도 역시 국가 형성기의 거친 시절에 성공을 가져다줄 만한 특성은 아니었다. 그럼에도 연방주의자 중에선 가장 뛰어난 연설가였으며 간결한 문체의 대가였다. 그 재주로 더 위대한 일을 할 수 있었겠지만 에임스는 가끔 연설을 하거나 시사 논평, 편지만 썼다. 제퍼슨식 민주주의자들이 오랜 기간 승리를 구가하던 시기까지 살았으며 깊은 절망에 빠져 수준 미달의 영혼이 지배하는 사회의 무질서를 예언했다.

연방주의자당(Federalist Party)이 사라진 지 오랜 후에 존 퀸시 애덤스는 그들의 역사를 다음과 같은 묘비명으로 요약했다.

---

i 정지한 물체는 보수. 움직이는 물체는 혁신이나 진보를 의미한다. 진보가 시작됐다면 곧 보수가 패했다는 뜻이다.

ii William Henry Beveridge(1879~1963): 영국의 경제학자이자 고용보험 전문가. 진보적인 사회개혁가로 유명하며 그의 「베버리지 보고서」는 2차 세계대전 후 노동당 정부의 경제 정책 근간이 되었다.

iii Samuel Adams(1722~1803): 건국의 아버지 중 한 사람으로 미국 공화주의 원칙을 세웠으며 존 애덤스 대통령의 사촌이다.

미합중국 헌법의 성립과 발효는 연방주의자라 불리는 정당 덕분이다. 그 정당은 연방의 수도에 권력이 집중되어야 한다고 주장했다. 집중된 권력의 행사가 필요했던 이유는 주로 재산권의 보호 때문이었다. 따라서 연방주의자당은 자연히 사회의 귀족 계층을 대변하게 됐다. 이렇게 연방주의자들의 정치 체계 안에는 연방주의와 귀족정치의 원칙들이 뒤섞였다. 자연히 미국에서, 교육받고 재산 많은 사람들의 압도적 다수가 연방주의자당에 모여들었다. 그러나 반연방주의자들이 수에서는 언제나 우위를 차지했다. 반연방주의자들이 말하는 민주주의를 언제나 더 많은 사람들이 지지했기 때문이다. 그들의 대의명분은 우리의 혁명에 더 잘 부합했으며, 그들의 경쟁자를 구역질 나는 왕당파로 만들 기회를 제공했다. 혁명기 왕당파의 생존자들이 대개 연방주의자 편에 서는 바람에 연방주의자들은 두 가지 측면에서 더 불리해졌다. 우선 연방주의자들의 원칙에 혁명과 공화정부론을 반대하는 의견이 주입됐다. 두 번째로는 그런 의견들에 보였던 대중의 증오와 욕지거리에 연방주의자당 전체를 노출시켰다. 왕당파의 주장과 연방주의 원칙의 혼합이야말로 연방주의자들이 재난을 자초했거나 그 이후 저지르게 된 실수들의 주요 원인이었다. 결과적으로 그들이 정당으로서 표면상 해체의 길을 걷게 된 이유이기도 하다.[8]

젊은 애덤스가 지적한 연방주의자들의 귀족적 성향은 에임스가 가장 잘 대변했다. 에임스는 엄격한 도덕주의자였다. 거의 예외 없이 전통적 도덕주의자들은 정치에서 발현되는 평민의 미덕에 의문을 가졌다. 공화주의자에게 밀리기 시작하면서 연방주의자 내에서 주류가 된 영토 확장론에 제동을 건 사람도 에임스였다. 미래를 불안하게 생각했기 때문에 그런 비관적 경향을 누구보다 더 잘 대변했다. 해밀턴, 마셜, 캐벗[i]은 활발한 국가주의에 토대를 둔 경제와 영토의 확장을 꾸준히 지지해왔다. 그러나 에임스는 당의 다수를 대변해 국가주의적 정부가 혁신적 성향을 보일지 모른다고 두려워하기 시작했다. 정부의 이런 경향은 결국 나중에 하트퍼드 제헌회의[ii] 개최로 이어졌다. 에임스의 유일한 조언은 변화에 굳게 맞서 절실하게 버티자는 얘기뿐이었다. 그 얼굴에 죽음의 냉소적 미소를 띠고 태어난 엘던[iii], 크로커, 웰링턴[iv]의 보수주의와 마찬가지로 에임스의 보수주의도 파멸이 예정된 보수주의였다. 그러나 에임스는 볼테르 못지않은 풍자와 통찰력을 과시하며 이를 표현해냈다. 에임스가 "재능 있는 귀족을 배척하겠다"는 명백한 위협이라고 본 제퍼슨식 민주주의의 조악함을 되돌아볼 때 에임스의 과장된 우울을 이해할 수도 있다. 미국의 역사학자와 비평가들은 미국의 정신을 분석하는 에임스의 전반적인 성향을 습관적으로 조롱해왔다. 그러나 그의 날카로운 비판에 이렇게 무감각하다는 사실 자체가 그의 민주주의 비판이 어느 정도 옳았음을 말해준다. "우리나라는 하나의 연합이 되기엔 너무 크고, 애국심에 호소하기엔 너무 천박하고, 자유를 보장하기엔 너무 민주적이다. 이나라가 무엇이 될지는 아마 이를 만든 사람이 가장 잘 알 것이다. 어리석

---

i   George Cabot(1752~1823): 미국의 상인 겸 항해사이자 정치인. 보스턴 출신으로 미국 상원에서 매사추세츠를 대변했으며 하트퍼드 회의를 주재했다.

ii Hartford Convention: 1814년 12월부터 이듬해 1월까지 코네티컷의 하트퍼드에서 뉴잉글랜드 연방주의자당이 모여 계속되는 1812년 전쟁과 연방정부의 권한 강화에 따른 문제를 다루었다. 일부 강경파들이 뉴잉글랜드의 분리 독립을 주장했으나 결국 온건파가 승리했다.

iii John Scott, Earl of Eldon(1751~1838): 영국의 변호사이자 정치인. 대법관을 두 차례 역임했다.

iv Arthur Wellesley, Duke of Wellington(1769~1852): 영국의 군인이자 정치가. 워털루 전쟁에서 나폴레옹을 무찔러 유명해졌다.

음 위에서 실천하는 악덕이 이 나라를 통치하게 된다. 이것이 민주주의의 정해진 운명이다."⁹

사후에야 출판된 『The Dangers of American Liberty(미국 자유의 위험)』은 미국의 이상주의를 에임스가 가장 예민하면서도 가장 정밀하게 비판한 책이다. 이 책에는 고향 데드햄의 농장에서 쇠약해져가던 그가 추종자들에게 해마다 전파하던 주요 개념들이 들어 있다. 정부는 사회의 안정과 재산권의 보호를 그 목적으로 한다고 그는 말했다. 민주주의는 이 두 가지 핵심 과제에서 실패한다. 왜냐하면 미국이 빠져들고 있다고 생각했던 순수한 민주주의는 한가로운 환상의 모래성에 세워졌기 때문이다. 심지어 연방주의도 그릇된 전제를 토대로 했다. "충분한 정치적 미덕이 존재하리라는 가정과 대중의 도덕에 권위가 있고 또 계속되리라는 전제"다. 그러나 오히려 격정, 미혹된 정서, 단순성을 지향하는 파괴적 갈망(단순성은 곧 독재를 의미한다)이야말로 "선하고 부자이며 가문이 좋은 사람들"¹⁰의 지도력을 버리고 대신 자기 표현이라는 도취와 규율의 부정을 선택한 사람들의 특징이다. "하나의 집합체로서 국민은 숙고하지 못한다." 그래서 선동가들은 끊임없는 변화라는 구경거리와 폭력적 과시로 국민의 욕구를 충족시킨다.

정치인들은 인간이 사실 마땅히 그래야 하는 존재여야 하며, 이성은 할 수 있는 모든 일을 하며, 격정과 선입견들은 주제넘게 나서지 않으리라고 가정했다. 그러나 인간의 이성은 단순한 방관자에 지나지 않거나 열정을 보여야 할 때 절제하며, 때로는 비난해야 할 때 옹호할 만큼 타락했다. 겁쟁이거나 기회주의자로 입막음용 뇌물조차 기꺼이 받는다. 대중의 이성은 언제나 바르게 행동하는 방법을 모른다. 설사 방법을 안다 해도 언제나 바르게 행동하지도 않는다. 정치를 움직이는 매개물은 대중적 격정이다. 사물의 본질상 그런 격정들은 언제나 사회를 어지럽히는 자들의 통제 아래 있다. …합리적으로 사유하는 사람은 드물다. 반면 모든 사람은 느낄 줄 안다. 그래서 그런 주장은 제시되는 즉시 먹혀든다.

이 문장들에서 느껴지는 17세기 문체의 힘에선 토머스 풀러[i]의 느낌이 난다. 이는 연방주의자 시사평론가들의 특징이기도 하다. 그들은 대개 남자고 해링턴[ii], 시드니[iii], 홉스와 로크를 읽었다. 시간이 가면서 에임스는 더욱 열정적이 됐다. 민주주의는 지속될 수 없다. "국민이라고 불리는" 집단의 견딜 수 없는 독재가 정점을 치닫게 되면 군사독재가 곧 그 뒤를 잇게 된다. 재산권이 이리저리 빼앗겨 돌아다니고 평온함이 끔찍하게 살해될 때 사회는 소심하게도 칼의 부도덕한 통치가 적어도 사회의 소멸보다는 낫다며 그에 굴복하게 된다. "인간의 육체를 파괴하는 지독한 페스트처럼, 해충만이 소멸로 연명할 수 있다."

민주주의의 모든 해악 가운데 최악은 도덕적 습관의 파괴다. "민주적 사회는 그 사회의 도덕이 자신들을 방해한다는 사실을 곧 발견하게 된다. 도덕은 방탕한 즐거움의 퉁명스런 동반자이며 …한마디로 정의가 없는 도덕은 없다. 비록 정의가 민주주의를 지지할 수 있을지 몰라도, 민

---

i Thomas Fuller(1608~1661): 영국의 역사학자. 영국 최초 전업 작가 중 한 명.
ii James Harrington(1611~1677): 영국의 정치이론가이자 고전적 공화주의자.
iii Algernon Sidney(1623~1683): 영국의 정치인이자 공화정 이론가. 찰스 2세에 대한 반역을 도모했다는 죄로 기소되었다.

주주의는 도덕을 지지할 수 없다." 여기서 존 애덤스의 조금 더 부드러운 표현에 담긴 옛 칼뱅주의가 드러난다.

민주주의의 이러한 지나침을 견제할 방법은 없을까? 어떤 사람은 "자유로운 언론이 하늘에 또 다른 태양처럼 떠올라 정치 세계에 기쁨과 새로운 빛을 쪼여준다"고 생각했다. 그러나 이는 오판이다. 실제로 언론은 대중의 상상력과 격정에 끊임없는 자극을 주었다. 언론은 열기에, 상스러운 드라마에, 끊임없는 흥분에 얹혀산다. "언론은 무지에 뻔뻔스러움을 달아주었다. 이에 따라 이성으로 통제될 수 없는 사람들은 더 이상 정부의 권위를 두려워하지 않게 됐다."

완벽한 평등과 양도할 수 없는 권리를 타고났다는 신조를 지닌 사람들을 통제하기는 어렵다. 아무리 인공적으로 잘 설계된 헌법이라도 충분하지 않다. "헌법은 종이에 불과하다. 사회가 통치의 기반이다"라고 에임스는 말했다. 새뮤얼 존슨처럼 이 뉴잉글랜드의 비관주의자는 개인적인 도덕이 정치의 품위를 보장해주는 열쇠라고 보았다. "잉크가 가득 든 펜으로 헌법에 영생불멸의 원기를 불어넣을 수 있다고 믿었다. 그래서 많은 사람들은 마치 요새 주위를 다시 새로운 벽으로 감싸듯 두세 장의 양피지가 첨부된 헌법을 보며 기쁨과 자부심을 느꼈다. 그러나 그들은 경악하게 될 것이다. …현재 우리의 자유는 이 암살자의 칼 아래에서 태어났다. 지금은 그의 폭력으로 인해 절뚝이는 불구자가 되었다." 부패는 단순히 얇은 헌장 하나로 위축되지 않는다. 과거의 위계와 규범적 직위를 존경하는 마음이 사라지면 벌거숭이 폭력만 남게 된다. 헌법은 순식간에 갈기갈기 찢겨져버린다. 그런 상태가 지금 미국이다. 그 결과 "압제의 약화만이 우리에게 남은 유일한 희망이다."

평등과 혁신을 비난하는 에임스의 언어에 새로움이란 전혀 없다. 아름다움이 깃든 지독한 독설이 장점인지라 정당하게 평가하기도 어렵다. 에임스는 심지어 이렇게 조롱할 수 있었다. 비록 저주받은 자의 조롱이긴 해도 말이다. "민주주의는 우리의 질병이다. 피부가 곪는 게 아니라 우리의 뼈가 썩어간다. 아니 괴저로 골수가 검게 변한다. 어떤 원인이 먼저일지 모르나 우리의 공화주의는 반드시 죽는다. 나는 그게 마음 아프다. 그러나 우리의 장례식에 어떤 교회 머슴이 당직을 서든 무슨 상관이랴? 내가 전혀 희망을 보지는 못하지만 그럼에도 자유 부인(Madam Liberty)의 가족을 두고 벌어지는 말다툼에서는 큰 즐거움을 얻는다. 그녀로부터 너무 많은 자유를 가져갔기 때문에 나는 그녀가 더 이상 미혼도 아니고 동정도 아니라고 생각한다. 그러나 여전히 여신으로 불릴 수는 있다고 생각한다."[11]

에임스의 목소리가 역사의 뒤편으로 사라지면서 다가오는 1812년 전쟁[i]의 그림자가 뉴잉글랜드에 짙게 드리워졌다. 이 임박한 재난, 꺾일 줄 모르는 제퍼슨식 풍조의 상승, 나폴레옹의 승리, 연방의 원칙을 둘러싼 내부적 쇠퇴 등이 이 광적인 보수주의자의 눈에는 불길한 징조로 보였다. 가장 크고 깊은 샘물이 그 바닥을 드러내자 미국 사회의 퇴락은 뻔한 듯했다. 그러나 에임스는 틀렸다. 얼마 지나지 않아 벌써 미국 급진주의를 상쇄하는 세력이 그 무게감을 획득해갔다. 그런 도움이 되는 영향력은 부분적으로 제퍼슨이 대변했던 농장 사회에 내재된 절제의 산물이

---

i 1812년부터 1815년까지 미국과 영국, 북미 식민지 미국의 원주민들이 벌인 군사적 충돌. 미국의 역사학자들은 미국과 영국의 독립적인 전쟁으로 보지만 영국 학자들은 영국이 나폴레옹과 벌인 전쟁의 부수적인 현상으로 본다. 전쟁이 끝나고 영토 변화 없이 평화를 회복했다.

었다. 또 부분적으론 애덤스 부자의 냉철한 실용성 덕분이다. 그들은 이미 패배한 대의명분을 미국의 전통으로 만들었지만 에임스는 이를 인지할 수 없었다. 1807년 그는 어깨를 들썩이며 벽으로 돌아서 어느 친구에게 작별을 고했다. 그의 우울한 경력에 때때로 반짝거렸던 용기 있는 매력을 과시하면서 말이다.

내 몸은 극도로 허약하다. 그래도 불 옆에 앉아서 내 발이 따뜻할 때 나는 아프지 않다. 어떤 젊은 대학생의 질문을 들은 적이 있다. 그 질문이 내 형편을 그럭저럭 묘사한다. 삶도 존재도 없는 벌거벗은 목숨이라도 죽음보다는 나은가? 나는 이 심오한 질문의 답을 모른다. 그러나 당신이 기꺼이 나를 존중해주는 한 죽기보다는 계속 살아남으려 노력하겠다.

존경하는 그대,

당신의 친구

피셔 에임스[12]

4. 존 애덤스의 인간론과 국가론

중앙 집중화나 영토 확장이라는 해밀턴의 원칙과 에임스의 도드라진 도전 그 중간 어딘가에 존 애덤스의 진정한 보수주의가 서 있다. "그는 고매하고 기발한 상상력의 소유자이지만 건전한 판단력을 꾸준히 보여주지 못했고 체계적인 행동 계획을 꾸준히 추구하려 들지도 않았다." 해밀턴이 1800년 애덤스를 평한 말이다. "나는 오래전부터 명백했던 사실, 그런 성격적 결함에 무한한 허영이라는 불행한 약점이 추가됐고 모든 물건을 변색시켜버릴 정도의 시기심까지 있다는 걸 알기 시작했다."[13] 해밀턴이 이런 평가를 했다는 사실이 차라리 흥미롭다. 지적마다 나름의 진실이 담겨 있기 때문이다. 많은 편지와 일기 때문에 애덤스 부자 대통령은 어떤 역사적 인물보다 역사가들에게 잘 알려져 있다. 존 애덤스는 천재에게 있는 몇 가지 약점이 있다. 그리고 천재에게 흔히 없는 여러 특질들을 지니는 축복을 받기도 했다. 근면함, 지조, 절대적 정직, 공경심이 그것이다. 그는 대단히 현명했지만 종종 졸렬했다. 왜냐하면 정치적 편의에 따라 때때로 어쩔 수 없이 진실을 말하지 않은 채 내버려둬야 했기 때문이다. 애덤스는 조금이라도 인기를 얻겠다고 애쓰는 짓을 혐오했다. 그 대담함 때문에 자신의 경력을 망쳐버렸다. 그러나 그의 솔직함은 두 개의 급진주의적 환상에서 미국을 구해내는 데 도움을 주었다. 하나는 인간을 완벽하게 만들 수 있다는 환상이고, 다른 하나는 중앙집권적 단일 국가의 장점이 크다는 착각이다.

이 고매한 청교도의 대담한 활력이 드러난 예로서 페인에게 퍼부은 저주를 살펴보자. 그가 1805년 벤저민 워터하우스[i]에게 보낸 편지다.

내가 그러듯 당신도 이를 천박의 시대라 불러야 한다. 당신이 이미 그리 말했지만, 어리석음, 사악함, 광란, 분노, 잔혹, 악마, 보나파르트 (Buonaparte), 톰 페인의 시대라고 부르거나 아니면 밑 빠진 구덩이에

---

i   Benjamin Waterhouse(1754~1846): 하버드 의대의 공동 설립자이자 교수. 자신의 가족을 대상으로 천연두 백신을 미국에서 처음 실험했다.

서 불타는 낙인의 시대라 부른다 해도 반대하지 말아야 한다. 그 무엇으로 부르든 이성의 시대라고 부르지는 말아야 한다. 다른 어느 누구보다 톰 페인이 세계의 문제와 그곳에서 사는 사람들에게 가장 강한 영향력을 행사한다. 이 시대에 이보다 더 심하게 웃기는 일은 있을 수 없다. 돼지와 강아지의 잡종, 아니 야생 수퇘지가 암컷 늑대에게 수태해 낳은 잡종이 끝까지 지랄발광을 하도록 인류의 비겁함이 용인했던 때는 이 세계에서 어느 시대에도 없었다. 이 시대를 페인의 시대라 부르라. 그는 파리의 어느 사원에 여신을 대표하는 성인으로 모셔진 창부나 그의 이름 톰을 시대에 바친 창부보다는 훨씬 더 대접받을 자격이 있다. 진정한 지적 능력은 이 시대, 그 창녀 혹은 톰과 무관하다.[14]

자기 검열이 엄격하고 실용적이며 풍자적이고 영웅적인 인물이 써 내려간 구절이다. 매사추세츠의 자유를 위해 교수형을 두려워하지 않았고, 보스턴 학살 사건[i] 이후 프레스턴(Presston) 대위를 법정에서 옹호하거나 시민 쥬네가 선동한 친프랑스 열정을 비난하길 두려워하지 않았다. 단호하게 독립을 추구하던 애덤스는 1787년 『Defence of the Constitutions(헌법을 옹호함)』라는 책을 출판했다. 애덤스는 버크가 프랑스의 착각을 비난하기 3년 전에 이미 자신이 보수주의자임을 선언한 셈이다.

버크와 마찬가지로 애덤스는 프랑스에 체류하는 동안에 합리주의 철

---

i   1770년 보스턴에 주둔 중인 영국군과 시위대 사이의 충돌로 시위대가 숨진 사건. 미국 독립운동가들은 이 사건을 계기로 영국을 향한 적대감을 부추기려 노력했다. 프레스턴 대위는 당시 시위대를 향해 발포 명령을 내린 보스턴 주둔 영국군이었다.

학자들이나 루소 제자들의 환상을 혐오하게 됐다. 버크처럼 그도 처음엔 자유주의적 혁신가로 여겨졌다. 그러나 다른 실질적인 정치인들과 마찬가지로 프랑스의 정치적 관념론이 지닌 뜬구름 잡는 특징에 기겁했다. 애덤스 자신은 시골 농장의 소년, 교사, 변호사, 입법가이자 대사였다. 그는 사람과 현실을 알았다. "자연 상태"나 "자연적 평등" 혹은 보편적 자비 같은 이야기들은 그의 상식이나 뉴잉글랜드의 도덕적 특질로 볼 때 격분할 일이었다. 애덤스는 프랑스의 자유라는 개념이 국가연합 상태였던 미국에서 인기를 얻어가는 현상을 보고 헌법을 옹호하는 장문의 박학다식한 논문을 썼다. 필라델피아 제헌회의[i]로 향하는 대의원들에게 영향력을 행사하겠다는 희망 때문이었다.

『Defence of the Constitutions(헌법을 옹호함)』은 튀르고와 루소의 민주적 절대론을 반박하는 내용이었다. 3년 뒤 버크가 급진주의를 겨냥해 위대한 공격을 시작했을 때 애덤스는 『Discourses on Davila(다빌라를 논함)』이라는 일련의 신문 논평을 출간했다. 인간과 제도는 완벽해질 수 있다는 콩도르세의 개념과 몇몇 프랑스혁명의 전제를 반박한 글이다. 1814년 늙고 현실 정치에서 은퇴한 애덤스는 민주주의와 귀족정치의 문제를 논한 편지를 제퍼슨과 주고받는다. 그 다음 해 비슷한 주제로 캐롤라인의 존 테일러[ii]에게 일련의 편지를 보냈다. 이 모두를 합하면 애덤스의 정치사상은 양에서나 통찰력에서나 어느 미국인이 집필한 정부론도

---

i   제헌회의 혹은 필라델피아 제헌회의. 1787년 5월 25일에서 9월 17일까지 개최됐다. 영국에서 독립 후 채택된 연합(Confederation) 규약 개정만을 예정했지만 결과적으로는 미국 헌법이 제정됐다.
ii John Taylor(1753~1824): 대개 캐롤라인의 존 테일러(John Taylor of Caroline)라 불린다. 정치인이자 작가. 버지니아 주 하원의원(1779~1781, 1783~1785, 1796~1800)과 상원의원(1792~1794, 1803, 1822~1824)을 역임했다. 제퍼슨을 지지하는 민주당 소속이었다.

그 추종을 불허한다.

애덤스가 버크를 언급할 때 그의 언어는 대부분 거칠다. 마치 연방주의자들은 그들이 영국의 보수 반동과 프랑스 자코뱅주의의 중간이라고 인정받고 싶은 듯했다. 그러나 급진주의자들은 버크를 공격하는 만큼 애덤스를 맹렬하게 공격했다. 사실 휘그의 생각과 연방주의자의 개념을 정확하게 구분하기는 힘들다. 둘 다 사회를 유지하려면 종교적 믿음이 필요하다고 선언했다. 둘 다 추상적 이론보다는 현실적이고 실제적 고려를 우위에 두어야 한다고 했다. 둘 다 인간의 완벽하지 않은 진짜 본성과 합리주의 철학자들의 환상적인 주장을 대비시켰으며 균형 잡힌 정부를 지지했다. 그런 정부는 사람과 사람, 계급과 계급, 이해와 이해에는 자연스러운 차이가 있다고 인정한다. 버크보다 애덤스가 프랑스혁명을 더 혐오했다. 분명 젊은 애덤스(6대 대통령)는 『Letters of Publicola(푸블리콜라[i]의 편지)』에서 그런 아버지보다 더 큰 반감을 드러냈다. 영국 왕관이라는 개념에 보인 애착(상속된 권력에 보인 존경심이며 애덤스도 그런 버크와 공감한다고 널리 비판받았으나 이는 사실이 아니다)과 기성 교회를 옹호했던 버크의 생각은 애덤스의 주요 개념과 충돌한다. 존 애덤스는 일위신론[ii]으로 서서히 기울어갔기 때문에 가톨릭이나, 영국국교회, 또는 장로교 교회를 따를 수 없었다. 그러나 종교적 헌신이라는 측면에서는 애덤스도 버크에 뒤지지 않았다. 애덤스는 "인간은 그저 개똥벌레일 뿐이라는 세상에서 가장 쓸쓸한 신조를 가르치는 사람들의 수중에 정부가 맡겨지는 경우가

---

i   Publius Valerius Publicola(d. 503 BC): 군주제를 전복한 로마의 네 귀족 중 한 명.
ii Unitarianism: 18세기에 등장한 사상으로 삼위일체가 아니라 신은 하나라는 단일신론(Unitheolism)을 내세웠다. 예수가 곧 신이라 믿지 않기 때문에 삼위일체 신앙인 주류 기독교와는 다르다.

가능할까? 인간은 모두 아버지가 없다는 말인가?" 이보다는 차라리 "그리스의 신을 다시 달라"고 『Discourses on Davila(다빌라를 논함)』에서 썼다. 우연의 일치로 『Candide(캉디드)』[i]와 『Rasselas(라셀라스)』[ii]가 서로 비슷하듯이 버크도 같은 때 놀라울 만치 비슷하게, 그러한 무신론적 전제가 인간을 "여름날의 파리" 수준으로 위축시킨다고 선언했다.

이 두 위대한 보수주의자들은 같은 시각을 공유했지만 급진주의를 공격할 때는 서로 다른 무기를 사용해 각자의 길을 걸었다. 버크는 선입견, 규범, 자연적 권리를 말했지만 애덤스는 인간과 제도의 완벽성이라는 신념과 중앙 집권적 국가라는 개념을 공격했다. 애덤스의 생각이 시간이 지남에 따라 어떻게 바뀌어왔는지를 따지기보다는 그의 원칙들을 간략하게 살펴보도록 하자. 첫 번째는 인간 본성 분석이고 두 번째는 국가 분석이다.

나폴레옹이 "이데올로기"라는 말을 만들어냈다. 그 명칭이 정의하는 정신을 애덤스는 보나파르트보다 더 심하게 싫어했다. "영어의 백치(Idiocy), 바보 같은 행동(Idiotism)은 이데올로기의 힘이나 이데올로기를 의미하지 않는다. 이데올로기의 적절한 정의는 백치의 과학이라고 사료된다. 그리고 그 과학은 매우 심오하고 난해하며 신비스럽다. 무언가 발견하려면 『Dunciad(던시어드)』[iii]의 잠수부보다 더 깊게 내려가야 한다. 그러나 아무리 내려가 봐야 허탕이다. 이데올로기는 정부의 침몰이나 잠

---

i   볼테르가 1759년에 발표한 철학적 풍자 소설로 성직자들의 부패상을 묘사했다.
ii 새뮤얼 존슨이 1759년 영국에서 발표한 행복을 다룬 우화 소설.
iii 알렉산더 포프(Alexander Pope)가 1728년부터 1743년까지 세 가지 판으로 발표한 기념비적인 풍자시. 지루함이라는 여신이 영국의 발전을 위해 선택한 대리인이 오히려 퇴락과 어리석음, 무취미를 가져온다.

수 솜씨를 논하는 점강법, 아니 그 이론이나 기술이다. 바보들의 학교에서 가르쳐준다. 그 학교의 최대 수제자들은 톰 페인 밑에서 배운 프랭클린, 튀르고, 로슈푸코, 콩도르세다."[15] 애덤스는 이 관념론자들 중 콩도르세를 『Discourses on Davila(다빌라를 논함)』에서 불같이 공격했다. 인간의 동기는 무엇인가? 애덤스는 소크라테스적 의미의 심리학자가 되어 위대한 통찰력을 드러낸다.

존 애덤스는 그의 "공리주의"적이고 "물질주의"적 측면 때문에 몇몇 작가들의 찬사를 듣지만 정작 애덤스는 그 상찬을 유감스러워할지 모른다. 그런 관찰을 야기하는 대부분의 근거는 애덤스가 존 테일러에게 한 말 때문이다. "남자가 제일 먼저 원하는 건 저녁 밥상이고, 두 번째가 여자라는 진실은 모든 민주주의자와 귀족에게 잘 알려져 있다. 위대한 철학자 맬서스(Malthus)가 오래전에 이런 발견으로 세상을 계몽했다고 생각하기 전부터 말이다."[16] 그러나 이건 애덤스가 거의 경멸적으로 한 절반의 양보다. 애덤스는 인간의 본성이 이런 물질적 욕구보다는 조금 더 깊다고 믿었다. 인간은 나약하고 어리석다. 특히 적절한 지도자나 제도가 결여됐을 때 더 그러하다. 그러나 또한 인간은 욕구만 있거나, 본능적으로 이기적인 존재만도 아니다. 인간성의 지배적인 격정은 자기애라고 생각했던 라 로슈푸코는 틀렸다. 적어도 그는 그 열망을 적절하게 정의하지 않았다. 더 구체적으로 말하자면 "동료들이 주목해주고, 고려해주고, 존중해주고, 칭찬해주고, 사랑해주고, 감탄해주길 바라는 욕구" 말이다.[17] 좋은 평판을 얻으려는 열망 덕분에 사악했을지 모를 과정이 대체로 바람직한 방향 쪽으로 틀어질지도 모른다. 그러나 인간은 나약함과 무지 때문에 "귀족적 열정"보다는 훨씬 덜 고상한 충동, 즉 황금과 칭찬을 사랑하고 야망을 추구하고자 하는 끊임없는 유혹에 노출된다. 오직 종교적 신앙, 안정된 제도, 실패를 솔직하게 인정하는 자세만이 세속적 열망의 뒤에 숨은 정신적인 파멸에서 인간을 구해줄 수 있다.

"인간에게 제한 없는 권력을 맡길 수 없는 이유는 인간의 사악함이 아니라 나약함 때문이다. 격정엔 한계가 없다. 자연이 원래 그리 만들었다. 묶어둘 수 있다면 격정은 사라진다. 그리고 현 체제에서 격정은 꼭 필요한 중요성을 지닌다. 격정은 운동이 몸을 건강하게 하듯 쓰면 쓸수록 증가한다." 인간은 이성과 양심으로 통제되는, 애정과 욕구의 균형을 맞추려 노력해야 한다. "만약 그러한 노력이라는 길잡이를 어느 때이건 하나의 격정에 양보한다면, 인간은 종국에 다시 그러한 길잡이를 발견하고자 할 때 찬탈, 지배, 잔혹한 독재에 의존해야 할지 모른다. 인간은 본질적으로 사회에서 더불어 살도록 만들어졌다. 그래야 서로 억제하게 된다. 인간은 일반적으로 선한 종류의 창조물이다. 그러나 서로의 어리석음을 너무 잘 알기 때문에 서로 유혹에 이끌리지 않도록 해야 한다. 오랫동안 만족된, 끊임없이 충족된 격정은 광기로 바뀐다. 그것은 착란의 일종이며 죄가 아니라 광란이라 불려야 한다."[18]

비록 애덤스는 플라톤에게서 오직 두 가지만(재채기는 딸꾹질로 고치고, 농부와 숙련공의 군복무 의무를 면제하지 말아야 한다) 배웠다고 말했지만 위 글에는 개인적 정서를 사회적 정서와 비교하는 플라톤적 분위기가 느껴진다. 사회적 질서는 인간의 정신적 온건함처럼 미묘한 균형의 보존에 달려 있다. 그런 균형을 저버린 바로 그 인간이 스스로를 파괴하듯이 그 균형의 중심을 잃은 사회는 황폐하고 파괴된 상태에 처한다. 사회적 무게중심은 정의다. 그 균형을 잃으면 정의는 그것과 함께 사라진다. 그 결과는 독재다.

타고난 자비심이라는 인간의 특징을 신뢰한 콩도르세는 균형을 유지하게 만드는 모든 무게중심을 버리고 사회의 안내자로 순수이성을 선택한다. 애덤스는 인간 지성이 비틀거리고 오류를 범하기 쉽다는 사실을 잘 안다. 따라서 인간의 지성을 그릇되게 확신하는 콩도르세에 분노해 인간이 비이성적인 행태를 보였던 역사적 선례를 장황하게 들었다. 20세기라는 유리한 시점에서 지나간 이 논란을 평가하자면, 애덤스는 콩도르세라는 가장 화해하기 힘든 적대자를 정확하게 골랐다고 보인다. 콩도르세는 모든 사회 제도가 도덕적, 지적, 신체적으로 가장 불쌍한 계급에 보탬이 되어야 한다는 목적을 지녀야 한다고 믿었다. 콩도르세는 "권리의 평등뿐 아니라 사실의 평등이 사회주의의 목표다"라고 선언했다. 이 지칠 줄 모르는 낙관주의자는 동료들이 마차에 실려 단두대로 가는 동안에도 흔들리지 않는 신념으로 애덤스가 믿었던 모든 걸 부정하는 도덕철학을 견지했다. 개인의 오류 가능성을 인정하고, 재산권을 존중하며, 인간의 자연적이고 피할 수 없는 차이를 받아들여야 인류에게 평온이 깃든다. 그러나 콩도르세는 이 모든 걸 부인하거나 무시했다. 애덤스는 진보에 넋을 잃고 매달리는 콩도르세에게 냉소를 퍼부었다. 그가 제정신을 차리게 하려는 노력이었다. "모두들 들떠 흥분하지만 미국이나 프랑스 사람들은 반드시 기억해야 한다. 인간의 완벽함은 인간적인 완벽이며 이 지구상의 완벽이다. 추위는 얼음을 얼게 하고, 불은 타기를 멈추지 않고, 질병과 사악함은 계속해서 무질서를 낳고, 죽음은 인류를 두려움에 떨게 한다. 자기 보존의 본능 옆에 붙은 경쟁심이 인간 행동의 영원한 근거가 된다. 질서가 잘 잡힌 정부의 균형추만이 그 경쟁심을 억제해 위험한 야망이나, 비정상적인 호승심, 파괴적 분열, 소모적인 난동, 피 흘리는 내란으로 악화되지 않도록 보호해준다."[19]

인생의 후반기 애덤스는 제퍼슨에게 "인간사의 개량 가능성과 개량, 개선 가능성과 실제적인 개선을" 믿는다고 말했다. 그러나 그는 인간의 정신이 완벽해질 수 있다는 신념은 이해할 수가 없었다. 애덤스에게 그 것은 마치 힌두교의 고행하는 수도자가 종교적 의식만 반복하면 신처럼 모든 걸 알게 된다고 믿는 환상처럼 보였다.[20] 반대로 진보란 장님이 눈 하나 가진 사람의 안내에 따라, 보수적인 제도와 신의 의지에 기대서 천천히 고통스럽게 오르는 과정이다. 콩도르세, 마블리, 모렐리나 루소의 사상이 추구하는 완벽성이 그 과정을 거칠게 낚아채면 진정한 진보는 아주 오랜 기간 말살된다. 왜냐하면 그들의 이론들은 인간 정신의 보편적 명민함과 인간 성정의 보편적 자비심을 전제로 하기 때문이다. 그러나 애덤스는 정치적인 관심사를 다룬 실제 경험으로 그러한 전제가 불가능하다는 걸 잘 알았다.

프랑스의 혁신가들이 새로운 사회에서 발견하고 싶었던 인간의 지성과 도덕성은 교육으로 진작될 수 있다. 그러나 애덤스는 대중을 모두 다 교육할 수 있는 비용을 인류가 기꺼이 부담하려 들지 않으리라 생각했다. "인간의 욕구, 격정, 선입견, 자기애는 인간이 도입한 수단인 자비심과 지식만으로는 결코 극복될 수 없다"고 애덤스는 새뮤얼 애덤스에게 말했다.[21] 대중적인 견해는 세계가 점점 더 계몽되어진다고 주장한다. 도서관에서 대출된 책, 신문, 잡지 등이 인류를 조금 더 현명하게 만들었다는 점엔 의심의 여지가 없다. 그러나 조금 더 안다는 자부심에는 대중적 허영이라는 위험이 뒤따른다. 옛 견해는 모조리 버려버리는 위험

말이다. "만약 모든 예법과 규율 그리고 복종이 파괴된다면 보편적 절대 회의론(Pyrrhonism)과 무질서가 엄습하고, 재산권의 보호가 불안해지며, 국가는 곧 모든 책을 불태우려 할 것이고, 사람들은 어둠과 무지, 미신과 광신을 축복이라 여겨 추구하며, 최초로 등장하는 광신 전제 군주의 기준을 따른다. 그 군주는 또 다른 마호메트(Mahomet)의 열정으로 대중의 지지를 얻으려 노력할 것이다."[22] 학교 교장이었으며 책을 즐겨 읽었던 사람으로서 애덤스는 목가적 야만을 상찬했던 디드로와 루소의 그릇된 발견을 조소했다. "지식은 타락이며, 예술이나 과학과 취향은 아름다움을 왜곡하고 인간 본성의 더없는 행복을 파괴한다. 그 행복은, 자연의 아이들이라는 야만적인 상태에서만 완벽하게 나타난다"고 그들은 생각했다.[23] 그러나 우리는 공식적인 교육이 인간의 공통적인 충동을 급격하게 바꾸리라 기대하기 힘들다. 그보다 훨씬 더 힘든 도덕적 계발은 달팽이처럼 천천히 찾아올 뿐이다. 그것도 의도적 입법보다는 하늘이 준 헌정 체제와 역사적 교훈의 영향을 통해서 말이다, 그러한 계발이 인간의 진정한 진보인 도덕적 개선을 이룰 수 있다. "지식과 미덕은 반드시 연계되지 않는다. 단순한 지식은 도덕과 무관하다. 시계의 작동법을 아는 것과 도덕적으로 옳고 그름, 선과 악을 느끼는 것은 전혀 다른 문제다. 정상적인 선과 악, 물질적인 행복과 불행, 쾌락과 고통을 구분하는 능력이나 자질, 다른 말로 이제 거의 사용하지 않는 옛말인 양심은 도덕에 필수적이다."[24]

인생의 심오한 교훈은 학교에서 얻어지지 않는다. 선인들이 사후에 다다른다는 이상향인 엘리시움을 지상에서 실험해본들 시련을 미리 피할 수 없다. 우리는 신이 만든 그대로다. 우리의 본성은 설사 변한다 해도 서서히 변한다. 보통의 삶에 담긴 고통에서 인간을 구해주겠다고 약속하는 철학자들은 결국 우리를 더 깊은 고통으로 이끌 뿐이다. 애덤스의 다음 글은 두드러지게 존슨 박사를 연상시킨다. 강한 아름다움이 가득 찬 문장으로 그는 슬픔의 보편적이고 피할 수 없는 감정을 매력적이고 경건하게 묘사했다.

사랑하는 사람을 먼저 떠나보냈거나, 실망스런 관계에 놓인 사람은 슬픔을 느끼며 인간의 기대와 희망이 얼마나 헛된지 반성하게 된다. 동시에 그 슬픔은 우리로 하여금 단념이라는 가장 중요한 교훈을 배우게 하고, 돌아가신 분에게 했던 우리 자신의 행동을 돌아보며, 남아 있는 친구나 다른 모든 이에게 앞으로는 똑같은 실수나 잘못을 저지르지 않게 하고, 잃어버린 친구의 미덕을 되새겨 그들을 본받으려 다짐하도록 하며, 자신에게 어리석음이나 사악함이 있었다면 반복하지 않게 한다. 슬픔은 진지하게 반성하는 습관을 인간이 가지도록 한다. 또 이해력을 날카롭게 하고 마음을 누그러뜨린다. 슬픔은 그들의 이성을 자극해서 격정, 성향, 편견을 지배하는 이성의 제국이 되도록 키운다. 또 모든 인간사를 내려다보도록 인간을 고양하며 마음이 흔들리지 않는 행복한 평온함을 준다. 한마디로 인간을 금욕적이고 기독교인이 되게 한다.[25]

우리의 인격을 균형 있게 하려면 인생의 고통과 슬픔은 필수적이다. 고통과 슬픔이 없다면 우리는 인간이 아니다. 따라서 인류를 완벽하게 만들겠다고 기대하는 사람은 인간성을 왜곡하고 파괴하게 된다. 인간의 다른 모든 속성을 지배하는 자연적 본성을 우리에게서 분리하려고 노력하기 때문이다.

5. 귀족정치는 신의 뜻이다

애덤스는 지혜와 충동이라는 측면에서 볼 때 인간은 프랑스의 관념론자(볼테르의 제자이거나 루소의 제자이거나)들이 생각하는 그런 존재가 아니라고 말한다. 인간은 어리석고, 경쟁하려는 격정과 다른 욕구들로 오염됐다. 인간이 현명하고 자비심을 발휘하는 존재라고 가정한다면 오히려 그들을 무질서로 이끌게 된다. 다른 측면에서 보자면 이 프랑스 이론가들은 대단히 엄중한 심리적, 도덕적 잘못을 저질렀다. 그들은 인간이 자연적으로 평등하기 때문에 그런 평등 상태를 입법화하면 사회는 완벽해진다고 생각했다. 그러나 이는 가장 멍청한 얘기라고 애덤스는 생각했다. 우리 주변의 모든 자연은 태초 이래 인간이 불평등하다는 사실을 소리 높여 외친다. 평등이라는 대지에서 사회를 개혁하려고 기대하는 완벽주의자는 진보의 진정한 특질을 모른다.

애덤스는 "모든 사람이 평등한 권리를 부여받고 태어났다는 사실은 명백하다"고 존 테일러에게 썼다. "모든 존재는 다른 존재가 그렇듯이 그 자신만의 도덕적이고 성스러운 권리를 타고났다. 이는 세상에 도덕적 정부가 있듯이 의심의 여지가 없다." (이는 버크의 시각과 동일하다. 매우 비슷한 문장이 『프랑스혁명에 관한 고찰』에도 보인다. 따라서 애덤스가 버크의 글을 읽고 조금 더 간결하고 강력하게 다시 쓰지 않았을까 생각하게 된다.) "그러나 모든 인간이 똑같은 힘과 능력을 가지고 태어났으며, 살아가면서 사회에서도 똑같은 영향력을, 똑같은 재산과 특혜를 지닌다고 가르친다면, 인간이 믿을 만하다고 강요하는 만큼이나 분명한 속임수일 뿐이다. 그런 가르침은 이미 승려, 드루이드[i], 브라만[ii], 불멸의 라마 사제, 혹은 프랑스혁명의 자칭 철학자들이 몸소 실천했다. 테일러 씨, 명예를 위해, 진실과 미덕을 위해 미국의 철학자와 정치인들이 이를 경멸하게 합시다."[26]

인간에겐 신이 준 도덕적 평등이 있다. 사법적 평등도 있다. 각자 자기만의 권리가 있다. 이는 정의의 필수 불가결 요소다. 그러나 인간이 대단히 많은 균등한 물리적 존재들이라거나 수많은 원자라는 생각은 말이 안 된다. 버크는 이와 대단히 비슷한 주장을 했다. 그러나 자연적 불평등을 믿는 애덤스의 생각이 버크에게서 왔다고 생각해서는 안 된다. 물론 버크가 애덤스의 생각을 더욱 뒷받침해주었을지 모른다고 해도 말이다. 『Defence of the Constitutions(헌법을 옹호함)』에서 공화국은 "모든 시민의 평등을 토대로 세워지고", "질서"와 "균형"은 불필요하거나 오히려 해롭다고 주장하는 튀르고를 논박하면서 애덤스는 언제나 변함없는 솔직함으로 일찍이 자신을 표현했던 적이 있다. 애덤스는 튀르고에 묻는다. "그렇다면 평등이 여기서 어떤 의미라고 이해해야 하는가? 시민들은 나이가 모두 같고, 성별이 같으며 몸집이나 힘, 신장, 원기, 용기, 견고함, 근면, 인내심, 창의력, 재산, 지식, 명성, 재치, 절제, 꾸준함, 지혜가 모두 같다는 말인가?"[27] 애덤스는 살아가면서 언제나 비슷한 견해를 유지해왔다. "자연의 평등은 도덕적이고 정치적일 뿐이며 모든 사람은 독립

---

i   Druid: 고대 켈틱 문화의 종교적 지도자로 사법, 의료 등 전문 분야의 고위직을 두루 담당했다.
ii Brahman: 인도 카스트 제도에서 가장 높은 계급으로 힌두교 사제.

적이라는 의미"라고 애비게일 애덤스[i]에게 단언했다. "그러나 신은 가장 심각한 육체적 불평등과 지적인 불평등을 창조했고 그것은 여전히 변하지 않고 계속된다. 그리고 좋은 뜻에서 필요하다고 판단하면 또 다른 불평등을 만들어낼 권리가 사회에도 있다. '남이 당신에게 해도 좋을 일을 하라'는 가르침은 자연과 기독교가 말하는 진짜 평등이 무엇인지 말해준다⋯."[28] 인간에게는 뿌리 깊은 차이가 존재한다는 인식에서 애덤스는 그의 유명한 귀족론을 개발했다.

퉁명스럽고 오해도 많이 받는 이 남자의 견해 중에 귀족이라는 개념이 가장 철저히 잘못 해석되고 왜곡됐으며 비난받았다. 미국의 대중은 그를 이해하지 못했다. 우호적인 경쟁자였던 제퍼슨이나 테일러도 나이들어 애덤스가 그들을 계몽시키기 전까지 애덤스의 귀족론을 제대로 이해하지 못했다. 이 혼란의 성격은 끈질기고 그 기원은 아주 일러서 오히려 특징적 기술을 정리한 목록이 오해를 해소하는 데 더 바람직하리라 보인다.

(1) 애덤스의 정의에 따르면 귀족은 그 자신의 표와 다른 사람의 표, 이두 개의 투표권을 획득한 누구나 될 수 있다. 이것이 통치할 자격이 있는 사람들이 이끄는 정부, 문자 그대로 "귀족정치"의 기초다. "귀족 계층이란 평균적인 투표권 이상을 확보했거나, 영향력을 행사하고, 투표의 향방을 좌우할 수 있는 모든 사람을 통칭한다. 귀족이란 그 자신 말고 다른 한 사람의 투표에 영향력을 행사할 수 있고 행사하려는 사람을 의

---

i Abigail Adams(1744~1818): 존 애덤스 대통령의 부인이며 존 퀸시 애덤스 대통령의 어머니. 미국 건국의 공신으로 평가되기도 한다.

미한다. 모든 나라, 모든 정당, 모든 도시, 모든 마을에 미덕과 재능이라는 측면에서 자연스러운 귀족이 있다는 사실을 부인할 사람은 많지 않다."[29]

(2) 귀족정치는 단순히 사회의 창조물이 아니다. 부분적으로는 자연적이고 부분적으론 인공적이다. 그러나 어느 국가에서도 근절될 수 없다. 위선자들은 귀족정치의 존재를 부인할지 모른다. 그러나 귀족정치는 살아남는다. 상상할 수 있는 어떤 사회에서도 똑같은 형태다. 어떤 사람들은 동료들에게 정치적 영향력을 행사한다. 어떤 사람들은 추종자가 되고 다른 사람들은 지도자가 된다. 정치계의 지도자가 귀족들이다. 우리가 무엇이라고 부르든 말이다. "처음 만나는 사람 100명을 선택해 공화국을 만들어라. 모든 사람은 똑같은 투표권을 가진다. 그러나 토론과 논의가 이뤄지면 미덕은 같더라도 재능이 다른 25명이 50개의 투표권을 지니게 된다. 내 생각에 이들이 바로 귀족들이다. 자신의 투표권 외에 다른 하나의 투표권을 출신 가문, 재산, 풍채, 과학, 학식, 재주, 교활함, 동지애가 각별한 성격, 바른 생활 등 그 어떤 이유로 얻어도 무관하다."[30]

(3) 가장 보편적인 형태의 귀족정치는 자연적인 차이로 만들어진다. 어떤 명문화된 법률도 이 차이를 실질적으로 변경할 수 없다. 귀족은 두 개나 그 이상의 투표권을 좌우할 수 있는 시민이다. "미덕, 재주, 학식, 다변, 과묵함, 솔직함, 자제, 얼굴, 풍채, 설득력, 우아함, 분위기, 태도, 움직임, 재산, 가문, 예술, 연설, 음모, 동지애, 방탕, 대취, 사기, 거짓말, 폭력, 반역, 절대회의론, 이신론, 무신론 등 그 어느 방법으로 얻어도 무관하다. 이 모든 도구들로 투표권은 얻어졌고 앞으로도 얻어진다. 귀족 정치가 인공적인 작위, 별 장식, 가터, 리본, 금 독수리, 금 양모, 십자가

와 장미와 백합, 왕들이나 사회의 명문화된 법률들이 확립해준 배타적 특권이나 세습적 혈통으로 이루어졌다고 생각하는 듯하다. 그러나 그런 건 없다!"[31]

(4) 심지어 세습적인 귀족정치조차 명문화된 법률에 의지해 존재하지 않는다. 민주적인 미국에서도 혈통에 따른 귀족정치는 견제되지 않은 채 계속된다. 애런 버는 외조부 조나선 에드워즈[i]로부터 물려받은 힘으로 수십만 표를 획득했다. 보스턴에서는 크래프트(Craft) 가, 고어(Gore) 가, 도(Dawe) 가, 오스틴(Austin) 가가 귀족 가문이다. 로어노크의 존 랜돌프는 그의 이름이 지닌 미덕 덕분에, 프랑스의 몽모렌시(Montmorency)[ii], 영국의 하워드(Howard)[iii] 가문 못지않은 세습적 귀족이 되었다.

(5) 귀족정치는 땅을 처분하고 재산을 압류한다고 파괴되지 않는다. "만약 존 랜돌프가 흑인 노예 하나를 해방하고 농장을 양도한다고 하면 그 흑인은 존 랜돌프만큼 귀족이 된다." 권력은 어떤 특성을 추구하기 때문에 귀족의 지위는 다른 사람에게 넘겨질지 몰라도 귀족정치 자체가 철폐되지는 않는다.

(6) 평등을 수립하려는 실정 법률의 노력은 오히려 귀족정치를 강화하는 결과를 낳는다. "정부가 균형을 잡지 않고 사람들을 더 교육시키면 시킬수록 사람들과 정부는 더 귀족정치 지향적이 된다." 왜냐하면 국가는 견문이 넓지 않은 사람들의 투표를 좌우할 엘리트를 이렇게 만들어내기 때문이다.

---

i Jonathan Edwards(1703~1758): 목사이자 철학자. 미국 3대 부통령 애런 버의 외할아버지.
ii 프랑스의 가장 오래되고 유명한 귀족 가문의 하나.
iii 영국의 귀족 가문으로 1400년대 존 하워드(John Howard)에서 비롯되었다.

(7) 사람들은 귀족정치를 철폐하지 않았다. 자코뱅주의자들도 그렇게 하지 않았다. 왜냐하면 그들이 모든 남녀를 똑같이 현명하고 우아하고 아름답게 만들지 못했기 때문이다. 기껏해야 그들은 옛 귀족을 새 귀족으로 대체했을 뿐이다. 귀족정치는 여전히 남았다. 아마 작위는 없을지 몰라도 여전히 똑같은 정치적 권력을 보유한 사람들이 등장했다.

(8) 애덤스는 귀족정치를 옹호하지 않았다. 그는 단지 그것이 자연적 현상이며 합리적으로 부정될 수 없다는 걸 지적했을 뿐이다. 자연의 다른 모든 것과 마찬가지로 귀족정치도 그 미덕과 해악이 있다. 귀족정치엔 거드럭거리고 착취적인 요소가 있다. 그러나 다른 한편으로는 역사의 어느 시기에 귀족들이 군주제와 시위대에 맞서지 않았다면 "터키처럼 무시무시한 독재 정치가 유럽 모든 나라의 운명이 되었을 것이다."

반복과 상세한 부연설명으로 애덤스는 자신이 의미한 귀족정치가 부정할 수 없는 사실이라는 점을 마침내 테일러와 제퍼슨이 인정하지 않을 수 없도록 만들었다. 이로 인해 애덤스가 과두 지배 형태의 행정부를 설립해야 한다고 주장했다는 인식이 대중들에게 희미하게 남게 되었다. 분명한 사실은 애덤스는 정치학을 공부하는 모든 사람들이 오늘날 인지하는 원칙을 재치 있고 힘 있게 진술했을 뿐이다. 그레이[i]는 『The Nature and Sources of the Law(법의 본성과 근원)』에서 "정치적 사회의 진정한 지배자들은 신비스럽다. 그들은 다른 동료들의 의지를 지배하는 사람들이다"라고 했다. 앨버트 제이 녹[ii]도 다음과 같이 말했다. 모든 국

---

i   John chipman Gray(1839~1915): 미국의 재산권 법학자, 하버드대학 교수.
ii Albert Jay Nock(1870~1945): 미국의 자유 의지론 작가이자 주간지 《Nation(네이션)》의 편집자로,

가엔 고유의 귀족정치가 있다. 미국에 있는 그 나름의 귀족정치는 조금 불운한 형태다. 녹이 여기서 말하는 건 노블리스 오블리주의 의무감을 상실한 채 구체제의 귀족적 영향력만 행사하는 금권 정치가와 정치인들의 등장이다.

애덤스는 귀족을 구분해서 그것의 해악을 견제하고 그 힘을 국가에 이롭게 활용하는 문제를 언제나 생각했다. "우리 안에 목소리가 넌지시 암시하는 듯하다. 진정한 우수함이 세상을 지배해야 한다. 인간은 그 재주, 미덕, 봉사에 비례해서 존경받아야 한다. 그러한 체제를 어떻게 달성하느냐의 문제는 언제나 존재해왔다."[32] 그는 지금까지 얻어질 수 있는 해답을 견제와 균형이 있는 정부에서, 자격이 있는 사람에게 명예와 땅, 헌법적 권한을 부여하는 사회적 장치에서, 동시에 자연적이든 인공적이든 간에 그 귀족의 부푸는 야망을 방심하지 않고 주시하는 것에서 발견했다. 그들의 명예와 발탁은 그들이 독재정치의 잠식에 맞서 국민을 보호하도록 고안되어야 한다.

존재의 연결 고리와 보편적 질서를 세계에 만들어내신 초월자는 대천사에서 시작해 현미경으로나 볼 수 있는 작은 동물에 이르기까지 두 물체가 똑같지 않도록, 두 창조물이 평등하지 않도록 정해주었다. 비록 인간들이 본질적으로 도덕적인 면에서는 모두 동등한 법의 지배를 받고 사회적으론 정부에서 동등한 권한을 가지더라도 어떤 두 사람은 사람 그 자체나 재산, 이해력, 활동성, 미덕에서 완벽하게 동등하지

뉴딜 정책에 소리 높여 반대했다.

않다. 창조주보다 힘이 약한 인간은 인간을 그렇게 만들지도 못한다. 두 개인이나 가족 간에 누가 우월한지 분쟁이 시작되면, 부글부글 끓기 시작해 모두 제자리를 찾을 때까지 질서가 어지러워진다. 그리고 각자는 대중의 의견으로 자기의 위치가 어디에 있는지 알게 된다.[33]

정부는 어떻게 이 소동을 줄이고, 창조주가 정해준 사회적 지위에 각 인간이 만족하도록 할 것인가? 애덤스는 튀르고를 논박하면서 이 질문에 답하려 노력했다.

6. 견제와 균형의 조화: 미국의 헌법

애덤스는 사회의 행복이 정부의 목적이라고 썼다. 벤담도 그렇게 말했고 버크도 그렇게 말했다. 뜨거웠던 1776년에 애덤스는 "정부는 당연히 이 원칙을 따른다"고 썼다. "편안함과 안락, 안전, 아니 한마디로 가장 많은 행복을 가장 많은 국민들에게 주는 정부가 최고다." 이 말은 대단히 공리주의적으로 들린다. 심지어 1776년인데도 "자유"라는 덕목이 정부가 주는 혜택의 목록에서 빠졌다는 게 눈에 띈다. 애덤스는 한때 첨언했다. "진실을 추구하는 냉철한 사람들은 그들이 고대인이든 현대인이든, 이교도이든 기독교인이든 인간의 행복과 존엄은 미덕에 있다고 선언했다."[34]

비록 다른 형태였지만 애덤스는 루소만큼이나 도덕주의자여서 개인적 미덕과 공공의 미덕이 그의 주요 관심사였다. 애덤스는 동시대 대부분의 정치인들보다 "자유"라는 단어를 드물게 사용했다. 왜냐하면 그의 마음 한구석에 자유와 방종을 혼돈하는 게 인간의 약점이라는 확신이 있었기 때문이다. 19세기 프랑스의 보수주의자들은 (주베르의 선도를 따라) 사회의 목적으로 자유보다는 "정의"를 강조했다. 애덤스는 자유라는 개념보다는 미덕이라는 개념을 선호했다. 그러나 애덤스는 미덕이 자유를 배제한다고 생각하지 않았다. 오히려 미덕이 지속적인 자유를 낳는다고 생각했다. 자유는 간단한 선언으로 얻어질 수 없다. 자유는 몇 용감한 사람들의 영웅적인 노력과 문명의 창조물이다. 새뮤얼 애덤스는 자유를 사랑하는 마음은 인간의 영혼에 교직돼 있다고 말했다. "라 퐁텐[i]에 따르면 늑대의 영혼에도 교직돼 있다"고 애덤스는 퉁명스레 대꾸했다. "나는 (늑대와 인간) 어느 한쪽의 자유가 다른 쪽의 자유보다 훨씬 더 합리적이고 관대하며 사회적인지 모르겠다. 적어도 인간의 자유가 경험, 반성, 교육, 그리고 시민적이고 정치적인 제도들로 계몽되기 전에는 말이다. 그 제도들은 처음 몇 사람이 만들고 끊임없이 유지되고 개선되어나간다. …모든 시대에 걸쳐 대다수 인간들은 그들이 경쟁해야 할 때 자유보다는 안락함, 잠, 격려를 선호했다. 따라서 자유를 보호하려면 인간의 영혼에 있다는 자유를 사랑하는 마음에만 의존해서는 안 된다."[35]

버크처럼 애덤스는 오직 몇몇 사람만 진정한 자유의 진가를 안다고 생각했다. 대중은 자유에 무관심하다. "자유"를 외치는 편이 그들의 물질적 이해에 직접 도움이 된다면 물론 무관심하지 않다. 애덤스는 뉴잉글랜드 그 자체의 자유를 두려워했다. "상업, 사치, 탐욕이 모든 공화 정부를 파괴했기" 때문이다.[36] 뉴잉글랜드는 탐욕이라는 죄를 범했다. 애덤스

---

i   Jean de La Fontaine(1621~1695): 프랑스의 유명 시인이자 우화 작가.

는 "심지어 농부와 장인들마저 상업에 중독됐다"고 머시 워런[i]에게 보낸 편지에서 말했다. "재산권이 다른 곳에서와 마찬가지로 그곳에서도 일반적으로 존경의 기준이 된다는 것 역시 사실이다."[37] (애덤스가 견제되지 않는 재산권을 견제되지 않는 다수의 영향력만큼이나 불신했다는 사실을 미국 역사를 공부하는 사람들은 흔히 잊어버린다.) 마치 자유가 사회 제도의 틀이나 공공의 미덕과 무관하게 독립적으로 존재하는 듯이, 다시 말해 추상적으로 논의될 수 없다. 애덤스는 자유가 섬세한 식물이며 순교자의 피도 의심스러운 자양분이라 생각했다. 그래서 법이 규정하는 자유라는 실질적 체계의 윤곽을 그려냈다. 애덤스에 따르면 자유는 반드시 법으로 규정돼야 한다. 달리 만족스러운 대안은 없다. 만약 법이 자유를 규정하지 않는다면 늑대 무리에 끼어 있는 한 마리 양이 살아남을 수 있는 짧은 기간에나 자유가 지속된다. 심지어 민법의 테두리조차 자유를 충분히 보호하지 못한다. 상상 가능한 최선의 법이 보호한다 해도 만약 미덕이 결여되어 있으면 자유는 여전히 침해된다. "나는 자유를 남이 내게 해도 좋은 일을 할 수 있는 힘이라고 정의한다."[38] 그렇다면 어떤 정부가 이 황금률에 내재된 개인적 미덕과 공공의 미덕을 진작할 수 있는가? 일반적으로 말해 공화국은 "비록 나와 내 자식들을 틀림없이 거지로 만들겠지만 힘, 견고함, 활동성, 인간 본성의 빼어난 특질을 풍성하게 만들어낼 것이다. 군주제는 아마도 어떻게든 나를 부자로 만들겠지만…" 그러나 군주제 아래 국민들은 "사악하고 어리석을 수밖에 없다."[39]

그렇다면 어떤 종류의 공화국이어야 할까? 귀족정치도 공화국이다.

---

i Mercy Otis Warren(1728~1814): 미국 혁명기의 여성 정치 작가이자 선전 선동가. 영국에 맞서라는 내용의 시와 희곡을 출판하기도 했다.

민주정치도 공화국이다. 양쪽 다 순수한 형태로는 자유에 적대적이지 않다. 여기서 애덤스는 튀르고를 사냥개에게 물린 쥐처럼 물고 늘어진다. 1778년 3월 22일 버크의 경쟁자인 프라이스 박사에게 보낸 편지에서 프랑스의 재정가 튀르고는 프랑스학파의 고매하고 거만한 원칙들에 근거해 신생 미국의 헌법을 헐뜯었다. 그는 미국인들이 "자유는 법에 종속되는 존재"라고 말하는 몽테스키외에게 동의하는 실수를 저질렀다고 선언했다. 자유는 어떤 법의 방해도 받지 않는다고 생각했다. 왜 미국인들은 견제와 균형을 배치하고, 양원제 입법기관을 만들고, 직접적인 의지를 견제하는 다수의 장애물을 둔 영국식 제도를 모방했는가? 그보다는 차라리 루소가 발표한 "일반 의지"를 수립했어야 하지 않을까? 진보는 통합과 중앙집권을 요구하는데, 그들은 왜 지방의 독립에 열광할까? (여기서 튀르고는 토크빌이 『구체제와 프랑스혁명(The Old Regime and the French Revolution)』에서 분명하게 설명했던 진보적 민주주의의 개념이 아니라 단순하게 프랑스 군주제의 행정적 원칙을 도입하라고 촉구했다. 그러나 튀르고는 자신의 영감이 어디에 뿌리를 두었는지는 잊어버렸다.) 그에게 국가는 하나의 일반적 결합체를 구성해야 하며, 전체적으로 연결돼야 하고, 순일해야 한다. 법, 풍습, 견해의 다양성은 제거돼야 한다. 진보를 위해 단일성이 강조돼야 한다. 튀르고에게는 경제 계획가의 마음만 있지 정치인의 마음이 없는 게 분명하다. 튀르고는 획일적인 민주주의자들의 순일한 집단을 누가 통치해야 하느냐고 묻고는 다음과 같이 답한다. 국민 자신이어야 한다. 그들은 "모든 권위를 하나의 중심, 국가에" 모아야 한다.

튀르고는 대형차의 감독관 같은 통치자로 국민 위에 군림했다. 그러나 그는 진정 그 사람들 가운데 하나였던 적이 없다. 군주제가 그에게 준 권위는 언제나 양도할 준비가 돼 있었다. 왕관을 "국민"이라고 불리는 주권자로 대체하기가 대단히 힘들다는 사실이 튀르고의 마음에는 떠오르지 않았다. 애덤스는 국민 가운데 한 사람이었다. 그러나 개인과 이해관계의 거대한 집합체를 마치 하나의 인격체인 양 추상적으로 언급하는 게 실질을 중시하는 애덤스를 격분시켰다. 튀르고가 이런 견해를 피력한 지 8년이 지나 애덤스는 튀르고의 논지를 뒤엎었다. 필라델피아에서 곧 열릴 제헌회의에 영향을 미치려고 런던에서 급하게 출판된 엄청난 규모의 책을 통해서였다. 『Defence of the Constitutions(헌법을 옹호함)』라는 같은 제목으로 두꺼운 책 두 권이 더 출판됐다. 모두 1,200쪽 분량의 이 책은 미국에서 정치 체제를 논한 책으로는 가장 철저한 글이었다. 가장 근면한 고고학자조차 입이 벌어지게 할 만한 방대한 과업이었다. 애덤스는 그 작업을 다른 스무 가지 일을 하면서 단숨에 해치웠다.

버크가 4년 뒤에 말했듯이 프랑스혁명이 각종 변화를 거치면서도 끝내 매달렸던 하나의 원칙은 정치 구조의 단순성이었다. 버크는 『프랑스혁명에 관한 고찰』에서 이렇게 썼다. 혁명적 사상가들은 인간을 자의적 행동이나 압제에서 보호해주는 진정으로 주요한 안전장치인 복잡성을 혐오했다. 한 국가 안에 있는 엇갈리고 모순되는 이해들이 "모든 경솔한 결정에 건전한 견제를 제공한다. 따라서 숙고의 과정은 선택이 아니라 필요의 문제가 된다. 모든 변화를 타협의 대상으로 만들기 때문에 자연히 숙고하는 과정이 생겨나며 조절과 중용도 불가피하다. 그 결과 가혹하고 거칠고 자격 없는 개혁의 쓰라린 악행을 막아준다. 또한 소수나 다수가 자의적으로 권력을 행사하려는 모든 무모한 노력을 영원히 실행 불가능하게 만든다." 이에 대해 튀르고 같은 합리주의 철학자들은 무신경했다. 그들에겐 중앙정부 체제 아래에서 절대 권력과 절대 자유가 병존할 수 있는 듯 보였다. 민주적 이데올로기를 방해하는 모든 개념들은 짓밟아 없애버려야 했다. 중앙집권을 방해하는 모든 단체와 지역적 특권들은 철폐되어야 했다. 이렇게 혁명의 역사는 지롱드파[i]의 부상에서 총재정부[ii]의 마지막 날까지 하나의 일관성을 보였다. 광신적 단순성에 보인 순수한 헌신이다. 행동과 충동을 눌러온 오래된 억압을 모두 철폐한 개인의 절대적 자유라는 개념이 그 시작이었다. 그러나 마지막엔 중앙집권적 행정부의 손에 절대 권력을 쥐어준다는 개념으로 끝났다. 버크와 애덤스는 단순성에 미혹됐던 1789년과 1797년 프랑스의 모습에 진저리를 쳤다. 지롱드파에서 총재정부로의 발전은 자연스러웠고 불가피했다. 버크의 말을 다시 빌자면 "나는 어떤 새로운 정치 체제의 고안물이 단순성을 목표로 했다거나 그것을 자랑한다고 들으면 주저 없이 판단하게 된다. 그것을 생각해낸 사람들은 자기가 무슨 일을 하는지, 또 자신의 의무가 무엇인지 전혀 모른다고 말이다." 인간이 복잡하기 때문에 그들을 통치하는 정부가 단순할 수는 없다. 독창적으로 단순한 계획을 고안해낸 인도주의자 이론가들은 머지않아 독재라는 최고의 단순성에 이르게 된다. 그들은 반항적인 개인주의로 시작한다. 인간은 오래된 모든 억압에서 풀려나 자기 자신만의 도덕적 수단에 의지하도록 내던져진다. 이러한 상태가 더 이상 견딜 수 없다는 사실이 드러나면, 반드시 그렇게 되겠

---

i 1791년부터 1793년 프랑스혁명기에 느슨하게 엮인 온건한 정치적 분파. 과격파와 대립하다 공포정치 시대에 대거 처형당했다.

ii 1795년 11월 2일부터 1799년 11월 9일까지 존속한 프랑스 정부. 나폴레옹 보나파르트가 쿠데타로 정권을 장악하고, 의회에서 반대파를 몰아낸 후 통령정부(후에 제1제국이 됨)를 구성함으로써 총재정부는 소멸되었다.

지만, 그러면 그들은 이제 생기 없고 편협한 집산주의로 몰려가게 된다. 중앙 집중식 통제는 무책임한 도덕적·경제적 원자론의 어리석음들을 보상하려 든다. 이런 특징을 지닌 혁명적 이상주의자들은 천국이나 지상의 다른 어느 것도 아닌 오직 단순성에만 매달린다. 그들에게 절대 자유와 절대 통합 사이의 그 중간은 참을 수 없는 것이다.

이렇게 근대 자유주의의 도입기에 버크와 애덤스는 자유주의의 활력이라는 꽃에서 자유주의 쇠락이라는 폐해를 보았다. 프랑스, 영국, 미국에서 새로운 자유주의의 원리는 자유주의자 자신들이 이미 부인한 오래된 진실에 의존했다. 신의 눈에는 인간이 모두 평등하게 태어났다는 기독교의 가정에, 신의 섭리로 마련되고 지속되는 도덕적 질서라는 개념에 자유주의의 토대를 두었다. 이신론자들은 모든 기독교의 가르침을 버렸다. 버크와 애덤스는 이신론(理神論)자의 지적인 후계자들이 종교적 교리와 욕구, 그 뿌리와 가지까지 모두 거부하리라는 것을 알았다. 새로운 자유주의는 어떤 권위도 인정하려 들지 않았다. "개인주의를 정치적으로 표현하는 자유주의는 자의적이거나 개인적인 권위로부터 모든 인간이 자유로워져야 함을 지지한다."고 할로웰[i]은 설득력 있게 말한다. "절대 가치라는 전제와 인격체의 존엄이라는 관점에서 시작해 모든 개인은 국가나 어떤 자의적 의지에도 당연히 속박되지 않아야 한다고 자유주의자들은 요구한다. 따라서 모든 개인을 초월하고 계약 없이도 서로를 구속하는 객관적 가치와 진실을 믿을 뿐만 아니라 이를 계약 이론과 함께 묶을 때만이 자의적 권위에서 벗어난 자유와, 질서 있는 공동체라는 개

---

i John H. Hallowell(1913~1991): 미국의 정치학자.

념이 자유주의 안에 함께 구현될 수 있다."[40] 그러나 사회의 계약 이론은 종교적 가정에 기반을 둔다. 그러나 종교적 신념은 자유주의자들 사이에서 쇠락했기에 자신들의 서술적 확신은 이내 병들어버린다. 이보다도 그들의 감성적 개인주의는 이내 그 실제적 결과에 충격을 받는다. 그들의 개념이 승리해 얻은 결과인 완전한 자유는 경제적 경쟁과 정신적 고립을 낳고, 국민들은 강제력을 행사하는 강력하고 자비심 많은 정부를 원하게 되기 때문이다. 1789년과 1797년 프랑스라는 소우주에서 벌어진 지적이고 정치적인 과정은 18세기부터 20세기에 이르는 동안 자유주의가 밟았던 전 여정의 압축으로 보인다. 폭스에서 애스퀴스[i]에 이르는 영국 자유주의 정치의 과정이나, 제퍼슨에서 프랭클린 루스벨트(Franklin Roosevelt)에 이르는 미국의 자유주의 개념들의 전개 과정이 그러한 사실을 말해준다.

에드먼드 버크나 존 애덤스는 추상적 자유가 아니라 규범적 자유를 믿었다는 점에서는 자유주의자들이었다. 비록 개인주의를 최고의 도덕적 원칙으로 신성화하는 건 혐오했지만 개인적 특성, 다시 말해 인간 특질과 행동의 다양성을 믿었다는 점에서 그들은 개인주의자들이었다. 교조적 자유주의자들이 신의 섭리라는 개념을 부인했을 때, 자유주의는 종교적 구속력을 상실한 도덕적 개념이 되었고, 그 결과 단순한 이기심으로 쇠퇴하도록 내버려졌다. 마찬가지로 교조적 자유주의자들이 자유를 보호하는 정치적 복잡성을 정치적 자유에서 떼어냈을 때 그들은 의도치 않게 "천부의 권리"를 뿌리에서부터 공격해버렸다. 버크는

---

i   Herbert Henry Asquith(1852~1928): 자유당 단독 집권 총리로 1908년부터 1916년까지 역임했다. 1914년 1차 세계대전에 뛰어들었으나 1916년 겨울 사임했고 로이드 조지가 승계했다.

이 모두를 1790년에 다루었지만 애덤스는 그보다 앞서 『Defence of the Constitutions(헌법을 옹호함)』에서 이미 언급했다.

애덤스는 실천적으로 말해 자유는 특정한 지역의 개인적 자유로 구성돼 있다는 진실을 튀르고가 외면하고 있다고 말했다. 튀르고는 정당한 정부의 위대한 선행 조건을 몰랐다. 그 조건은 지역의 권리와 이해의 다양성을 인정하고 국가가 이를 안전하게 보호해주는 것이다. 튀르고는 "모든 권위를 하나의 중앙, 국가에 모았다"고 했다. "전제군주나 군주의 '한 중심'에 모든 권위가 모인다는 말은 쉽게 이해된다. 그러나 중심이 국가일 때 권위가 어떻게 모이는지는 이해하기 힘들다. …만약 '모든 권위가 하나의 중심으로 모이는' 그 고통을 겪고도 그 중심이 국가라면 우리는 우리가 시작했던 바로 그곳에 그대로 남아 있겠다. 어떤 권위의 집중도 없을 것이다. 국가가 권위고, 권위가 곧 국가다. 중심은 그 원이고, 그 원이 곧 중심이다. 수많은 남녀와 아이들이 단순히 모였을 때 그들 사이에는 자식에게 적용되는 부모의 권위 말고는 어떤 정치적 권위나, 자연적 권위도 없다."[41]

이 중앙 집중화가 환상이라면 권위는 어디에도 있지 않을 것이고, 사실이라면 실제로 중앙을 구성하는 사람들이 지배하는 폭정이 등장한다. 우리 시대 "국민투표 민주주의"라는 문제나 난제를 애덤스는 역사적인 관점에서 분석해간다. 버크의 경우는 역사를 계몽된 편의의 원천으로 바라본다.

길버트 치나드(Gilbert Chinard)는 애덤스의 『Defence of the Constitutions(헌법을 옹호함)』이 철학적 논문이 아니라 변호사의 사건 요약 같다고 말했다. 그러나 정말 얼마나 멋진 사건 요약인가. 애덤스는 어떤 용어를 사용하더라도 행정부, 상원과 하원이라는 권력의 균형만이 자유로운 정부를 가능하게 한다고 증명하려 했다. 우선 그는 당대의 민주공화국들인 산마리노[i], 비스케이[ii], 스위스[iii]의 7개 주, 네덜란드[iv]를 살펴봤다. 그런 다음 다시 귀족정체의 공화국을 스위스의 9개 사례, 루카[v], 제네바[vi], 베니스[vii] 그리고 다시 네덜란드를 통해 분석했다. 그 다음으로 왕정 공화국인 영국, 폴란드, 스위스의 뇌샤텔[viii] 주를 다루고, 그에 이어 철학자들의 견해를 스위프트(Swift), 프랭클린 그리고 프라이스의 저작을 통해 논했다. 정부론을 쓴 마키아벨리, 시드니, 몽테스키외와 해링턴의 논지를 분석한 다음 역사학자들의 견해도 살피는데 (애덤스가 고대인 중에 가장 좋아했던) 폴리비우스[ix], 할리카르나소스의 디오니시오스[x], 플라톤, 로크, 밀턴, 흄이 그 대상이다. 7장은 12개의 고대 민주공화국 분석이다. 8장은 고대 귀족정체의 공화국 3개를 다루었고, 9장은 고대 군주제 공화국 3개를 설명했다. 애덤스의 박학다식함을 증명하려고 『Defence of the Constitutions(헌법을 옹호함)』의 2권과 3권에 어떤 장들이 있는지 그 목록을 일일이 다시 거론할 필요는 없다. 아리스토텔레스

---

i   San Marino: 이탈리아에 둘러싸인 독립국으로 1600년에 제정된 법을 토대로 만들어진 현 헌법은 고대 로마 공화국의 전통을 이은 집정관이 이끄는 회의제 정부를 구성한다.
ii Biscay: 스페인 북부의 독립 지역.
iii 스위스는 26개 캔톤으로 이뤄진 연방국가이다. 캔톤은 미국의 주나 카운티보다는 비교적 작은 자치 행정 단위를 말한다.
iv 네덜란드 공화국은 7개의 작은 자치주로 이뤄져 'United Provinces of the Low Countries(저지대 국가들의 연합체)'라고 불리기도 했다.
v   Lucca: 이탈리아 중부에 위치한 도시로 1160년부터 500여 년간 독립적인 공화국이었다.
vi Genoa: 제네바는 1100년대 이전부터 독립적인 도시국가로 존재했다.
vii Venice: 베니스는 5세기부터 1797년까지 독립 공화국으로 존재했다.
viiiNeuchatel: 스위스 중부 지역의 캔톤.
ix Polybius(200 BC~118 BC): 그리스의 역사학자.
x   Dionysius of Halicarnassus(60 BC~7 BC): 그리스 역사학자이자 수사학 교사.

와 베이컨(Bacon)에 비교해도 손색이 없을 만한 정보의 완벽한 추구가 느껴진다. 그리고 그 모든 증거를 다음의 문단으로 요약했다.

이미 제시한 사례와 권위로 볼 때 권력의 3대 갈래에는 자연적으로 마련된 불변의 기초가 있다는 사실을 확신하게 된다. 그 기초들은 인공적이든 자연적이든 모든 사회에 존재한다. 그 모든 갈래가 어느 정부의 헌법에서도 모두 인정되지 않는다면 그 헌법은 불완전하고 불안정하며 곧 무의미해진다. 입법과 행정적 권위는 자연스럽게 구분된다. 정부의 틀에서 그 둘이 분리돼 있어야 자유와 법이 전적으로 보장된다. 입법권은 자연적으로 그리고 반드시 행정권에 비해 우위에 있고 주권적이다. 따라서 행정부는 입법권의 가장 중요한 갈래가 되어야 한다. 그렇지 않으면 행정부에 거부권이 있다 해도 입법부는 곧 행정부를 침해, 훼손, 공격하고, 이런저런 방법으로 완전히 파괴해서 폐지해 버리기 때문에 스스로를 방어할 수 없다.[42]

정부에 균형이 없다면 진정한 법도 존재할 수 없다. 법이 없으면 자유도 없다. (정치이론가들이 가장 사랑하는) 애덤스의 주권론은 신선하게 직접적이다. 주권은 적절한 분리가 불가능하다. 그러나 주권의 행사는 그 효율성을 파괴하지 않은 채 서로 길항하는 기관들에 분배될 수 있다. 단일한 주권, 즉 하나의 집단이 독차지한 모든 권력은 본질적으로 사회의 다른 이해 집단에 정의롭지 못하다. 따라서 진정한 법률이 아니라 오직 자의적 법령만 선포한다. 반면 균형을 이루지 못한 채 나누어진 주권은 서로 다른 이해 집단이나 계급에 주권이 분산돼 있지만 불평등하게 나누어져 있기에 항상 전쟁 상태에 놓이게 된다. 균형점을 찾는 데 실패하고 결과적으로 진정한 법을 만들어내지도 못한다. "철학자들은 경도(longitude)와 현자의 돌[i]을 진지하게 찾아 나서지 않았다. 오히려 입법가들이 플라톤에서 몽테스키외에 이르는 법의 수호자를 더 진지하게 공부했다. 그러나 어떤 방법도 결국은 양을 늑대의 보호에 맡기는 꼴이었다. 단 하나 예외가 있다면 권력의 균형이라고 불리는 개념이다."[43] 어떤 나라에서도 주권은 재산권이 머무는 곳에 있다. 미국은 땅의 소유라는 측면에서 두드러지게 평등하다. "그렇다면 주권은 실제적으로 또 도덕적으로도 국민 전체에 있어야 한다."

정치적 균형을 획득하는 실제적 방법에서 애덤스는 경험이 있었다. 그는 매사추세츠 주의 첫 번째 자유 헌법 제정 회의를 주도했다. 그의 초기 다른 저작들은 다른 주의 헌법 작성자들에게 영향을 주었다. 그는 다른 두 기관(상하 양원)에 거부권이 부여된 강력한 정부를 지지했다(왜냐하면 대통령은 비록 입법부의 주권에 귀속되지만 별도의 권위를 행사하기 때문이다). 상원은 실질적으로 재산과 지위를 가진 사람을 대변하며, 하원은 실질적으로 인구수에 기반을 둔다. 그리고 이러한 분할은 부자나 가문이 좋거나 능력이 있는 사람들을 대중보다 먼저 보호하려는 목적으로 만들어지지 않았다. 오히려 자연적이거나 인공적인 귀족들의 야망에서 다수 대중을 보호하려는 목적이 더 컸다. 매사추세츠에서 상원 의석은 지역별로 주 재무당국에 직접 내는 세금에 비례해서 배정됐다. 다른 방법들도 상원을 뽑는 선거구와 하원을 뽑는 선거구를 구별하려는 목적이

---

i 철학자의 돌 또는 마법사의 돌이라고도 불리며 전설 속에 존재하는 물질로, 값싼 금속을 금으로 바꿀 수 있다고 전해진다. 궁극의 해결책을 의미하는 듯하다.

있었다. "부자나 가문이 좋거나 능력이 있는 사람들은 하원에서 곧 압도적으로 우월한 영향력을 획득하게 된다. 그중에서도 가장 뛰어난 사람을 대중에서 따로 떼어내 상원에 그들끼리 자리하도록 두어야 한다. 이는 사실상 긍정적 의미의 추방이다. …상원은 야망의 위대한 목표가 된다. 하원에서 대중에 봉사하던 가장 부유하고 현명한 사람들이 그 자리에 진출할 만하다."[44]

대통령은 일반 대중을 대변해야 하며, 상원과 하원의 주장을 공정하게 바라보는 당당하고 독립적인 자질의 소유자여야 한다. 패링턴은 모든 사회를 지배하는 경향이 있는 귀족적 요소가 아니라 다수 대중을 진정으로 대변할 대통령 선출 방법을 애덤스가 제공하지 않았다고 비판했다. 그러나 애덤스가 묘사한 거의 그런 수준으로 미국의 대통령제는 발달했다. 아마도 지상의 인간이 도달할 수 있는 가장 이상적인 형태가 아닐까 한다.

이렇게 권력은 사회의 주요 이해 집단에 공정하게 배분됐다. 애덤스가 자신의 저작에서 상당히 많은 부분을 할애해 분석했던 뿌리 깊은 자연적 귀족이 인정됐으며, 상당한 정도로 상원이라는 별도의 구성체에 통합됐다. 순간의 격정과 전능한 입법기관이 저지를지 모를 폭정은 헌법적 장치로 견제됐다. 오래전에 애덤스는 단원제의 결점을 신랄하게 비난했다. 모든 개인적 약점에 빠질 우려가 있고 탐욕스러우며, 지속적인 권력 유지를 열망하고, 행정적 권위의 행사에 부적합하며, 사법적 권력을 행사하기엔 법을 다룰 능력이 부족하고, 자신에 유리하게 모든 분쟁을 재판하는 경향이 있다.[45] 튀르고의 제안은 불행한 나라에 이와 같은 악마들을 풀어놓게 된다. 권력의 균형만이 그 악마들이 준동하지 못하도록 뚜껑으로 막아둔다.

애덤스는 민주주의를 두려워했던 만큼 다른 순수한 형태의 정부도 겁을 냈다. "나는 민주주의가 다른 어느 형태의 정부보다 전반적으로 더 유해하다고 말할 수 없다. 민주주의의 잔혹함은 한시적이었다. 다른 정부 형태들의 잔혹함이 더 항구적이다. …민주주의는 주권의 일부로 핵심적이고 필수 불가결하다. 민주주의는 정부 전반을 통제해야 한다. 그렇지 않으면 도덕적 자유, 아니 어떤 자유도 존재하지 못한다. 나는 민주주의라는 이 존경할 만한 단어가 엄청나게 오용된다는 사실을 늘 안타깝게 생각해왔다."[46] 그러나 다른 사회적 이해들로 민주주의가 견제되지 않으면 도덕적 자유는 지속되지 못한다. 그런 차원에서 순수한 민주주의는 민주주의 그 자체를 파괴한다. 지혜와 절제가 부족하기 때문에 결국엔 전제정치로 전락한다. "국민의 목소리가 지배하는 곳에 균형이 없다면 끊임없는 불안정, 혁명, 공포가 지속된다. 장군이 지휘하는 상비군이 평화를 강제하거나, 모든 사람이 균형의 필요성을 인정하고 이를 채택하면 안정이 다시 찾아온다."[47] 이런 장기적 안목의 훈계는 버크가 프랑스와 문명을 향해 (라스키가 매우 정당하게 평가했듯이) "그가 놀랍게 예견했던 군사독재"를 경고하고 나서기 3년 전에 쓰였다.

애덤스는 원칙적으로 보통선거에 반대하지 않았으나 그 효율성은 의심했다. 인정하든 안 하든 귀족들이 어느 사회에서나 지배하게 되고 보통선거 체제 아래에서는 그들이 사실상 진짜 주인이기 때문이다. 문제는 그들이 교육과 경험의 부족으로 정치적 권위에 반드시 부수되는 경제적 권력까지 맡기기에는 부적합한 약탈적 귀족일 수도 있다는 점이다. "모든 사람이 동등한 권리를 가지지 못했다고 말하기는 힘들다. 그러나 동등한 권리와 권력을 인정해주면 즉각적으로 혁명이 뒤따른다. 유럽의 모든 나라에서 무일푼인 사람들의 숫자는 돈을 조금 가진 사람보다 두 배나 많다. 만약 모두에게 동등한 권력을 인정해주면 곧 그 돈이 어떻게 나누어질지 보게 된다."[48] 애덤스는 미국의 경우 조금 더 폭넓은 선거권을 인정하자는 쪽이었다. 그러나 그러한 선거권을 선택하는 지혜는 재산이 얼마나 광범위하게 지속적으로 분배되느냐에 달려 있다고 생각했다. 재산권과 권력이 항구적으로 붙어 다닌다는 사실을 애덤스만큼 잘 아는 사람은 없었기 때문이다. 그는 에임스의 두려움이나 해밀턴의 적극성은 없었지만 앞으로 몇 세대가 지나면 미국의 인구가 1억 명 이상으로 늘어나리라 예견했다. "미래에 현재의 주들이 위대한 나라가 되어, 부유하고 강력하고 풍요로우며 그 수까지 늘어난다면 그들 자신의 느낌과 좋은 감각이 무엇을 해야 할지 저절로 알게 된다. 그들은 자유를 조금도 해치지 않고 새로운 제헌회의를 열어 조금 더 영국식에 가까운 헌정 체제로 옮겨갈 수도 있다. 그러나 엄청난 재산이 소수의 손으로 넘어가기 전까지 그럴 필요성은 거의 없다."[49] 이 대목에서 애덤스는 자기 자신의 세대를 습관적으로 못 미더워하던 행태와 달리 미래 세대의 지혜엔 훨씬 더 큰 신뢰를 보였다. 토크빌이 지적했듯이 선거권의 제한은 마치 물길을 언덕으로 돌리는 만큼이나 강제하기가 극도로 힘들다.

이 모든 논문과 엄청난 양의 글을 통해 존 애덤스는 자신의 단순한 보수주의 전제를 보강하려 했다. "절대 권력은 전제 군주, 군주, 귀족, 민주주의자, 자코뱅주의자, 상퀼로트[i]를 불문하고 누구나 도취시킨다

---

i　Sans-culotte: 18세기 프랑스 하층 계급의 평민들. 프랑스혁명에서 과격하고 호전적인 집단이었다.

고 생각하며 이러한 내 견해는 언제나 변함없었다." 적절한 권력 분산이란 개념은 미국인들에겐 너무 익숙해 지루할 정도로 자명한 이치로 보인다. 그러나 그 개념을 자명한 이치로 만든 사람은 애덤스였다. 학식과 솔직함으로 거의 누구의 도움도 받지 않은 채 애덤스는 미국의 지식인들을 휩쓸었던 프랑스혁명 이론들, 즉 목가적 자비심, 전능한 단원제 의회, 중앙집권제 정부라는 주장을 막아냈다. 이런 혁명적 견해를 막아내려고 그는 자신의 대중적 인기를 희생했다. 그러나 장기적으론 애덤스와 그의 동료들이 승리한 셈이다. 현대 미국의 정부 형태는 비록 그의 눈에는 "직접민주주의"의 여러 제도를 되는 대로 도입한 듯 뒤틀려 보이겠지만 그럼에도 자신의 정치적 투쟁을 충분히 보상해주었다고 생각할 것이다. 애덤스는 누구보다 진정한 연방주의자였다. 해밀턴은 중앙 집중제 정부의 대안으로 참을 만하다고 생각해 마지못해 연방제를 받아들였다. 피커링과 드와이트 등 하트퍼드 제헌회의에 참여했던 다른 사람들은 뉴잉글랜드의 이해에 부합한다고 생각했을 때야 연방제 개념을 고수했다. 그러나 애덤스는 연방제가 미국에서 실현 가능한 가장 최선의 정부 형태라고 믿었다. 정치적 균형이라는 개념을 세계 다른 어느 나라보다 미국이 뜨겁게 포옹했다. 대체로 이는 애덤스의 실천적 보수주의의 결실이었다.

애덤스는 언제나 보수주의자였다. 1811년 그는 조슈아 퀸시에게 이렇게 편지로 썼다. "내 상상력을 미래로 펼쳐보면 나는 내 눈이 보지 못했고 귀가 듣지 못했던 변화와 혁명이 일어나리라 상상할 수 있다. …그러나 현재로서는 개혁을 가능한 한 최소화하고 있는 그대로를 유지하자는 것보다 더 나은 다른 원칙을 볼 수가 없다."[50] 미국엔 그동안 엄청난 변화가 일었지만 모두 다 정상적인 수순의 변화였다. 이는 애덤스와 그 조력자들의 유산 덕분이다.

7. 마셜과 연방주의의 변신

연방주의자들을 다룬 이 장에서 그들의 위대한 기념비적 업적은 거의 언급되지 않았다. 미합중국의 헌법은 보수주의가 낳은 세계 역사상 가장 성공적인 제도다. 애덤스의 영향력과 기여가 상당하긴 했지만 전적으로 간접적이었다. 애덤스는 제헌회의가 열릴 때 런던에 있었기 때문이다. 제퍼슨 역시 해외에 있었다. 따라서 당대의 두 주요한 정치사상가들은 그 시대가 거둔 탁월한 정치적 업적에 직접 참여하지 않았다. 사상이 실제 사건에 미친 영향력을 그려보려는 그 어떤 저자라도 힘들게 만드는 대목이다. 그러나 헌법의 적용과 집행을 통해 처음엔 두 강력한 세력의 타협에 지나지 않았던 그 문서가 연방주의의 무기로 변했다. 연방주의는 연방주의를 탄생시킨 학파보다 오래 살아남았을 뿐 아니라 더 큰 활력을 보이며 번성했다. 그리고 연방주의자당이 소멸한 뒤에도 연방주의자들이 국가를 운영할 때보다 더욱 더 만개했다.

존 마셜 연방 대법원장은 덩치가 크고, 스스럼없으며, 영리하고, 구식이며 매력적인 인물로 미식가이자 친구들과 어울리기 좋아하고 질서를 즐기는 사람이다. 그는 철학자가 아니었다. 그를 흥미롭게 묘사한 전기 작가는 마셜이 하나의 원칙만 지녔으며 그 원칙은 국가의 통합이었다고 기록했다. 일관된 연방주의자로 마셜은 존 애덤스 대통령 당시 국무장관이었다. 애덤스 대통령이 그를 대법원장에 지명하자 마셜은 그 자리를 의미 있게 만들었다. 그러나 마셜의 연방주의는 애덤스보다는 해밀턴의 그것을 닮았다. 실제적이고 직접적인 의미에서 마셜은 두 정치인보다 훨씬 더 많은 업적을 쌓았다. 그는 대법원을 헌법의 중재자로 만들었고 헌법을 연방주의적 보수주의의 화신으로 만들었다. 마버리 대 매디슨 사건(Marbury vs Madison, 1803)에서 그가 내린 판결은 의회의 행동이 합헌적인지 아닌지를 판단하는 권한을 대법원에 부여했다. 플레처 대 펙 사건(Fletcher vs Peck, 1810)에서 내린 판결로는 주(州)가 계약의 이행을 거부하지 못하도록 하는 권한을 연방 당국에 주었다. 스터지스 대 크라운인실드 사건(Sturges vs Crowninshield, 1819)에서도 개인끼리 맺은 계약에 주가 끼어들지 못하게 하는 관할권을 연방 당국에 주었다. 다트머스대학 사건(1819)에서는 법인들이 실제로 존재하는 한 그 행동에 책임이 있다는 판결을 내렸다. 매컬로크 대 메릴랜드 사건(M'Culloch vs Maryland, 1819)에서는 헌법의 "자유주의적" 해석을 내렸다. 코헨스 대 버지니아 사건(Cohens vs Virginia, 1820)에서는 지상의 법률로는 초월적 지위를 헌법에 부여하는 판결을 내렸다. 기본스 대 오그덴 사건(Gibbons vs Ogden, 1824)에서는 주 사이의 상업 거래를 지배하는 연방의 권한을 인정해주었다. 이러한 유명한 사례와 그 밖의 다른 판결들은 영토를 확장해가고, 중앙 집권적으로 통합됐으며 상업적 국가를 달성하겠다는 연방주의자들의 포부를 미국이 실현하도록 해주었다. 그 국가에서 재산권은 확실히 보호되고 권위의 분할은 분명히 자리 잡았다. 이러한 성향은 부분적으로 보수주의적이다. 그러나 다른 한편으론 산업화와 중앙 집권화라는 제한 없는 변화의 길을 열었다. 그리고 남부의 농업적 이해를 대변한 또 다른 형태의 보수주의에 치명적 상처를 입혔다.

　존 마셜 판결의 놀라운 사실은 ―전례가 전혀 없었고 (새로운 국가의 전례가 가능한 한) 헌법 작성자들의 개념들을 미국의 사회적 맥락에 끼워 넣으려 명백하게 기획된— 단 하나의 예를 제외하고 모든 판결이 법으로 동시에 만들어졌으며 즉각적으로 또 계속해서 실행됐다는 점이다. 마셜은 마지막까지 공직에 남은 순수한 연방주의자였다. 그가 연방 대법원장으로 재직하는 기간 내내 현직 대통령들은 그를 싫어했다. 그의 정치철학은 상원과 하원, 대중을 지배했던 공공연한 믿음과는 일치하지 않았다. 어떤 사람이 생각하듯이 정부가 잠재적 폭력을 가리려는 장막이라면, (그리고 이것이 어느 곳에서든 진실이라면, 아직 규범과 습관적인 복종이 불완전하게 작동하는 새로운 국가에서는 반드시 진실이다) 어떻게 한 사람의 담대한 인간이 아무리 그 지위가 높다 해도, 군사력의 도움도 없이 미국의 경제적 정치적 에너지의 흐름을 그가 선택한 경로로 변경할 수 있었을까?

결의는 기적을 이룬다. 그렇다고 아무런 도움 없이 이 모든 기적이 이루어지지는 않았다. 예를 하나 들자면 시대의 흐름이 마셜과 함께였다. 마셜의 결정으로 촉진된 물질적 발달이 국가의 많은 분야, 아마도 절대다수에 이롭게 작동했다는 사실이 점차 명백해졌다. 더욱이 연방주의적 주장이 대중의 이해를 꾸준히 더 획득해가는 흐름의 뒷받침도 받았다. 나이 들었지만 힘이 넘쳤던 캐롤라인의 존 테일러는 주(州)의 힘과 평등주의를 경계하면서 다음과 같이 말했다. "현명하고 선량한 인간은 루소와 고드윈의 환상, 프랑스혁명의 잔혹함에 놀라 이러한 원칙들이 아무리 합헌적이라 한들 이빨과 발톱이 있다고 진정으로 믿었으며 그런 이빨과 발톱을 무력화시켜야 상책이라고 생각했다. 그런 고려가 없으면 그 원칙들의 작동은 관대한 사자를 꾀 많은 여우에게 갖다 바칠 것이기 때문이다."[51] 비록 그들의 정당은 무너졌지만 애덤스와 죽은 해밀턴은 과거 그들에 맞서 격렬하게 싸웠던 경쟁자들을 계속해서 연방주의로 개종해갔다. 개종자들이 새로이 늘어갔지만 연방주의자 당의 부활로는 이어지지 않았다. 그럼에도 이러한 성향은 집권 공화당에 끝까지 스며들어 그 분파를 완전히 변화시켰다.

보수주의의 정화 기능은 공화주의의 지도자들에게도 파고들었다. 왜냐하면 공화주의자들이 집권을 했었기 때문이다. 집권자들은 추가적인 권위나 권력이 제공되면 거부하기 힘들다. 그의 동료들이 모두 포기한 열심 당원의 분노를 모두 담아 로어노크의 랜돌프는 제퍼슨, 매디슨, 먼로[i]가 자신들이 힘들고 어려웠던 시절에 망국적이라고 비난했던 그 권력을 환영하고 그 정책을 선호한다고 비난했다. 그는 옳았다. 연방주의적 보수주의는 행정부와 대중의 마음을 비밀리에 적셨고 곧 국가의 의식을 지배하기 시작했다. 연방주의는 희석됐으며 명목상으로는 여전히 경멸되지만 그럼에도 여전히 널리 스며들었다. 이러한 추세에 따라 미국 국민들은 마셜의 판결을 묵인했다. 어떤 때는 그에게 박수를 치기도 했다.

그 영향력의 연장으로 연방주의의 보수적 핵심은 현대의 미국인에게도 여전히 영향력을 미친다. 애덤스가 혐오했던 그 국가적 열광이 버팀목이었긴 해도 여전히 정치적 균형, 법이 규정하는 자유라는 애덤스의 원칙을 보호하는 수단이 되어주었다. 연방주의 덕분에 미국은 여전히 세계에서 가장 보수적인 국가로 남아 있다. 이렇게 20세기 중반까지 애

---

i   James Monroe(1758~1831): 미국의 5대 대통령. 먼로는 건국의 아버지 중 마지막 대통령이고 버지니아 공화당 세대의 대통령으로서도 마지막이다.

덤스의 보수주의는 프랑스 경쟁자들이 전파한 급진적인 사회 원칙들만큼 강력한 영향력을 행사한다. 겉으로는 화려했지만 속으로는 겸손했던 존 애덤스가 감히 기대하지 못했을 정도다.

THE CONSERVATIVE

IV

벤담에 맞선 낭만주의자들

MIND

모든 원칙이나 확대된 행동 체계들에서 분리돼 특정한 경우에 합당한지 여부만 고려하고 우리 자신의 더 나은 본성이 내리는 올바르고 진정한 명령을 듣지 않는다. 이런 저주받은 관행 때문에 더 냉담한 사람들이 정치경제학을 공부하게 됐다. 그리고 우리의 의회는 공공의 안전을 담보하는 진짜 수탁자가 됐다. 앞으로 몇 년 안에 우리는 귀족정치의 지배를 받거나, 아니 오히려 겉보기에 그럴듯한 경제학자들의 경멸할 만한 민주적 과두 지배를 받을 가능성이 더 크다. 그러나 이보다는 차라리 최악의 귀족정치가 축복일지도 모른다.

_콜리지, 『Table Talk(탁상 토론)』

1. 공리주의에 가슴으로 답한 스코트

1806년, 스코틀랜드 사법 제도의 하나인 "스코틀랜드 변호사회"[i] 개혁 문제를 논의하고 난 뒤 에든버러 중심가의 언덕[ii]을 넘으며 월터 스코트는 휘그당의 대선배인 《에든버러 리뷰[iii]》의 제프리[iv]와 개혁적인 친구로부터 놀림을 받았다. "그러나 그는 그들이 우려한 것보다 훨씬 더 동요했

---

i   Faculty of Advocates: 변호사들의 모임으로, 스코틀랜드 법원에서 활동하는 변호사들의 독립적인 기구. 스코틀랜드 어떤 법원에서도 활동이 가능하며 모든 사람이 변호사의 조력을 받을 권리를 확보해 주고자 1532년 만들어졌다.

ii The Mound: 마운드, 스코틀랜드 에든버러 중심 구시가지와 신시가지를 잇는 곳에 세워진 인공적인 언덕. 신시가지를 건축하려고 파낸 흙을 쌓아 1781년부터 만들었다.

iii 《Edinburgh Review》: 그동안 모두 네 차례 같은 이름의 잡지가 발행됐으나 가장 유명한 것은 1802년에 시작해 1929년까지 발행된 잡지. 19세기 영국의 가장 유력 잡지의 하나로 낭만주의와 휘그당의 정치를 전파했다.

iv Francis Jeffrey(1773~1850): 스코틀랜드의 판사이자 문학 평론가.

다. 그는 큰 소리로 외쳤다. '아니, 아니야.' 이건 웃어넘길 문제가 아니야.

당신들의 희망이 무엇이든, 당신들은 조금씩 파괴하고 훼손해서 나중엔

스코틀랜드를 스코틀랜드답게 만들 그 무엇이 하나도 남지 않을 거야."

그리고 스코트는 고개를 언덕으로 돌리며 눈물을 감추었다.[1] 콜리지나

사우디, 워즈워스처럼 스코트는 공리주의자의 생각에서 다양한 형태의

적, 과거를 살해하는 적을 인식했다. 위대한 낭만주의자들은 곧 벤담의

물질주의가 자코뱅당의 분노 못지않게 신을 숭배하는 마음과 아름다움

에 적대적이라고 선언했다. 버크는 루소를 당연한 경쟁자로 알았다. 그

러나 낭만주의자들은(버크의 정치적 제자이지만 루소의 영향을 다소 받았다)

벤담에 맞서 싸웠다. 참을 수 없는, 새로운 산업적 세속주의를 벤담이

대변했기 때문이다.

크레인 브린턴[i]은 "버크가 그렇게 치열하게 싸웠던 혁명의 원칙들이

벤담을 통해 영국 정치에 진입했다"고 썼다.[2] 비록 공개적으로 루소의 감

상적인 견해를 경멸했지만 벤담은 영국에서 평등주의를 누구보다 많이

도입했다. 페인, 프리스틀리, 프라이스, 고드윈을 모두 합해도 벤담이 이

룬 실적보다 못했다. 벤담은 감성에 민감한 루소를 혐오했다. 버크의 고

매한 종교적 분노와는 다른 이유였다. 벤담의 개념은 현대사상을 일련

의 급진적인 변화에 굴복시켰다. 그는 산업 생산의 진전과 대중의 정치

적 성장을 고무하는 한편 자신의 사상에도 반영했다. 급진적 변화는 부

분적으로 공리주의 본연의 모습에서 나왔지만 더 많은 측면에서는 마르

크시즘에서 나왔다. 마르크시즘은 헤겔의 영향을 받은 공리주의로 혁명

---

i Clarence Crane Brinton(1898~1968): 미국의 역사가.

적 프롤레타리아를 활용하겠다는 구상이다. "영국 혁신의 아버지는 학설과 제도라는 측면 모두에서 벤담이다. 그는 위대한 파괴자이다"라고 존 스튜어트 밀은 썼다.[3] "해답을 찾기 전에 우선 그 문제를 갈기갈기 찢는다"는 벤담의 분석적 방법은 베이컨, 홉스, 로크의 방법론이 극단적으로 적용된 형식이다. 벤담은 미묘한 본질을 경멸한다. 그는 전체가 부분의 단순한 합이라고 확신한다. 이는 현대의 진정한 급진적 철학이 모두 공유하는 생각의 토대이다.

벤담이 가치를 판단하는 기준이었던 공리(사안마다 고통과 즐거움의 무게를 현명하게 측정해서 결정한다)는 신세대의 공격적인 산업가들에게 강력하게 먹혀들었다. 그들은 "올바른 이성", "자연적 정의", "바람직한 취향"이라는 구절들을 벤담 못지않게 싫어했다. 고매한 상상력이 전혀 없었고 사랑과 미움의 본질을 이해할 능력이 없었던 벤담은 인간의 정신적 염원을 무시했다. 자신의 저울에서 그 균형을 맞추려는 듯 벤담은 죄를 전혀 언급하지 않았다. 그는 자신의 사상체계에서 인간이 지닌 동기의 막대한 다양성, 인간사에서 격정이 차지하는 힘, 국민성 등을 배제했다. 벤담은 이성을 절대적으로 신뢰했다. 자기 자신의 인격을 곧 인간성의 구현이라고 간주해 인간이 쾌락과 고통의 방정식을 풀어낼 방법만 알면 모든 문제가 해결된다고 여겼다. 인간이 이해(interest)를 추구하는 한 그들은 당연히 협력하고, 근면하며, 평화를 추구하게 된다고 믿었다. 벤담은 가장 편협한 도덕주의자였으며 정치이론가로는 가장 독선적이었다. 그에게 정치는 인간의 본성처럼 신비스럽지 않았다. 모든 정치적 어려움의 해결책은 단순하다. 더 많은 사람이 모든 걸 결정하면 된다. 이 절대적 민주주의는 루소의 일반의지에서 뜬구름 잡는 종교적 요소를 빼버린 개념이다.

벤담에게 사회의 목적은 최대 다수의 최대 행복이다. 버크도 비슷한 소리를 했지만 전혀 다른 의미였다. 보수주의의 창시자는 인간 이해관계의 복잡성과 행복의 미묘한 의미를 이해했다. 최대 다수의 최대 행복이 정치적 평등에 있지 않을 수도 있다고 버크는 선언했다. 선입견과 규범에서 자유로워진다고, 경제적 목적에 집착한다고 행복해지지는 않는다. 그들의 가장 큰 행복은 우주에 있는 신의 섭리와 일치할 때, 즉 경건함과 의무, 지속적인 사랑에서 파생된다고 말했다. 그러나 벤담은 버크의 정신과 상상의 세계를 경멸하듯 일거에 내쳐버렸다. 벤담은 창조주를 한 번도 언급하지 않았다. 그에게 종교란 단지 도덕률의 틀이었다. 엄격한 이성적 기준에 따라 사회적 장기판을 평등하게 재구성하면 정치로 최대 다수의 최대 행복을 끌어낼 수 있다고 믿었다. 보통선거, 의회 개혁, 강력한 행정부, 보편적 교육이 벤담이 말한 혁명의 이론과 법적 절차였으며 보편적 자유와 진보를 보장하는 구체적인 내용이었다(이런 개념들은 곧 자유주의자들의 교리가 되었다). 그는 권력을 나누어야 한다는 필요성을 인정하지 않았다. 헌정 체제를 수립해야 할 이유를 보지 못했다. 다수가 그들의 이해에 따라 결정하는 데 그 무엇도 방해하지 않아야 한다고 생각했다. 반동분자들의 지질한 반대나 과거의 죽은 손이 다수의 행진을 막아서지 말아야 한다는 얘기였다. 다수에 주권이라는 왕관을 씌워주면서 "공적 기능을 담당하는 모든 사람의 목에 여론의 멍에를 더욱 단단하게 묶어둘 수단을 만들어내느라 그는 자신의 창조적 자원을 소진해버렸다"고 존 스튜어트 밀은 말했다. "그리고 스스로 생각하는 권리의 개념에 따라 공적 기능을 담당하는 사람들이나 사회적 소수가 한순간 조금이라도 영향력을 행사할 가능성은 모두 배제했다." 우리 시대는 사악하고 우매한 다수가 소수 위에 군림했던 폭정의 가공할 만한 대가를 잘 안다. 그러나 벤담은 합리성이 법령으로 한번 수립되면 절대 전복될 수 없다고 확신하면서 소수라는 바로 그 개념을 완전히 지워버리기로 작정했다.

19세기 자유주의의 신조에 표현된 대로 벤담의 도덕적 개념들이 지난 150년간 팽창하고 상승해온 뒤 존 메이너드 케인스[i]는 그의 『Two Memoirs(두 회고록)』에서 공리주의에 내리는 역사의 평가라 할 만한 언급을 했다. "나는 이제 공리주의가 내부에서 우리 문명을 갉아먹어 온 벌레라고 간주하며 현재의 도덕적 쇠락은 공리주의에 그 책임이 있다고 생각한다. 우리는 기독교를 적으로 여겼다. 왜냐하면 기독교는 전통, 관습, 속임수를 대변한다고 보였기 때문이다. 그러나 경제적 기준을 과대평가한 벤담의 계산이 진짜 문제였다. 그런 계산이 보편적 이상의 본질을 파괴했기 때문이다." 케인스는 벤담의 공리주의가 최종적으로 도착한 어리석은 곳[ii]이 마르크시즘이라고 말했다. 공리주의자들의 위대한 목적에서 정신과 상상력이 빠져나가면 마르크시즘이 된다. 우리는 벤담의 동지애에서 나온 잔혹한 후계자 앞에 무방비 상태가 됐다.[4]

그러나 비록 벤담의 도덕적이고 정치적인 체계의 빈곤은 얼마든지 공격해도 좋지만 그의 사법 개혁은 아직도 높게 평가된다. 존 스튜어트 밀은 다음과 같이 선언했다. 벤담은 법철학에서 신비주의를 몰아내어 법 일반의 개념에 부수됐던 혼란을 없애주었고, 성문화(成文化)의 필요성을 보여주었으며, 물질적 이해에 효용성의 기준을 적용했고, 사법절

---

i John Maynard Keynes(1883~1946): 영국의 경제학자. 거시경제이론과 정부의 경제 정책 이론을 뒤바꾼 인물.

ii Reductio ad absurdum: 귀류법, Reduction to Absurdity.

차를 정리해 사회에 엄청난 혜택을 주었다. 벤담은 효용성이라는 원칙의 기반 위에서 인간이 스스로 법을 만들고 철폐해야 한다고 생각했다. 법은 수학이나 물리학과 다름없이 취급되어야 하며 편리한 도구가 되어야 한다. 법에는 초자연적인 제재가 있어서 그 근원이 인간보다 우월하다는 옛 환상이나, 신의 성스러운 뜻을 찾아가는 인간의 노력이라는 키케로나 스콜라학파의 견해는 산업 시대의 효율성이라는 관점에서 철폐돼야 한다고 생각했다. 미국의 대법원을 비롯해 세계의 대부분을 지배하는 20세기의 정치적 사법적 "현실주의"와 실용주의는 모두 벤담의 생각에서 유래했다. 그러나 몇몇 사상가들이 그의 도덕 개념에 문제가 있다고 생각했듯이 벤담의 법철학엔(그의 저작 때문에 즉각적으로 완성된 사법절차의 행정적 개혁과 달리) 사회적 쇠락이 이미 잉태돼 있었다고 간주될 소지가 있다. 적어도 역사적 또 방편적 의미로 버크가 이해했던 자연법 학설의 부활처럼 보인다. 월터 스코트가 사법 개혁의 문제에서 벤담의 제자들을 직접적으로 문제 삼았을 때 그가 얼마나 버크의 보수주의 사상을 예민하게 이해했는지를 보여줬다. 법률에는 두 가지 기초가 있다. 버크는 형평과 공리를 말했다. 그가 생각한 형평은 원초적 정의에서 추출된다. 적절하게 이해된 공리는 보편적이고 항구적인 이해의 고매한 관점이다. 그러나 사적 이익이나 소수의 이익을 억압할 때 그 정당화의 근거로 활용되어서는 안 된다. 절대 다수의 사람들에게는 "전체 공동체에 편파적인 법을 만들 권리가 없다. 비록 그런 일을 범하는 사람이 자신의 행동에 따른 최대의 피해자가 된다고 해도 그럴 권리는 없다. 왜냐하면 그러한 법은 신이 만든 초자연적 법의 원칙에 어긋나기 때문이다. 그럴 권한은 어떤 공동체에도 없다. 아니 인간에게 본성을 주었고 그 과정에서 불변의 법을 인간에 강제한 신의 의지를 변경할 그럴 권리가 인류에게는 주어지지 않았다. 인간 집단에게 스스로의 욕구를 충족하는 법을 만들 권리가 있으며, 문제의 특성과 무관하게 모든 법률은 단순히 제도 그 자체에서 권위를 끌어낼 수 있다고 믿는가. 그렇다면 이는 인간 사회의 모든 질서와 아름다움, 모든 평화와 행복을 진정으로 파괴하는 가장 큰 잘못이다."[5] 이는 "인민재판"과 소수가 합법적으로 소멸되는 시대까지 내다본 언급이다. 스코트는 정부의 육중한 통합과 공리주의 원칙에 입각한 법률이 옛 자유와 관습에 치명적이리라는 버크의 생각을 공유했다. 따라서 소설가이자 시인인 자신의 놀라운 자질을 활용해 이 흐름을 막으려 했다.

스코트는 1792년의 위기에서 "버크가 나타났다. 그러자 프랑스의 법률이 우월하다는 횡설수설은 사라져버렸다. 마치 운명의 기사가 그 앞에서 나팔을 불자 마법에 걸린 성이 사라지듯이 말이다"라고 썼다.[6] 레슬리 스티븐[i]이 말하고 데이비드 서머벨[ii]이 맞장구쳤듯이 월터 스코트는 버크가 주창한 자랑스럽고 미묘한 학설을 널리 퍼뜨리는 데 성공했다. 『프랑스혁명에 관한 고찰』은 1790년대에 1만 부가 팔렸다. 그러나 월터 스코트가 쓴 웨이벌리(Waverly) 소설들[iii]은 버크의 사상을 수많은 사람에게 더 많이 전파했다. 버크의 저작이 감히 넘보지 못했을 만큼 많은 사람들에게 말이다. "스코트는 버크의 저작 이후 전통이라는 자연적 집

---

i Leslie Stephen(1832~1904): 영국의 작가이자 역사가, 비평가, 등산가. 버지니아 울프와 바네사 벨의 아버지.
ii David Churchill Somervell(1885~1965): 영국의 역사가이자 교사.
iii Waverley Novels: 월터 스코트가 익명으로 발표한 일련의 장편 소설로, 유럽에서 지난 백 년간 가장 많이 읽힌 소설의 하나. 스코트가 1827년까지 필자를 밝히지 않았기 때문에 웨이벌리라는 이름이 붙었다.

합체에 있는 가치와 의미를 구체적인 사례로 가장 생동감 있게 그려 보여주는 바로 그런 일을 했다. 당대의 많은 능력 있는 사람들처럼 스코트는 프랑스혁명이 분명하게 구체적으로 보여준 움직임에 소스라치게 놀랐다. 그 움직임이 지역 사회에 이어져온 온갖 전통을 쓸어버리고, 아직도 자신들만의 특징을 지닌 스코틀랜드의 작은 사회를 삼켜버리겠다 위협했기 때문이다. …급진주의자들은 지역적 특징을 아끼는 사람들을 그저 감상주의자일 뿐이라고 비난했다. 고집 센 휘그들은 그 혁명이 1832년의 개혁안 이상으로 확대되지 않으리라는 환상을 지녔으며 급진주의자들은 보수주의자들을 단순한 방해물이라고 비웃었다. 우리의 의견이 무엇이든 그 시대를 되돌아보는 이점을 누리며 말할 수 있는 처지라면 반드시 인정해야 한다. 그러한 보수주의는 정당성을 지녔으며, 폭넓은 결과를 아직 충분히 평가하기 어려웠는데도 그 변화를 경악 속에 바라보았던 훌륭하고 통찰력이 있는 사람들을 말이다."[7]

웨이벌리 소설에서 스코트는 버크의 보수주의를 살아 있는 생물이자 부드러운 존재로 만들었다. 에디 오칠트리[i]라는 등장인물을 통해 위계 사회의 위엄과 특혜가 어떻게 거지까지 따뜻하게 보살피는지 보여줬다. 벌리의 밸푸어[ii]를 통해서는 개혁하겠다는 광신주의 정신이 어떻게 파괴적인지를 그려냈다. 부족들 사이에 있는 몬트로즈(Montrose)에서는 "신이 주신 삶의 은총"을, 몽크반스(Monkbarns)나 브래드워딘(Bradwardine)의 남작에서는 옛날 대지주의 따뜻한 미덕을 그려냈다. 스

---

i Edie Ochiltree: 월터 스코트의 1816년 소설 『골동품 수집가(The Antiquary)』에 등장하는 인물로 공인된 거지.
ii Balfour of Burley: 스코트의 소설 『묘지기 노인(Old Mortality)』에 나오는 등장인물.

코트는 규범적 의무에 순종하고 조상을 존중하는 데 문명화된 도덕적 질서의 기초가 있다고 그의 모든 소설에서 말하는 듯하다. 역사는 세속적 지혜의 근원이고 신앙심에 지족(知足)이 놓여 있다고 말이다. 쾌락과 고통이라는 조잡한 원칙 때문에 쫓겨난 모든 낭만적 특질의 다양성을 아쉬워하면서 스코트는 공리주의가 국민성, 개인의 특성, 모든 과거의 아름다움을 지워버릴 하나의 체계라고 보았다. 공리주의는 끔찍하고 탐욕스러운 산업주의의 퉁명스러운 변명이었다. 다른 낭만파 시인들과 달리 그는 혁명적 신념에 충동을 느끼지 않았다. 그는 귀족과 평민의 복지가 분리 불가능하다는 사실을 알았다. 만약 우리가 전통에 충성한다면 "우리 모두는 안정적이 된다"고 생각했다. 따라서 공리주의자들이 법과 재판을 개혁하자고 제안한 원칙들을 혐오했다. 스코트는 그의 수필 『Essay on Judicial Reform(사법개혁을 논함)』에서 사법적 규범을 다른 곳에서는 발견하기 힘들 만큼 설득력 있게 표현했다.

새로운 이론이나 완벽하고 정확하게 적용할 만한 그러한 기준으로 이미 확립된 체계를 시험해서는 안 된다. 문명화된 나라는 오랫동안 법전을 보유해왔다. 모든 불편함 속에서도 사람들은 그 법체계가 번성하게 할 수단을 찾아왔다. 따라서 문명이 발달된 나라를 갓 획득한 식민지처럼 취급해서는 안 된다. 식민지에서는 입법적 실험이 크게 주제넘은 짓을 할 위험 없이 시도될 수 있다. 그러나 마음속에 최상의 미덕이라고 간직한 그런 생각을 기준으로 기존 사법 체계를 조사할 권리가 철학자에게는 없다. 모든 옛 사법 체계를 시험할 유일하게 올바른 수단은 그 체계가 실제로 만들어내는 효과다. 효과는 반드시 좋아야 한다. 그래야 미덕이 만들어진다. 사람들은 점차 자신들이 복종하도록 강요된 법에 맞춰 습관을 형성해간다. 법에서 약간 부족한 부분은 그 보완 방법을 찾아내고 또 다른 부족한 점에는 사람들이 맞추어간다. 이렇게 여러 가지 경로로 가장 낙관적 몽상가가 자신의 아직 구체화되지 않은 완벽한 체계를 토대로 스스로에게 약속할 만한 목표를 마침내 달성한다.[8]

문체나 감성에서 스코트의 이 영감은 버크에게서 왔다. 인생을 수학 문제라고 생각하는 벤담 같은 은둔자의 추상적 개념에 버크나 스코트 같은 세속적인 사람(법에서는 학자들이)이 내릴 수 있는 판단이다(흥미롭게도 몇몇 보수적 저자들이 버크를 "실제적"이지 못하다고 비난했다. 그런 학자 중 하나가 아쉽게도 폴 엘머 모어다. 그러나 근대의 혁명적 철학들의 배후에 있는 충동을 만들어낸 당사자들은 버크보다 무한히 덜 실제적인 루소와 벤담이었다). 법은 만들어지지 않는다. 그것은 자라난다. 자연적이고 동시에 신의 섭리이기도 한 과정을 통해서 사회는 그 자신의 질병을 치유하거나 스스로 적응해간다. 시건방지고 교조적인 개혁가는 선택해볼 만한 자의적 대안을 제공하지 않은 채 그 자연적 과정을 명백히 방해한다. 스코트는 사회의 이 엄청난 자기 치유 행위를 장엄하고 사랑스럽게 여겼다. 한시적이고 그럴듯한 효용성을 이유로 법을 마구 난도질한다면 매우 불쾌한 일이다. 스코트는 1826년의 명목상 보수정부도 균일성과 효용이라는 격정에 감염되었다고 보았다. "대담한 혁신이라는 교리를 백지처럼 빨아들여 그나마 조금 남은 국가의 고유한 특성을 단계적으로 파괴한다. 우리를 스코틀랜드인답게 만드는 모든 고유한 특성을 해체하거나 갈아 없애 이 나라를 보편적인 민주주의의 상태로 던져넣을 것이다. 그 결과 신중한 스코틀랜드 대신 매우 위험한 북부 영국의 이웃을 얻게 된다."[9] 법은 사회적 존재의 표현이기 때문에 스코틀랜드의 법을 잉글랜드의 법과 동화시키면 사람들의 특성을 파괴한다. 결국 용의 이빨을 심는 셈이다. 이것이 얼간이, 아니 자칭 철학자의 효용이라는 정책이다. 월터 스코트는 스코틀랜드인들을 잘 알았다. 근대의 글래스고나 로디언[i], 에어셔[ii], 파이프[iii]의 광산 지역을 잘 아는 사람들은 스코트가 "매우 위험한 영국의 북부 이웃"을 예언했을 때 무엇을 의미했는지 충분히 이해하게 된다.

버크나 스코트 같은 사람들은 구식 법률의 투박함과 우둔함은 (적어도 단계적 조정이 마련될 때까지) 용인되어야 한다고 생각했다. 지역의 자부심을 속도나 산뜻함과 바꾸어버린 사법 체계 아래에선 언제나 자유와 재산권이 시들어버린다. 따라서 자유와 재산권을 보호하려면 구식 법률을 용인해야 한다. 법률과 재판부는 언제나 조심스럽게 감시해서 주의 깊게 고치거나 개선해야 한다. 때로는 전면적 개혁을 요구할 때도 없지 않다. 그러나 그런 개혁은 버크의 경제적 개혁이라는 형태를 따라 이뤄져야 한다. 다시 말해 오래된 특권은 보호하고, 일반적으로 다수를 이롭게 한다고 보이는 이유로 특정한 사람이나 계급에 특별히 해를 끼치지 않도록 재차 확인하는 조심성을 보이며 개혁해야 한다. 벤담과 그의 학파는 옛 방식과 개인적 권리에 대한 이러한 배려를 매우 못마땅하게 생각했다. 공리주의자는 국가와 절대 다수의 횡포를 막아야겠다는 생각

---

i　Lothian: 스코틀랜드의 한 주로 에든버러가 있는 지역.
ii　Ayrshire: 스코틀랜드 남서부에 있는 지역.
iii　Fife: 스코틀랜드 중동부에 있는 지역.

이 없었기에 벤담은 관습적 정의의 법칙이 견제하지 못하는 행정 법률과 행정 재판부를 수립하고 싶어 했다. 벤담의 사법 개혁을 예찬하는 사람도 이 대목에선 망설여야 한다. 왜냐하면 근대 영국과 미국의 법 중에 가장 우려할 만한 일은 행정 법률의 폭발적 증가다. 그 법 앞에서 시민들은 거의 아무런 도움 없이 서야 한다. 소비에트의 형법에서 무서울 정도로 단조롭게 반복되는 구절은 "법의 재판이나 행정기관의 선고에 따라"다. 행정 재판부에 잠재된 위험을 무시했던 벤담은 그가 성공적으로 철폐했던 모든 사법적이고 시대착오적인 문제보다 더 심각한 잠재적 악을 눈감았는지도 모른다.

지금까지는 벤담의 체계에서 오직 한 부분만 언급됐다. 낭만주의자들이 유일하게 혐오했던 측면이다. 그러나 벤담의 사법적 공리주의와 그 결과인 스코트의 분노는 철학적 급진주의와 낭만적 보수주의의 투쟁 그 전체를 말해준다. 공리주의의 지배를 받는 세계에서는 탐욕스러운 산업주의와 속물적인 물질주의의 이름을 빌어 다양성, 사랑스러움, 오래된 권리들이 무차별적으로 파괴되리라고 낭만주의자들은 두려워했다. 그들은 벤담과 제임스 밀[i], 그리고 그들의 동료들을 미워했다. 왜냐하면 공리주의는 기계의 시대, 지옥 같은 도시, 자유주의적 도덕성의 황폐함을 상징했기 때문이다. 벤담주의자들은 인구가 밀집된 산업 공동체로, 그 표준이 평범한 대중으로, 그 소망이 감각의 향유로 변화되는 근대 세계의 현상을 찬양했다. "이처럼 인구가 축적된 사회가 마치 똥 더미처럼 발효해 악취를 풍기지 않을까 염려하지 않을 수 없을 지경"이라고 스코트

---

i James Mill(1773~1836): 영국의 역사가이자 철학자. 벤담의 제자이자 동료였으며 존 스튜어트 밀의 아버지.

는 1828년 자신의 일기에 썼다. "인구는 땅의 크기에 비례해 분산되어야 한다는 게 자연의 뜻이다. 그런데도 우리는 지금 마땅히 전국 각지에 흩어져야 할 사람들을 거대 도시들과 공장들에 끌어모았다. 그들의 타락은 너무도 당연하지 않겠는가?"[10] 이 개혁가들의 그릇된 평등주의는 사실상 가장 사악한 정신적 불평등에 굴복한 것이라고 스코트는 믿었다. 마리아 에지워스[i]에게 그는 격한 감정으로 선언했다. "우리가 도달한 높은 문명의 상태는 아마도 국가적 축복이 아니다. 왜냐하면 소수는 최상의 지점으로 발전했으나 다수는 그에 비례해 괴로워졌거나 추락했다. 그리고 이 국가는 인류가 지성이라는 관점에서 존재할 수 있는 최상과 최악의 경지를 동시에 보여준다. …인구가 증가하면서 우리의 필요도 곱으로 늘었다. 그리고 우리는 증가하는 어려움을 거듭된 발명의 힘으로 극복해간다. 우리가 마침내 옛날 옛적처럼 서로를 잡아먹을지 혹은 혜성의 꼬리에 먼저 맞을지는 존경하는 어빙[ii] 씨나 맞추겠다고 감히 나서지 않을까?"[11]

스코트는 생의 마지막 무렵에 자신이 행정장관이었던 지역에서 급진적인 기술자들로 이루어진 한 무리의 폭도를 만났다. 그들은 마차를 넘어뜨리고 폭력을 행사하려 했다. 이는 인생에서 있었던 그 어떤 일보다 스코트를 충격에 빠뜨렸다. 벤담 같은 인도주의자들의 환상 뒤에 숨은 계급 타파의 야만성이 사탄처럼 이미 준동하기 시작한 것으로 보였기 때문이다. "이 무지한 숙련공들이 지금부터 우리의 국회의원을 선출한다"

---

i Maria Edgeworth(1768~1849): 유럽 소설 발전에 큰 영향을 끼친 영국 작가. 처음으로 동화를 사실적으로 쓰기 시작한 작가 중 하나. 진보적인 여성으로 데이비드 리카르도 등과 편지를 주고받았다.
ii Edward Irving(1792~1834): 스코틀랜드의 성직자.

고 그 일이 벌어지기 전에 그가 썼던 적이 있다. "변덕스럽고 경솔하며 무모하고 어리석은 평민들만이 그들에게 무엇인가를 기대할 것이다."[12] 스코트는 사람들을 사랑했다. 그래서 사람들을 없애고 대신 효율적인 인간 비슷한 기계들로 대체해, 다가오는 공리주의의 사회 메커니즘을 맞아야 한다고 생각하는 개혁가들에 맞서 싸웠다. 격정적인 감수성을 가진 스코트였기에 스코틀랜드의 심술궂은 금욕주의가 없었다면 그는 당대의 치명적인 충동을 견뎌내지 못했을 것이다. 스코트는 "이보게 인내하게, 그리고 카드를 섞어야지"라고 말하곤 했다.

그는 공리주의자들과 신 휘그(New Whigs)가 그들이 공개적으로 선언한 세속적 지혜에도 불구하고 그들이 야기한 문제가 무엇인지, 그들이 찬양했던 해방된 개인이 모여 이룬 산업적 대중을 어떻게 통치할 생각인지 아무 개념이 없다고 여러 번 이야기했다. 1825년 11월 제프리는 교역을 억제하려는 단체 행동의 부당한 경제적 효과를 기술자들에게 경고하는 연설문을 썼다. 대단히 잘 쓰인 연설문이지만 효과는 그다지 없어 보인다고 지적했다. "소인국 사람의 손으로도 불은 붙일 수 있지만 그 불을 끄려면 걸리버가 싸는 오줌의 힘이 필요하다. 휘그는 세계가 작은 선전 책자나 연설로 통치된다는 이단을 믿으며 살고 죽을 것이다. 그래서 어떤 일련의 행동이 인간의 이해에 가장 부합한다는 사실을 충분히 보여주기만 하면 그 주제에 관한 연설 몇 번으로, 사람들이 그것을 단번에 채택할 것이라고 그들은 믿는다. 만약 이게 사실이라면 법이나 교회는 필요 없어진다."[13]

소설가이자 시인으로서, 그보다는 조금 덜하지만 선전 책자의 필자로서 스코트는 영어를 사용하는 세계 전역에 보수주의 가치를 퍼뜨렸고 토리당을 무한히 격려했다. 그러나 캐닝의 업적과 성격을 연구해야 스코트의 보수적 정서가 실제로, 또 정치적으로 어떻게 표현됐는지 더 잘 알게 된다. 낭만주의 세대의 진정한 보수주의 철학자는 콜리지다. 스코트는 공리주의에 가슴으로 답을 했다. 그러나 콜리지는 지성으로 답했다. 캐닝은 정치적 독창성과 재치라는 무기로 답했다. 그들 셋은 모두 철학적 급진주의자들과 싸웠다. 낭만주의적 상상력에서 보자면 벤담주의는 근대 정신을 악마적으로 빼앗았다. 정확할지 몰라도 그만큼 비인간적인 계획에 따라 사회를 재구성하려는 욕망이 있었기 때문이다. 공리주의자들은 사회의 살아 있는 정수(essence)를 멋대로 주물러 수학적 깔끔함과 행정적 편의에 맞추려 했다. 벤담주의자들은 그러한 왜곡의 산물이, 비록 과학적으로 만들어진 왜곡이라 해도 괴물이라는 사실을 인정하지 않았다. 계몽주의 시대의 프랑스 철학자들처럼 벤담주의자들은 중세의 불규칙성과 다양성을 경멸했다. 그들은 사회 계획이라는 공리주의의 광장과 대로를 갈망했다. 공리주의자들이 이처럼 길고 비싼 거리를 기획했지만 낭만주의자들에겐 그 모든 길에 놓인 교수대가 뻔히 보였을 뿐이다.

2. 캐닝의 계몽된 보수주의

브로엄 경[i]은 조지 캐닝을 자유주의적 토리라고 불렀다. 다른 이들은 조지 캐닝이 조금이라도 토리이기는 했는지 의심했다. 엄격하게 말하면 그는 토리가 아니었다. 그는 영국의 보수당을 세웠고 "보수적"이라는 단

---

i Henry Peter Brougham(1778~1868): Lord Brougham. 영국의 정치가이자 대법관. 하원의 자유주의 지도자로서 런던대학 창립자 중 한 사람이다.

어를 영국 정치 용어로 만들었다. 물론 보수주의자를 표현하는 데 쓰는 옛 이름 토리를 버린 것은 그의 경쟁자이자 후계자인 필이었다. 그러나 캐닝은(필보다 보수주의가 무엇인지 더 잘 알았다) 그 변신을 가능하게 만든 사람이다. 캐닝의 총리직은 예기치 못한 죽음으로 일찍 끝났으며 옛 토리주의의 종언을 상징했다. 그는 웰링턴[i]과 엘든[ii]을 비롯한 토리의 거물들을 정치 현장에서 밀어냈다. 캐닝이 사망한 다음 그들은 공직에 되돌아오지만 의회 선거제도 개혁 파동으로 곧바로 사라졌다. 캐닝은 옛 토리주의를 묻어서 보수적 견해가 생존할 수 있도록 만들었다.

캐닝의 이름을 낭만파와 연결 짓기엔 약간의 무리가 없지 않다. 실천적이고, 흥미로우며, 대단히 야망이 많았고, 변덕스럽다기보다는 재치가 넘쳤던 이 사람이 낭만주의자라니 무슨 말인가 싶지만, 낭만파 시인들은 그를 자신들과 같은 부류라고 인정했다. 그는 스코트와 콜리지의 협력자였고 바이런(George Gordon Byron)의 존경을 얻기도 했다. 고드윈은 친 프랑스적인 급진주의자들을 이끌도록 캐닝을 설득하려 했다. 마치 페인이 버크에게 영국에서 자코뱅주의를 실천하도록 초대했듯이 말이다. 디즈레일리는 낭만적 감수성으로 캐닝이 토리의 진정한 대변자라는 사실을 알아차렸다. 조지 캐닝은 버크가 낭만적이었던 의미에서 낭만적이다. 그는 창조와 인간 본성의 복잡성, 다양성 그리고 신비를 이해했다. 그는 과거가 현재를 지배하며 동기와 필요가 경직된 형식으로 축소될 수 없고, "정부의 단순한 형태는 모두 나쁘다"는 걸, 그리고 인간 본성

---

i Arthur Wellesley(1769~1852): 초대 웰링턴 공작. 워털루 전쟁에서 나폴레옹을 꺾은 장군이자 토리당 정치인으로 두 번이나 총리를 지냈다.
ii John Scott(1751~1838): 초대 엘든 백작. 영국의 법관이자 정치인. 대법관을 역임했다.

의 상당 부분은 세속적인 법들을 넘어선다는 사실을 알았다. 그는 낭만적 재주로 리버풀[i], 애딩턴[ii], 웰링턴과 엘든을 비롯한 옛 토리당 무리 모두를 뛰어넘었다. 그 무리는 현실 안주와 무사안일을 추구했기 때문에 1832년의 의회 개혁이란 큰 소용돌이에 휩쓸려 사라졌다. 젊은 시절 《반자코뱅주의》[iii]라는 잡지를 편집하며 캐닝은 특정한 상황을 고려하지 않고 추상적 개념을 적용하는 자코뱅주의자들의 어리석음을 폭로했다. 압제적 수단으로 각 국가에 정치적 단일성의 원칙을 적용하려고 했던 프랑스 부르봉 왕가 옹호자들을 가장 성공적으로 좌절시킨 외무장관이 캐닝이었다. 영국 정치인으로서 그는 마치 인류가 기하나 대수의 규칙으로 지배될 수 있다는 듯이 정치를 취급하는 공리주의 개혁가들의 어리석음을 따돌리려 노력했다. "인간 본성의 속성을 간과한다는 건 무익할 뿐아니라 단순한 현학에 지나지 않는다"고 캐닝은 선언했다.[14] 소(小)피트(William Pitt the Younger)는 (비록 그는 캐닝의 화려한 재능 중에 상상력이란 가장 뛰어난 재능을 높이 평가하지 않았지만) 젊은 캐닝이 다음 세대의 가장 상상력이 넘치고 정력적인 지도자가 되리라는 것을 알았다. 따라서 그는 모든 수단을 동원해 토리당에서 캐닝을 승진시켰다. 캐닝은 버크와 피트에게서 정치적 지혜를 끌어냈다. 크로커와 엘든 등 옛 토리당의 사려 깊은 인물들도 같은 원천에서 영감을 얻었다. 그러나 캐닝은 변화의 시대에 보수적 원칙들을 어떻게 적용할지 이해했지만 다른 옛 토리 당원들

---

i   Robert Banks Jenkinson(1770~1828): 2대 리버풀 백작. 영국의 정치인으로 1806년 이래 최연소 최장수 총리(1812~1827).
ii Henry Addington(1757~1844): 총리를 역임했던 영국 정치인.
iii 《Anti-Jacobin Review and Magazine》: 영국의 보수적 정치 정기 간행물로 1798년에서 1821년까지 발간됐다.

은 그러지 못했다. 휘그에서 정치를 시작한 캐닝은 볼링브룩이나 기사도 전통에 전혀 빚지지 않았다. 그의 정치는 프랑스혁명과 함께 시작됐다. 토리당 실력자들의 해묵은 불만이나 충절이라는 방해물이 없는 만큼 캐닝은 순수한 민주주의 정체의 위협과 새로운 산업주의의 욕구에 맞서 보수적 지성을 앞세우는 데 훨씬 더 잘 준비돼 있었다.

캐닝의 번득이는 총명함을 토리당의 실력자들은 의심스러운 눈으로 바라보았다. 1785년 이후 거의 공황 상태에 가까웠던 이 실력자들은 칼론[i], 네케르[ii], 튀르고를 생각하며 "혼란스러운 천재들 그 누구도" 원치 않았기 때문이다. 심지어 불굴의 피트도 한때 신중한 개혁에 열중했고, 사회를 바라보는 시각이 대단히 폭넓어서 1793년 이래 모든 억측에 몸서리를 쳤다. 따라서 버크의 『프랑스혁명에 관한 고찰』을 자신의 성경으로 삼고 (콜리지의 말에 따르면) "끊임없이 똑같은 구절을 반복했다. …전쟁으로 우리가 얻는 이득을 개별적 사실로 구체적으로 말하도록 밀어붙이면 캐닝은 답한다. 안전! 범죄를 특정하도록 그에게 요청하면 캐닝은 외친다. 자코뱅주의!" 캐닝은 한 세대 동안 불안에 떨었던 토리당의 신뢰를 얻어야 했다. 대단히 복잡한 과업이었고 한 번도 성취하지 못했다. 토리당의 지도자들은 캐닝의 초라했던 어린 시절과 그의 오만한 야망을 생각하면서 거의 용병대장 같은 모험가에게 자신들을 보호하도록 맡길 수 있을지 의심했다. 그리고 제조업과 상업적 이해를 대변하는 세력들은 그들이 많은 성과를 얻도록 캐닝과 그의 친구 허스키슨[iii]이 도와주었음에

---

i Charles Alexandre de Calonne(1734~1802): 프랑스 정치인이자 프랑스혁명의 주도자.

ii Jacques Necker(1732~1804): 스위스 은행가. 프랑스의 정치인이 되어 루이 16세의 재무상을 지냈으며 프랑스혁명 발발에 기여한 정치·사회적 조건을 만들어냈다.

iii William Huskisson(1770~1830): 영국 정치가이자 재정가. 세계에서 맨 처음 열차에 치여 숨진 사

도, 캐닝의 대담함을 두려워했다. 콜리지는 『Table Talk(탁상 토론)』에서 이렇게 말했다. "이 나라에선 증권 거래나 금융업자의 이해가 하도 강해서 외교위원회에서 그들이 국가의 명예나 정의를 누르고 득세했던 적이 한두 번이 아니다. 캐닝도 이를 예민하게 느꼈고 그도 금융업자들에 맞서 싸우지 못했다고 말했다."

이런 적대적 환경에도 불구하고 캐닝은 외교 분야에서 기적을 이루었다. 그러나 국내 정치에 관한 한 직접적 의미로는 업적이 하나도 없다. 캐닝은 겨우 4개월간 총리로 재직했는데 그나마 휘그당이 용인해주었기 때문에 가능했다. 짧은 총리 재직 기간 동안 통과시킨 법은 옥수수법[i]뿐이었다. 그나마 웰링턴의 영향으로 상원에서는 좌절됐다. 영국 보수당의 역사에 캐닝의 이름이 두드러지게 된 이유는 그가 보수주의자로서 이룩한 업적보다는 다음 세대 보수 정치인들의 모범을 보였기 때문이었다. 토리당의 완고한 지역구 실력자들은 캐닝이 정부를 구성하자마자 그를 버렸다. 당을 이끌려는 대담한 시도들은 그를 육체적으로 힘들게 했고 결국 그것이 때 이른 사망에 이르게 한 원인으로 보인다.

당대에 캐닝보다 더 오해받은 정치인은 없다. 옛 토리당은 꼼짝도 못한 자신들의 처지를 구해낸 캐닝을 배척했다. 캐닝이 자유주의자들의 편으로 넘어가 급진주의자들과 타협하고 궁극적으로 토리당이 모두 사라질 정도로 양보에 양보를 거듭하지 않을까 하는 희미한 두려움에 휩싸여 있었기 때문이다. 그들은 캐닝을 몰랐다. 그는 유약한 동요에 따른 양보나 불편하고 평범한 타협을 받아들일 의향이 어느 정치인들보다 적

람으로 보도돼 유명해졌다.
i   Corn Bill: 옥수수법. 수입 곡물에 관세나 제한을 두어 국내 생산 곡물을 보호하려 했던 법안.

었다. 캐닝은 영국의 옛 헌정 체제의 틀을 그대로 유지하자고 제안했다. 힘 있는 행정부라면 영국 전통의 범위 안에서 모든 강력한 이해 집단들을 만족시킬 방법이 있다고 제시하면서 그 집단들의 지지를 얻으려 했다. 그는 의회 개혁에 반대했다. 선거권을 확대할 필요성을 보지 못했다. 그는 의회선거 후보자의 종교를 제한하는 법(Test and Establishment Acts)을 그대로 유지하려 했다. 그는 추상적 권리라는 주장들과 원자화된 개인주의라는 개념을 토대로 한 공리주의적 계산을 경멸했다. 대신 그는 효율적인 정부를 만들어, 특별한 영향력 때문에 특별한 고려의 대상이 된 계급들이나 이해 집단의 권리를 인정해주고 또 국가의 조직을 촘촘하게 개선해, 버크가 사랑했던 영국을 유지하려 했다.[15]

옛 토리당은 왜 캐닝을 의심했는가? 주요 원인은 두 가지다. 그가 아일랜드에서 가톨릭의 해방을 지지했고 메테르니히, 캐슬레이[i]와 맞서 싸웠다는 이유로 자유주의자들 사이에서 인기를 누렸기 때문이다. 가톨릭 해방의 문제에서 그는 버크와 피트가 추천한 정책 그 이상을 추구하지 않았다. 그러나 조지 3세가 이를 막아버렸다. 가톨릭 해방은 장기적인 효과에서 보자면 건강한 보수였다. 만약 1827년에 그 해방이 채택됐다면 아일랜드와 영국의 역사는 매우 달라졌을 것이다. 새로운 세계가 낡은 세계의 불균형을 시정해야 한다는 요구의 측면에서도 캐닝은 버크의 보수적 사상 체계와 부합하게 행동했다. 캐닝은 또 남아메리카나 그리스 또는 포르투갈에서 혁명적 정신을 후원할 생각은 없었다. 그는 독립이라는 진정한 민족적 의식은 이해했으며, 일단 그 모습을 드러내고 성

---

i Viscount Castlereagh(1769~1822): Robert Stewart, 영국의 정치가. 흔히 캐슬레이 경으로 불리며, 외무상으로 재임(1812~1822)했다.

공적으로 권력을 잡았으면 현실로 인정해주어야 한다고 생각했다. 이를 진압하려는 시도는 실패하게 되며 우호적인 관계가 적절하게 매듭지어지는 쪽보다 오히려 더 보수적 가치를 훼손하리라 믿었다. 이는 버크가 미국 혁명에 적용했던 보수적 원칙과 다르지 않았다. 캐닝이 가톨릭 해방과 4각 동맹[i]을 처리한 내용을 보면 그의 보수주의 이해가 얼마나 심오했는지 알 수 있다. 그러나 이러한 이유로 옛 토리당은 그를 버렸고 그가 죽자 필을 밀었다. 그러나 필은 자유주의자들에게 항복해 캐닝이 생각했던 그 이상의 양보를 내주고 말았다.

이렇게 옛 토리당은 1827년 천재의 지도력으로 구원 받을 기회를 잃어버렸다. 3년 뒤 이를 알았던 그레빌[ii]은 이렇게 썼다. "만약 캐닝이 살아 있다면 이 어려움을 헤쳐 나갔으리라 생각한다. 그러나 그가 지금도 살아 있다면 아마도 우리는 이런 어려움에 처하지는 않았을 것이다. 그는 새로운 시대정신을 이해하고 그곳에 발을 들여놓는 총명함을 지녔으며 그 시대정신의 움직임에 앞서 자신을 가져다두고서 더 이상 그 움직임에 휘둘리지 않는 유일한 정치인이었다. 자유주의의 행진(지금 그렇게 불리듯이)은 막을 수 없었을지 모른다. 캐닝은 이를 알았다. 따라서 그는 자유주의에 반대하기보다는 이끌고 통제하려는 결의가 있었다. (그들의 어리석음이 가져온 결과에서 그들을 구해줄 수 있었던 유일한) 위인의 제거를 그렇게 기뻐했던 바보들은 자신들이 자유주의의 급류를 막았다고 생각했다. 그러나 사실은 자유주의가 그들을 삼켜버렸다."[16] 정치에서 보수주의자

---

i   Quadruple Alliance: 4각 동맹이라고 부르며, 1815년 파리에서 영국, 오스트리아, 프러시아, 러시아가 맺은 조약. 이들은 1813년 프랑스에 맞서 처음 동맹을 맺었다.
ii Charles Cavendish Fulke Greville(1794~1865): 영국의 작가.

가 지닌 약점의 하나는 대단히 많은 지지자들이 선입견과 규범에 따라 행동하기 때문에 대담한 구상과 왕성한 능력 앞에서 뒷걸음치는 경향이 있다는 점이다. 캐닝은 바로 이런 한심한 유약함 때문에 무너졌다. 캐닝은 영국이 재산권과 주민들 사이의 거대한 투쟁이 벌어지기 직전이라고 선언했다. 오직 온건하고 자유주의적인 입법만이 그 투쟁을 피할 수 있다는 사실을 알았던 캐닝이 죽어버렸다. 그 이후 선거 제도를 개혁하는 법안의 통과와 공리주의 사상의 승리는 불가피해졌다.

그러나 캐닝이 살았다고 생각해보자. 그리고 당시의 실력자들인 필과 웰링턴, 뉴캐슬[i], 노섬버랜드[ii] 등의 지지자들을 독창성과 웅변술로 캐닝이 모두 사로잡았다면 사건의 전개는 달라졌을까? 개혁법[iii]은 1832년이 아니라 1839년이나 1842년에 통과되지 않았을까? 농업 이해 집단이, 점점 커져가는 산업 이해 집단에 압도되지 않았다면 캐닝은 무엇을 했을까? 영국 사회가 순수한 민주주의(캐닝의 표현에 따르면 "독재와 무질서가 뒤섞인")로 나아가 토리를 어깨로 밀어젖히지 않았다면 누가 이끌든 간에 벤담의 이상이라는 평등으로 행진할 수 있었을까? 19세기 내내 보수주의는 당시 세계를 지배하던 두 군대, 산업주의와 민주주의의 진격을 지연시키려 노력해왔다. 18세기 교역의 개선, 의료와 위생의 진보에 따라 유럽 인구의 급격한 증가가 초래됐던 만큼 새로이 늘어난 사람들까지 먹고살려면 효율적인 산업주의는 불가피한 결과가 아니었을까? 교육과 개

---

i Henry Pelham-Clinton(1785~1851): 4대 뉴캐슬(Newcastle) 공작으로 영국 귀족. 1820년대와 1830년대 영국 정치를 선도한 중요 정치인.

ii George Percy(1778~1867): 5대 노섬버랜드(Northumberland) 공작으로, 영국 토리당 정치인.

iii 1832년 개혁법은 인구수에 따라 선거구를 조정하고 투표권을 확대했다. 선거인 수는 50만 명에서 81만 3천 명으로 늘었다. 어린아이와 여성을 포함한 전체 인구 1천 4백 만의 5.8% 정도로, 성인 남성 5명 중 1명꼴이었다. 당시 독일의 바덴은 전체 국민의 17%였고 프랑스는 5%가 유권자였다.

인적 판단의 자유, 자유로운 계약이라는 특권이 보편화된 다음엔 신분과 존숭의 사회는 민주주의 정체로 대체될 수밖에 없지 않았을까? 만약 이런 전제들이 인정된다면 보수주의는 운명의 끝자락에서 그저 헛되이 발버둥치는 꼴이 아니었을까?

이런 질문들은 단순히 수사에 그치지 않는다. 분명히 1740년에서 1820년까지 영국 인구는 두 배로 늘었다. 주로 기계에서 새로운 생산성의 원천을 발굴해야 했다. 확실히 교육이 대중화되고 경제생활에서 계약적 요소가 확장되면서 새로운 이해 집단에 권위 행사의 일정 부분을 떼어주지 않을 수 없게 됐다. 그러나 영국 사회를 압도했던 변화가 반드시 그런 형태로 나타날 이유는 없었다. 보수주의자들은 전통적 생활의 형태 안에서 변화를 유지한다는 고귀한 의무를 주어진 능력의 범위 안에서만은 충실히 해냈다. 보수주의자들의 집요한 반대가 없었다면 현대의 산업화되고 평등해진 국가는 바라보기 힘든 공포가 되었을지도 모른다. 그리고 버크와 그의 제자들 중 뛰어난 이들은 사회의 변화가 자연스럽고 불가피하며 이롭다는 사실을 알았다. 정치인은 개선의 전체적인 흐름을 막으려 헛되이 투쟁해서는 안 된다. 왜냐하면 자칫 신의 섭리를 반대하는 셈이 될 수도 있기 때문이다. 대신 정치인의 임무는 개혁과 규범적 진실을 조화시키고 새로움이라는 물길을 관습의 운하로 돌리는 데 있다. 캐닝은 자신이 실패했다고 생각할지 몰라도 이 보수주의자는 인류의 위대하고 신비스러운 결합체에서 자신의 운명적 과업을 실행했다. 그 결과 그가 사랑했던 옛 방식을 그대로 보존하지는 못했을지라도 새로운 방식의 추한 모습은 대단히 많이 수정했다.

캐닝은 자신 앞에서 커져가던 산업화와 민주주의의 열기가 그 힘과 방향을 수정하도록 그렇게 행동했다. 디즈레일리는 캐닝의 모범을 통해 이런 신중함의 능력을 어떻게 사용해야 하는지 배웠다. 캐닝이 직접 마주친 민주주의 문제는 의회제도 개혁이고, 산업주의의 직접적인 문제는 옥수수법이었다. 이 모든 문제의 대처에서 캐닝은 버크의 방법에 따라 계획을 세웠고 이렇게 말했다. 영국의 헌정 체제는 "세계가 이제껏 본 최선의 정부 형태다." 따라서 그는 절대 평등, 절대 권리라는 추상적 개념으로 영국의 헌정 체제를 뒤집으려는 시도를 막으려고 자신의 모든 능력을 동원하겠다는 결의를 다졌다. 부, 능력, 지식, 신분이 있어야 사람은 공직에 나갈 자격이 된다. 그들이 지배하는 나라는 서로 돕고 보호하는 위대한 공동체다. "다양한 질서와 계급을 존중하고 유지하며, 사회의 공정하고 정당한 계층화를 인정할 뿐 아니라 절대적으로 그 위에 사회를 건립한다." 영국 정체의 특질은 이웃이라는 개념에 입각한 공동체의 정신이다. 도시, 교구(敎區), 읍구(邑區), 동업자조합(guild), 전문직 종사자, 상인들은 국가를 구성하는 공동체들이다. 선거권은 옳은 판단을 할 자격이 있는 사람들과 계급에만, 특정한 공동체의 의미 있는 회원들에게만 주어져야 한다. 만약 투표권이 보편적이고 누구에게나 주어지는 권리라면 시민들은 존중할 만한 공동체의 구성원이 아니라 단순히 정치적 원자가 되고 만다. 그럴 경우 곧 이 이름 없는 유권자 군중은 "귀족의 무늬가 새겨지고 왕관을 머리에 쓴" 순수한 민주주의 정체로 전락하고 실제로는 선동과 평범함이 왕위에 오르는 셈이 된다.

　인간이 진정으로 추구하고, 추구해야만 하는 것은 스스로를 통치할 권리가 아니라 잘 통치받을 권리다. 효율적이고 정당한 행정부로 정치적이거나 경제적 불만을 적극적으로 찾아내고 치유하면 영국의 유사 귀족정치 헌정 체제는 영원히 지속될 수도 있다. 캐닝은 이렇게 말했을지 모른다. 만약 정부 전체는 허스키슨이 관리하고, 자신은 식민지를 관장하는 기관들[i]을 운영했으면 선거권의 확대를 요청한 급진주의자들을 지지하는 목소리가 그리 커지지 않았을지 모른다고 말이다. 사회적 변화에 따라 때때로 새로운 사람들의 추가적인 정치권력 참여는 불가피하다. 그러나 그 단체가 기여하는 특별한 장점에 따라 고려되어야 한다. 자연에 존재하지 않는 "권리"를 획득하려는 개인들에게 주어져서는 안 된다.

캐닝이 토리 안에서 영향력을 행사했기 때문에 급진주의자들은 개혁의 열기를 그다지 많이 부추기지 못했다. 캐닝이 있든 없든 조만간 의회의 개혁 조치는 일부 이루어졌어야 했다. 그러나 캐닝과 그의 무리가 1830년대 의회를 지배했다면 아마도 의회 개혁법은 복잡하고 현명한 조치가 되었으리라 보인다. 캐닝은 역사적 뿌리나 진정한 효용성을 무시하면서 오래된 선거구나 권리를 철폐하거나 임의의 경제적 고려 때문에 대규모 군중에게 갑작스레 선거권을 인정하는 대신 헌정 체제를 이리저리 잘라내고 뜯어고치는 방법을 동원했을 것이다. 캐닝 자신과 그에 앞서 버크나 햄프던[ii]의 출신 선거구였던 버킹엄셔(Buckinghamshire)의 웬도버(Wendover) 선거구가 1832년 공리주의 개혁 입법의 결과로 사라졌다. 그와 더불어 더 큰 무엇, 수많은 반점 같은 개별 인간들의 견해가 아니라 공동체의 이해를 대변한다는 전체적인 개념도 개혁 입법의 결과로 휩쓸려 사라졌다. 디즈레일리는 마을과 종교 단체, 경제 전문직들의 정신과

---

i Board of Trade: 식민지의 농업과 상업을 관장하는 위원회로 만들어졌으나 나중에 정부 부처가 됐다. Board of Control: 인디아 청으로도 불리며 18세기부터 19세기까지 동인도 회사의 업무를 관장했다.
ii Richard Hampden(1631~1695): 영국의 휘그당 정치인.

필요를 표현하는 수단이라는 취지에서 마련됐던 의회대표제 개념을 되살리려고 시도했다. 그러나 아무것도 이루지 못했다. 1867년 무렵 영국의 정치의식 속에 이미 자유주의의 개인주의적 교리가 워낙 깊숙이 침투했기 때문이다.

농업과 기계화된 산업이 서로 대립하게 되자 캐닝은 1827년 옥수수법을 제안했다. 비록 입법에 성공하지 못했지만 이 법안은 장기적 안목으로 농지와 공장이 서로 관용할 수 있는 균형점을 약속했다. 캐닝과 허스키슨의 폭넓고 인내심 있는 정치경제학을 감안할 때 토리당은 반대당의 꽤 많은 사람들을 설득할 수 있었을지 모른다. 농업의 번영, 건강한 지주계급, 대규모 농촌 인구가 맨체스터(Manchester), 리즈(Leeds), 버밍엄(Birmingham), 셰필드(Sheffield)의 굴뚝 못지않게 영국의 미래에 중요하다고 말이다. 온건한 보호 의무의 지혜가 인정되어서 영국의 농촌은 지난 백 년간 약간의 혼란만 겪었을지 모른다.[17] 그러나 1828년 웰링턴과 토리당 지도자들은 옥수수법을 부결하여 몇 년간 잠시 독점적 지위를 유지하는 메마른 승리를 택했다. 그 뒤로 등장한 필은 생각이 깊지 않아서 자유주의자들의 자유무역 이론에 일종의 정신적인 삼투 현상을 거쳐 굴복하게 된다. 자유무역 정책을 주장하는 코브던[i]과 브라이트[ii]가 모든 사람을 제압했다. 영국은 세계에서 가장 산업화된 국가가 됐다. 인구는 위험할 정도로 증가했고 멋과 아름다움은 슬플 정도로 쇠락했다. 시간이 갈수록 점점 더 국가의 분위기는 탄광업과 철강업으로 성장한 지

---

i Richard Cobden(1804~1865): 영국의 기업인이자 급진 자유주의적 정치인. 자유무역의 주장자였다. 반곡물법동맹(Anti-Corn Law League)과 영불통상조약(the Cobden-Chevalier Treaty)을 주도했다.
ii John Bright(1811~1889): 퀘이커. 영국의 급진적 자유주의 정치인으로, 당대의 명연설가로 자유무역 정책을 주장했다.

역인 블랙컨트리[i]와 또 팽창하는 항구들이 좌우했다. 그러나 정작 영국의 정치적 안정, 영국의 문학, 영국의 매력을 키웠던 주체는 농촌의 교구들이나 예쁘장한 마을들이었다. 엄청난 인구가 1840년대 이래 무산계급의 처지로 전락했다. 디즈레일리와 농업 이해 세력의 저항에도 불구하고 이 흐름을 바꿀 수는 없었다. 그러나 캐닝이 있었을 때는 무엇인가 가능했을지 모른다. 영국은 프랑스, 독일 미국처럼 비교적 균형 잡힌 경제를 유지할 수도 있었다. 그랬다면 그것은 보수주의자의 훌륭한 업적이 되었을 것이다. 그러나 시간은 어느덧 흘렀다. 옛 자연적 이점은 줄어가고, 경쟁은 갈수록 치열해지는데 영국의 산업 인구가 어떻게 20세기의 마지막 10년을 살아갈지는 아무도 모른다.

그러나 이미 엎질러진 물이었다. 캐닝은 적어도 보수주의자가 할 수 있었던 가장 계몽되고 날카로운 저항의 선을 제시했다. 캐닝은 보수주의에 유연한 마음과 폭넓은 목표를 심어주었다. 그 덕에 영국의 보수주의자들은 지난 175년간 끈질기게 또 비교적 일관된 정책을 유지할 수 있었다. 역사상 이보다 더 길게 지속된 정당은 없다.

3. 콜리지의 철학적 보수주의

"건전한 분별력이여, 대중적으로 인기 있는 철학과 철학자연 하는 조무래기들로부터 우리를 해방시켜 주소서!" 콜리지는 『Lay Sermons(평신도의 설교)』에서 이렇게 말했다. 이 내향적인 인물은 순환도서관과 정기

---

i Black Country: 영국의 서쪽 미들랜드 지역. 산업혁명기에 영국에서 가장 산업화된 곳으로 이름 높았다. 석탄 광산, 철강 산업 등으로 매연을 많이 배출했다.

간행물의 목록에 등장하지 않았고 널리 읽히지도 않았다. 왜냐하면 의도적으로 널리 유행이 된 관념들이 1789년 유럽을 불태운 이데올로기가 되었기 때문이다. 만 명이 한 목소리를 낸다면 그것은 진정으로 한 정신의 목소리다. 그러나 그 소리가 신의 말인지 악마에 사로잡힌 외침인지는 사제와 철학자들이 판가름해야 할 문제다. 이를 알았던 새뮤얼 테일러 콜리지는 사람들의 지도자가 되려 하지 않았다. 그의 철학이 대중적으로 인기를 얻게 될 위험성은 전혀 없다. 그의 철학은 발작적으로 또 뒤죽박죽 표현됐으며, 설득력의 측면에서는 19세기 개혁가들보다는 17세기 사제들의 분위기를 띠었기 때문이다. 비록 영어라는 언어의 탁월한 대가였으나 콜리지의 글(철학적 정치적 저작들에 국한해)은 벤담의 논문처럼 많이 읽히지는 않았다. 콜리지는 쓰면 쓸수록 제자리를 맴돌았으며 현학적이어서 때로는 앞뒤가 맞지 않는 이야기가 되어버렸다. 왜냐하면 콜리지는 측량할 수 없는 정신이라는 측면에서 이데아를 이야기하는 반면 벤담은 물질이라는 측면에서 통계를 이야기했기 때문이다. 산업주의자와 기업인들의 시대는 벤담이 말하는 방식만 이해할 수 있었다.

그러나 하이게이트(Highgate)에 은둔했던 이 몽상가는 런던대학을 창립한 괴짜, 제레미 벤담 그 이상이었다는 점을 궁극적으로는 증명했을지 모른다. 존 스튜어트 밀은 콜리지와 벤담에게서 19세기의 위대한 독창적 지성을 보았다고 선언했다. 비록 존 스튜어트 밀은 벤담과 제임스 밀의 공리주의 법통을 이은 계승자이지만 젊은 밀은 대부분의 경우 콜리지에 더 공감했다고 말했다. 철학적 급진주의가 집산주의[i]라는 위

---

i 토지나 생산을 국가가 관리하는 것.

험한 늪[i]에 빠져 곤경에 처한 요즘에 와서 돌이켜 보면, 19세기 내내 서로 싸워온 두 학파의 토론장에서 마침내 그의 관념적 전제와 시적 직관이 우위를 차지한 것으로 보인다. 벤담은 그의 논리 체계를 로크와 하틀리[ii]의 건조한 기계적 합리주의와 계몽주의 철학자들의 냉소적 회의주의 위에 세웠다. 콜리지는 고대 기독교 신학자들과 플라톤을 고수했으며, 18세기가 계몽주의자들로 가득 찼음에도 불구하고 정작 계몽은 전혀 없던 시절이었다고 선언했다. 벤담의 철학은 부정을 중심으로 이루어졌으나, 콜리지의 철학은 희망을 중심으로 세워졌다. 파괴적인 철학의 즉각적인 인기가 얼마나 컸는지 몰라도 문명의 구조 자체가 해체되지 않는 한 장기적으로는 긍정의 철학이 승리하게 된다.

철학자 콜리지는 영국 기독교 사상사에 당당히 한 자리를 차지한다. 그는 후커, 밀턴, 케임브리지 플라톤학파[iii]의 철학자들, 버틀러[iv], 버크가 다양한 형태로 고수해온 전통을 이어받았다. 그에 비해 칸트(Kant)와 슐레겔의 저작이 미친 영향은 상대적으로 적었다. 존 스튜어트 밀은 콜리지의 형이상학 체계가 독일에서 수입됐다고 가정하는 실수를 저질렀다. 콜리지의 형이상학을 여기서 논하기엔 부적절하지만 콜리지의 사상을 명석한 배질 윌리가 아주 짧고 간략하게 요약했다.[18] 존 스튜어트 밀의 구절을 차용하자면 벤담은 어떤 주어진 견해를 생각할 때마다 "이게 참인가?" 하고 물었지만 콜리지는 같은 상황에서 "그게 무슨 뜻이지?"라

---

i Serbonian Bog: 세르보니아 습지. 이집트 나일 강변 습지로 모래바람이 불어 단단한 땅처럼 보인다. 비유적으로는 풀기 어렵게 꼬인 상황을 지칭한다.
ii David Hartley(1705~1757): 영국의 철학자이자 심리학의 관념연합론 학파 창립자.
iii Cambridge Platonists: 17세기 중반 캠브리지대학의 신학자 철학자 그룹으로, 주요 인물은 랄프 커드워스(Ralph Cudworth)와 헨리 모어(Henry More)가 있다.
iv Joseph Butler(1692~1752): 영국의 주교. 신학자이자 철학자.

고 물었다고 한다. 이는 버크의 유산이다. 버크는 선입견을 선입견이라는 이유로 비난하지 않고 인류가 내린 집단적 판단으로 간주해 정밀하게 살펴서 그 안에 담긴 의미를 명료하게 만들려고 노력했다. 벤담은 확실성이 과학적 분석과 통계학적 방법으로 확보된다고 믿었다. 그러나 콜리지는 어떤 의견이 "참"인지 아닌지의 문제를 추상적 근거로는 결코 답할 수 없다고 주장했다. 그는 그런 문제를 인류에게 주어진 구체적 상황에서 따로 떼어내 다룰 수 없다고 했다. 모든 옛 견해에는 그 나름의 진실이 있기 때문에 우리는 오히려 그것을 이해하고 설명하려고 노력해야 한다는 것이다. 신앙과 직관이 결여된 이해로는 인간이 결코 현명해질 수 없기 때문이다. 콜리지는 이해와 이성을 구분했다. 이해는 단순히 반추하는 능력으로 오류의 가능성이 있는 감각과 물리적 지각에 의존한다. 반면 이성은 직관과 초감각적 기관의 힘을 사용하는 더 우월한 능력이다. 이해는 수단에 관심이 있지만 이성은 목적에 관심이 있다. 철학적 급진주의자들은 육체를 초월한 지식 전체를 고려 대상에서 제외한 채 인간을 무신론과 죽음의 철학에 묶어 육체의 삶을 견딜 만하게 만드는 정신의 삶을 지워버리려 한다. 인류의 더 고상한 본능을 삭제하기 시작한 사람은 데카르트(Descartes)와 로크였다. 벤담은 이를 더 확장해 신이 없고 목적이 없는 결정론이라는 궁극으로 가져갔다.

성실한 통계학자들은 과학을 관찰 가능한 현상의 지루한 기록으로 만들어버렸다. 그런 통계학자들보다 플라톤이 더 많은 걸 알았다. 인간은 스스로 움직이지 않는다. 인간은 하틀리의 관념연합론이라는 우스꽝스러운 도구에 의지해 도덕적 존재가 되려고 힘들게 나아가지 않는다. 아니, 인간은 이데아들을 통해 작용하는 자기 자신 밖의 힘에 의지해 앞으로 끌어당겨진다. 이데아[i]는 변하지 않는 정신적 진실로 직관이라는 능력을 통해 인간에게 전해진다. 종교적 신앙의 교리들, 도덕의 원칙들, 수학의 규칙과 순수과학의 법칙들은 직관(인간마다 그 강력한 정도는 차이가 난다)을 통해 이해된다. 그 밖의 다른 어떤 수단으로도 이 지식은 획득되지 않는다. 이데아들은 단순한 이해가 도달할 수 없는 영역이다. 잘 이해됐거나 그릇되게 이해된 이 이데아들이 세계를 지배한다. 벤담의 지성이나 정치경제학자들의 지성은 유용하지만 제한된 이해를 넘어선 경지에 도달하지 못한다. 따라서 이 지성은 보편적 진실을 획득하지 못하고 오직 특별한 수단과 방법만 얻을 뿐이다. 이해를 제한하는 신앙(신앙은 이성의 산물이다)이 없으면 인간은 우선 정신의 죽음에 굴복하고 그 다음 육체의 죽음에 굴복한다. 콜리지는 『Lay Sermon(평신도 설교)』 2권 서문에서 공리주의자를 무한히 많은 원인과 결과들을 심각하게 걱정하면서 떠드는, 눈이 침침한 늙은 철학자로 그렸다. 그러나 알고 보면 이들은 앞사람의 코트 자락을 잡고 확신에 차서 줄 맞추어 힘차게 전진하는 장님들에 지나지 않는다. "누가 제일 앞에서 이들을 인도하는가?" 콜리지가 물었다. 그러고는 그 경멸에 찬 현인은 이렇게 답한다. "아무도 없다. 장님의 줄은 시작도 없이 끝없이 계속된다. 왜냐하면 한 사람의 장님은 반드시 비틀거리겠지만 무한한 맹목성은 시력의 부족을 충분히 보충해주기 때문이다."[19]

---

i 이데아론: 플라톤이 처음 주장한 형이상학 이론으로, 이데아는 현상 세계 밖의 세상이며 모든 사물의 원인이자 본질이다. 현상 세계에서는 모든 사물이 낡고 사라지지만 이데아는 시간이 흘러도 그 모습이 변치 않는다. 현상 세계의 사물들은 궁극적으로 이데아가 되고자 한다. 이데아는 오로지 인간의 이성으로만 알 수 있으며, 원래 인간이 있었던 곳이다. 그런데 플라톤은 인간이 현실 세계로 오면서 레테의 강을 건너 이데아 세계의 기억을 상실했다고 주장한다.

콜리지는 이 이론이 두 개의 머리가 있는 미신의 또 다른 얼굴이라고 선언한다. 모든 종류의 생명체는 자기 자신에서 시작되지 않는 힘으로 생명력을 얻는다. 그들은 생명력을 끌어내며 발전한다. 광대하고 신비로운 존재 사슬의 가장 낮은 고리에서도 비록 별로 두드러지지는 않지만 개별적 특성을 지니려는 노력이 있다. 그러나 이는 단순한 자연에서는 거의 사라진다. 그보다 조금 더 높은 곳에서 개별자는 명백해지고 구분되지만 인간적인 그 무엇보다는 아래다. 마침내 동물이 인간 본성의 가장 낮은 힘에 동등한 정도로 부상한다. 인간의 어떤 자연적 욕구들은 지구상에서 인간이 가장 완벽한 상태일 때 더 고매한 힘의 행사라는 수단으로만 남는다."[20] 목적과 의지는 신에게서 비롯된다. 이 의지가 우리 인류를 창조했고 우리의 이해를 넘어서는 방법으로, 우리 이성조차 명료하게 이해하기 힘든 목적으로 인류를 인도한다. 신의 섭리는 나약한 육체의 본능과 직관을 통해 행동한다. 이렇기 때문에 물질주의자, 기계론자(유물론자), 공리주의자를 인생의 목적에서 안내자로 삼는 사람은 희망이 없는 바보다.

앞서 그의 형이상학 교리를 축약하는 과정에서는 충분히 표현되지 못했지만 콜리지의 빛나는 신앙과 명철한 지성은 영국의 종교적 확신을 소생시키는 주요한 힘이 된다. 영국의 종교적 확신(감리교파의 반지성적 소동을 제외하면)은 18세기 합리주의의 손에 무참히 뚜드려 맞아 지치고 야위어갔다. 콜리지는 키블[i]과 뉴먼[ii]의 길을 앞서서 걸어갔다. 종교적 신앙심과 존숭을 흄의 초월적 형이상학에서 되살려냈고 옹호하기 힘든 성경

---

i   John Keble(1792~1866): 영국의 성직자이자 시인.
ii John Henry Newman(1801~1890): 영국 종교 역사에서 중요한 인물로 가톨릭 추기경이자 신학자.

의 광신에 맞서 관념론의 요새로 성직자들을 인도했다. 그는 오히려 버크보다 한발 더 나아가 종교와 정치가 불가분하며 하나가 쇠락하면 다른 하나도 쇠락한다는 사실을 보여줬다. 도덕적 질서의 보호는 정치적 질서의 보호와 일치해야 한다. 기독교의 교회는 ("운이 좋은 사건"으로 교회 그 자체의 이데아와 동일하지는 않고 그 한 형태일 뿐이다) 단순히 국가와의 협력 관계에 있지 않고 국가와 하나의 통일체를 형성한다. 편의와 편리함을 고려해 정부의 실제적 작동과 교회의 권위를 나눌 수 있지만 그 뿌리에서는 교회와 국가가 언제나 하나로 합쳐진다. 사회는 국가와 교회의 두 가지 요소가 발달하지 않으면 존재할 수 없다.

이제 콜리지의 사회적 보수주의를 살펴보자. 그는 단순히 "정치적 기독교인"이 아니었다. 콜리지는 원자적 개인주의와 벤담의 통계적 유물론을 공격했다. 왜냐하면 공리주의가 국가를 신성화하는 종교를 믿을 수 없다고 설득하는 데 성공한다면 질서라는 개념 자체가 말살되리라는 것을 알았기 때문이다. 또한 인간은 그저 결합된 감각의 덩어리일 뿐이라는 공리주의자들의 주장을 사람들이 믿게 되면 인류는 그 자신의 초자연적이고 영원한 희망과 목적에 눈을 감게 된다는 사실도 알았다. 순수한 민주주의자는 실질적인 무신론자다. 그들은 영적 위계질서의 신성한 성립과 법의 신성한 본질을 무시한다. 그들은 인류를 소멸시키려는 악마적 힘의 무의식적인 도구가 되고 만다. 인간 삶의 무한한 다양성과 경건한 신비를 유사 수학적 원칙인 최대 다수의 최대 행복으로 축소해버리면 지상의 세계엔 좀도둑들의 폭정을 세우고 정신의 세계에선 고독이라는 지옥을 수립하는 셈이다. "당신의 행복한 기분이 나를 비참하게 만들 수 있다. 따라서 가능한 한 많은 사람에게 좋은 일을 많이 하겠다는 건 인간이 스스로에게 제안할 수 있는 대단히 훌륭한 목적이다. 그러나 이웃의 생각과 매우 다른 당신의 특별한 견해를 위해 다른 사람의 진정한 미덕과 행복을 희생하지 않으려면, 당신은 우리 모두의 이성이 모두에게 바람직하다고 선언하는 그 미덕을 남에게 베풀어야 한다. 이래서 당신의 훌륭한 공리는 단순히 자명한 이치일 뿐이라는 점에서만 진실이다."21 철학적 급진주의자들이 직관적 이성의 존재를 거부할 때 무엇이 옳고 그른지 판단할 기준을 상실하게 된다. 따라서 어떻게 다른 사람들에게 좋은 일을 할 수 있는지, 또 자기 자신에겐 무엇이 좋은 일인지 알 방법이 없다. 인간의 정치는, 중뿔난 개혁가의 정치는 그들의 종교에 달려 있다.

콜리지는 형이상학과 신학에서 가장 중요한 기여를 하고 난 다음 매우 자연스럽게 『Aids of Reflection(성찰의 도움)』(1825)과 "『The Constitution of Church and State(교회와 국가의 헌정 체제)』(1830)라는 종교적이고 정치적으로 중요한 저술을 하게 된다. 콜리지의 마음속에서 종교와 사회는 분리된 적이 없었다. 프랑스혁명에 열광했던 젊은 시절에도 그랬다. 1817년과 1818년 『Lay Sermons(평신도의 설교)』를 출판했을 때 이미 국가는 오직 종교적 감수성의 기원(祈願, invocation)을 통해서만 유지될 수 있고, 도덕적 정수를 의식하는 국가의 생존만이 교회를 유지시킨다는 사실을 알았다. "그는 이 두 가지 이유에서 자신의 온몸을 다 바쳐 토리와 보수주의의 견해를 지지했다. 첫째, 일반적으로 그는 자유와 진실이라는 대의명분이 민주주의 정신으로 심각하게 위협받는다고 확신했기 때문이다. 그런 민주주의 정신은 날마다 맹렬하게 성장했고 그 결과 분명히 폭정이 곧 닥친다고 그는 판단했다. 둘째로 영국국교회는 그가 사랑하는 국가를 지탱해주는 신성한 존재인데 그 존재를 없애버리겠다는 신념을 공개적으로 지지한 사람들과 휘그당이 하나로 뭉치려 한다고 보았기 때문이다."[22] 헨리 넬슨 콜리지[i]의 말이다.

통찰력을 발휘해 크레인 브린턴은 보수주의자를 세 가지 부류로 구분 지었다. 사전적 보수주의자는 현실을 있는 그대로 받아들인다. 육체적 보수주의자는 자신이 사는 시대의 변화를 경멸하며 과거를 이상적으로 생각한다. 철학적 보수주의자는 정치에서 인간의 행동에 적용하는 일관되고 영원한 보편적 법칙을 이해하려고 한다.[23] 콜리지는 버크의 제자로서 마지막 형태의 보수주의자를 고상하게 대변한다. 이데아에 기초한 그의 체계적인 보수주의 설명은 『Lay Sermon(평신도 설교)』와 함께 시작한다.

나폴레옹 전쟁의 종말에 이어 경제적 불황기가 깊어진 시기에 쓰인 그 책은 벤담주의자들의 급진주의에 맞서 초연히 일어서라고 귀족과 중산층에게 호소했다. 이데아가 없는 어떤 질서도 지속될 수 없다. 현재의 불만 속에서 사회를 이끄는 사람은 원칙에 맞게 편의를 보강해야 한다. 이데아가 없다면 "경험 그 자체는 과거에 홀려 뒤로 걷는 외눈박이일 뿐이다. 이런 외눈박이의 경험이 그 숭배자를 실질적인 시대착오로 이끌지 않는다면, 현재와 같은 시대에 우리는 두말할 필요 없이 물질적 여건과 우발적 사건들이 운 좋게 맞아떨어지는 덕을 보는 셈이다."[24] 콜리지는 원칙을 탐구하는 자세에서 버크보다 아마 한 발 더 나아갔다고 보인다. 그는 역사가 우리의 안내자로 충분한지 의심했다. 그래서 과거의 지식에만 전적으로 의지해서는 안 되며, 정치의 목적, 즉 신의 섭리가 국가에

---

i Henry Nelson Coleridge(1798~1843): 새뮤얼 테일러 콜리지의 조카로 그의 글을 편집했다.

운명 지어준 그 목적을 추구해야 한다고 생각했다. 그리고 이 목적은 오직 사회의 이데아에서만 확인되며 인간은 그것을 직관으로 희미하게 볼 수 있을 뿐이다. 콜리지는 정치적 이데아를 그릇되게 파악한 게 프랑스 혁명의 주요 원인이었다고 보았다. 오직 진정한 이데아 이해만이 영국을 평등화의 오류에서 구해준다고 생각했다. "인간 대부분에게, 심지어 문명화된 나라에서조차 사변철학은 지금까지 미지의 땅이었고, 앞으로도 그렇게 남아 있을 것이다. 그러나 마찬가지로 기독교 세계의 모든 획기적 혁명들은, 종교 혁명과 그에 따른 국가의 시민적, 사회적, 국내적 관습은 형이상학적 체계들의 흥망과 일치했다. 사회라는 기계는 아주 적은 수의 사람이 통치한다. 따라서 그들이 예견했던 일의 직접적인 결과보다는 간접적인 결과들이 비교할 수 없을 정도로 더 많고 더 중요하다." 이데아를 이해하려고 노력할 때, 우리는 심오한 신중함을 발휘해야 한다. 왜냐하면 실제적 관심사를 추상적인 논의와 혼동한 게 자코뱅주의자들의 가장 큰 잘못이었기 때문이다. 자코뱅주의자들은 "전적으로 경험과 이해에 속한 대상에 추상적 이성을 잘못 적용했다."

콜리지는 계속해서 말한다. 현재의 불만 상태를 신중하게 분석하면 국가적 어려움의 원천은 "견제 세력의 결여나 맞서는 힘의 약화로 지나치게 무거워진 상업적 정신"에 있다는 사실을 알 수 있다. 적절하게 이뤄지는 상업 그 자체는 국가에 꼭 필요하다. 그러나 공리주의적 정신은 고삐 풀린 탐욕으로 퇴락해왔다. 상업을 견제하는 도덕은 "좀 더 금욕적 연구들을 대체로 무시했기 때문에 훼손됐다. 오랜 기간 불길하게 철학이 퇴락하고 그 존경할 만한 이름을 형이하학적이고 심리적 경험론이 찬탈한 사실, 그리고 아마도 유일하게 무해한 형태의 국가 안의 국가

(imperium in imperio)라 할 만한 철학적이고 박식한 대중의 부재 등도 상업에 대한 도덕적 견제를 훼손했다." 탐욕스러운 투기에 맞섰던 옛 귀족적 선입견들은 쇠락했고, 급진적 비국교도 파벌 때문에 (탐욕을 금했던) 정통 기독교 신앙이 침식됐으며, 하일랜드 소작농 퇴거[i]가 발생했고, 농업은 고약한 돈벌이 수단 정도로 타락했다. 이처럼 대규모로 게걸스럽게 이익에만 집중했던 구체적 측면들은 우리의 가치 혼동이라는 죄를 보여주는 수많은 예에 속한다. 어떤 정치경제학자는 콜리지에게 말했다. "이런 혁명으로 더 많은 식량이 생산되고, 그 양고기를 어디선가 누군가 먹는다면 도대체 나쁠 게 없지 않은가? 만약 글렌코(Glencoe)나 트로서크스(Trossachs)의 두 사람 대신 맨체스터(Manchester)에서 세 사람이 먹을 수 있다면 인간의 기쁨이라는 저울은 농업혁명을 선호한다." 이에 "직공들"이 공장들을 오가는 모습을 지켜보던 콜리지는 말했다. "인간은 여전히 그 무게를 재야지 숫자를 세어선 안 된다고 생각한다. 그들의 가치는 반드시 그들의 고마움을 최종 평가한 무게여야 한다."

농업의 운영은 국가의 운영처럼 대의명분과 목적이라는 지식을 필요로 한다. 농업의 원칙은 교역의 그것과 같지 않다. 그리고 지주의 권리에는 그 의무도 따른다. 농업의 최종적 대의명분은 국가의 최종적 대의명분이다. 국가에는 두 가지 소극적 목적이 있다. 하나는 그 자체의 안전이고, 다른 하나는 사람과 재산권의 보호다. 이에 나란히 세 가지 적극적인 목적이 있다. 각 개인의 생계 수단을 더 쉽게 만들어주는 일이 그 하나다. 다른 하나는 모든 사람에게 그 자신과 자녀들의 삶의 조건은 앞으

---

i Highland Clearances: 18~19세기 스코틀랜드 고지의 소작농을 쫓아내고 대신 대규모 양 목장을 만들어낸 일련의 사건.

로 계속 나아진다는 희망을 확실히 주어야 한다. 마지막으로 모든 사람이 이성적이고 도덕적 존재로서의 인간성을 유지하는 데 필수적인 자질을 개발해주어야 한다. 이런 목적을 안다면 우리는 우리가 걸어가는 경로를 개혁하고 우리의 조치를 고쳐야 한다. 그리고 우리 자신을 더 나은 사람으로 만들어야 한다. "우리가 치유할 수 없다면 완화하자. 안도할 수 없다면 위로하자. 그 나머지는 예언자의 입을 통해서 나온 왕 중의 왕의 약속, 물길이 닿는 곳마다 씨를 뿌리니 너희는 축복받았다는 약속에 의지하자."

비록 콜리지는 인정 많은 복지국가를 바라던 사우디의 열망을 공유하지는 않았지만 모리스[i]나 킹슬리[ii]의 기독교 사회주의의 씨는 슬쩍 내보인다. 콜리지는 제조업은 규제되어야 한다고 말했다. 그렇지 않으면 사회 모든 계급의 도덕적 개선, 물질주의적 이론에서 그들을 되찾아오는 일과 그들에게 부과한 기독교 교육에 개혁의 희망이 좌우된다. 그러한 도덕적 부활이 마땅히 취해야 할 형태는 『The Constitution of the Church and State, According to the Idea of Each(각각의 이데아에 따른 교회와 국가의 헌정 체제)』라는 저서에서 묘사했다.

이 책 제목의 조건부를 주목할 필요가 있다. 콜리지는 당시 있는 그대로의 헌정 체제를 기술하지 않았다. 영국 역사상 어느 특정한 시기에 존재했던 헌정 체제를 기술하지도 않았다. 그는 교회와 국가의 이데아를 기록했다. "지식과 각각의 궁극적 목적을 느끼는 감각이 만들어낸"

---

i John Frederick Denison Maurice(1805~1872): 영국국교회의 주요 신학자이자 기독교 사회주의의 설립자.
ii Charles Kingsley(1819~1875): 영국국교회 사제이자 사회개혁가이자 기독교 사회주의자.

마땅히 존재해야 할 헌정 체제다. 인간이 단정적으로 표현할 능력이 없거나 심지어 그 존재를 의식적으로 알지 못한다 해도 이데아는 존재한다. 소수의 사람들이 이데아를 지녔다. 대다수 사람들은 이데아의 지배를 받는다. 신의 섭리는 시작부터 헌정 체제의 발전을 정해두었다. 우리는 국가의 기원과 발전에서 그 목적을 희미하게 인지할 수 있다. 그 과정이 우리에게 실마리를 준다. 이렇게 이데아는 본질적으로 예언이다. 루소는 이론이나 사건을 개념과 혼동해서 사회계약이 역사적으로 일어난 사실이라고 믿어버리는 오류를 저질렀다. 그런 일은 일어나지 않았다. 그러나 버크가 이해한 의미로 사회계약은 진짜다. 버크는 신과 인간 사이에 끊임없이 생성되는 계약이라는 개념으로 사회계약을 이해했고 또한 정신적 지각으로만 포착되는 정신적 실체로서 사회계약을 이해했다.

이제 국가라는 개념은 "그 자체에 통일성이란 원칙을 지닌 정치 체제다." 그 통일성은 "상반되는 다양한 이해 집단들의 균형과 상호 종속의 결과로… 그 지속성과 그 진보로 나타난다." 지속성은 지주의 이해에 그 원천이 있다. 진보는 상업, 제조업, 유통과 전문직 계층의 이해에 그 원천이 있다. 귀족과 기사, 소지주 등 크고 작은 귀족들이 영국에서 지속성이라는 이해 집단을 구성한다. 시민들이 진보라는 이해 집단을 구성한다. 양쪽의 이해는 국가의 복지에 필요하다. 이 계급들은 의회의 상하 양원에서 대변된다. 왕이 저울로서 균형자 노릇을 한다(그러나 왕은 실제로 그 이상이다. 왕은 영국국교회와 성직자 사회의 수장이며, 국가재산의 최고 수탁자이자 보호자이고, 전체 국가의 원수이자 폐하다).

이 두 계급 이외에 제3의 계급이 존재한다. 지식인 또는 국가의 교회에서 봉사하는 성직자들이다. 그들의 의무는 사람들의 도덕적 수양을 유지하고 높여가는 일이다. 그들의 기본재산으로 국가의 부 일부를 따로 떼어놓는다. 국가의 부를 콜리지는 사유재산과 구분해서 국가재산이라고 부른다. 성직자의 일부 의무는 신학적 봉사다. 그러나 다른 의무는 국가적 교육 기능이다. 일부 성직자들은 학문과 명상을 해야 하지만 대부분은 국민 사이에 지식을 전파한다. 기독교 교회가 이런 기능들을 하지만 이것이 기독교의 고유한 기능은 아니다. 어떤 나라에서나 그 기능은 어떤 신념 체계의 영향 아래 있던 성직자 사회의 의무다. 성직자는 교양의 전파자다. 그들의 생계 수단, 국가의 재산은 교회에서 합법적으로 떼어낼 수 없다. 영국 종교개혁[i] 과정에서 이 재산의 상당 부분을 왕과 귀족들이 빼앗아갔다. 국가의 도덕과 인격이 앞으로 나아갈 수 있도록 이 재산은 반환되어야 한다(콜리지는 코빗[ii] 등의 지지를 받으며 튜더 왕조의 교회 재산 몰수를 비난하는 최초의 사상가가 된다. 그에 이어 디즈레일리, 그 다음은 벨록[iii]이 같은 주장을 한다). 그것이 헌정 체제의 이데아다. 영국에 실재하는 현실은 이상적인 모습의 유사치일 뿐으로 수많은 흠결과 부조화가 있다. 현명한 개혁가의 과업은 기존 질서의 전복이 아니라 개선이며 교회와 국가의 이데아에 조금 더 가깝게 접근하도록 하는 것이다.

콜리지는 고매한 도덕적 원칙에서 신사와 학자들이 이끄는 국가를 희망했다. 재산의 보유자가 땅에 부수되는 권리뿐 아니라 그 의무를 인정하는 나라를 원했다. 심지어 위계가 분명한 귀족사회를 바랐다. 그러나 지금보다 정의와 지혜가 훨씬 더 많은 자리를 차지하는 그런 사회였

---

i English Reformation: 16세기 영국 교회가 로마가톨릭 교회의 권위에서 독립해 나온 일련의 사건들을 통칭한다.
ii William Cobbett(1763~1835): 영국의 언론인이자 시사평론가, 농부.
iii Joseph Hilaire Pierre René Belloc(1870~1953): 영국과 프랑스계 작가이자 역사가 겸 정치인.

다. 각 계급들은 정부의 운영 과정에서 세심하게 대변되어야 한다. 현재 과도하게 반영된 지주 계급의 이해는 수정될 것이다. 사유재산으로 꾸준히 뺏겨온 국가재산의 일부를 국가의 교회에 되돌려주고 대중은 도덕적이고 인간적인 가르침을 회복해야 한다. 영국국교회는 지금 단순히 하나의 기독교 분파로 전락했다. 그러나 영국국교회에 국가의 교회라는 개념이 부활돼야 한다. 콜리지의 이러한 주장은 디즈레일리와 그 이후 백년간 보수주의 개혁가들에게 영감을 주었다.

콜리지는 근대화의 물결이 이데아로의 복귀와 보수적 개선을 추구하는 이 모든 구상에 맞서고 반대하리라는 걸 알았다. 성직자들의 관할 아래 있던 교육이 따로 분리되어 지식은 힘이라는 베이컨의 견해에 따라 개혁되고 있었다. 교육은 공리주의와 경험주의적 원칙에 따라 변화되어, 기계적 기술이나 물질과학으로 축소됐으며 윤리는 형사법의 요약과 위생 강의 정도로 타락했다. 탐욕의 지배를 받는 국가의 경제는 획일적인 산업화라는 틀에 강제로 넣어졌다. 사람들은 빈민 구제 제도인 스핀햄랜드 제도[i]를 통해 목화 공장들로 보내졌다. 그리고 "나머지 사람들도 신흥부자들 공장의 동력으로 전락했다." 다음 차례는 국가재산의 강탈이다. 대중의 교양을 지원하려고 아직 유보해둔 어떤 재산이든 그 대부분을 토지 소유자들과 증권 중개업자들이 착복하게 된다. 옛 진리들은 "기계 철학의 지위로 받들어 모셔진 역학적 입자 이론"[ii]으로 대체됐다. "자연 상태나 인류의 기원이 오랑우탄이라는 신학이 창세기의 첫 10장

---

i Speenhamland system: 18세기 말과 19세기 초 영국 농촌의 빈곤을 구제하려는 목적으로 시행된 외부 구호 활동.

ii Mechanico-corpuscular theory: 물질적이든 정신적이든 상관없이 모든 현상은 기계적 법칙에 따른 원자 운동으로 설명될 수 있다는 이론.

을 대신했다." 증류주 진은 가난한 자들의 특권이 됐고 범죄는 네 배로 늘어났으며 의무가 없는 절대적 권리라는 추상적 이론에 따라 행동하는 날품팔이 일꾼들의 곤봉이 정부를 위협한다. 의회의 자유주의자와 공리주의 지도자들은 "국가의 성직자와 교회라는 거대한 개념을 이해하지 못했다. 그것이 올바르게 구성된 나라의 필수적 요소이며 국가의 영속과 진보에 똑같이 필요한 최상의 보호인데도 말이다." 그들은 대신 소책자를 발간하는 모임들, 랭캐스트리언[i] 학교들, 그리고 "대학이라는 어리석은 이름 아래에 개설된 강의 시장"을 더 신뢰했다. 국가는 전능한 의회에 굴복해가는 방향으로 쇠락해간다. 의회는 헌정 체제의 제약에 도전하면서 국가의 다른 요소에 주어진 특권을 경멸하고, 정의라는 개념을 절대다수라는 숫자의 힘으로 대체하려 한다. 벤담주의자들이 지식의 확산을 간절히 원한다고 하지만 그들은 아직 지식의 이데아를 이해하지 못했다고 콜리지는 다음과 같이 훈계했다.

당신들은 보편적 계몽을 바라며 사회의 말단을 강화하려 한다. 바닥에서부터 위로(per ascensum ab imis) 더 높은 계층들을 계몽하려 한다. 따라서 과학을 대중화하는 시도부터 시작한다. 그러나 당신들은 과학을 천하게 만들 뿐이다. 모든 사람, 아니 많은 사람을 철학자로 혹은 과학이나 체계적인 지식을 갖춘 사람으로 만드는 건 어리석은 일이다. 그러나 가능한 한 많은 사람을 냉철하고 꾸준히 종교적인 사람으로 만드는 건 의무이자 지혜다. 왜냐하면 국가가 그 스스로의 안녕

---

i Joseph Lancaster(1778~1838): 조지프 랭캐스터. 영국 공교육의 혁신가로, 1798년에 무료 초등학교를 세웠다. 뛰어난 학생이 뒤처진 학생을 가르치는 방법을 장려했다.

과 이상적인 불멸을 추구할 때 개인의 영적인 이해에 관계없이 시민들에게 요구하는 도덕성은 종교적 형태로만 존재할 수 있기 때문이다. 반면 진정한 철학의 존재, 하나의 통일체와 이데아의 원천적 거울에서 특수성을 고려하는 능력이나 습관은 모든 계급의 종교적 건전 상태를 유지하려는 국가의 통치자나 스승들에게 반드시 필요하다. 요컨대 옳든 그르든 종교는 어떤 영역에서 중력의 중심지였고 앞으로도 중심지가 된다. 그 중심에 다른 모든 것들이 스스로 맞추어가야 한다.[25]

그것이 시대의 정신이었다. 진정한 이데아는 그것을 분명히 이해할 수 있는 몇몇 사람들에게 일단 전달됐기 때문에 적절한 때 대중에게도 서서히 전해져 대중들의 건전한 선입견이 된다. 헌정 체제, 교회와 국가의 이념들이 사회 지도자들의 이성에 다시 수립된다면 공공의 행동과 개별적 정신을 타락시켰던 공리주의를 지워나가는 데 성공할지도 모른다. 우리의 희망은 이 세대가 아니라 다음 세대 아니 그 다음 세대에 있다.

『The Constitution of Church and State(교회와 국가의 헌정 체제)』는 당대의 일들에 심대한 영향을 미치지는 못했다. 책이 출판된 지 2년 만에 의회는 선거법 개정을 요구하는 폭도들과 그레이 백작[i], 존 러셀 경[ii]의 요구에 굴복했다. 1832년의 개혁법은 의회가 영국 헌정 체제의 이데아에 철저하게 무지했다는 사실을 드러냈다. 개혁가들은 적절하게 이해된 국가의 이데아가 귀족정치라는 사실을 잊었다고 콜리지는 말했다. 민

---

i Charles Grey(1764~1845): 2nd Earl Grey, 휘그당 정치인으로 1830년부터 4년간 총리로 재임했다.
ii Lord John Russell(1792~1878): 1st Earl Russell, 영국 귀족 가문의 후예로 휘그의 지도자이자 자유주의적 정치인. 19세기 중반 총리를 두 번 역임했다.

주주의는 하나의 핏줄 체계에 흐르는 건강한 피로서 절대 밖으로 드러나서는 안 된다. 국회의 의원 선출 방법은 시급히 개혁해야 할 필요가 있었다. 그러나 1832년의 개혁은 새로운 악폐를 만들어냈을 뿐이다. "이제 악폐와 문제점이 알려졌으니 그 경우의 필요성이 스스로 만들어낸 미봉책을 버려야 한다. 그리고 토지에 따른 엄격한 선거구 계획을 새로이 시작해야 한다!" 이는 지난 백 년간 발전해온 새로운 영국의 제국적 이해를 반영하는 진정한 의회 개혁의 필요성을 무시하게 된다. "무엇보다 가장 한심스러운 성향은 우리의 국가 정체성 파괴다. 국가의 정체성은 주로 우리의 대의제 정부에 있다. 그 정부를 대중의 대리인이라는 불명예스러운 체제로 전락시키는 건 국가 정체성의 파괴다. 통일성은 국가의 다양한 이해들을 대변하는 데 있다. 국민 자체에는 통일성이 없다. 개개인의 격정과 희망의 위임은 모래로 만든 밧줄이다." 1832년의 의회 개혁은 진정한 애국심과 신사 계급의 선거권을 박탈해 정치적 힘의 균형을 소매상인들의 손에 넘겨주었다. 그들은 그 어떤 계층보다 애국적이지도, 보수적이지 않은 사람들이었다. 상원을 위협하는 방법을 채택해 개혁가들은 위대한 질서와 헌정 체제의 조화를 전복해버렸다. "선거권의 단순한 확대는 악이 아니다. 거대한 확대를 나는 환영해야 한다. 선거권 확대 그 자체에는 아무런 해가 없기 때문이다. 해악은 선거권이 명목상으로 그러한 계급들에 그러한 방법으로 확대되면서 실질적으로 상위 계층의 선거권을 박탈하고 그 아래 계층의 불만을 야기하는 한편 특정한 계층에 특혜를 주는 불가피한 그 결과에 있다." 그 개혁의 결과는 앞으로 몇 년이 지나면 종교적 신성함에 따르지 않는 잔혹한 민주주의로 나타날 것이다. "대중들이 토지를 기반으로 한 옛 제도들의 손상과 황폐화에 만족하고 나면 얼마 안 있어 직접적이고 개인적인 전제정치가 다가온다."

콜리지는 영국의 오래된 이상들이 증권 투기꾼과 근대 정치경제학자에게 굴복했다고 신음했다. 사회를 비국가화하려는 의향을 가진 계급, 에베소(Ephesus)의 신전 바닥에 묻힌 석탄을 캐서 증기 엔진의 연료로 태워버릴 계급에 굴복했다는 지적이다(실제로 120년이 지난 뒤 국립 석탄공사는 해밀턴 궁[i]과 웬트워스 우드하우스[ii] 등 과거 귀족 국가의 기념물들에 비슷한 일을 저질렀다). 이미 국가를 전복한 그들은 다음 차례로 "우리 국가재산의 마지막 잔존물"인 교회를 전복하려 들 것이다. 그렇게 되면 사제들이든 교사들이든 간에 지식인 집단은 공리주의 사회에서는 극빈자에 지나지 않게 된다. 그러나 자유주의자들과 공리주의자들은 그들이 기대했던 이상으로 더 가지게 된다.

당신은 기억하는가. 네케르는 국민들에게 귀족에 맞서 자신을 도와달라고 했지. 네케르의 요청에 국민들은 즉시 부응했지만 그들은 일을 다 한 다음에도 웬일인지 돌아가지 않았어. 무한한 열정과 고통 속에서 악마를 불러 자신을 위해 무엇인가를 해달라고 했던 그 요술쟁이의 흉한 사례를 그레이 경과 그의 친구들이 직접 경험하지 않기를 바라네. 악마들은 그의 말에 즉시 달려와 그를 에워싸고 이를 드러내고 웃으며 소리를 지르고 춤추었지. 악마들은 기쁨을 감추지 못하고 긴

---

i Hamilton Palace: 스코틀랜드 랭카셔 주 해밀턴의 북동쪽에 1695년 세워진 저택으로, 1927년 인근 석탄 광산의 채굴로 지반이 침강하면서 철거됐다.

ii Wentworth Woodhouse: 개인 주택으로는 영국에서 가장 큰 부지에 세워졌다. 잉글랜드 사우스 요크셔의 웬트워스 마을에 있으며, 건물의 정면 가로 길이가 영국에서 가장 길다고 한다. 1693년에 개축됐으나 1940년대 이 장원 일대의 노천탄 채굴이 진행되면서 건물에 문제가 생겨 소유주가 정부 당국에 백만 파운드의 손해배상 소송을 내기도 했다.

꼬리를 휘둘렀지. 그리고 악마들이 그에게 무엇을 원하느냐고 물었을 때 그 가여운 사람은 놀라 제정신을 잃고 오직 몇 마디를 더듬거렸어. "친구들아, 다시 내려가 달라고 나는 기도한다!" 그러자 악마들은 한 목소리로 대답했지.

"그래, 그래, 우리는 내려가지! 우리는 내려갈 거야!

그러나 너도 함께 데려갈 거야, 헤엄을 치든 빠져 죽든."[26]

벤담과 개혁가들의 생기 없는 원자적 개인주의는 인간의 빈약한 이성에 그 뿌리를 두었다. 그들은 계몽된 자기 이해가 모든 고전적 경건함을 대체할 수 있다는 가정에 근거했다. 따라서 그 개인주의가 야기한 반동은 공리주의의 이상이 완전히 배제된 쓰라린 집산주의로 끝을 맺었다. 벤담과 맨체스터학파[i]의 급진적 자유주의는 이제 죽었으나 사상으로서 보수주의 체계는 아직 살아남았다. 부분적으로 콜리지가 이데아의 실체를, 상상력의 역할을, 헌정 체제의 신성함을 인지했기 때문이다.

4. 추상의 승리

벤담과 제임스 밀의 이론들이 1832년 개혁을 촉발한 가장 직접적인 영감이었다면 프랑스에서 성공한 혁명이나, 노팅엄 성[ii]과 브리스톨

---

i Manchester School: 맨체스터 자유주의라고도 하며 19세기 맨체스터에서 발생한 정치·경제·사회적 운동. 리처드 코브던과 존 브라이트가 이끌었다. 자유무역이 좀 더 평등한 사회를 만든다고 주장했다.

ii Nottingham Castle: 잉글랜드 노팅엄에 있는 중세의 성으로 40미터 암벽 위에 지어진 요새였으며 왕도 가끔 머물렀다. 1649년 무너졌다가 이후 뉴캐슬 공작이 다시 지었지만 1831년 폭도들이 불태워 버렸다. 나중에 미술관으로 복원됐다.

(Bristol) 주교[i]의 궁전을 불태운 노동계급 폭도들의 혼란스런 광포함은 개혁법 통과의 직접적인 원인이었다. "개혁법이 통과돼야 한다는 주장 중에서 조금이라도 무게감이 있는 이야기는 두 가지밖에 없었다. 본질적으로 그 하나는 개혁법을 통과시키지 않으면 당신들 머리를 날려버리겠다는 말이고 다른 하나는 통과시키지 않으면 말이 물을 먹는 구덩이로 당신들을 끌고 가겠다는 이야기였다. 그 두 논리 모두에 상당한 폭력이 포함돼 있었다"고 콜리지는 3월에 이야기했다. 벤담과 스코트는 개혁법이 통과되던 해에 죽었다. 콜리지는 그 2년 후 죽었다. 전통을 지켜야 한다는 버크의 격정적인 호소는 영국의 헌정 체제를 거의 50년간 변함없이 지켜냈다. 그러나 이제 도덕적 정의(dyke)[ii]는 침해됐고 평등주의가 영국 사회에 넘쳐나기 시작했다.

"국민에게 대표권을 부여하는 법." 여기서 국민(People)이라는 말이 영국 헌정 체제에 처음으로 도입된다. 이전까지 국민은 균질한 집단으로, 동일한 선거구에서 숫자로 대변된다고 여겨지지 않았다. 그런 생각은 산업주의적이고 공리주의적 개념이며 허둥지둥 새로운 무산자계급의 존재를 인정한 셈이다. 과거에 인간은 집합체의 일원으로서만 대변됐다. 마을의 자유로운 부동산 보유자들, 지주의 소작농들, 대학 졸업생들, 기술자나 전문 직업인들의 구성원으로 말이다. 과거에 의회는 이렇게 다양한 이해 집단을 대변했다. 그러나 이제는 "국민"을 대변해야 한다. 국민의 의지는 주로 독립적이라고 본다. 그러나 솔직한 정치인은 그들의 균일

---

i   Robert Gray(1762~1834): 로버트 그레이, 브리스톨 주교라 부른다. 1831년 폭도들이 브리스톨을 장악했을 때 주교로서 예정대로 예배를 집전하자 폭도들이 그의 궁전을 태워버렸다.
ii   Dyke: 도덕적 정의를 상징하는 그리스 신화의 여신.

한 정신과 목적을 진정으로 구분하지 못한다. 이렇게 헤겔, 벤담, 루소의 추상적 개념이 영국 법의 일부가 되었다. 과거에 정부는 왕국의 다양한 이해를 조정하는 그 무엇으로 간주됐다. 사회 구성원 서로에게 도움이 되도록, 그리고 세금이라고 불리는 자발적 기여로 지탱되는 조직 말이다. 그러나 이제 정부는 점점 더 추상적 존재가 되어간다. 정부에는 오스틴[i]의 "주권론"이라는 추상적 개념이 부여되고 마치 국가가 하나의 거대한 개혁적 파놉티콘[ii]이나 되는 듯 사회를 통치해간다.

역사가들은 개혁법을 혹독하게 비평했다. 1832년 법은 옛 헌정 체제를 개혁하지 않았다. 새로운 헌정 체제를 만들었다고 헌쇼는 100년 뒤(영향력 있는 학파를 대변해) 썼다. 어떤 조항들엔 물론 장점이 있다. 새로운 마을의 발전에 맞게 선거권을 재조정했다든가 의석을 팔아먹던 행위를 줄이고, 적절하게 대변될 자격이 있는 계급에 선거권을 부여한 대목 등이 그 예들이다. 그러나 그 전제와 방법들은 정치 경험이 풍부한 나라에는 상당 부분 맞지 않았다.[27]

몇 년 뒤 존 스튜어트 밀은 그레이나 러셀보다 훨씬 더 상상력이 풍부했던 콜리지가 의회 개혁의 적절한 본질을 더 잘 이해했다고 말했다. 콜리지는 개혁법에 원칙이 없었다고 보았다. 그는 원칙이 없다면 파렴치한 조치라고 생각했다. 밀은 개혁법이 거의 혁명이나 마찬가지였다는 사실을 깨달았다. 그리고 그 혁명을 야기한 원인들을 전혀 해소하지 못했

---

i John Austin(1790~1859): 영국의 법률 이론가이자 철학자. 전통적인 자연법 이론에 반대해 도덕과 법률의 연관성을 부인했다. 법은 실증적이며 가치 중립적으로 연구되어야 한다고 주장했다.

ii Panopticon: 벤담이 구상한 감옥 건축 양식으로 간수 한 사람이 모든 죄수를 감시한다. 죄수들은 언제 누가 자신들을 지키는지 알 수 없어 서로 감시하는 모양새가 된다. 원래는 그리스 신화에 등장하는 눈이 백 개 달린 거인으로 대단히 유능한 감시인을 의미한다.

다고 생각했다. 이제 모든 사람들이 콜리지의 견해가 옳다는 사실에 동의하는 듯하다. 존 스튜어트 밀은 계속 말한다. "개혁법은 입법부의 전반적 구성을 개선하도록 실질적으로 잘 계산되지 못했다. 비록 상당히 중요하긴 해도, 개혁법의 긍정적 기여는 주로 위대한 변화에 반대하는 미신적 느낌을 약화했다는 점에 있을 뿐이다."[28]

20세기를 사는 사람의 시각으로 보면 이는 1832년 개혁법을 흥미롭게 옹호한 변명이다. 밀은 구빈법 개정안[i]과 우편사업 개혁법[ii]을 개혁법의 혜택이라는 증거로 예시했다. 그 법들이 위대한 사회 변화를 대중적으로 갈망한 결과라는 얘기다. 인간의 무한한 진보를 확신했던 자유주의는 1832년의 위대한 변화가 인도주의적 입법의 진작과 장려에 국한되리라고 가정했다. 헌정 체제의 이데아를 파괴한 대가로 우편사업법 개혁 정도가 충분했다고 생각한 철학자가 자신을 존경했다는 사실을 콜리지가 알았다면 매우 재미있어했을지 모른다. 모든 서유럽 국가에서 공리주의는 이데아를 무색하게 만들고 민주주의는 옛 헌정 체제를 삼켜버릴지 모른다. 진보에 술잔을 따라주면서 유럽의 각 나라들은 종교전쟁 이래 전례 없는 광란 상태에서 서로 분열하게 된다. 스코트는 다음과 같이 썼다. "옛 헌정 체제는 쉽게 붕괴됐다. 위협하는 미라보를 공격할 필요나, 설득력 있는 마우리(Maury)를 옹호해야 할 필요가 없어졌다. 옛 헌정 체제는 아이들의 부서진 장난감처럼 내던져졌다. 아마 지나가리라. 사람들의 건전한 상식은 매우 믿을 만하다. 우리는 그 상식이 우리에게 무엇을

---

i Poor Law Amendment: 1601년의 구빈법을 근본적으로 개정했다.
ii Penny Postage Acts: 19세기에 발생한 일련의 우편사업 개혁법. 기존 체제의 문제점을 개선하는 과정에서 우편사업은 정부 독점이 됐다. 자유무역을 옹호하는 사람들은 교역과 상업을 진작하려면 그 전제 조건으로 대중들이 싸고 보편적인 우편 제도를 활용할 수 있어야 한다고 주장했다.

해줄지 볼 것이다. 자만심으로 우리를 이 길로 인도한 자들에게 크롬웰의 저주가 있기를. 그러나 이 또한 지나가리라. 고칠 수 없는 것을 안타까워해봐야 부질없다."[29]

THE CONSERVATIVE

V

미국 남부의 보수주의: 랜돌프와 칼훈

MIND

:

변화를 사랑하고, 혼돈을 즐거워하며, 마법의 가마솥을 걸어 부글부글 끓이고 싶은 사람들이 미래의 변화를 원한다며 투표를 한다. 그러나 어떤 주문과 어떤 처방으로 모든 사람을 미래의 모든 시간에 묶어둘까? 보호자는 누가 보호할 것인가?(Quis custodiet Custodes?)

1. 남부의 정서

미국 역사상 가장 비범하고 위대한 사람인 로어노크의 존 랜돌프는 1829년 버지니아 주 제헌회의[i]에서 위와 같이 말했다. 샤트네 부인(Madame de Châtenay)이 주베르[ii]를 묘사한 내용은 랜돌프에게도 그대로 들어맞으리라 보인다. "우연히 자신의 육체를 만난 정신처럼, 가능한 한 최고로 신체를 잘 다룬다." 키가 큰 랜돌프는 창백한 얼굴, 악마의 것인지 천사의 것인지 모를 불타는 눈동자로 제헌회의에 참석했다. 이 제헌회의에 앞서 거의 30년 전 하원에서 체이스[iii] 대법관을 탄핵하려던 앙상한 손가락도 여전했다. 고통스러운 얼굴의 절반은 소년의 모습이고, 나

---

i   Virginia Constitutional Conventions: 버지니아 주의 헌정 체제 문제를 다룬 최고의 의사결정체. 영국에서 독립하자고 결정한 회의부터 1969년까지 17번 열렸다. 1829년에서 1830년에 걸쳐 열렸던 회의는 건국 초기 거인들이 모였던 마지막 회의로 투표권의 확대와 지역구 조정을 논의했으며 개혁가들이 요구했던 주지사 직선제 도입은 실패했다.

ii   Barthélemy Catherine Joubert(1769~1799): 프랑스 장군으로, 1784년 프랑스 육군에 가담해 프랑스혁명 전쟁에서 급속하게 승진했다. 나폴레옹은 그의 재능을 높이 사 임무를 늘렸다. 주베르는 1799년 노비 전투에서 프랑스군을 지휘하다 전사했다.

iii   Samuel Chase(1741~1811): 미국 연방 대법원 대법관. 메릴랜드 주 대표로 미국 독립선언서에 서명했다. 처음엔 주의 권리를 높이 샀으나 나중엔 강력한 연방주의자가 됐다.

머지 절반은 시체의 얼굴 같았다. 검고 곧은 머리는 모계 쪽 조상에 포카혼타스[i]가 있었다는 흔적이다. 영감을 받은 예언자처럼 그의 즉흥 연설은 폭포 같았다. 한 세대 동안 미국과 의회는 이 정치적으로 버림받은 인물을 지켜봐야 했다. 그는 제3의 무엇[ii]을 대변하던 귀족적 정치인이었다. 노예를 보유했지만 흑인들의 친구였으며 옛날식 대농장주였다. 결투에 환상적으로 능했으며 부패는 광적으로 혐오했다. 이 무자비한 성 미카엘 대천사[iii]는 애덤스, 제퍼슨, 매디슨[iv], 먼로[v], 클레이[vi], 웹스터[vii], 칼훈을 모두 혐오하며 비난했다. 정치 경력 내내 랜돌프는 그 역겨움을 줄이려고 브랜디를 조금씩 마셔야 했다. 그럼에도 랜돌프는 60세까지 살았고 이제 아편에 의지하려는 참이다. 그는 때로 계단에서 악마를 보기도 했던 사람이다. 버지니아 로어노크에 있던 외로운 별장에 찾아오는 방문객에게 이렇게 말하기도 했다. "옆방에 어떤 존재가 책상에 앉아 죽은 사람의 손으로 죽은 사람의 유서를 쓰고 있네." 또한 그는 천재였고 남부 지

---

i Pocahontas(1596~1617): 미국 버지니아 지역의 인디언 추장 와훈수나콕의 딸. 그의 아버지는 지금의 버지니아 주인 미국 동부 지역의 알곤킨 어족 부족들의 연합체를 지배했다. 1613년 포카혼타스는 영국인들에 포로로 잡혀 세례를 받고 기독교로 개종했다. 몸값을 지불하고 종족에게 돌아갈 기회가 있었지만 잔류를 선택했다. 1614년 담배 농장주였던 영국인 존 롤프와 결혼했다. 이듬해 1월 아들 토머스 롤프를 출산했다. 1616년 롤프 가족은 런던으로 여행을 떠났다. 1617년 롤프 가족은 다시 버지니아로 귀향하는 배를 탔지만, 포카혼타스는 그레이브젠드에서 원인 미상의 병으로 사망했다.

ii 'tertium quids: quids'로 줄여서 말하기도 한다. 1804년에서 1812년에 걸쳐 미국 민주 공화당의 다양한 분파를 이르는 말. 라틴어로 "제3의 무엇"이라는 말로 연방주의자와 온건한 민주공화당의 일부가 초당적으로 뭉쳤던 모임을 비하한 표현이다.

iii St. Michael: 신약의 요한 계시록에서 사탄의 군대에 맞서 하느님의 군대를 이끄는 대천사를 가리킨다. 천국의 전쟁에서 사탄을 물리쳤다.

iv James Madison, Jr.(1751~1836): 미국의 4대 대통령. 헌법의 아버지로 불린다.

v James Monroe(1758~1831): 미국의 5대 대통령으로, 건국의 아버지 중 마지막 대통령.

vi Henry Clay, Sr.(1777~1852): 미국 변호사이자 대농장주. 상원과 하원의원으로 켄터키 주를 대변했다. 하원의장과 존 퀸시 대통령 아래 국무장관 등을 역임했다.

vii Daniel Webster(1782~1852): 미국의 뉴햄프셔 출신 하원의원이고 매사추세츠 주 출신의 상원의원이었다. 윌리엄 헨리 해리슨 대통령과 존 타일러 대통령, 밀라드 필모어 대통령의 국무장관이었는데 웹스터와 더불어 제임스 블레인(James G. Blaine)은 미국 역사상 유일하게 3명의 대통령 아래에서 국무장관을 지낸 인물이다.

역주의(Southern nationalism)의 예언자이자 남부 보수주의의 설계자였다.

연방헌법 제헌회의에 참석했던 조지 메이슨[i]부터 현 세대의 남부 출신 하원의원들까지 이어지는 미국 남부 주들의 보수 정치는 네 가지 충동에 그 뿌리가 있다. 절반쯤 진절머리를 내며 변화를 싫어하는 태도, 농업 사회를 유지하겠다는 결의, 지역의 권리에 느끼는 애착, 흑인 문제의 민감성이다. 특히 흑인 노예는 남북전쟁 이전에는 "고유한 제도"였으나 그 이후엔 인종차별의 문제가 됐다. 미국 건국 초기엔 앞의 세 가지 문제가 마지막 문제보다 더 중요했지만 1806년 흑인 노예 문제가 전국 정치의 전면에 등장하기 시작했다. 1824년 존 랜돌프는 노예제가 연방 헌법의 구조를 느슨하게 할 것인가 아니면 단단하게 할 것인가에 연결되어 있을 뿐 아니라, 주(州)의 권력, 국내 교통망 확충 등과도 불가피하게 밀접한 문제임을 드러내 보여주었다. 따라서 노예제 논란은 1824년 이래 남부의 정치적 원칙 분석에서 우리를 혼란스럽게 하고 불분명하게 만들었다. 예를 들어 역사가들은 어디까지가 주의 독립적 권한(sovereignty)을 사랑해서 나온 주장이고 어디서부터가 노예제의 경제적 이득에 따른 주장이었는지 구분하는 데 어려움을 겪었다. 랜돌프와 칼훈은 관세 부과에 따른 논란(문제의 본질은 농업과 산업, 어느 쪽의 이해가 미국에서 지배적인 위치가 되어야 하느냐), 지역이 얼마나 자치권을 (연방정부에 맞서) 가져야 하느냐는 토론을 노예제 문제와 의도적으로 뒤섞어버렸다. 그렇게 해야 노예를 보유한 많은 사람들을 자신들의 진영으로 끌어모을 수 있었기 때문이다. 노예 소유자들은 그 밖의 현안에는 대부분 무관심했다. 남

---

i   George Mason(1725~1792): 미국 버지니아 대농장주이자 정치인. 1787년 제헌의회 대표였으며 헌법에 서명하지 않은 3명 중 한 명이었다. 그의 글은 미국 정치사상에 지대한 영향을 끼쳤다.

북전쟁의 마지막 전투였던 애포매톡스[i] 이후 몇 년이 지나 열린 남군 참전 병사들의 모임에서 무기를 함께 들었던 옛 동료들은 전쟁 패배를 변명하는 고상한 연설을 했지만 노예제는 거의 언급하지 않았다. 그러자 포레스트[ii] 장군이 발언권을 얻어 불만을 토로했다. 그는 만약 자신이나 다른 동료들의 흑인 노예를 지키려는 싸움이 아니었다면 처음부터 전쟁에 나가지 않았다고 말했다. 인간을 노예로 삼는다는 건 보수주의자가 지지하기에는 바람직하지 않다. 그러나 노예제 철폐를 주장한 사람들의 거친 요구와 기대 역시 정치적 품위라는 견지에서 보면 그 근거가 거의 비슷하게 부도덕했다는 점을 기억해둘 만하다. 전체적으로 노예제라는 냉혹한 문제는 만족할 만한 답을 내리기가 불가능하다. 그럼에도 노예제는 찬성과 반대에 선 미국 정치의 양축을 19세기 초반 약 70년간이나 왜곡하고 퇴색시켰다. 가능한 한 우리는 노예제에 따른 양당의 논란을 피하는 대신 철폐론자의 장광설과 남부의 호전성이라는 거품을 뚫고 들어가 랜돌프와 칼훈이 선언한 보수주의 개념들을 살펴보고자 한다.

버지니아와 사우스캐롤라이나 출신이었던 이 두 사람은 당시의 유행에 따라 민주주의자와 급진주의자로 정치를 시작했다. 아직 서른이 안 됐던 존 랜돌프는 미국 하원의 지배적인 목소리였으며 1800년 선거에서 연방주의자당이 몰락하자 제퍼슨과 함께 기뻐했다. 그는 연방 사법제도의 보수적 권력을 부숴버리기로 작정했다. 10년 뒤 랜돌프와 비슷한 나

---

i Appomattox Courthouse: 이 전투는 남북전쟁 최후의 결전으로 1865년 4월 9일에 버지니아 애포매톡스에서 벌어진 전투다. 여기서 남군 로버트 E. 리 장군이 이끄는 북버지니아 군이 율리시스 S. 그랜트 장군이 이끄는 북군에 항복하면서 사실상 남북전쟁이 끝났다.

ii Nathan Bedford Forrest(1821~1877): 남군의 장군으로 초기 KKK 단원.

이로 정치에 입문한 존 콜드웰 칼훈은 강경파[i]였고, 민족주의자로서 연방의 비용으로 영토를 확장해야 한다는 견해를 가졌으며 일반적으로 혁신가였다. 그러나 랜돌프는 버크의 미국 제자로 성장했으며 칼훈은 일찍이 경쟁자였던 정치인에게 설득돼 "진보"와 중앙 집권화, 추상적 인도주의에 끝끝내 반대하는 불굴의 투사로 개종했다. 그들은 세계의 강력한 흐름이 자신들이 사랑하는 고요한 농업 중심의 옛날식 삶이 아니라 산업화되고 집중화된 새로운 질서로 향해간다는 사실을 알았기 때문에 보수주의자가 됐다. 그들은 남부의 농장주들을 끌어모았다. 1860년부터 1865년까지 남부는 랜돌프와 칼훈의 생각에 끝까지 헌신했다. (특히 해밀턴이 옹호했던) 연방주의적 시각의 보수주의와 메이슨 딕슨 라인[ii] 남쪽의 보수주의 사이에는 큰 차이가 있다. 연방주의자들은 사회의 오래된 가치들이 강력한 공통 정부 아래에서 가장 잘 보호된다고 믿었다. 예컨대 재산권의 확립, 안정적인 정부, 종교적 신념의 존중, 우호적인 의미에서 인간의 차이 인정 등에는 강력한 공통 정부가 필요하다는 말이다. 그들은 또 이 정부가 광범위한 권력을 보유하고 무한히 확장할 능력이 있어야 한다고 생각했다. 반면 남부의 보수주의자들은 정치경제적 통합이 전통의 벽을 훼손하고, 머릿수로 세는 지배적 다수의 이해에 따라 특히 신흥 산업 실력자들에게 유리하게 조작되는 단일하고 자의적이

---

i War hawk: 단순히 'hawk'라고 부른다. 전쟁을 지지하는 매파를 지칭하는 용어다. 비둘기파의 반대다.

ii Mason's and Dixon's Line: 1763년에서 1767년 사이에 영국의 천문학자이자 측량사인 찰스 메이슨과 제레마이어 딕슨이 미국의 식민지화 시기에 메릴랜드의 영주 볼티모어와 펜실베이니아의 영주 펜 사이의 식민지 분쟁을 해결하려고 설정한 경계선. 이 선은 19세기 모든 주의 노예가 폐지되기 전까지 노예가 있는 주와 없는 주를 나누는 기준이었다.

며 전능한 나라를 미국에 세우게 된다고 확신했다[마셜[i]이나 핑크니[ii]가 이끌었던 남부의 연방주의는 1800년 이래 사라졌거나 희미한 민권주의(Whiggism)로 축소됐다]. 현대 미국 정치인들의 마음에 보수주의 철학이 여전히 존재한다고 말할 수 있는 한, 이 두 가지 보수적 충동은 서로 대립하거나 공동의 적을 향해 힘을 합하기도 한다.

랜돌프나 칼훈 그리고 최근의 몇몇 필자들을 제외하고 남부의 생각을 옹호하는 데 능력 있는 사람들은 그다지 많지 않았다. 도시는 궤변가와 열광자들을 길러 냈지만 농촌 사회는 언제나 이런 불리한 조건으로 고생했다. 그러나 남부 웅변가들의 맹렬함과 남부 시민들의 무기력 아래에서 오직 희미하게만 드러나는 남부의 보수적 특징과 가설들을 추려볼수는 있다. 이것들이 남부의 보수적 전통이 지닌 특이한 강인함을 말해준다. 이미 암시했을 수도 있지만 그런 생각을 조금 더 자세히 살펴볼 필요가 있다.

(1) 인공적인 혁신과 구별되는 자연적 변화의 느린 과정을 선호하고 "천천히 조심스럽게 하자(Easy does it)!"는 정신. 이런 풍조는 농촌 사람들에서, 따뜻한 지역에서 흔히 보인다. 17세기에 시작됐고 여전히 남아 있는 북부 사람들의 주제넘은 짓을 의심하면서 남부의 이런 경향은 더욱 강화됐다.

(2) 농업인의 삶을 깊이 사랑하며 제조업과 교역을 경멸함. 흥미롭고 복

---

i   John Marshall(1755~1835): 미국의 4대 연방 대법원장.
ii William Pinkney(1764~1822): 미국의 정치인이자 외교관. 제임스 매디슨 대통령이 법무장관으로 임명했다.

잡한 기원이 있는 이러한 시각은 광물 자원이 옛 남부에 없다는 사실과 결합되었다. 그래서 북부의 광신자들이 주도하는 산업화를 용납하지 않으며 관세를 통한 세금에도 굴복하지 않겠다는 남부의 전반적 결의를 만들어냈다. 관세는 결국 북부의 산업을 보조하는 꼴이다.

(3) 단정적인 개인주의. 사회적이고 정치적인 성격이 어떤 면에서는 뉴잉글랜드보다 더 강하다. 남부 백인의 자부심 가득한 독립심은 자신의 자치 지역 관청을 넘어선 그 어느 지역 정부의 간섭도 마땅치 않아 한다. 동시에 뉴잉글랜드의 마을회의(town meeting) 같은 게 남부에는 전혀 없었다. 그 결과 남부 사람들은 정부 조치들에 정기적으로, 또 자발적으로 동의한다는 과정을 통해서 완고한 개인주의를 수정할 기회가 없었다. 이러한 경향 때문에 남부 사람들은 가장 일관되게 지역의 자유와 주의 독립적 권력을 옹호했다.

(4) 불편한 인식. 두 인종이 하나의 지역에서 공존해야 할 때면 반드시 존재하는 문제를 매우 의식했다. 그 인식은 때로는 격렬하게 도전적이었고 때로는 막연했다. 남부는 흑인들과 같이 살아야 했다. 흑인들의 수는 늘어나면 늘어났지 줄지 않았다. 수준이 떨어지고 무식하며 비참하게 가난한 사람들, (재가 노예가 아닌) 흑인들이 법의 보호 밖에 있을 때, 실질적으로 교회의 울타리 밖에 있을 때 오는 위협을 남부의 모든 백인들은 언제나 마음 한구석에 두고 있어야 했다. 노예제가 제시하는 경제적 문제의 다양한 의미를 여기서 적절하게 따지기는 어렵다. 사회의 전반적인 기존 체계와 구조에 잠재적으로 불만을 품는 노예계급이라는 난제는 지배 계층의 마음에 현재의 구조를 그대로 보존하고 싶은 불안감을, 혁신에 극도로 민감한 의심을 만들어내기 마련이다.

그러한 토양에서 남부의 정치적 보수주의가 성장했다. 이 정치적 목소리는 오직 두 번 분명하게 표출되었다. 그러나 힘과 설득력이 있었다. 두 사람은 모두 남부의 이해를 대변하려고 자신의 정치적 출세를 희생했다. 랜돌프는 하원의 지도부 자리를 상실했고 칼훈은 대통령 당선의 희망을 잃었다. 옳든 그르든 그들은 대담한 원칙의 소유자였다. 두 사람모두 그 이후 누구도 넘보지 못할 만큼 명료하게 특별한 보수적 강령을상술했다. 랜돌프는 실정법(實定法)[i]의 영역을 확장하려는 민주적 경향을 격정적으로 공격했다. 칼훈은 소수자의 권리를 옹호했다.

2. 실정법 제정의 위험을 지적한 랜돌프

전에도 했던 말이다. 내가 만약 필립이라면 나는 이 이야기를 매일반복해 말해줄 한 남자를 고용하겠다. 순간의 격정에 정부의 위대한원칙을 희생한다면 이 나라의 국민은 자유를 잃게 된다. 어떤 위대한원칙들이 있다. 언제나 그 원칙을 위반하면 우리의 자유는 사라진다. 우리가 그 원칙을 포기하면 우리의 주권이라는 특성은 완벽하게 무의미하다. 왕이거나 대통령이거나 세습됐거나 선출됐거나 우리의 주권은 완벽히 무의미해진다. 우리는 그저 노예가 된다. 우리를 보호하는건 선출된 정부가 아니다.[1]

1813년 존 랜돌프가 이 견해를 피력했을 때 그는 스스로 미국에서

---

i Positive law: 일반적으로 새로운 권리를 만드는 법. 경험적이고 역사적인 사실을 통하여 현실적인 제도로 시행되는 법으로, 이는 생득법 또는 자연법과 대비된다.

가장 인기 없는 사람이 됐다. 심지어 남부에서조차 가장 인기가 없었다. 영국에 맞서 싸우는 전쟁이 다가오자 이에 반대해 목소리를 높였고, 전쟁이 시작되자 그 행태를 비난했기 때문이다. 나중에야 의회의 준비된 투사로 불리곤 했던 초창기의 인기를 회복했다. 그리고 단 한 번의 짧은 기간을 제외하면 출신 지역구 유권자들에게 언제나 매혹적인 인물이었다. 의붓형제인 비버리 터커[i]가 말했듯이 셜롯 코트 하우스[ii] 마을에 모인 대농장주들은 그의 기발함 때문에 랜돌프가 인간의 지혜를 넘어선 수도사라고 생각했다. 그 당시 버지니아는 아직 민주주의적이지 않았다. 오직 자유 토지 보유자(freeholder)만 투표권이 있었다. 민주주의는 일반적으로 기발함이나 어떤 도발적인 독특함의 발현에 관심을 두지 않았다. 토크빌이 관찰했듯이 랜돌프 같은 시적 상상력과 격정적인 성정을 지닌 후보가 오늘날의 선거에서 당선되기는 거의 어렵다. 그는 중세의 협객처럼 살았고 죽음이 임박했을 때에야 측근에게 자신이 열광적인 공상가로 살아왔노라고 고백했다. 랜돌프는 버지니아의 기쁨이자 공포였다. 셜롯 코트 하우스 마을에서, 사우스사이드[iii]의 심장부에서, 그의 젊은 날의 첫 번째 분노는 나이 먹은 패트릭 헨리[iv]를 압도했다. 셜롯 코트 하우스 마을에서 죽어가던 랜돌프는 1832년 문자 그대로 군중들이 앤드루 잭슨(Andrew Jackson)을 비난해야 한다고 몰아붙였다. 랜돌프는 "나는 주인을 견뎌내라고 태어나지 않았다"고 했으며 "나는 피부가 없는 사

---

i   Nathaniel Beverley Tucker(1784~1851): 미국의 작가이자 판사, 법학자.
ii Charlotte Court House: 버지니아의 마을로 셜롯 카운티의 수도이기도 하다.
iii Southside: 버지니아에서 전통적으로 블루리지 산맥(Blue Ridge Mountains) 동쪽, 제임스강 (James River) 남쪽을 가리킨다.
iv Patrick Henry(1736~1799): 미국의 변호사이자 대농장주, 정치인. 버지니아 독립운동 당시 웅변가로 활동했다. 건국의 아버지 중 한 명이며 버지니아의 초대, 6대 총독.

람 같다[i]"고도 썼다.

　랜돌프의 성격을 더 깊이 알아보고 싶은 충동이 일지만 우리의 목표는 그의 사상이 무엇인지 분석하는 것이다. 버크와 마찬가지로 랜돌프의 마음도 풍성하고 복잡했다. 그의 정치 경력은 비록 일관되긴 했지만 매우 번잡했다. 자유를 사랑했기에 연방주의자들의 중앙 집권화 의도를 참을 수 없었고 민주적 교리라는 타락과 위선을 혐오했기에 제퍼슨주의를 견딜 수 없었다. 그는 이 두 거대한 풍차를 향해 창을 들었다. 대법원의 불길한 연방주의를 제압하려는 불같은 노력, 즉 체이스 대법관의 탄핵 심판은 실패로 끝났다. 랜돌프의 우호적인 적이었던 존 마셜은 침착하게 연방정부의 중앙 집권화를 추진했다. 그는 랜돌프가 존경하고 사랑한 몇 안 되는 동시대의 지도자였다. 곧이어 야주 스캔들[ii]로 제퍼슨 행정부에 가졌던 랜돌프의 불만이 비등점에 이르렀다. 대다수 공화당 의원들은 보상도 베풀고 폭넓은 보호를 제공하는 대통령과 같은 편이었다. 그러나 랜돌프는 완고한 옛 공화당 의원들과 함께 희망 없는 소수로 남아 있었다. 랜돌프와 그의 동료들은 정치적 순결성, 극단적으로 작고 엄격한 연방정부의 구조, 태환화폐와 부채가 없는 정부 예산, 전 세계와의 평화, 농업 사회 등을 지키겠다고 결심했다. 랜돌프는 승리와 거리가 멀었던 사람 중의 하나로 (사실 랜돌프 자신이 권력 장악을 좋아했는지조차 의문이다) 오히려 역경을 맞았을 때 영웅적으로 행동했다. 왜냐하면 30년

---

i　참을성이 없다는 뜻.

ii　Yazoo scandal: 1794년 미국 조지아 주지사 조지 매슈스(George Mathews)와 주 의회가 야주 지역 땅, 요즘으로 치면 미시시피와 앨라배마 일부 지역을 헐값에 정치적으로 가까운 사람에게 팔았던 사건. 비록 조지아 주 개혁가들이 그다음 해 이 매매를 뒤집는 법안을 주 의회에서 통과시켰지만, 대법원은 Fletcher v. Peck(1810)이라는 역사적인 판결에서 원 판매 계약은 유효하고 주가 계약을 소급해 무효화할 수 없다는 판결을 내렸다.

간 그는 모든 사람의 뜻에 반대했으며 삶이 거의 끝나갈 무렵에야 남부가 그의 견해대로 방향을 바꾸었기 때문이다.

제퍼슨 대통령과 의회가 통상금지법[i]을 통과시켰다. 그러자 랜돌프는 "철저히 두드려 맞았다"고 말했다. 자신이 이끌던 옛 공화당 의원들과 초당적 모임이었던 제3의 무엇이 맞닥뜨린 상황을 묘사한 말이다. 부분 통상금지법[ii], 통상금지법, 1812년 전쟁, 보호관세로 남부 경제에 엄청난 피해가 발생했을 무렵이다. 이 시대는 연방의 비용으로 도로 등 교통시설이 구축됐고[iii], 서부로 팽창해갔으며, 미국의 첫 번째 국립 은행이 설립됐고 미국이라는 헌정 체제가 유동적이었으며 연방의 권한이 강화되던 때였다. 하나의 설득력 있는 목소리만이 주의 독립적 권한의 정신은 물론 옛 방식의 정신까지 대중의 의식 속에 남아 있도록 해주었다. 그러나 미주리 토론[iv]이 벌어지자 남부의 주들은 초기의 원칙들로 되돌아가기 시작했고, 상원의원 랜돌프의 연설에서 끊임없는 지성의 번득임을 엄중하게 숙고하던 부통령 칼훈은 팽창주의자에서 보수주의자로 스스로 개종하게 된다. "대단히 재주 있고 설득력도 있으며, 엄정하고 기발하다."

---

i Embargo Act of 1807: 1807년에 미국 의회에서 통과된 통상금지법. 나폴레옹 전쟁을 벌이는 영국과 프랑스에 맞서 미국이 무역을 금지했다. 유럽의 해군이 미국의 상인과 화물선을 나포하며 미국의 중립 정책을 위협하자 이 법안을 시행했다.

ii Non-Intercourse Act: 1809년 3월 토머스 제퍼슨 대통령이 임기를 16일 남기고 1807년의 통상금지법 일부를 해제해 영국과 프랑스를 제외하고 통상을 다시 허용한 법. 영국과 프랑스 경제에 영향을 주겠다는 의도였으나 통상금지법과 마찬가지로 효과는 없었고 1812년의 전쟁 발발을 초래해 미국 경제에도 타격을 주었다.

iii Internal Improvements: 미국 혁명 직후부터 19세기 내내 이뤄진 도로 항만 등 교통 인프라 구축 사업을 통칭한다.

iv Missouri Debate: 1819년 미주리 지역이 주로 승격을 요청하면서 벌어진 토론으로 당시 상원에는 노예가 없는 주가 11개주, 노예가 합법인 주가 11개였다. 미주리는 노예가 합법인 주가 될 수 있도록 허용해달라고 요청했다. 논의 결과 미주리는 노예가 합법인 주로 승격이 허용되면서 메인이 새로이 노예가 불법인 주로 승격됐다. 이로써 상원은 노예가 합법이고 불법인 주가 각각 12개로 균형을 이뤘다. 동시에 앞으로도 북위 36도 이상의 지역에선 노예를 불허한다고 타협했다.

칼훈은 로어노크 출신의 랜돌프를 이렇게 묘사했다. "문제의 논점에서 자주 벗어나긴 하지만 베이컨 못지않게 지혜롭고, 셰리든[i]을 인용했다고 믿을 만한 재치가 있어 회의를 주재하는 의장들은 그의 독특한 연설을 저지해야 한다거나 부담감 없이 즐길 수 있다."[2]

랜돌프의 지혜와 강렬한 재치도 그 대부분은 버크에 원천이 있다. "저 작은 개 셋을 보라. 흰둥이, 바둑이, 예쁜이 모두 나를 보고 짖는다!"[ii] 존 랜돌프는 경멸하듯 의원들의 주장에 반박했다. 이는 물론 셰익스피어 희곡 「리어왕」에서 나오는 구절이다. 그러나 버크도 똑같은 상황에서 이를 인용했다. 랜돌프는 자신이 얼마나 버크에게 빚지고 있는지 숨기지 않았다. 그러나 랜돌프의 동년배들은 그의 영감이 어디서 왔는지 몰랐다. 랜돌프는 의원들이 오직 셰익스피어와 밀턴만 인용하려 든다고 말했다. 랜돌프의 의붓동생 비버리 터커는 다음과 같이 말했다. "제퍼슨 행정부 마지막 4년의 일들이 자유의 향유엔 뭔가가 있다고, 사람들을 곧 자치에 부적합하게 만드는, 자유의 또 다른 이름일 뿐인 그 무엇이 있다고 그를 의심하게 만들었으며, 그리고 나서야 랜돌프가 버크의 견해를 받아들이기 시작했다고 우리는 생각한다."[3] 어쨌든 1805년 이후 랜돌프는 미국의 문제에 그 보수주의 철학자(버크)가 마련한 정치의 제1원칙들을 적용하기 시작했다.

랜돌프의 연설문이나 편지는 아무도 수집하지 않았다. 따라서 먼지나는 의회 의사록을 더듬든가 리치먼드에서 발간된 너덜거리는 신문들을 뒤져야 한다. 그러면 한때 이 나라를 놀라게 했던 도도하게 아름다웠

---

i Richard Brinsley Sheridan(1715~1816): 아일랜드 태생의 극작가이자 정치가.
ii 셰익스피어의 비극 「리어왕」 3막 6장에 등장하는 리어왕의 대사.

던 비유의 잔향을 조금이나마 건질 수 있다. 랜돌프의 신랄한 격정에 비하면 웹스터와 클레이의 연설은 얼마나 과장되고 피상적인가! 남부의 정치적 신조가 어디에 근원을 두고 있는지 발견하고 싶은 독자는 그레그 결의안[i]을 논한 랜돌프의 연설을 분석해야 한다. 그는 이 연설에서 자유무역을 찬양하고, "자유주의적" 헌정 체제의 구성을 비난했다. 같은 해 한 주에서 다른 주로 노예를 옮기는 문제를 연방정부가 통제하겠다는 제안을 비난했다. 1811년 12월 외교 문제를 다룬 연설에서는 인종 간 기회 균등의 원칙에 반대했다. 의석수 재배분을 논한 토론에서 맹렬하게 발언했으며(1822), 1824년 관세 논란에서 드러난 중앙 집권화를 비롯해 평준화와 종이로만 확보하려는 보장 등을 경멸했다. 1826년 파나마 파견 대표를 다룬 연설에서는 "자연권"의 오류와 정치적 추상화의 문제를 폭로했다. 그가 "변화는 개혁이 아니다"라고 선언했던 1829년에서 1830년 사이 버지니아 주 헌법회의에서 했던 연설들이 가장 중요하다. 이 모든 연설을 분석하면 남부의 정치적 신조를 이해할 수 있지만 여기서 이를 다 분석할 수는 없다. 대신 입법의 민주적 열정이 우리의 자유를 위협할 수 있다는 그의 믿음을 고려하자는 게 우리의 현재 목적이다.

1816년 의회에서 랜돌프는 다음과 같이 발언했다. "해마다 11월이면 안개가 몰려오듯 많은 사람들이 주나 연방정부의 다양한 입법기관에 모여든다. 그리곤 구더기들처럼 입법이라는 먹이를 물기 시작한다. 그 다음 옛 법을 철폐하거나 새 법을 만들겠다는 격정이 찾아온다. 나는 연방

---

i Gregg's Resolution: 1806년 1월 29일, 미국의 중립을 위반했다는 이유로 영국의 상품을 수입하지 말자고 앤드루 그렉 하원의원이 의회에 제출한 결의안이다. 랜돌프 의원은 영국과 전쟁을 하자는 이야기냐며 1806년 3월 이를 비난했다.

이나 주 차원에서 지난 10년 또는 12년간 법을 하나도 통과시키지 않았다 하더라도 지금보다 상황이 더 나빠지지는 않았으리라 생각한다. 제퍼슨 씨와 마찬가지로 나는 지나친 규제를 싫어한다. 헌법이라는 극단적 약을 우리의 일용할 양식으로 만드는 일도 혐오한다."[4] 랜돌프는 인생에서 일정한 간격을 두고 이 비슷한 주제를 되풀이해 언급했다. 그는 관행적으로 인정되는 권리가, 불문율과 관습이 정의와 자유를 진정으로 보장해준다고 생각했다. 인간이 헌정 체제를 건드리기 시작해서 잘라내고 붙이고, 쿡쿡 찌르는 한편 새로운 형태로 수정하려 들면, 수많은 세대 동안 성장해서 만들어진 과실이자 예전부터 전해진 특권과 면제의 권한을 망치게 된다. 법은 시간에 따라 변한다. 그러나 임의로 그 과정에 개입한다거나, 프랑스에서 했던 대로 추상적인 개념에 입각해 거칠게 고친다거나 하는 일은 사회적 쇠락으로 이어지는 끔찍한 지름길이 된다. 실정법을 끊임없이 개선해 사회를 무한히 발전시킬 수 있다고 생각하기 시작하면 아무것도 안정되지 않는다. 모든 권리와 재산권은 물론 가족, 집, 그리고 농촌의 영속성에서 느끼는 하나하나의 소중한 애착이 전부 다 위험에 처한다. 사회를 무한히 발전시킬 수 있다고 생각하는 사람들은 머지않아 스스로 전능하다고 여긴다. 그들의 일이 더욱 혼란 속으로 빠져들수록 그들은 입법이라는 만병통치약에 더 열정적으로 빠져든다. 법만 만들면 고르디우스의 모든 매듭을 자를 수 있다고 약속하는 열정 말이다. "나로서는 몇 년간 잠이나 자거나 아니면 그저 이야기만 계속했으면 좋겠다. 뉴욕 출신 상원의원의 생각과 마찬가지다. 지루하든 멍청하든 상관없다. 차라리 그런 연설 50개쯤 듣는 편이 우리의 법전에 새로운 법 하나를 보태는 쪽보다는 낫겠다."[5]

랜돌프는 한때 "우리는 안달복달하고 동시에 얼버무리는 사람이다"라고 했다. 미국은 특히 입법적 권위로 바꾸고, 잘라내고, 무력화하려는 근대적 충동의 저주를 받았다. 그리고 이러한 미국적 착각의 원인은 자연적 평등이라는 학설을 비실제적이고 거칠게 해석했기 때문이다. 랜돌프는 스미스, 세[i], 리카도(David Richardo)의 견해에 동의했다. 경제적 인간은 그 스스로의 수단에 맡겨두면 가장 번영한다. 따라서 랜돌프는 상업을 규제하는 입법에 극도로 반대하고 의회는 비평가들의 집단이라는 옛 영국의 견해를 고수했다. 연방이나 주 의회의 기능은 법의 창조가 아니라 법의 정당한 집행을 감독하는 데 있다고 선언했다. 대중적 허영은 이런 실질적인 주권 제한을 만족스럽게 여기지 않았다. 따라서 아주 다양한 사적인 관심사들에 개입하려 노력했다. 영특한 이론가들이나 정치 선동가들은 이런 대중적 허영을 개인적이거나 계급적 이해에 유리하게 몰아갔다. 그 결과 정부는 사회의 한 집단에서 돈과 권리를 빼앗아 그 체계를 주무르는 사람들의 이해를 충족시켜주는 수단으로 전락했다. 바람직한 헌정 체제만으로 이런 입법 구더기를 억제하기엔 충분하지 않다. 우선 국가가 모든 일을 규제할 수 있다는 환상이 폭파되어야 한다. 그리고 권력은 반드시 다른 권력으로 견제되어야 한다. 단순한 종이쪽지는 일방적인 독주를 막아내는 보험이 되지 못하기 때문이다.

"나는 분명히 말할 수 있다. 인간의 본성에는 처음부터, 근원에서부터(ab ovo, ab origine) 비속하고 타락한 측면이 있다. 처음 태어난 인간은 살인자였다. 우리에겐 우리 자신의 적절한 의무에서는 도망치고, 누군

---

i Jean-Baptiste Say(1767~1832): 프랑스 경제학자. 고전적인 자유주의 시각에서 경쟁과 자유무역을 지지했으며 기업의 규제를 완화해야 한다고 주장했다.

가 나 아닌 다른 사람의 의무를 가로채려는 그런 성향이 있다."[6] 이런 성향에 빠진 사람들은 곧 갑판에 서 있는 해양 변호사 같다. 실제로는 비참한 그들의 처지와 호언장담하는 허식이 극히 대조된다. 워싱턴에서 로어노크까지 가는 길에는 이런 대망을 품은 거지들이 스페인 잡상인처럼 더러운 모습으로 여인숙마다 넘쳐난다고 랜돌프는 말했다. "우리는 지저분한 망토를 두르고 담배를 한 모금 빨면서 방 안을 이리저리 난폭하게 돌아다닌다. 그러지 않으면 녹이 슬지도 않은 벽난로나 부지깽이를 망쳐버린다. 그리곤 헌법의 몇몇 요점에 대해 결론을 내리려 한다."[7] 법을 끊임없이 만지작거리는 데 매달리는 국가의 가장 정확한 표본은 걸리버 여행기에 나오는 라가도 연구소[i]다. 비록 대부분의 사람들이 적절하게 이해하고 있지 않지만 본질적으로 법은 자연적이다. 전능한 신이 만들어냈다. 그러나 자연적 평등이라는 잘못 만들어진 설계에 근거해 그 법을 고치려는 서투른 노력은 진정한 평등을 획득하도록 해주지도 않을 뿐 아니라 오히려 자유를 파괴한다.

민주주의적 공화국의 실제적인 관행에서 환멸을 느낀 랜돌프는 미국의 평준화 사상이 세워진 그 토대를 분석하기 시작했다. 그는 이 토대가 위험하게도 불안하다고 보았다. 로어노크의 존 랜돌프는 독립선언서의 상식적인 이해를 전면적으로 거부했다. 제퍼슨을 '피리 부는 사나이[ii]'라고 비난했다. 정치적 추상이 아니라 개인적이고 지역적인 권리를 지키

---

i Academy of Lagado: 라가도는 『걸리버 여행기』에 나오는 가상의 도시다. 빈곤에 찌든 이 도시의 왕은 엄청난 돈을 들여 학술원을 만들고 빈민 구제 방안을 만들어내라고 명령하지만 아무런 결실은 없다. 쓸데없는 노력과 헛수고를 상징한다.
ii 독일 전설에 등장하는 인물로, 쥐떼로 고생하는 마을에서 피리를 불어 이 쥐들을 강물로 인도해 몰살시켰다. 그러나 약속한 돈을 받지 못하자 다시 피리를 불어 마을의 모든 어린이를 데리고 사라져버렸다.

려는 끊임없는 감시와 규범에서 그 안전장치를 찾으려 했다. 버크가 루소와 프라이스를 그의 적대자로 선택했듯이, 애덤스가 튀르고와 콩도르세를 공격했듯이 랜돌프는 "브리스톨의 돌이 보석"이라는 토머스 제퍼슨을 타고난 경쟁자로 선택했다. "터키 사람들이 마호메트의 푸른 바지 한 벌을 그들의 성스러운 표준으로 추종했듯이, 우리는 캔팅베리(Cantingbury)의 성 토머스 대주교, 설계의 왕자가 지닌 오래된 빨간 승마 바지 한 벌의 지배를 받는다. 분명 캔터베리 베켓 대주교[i]의 무덤을 찾은 순례자보다 몬티첼로의 성자(제퍼슨)를 찾은 순례자가 더 많았을 것이다."[8][ii]

인간은 자유롭고 평등하게 태어나지 않는다고 랜돌프는 말했다. 가문과 재산은 말할 필요도 없고 육체적, 도덕적, 지성적 차이도 명백하다. 신비스러운 "평등"을 가정하면 수많은 사람들이 하고 싶은 대로 사회를 만지작거리게 만든다. 사회를 장난감처럼 가지고 놀게 하며, 그들의 보잘것없는 창조성을 사회에서 시험하도록 만든다. 그런 가정은 모든 분야에서 평등의 조건과 유사한 유일한 삶의 형태, 다시 말해 야만이 판을 치는 상태로 인류를 몰아간다. 만약 제퍼슨의 평등이라는 원칙이 글자 그대로 받아들여지면 무질서, 즉 "전제정치의 번데기 상태"를 의미한다.

내가 유일하게 반대하는 것은 이 원칙들이다. 극단적으로 표현하자면, 모든 사람이 평등하고 자유롭게 태어났다는 원칙들이다. 나는

---

i Thomas Becket(1119~1170): 캔터베리 대주교로도 알려졌으며 가톨릭 교회의 성자로 왕권에 맞서다 왕의 추종자에게 살해된 순교자.
ii 제퍼슨을 캔터베리 대주교에 빗대 조롱한 묘사.

절대 동의할 수 없다. 아무리 생각해도 그것은 진실이 아니기 때문이다. 나는 의회라는 말에 내재된 의미 자체에도 동의할 수 없다. 비록 미합중국의 헌법이 그것을 만들었다 해도 그렇다. 거짓, 가장 해로운 거짓에는 동의할 수 없다. 비록 그것을 독립선언서에서 발견한다 해도 그렇다. 그 거짓은 미주리를 주로 승격하는 문제나 다른 문제에서 헌법의 최고 가치로 앞세워졌다. 나는 치명적인 거짓이라고 말한다. 이는 자명한 사실이다. 왜냐하면 논증할 방법이 없기 때문이다. 위대한 것을 천박하고 작은 것으로 잘못 인도하는 수많은 거짓들이 있다. …이 모든 거대한 주장들, 모든 사람이 자유롭고 평등하게 태어났다는 이 작동하지 않는 신앙은 많은 사람들이 거의 인정하지 않았다는 점에서는 참이다. 그러나 다른 의미로 스물에 열아홉은 거의 변함없이 인정한다는 점에서 그것은 거짓이고 해롭기까지 하다. …인간은 자유롭고 평등하게 태어났다는 이 원칙의 관점에서 볼 때 지구상에 그 원칙이 적용되지 않는 동물이 있다면, 즉 자유롭게 태어나지 않은 동물이 있다면 그것은 인간이다. 인간은 가장 비참하고 남의 도움이 절실히 필요한, 완벽하게 절망적이고 무지한 상태에서 태어난다. 그것이 바로 결혼 생활의 근거이기도 하다. …누군가 세계의 모든 땅이 똑같이 비옥하다고 말한다면, 예컨대 켄터키의 일등급 땅과 스코틀랜드 고원의 땅이 그 위에 보이는 작물의 피상적인 내용이 같다는 이유만으로 똑같이 비옥하다고 말한다면 모든 인간이 태어날 때 그 미덕에서 절대적으로 평등하다고 주장하는 사람이나 다를 게 없다. 빈민구제소나 창녀촌의 불을 제일 먼저 보고, 신선한 공기보다 술의 효과를 먼저 느끼는 타락해 망가져버린 저 불쌍하고 허약한 사람은 정직한 소지주의 혈색 좋은 자식과 어느 점에서 보더라도 평등하지 않다. 나는 한 걸음 더 나아가 말하겠다. 왕족의 피에 걸맞게 태어나지 못한 왕자는 농부의 건강한 아들보다 못하다.[9]

이런 점에서 랜돌프의 시각은 그가 정치가로서 초창기에 타도하려 했던 존 애덤스의 그것과 동일하다. 이어서 랜돌프는 쉽게 오류에 빠지고, 고지식한 데다 자기중심적이며, 게으르고 폭력적인 성향이 있는 인간을 묘사한다. 랜돌프는 단순히 미국성공회 신도가 아니라 영국국교회의 성직자와 같은 독실한 기독교 신자로서 말한다. 인간은 타락했다. 따라서 인간이 정의와 자유를 확보할 최선의 기회는 야망에 부푼 인간들의 손이, 타락으로 이끄는 권력에 닿지 못하도록 하는 데 있다. "인간을 제외하고는 누구도 스스로를 구속하는 사슬을 만들지 않는다. 결코 이뤄질 리가 없는 약속으로 인간을 꼬드기고 착각하게 만드는 건 여성을 유혹하는 사람과 마찬가지로 선동가들의 흔해 빠진 그러나 성공적인 수법이다."[10] 나약하더라도 인간에게 그 자신의 자유는 맡길 수 있다. 그러나 다른 사람의 자유를 존중하리라고 신뢰할 수는 없다. 규범과 종교적 경건함은 인간이 지배할 수 있는 영역을 구분해줘야 한다. 과도기적 집회나 다른 대중적 기구가 최근에 선포한 실정법은 이렇게 둘레에 경계를 그어주거나 버팀벽이 있는 선입견과 전통에 버금가는 영향력이 없다. 따라서 대중은 긴급한 필요라는 압박하에서만 실정법을 제정해야 한다. 통치자들은 옛 법으로는 감히 엄두도 내지 않았던 곳을 새로운 법으로는 마음대로 침해하려 든다. 심지어 미합중국의 헌법도 야망에 부푼 사람들과 계급의 욕구를 억제할 수 있을 만큼 충분히 존중되지 않는다. 헌법 조문의 어딘가에 숨어 있는 권력 증가의 잠재적 가능성은 미국의 미래 자유를 불안하게 한다. 일단 인간이 직접적인 목적과 특별한 이해 계층을 위해 무차별적으로 법을 제정하는 악을 저질렀다면 마지막 도피처는 오직 힘(force)이다. "법률"이라는 가면을 쓴 힘, 강탈이나 다름없는 그 힘을 억제하려면 힘밖에 없다.

인간의 권리를 언급한 광신적이고 터무니없는 이론에도 불구하고 (이론을 말하는 거지 권리 그 자체를 말하는 게 아니다) 권력을 억제할 수 있는 건 권력밖에 없다. …양피지에 철저하게 확립해 둔다고 해도 칼은 헌법의 심장으로 가는 길을 찾아낸다고 채텀 경(Lord Chatham)은 말한다. 양피지는 믿을 수 없다. 나는 헌법의 헛소리 같은 주문을 신뢰하지 않는다. 헌법을 믿지 않는다. …정부 권력이 현명하지 않게 행사됐는데도 국민이 극단적인 물리적 저항에 나서지 못하게 막았던 그런 헌법은 태양 아래 없었다. …만약 교역을 규제하려는 권력으로 당신이 우리의 핏줄에서 마지막 피 한 방울까지 짜낸다면, 만약 관례에 따라 우리 주머니에서 마지막 실링까지 뽑아낸다면, 우리에게 헌법이 어떤 견제 장치가 되는가? 그깟 헌법 따위! 전갈의 독침이 우리의 뼛속을 더듬을 때 우리는 논리적으로 반박하려고 잠시 생각해야 하는가? 어떤 전문 지식이 있고 현명한 사람에게 권력이 우리에게 이러한 일을 할 수 있는 헌법적 근거가 있는지 말해달라고 한 다음 그가 어떤 동기에서건 그렇다고 답한다면 우리는 어떻게 해야 하는가? 이 헌법의 물질적인 부분을 이루는 동물(양)처럼 조용히 누워서 그 털을 잘려야 하는가?[11]

벌거벗은 폭력들이 서로 전투를 벌이는 이 고통스러운 평야는 극북의 땅[i]이다. 정치의 다른 모든 실체를 무시하듯 폭력의 존재를 무시하는 사람들은 모두 이곳으로 와야 한다. 인간이 마치 신성하게 이성적이어서 추상적인 근거에 입각해 법을 만들 능력이 있는 존재로 대우하려 시도하는 사회들은 도벳[ii]과 같은 지옥이다. 인간은 서로에게 많은 권력을 안전하게 위탁할 수 있다는 손쉬운 가정에 따라 관세, 내부의 교통망 확충, 외교 정책의 환상적인 구상이 생겨났다. 그러나 이 모두엔 국가의 한 부분에 이익이 되도록 다른 한 부분을 가난하게 만들겠다는 목표가 있었다. 추상적 감정은 현실에서 참혹함으로 끝난다. 콩도르세, 브리소[iii], 미라보는 선의를 가진 지식인이자 심지어 천재들이었다. 그러나 그들은 형이상학적으로 미쳤다. 그들은 인간 이성의 허약함을, 인간 본성의 타락을, 문명화된 삶의 위대하고 압도적인 중요성을 무시하고, 양피지와 정치적으로 그럴듯한 물건을 더 신뢰했다. 그들은 절대 자유가 아니면 아무것도 필요 없다고 고집했다. 그 결과 아무것도 얻을 수 없었다. "추상적으로 절대 불가침이라는 인간의 권리를 끊임없이 요구한 결과는 무엇인가? 그들은 이제 왕의 구체적인 절대 권력을 천천히 따져볼 시간만 충분히 얻었을 뿐이다. …책을 쓰지 못하고, 연설도 못하며, 심지어 누구나 아는 단어인 'Congress'라는 철자를 'Kongress'로 틀리는 사람인데도 태양 아래 어떤 수학자나 과학자, 혹은 지식인보다 정치인이나 장군으로

---

i Ultima Thule: 극북의 땅. 유럽의 고대 문학과 지도에 등장하는 낱말로 극북(Far North)에 있는 한 지역을 가리킨다.
ii Tophet: 히브리 성경에 나오는 예루살렘의 한 지역으로 신께 어린이를 산 채로 태워서 봉헌하는 행위를 하는 곳이다. 신학적이거나 시적으로 지옥을 의미한다.
iii Jacques Pierre Brissot(1754~1793): 프랑스혁명 당시 지롱드당의 주도적인 인물.

서 더 믿을 만하고 현실적인 감각을 지닌 사람들을 나는 보았다."[12]

만약 헌법을 욕구나 폭력에 맞서는 장벽으로 의지할 수 없다면, 가장 지성적인 사람들이 사회를 관리할 방법을 이해할 수 없다면, 권력에 맞서는 안전장치는 어디에서 찾아야 할까? 랜돌프는 말했다. 왜 습관적으로 정부의 범위를 좁은 한계에 가두고, 모든 정부의 기초와 그 정부에의 참여를 프랑스 계몽주의 철학자들이나 제퍼슨의 환상이 아니라 실제적인 고려들 위에 둘까? 정부의 목적은 작고 분명하게 정의해야 한다. 미국에서 중요한 권력은 연방 권위의 영역 밖인 주(州)에 모두 주도록 하자. (헌법을 구상했던 사람들의 의도대로) 자유를 빈틈없이 사랑하는 사람은 주가 권력을 가져야 한다고 항상 주장한다. 그래야 개인과 지역의 자유가 지속된다. 정부가 작을수록 권력이 찬탈을 일삼을 가능성은 더 적다. 규범적 영향력의 작동이 그만큼 더 직접적이고 강력하다. 1816년 1월 31일 칼훈에 답하면서 랜돌프는 여러 주를 언급하며 말했다. "나는 적어도 그들에 집착한다. 왜냐하면 그들에 집착하면서 나는 내 주에 집착하기 때문이다. 내가 가까운 친척을 사랑하듯 내 주를 사랑하기 때문이다. 자기 주를 사랑하는 건 모든 남자에게 부인과 자식, 친구를 사랑하는 일과 같다. 나는 반드시 파괴로 끝나는, 전체 주 정부의 빠른 파괴로 끝나는 그런 정책을 지지하지 않는다."[13] 칼훈은 그 토론을 잊지 못했다. 몇 년이 지나서 그는 귀족적 경쟁자가 선포한 그러한 권리를 방어하려고 자신이 통절하게 간직했던 야망을 희생하기 시작한다.

"주의 권리라는 주장은 그 자체로는 건전하고 옳다"고 헨리 애덤스[i]

---

i Henry Adams(1838~1918): 미국의 역사가. 2대 대통령 애덤스 가문의 후예. 젊어서 영국 대사를 했던 아버지 찰스 프랜시스 애덤스의 비서로 근무하며 존 스튜어트 밀 등 영국 정치 철학 등의 문화를 익

는 썼다. 그는 연방주의 전통의 계승자이고 혈연의 측면에서는 랜돌프를 혐오해도 괜찮을 만한 사람이었다. "미국 역사와 헌법의 출발점으로 이보다 더 분석해볼 만한 주제는 없다"[14] 도도한 통합의 추세에도 불구하고 우리 시대의 미국에 아직도 어느 정도 보존된 주의 권한이 있다면 이는 부분적으로 랜돌프의 경고 덕분이다. 그의 보수주의엔 주독립주의나 지역주의적 성격이 있었다. 주독립주의 정신이나 지역의 연대, 지역의 권리가 없으면 어떤 형태의 보수주의도 실천적일 수 없다.

정의와 자유를 확보하는 랜돌프의 두 번째 수단은 상식적인 정부에 있었다. "의장, 나는 견고한 안정을 지지합니다." 대부분의 인간은 그들 자신의 대변자를 선택해도 된다. 그러나 정치에서는 아주 적은 사람에게만 그보다 더 많은 일을 하도록 위임할 수 있다. 직접민주주의의 환상은 직접 독재로 이어진다. 선거권은 공동체에 이해를 가진 사람들의 특권이어야 한다. 권력의 유혹을 어느 정도 뛰어넘도록 고양해주는 도덕적 특성이 있는 사람이어야 한다. 인간의 타락한 본성은 그런 유혹에 쉽게 굴복하기 때문이다. 자유 토지 소유자들만 투표권을 가져야 한다. 재산은 반드시 보호받아야 하고 그 특별한 대표자를 가져야 한다. 재산권과 권력은 함께 이동하기 때문이다. "당신은 오직 재산권의 보유자만 바꿀 수 있습니다." 만약 재산이 없는 사람에게 권력이 옮겨가면 그들은 곧 스스로 부자가 된다. 정부는 단순히 숫자를 세는 문제가 아니다. "아닙니다. 흑인 소년이라도 칼과 회계 관리 장부[i]가 있다면 이 학파에선 완벽한

현고 남북전쟁 이후 정치 언론인으로 활약했다.

i Tally stick: 고대의 기록 보조 장치로 숫자나 양, 심지어 메시지를 기록하고 정리하는 막대를 의미한다. 인류는 동물의 뼈를 이런 목적으로 처음 사용했다. 비유적으로 톨리 스틱이 있다면 관리할 재산이 있다는 의미다.

정치인이 됩니다." (고매한 도덕적 원칙과 계몽된 편의를 적용해 결정해야 하는 데도) 사람 수를 세어서 심오한 문제를 결정하는 원칙은 근대적 철의 독재다. 특별한 환경과 복잡 미묘함을 고려하지 않고 모든 논란에 자의적으로 "민주적 방법"을 적용한다면 이는 지극히 어리석은 짓이다. "그것은 주문(呪文)이 아닙니다. 불가사의한 힘을 발휘하는 부적도 아닙니다. 마법도 아닙니다. 우리를 실신시키는 어뢰도 아닙니다."[15] 랜돌프는 만약 이런 개념을 엄격하게 적용하는 때가 오면 옛 버지니아에서 도망치겠노라고 선언했다. 대표권이 없는 세금은 분명 폭정이다. 그러나 이는 정확하게 재산이 없는 계급에게 권력을 준 민주주의자들이 도입했다. 재산이 있는 사람, 주의 성벽은 우민 정치에 의해 멋대로 약탈되도록 버려졌다.

"내가 정치의 무대에 있는 동안 개진된 이상한 개념들 중에 최근 사람들의 마음을 사로잡은 게 있다. 정부가 국민에게 전부 해주어야 한다는 거다. 그들 스스로는 아무것도 하지 않는단다. 정부는 마땅히 자신의 영역 안에 있는 커다란 관심사를 보살펴야 할 뿐만 아니라 개인의 자연적이고 도덕적 의무에도 개입해서 편하게 해주어야 한다는 주장이다. 이보다 더 해로운 개념이 있을 수 없다. 위스키 가게에서 비틀거리며 나오는 저 한심한 친구를 보라. 그 남자를 찾으러 간 저 칠칠치 못한 여자를 보라. 그들의 자녀는 어디 있는가? 누더기를 걸치고 뛰어다니며 게으르고 무지한 그들은 교도소 수감 대상이다. 이 모든 일이 왜 벌어지는가? 그 남자에게 물어보면 말해줄 것이다. '오, 정부가 우리를 대신해 우리 아이들의 교육을 책임졌다.'"[16] 추상적인 평등주의의 명령에 순종해 법률을 제정하는 무제한의 권력이 대중에 굴복하면 그러한 사적인 의무가 공공의 부담으로 전이되는 현상이 반드시 뒤따른다.

그러나 제퍼슨의 정치적 교리들이 위축되기는커녕 오히려 그가 사랑했던 "나라", 옛 버지니아를 말살하리라는 것을 랜돌프는 알았다. 1829년과 1830년, 버지니아 제헌회의가 열리던 무렵 그 교리들의 완벽한 승리는 손에 잡힐 듯했다. 마셜, 매디슨, 먼로 등 제퍼슨의 교리를 믿는 모든 노정객들이 이 회의에 모였다. 이들은 모두 주 헌법을 고치려는, 해안가 주(州)들을 휩쓸던 열기에 동요됐다. 그때 랜돌프의 찢어지는 목소리가 웅얼대던 대화 위로 치솟았다. 참석자들은 불편한 침묵 속에 끊임없이 헌법을 바꾸려는 민주적 경향을 경고하는 그의 목소리를 경청했다. "변화는 개혁이 아니다." 그는 반복했다. 버크가 옛 영국의 방식을 옹호했듯이 랜돌프는 버지니아의 옛 헌법을 칭송했다. 조금 더 부유했던 버지니아 동부 지역에 더 많이 주었던 지역구 배분을, 귀족적 지방 법원을, 자유 토지 보유자의 선거권을, 영국의 제도나 기관의 아직도 남은 자취를 변호했다. 랜돌프의 이런 노력에도 이 모든 것들은 1830년에 사라져버렸다. 그러나 랜돌프의 말은 아직 살아남았다. 랜돌프의 개막 연설처럼 진실과 번득이는 통찰력이 풍부했던 멋진 연설은 미국 정치사상사에서 찾아보기 힘들다.

의장, 이 회의가 할 수 있는 가장 현명한 일은 완성되지 못할 일을 가져온 그 사람들에게 이를 되돌려주는 겁니다. 작고 온건한 개혁에는 기꺼이 내 도움을 드릴 의향이 있습니다. 우리의 오래된 정부가 이를 요구한다는 믿음이 드는 그런 개혁에는 동의합니다. 그러나 그런 개혁도 없었으면 더 좋겠습니다. 우리가 건물 전면의 기둥을 부숴버리기보다 리쿠르고스[i]의 법처럼 우리의 헌법은 변하지 않은 채 남아 있는 게 좋습니다. …내가 지금 말할 수 있는 능력보다 지금까지 남들이 훨씬 더 잘 말해왔습니다. 개혁의 욕구는, 불법적인 욕망에는 욕구라는 표현이 적절합니다. 이 개혁의 욕구는, 이 정치적 변화의 욕망(rerum novarum lubido)은 그동안 모든 공화국에 죽음을 가져왔습니다. 변화가 언제나 개선이 아니었다는 사실을 상기해야 합니다. 현재에 만족하고 변화를 추구하지 않는 수많은 사람들이 새로운 제도들을 받아들이도록 만들어야 한다는 사실도 기억해야 합니다. 그리고 이밖에 모든 다른 실망한 계급을…[17]

1829년 12월 30일, 그는 주의 새 헌법에 어떤 수정 조항의 삽입도 원치 않았다. "개혁이라는 굼벵이"에 보내는 어떤 초대도 반대했으며 앞으로 10년간, 아니 다음 세대가 어설프게 만지작거리려는 열정을 갖게 할지 모르는 어떤 제안에도 모두 반대했다. 변화는 도로를 포장해주지 않아도 금세 찾아온다. "대중적 정부[ii]의 가장 큰 오명은 그 불안정성입니다. 그래서 앵글로색슨 계통의 사람들은 대단히 집요하게 독립적 사법부에 매달려왔습니다. 그것이 대중적 정부의 해악에 저항할 유일한 수단이라 여겼기 때문입니다. …인간의 지혜가 고안해낼 수 있는 최고의 정부 형태를 사람들이 가질 수는 있습니다. 그러나 그 불확실성 하나만으로도 사실상 인간은 세계에서 가장 최악의 정부 아래에 사는 셈입니다."[18]

---

i Lycurgus(BC800~BC730): 리쿠르고스는 스파르타의 전설적인 입법자. 델포이의 아폴론 신탁에 따라 스파르타 사회를 군국주의로 개혁했으며 그의 모든 개혁은 스파르타 사람의 세 가지 덕목인 평등, 군사적 적합성, 엄격성을 지향했다.
ii Popular government: 보통선거로 선출되는 정부.

제헌회의에서 그의 발언으로는 거의 마지막으로 랜돌프는 "공직 생활을 시작하기 전부터 알아왔던 원칙"을 이야기했다. "그 원칙은 그의 일생을 지배했다. 쉬고 있는 무언가를 방해하는 일은 언제나, 대단히 현명하지 않다는 원칙이다."[19] 여기 당당하고 치열한 인간의 정치적 지혜가 빛난다. 그는 "자코뱅의 분노한 사람들"[i]로 시작했으나 사회는 프로크루스테스의 침대[ii]에 맞추어 뜯어 고쳐질 수 없다는 사실을 배웠다. 그는 자신의 주변에서 옛 버지니아가 해체되는 모습을 보았다. 그는 "밤에 화재를 알리는 종소리처럼" 갈수록 더 크게 울리는 노예제 비난 소리를 들었다. 증오의 관세[iii]와 강제법[iv]은 남부를 독립된 주들이 아니라 예속된 지역의 처지로 위축시키겠다는 위협이었다. 랜돌프는 "투계장의 투계처럼" 끝내길 희망했다. 주 내에서의 연방법 무효[v] 선언이 미국을 당황스럽게 하는 동안 로어노크의 존 랜돌프는 그가 살아왔던 대로 환상적으로 고귀하게 그의 생을 마감했다.

랜돌프는 후계자를 남겨두었다. 그는 이 후계자의 야망을 언제나 의심했다. 당시 거의 파멸에 가까워 보였던 이 후계자는 존 콜드웰 칼훈이

---

i   처음에는 프랑스혁명을 지지했다.

ii Procrustes' bed: 프로크루스테스는 그리스 신화에 나오는 인물로, 아테네 교외 언덕에 살면서 강도질을 일삼았다. 행인을 붙잡아 자신의 쇠 침대에 누이고 침대보다 짧으면 늘여서 죽이고 길면 잘라서 죽였다고 한다. 프로크루스테스의 침대라는 말은 자기 생각에 맞추어 남의 생각을 뜯어고치려는 행위, 남에게 해를 끼치면서도 자신의 주장을 굽히지 않는 횡포를 일컫는다.

iii Tariff of Abominations: 1828년 미 의회가 통과시킨 보호관세. 이를 반대했던 남부의 사람들이 증오의 관세라 불렀다. 북부의 산업을 보호하려고 앤드루 잭슨 대통령 재임기에 도입된 법으로, 남북전쟁 이전 남부에 지대한 경제적 영향을 주었다. 수입품에 62%의 세금, 92%의 관세를 부과했다.

iv Force Act, Force Bill: 관세 징수의 목적으로 연방 군대를 동원할 수 있는 권한을 부여한 법. 사우스캐롤라이나가 연방정부의 수입품 관세 징수에 복종하지 않고 반기를 들자 필요하다면 대통령이 군대를 파견해 연방 정책의 집행을 강제할 수 있는 권한을 주는 법이다. 앤드루 잭슨 대통령의 촉구로 의회가 이를 1833년에 통과시켰다.

v   Nullification Crisis: 무효화 위기는 1832년에서 1837년까지 앤드루 잭슨 대통령 임기 시절의 정치적 위기. 1828년과 1832년 연방정부가 도입한 수입품 관세는 위헌이므로 사우스캐롤라이나는 이를 주 경계 안에서는 무효화한다고 선언하면서 벌어진 위기.

다. 우선 랜돌프는 칼훈의 마음을 바꿔 주권이 주에 있다는 엄격한 견해를 갖도록 했다. 곧이어 당시 미국의 대중적 정서를 지배했던 정치적 추상화라는 개념이 위험하다고 확신하게 했다. 몇 년이 지나 고압적인 민주주의자의 아들인 칼훈은 평등을 추구하는 제퍼슨식 이론들이 해롭다는 취지의 글을 다음과 같이 썼다.

우리는 지금 엄청난 오류가 독립선언서의 한 자리를 차지하도록 인정하면서 비롯된 그 위험을 경험하고 있다. 오랫동안 그것은 잠들어 있었다. 그러나 시간이 흘러가면서 그것은 싹텄고 이제 독이 든 열매를 맺기 시작했다. …인간들이 자유롭고 평등하게 태어났다고 믿는 사람들이 주장하듯이 모든 사람은 자유와 평등에서 같은 권리를 갖지 않는다. 자유는 우호적인 환경과 결합한 정신적이고 도덕적인 발전에 주어지는 최고의 또 고상한 보상이다.[20]

남부의 농장주 사회는 한때 평등주의의 가면을 썼지만 자신들에게 내재되어 있던 보수주의를 인식하게 됐다.

3. 소수의 권리를 옹호한 칼훈

랜돌프의 마음에 꺼지지 않는 그리스의 불꽃[i]처럼 타올랐던 열정이 칼훈의 마음에서도 이글거렸다. 강철 같은 칼훈이 품은 열정의 불꽃은

---

i Greek fire: 그리스 화약으로도 불리며 비잔티움 제국의 군대에서 사용하던 화기. 이 불은 물로 잘 꺼지지 않고 수면에서도 불이 계속 타오르는 특성 때문에 비잔티움 해군이 주로 사용했다.

그의 눈을 통해서만 너울거렸다. 누구도 그만큼 당당하고 겸양하며 확고한 의지로 바르게 살아온 사람은 없다. 칼뱅주의는 칼훈의 성격뿐 아니라 그의 글과 책에도 영향을 주었다. 그러나 애덤스 가문에서 그랬듯이 칼훈의 마음에서도 칼뱅주의 교리는 죽어갔다. 존 애덤스와 마찬가지로 칼훈도 일위신론을 곁눈질했다. 그러나 논리적 사고의 철저한 수용, 엄격한 도덕성, 의무에 충실하려는 자세는 여전히 그의 마음에 남았다. 이런 품성이 그에게 일관된 목적과 놀라운 에너지를 주었다.

랜돌프는 오랜 가문의 혈통 덕분에 버지니아에서 가장 풍부한 도서관을 소유했다. 그런 랜돌프와 달리 칼훈은 평생 많지 않은 책을 보유했으며 상당 부분 독립적인 명상에 의지했다. 비록 링컨의 "가난한 사람의 짧고 단순한 연대기"와는 어느 정도 거리가 있기는 했어도 칼훈의 가문도 내륙 오지의 거친 캐롤라이나 출신이었다. 그들은 변경 인디언의 공포 속에서 험하게 살아갔다. 호전적이고 개척 정신이 높은 민주주의의 승리자들이었다. 어린 랜돌프는 영국의 소설과 희곡,『돈키호테』와 프랑스의 소설『질 블라스i』를 읽었지만 칼훈은 토머스 페인의『The Rights of Man(인간의 권리)』ii에 나오는 문장을 암송했다. 어린 시절의 규율과 반대로 세상 경험이 그를 보수주의자로 만들었다. 예일대학을 다닐 때는 강력한 연방주의자 티모시 드와이트 교수를 논박하기도 했다. 칼훈은 제퍼슨 지지자로, 연방주의보다는 주의 주권을 앞세우는 국가주의자로, 변경을 계속 개척하자는 팽창주의자로, 그리고 도로와 교량 등 국내

---

i Gil Blas: 프랑스의 악한을 다룬 소설. 알랭 르사주(Alain-René Lesage)가 1715년에서 1735년 무렵에 집필했다.
ii 토머스 페인이 1791년에 쓴 책으로, 정부가 국민의 자연적 권리를 보호하지 않으면 혁명이 허용된다는 주장을 담았다. 이를 근거로 1790년의 프랑스혁명을 옹호했다.

교통 기반 시설의 확충을 지지하는 사람으로, 영국과의 일전을 불사하는 매파로 정치에 입문했다. 처음부터 시선을 높게 두어 미국의 대통령이 되겠다는 목표를 세웠다. 그러나 하나의 심금을 울리는 확신이 칼훈의 모든 생각을 지배해버렸다. 심지어 그의 불타는 야망까지 제압했다. 그의 마음을 사로잡은 확신은 그를 개종시켜 민주적 다수결이 전능하다는 생각과 국가 권력 집중화에 가장 단호하게 저항하도록 만들었다. 그는 자유에 헌신했으며 그 원칙은 정치인 칼훈을 멸망시켰다. 그러나 사상가로, 역사의 힘으로, 시대를 넘어 살아남았다.

"보편적으로 옳은 정치적 주장이 있다면 그것은 상황과 무관하게 인간의 본성에서 직접 튀어나와야 한다. 다시 말해 무책임한 권력은 자유와 일치하지 않는다. 그런 권력은 그것을 행사하는 사람을 타락시킨다. 우리의 정치 체계는 이 위대한 원칙을 딛고 서 있다."[21] 칼훈은 미합중국의 헌법을 사랑했다. 그에겐 연방 조직이 만들어질 때부터 랜돌프가 가졌던 의구심, "날개에 독을 숨긴 나비"라는 의구심이 없었다. 칼훈은 그 헌법을 사랑한 나머지 1832년에 거의 파괴할 뻔했다. 너무 사랑했기에 그 헌법이 분파적 소수의 권리를 보호하도록 강화되거나 개선되어야 한다고 제안했다. 그렇지 않으면 내전이 나라의 기초를 흔들어버릴 것이며 그 전쟁의 결과가 어찌 되든 미국은 더 이상 그 헌법의 지배를 받던 미국과 같지 않게 된다고 말했다. 그는 전적으로 정확한 예언자였다.

칼훈이 전국적 정치인으로 활동하던 처음 12년간 어떻게 죽어버린 정치와 좌절된 희망에 포위됐는지를 살펴보는 게 지금 우리의 목적은 아니다. 그때는 칼훈이 랜돌프의 냉소적인 열정에 귀를 기울이던 무렵이었다. 처음에는 완강한 적대감이 있었으나 곧 확신을 갖고 랜돌프의 생각에 동조하기 시작했다. 1824년 연방정부의 관세 부과는 칼훈의 눈앞에서 지구를 갈라버린 듯했다. 그는 자신이 어린 시절 정치의 본질과 국가의 성향을 오해했다는 사실을 슬프게 깨달았다. 그는 공화국이 호의가 넘치는 대중적 이성의 안내를 받는다고 믿었다. 만약 그 이성이 새로운 관세의 집행이라는 형태로 분명해졌다면, 그 이성은 특정 지역의 특정 계층의 사람에게 이득이 되도록, 다른 지역의 사람들을 약탈하도록 악의에 가득 찬 계산된 이성이라는 사실이 드러났다. 칼훈은 속 좁은 주독립주의자가 아니었다. 그는 1812년 영국과 스페인에 맞서 싸우던 국가주의자들과 뜻을 같이했다. 그러나 파렴치한 관세 부과에서 의회의 다수를 차지한 선거구에만 혜택을 주는 법률 제정과 남부의 권리를 무시하는 태도를 발견했다. 칼훈은 헌법이 한 분파나 계급의 압제를 견제하는 안전장치라고 믿었다. 그러나 이기적인 이해 집단이 충분히 강력한 다수가 되면서 그들의 목적에 맞게 헌법의 의미를 왜곡해버렸다. 칼훈은 권리의 대중적 의미에 호소하면 때때로 부당한 입법도 시정할 수 있다고 믿었다. 하지만 이제 1824년 관세 부과에 찬성한 하원의원들은 단순히 그들이 대변하는 유권자들의 탐욕을 충족시켜주려 그랬다는 사실을 부인하기 어렵게 됐다.

칼훈 같은 정신의 소유자들은 경건하고 묵직하게 일한다. 그는 단번에 랜돌프에게 넘어가거나 도전적으로 되지는 않았다. 그러나 몇 년이 지나면서 칼훈은 낙관주의, 평등주의, 사회개량주의, 제퍼슨식 민주주의를 거부하는 쪽으로 굽히지 않고 나아갔다. 얼마 지나지 않아 그는 랜돌프를 넘어섰다. 대중적 인기와 지위를 원하긴 했지만 자신의 양심보다 더 귀하게 여기진 않았다. 따라서 자신의 주와 분파, 자신의 규칙과 미국 농촌 사회의 전통을 지키려고 전국적 명성을 포기했다. "내가 받아들이고 이해하는 민주주의는 나 자신을 대중에게 희생하는 게 아니라 대중을 위해 나 자신을 희생하도록 요구한다. 국민들을 구하려면 종종 그들에 맞서야만 한다는 사실을 모르는 사람은 없다."[22] 칼훈은 그 밖의 다른 것, 미합중국(the Union)도 구할 수 있다고 생각했다. 그가 모든 희망에서 실패했다는 사실을 부인하기는 어렵다. 그러나 멍하고 당황스러워했던 남부 사람들에게 정치철학을 안겨주는 데는 성공했다. 칼훈은 개인과 집단의 권리가 압도적인 다수의 의지로 위협받는다는 무시무시한 문제를 분명하게 묘사했다.

"껍질을 모두 벗겨내고 벌거벗은 질문을 하자면 이렇다. 우리의 정부가 연방정부냐 아니면 단일 정부냐, 입헌 정부냐 아니면 절대 권력의 지배냐, 극적으로 주의 주권에 단단한 기반을 둔 정부냐, 아니면 다수의 고삐 풀린 의지에 기반을 둔 정부라 불의, 폭력 무력이 최종적으로 지배하는 정부냐."[23] 칼훈은 사우스캐롤라이나 주 하나, 아니 단순히 남부 주들만 염두에 두고 말하지 않았다. 한번 다수의 절대 권력이 자기들 마음대로 소수를 휘두르도록 받아들여지면 어떤 분파나 계층의 자유도 안전하지 않다고 말했다. 사우스캐롤라이나를 굴복시킨 다음 증오의 관세와 강제법을 통과시킨 이해 집단은 다른 정복지로 나아간다. 그는 북부 도시 지역의 산업 노동자들에게도 비슷한 착취가 일어나리라고 예견했다. "우리가 나가떨어지면 다음 경쟁은 자본가와 노동자 사이로 옮겨간다. 왜냐하면 사회는 궁극적으로 이 두 계급으로 나뉘기 때문이다. 갈등의 주제는 유럽에서 벌어졌던 내용과 다르지 않다. 그 체계의 작동 아래에서 임금은 반드시 생활 필수품의 가격보다 더 빠르게 하락한다. 임금은 노동자들의 존속이 가까스로 가능할 정도의 낮은 수준이 될 때까지 하락할 것이다. 지금은 그 압력이 우리 편에 있을 뿐이다."[24] 이 글은 공산당 선언이 나오기 20년 전인 1828년에 포트 힐에 살던 보수주의자[i]가 썼다. 그는 옛 농업의 이해 집단, 산업적 이해 계층, 그리고 아직 미완성의 산업노동자 계층에 모두 경고했다. 어떤 특정한 계급과 분파를 억누르는 법이 한번 만들어지면 머지않아 헌법이 종말을 고하고 무자비한 권력으로 대체된다고 말이다. 이렇게 농업 보수주의자였던 칼훈은 산업적 보수주의자 알렉산더 해밀턴과 북부 제조업의 이해 집단에게 미래를 응시하도록 제시했다.

실천적 해결책을 모색하면서 칼훈은 연방법 무효 선언에 호소했다. 제퍼슨의 옛 켄터키와 버지니아 결의안[ii]에서 유추한 방법이다. 주는 연방의회가 명백히 위헌적인 행동을 하면 맞서 저항하고, 그 조치가 자신의 주 경계 안에서 시행되는 조치를 허락하지 말며, 다른 주의 위로와 도움을 호소해야 한다는 내용이다. 그래서 압제적 입법을 강제한 파렴치한 다수가 법률의 적용을 보류하고 자신들의 주장을 철회하도록 한다는 거다. 그러나 연방법 무효 선언은 국가의 존립에 위험이 가득한 선언이었다. 존 랜돌프는 자신의 지역구민에게 "무효 선언은 말도 안 된다"고 말했다. 주가 어떻게 연방 안에 있으면서 또 없을 수 있느냐는 얘기였다. 겁 없는 성정의 잭슨 대통령은 이 문제로 거의 무력 사용 일보 직전까지 갔다. 만약 그랬다면 사우스캐롤라이나는 으깨졌을 것이다. (칼훈도 마지

---

i 포트힐(Fort Hill)은 칼훈이 1825년부터 1850년까지 살았던 저택으로, 사우스캐롤라이나의 클렘슨대학 캠퍼스 안에 있다. 지금은 박물관이자 도서관으로 쓰인다.
ii Kentucky and Virginia Resolutions: 1798년과 1799년에 토머스 제퍼슨이 비밀리에 쓴 결의안 초안으로, 연방정부의 법이 위헌이면 각 주(州)가 이에 따르지 않아도 된다는 취지로 작성되었다.

못해 승인한) 헨리 클레이 국무장관의 타협안이 문제가 된 원칙들을 무시하고 몇 년에 걸쳐 관세를 줄이는 방법으로 엄청난 난제를 무마해갔다.

칼훈은 자신이 실패했다는 사실을 알았다. 따라서 생애 나머지 18년간 그는 법의 지배 아래에서 다수의 요구와 소수의 권리를 조화시키는 수단을 고통스레 찾아나갔다. 무효 선언이 성공한 측면이 있다면 힘은 오직 힘으로만 성공적으로 막아낼 수 있다고 증명했다는 점이다. 그러나 문명화된 정부는 힘이 아니라 동의에 의지한다. 소수의 권리가 동의라는 이런 거대한 원칙에 따라 조정될 수 있을까? 그렇지 않다면 정부는 하나의 강제에 지나지 않는다. 정부는 본질적으로 숫자상의 소수, 경제적, 정치적, 종교적, 지역적 소수 등을 보호하려고 설계됐기 때문이다. 압도적인 다수는 보호를 필요로 하지 않는다. 적절한 정부가 없어도 압도적 다수는 거칠지언정 존재는 할 수 있다. 스스로를 유지할 수 있는 벌거벗은 무력이 있기 때문이다. 합중국 헌법을 만든 사람들은 정부가 소수의 보호소라고 인지했다. 따라서 연방의 권력을 엄격하게 제한해서 보호를 제공하도록 최선을 다했다. 아울러 권리장전[i]이란 보장을 추가했다. 그래도 충분치 않았다.

약간의 예외가 있었지만 우리는 마치 연방정부가 그 권력을 아무런 제한과 견제 없이 해석할 권리가 있는 듯 행동해왔다. 비록 여러 상황이 도와주었고 또 사건의 필연적 전개를 많이 늦추었지만 연방정부의

---

i　Bill of Rights: 미합중국 헌법 권리장전. 미국 헌법 수정 제1조부터 제10조까지를 말한다. 연방정부의 권력을 제한하여 시민의 권리를 보호하자는 취지에서 제임스 매디슨이 주도하여 1791년 12월 15일에 발효되었다. 권리장전에는 표현, 언론, 종교의 자유와 무기 소지의 자유, 집회의 자유 등이 포함됐다.

고삐 풀린 작동 아래 우리가 눈을 어디로 돌린다 해도 무질서와 부패가 늘어가는 증상이 목격된다. 분파의 성장, 탐욕, 타락, 애국심과 공평함과 성실성의 퇴락이 그 증상들이다. 젊었을 때 우리는 붉어진 뺨과 짧고 뜨거운 숨을 치명적 순간이 다가오는 신호로 알았다. 공화당에게 권위를 가져다주었으나, 권력을 잡고 번영하면서 이미 오래전에 기억하기를 멈추었던 보수주의의 위대한 원칙으로 되돌아가는 빠르고 급진적 변화가 없으면 그 치명적 순간은 오고야 만다.[25]

일찍이 1832년부터 칼훈은 "자유주의", "진보", "평등"보다 "보수적 원칙들"이 더 크게 필요하다는 사실을 알아채기 시작했다. 이러한 보수적 원칙들이 효과가 있으려면 반드시 근본적이어야 한다. 원칙들은 사물의 뿌리에 닿아야 한다. 그들의 목적은 자유와 질서, 인간이 사랑하는 조용한 옛날 방식의 보호에 있다. 철학적 발견이라는 분야에서 미국은 영국에 관습적으로 뒤처졌으나, 영국 의회의 개혁법이 논의되던 해에 칼훈은 미국의 "보수주의"를 이야기한다. 사람들은 여기서 과도기 정치적 논쟁의 구름을 뚫고 사회적 격변과 도덕적 황무지라는 미래를 내다본 외롭고, 강력하며, 우울한 한 사람의 선견지명, 그 한 자락을 보게 된다.

스코틀랜드와 아일랜드계가 섞인 냉정한 칼훈은 18년간 이러한 문제들의 해답을 구해왔다. 그가 죽은 바로 다음 해에 그의 묵상은 마치 칼뱅의 『기독교 강요』[i]처럼 논리적이고 강력한 형태로 응축된 논문 두 개로

---

i Institutes of the Christian Religion: 1536년 라틴어로, 1541년 모국어인 프랑스어로 발간됐다. 개신교 조직신학으로 종교개혁에 큰 사상적인 영향을 미쳤다.

출판됐다. 칼훈은 윌리엄 스미스[i]에게 1843년 7월 3일에 보낸 편지에서 자신의 주장이 어디에 기원을 두었는지 설득력 있게 표현했다. "진실은 이것이다. 통제되지 않는 숫자상의 다수가 이끄는 정부는 대중적 정부라도 절대 권력과 전제적 형태에 지나지 않는다. 마치 한 사람 혹은 몇 명의 통제되지 않은 의지가 군주제나 귀족정치이듯 말이다. 아무리 양보해도 다수가 이끈다는 정부는 나머지 두 개의 정부 형태에 못지않은 권력의 남용과 압제적 성향을 지닌다."[26] 어떻게 민주적 정부를 정의와 부합하게 만들 것인가?『A Disquisition on Government(정부 논고)』는 이 문제에 일반적인 답을 주려 노력한다.『A Discourse on the Constitution and Government of the United States(미합중국 정부와 헌법의 옹호)』에서는 그런 일반적 원칙을 19세기 중엽 미국이 당면한 긴급한 상황에 적용했다.

"어떤 길을 택해 여행을 하더라도 마지막 종착지는 엄격한 칼훈의 모습이다. 그가 남부 철학의 모든 고속도로를 장악했기 때문이다"라고 패링턴은 그가 때때로 발휘했던 그림 같은 표현력으로 말했다. "칼훈은 건국의 아버지들의 철학을 비판적으로 분석했다. 잘못이라고 인지한 부분을 꼬집어 냈고, 가장 성스럽게 간주된 몇몇 주장들을 버렸다. 그는 자신이 공언한 민주주의적 신념의 또 다른 근거를 제시했다. 그가 그런 위대한 재구성 작업을 마쳤을 때 버지니아의 마음을 사로잡았던 옛 제퍼슨주의는 갈기갈기 찢겨져버렸다. 칼훈의 추종자들은 제퍼슨의 이론은 낭만적 이상주의로 눈이 멀고, 프랑스혁명으로 잘못 이끌어진 그릇된

---

i William Smith(1797~1887): 변호사이자 국회의원, 30대, 35대 버지니아 주지사, 남북전쟁 당시 남군의 장군.

철학이었다고 인정했다."²⁷ 칼훈은 추상적 평등과 자유가 보완적 권리라고 가정한 제퍼슨의 사상을 폭파하려 했던 랜돌프의 작업을 완수했다. 칼훈은 또 냉담한 다수의 실정법 조작에 내재하는 전제적 성향을 경고한 랜돌프를 인정하면서 숫자적 우위를 효과적으로 견제할 방안을 생각해내려고 노력했다.

　사우스캐롤라이나 출신의 늙은 상원의원은 마지막 날이 얼마 안 남았다는 사실을 의식하면서 서둘러 글을 썼다. 그러나 자의적 권력의 효과적 견제를 연구하면서 존 애덤스처럼 역사적인 방법을 따르려는 노력은 전혀 안 했다. "나의 제안은 훨씬 더 제한적이다. 그 자체의 내부 구조, 한마디 용어로 표현하면 유기체가 권력을 남용하려는 경향에 저항하려면 어떤 원칙들을 토대로 정부가 구성돼야 하는가를 설명하려고 한다. 이 구조, 이 유기체는 엄격하고 보다 실제적인 의미로 말한다면 헌정 체제를 지칭한다."²⁸ 칼훈은 국가를 논하는 데 이후 주요한 의미를 지니게 된 용어인 유기체라는 말을 채택하면서 논의를 시작하고, 똑같이 근대적인 취지로 국가를 설명해갔다. 정부의 계약 이론을 뿌리와 가지 모두 부인했다. 버크(그 표현의 비유적 채택을 제외하고는)나 존 애덤스와 마찬가지였다. 정부는 필요의 산물로 존재하지 않는다. 대신 우리가 숨 쉬는 문제나 마찬가지로 선택의 문제도 아니다. 인간이 동료와 무관하게 살았던 "자연 상태"는 존재하지도 않았고 할 수도 없다. "인간의 자연적 상태는 사회적이고 정치적이다. 창조주가 그에게 만들어줬다. 그가 자신의 종족을 보존하고 완전하게 만들 수 있는 유일한 곳이다." 그러나 헌법은 필요의 산물이 아니라 반드시 정치한 기술의 결과물이어야 한다. 이러한 예민한 구조가 없으면 정부의 목적은 대단히 혼란스러워진다. "헌법은 인간이 고안해냈다. 그러나 정부는 신이 정해준 그 무엇이다. 절대자의 지혜가 미리 정해준 그 무엇을 완벽하게 만드는 게 사람의 몫이다."

이제 진정한 헌법은 언제나 보수주의의 원칙을 토대로 해야 한다. 헌법은 국가의 투쟁에서 얻어진 산물이다. 공동체의 가슴에서 솟아나야 한다. 인간의 지혜는 추상적 개념으로 헌법을 만드는 데 적절하지 않다. 헌법들은 자연스레 성장한다. 어떤 의미에서는 인간을 통해 표현된 신의 목소리다. 그러나 신과 자연은 역사적 경험을 통해 작동한다. 모든 건전한 헌법들은 타협의 실제적 구현체다. 그 헌법들은 무질서를 피하려고 서로 다른 이해 집단들이나, 공동체의 이런저런 부분들을 조화시킨다. "어떤 수준에 있든 모든 입헌 정부는 공동체 각 분야의 의견을 각각의 적절한 기관을 통해 받아들인다. 그리고 공동체의 각 부분의 의견을 전체의 의견으로 간주한다. 따라서 정부를 구분하는 위대하고 포괄적인 특징은 한 사람, 몇 사람, 혹은 여러 사람의 정부냐가 아니다. 그 기준은 입헌정부냐 아니면 절대 권력의 정부인가라는 것이다."29

따라서 우리는 어떤 나라가 시민들의 추상적 평등을 바탕으로 정당하고 자유롭게 그 국민을 지배하느냐 아니냐를 판단하지 말아야 한다. 진정한 질문은 타협의 산물인 헌법이 개인이나 집단의 개별적 이해를 군주나 다수의 횡포로부터 보호해주느냐 아니냐를 물어야 한다. 예를 들어 만약 정부가 평등하지 않은 재정 정책으로 세금을 내는 집단과 혜택을 받는 두 개의 주요 계급으로 공동체를 나눈다면 아무리 이론적으로 평등하다 할지라도 이는 폭정이다. 그리고 칼훈은 정치사상에 그가 가장 크게 기여했던 대목이라고 부를 만한 합의적 다수결제(concurrent majority)라는 원리에 이른다. 진정한 다수는(가장 단순한 형태로 말하자면)

단순히 머릿수 세기로 결정되지 않는다. 대신 인구를 구성하는 주요 부분들이 모두 동의하고 자신들의 권리가 존중받는다고 느끼는 가운데 일어나는 이해의 균형과 타협이 진정한 다수다.

공동체의 의견이 채택되는 두 가지 형태가 있다. 하나는 단순히 투표권을 통해서 다른 도움은 없이 이뤄진다. 다른 하나는 적절한 유기체를 통한 권리로 이뤄진다. 두 형태 모두 다수의 의견을 수집한다. 그러나 전자는 단순히 숫자만 따지고, 전체 공동체를 하나의 단위로 고려한다. 마치 이 공동체는 전체적으로 하나의 공통 이해만 가졌다고 생각한다. 따라서 전체에서 가장 많은 수의 의견을 그 공동체의 의견으로 수집한다. 후자는 그 반대로 사람의 숫자와 이해 집단을 함께 생각한다. 정부의 행위라는 관점에서 볼 때 한 공동체는 다양하고 갈등하는 이해 집단들로 구성됐다고 인식하기 때문이다. 따라서 사람의 숫자는 물론 적절한 기관을 통해서 그 각각의 의견을 파악하고, 모두의 통일된 의견을 전체 공동체의 의견으로 받아들인다. 전자를 나는 숫자상의 혹은 절대다수라 부르고, 후자를 합의적 또는 입헌적 다수라 부른다.[30]

칼훈은 선동가들의 추상적 개념인 "국민"을 경멸하며 거부했다. 동일하고 순수한 이해 집단이라는 개체로 어떤 "국민"도 존재하지 않는다. 이는 형이상학자들의 환상이다. 현실에서는 개인이나 집단이 있을 뿐이다. 숫자상 다수를 투표로 알아내려 한다면 국민들의 의견을 확인하려는 시도다. 그러나 그런다고 진정한 다수의 의견을 획득하기는 불가능하다. 그러한 방식은 중요한 단체의 권리를 모두 무시할 수 있기 때문이다. 『A Discourse on the Constitution and Government of the United States(미합중국 정부와 헌법의 옹호)』에서 그는 사실상 지방의 투표권을 박탈해서 모든 권력을 도시민에게 던져주는 단순한 숫자상의 다수결이라는 경향을 그러한 부정의의 사례로 들었다. "인구의 상대적 무게는 숫자뿐 아니라 상황에 따라서도 달라진다. 예를 들어 도시에 인구가 집중되면 같은 숫자의 사람들이 농촌 지역에 널리 드물게 퍼져 있을 때보다, 정부에서 훨씬 더 많은 무게를 지니게 된다. 3km² 도시에 사는 10만 명이 300km²에 흩어져 사는 농촌 사람 10만 명보다 더 많은 영향력을 행사한다. …따라서 권력을 인구비에 따라 분산한다면 정부의 통제권을 결국엔 도시에 주는 셈이다. 동시에 지방과 농촌의 인구를, 대개 도시에 모이는 사람에 따라붙는 묘사, 즉 쓰레기 같은 인구에 종속시켜버리는 꼴이다."[31]

일반적으로 칼훈의 시각은 투표가 숫자를 세어야 할 뿐 아니라 그 무게도 재야 한다는 디즈레일리의 관점과 비슷했다. 그러나 칼훈은 특별한 사람들의 개인적인 투표뿐 아니라 국가의 여러 거대 집단의 의지도 그 무게를 재야 한다고 제안했다. 그는 서로 다른 경제적 요소들, 지리적 구역, 이해 집단을 고려해야 한다고 주장했다. 그들은 상호 거부나 혹은 손쉽게 행사하는 거부로 서로의 권리가 침해되지 않도록 보호되어야 한다. "이 거부의 힘, 다시 말해 정부의 행동을 막거나 구속하는 이 힘이 사실상 헌법을 구성한다. 그것을 거부권, 주권(州權) 우위, 무효화, 견제, 힘의 균형 등 그 무엇이라고 부르든 상관없다. 그들은 부정적 힘의 다른 이름일 뿐이다."[32] 아마 그러한 형식은 폴란드에서 행해지던 자유로운 비토[i]라는 교착 상태를 지칭할지도 모른다. 그러나 칼훈은 공동체 전체의 편리함을 추구해야 하기 때문에 주요 이해 계층이나 집단이 일의 처리에서 사소한 이유를 들어 방해하지 못하리라 믿었다. 동시에 행동을 결정하는 시간은 늘어나지만 그 대신 도덕적인 힘이 생겨나 그 지연을 보상해준다. 따라서 조화와 통일성, 그리고 압제가 절대 없다는 확신은 이 국가를 위대하게 만든다. 칼훈은 위의 두 논문에서 그가 세운 원칙에 따라 미국 정부를 정확하게 다시 구성하려고 시도하지는 않았다. 행정부를 둘로 나누면 그러한 구상을 실현하는 수단이 되지 않을까 제안하긴 했었다. 각 행정부는 특별한 분야를 대변하고 특별한 행정 업무를 수행한다. 예컨대 외무와 내무로 그 행정 업무가 나뉠 수 있다. 그러나 의회의 법안을 비준하려면 두 행정부 수반이 동시에 승인해야 한다. 칼훈은 정부를 모두에게 혜택이 가도록 재구성해야 할 책임은 북부에 있다고 말했다. 북부가 압제적 관세와 반노예제 선동을 시작했기 때문이다. 북부가 이 기차를 출발시켰으니 당연히 북부가 해결책을 준비해야 한다.

합의적 다수결제의 원칙을 채택한 나라의 민주적 제도들이 더 안전하다. 칼훈은 자세히 예시했다. 그러한 조건 아래에서는 기존의 신중함이 허락했던 이상으로 투표권이 더 광범위하게 확산될 수 있다. "그러나 숫자적 다수결의 원칙을 채택한 곳에서 투표권이 널리 확산되면 더 무지하고 남의 도움을 받는 종속적인 사람들이 궁극적으로 공동체의 민주적 제도를 통제하게 된다." 합의적 다수결제의 이론이 지배하는 곳에서

---

i liberum veto: 라틴어로 자유로운 비토라는 뜻. 1569년부터 1795년까지 존속했던 폴란드-리투아니아 공화국의 의회 제도로, 일종의 만장일치제다. 의원 누구나 고함을 쳐서 현재의 회기를 중지시키고 그 회기에 통과된 법률까지 무효화할 수 있다.

부유층과 빈곤층은 서로 대립되는 집단으로 형성되지 않는다. 개개인이 속한 이해와 분파의 깃발 아래 양 계층이 뒤섞이기 때문이다. 이렇게 편의에 따라 모이는 공동체(community of advantage)를 세우면 계급 투쟁은 줄어든다.

이 부분에서 칼훈은 절대적 자유 대 진정한 자유라는 샛길로 들어선다. 합의적 다수결제의 원칙을 적용하게 되면 각 지역과 분야는 자신들의 특수한 필요에 맞추어 그 자신의 제도들을 만들도록 허용된다. 숫자적 다수결제는 표준화되고 자의적으로 정해진 형태를 전국에 강제한다. 이는 사회적 자유의 침범이다. 정부엔 두 가지 목표가 존재한다. 하나는 사회의 보호이고 다른 하나는 사회를 완벽하게 만드는 것이다. 역사적 기원, 사람들의 특성, 지리적 차이, 서로 다른 다양한 환경이 자연적으로 한 지역과 다른 지역을 구분한다. 이렇게 서로 다른 사회를 보호하고 완벽하게 만드는 수단은 그 여건에 따라 마땅히 달라져야 한다. 이것이 통일성의 원칙에 맞선 다양성의 원칙이다. 칼훈은 몽테스키외나 버크와 비슷한 말을 한다.

자유와 안전은 인간 삶의 조건에 필수적이다. 어느 사회에서 자유와 안전을 어느 특별한 정도의 수준으로 유지하느냐 또 어떻게 규제하느냐는 각 지역이 독자적으로 결정해야 한다. 각 개인은 자신의 필요를 가장 잘 안다. "자유는 비록 위대한 축복의 하나지만 보호만큼 위대하지 않다. 자유의 목적은 인류의 개선과 진보이지만, 보호의 목적은 보존과 지속성이기 때문이다. 따라서 두 가치가 충돌할 때 자유는 반드시 보호에 굴복해야 한다. 종족의 존재가 그 개선보다 더 중요하기 때문이다."[33] 칼훈은 남부 노예제의 위협을 여기서 희미하게 언급했다. 그러나 적당히 일반적 용어로 그 자신을 표현했을 뿐이다. 어떤 공동체는 자신을 보호하려면 다른 지역보다 더 많은 양의 힘을 필요로 한다. 이런 지역적 필요성은 합의적 다수결제, 혹은 상호거부권이라는 개념으로 인정된다.

자유 그 자체가 곧 칼훈의 주제가 된다. 그리고 그는 제퍼슨의 이론에서 자신을 완벽하게 끊어낸다. 개인에게 강요된 걸맞지 않은 자유는 저주이며 무질서를 부른다. 모든 사람에게 자유라는 권리가 동등하게 있지 않다. 자유는 "우리의 도덕적, 지적 능력의 발전에 따라 주어지는 가장 고귀한 최상의 보상이다." 만약 순수한 평등이 조건의 평등을 의미한다면, 자유와 완벽한 평등은 공존할 수가 없다. 도덕적, 물질적 진보는 조건의 불평등에서 유래되기 때문이다. 진보가 없다면 자유는 쇠락한다.

지성, 총명함, 에너지, 집요함, 기술, 근면성, 절약 습관, 육체적 힘, 지위와 기회의 측면에서 개인들은 저마다 매우 다르다. 따라서 모든 사람들에게 자유롭게 자신의 처지를 개선하도록 맡겨두었을 때 나타나는 필연적 결과는 불평등이다. 그러한 특질들과 장점을 많이 가진 사람과 그런 자질이 부족한 사람들 사이에는 차이가 날 수밖에 없다. 이러한 결과를 막을 방법은 그러한 장점을 많이 지닌 사람들에게 제한을 부과해 그러한 장점을 지니지 못한 사람과 같은 수준으로 만들거나, 장점을 지닌 사람들이 노력해 얻은 결과를 박탈하는 방법밖에 없다. 그러나 그러한 제한을 부과하면 자유를 파괴하는 셈이다. 반면 그 결실을 박탈한다면 조건을 개선하려는 그들의 욕망을 파괴하는 셈이다. 전면에 있는 사람과 뒤에 있는 사람이 지닌 조건의 불평등이 정말 중요하다. 왜냐하면 진보의 과정에서 이 조건의 불평등은 전면에 있는 사람에겐 그들의 위치를 지키고자 하는 충동을 주고, 뒤에 있는 사람들에게는 앞으로 나아가려고 하는 충동을 주기 때문이다. 이것이야말로 진보의 가장 큰 원동력이다. 전면에 있는 사람을 강제로 뒤로 돌려버리면, 반대로 정부가 개입해 뒤에 있는 사람을 앞으로 밀어올리려 한다면 진보의 가장 큰 원동력을 없애고 실질적으로 진보의 발전을 저지하는 셈이다.[34]

평등한 집산주의에 내재한 사회적 권태를 이처럼 깔끔하고 설득력 있게 고발한 글을 정치학 서적에서 찾아보기 힘들다. 칼훈은 즉각 한 마디를 덧붙였다. "이 엄청나고 위험한 잘못의 근원은 모든 인간이 자유롭고 동등하게 태어났다는 널리 유행하는 의견에 있다. 그처럼 근거 없고 틀린 주장을 찾기는 어렵다." 물론 이런 관찰은 특별히 흑인 노예제에 적용된다는 게 그의 생각이었다. 그러나 우리는 여기서 그런 과도기적 중요성을 벗어나서 이 관찰의 의미를 우리 시대 보수주의의 교의로서 다시 생각할 필요가 있다.

그렇다면 자유와 안전은 보편적인 권리라는 추상적 주장이 아니라 실제적이고 지역적인 고려에 따라 측정되고 적용되어야 한다. 진정한 자유는 합의적 다수결제로 가장 잘 확보된다. 자유에 수반하고, 자유를 육성하는 진보를 향한 추진력은 의견의 일치라는 조화 아래 가장 건강하다. 그러나 이런 종류의 정부 구성이 가능할까? 의견의 일치에 이르기에는 이해의 다양성이 너무 크지 않을까? 국가가 효율적으로 행동하기에는 이러한 방식에 따라 이르는 합의로는 너무 더디지 않을까? 칼훈은 이러한 반대에 답할 수 있다고 믿었다. 필요성이 충분한 동기 부여로 작용한다고 생각했기 때문이다. 12명의 배심원들이 하나의 판결에 모두 합의하지 않는가? 상호 조화의 필요성이 공통의 선한 감정을 촉진하지 않을까? 역사적으로 가장 우수한 사례로, 로마 공화국의 핵심적 특징이 이 거부권(veto power) 아니었는가? 칼훈은 실천과 관용이 극복하지 못할 장애는 없다고 주장한다.

칼훈은 어떤 사람은 반대하리라고 말한다. 합의적 다수결제의 원칙으로 칼훈이 기대하는 모든 미덕은 자유 언론으로 달성될 수 있다고 말이다. 20세기의 관점에서 보자면 신문의 기능을 너무 높이 평가했다는 게 재미있다. 그러나 언론의 실제 발걸음은 19세기의 낙관론자가 그렸던 지도 위를 걷지 않았다. 그러나 칼훈은 그런 반대자에 냉정하게 답한다. 그의 주장은 합의적 다수결제의 원칙을 훌륭하게 요약했다.

소위 여론은 공동체 전체의 통일된 의견이 아니라 대개 가장 강력한 이해 집단이나 함께 뭉친 이해 집단들의 견해일 뿐이다. 공동체 전체로선 작은 부분이지만 대단히 활발하고 정력적인 집단의 견해인 경우도 드물지 않다. 정부나 그 정책과 관련된 여론은 공동체의 이해 집단들만큼이나 다양하고 갈라져 있다. 그리고 언론은 공동체 전체의 기관이라기보다는 대개 이런 다양하고 각양각색인 이해를 대변하는 하나의 기관이다. 그런 이해 집단의 하나에서 성장한 정당을 대변하는 경우도 있다. 정당들은 여론을 통제하거나, 형성하거나, 특별한 이해를 증진하려 한다거나, 정당의 정치 투쟁에 도움을 주는 수단으로 언론을 사용하기도 한다. 그러나 정당의 도구나 기관으로서, 그리고 숫자

적 다수결로 운영되는 정부에서 압제와 권력의 남용이라는 성향을 상
쇄하는 역할로서 언론은 투표권 그 자체만큼이나 쓸모가 없다. 언론
은 합의적 다수결제의 필요성을 능가할 수 없다.[35]

대담하고 풍부한 견해다. 『A Disquisition on Government(정부 논
고)』는 정치 개혁의 세세한 계획에 따라붙기 마련인 많은 반대를 면하기
어려웠다. 칼훈은 강력한 반대를 재빠르게 처리했다. 어떻게 그 원칙이
적용될지 구체적인 묘사는 피해갔다. 그는 사실 자신의 생각이 즉각적
이고 구체적인 결과를 낳으리라고는 크게 기대하지 않았다. 그러나 이러
한 결함들은 우리 시대의 아주 인기 있는 개혁의 틀인 마르크시즘, 페이
비언[i] 사회주의, 사유재산 분배론[ii], 생디칼리즘[iii], 생산 계획 등에서 더 두
드러지게 드러났다. 칼훈은 그리스의 전설적인 입법가인 리쿠르고스 흉
내를 내지 않았다. 단지 철학적 원칙들을 묘사했다. 미국 보수주의가 제
시한 가장 총명하고 열정적인 제안의 하나였다. 합의적 다수결제 그 자
체는 시민을 단지 숫자로 대변하지 말고 부문과 이해(section and interest)
로 대변하자는 제도다. 자유는 문명의 산물이고 미덕의 보상이지 추상
적 개념의 권리가 아니라는 통찰이다. 도덕적 평등과 조건의 평등을 치

---

i 페이비언협회는 영국의 사회주의 기구로, 혁명적 전복이 아니라 단계적이고 개혁적인 방법으로 민주사
   회주의 원칙을 추구하는 단체. 영국 노동당에 많은 영향력을 미쳤다. 자와할랄 네루 등이 회원이었
   다. 이들의 주장을 페이비어니즘이나 페이비언사회주의라고도 일컫는다.
ii Distributism: 토지균분론이라고도 한다. 19세기와 20세기 초 유럽에서 가톨릭, 특히 교황 레오 13세
   와 교황 피우스 11세의 사회적 가르침에 근거를 둔 경제적 이데올로기로, 21세기 교황 프란시스도 같은
   견해를 지녔다고 간주된다.
iii Syndicalisme: 노동공산주의로 불리며 정당 정치를 불신하고 산업 일선에서의 노동자 계급의 직접
   활동으로 자본가 사회를 붕괴시키겠다는 운동. 19세기 말에 처음 등장했으며 1880년대 프랑스 노동
   운동은 1840년대와는 달리 사회주의자를 포함한 부르주아 출신의 지식인을 배제하고 생디칼리즘을
   수용했다. 생디칼리즘은 의회정치 자체를 부정하는, 사회주의 내에서도 극좌로 분류되는 사상.

열하게 구분 짓는 사상이다. 자유와 진보를 이어주고, 단지 숫자상 다수라는 이유만으로 계급이나 지역이 지배할 수 있다는 개념에 강력하게 저항한다. 사상을 자극하고 현대적 적용이 가능한 이러한 개념들 때문에 칼훈은 존 애덤스와 함께 미국 정치사상의 가장 저명한 두 저자 중 하나가 된다. 칼훈은 보수주의가 불평하는 일 못지않게 미래를 설계할 수도 있다는 사실을 보여주었다.

4. 남부의 용기

랜돌프의 고지식한 헌신은 터커의 폭력, 「파르티잔 지도자」[i]로 이어졌다. 칼훈의 엄격한 논리는 그 이후 10년간 호전적인 운동과 폭발로 이어졌다. 옛 남부의 보존이라는 관점에서 보자면 남부의 보수주의는 진실로 무기력했다. 남부 주들을 남북전쟁의 길로 내몰았을 뿐이다. 남북전쟁 5년간 남부 사회는 거덜이 났다. 아마 한 세대 동안 북부 시민이 지배했다고 해도 남부에 이보다 더 많은 영향을 미치지는 않았으리라 생각된다. 연방법 무효 선언을 한 다음 남부는 불안에 떨었다. 진지한 사상을 자극할 만한 분위기는 아니었다. '바다의 노인'[ii]처럼, 재건에 매달린 정신과 육체의 빈곤은 어떤 주목할 만한 지적인 보수주의도 키워내지 못했다. 당시 풍미했던 흑인 불신, 물질적 자원의 부족 등을 아우른 희미하

---

i   Partisan Leader: 『A Tale of The Future』의 하나로, 터커가 1836년 발표한 정치 소설. 1849년 버지니아 남부의 주들이 미합중국에서 탈퇴하기까지 반역자들의 활동을 그렸다. 실제로 남부가 1861년 합중국에서 탈퇴해 남북전쟁이 벌어지자 이 작품은 분리주의자들의 생각을 읽는 수단이 됐다.
ii Old Man of the Sea: 그리스 신화에 나오는 인물로 네레우스, 프로테우스 등 물의 신을 말한다. 바다의 노인은 어떤 질문에도 답을 할 수 있는 인물이나 그가 하나의 형태에서 다른 형태로 변해갈 때 붙잡아야 한다.

고 조심스러운 마음만이 1865년 이후 남부의 사회적 변화 속도만 늦추었다. 근대 남부가 보수주의 사상을 의식적으로 따른다고 말할 수 없다. 오직 보수적 본능들만, 원칙으로 다듬어지지 않은 보수적 본능만이 문명화된 시대에 맞닥뜨린 모든 타락에 노출됐을 뿐이다. 랜돌프와 칼훈이 강조했던 주(州)의 주권에 보이는 애착, 신사의 의무와 사회의 전통은 리 장군[i]으로 아름답게 구현됐다. 리 장군과 함께 그러한 이념들은 애포매톡스 전투에서 더 우월한 세력에 항복했다. 이러한 원칙들을 정치적으로 대변한 사람은 리 장군보다는 덜 모범적이었지만 용기와 위엄이 있었던 제퍼슨 데이비스[ii]였다. 80년이 지나 그런 남부의 본능들은 점점 더 천박해졌고 그 결과 데이비스가 대표했던 미시시피 주 상원 의석은 시오도어 빌보[iii] 같은 친구의 손에 넘어갔다.

랜돌프와 칼훈은 주목할 만한 제자를 두지 못했다. 남부의 대농장 사회도 구하지 못했다. 랜돌프의 예외적인 명민함이 귀족적 자유의지론으로 승화시키고 칼훈의 정확한 지혜가 변호사의 사건 요약같이 압축해 낸 남부의 두려움과 선입견은 그 격렬한 에너지를 통제해왔던 외로운 두 사람의 사슬을 풀어버리고 뛰쳐나왔다. 그러나 남부의 그런 대중적 열정의 힘은 북부의 더 젊은 산업주의와 국가주의에 패배했다. 그 이후 오랫동안 남부 사람들은 근대 세계의 어두운 숲 속을 멍하니 더듬어 나가

---

i Robert Edward Lee(1807~1870): 미국의 장군으로 남북전쟁 당시 남부군 사령관이었다. 미 육사의 수석 졸업생으로 뛰어난 군인.
ii Jefferson Davis(1808~1889): 미국의 정치인으로 남북전쟁 당시 남부 대통령이었다. 남부를 대표해 전쟁 계획을 세우고 외국의 국가 승인을 받으려 외교적 노력을 벌였으나 실패했다.
iii Theodore Gilmore Bilbo(1877~1947): 미국의 정치인으로 미시시피 주지사를 두 번 역임했다. 1935~1947년에 연방 상원의원을 지냈다. 백인우월주의자로 흑인은 열등하다고 믿었으며 흑백 분리 정책을 지지했고 필리버스터에 능했다. KKK 단원이기도 했다.

며 그들이 아니라 북부 사람들을 위해 마련된 기계화 시대를 우울해하며 부러워했다.

남부 사람들 대다수는 노예제 옹호나 주의 힘을 통한 노예제 방어 정도로 랜돌프나 칼훈의 주장들을 이해했을 뿐이다. 남부의 보통 사람들은 이 두 정치인이 이야기했던 조금 더 치밀하고 지속적인 의미의 보수주의가 지닌 자세한 내용을 전혀 몰랐다. 대중적 환상을 불신하고, 남부의 여러 제도가 계속 유지될 수 있을까 두려워했으며 품위 있는 자유에 헌신했던 그들의 마음을 몰랐다. 남부의 정치인들이 사우스캐롤라이나의 예언자와 버지니아의 웅변가에게 입발린 소리를 해대는 동안 평준화와 혁신의 충동이 미국 전역의 삶을 지배했듯, 미국 남부 안에서도 무자비하게 작동했다. 1829~1830년 열린 버지니아 주 제헌회의를 비롯해 주(州)마다 열린 일련의 제헌회의에서 랜돌프나 칼훈이 상찬했던 재산권의 보호나 예민한 힘의 균형 그리고 타협의 장점들은 사라져버렸다. 주의 새로운 헌법들은 교조적 변화가 승리했음을 나타냈다. 1835년 노스캐롤라이나에서, 1836년 메릴랜드에서, 1839년 조지아에서 그랬고, 1850년대 또다시 변화의 물결이 일어 1850~1851년 메릴랜드에서, 1850년 또다시 버지니아에서 주 헌법의 개정 형태로 나타났다. 같은 기간 조지아 주의 주 헌법도 크게 변화됐다. 이런 대중적 승리는 추상적 정치 권리라는 측면에서 더 많은 평등을 가져왔지만 더 많은 자유를 주었다고 말하기는 힘들다. 평등과 단순성을 향한 대중적 요구를 새로운 남부의 주, 앨라배마, 미시시피, 루이지애나, 테네시, 켄터키, 플로리다는 실제적으로 전혀 저지하지 못했다. 이렇게 해서 남북전쟁 후 재건 시대[i]의 급진적 헌법들로 가는 길이 열렸다. 그 결과 불명예와 반동이 따랐고 남부의 정치적 삶이 영원히 황폐화되는 특징이 나타났다.

정부의 민주화와 단순화가 남부에만 유별나게 나타나진 않았다. 전국적 성향의 지역적 반영일 뿐이었다. 뉴욕 주 대법관 켄트[ii]는 버지니아의 랜돌프가 그랬듯 이를 신랄하게 반대했다. 남부의 농장주 귀족들 못지않게 북부의 연방주의자들과 그들의 계승자인 휘그는 이런 감정의 물결에 저항했다. 미국에서 일었던 헌법 개정과 사회적 평준화를 향한 열정은 누구보다 토크빌이 잘 분석했다. 그것은 전통적 사회와의 관계가 거의 단절되고 새로운 토지의 폭넓은 분배로 기존 지배 계층에 가졌던 존경심이 사라져버린 사람들의 거리낌 없는 충동이었다. 루소나 페인, 심지어 제퍼슨도 이 기운찬 사회적 충동을 다듬는 조그만 쇳조각을 준 것에 지나지 않았다.

무엇보다 미국에서는, 19세기의 보편적 변화 과정에서는 물질이 주도권을 잡았다. 랜돌프와 칼훈은 남부를 하나의 분파로 만들었다. 남부 사람들이 스스로의 경제적 이해를 방어하도록 독려했다. 중앙집권화가 특유의 제도[iii]에 미칠 위험을 대중의 상상력에 각인시킬 수 있었다. 그러나 그들의 솜씨는 옛날 방식을 선호하는 남부 같은 지역에서조차 더 깊은 보수주의 사상을 부활시키기에는 충분하지 않았다. 19세기 모든 곳에서

---

i Reconstruction Era: 재건 시대는 미국의 역사에서 두 가지 의미가 있다. 첫째, 남북전쟁에 이은 1865년부터 1877년까지의 전국을 아우르는 재건. 둘째, 1863년부터 1877년까지 미국 남부의 변화와 재건.

ii James Kent(1763~1847): 미국의 법률가이자 법학자. 뉴욕 주 대법관을 지냈다.

iii Peculiar Institution: 미국 남부 노예제와 그 경제적 의미를 완곡하게 지칭하는 표현.

사회적 혁신의 특징들이었던 통합, 세속화, 산업주의, 평준화를 향한 그런 충동들의 행진을 그다지 많이 막아내지는 못했다.

랜돌프와 칼훈은 본질적으로 무엇이 전통을 위협하는지 매우 예리하게 구별해냈다. 그러나 이런 혁명적 에너지를 거의 저지하지 못했다. 단지 그런 에너지를 예언하고 남부 사람들에게 거칠고 헷갈린 배타주의 정신을 불러일으켰을 뿐이다. 그것만으로는 충분하지 않았다. 머리와 가슴의 결합에도 불구하고 남부는 19세기 문명화된 공동체로는 유일하게 강철 같은 새로운 질서에 무기를 들어 저항하자고 호소할 만큼 충분히 대담했다. 남부 사람의 귀에 속삭이는 희미한 본능은 그들이 알았던 인류에 적대적이었다. 그랜트 장군[i]과 셔먼 장군[ii]은 그들의 용기를 폭탄으로 만들었다. 노예 해방과 남부의 재건은 옛날 사회의 느슨한 구조를 파괴했다. 경제적 예속은 남부를 근대의 생산 기계로 전락시켰다. 랜돌프와 칼훈만큼 그 승리의 기간이 짧았던 정치사상도 없다.

그럼에도 이 남부의 헌신적인 지도자들은 모두 기억할 만하다. 랜돌프에게는 탁월한 상상력이, 칼훈에게는 그 논리의 정치함이 있었기 때문이다. 그들은 보수주의가 경제적 기득권의 방어 이상으로 깊은 의미가 있으며, 새로운 것을 무조건 두려워하는 것 이상으로 더 고귀한 정신이 있다는 진실을 설명했다. 그들의 주장과 실패는 경제적 변화, 주의 정책, 사회적 평온의 취약한 구조가 얼마나 복잡하게 얽혀 있는지 드러냈다. 아마도 랜돌프와 칼훈을 비롯해 다른 남부의 정치인들은 버크가 몹

---

i   Ulysses S. Grant(1822~1885): 18대 미국 대통령이자 남북전쟁 당시 북부군 총사령관.

ii   William Tecumseh Sherman(1820~1891): 미국의 군인이자 교육가, 사업가이자 저자였으며 남북전쟁 당시 북군을 이끌던 장군.

시도 자주 권했던 보수주의의 초월적 미덕과 신중함을 충분히 활용하지 않았는지 모른다. 그러나 그들의 도발은 통렬했고, 불운한 남부의 보수주의가 규범적 권리라는 이름으로 시작한 싸움의 메아리는 근대 미국인의 삶에, 그 연기 자욱한 거대 동굴에 여전히 남아 있다.

THE CONSERVATIVE MIND

VI

민주주의의 함정: 맥컬리, 쿠퍼, 토크빌의 우려

당신은 유럽의 유서 깊은 사회 체제가 그 근거로 삼는 보수적 원칙들을 옹호한다. 자유와 개인적인 의무가 수반되는 사회 체제다. 당신은 특별히 재산권 제도를 지지한다. 맞다. 이런 기본적인 법들이 없는 생활은 거의 상상하기 힘들다. 그러나 나는 인정한다. 누구도 그 너머를 볼 수 없는 이 오래된 세계가 내게는 이제 거의 다 닳아 없어지는 듯 보인다. 이 거대하고 장엄한 기계가 하루가 다르게 자꾸 망가지는 듯하다. 그 장래를 생각할 수 없지만 현 상태가 계속되리라는 믿음은 흔들린다…. 그러나 더 나은 체제가 보이지 않는다면 정직한 사람들의 의무는 자신들이 이해하는 오직 하나의 체제를 옹호하거나 심지어 그 체제를 위해 죽는 것이다.

_토크빌이 그로트 부인(Mrs. Grote)[i]에게 보낸 편지, 1850년 7월 24일

1. 자유주의에 미친 버크의 영향

이제 기독교인으로 눈을 돌려보자. 19세기 말 영국과 미국의 자유주의는 집산주의와 어울리기 시작했다. 그 이후 (하나의 운동으로서) 자유주의는 허버트 스펜서가 "새로운 토리즘"이라 불렀던 그 어떤 지적인 유혹에 거의 무조건 항복했다. 우리는 옛 자유주의자들이 자유에 얼마나 강하게 집착했는지 잊어버릴 지경에 처했다. 19세기 중반 이전의 정치적 자유주의는 (경제적 자유주의는 설사 조금 다를지라도) 일종의 보수주의였다. 자유를 보존하려 했기 때문이다. 더 위대한 자유주의자들은 버크

---

i Harriet Grote(1792~1878): 헤리엣 그로트. 영국의 전기 작가로, 조지 그로트(George Grote)의 부인. 19세기 초 영국의 급진 철학자들과 교류했다.

의 정신에 물든 사람들이었다. 그들은 동시대의 차별을 없애자는 평준화(levelling) 정신에서, 전권을 가진 정부로 가자는 경향에서 개인의 자유를 해치는 심대한 위험을, 심지어 진정한 인간의 본성에 위배되는 위협을 내다보았다. 맥컬리는 아마 영국의 자유주의적 보수주의에서 가장 흥미로운 연구 대상이다. 페니모어 쿠퍼[i]는 그러한 요소들을 미국에서 드러냈다. 알렉시스 드 토크빌은 이 장에서 다루는 다른 두 사람보다 훨씬 더 중요하다. 그는 어쩌면 18세기 말 이래 거의 유일한 1급 사회사상가이다. 그는 버크가 강력하게 옹호했던 규범이나 오래도록 살아남은 사회적 관행을 당시 사회의 불가피한 경향과 조화시키려 애썼다.

이 3명의 자유주의적 보수주의 사상가들은 모두 버크의 영향을 받았다. 맥컬리는 조금 더 원기 왕성한 버크 예찬론자였다. 토크빌의 저작엔 버크의 생각이 가득 차 있다. 버크는 한동안 보수주의 정신뿐 아니라 19세기 자유주의 정신에도 강력한 영향력을 행사했다. 개인적이고 지역적인 자유, 정부의 힘이 미치는 영역의 제한, 지적인 개혁은 자유주의자들에게 대단히 중요했으며, 모두 버크가 원칙으로 세운 개념들이다. 글래드스턴은 버크를 디즈레일리 못지않게 열심히 읽었다. 그리고 한동안은 글래드스턴과 디즈레일리 이 두 사람 중에 누가 토리의 지도자가 될지 불확실했다. 맥컬리는 젊은 글래드스턴을 토리즘의 떠오르는 빛이라고 결정하고 휘그당의 《에든버러 리뷰》에서 그를 깎아내렸다. 글래드스턴[ii]은 버크에게서 받은 영향을 부인한 적이 없다(글래드스턴은 다음과 같이

---

i James Fenimore Cooper(1789~1851): 19세기 미국의 저술가.
ii William Ewart Gladstone(1809~1898): 영국의 자유주의적 초기 보수정치인. 총리를 4번 따로 역임했다. 영국 최고령 총리.

말했다. 버크는 그가 연구한 5개의 위대한 질문 중 4개에는 정답을 내놓았다. 그러나 단 하나 틀렸다면 프랑스혁명이다).[1] 이는 위대한 휘그, 버크에게 보내는 자유주의자들의 애정이 담긴 표현이다. 그 애정은 배젓[i], 몰리[ii], 버렐[iii], 우드로 윌슨의 글에서도 반복적으로 등장한다. 버크 사랑은 액튼 경도 거침없이 드러냈고, 라스키 같은 집산주의자에게서도 끓어 넘쳤다. 버크는 자유가 창조되어야 할 새로운 무엇이 아니라 보존해야 할 유산이라고 자유주의자들에게 가르쳤다. 맥컬리는 "나는 자유주의 정치인이면서 동시에 보수 정치인이기도 하다"고 하원에서 마지막으로 했던 주요 연설에서 밝히기도 했다.

버크는 자유주의자들에게 그 밖에도 많은 것을 가르쳤다. 그는 자유주의자들이 사유재산권을 더 사랑하도록 했고, 재산권이라는 이해(interest)에 토대를 두지 않은 어떤 정치권력도 더 강하게 의심하도록 만들었다. 그는 또 "국민"이 머릿수로 세어진 사람들의 단순한 총합이 아니라는 사실도 상기시켰다. 국가를 존숭하는 만큼 정부를 우려하는 버크의 마음도 두드러졌다. 신중한 지배, 최소한의 지배를 통해서 정부가 그 유보된 권력을 거의 발동하지 않아야 한다는 버크의 이상을 자유주의자들은 물려받았다. 그들은 그런 정치적 지혜를 19세기의 문제에, 민주주의와 산업주의의 거대한 힘에, 목사와 대지주가 궤변론자와 숫자를 중시하는 사람들에게 굴복하는 시대에 적용해보려 노력했다.

때때로 맥컬리와 쿠퍼는 토크빌과 그로트 부인이 이 장을 연 편지에

---

i   Walter Bagehot(1826~1877): 영국의 언론인이자 기업가.
ii John Morley(1838~1923): 영국의 자유주의적 정치인 하원의원이자 신문 편집인.
iii Augustine Birrell(1850~1933): 영국의 자유당 정치인.

서 그랬듯이 보호자(conservator)로 보이길 주저하지 않았다. 왜냐하면 자유주의자들은 대개 미래를 두려워했기 때문이다. 나소 시니어[i], 그로트 부부, 존 스튜어트 밀은 모두 토크빌의 친구였다. 그들은 민주주의가 자유와 조화를 이룰지 궁금하게 생각했다. 매슈 아널드에서 그 경향을 볼 수 있지만 다음 세대 자유주의자들은 자유보다는 평등을 선호하기 시작했다. 이 장에서 논하는 3명의 자유주의자들은 사회적 공론의 그 같은 전개를 두려워했다. 그 위험 때문에 토크빌은 아마도 지금까지 가장 빈틈없는, 앞으로도 그렇게 잘 쓸 가능성이 거의 없는 민주주의 연구서를 저술했다. 맥컬리는 영국 자유주의의 보수적 요소를 대변하는 사람으로 선택됐다. 두 가지 이유가 있다. 하나는 눈부신 그의 재주고, 다른 하나는 휘그당을 이은 영국 자유당[ii]이 사실상 뿌리째 뽑혀버린 혼란을 그의 사상적 결함들이 잘 나타내주기 때문이다. 쿠퍼는 미국에서 가장 솔직한 사상가였다. 그는 저급한 민주주의가 아니라 고상한 민주주의를 지지했다. 토크빌은 영국인도 아니고 미국인도 아니지만 이 책에서 유일하게 길게 언급되는 사람이다. 왜냐하면 영미의 전통을 대단히 잘 알고, 양국에 미친 영향이 심대하며, 버크 이후 그와 견줄 만한 사회 비평가가 없기 때문이다. 사회적 변증법의 일반적 운명과 달리 그들의 사상은 당대보다는 20세기에 오히려 더 중요해졌다.

---

i Nassau William Senior(1790~1864): 영국의 변호사이자 경제학자. 수십 년간 영국 정부의 경제 사회 정책을 자문했다.
ii Liberal Party: 영국에서 휘그당을 중심으로 1859년 창당됐다. 1920년대 노동당이 등장하기 이전까지 영국의 양대 정당이었다. 1988년 사회민주당과 합당하여 자유민주당이 되었다.

2. 맥컬리의 민주주의 불가론

순수하게 민주적인 제도들은 조만간 자유나 문명, 혹은 그 둘을 모두 파괴해버린다고 오랫동안 확신해왔다. 인구 밀도가 높은 유럽에서 민주적인 제도들의 효과는 거의 즉각적이다. …가난한 사람들이 부자를 약탈하거나, 문명이 소멸한다. 아니면 강력한 군사정부가 질서와 번영을 구해내고 대신 자유는 사라진다.

_맥컬리가 랜들[i]에게 보낸 편지, 1857년 5월 23일

프랭클린 루스벨트는 때때로 연설 대필 작가를 선택할 때 운이 나빴다. 그 바람에 앞서 인용한 문장이 미국 민주주의의 명성을 비방한다고 생각해 "저 영국의 토리, 맥컬리 경"의 틀린 예언을 조롱하고 비판했다. 맥컬리는 (비록 유머가 그의 장점이 아니었지만) 민주주의 제도 아래 놓인 문명의 미래를 생각하며 느꼈던 그의 막연한 두려움을 무의식적으로 정당화해준 미국 대통령을 향해 낄낄거렸을지 모른다. 미국 대통령이 휘그 중의 휘그였던 그를 토리로 잘못 알았고, 그 미국 대통령이 전 세계의 민주 체제가 내부적으로 쇠락해간다는 사실을 전혀 알지 못했으며, 59년 일생의 57년을 평민으로 살아왔던, 가장 귀족 같지 않은 남작에게 그 미국 대통령이 "맥컬리 경"이라고 선동적으로 강조했기 때문이다. 맥컬리가 실수를 하긴 했어도 루스벨트 대통령이 엉뚱하게 주장한 그런 잘못을 하지는 않았다.

모든 사람들이 맥컬리와 버크를 비교한다. 물론 그들의 재주와 경력은 흥미롭게도 유사하다. 여러 우연의 일치가 있지만 둘 다 인도와 많은

---

i   Henry Stephens Randall(1811~1876): 미국의 농학자이자 작가, 정치인.

관련이 있다. 둘 다 개혁가지만 다른 종류의 개혁가였다. 버크의 개혁은 인도에 있는 영국인들에게서 허욕과 자의적 권력이라는 질병을 일소하려 했다. 인도 사람들에게 그들 고유의 법과 관습, 종교를 되돌려주려 했다. 그에게 규범은 영국의 비콘즈필드뿐만 아니라 인도의 마드라스[i]에서도 유효했다. 이 가톨릭적 관용이 맥컬리에겐 없었다. 자유주의자들에게서 흔히 보이는 경솔함으로 맥컬리는 한 무리의 사람들에게 적절한 제도와 개념들은 현저히 다른 무리의 사람들에게도 쉽게 접목되거나 정착될 수 있다고 가정했다. 맥컬리는 1835년 인도의 영국 행정부 공교육위원회(Committee of Public Instruction of the British administration in India) 위원장에 임명됐다. 당시 이 위원회는 식민지 정부가 인도어 학습을 계속 장려할지 아니면 "인도인들에게 유럽의 문학과 과학을 장려할지" 반반씩 나뉘어 있었다. 이 문제를 언급한 맥컬리의 의사록은 19세기 자유주의의 천박함과 유장함을 동시에 말해주는 기념비다.[2] 비슷한 상황에서 버크라면 분명히 드러냈을 대중적 권리들의 존중, 조심스런 사실관계 확인과 종교적 존숭에 보이는 모든 세심함을 맥컬리는 차갑게 비웃어버렸다. 그의 추천에 따라 윌리엄 벤팅크 경[ii]은 인도에서 전통문화를 뿌리째 뽑아버리는 서구화 정책을 선포했다. 그 이후 인도인들이 겪었을 정신적이고 지적인 혼란을 추적하는 일은 지루하고 실망스러울 테지만 포스터[iii]가 소설로 그 최종 결과를 우리에게 묘사해주었다. 맥컬리에

---

i   Madras: 인도 도시로 지금은 첸나이(Chennai)라고 부른다. 타밀나두 주의 수도로, 2011년 조사에 따르면 인도에서 6번째로 큰 도시며 4번째로 인구가 많은 도시.
ii Lord William Bentinck(1774~1839): 영국 육군 중장. 1828년에서 1835년까지 영국 총독을 지냈다.
iii Edward Morgan Forster(1879~1970): 영국의 소설가. 『인도로 가는 길(A Passage to India)』(1924)을 써서 유명해졌다.

겐 힌두인들을 영국인으로, 바라건대 휘그식 영국인으로 개조하는 방법을 찾는 일이 그리 어렵지 않았던 모양이다. 맥컬리의 실수는 19세기 식민주의자들이나 정복자들이 일반적으로 저질렀던 실수와 다르지 않았다. 식민지 정부들은 거의 예외 없이 비슷한 실수를 저질렀다. 그럼에도 맥컬리의 정책은 보수적 본능이 오도되고 상궤를 벗어났을 때 일어나는 바로 그 현상을 보여준다. 그가 도입하려던 세계에 그 자신이 소스라치게 놀랐던 행동이다. 버크하고는 멀리 떨어진 세계다.

자신이 살았던 황폐한 시대 영국의 사회적 원인과 결과의 관계를 이해하는 맥컬리의 시각은 대단히 근시안적이었다. 점점 더 불어나는 산업 인력을, 그들의 잠재적인 정치적 영향력의 공포를, 그들의 도덕적 상태를 점점 더 불편하게 인식한다는 사실을 그는 살아가는 내내 드러냈다. 그러면서도 맥컬리는 그 누구보다 더 따뜻하게 산업화, 도시적 진보, 기계화, 온갖 종류의 통합을 상찬했다. 이 역설은 완벽하게 자유주의적이다. 이 맨체스터 자유주의'는 일반적 대중 교육이나, 자신들을 물어버린 개의 털, 다시 말해 더 효과적인 산업 생산에 희미한 신뢰를 보내는 방법 이외의 처방책을 제안하지 못했다. 《에든버러 리뷰》에서 맥컬리는 경멸의 함성을 지르며 『Colloquies on Society(사회를 논하는 대담)』에서 보인 사우디의 온정주의를 압도해버렸다. 빈정댄다고 무산자 계급의 암이 치유되지는 않는다. 그보다 두 세대가 지나서야 사우디의 토리적 제안(Tory proposals)은 사회주의의 제안이 된다. 공립 학교에서 꾸벅꾸벅 졸도록 강제된다고, 옥수수 가격이 1쿼터에 5실링으로 떨어진다고 프롤레

---

i Manchester Liberalism: 19세기 영국 맨체스터에서 시작된 정치·경제·사회적 운동.

타리아가 자신의 처지에서 벗어나지는 못한다. "1930년대가 되면 지금의 영국보다 더 잘 먹고 잘 입고 더 좋은 집에 사는 5천만 명이 이 섬에 산다고, 서식스(Sussex)와 헌팅턴셔(Huntingdonshire)가 지금 요크셔의 웨스트라이딩(West Riding of Yorkshire) 지역보다 더 부유해진다고, 꽃밭처럼 풍부한 경작지가 벤네비스(Ben Nevis) 산과 헬벨린(Helvellyn) 산 언덕 꼭대기까지 펼쳐진다고, 아직까지 발견되지 않은 원리로 만들어진 기계들이 집집마다 놓여 있다고, 도로가 아니라 오직 기찻길만 있어서 기차를 타지 않고는 여행을 못한다고, 지금은 엄청나 보이는 빚이 우리의 손자 세대에는 1~2년 내에 쉽게 갚아버릴 만한 하찮은 장애물로 보이게 된다고 예언한다면 많은 사람들이 우리를 미쳤다고 생각할 것이다."[3] 맥컬리의 이 예언은 인구나 빚에서는 비교적 근접했지만 나머지 대부분에선 틀렸다. 1930년대 휘그답지 않은 영국은 등장하지 않았다.

맥컬리는 사우디의 방법론이 "언덕에 서서 공장과 오두막을 바라보며 무엇이 더 예쁘냐?"고 묻는 형식의 사회적인 판단이 아니냐고 말했다.[4] 아마도 이는 그다지 실천적이지 않은 방법론이지만 맥컬리가(비록 공리주의자들과 다투긴 했지만) 인생 후반기에 꾸준히 호의를 보였던 벤담주의자들의 계산법보다는 더 바람직했을지 모른다. 프랜시스 베이컨은 철학자로서 맥컬리의 표본이었다. "공리와 진보라는 두 단어가 베이컨 학설의 핵심을 형성한다."[5] 맥컬리는 누구의 찬사보다 더 풍부한 칭찬을 유물론에 베풀었다. 맥컬리는 제조업과 응용과학의 진보는 한계가 없고 저항할 수도 없다고 확신했다. 그는 세네카의 도덕론을 베이컨의 실용성과 대조하면서 철저히 경멸했다. "신발은 수백만 사람들의 발을 젖지 않게 보호해줬다. 우리는 세네카가 어느 한 사람이라도 화를 참을 수 있게 해주었는지 모르겠다."[6] 맥컬리는 변증법적 유물론의 창시자라 해도 과언이 아니다. 산업주의에 이렇듯 만족한 맥컬리는 영국의 풍경을 추악하게 만들기 시작한 "값싼 장식의 집들(gay villas)"조차 열렬하게 환영했다.[7]

고귀한 시집과 눈부신 역사책[i]을 썼지만 맥컬리는 중차대한 어리석음도 저질렀다. 러스킨[ii]이 빅토리아 시대의 영국 사회를 비난했던 그 어리석음이자 중산층의 아둔함이다. 이제 하층민이 비슷하게 어리석어져 그들의 이해에 부합한다는 물질적 발전에 몰두한다고 가정해보자. 세네카나 사도 바울, 심지어 맥컬리는 그들을 무엇으로 호소해 온순하게 설득할 수 있을까? 맥컬리는 이 문제를 자주 생각해봤다. 그가 생각한 치유 수단은 가난한 사람들을 정치권력에서 엄격하게 떼어놓는 방법이다. 대중이 권력을 장악하는 순간 조용하고, 진보적이며 효율적인 이 모든 번영은 끝난다고 맥컬리는 확신했다. 그는 사우디의 영국을 보존할 마음이 없었다. 그러나 맨체스터 자유주의가 그리는 영국은 진심을 다해 보존하려고 했다. 20세기 영국 보수주의의 총알은 그렇게 위태로워진 자유주의의 무기고에서 나왔다.

정치 경력 초년기에 맥컬리는 이런 위험을 인식하게 됐다. 1831년 개혁법이 논의될 때 그는 보통선거권 부여는 파괴적 혁명을 낳는다고 선언했다. 왜냐하면 "영국에서 그리고 역사가 오래된 모든 나라에서 불행하게 일하는 계층은, 때때로 커다란 걱정거리이기 때문이다."[8] 선거권이 주어지면 그들은 자신들의 물질적 처지를 개선하려는 헛된 노력의 일환으

---

i 『History of England』: 맥컬리가 저술한 역사책으로 1685년부터 1702년의 영국 역사를 다뤘다.
ii John Ruskin(1819~1900): 빅토리아 시대 영국의 예술 비평가이자 사회사상가.

로 법과 질서를 위반하게 된다. 차티스트 운동[i]이 가장 활발했을 때 그는 말했다. "나는 굳게 확신한다. 이 나라에서 보통선거권은 이런저런 형태의 정부가 아니라 모든 정부 형태와 공존할 수 없다. 어떤 정부가 존재하는 한 양립할 수 없다. 재산권이나 문명과도 공존할 수 없다."[9] 이는 로크의 유산이다. 물질적 조건의 불평등을 치유할 해소책은 없다. 재산이 없는 다중에게 정치권력을 맡긴다는 건 실천적이지 않은 방법이다. 나라가 부유해질수록, 인구가 더 증가할수록, 수입의 불평등은 줄지 않고 더 늘어나기 때문이다. "좋고 싼 정부[ii]가 인구 증가를 부채질한다. 따라서 정부가 좋을수록 조건의 불평등은 더 커진다. 불평등의 조건이 더 커질수록 대중을 약탈에 내모는 강제적 동기도 더 커진다. 미국으로 말하자면 20세기에 그런 일이 벌어질지 모른다"고 맥컬리는 1829년 3월 제임스 밀에게 보내는 답장에 썼다.[10]

산업사회는 재산이 없는 상태로 남아야 하고 따라서 반드시 정치적 영향력에서 배제되어야 하는 수많은 사람들을 영원히 짊어져야 할지 모른다. 다른 얘기와 함께 이 결론 때문에 "종결자 잭" 러셀이 이끄는 휘그들은 1832년에 채택된 개혁법이 마치 바꿀 수 없는 법[iii]인 양 말했다. 동시에 1866년 새로운 선거제 개혁법이 의회에 상정되자 로버트 로와 그의 아둘람 당원[iv]들도 디즈레일리와 글래드스턴에 완강하게 저항했다. 맥

---

i Chartism: 노동계급의 정치개혁 투표권 요구 운동으로 1838년에서 1857년까지 지속됐다.
ii 18세기 혹은 그 이래 야경국가(Night-Watchman state)나 싼 정부(Cheap government)는 시민들을 범죄에서 보호하는 등 그 기능이 극히 제한적인 정부를 말한다.
iii Law of the Medes and Persians: 고칠 수 없는 법. 'Medes'는 고대 이란 사람으로, 'Media'란 북서 산악 지역 거주자들이다.
iv Adullamites: 영국 자유당 내에 로버트 로 등의 지도로 1866년 잠시 구성됐던 개혁법 반대 집단. 성서에 다윗과 그 동맹 세력이 사울의 박해를 피해 숨어 있던 동굴 '아둘람(Adullam)'을 따서 이름 지었다.

컬리와 그의 동지들은 선거권에서 하나의 단일하고 의식적인 이해 집단[i]을 영원히 배제하는 방안을 고민했다. 버크는 전면적인 의회 개혁을 지지하지는 않았지만 이미 50년 전에 영국의 헌법이 그런 배제를 견뎌내도록 설계되지 않았다고 주장했었다. 그런 배제를 중단하지 않으면 오히려 헌정 체제가 중단된다고 말했다. 디즈레일리는 1866~1867년에 그 배제를 멈추겠다고 선택했다. 요구가 견딜 수 없을 정도로 강해지기 전에 그런 결정을 했다. 그 결과 선거제 개혁은 사회의 지배자들이 강제로 빼앗긴 양보가 아니라 새로이 투표권을 받은 사람에게 주어진 선물처럼 보였다. 다른 대목과 마찬가지로 이 대목에서 디즈레일리는 버크의 지도를 따랐다. 맥컬리나 로가 생각했던 불가피한 투표권 배제는 현대 사회의 의회정치 체제에서는 불가능하다. 사회가 계약이라는 조건이 아니라 신분제라는 조건으로 변한다면 또 모를 일이다. 비록 현대 자유사회에서 프롤레타리아의 정치적 특권이 배제되어야 한다고 해도 국가 구조의 혁명적 변화 없이는 투표권을 배제할 수 없다. 그러나 그의 입장을 지킬 수 없었다 해도 맥컬리는 보수주의 방어라는 측면에서 할 수 있는 최선을 다해 기여했기에 존경받을 만하다. 왜냐하면 재산이 없는 다수를 두려워한 그의 마음이 공리주의 정치이론을 괴롭혔기 때문이다. 맥컬리는 「Mill on Government(밀의 정부론)」, 「The Westminster Reviewer's Defence of Mill(웨스트민스터 평론가의 밀 옹호)」, 「The Utilitarian Theory of Government(공리주의 정부론)」 등을 《에든버러 리뷰》에 기고해 버크의 천재성에 못지않은 정확성으로, 버크가 칭찬했을 만한 정신으로 공

---

i 재산이 없는 사람, 무산계급.

리주의자들을 공격했다.[11] 자신들과 여러 측면에서 그리 멀리 떨어지지 않은 사람이 퍼부은 이런 폭격으로 공리주의자들은 심각한 손실을 입었다.

벤담과 제임스 밀의 권위는 강력했지만 정기 간행물을 통한 공격이라는 그들 자신의 고유한 전술에서는 패배했다. 어떤 부류는 세계를 밝히는 불이라 여겼고, 어떤 학자들은 악마의 화신이라고 생각한 그들이 사실은 협소한 이해력에 정보가 거의 없는 보통 사람이라는 사실을 맥컬리가 밝혀냈다.[12] 그는 그들의 선험적 방법론을 타고난 어리석음이라 불렀고, 그들의 실용적 지식의 부족을 무자비하게 폭로했으며, 그들의 경직된 추상적 논리를 자신의 창끝에 꽂아 제압했다.

"밀 씨는 영국이나 미국이 아니라 인류를 위해 법을 만든다고 생각하는 듯하다. 그렇다면 회교 국가의 부유한 남자와 그의 첩 중 한 명의 이해가 같다는 말인가? 어느 중국 사람과 그가 쟁기를 던져준 여자의 이해가 같은가? 어느 이탈리아 사람과 그가 신에게 바친 딸의 이해가 같은가? 존경할 만한 영국 신사와 그 부인의 이해가 같다고 아무런 거리낌 없이 말할 수 있는가? 그러나 그렇지 않다. 왜냐하면 인간 본성은 밀 씨가 생각하는 것과 다르기 때문이다. 문명화된 인간이 사회적인 상태에서 행복을 추구하는 일은 야후[i]가 썩은 고기를 얻으려 싸우는 것과 다르기 때문이다. 남들이 나를 두려워하고 비굴하게 복종하는 데서 느껴지는 기쁨 못지않게 사랑받고 존경받는 데서 오는 기쁨이 있지 않은가?"[13]

맥컬리는 공리주의자들의 민주주의 교리를 폭파해나갔다. 밀은 인간

---

i Yahoo: 『걸리버 여행기』에 나오는 인간의 모습을 한 전설적인 짐승으로, 지저분하고 불쾌한 습관을 지녔다. 작가의 관점에서 당시 유럽의 상황을 언급하려고 고안했다.

은 반드시 자신들의 이해를 추구한다고 말했다. 따라서 이 교리가 이상향의 민주적 체제에 살면서 보통선거권이 있는 가난한 대중에도 그대로 적용된다면, 근면한 사람들을 약탈하는 게 가난한 사람들의 이해다. 물론 그 약탈이 그들의 장기적인 이해는 아닐 수 있다. 그러나 보통 사람들의 무리가 어떻게 미래의 번영을 추구하고자 즉각적인 만족을 미루리라 기대할 수 있겠는가?

밀의 교리를 믿는 사람이라면 밀이 추천하는 민주주의에 사는 부자들은 터키의 지배자(Pacha) 아래 놓인 듯 무자비하게 약탈당하리라 생각하지 않을 수 없다. 재산권의 성스러운 보호는 다음 세대의 이해엔 분명 부합하며 현 세대의 이해에도 조금은 부합한다. 마찬가지로 다음 세대 지배자의 이해엔 분명히 부합할 것이고 심지어 현직에 오래 머물러 있다면 현 지도자의 이해에도 부합할지 모른다. 자신이 지배하는 나라의 거주자들은 재산을 축적하도록 장려되어야 한다. …그러나 전제군주는 그 신민을 약탈한다. 풍요의 수단을 성급하게 빼앗는다면 미래에 거두어들일 더 큰 수확을 키워내는 그 씨앗을 미리 다 먹어버리는 셈이라고 역사와 경험이 전제군주들에게 아무리 말해주어도 소용없었다. 그렇다면 우리는 왜 아직 오지 않은 재난을, 우리의 손자 세대에서나 느껴질 만한 재난을 두려워해 사람들이 즉각적인 만족과 쾌락을 추구하지 않도록 억제할 수 있다고 가정할 수 있을까?[14]

공리주의 논란이라는 거대한 소금 사막으로 더 깊숙이 들어가지 않더라도 맥컬리가 공리주의 사원을 떠받드는 보편적 선거권이라는 기둥을 뽑아냈으며 부분적으로는 그 무너진 천장이 맥컬리의 머리 위에도 쏟아져 내렸다는 사실에 주목할 만하다. 그는 공리주의자의 논리와 그들이 보는 인간의 본성 모두에 의문을 표했다. 이는 공리주의자에 많은 타격을 주었다. 그 점에서 정치적이고 정신적인 보수주의자들은 그에게 고마워할 만하다. 공리주의는 그 본질이 "과학적" 사회주의의 조상이기 때문에 벤담의 원칙들은 자유주의적이지 않다. 벤담은 "계획되는" 사회를 기대했다. 맥컬리는 논리적 동기보다는 약간의 시적인 본능이 가미된 무엇으로 그런 벤담을 공격했다. 맥컬리가 자유주의의 협객이라면 그는 옳은 괴물을 선택했다. 근대 사회주의의 또 다른 조상은 헤겔이다. 그에게서 사회주의의 전체주의적 측면이 왔다. 토크빌은 대륙 좌파에서 이 서출(庶出)의 기원을 찾아냈다.[15] 마르크스가 그 자신의 지적인 조상 둘을 공공연히 비난했음에도 불구하고, 헤겔의 관념론과 공리주의의 이 두 대립되는 가문이 강력한 사생아인 사회주의를 탄생시켰다. 윌리엄 모리스[i]에서 절정을 이룬 영국적 정서의 길드사회주의[ii]가 그 옆에 있기는 했었지만 자그마한 아이에 지나지 않았다. 맥컬리는 용기 있게도 이 강력한 학파를 일찍이 공격했다. 당시엔 그의 비판이 낭만적 토리의 저항보다 더 강력했다.

이것이 보수주의의 대의에 기여한 맥컬리의 주요 업적이다. 그러나 그가 인생 후반기에 귀족이 되고 나서 쓴 또 다른 글이 더 잘 알려졌다. 제퍼슨의 전기 작가인 랜들은 맥컬리가 제퍼슨을 존경하지 않았다는 사

---

i   William Morris(1834~1896): 영국의 섬유 디자이너이자 시인, 사회운동가. 영국 초기 사회주의 운동에서 중대한 역할을 했다.
ii Guild socialism: 특정 직업을 가진 사람들의 모임인 길드를 통해 노동자들이 산업을 통제하겠다는 정치운동으로, 영국에서 시작됐으며 20세기 초 강력한 영향력을 발휘했다.

실에 놀라움을 표현했다. 그러자 이 당당한 휘그는 미국식 민주주의를 조금도 존경하지 않는다고 답했다. 자유로운 땅이 계속 공급되는 한 "제퍼슨의 정치는 어떤 치명적인 재앙도 초래하지 않고 존재할 수 있다." 그러나 뉴잉글랜드가 영국의 잉글랜드처럼 인구가 많아지면, 임금이 낮아지고 불안정해지기 시작하면, 거대한 산업도시들이 국가를 지배하기 시작하면, 민주적 정부는 부자를 약탈하려는 가난한 사람을 억누르기엔 부적합하다. "뉴욕 주 주민 절반 이상이 아침을 못 먹고 절반 이상이 저녁을 기대하기 어려울 때 그 사람들이 입법부를 선택할 날이 온다면 어떤 종류의 입법부가 선택될지 굳이 의심할 필요도 없다. …무엇도 당신을 막을 수 없다. 당신의 헌법은 닻 없이 바다를 떠도는 배와 같다. 전에 말했듯이 사회가 이 퇴보의 길에 들어설 때 문명이나 자유는 멸망한다. …당신 자신의 제도들이 당신 나라 안에 당신들만의 반달족과 훈족을 만들어낸다."[16]

　　강력하게 표현됐지만 미국은 아직 맥컬리의 예견처럼 문명이나 자유를 철폐할 만큼의 빈곤을 충분히 경험하지 못했다. 그리고 그가 예고했던 20세기는 아직 끝나지 않았다. 통명스럽고 꾸준하게 맥컬리는 민주주의의 반자유주의적 성향을 근대 사회에 경고했다. 그러나 그 위협을 억제하려고 어떤 일을 했는가? 그는 교육이 그 완화제라고 생각했다. 가난한 사람은 "지성의 발현에서 즐거움을 찾도록 설득될 수 있다고, 창조주와 그의 합당한 권위를 존경하도록 가르쳐질 수 있으며 동시에 평화적이고 합헌적인 수단으로 진정한 잘못의 교정을 추구하도록 교육될 수 있다"고 생각했다.[17] 절망적인 사회적 병폐의 완화를 교육 제도에서 기대한다면 사실 학교에 너무 많은 요구를 하는 셈이다. 맥컬리가 무식한 폭력의 결과를 한탄한 주요 이유의 하나는 한심하지만 재미있을 뿐 아니라 무언가를 말해준다. 최근에 "요크셔에서 아주 비싸고 아름다운 기계가 산산이 부서졌다." 이런 사람이 순수문학에서도 뛰어난 사람이었다니! 존 키츠[i]를 흉내 내고 싶게 만들 정도다. 맥컬리는 기계의 신을 모시는 근대 사이비 종교를 세우는 데 한몫을 했다. 그러나 국가가 주도하는 교육의 힘을 지나치게 과대 평가한 대목은 놀랍지 않다. 제퍼슨, 로, 글래드스턴, 디즈레일리 모두 교육의 힘을 높이 평가했다. 존 애덤스는 회의적이었다. 19세기 전반에 교육의 한계를 내다본 사람은 그렇게 많지 않았다. 인간의 미덕은 가르친다고 해서 습득되지 않는다고 생각했던 아리스토파네스[ii]는 인간을 누구보다 잘 알았다. 의무교육이 가장 완벽한 독일은 아이들이 이성을 고양하고 권위를 존경하며 평화적 구제책을 추구하도록 훈련된 나라였지만 20세기의 사회적 폭발이 가장 모질었던 곳이었다.

맥컬리의 또 다른 예방책은 무산자계급을 투표에서 배제하는 엄격한 정치적 장치의 힘이었다. 그러나 그 원칙은 1867년 개혁 입법과 1911년의 의회법 통과, 누진적 소득세와 상속세 도입, 노동당의 부상을 비롯해 서구 사회에 두루 나타난 유사한 사태의 전개를 저지하기엔 충분하지 않았다. 영국의 헌정 체제는 맥컬리의 기대와 반대로 미국의 헌정 체제보다 이런 혁신을 저지하는 데 서툴렀다. 어떤 근대 국가가 이론적으로 자유주의에 속하는 한, 절대다수의 국민들이 실제로 무산자라면 경

---

i John Keats(1795~1821): 영국의 낭만파 시인. 죽기 4년 전에야 비로소 그의 첫 시집이 출간되었다.
ii Aristophanes(BC446~BC386): 고대 그리스 아테네의 희극 작가. 총 44개의 희곡을 쓴 것으로 알려져 있으며 그 중 11개가 오늘날까지 전해진다.

제적 평준화의 압력은 상존했다. 맥컬리 이래 서구의 정치가 걸어간 길을 판단해보자면 그러한 압력은 반자유주의적 정치 체제의 승리로, 어떤 방법으로든 대중에게 위엄, 목적, 재산을 돌려주면서 해소됐다. 맥컬리는 그 양쪽 어느 쪽의 길로도 안내하는 수단을 만들어내지 못했다. 그는 진정한 보수주의자도 아니고 급진주의자도 아니었다. 맥컬리가 계승했던 휘그는 사라졌으며 그를 승계한 자유당도 죽어갔다.

이 간단한 글은 맥컬리에게 공정하지 못했다. 그가 저술한 타의 추종을 불허하는 잉글랜드 역사책은 거의 언급되지 않았다. 옛 로마의 미덕을 대단히 높이 상찬하며 기렸던 그의 시집[i]도 마찬가지다. 학생이라면 누구나 이런 책을 알고 읽어야 하지만 그러지 않는다. 왜냐하면 맥컬리가 찬양해 마지않은 베이컨의 철학이, 맥컬리가 장려한 규격화된 "실용적 교육"이라는 체계가 역사책 독서나 순수문학 교육을 망가뜨렸기 때문이다. 로는 1867년 "우리는 우리의 지도자들을 교육해야 한다"고 말했다. 모든 시대는 그 시대가 요구하는 학교교육이 있다. 이 시대는 물질적이고 평등한 학교교육을 고집했다. 따라서 맥컬리는 반쯤 잊혀졌다. 근대적 학교의 혼란에 맞서는 어떤 힘이 서둘러 작동되지 않는다면 그는 머지않아 완전히 잊혀지고 만다. 보수주의적 교육 운동만이 맥컬리를 되살려낼지 모른다. 그가 지녔던 보수주의는 실패가 예정된 보수주의였다. 그러나 맥컬리는 헌신적으로 보수주의의 대의를 위해 봉사했다. 따라서 그의 위대한 재능과 함께 우리는 맥컬리를 기억해둘 만하다.

---

i 『Lays of Ancient Rome』: 맥컬리가 쓴 대화체 시집으로, 로마 역사의 드라마와 비극적인 주제를 모티브로 했다.

3. 쿠퍼와 신사도의 미국

민주주의에는 대중의 여론을 법보다 더 강력하게 만드는 성향이 있어 우리를 끊임없이 괴롭힌다. 이것이 대중적으로 인기 있는 정부에서 폭정이 스스로를 드러내는 고유한 형태다. 권력이 있는 곳에는 언제나 이를 남용하려는 성향이 발견되기 마련이다. 누군가 대중의 이해와 희망에 반대하면 거의 공감을 얻지 못한다. 그가 아무리 원칙상 옳고, 정당한 상황에 있다 할지라도 소용없다. 왜냐하면 민주주의에서 다중의 희망에 저항한다는 건 변덕을 부리는 국왕에 저항하는 셈이나 마찬가지기 때문이다. 모든 선량한 시민은 공공의 의무에서 사적인 감정의 영향을 배제해야 한다. 아울러 자유를 위해 투쟁한다면서 최대 다수의 이해를 주장해 독재정치를 돕지 않도록 주의해야 한다. 압제가 한 사회에 드리울 수 있는 가장 위험하고 간사스러운 형태는 대중적 지지를 받는 경우다.

_쿠퍼, 『The American Democrat(미국의 민주주의자)』

유럽과 미국에서 나란히 진행된 사상의 전개를 추적해본 사람은 때때로 유럽과 미국의 유사함이 피상적이라는 사실을 느끼게 된다. 미국인들의 정신은 그들이 처한 독특한 사회 환경의 반영일 뿐이다. 유럽 문명의 창백한 유령은 미국에서 벌어지는 사상의 흐름에 영향을 주기에는 무기력했다. 마치 소포클레스(Sophocles)의 비극에서 울려 퍼진 합창[i]이 어떤 행동을 막지 못하는 만큼이나 무의미하다. 그러나 유럽 문명을 세련되고 예리하게 옹호한 가세트[ii]는 그의 저서 『대중의 반역(The Revolt of the Masses)』에서 유럽의 문명이 죽었다면 오늘날 미국 문명도 살아남을

---

i   Chorus: 고대 그리스 비극이나 희극에서 등장하는 연극적 장치. 12명에서 50명이 같은 목소리로 극의 진행에 도움이 되는 이야기를 하거나 노래를 부르고 춤을 춘다.
ii José Ortega y Gasset(1883~1955): 스페인의 자유주의적 철학자이자 저술가.

수 없었다고 말했다. 미국이 지금보다 덜 정비되었던 19세기 초반, 유럽 사상의 중요성은 그만큼 더 컸다. 그 사상은 때로 오만한 미국 대중의 저항에도 불구하고 미국에 스며들었다. 민주주의에 보냈던 과신을 옛 유럽의 신중함과 조화시킨 미국인들에게 당시에는 하지 않았던 감사를 오늘날의 미국인들은 기꺼이 해야 한다. 그런 사람 중 가장 대담한 학자는 페니모어 쿠퍼다. 그는 과감하게 자신이 미국인임을 드러내었지만, 미국적 기질에는 누구보다 비판적이었다.

쿠퍼는 민주주의자였다. 그러나 보수적 견해를 지닌 대토지 소유자의 아들이었고 허드슨 강(Hudson River) 유역 지주들의 옹호자였다. 이 지칠 줄 모르는 논쟁가이자 소설가는 자본주의적 통합과 남부의 분리주의 사이를 헤쳐나가려 최선을 다했다. 정치적 평등과 신사도의 정신을 일치시키려 대단히 노력했다. 우티카의 카토[i]만큼이나 완고하고 정직해서 대중적 환상에 전혀 굴복하지 않았고 그 자신의 사적인 권리를 조금도 침해받지 않으려 했다. 그 때문에 대중의 여론은 곧 그를 격렬하게 혐오했다. 대단히 민주적인 사회에서 그는 무모한 솔직함으로 옹호하고 질책했다. 이런 종류의 굽히지 않는 정직함은 당시에는 소란스럽고 짜증나는 일이었겠지만 되돌아보면 사랑스럽기까지 하다. 쿠퍼는 진보, 자유, 재산권, 우아함을 믿었다. 그는 맥컬리의 자유주의와 토크빌의 자유주의를 연결하는 고리를 제공했다.

쿠퍼는 미국의 민주주의가 오래가려면 무지와 조악함을 없애야 한다고 생각했다. 그는 『The Chainbearer(측량조수)』의 등장인물인 늙

---

i   Cato of Utica: 소(小)카토(BC95~BC46), 대(大)카토의 증손자. 로마 공화정 말기에 카이사르에 대항했다. 스토아학파 철학자.

은 사우전드에이커스(Thousandacres)와 그의 형제들을 통해 미국 농업의 탐욕이 얼마나 무법적인지, 『대평원(The Prairie)』의 주인공 이스마엘 부시(Ishmael Bush)로는 개척 정신의 잔인한 개인주의를, 『Home as Found(발견된 고국)』의 아리스타불러스 브랙(Aristabulus Bragg)으로는 자수성가한 미국인의 천박함을, 『Homeward Bound(본국 행)』의 스테드패스트 닷지(Steadfast Dodge)로는 어디나 있는 직업적인 민주주의자를 묘사했다. 그리고 그의 많은 다른 책들에는 미국인들의 무정부적 기질을 신뢰하지 않는 쿠퍼의 마음이 구석구석 배어 있다. 규범을 존중하지 않는 미국의 욕구, 지나치게 앞세우는 절대적 자유의 뒤에서 찡그리며 노려보는 미국의 편협함을 쿠퍼는 신뢰하지 않았다. 동년배이자 위대한 법률가인 뉴욕 주 대법관 켄트나 스토리 연방 대법관 못지않게 쿠퍼는 전통, 제도, 재산권을 소중히 여기는 등 모든 면에서 보수주의자였다. 그러나 그는 정치적 민주주의가 먼저 확실하고 정당하게 자리 잡지 않으면 미국에 어떤 보수주의도 가능하지 않다고 보았다. 미국에는 정치적 대안이 없었다. 미국은 대중적 환상이 배제된 민주주의나, 격정으로 타락한 민주주의 그 둘 중 하나를 정치 체제로 선택해야 한다고 그는 생각했다. 그가 문학을 통해 반복적으로 추구한 목적은 한 사회가 문명화되려면 도덕적 규범에, 영원한 제도에, 재산권이 유익하다는 주장에 반드시 복종해야 한다는 이유를 말해주려 했다는 데 있다. 이러한 이성적 태도에 욕구가 전반적으로 굴복할 수 있을까? 오직 신사들이 이끄는 사회를 받아들여야만 가능하다. 이는 매우 영국적인 생각이지만, 당시 미국에겐 지금 우리의 짐작보다 훨씬 더 중요했다.

쿠퍼는 외국에 있을 때는 대단히 열정적으로 미국을 자랑스러워했지만 미국에 있을 때는 그 열정만큼 미국에 비판적이었다. 그는 외국에 꽤 오랫동안 체류했다. 이때 그는 하나의 정치적 사건을 두고 세 권의 역사책을 썼다. 기존의 존경할 만한 체계가 어떻게 타락할 수 있는지 미국인들에게 경고하려는 의도였다. 『The Bravo(브라보)』, 『The Heidenmauer(하이덴마우어)』, 『The Headsman(사형 집행인)』이 그 세 권이다. 랜돌프나 옛 공화주의자들만큼이나 쿠퍼는 특권을, 통합을, 땜질식 개헌을 두려워했다. 『The Heidenmauer(하이덴마우어)』에 나타나는 다음과 같은 열정적인 문장들은 이야기로서는 대단히 지루하고 교훈적이었지만 정치적 주장으로는 대단히 흥미로웠다.

아무리 순수한 사회 체제나 종교라도 처음부터 확실한 지배적 위치에 있게 되면 모두 다 방종으로 흘러버린다. 진실과 정의, 일관성에는 치명적이다. 이는 어쩔 수 없이 나약할 수밖에 없는 인간이 자신의 의지를 독자적으로 행사한 결과다. 우리는 마음의 도덕적 토대가 방종으로 흐를 때까지 단계적으로 우리의 충동과 이해를 당연한 권리로 여겨버린다. 한때 혐오할 만한 일로 간주되었고, 순진한 사람에게 권장하지 말았어야 할 행동들이 이젠 익숙해질 뿐만 아니라 편의와 반복 사용으로 정당화된다. 우리의 불완전한 미덕의 기준이나마 유지하는데 필요한 원칙이 쇠락했다는 가장 확실한 증후가 있다. 권한의 위임에서 벗어났는데도 이를 옹호하면서 필요성이라는 호소를 강조할 때다. 왜냐하면 이는 격정을 도우라는 교묘한 요청이며 비틀거리는 도덕의 나약한 방어를 무력화시키는 데 거의 실패하지 않는 내면적 논리 체계이기 때문이다.[18]

미국 역시 이 일반적 진실에서 예외는 아니다. 국가의 규모는 부패를 막아주는 데 약간의 보호가 될 뿐이다. 몽테스키외나 아리스토텔레스에도 불구하고 작은 공화국보다 큰 공화국이 더 낫다. "왜냐하면 모든 대중적 정부의 위험은 대중적 실수에서 온다. 다양한 이해와 널리 퍼진 영토를 보유한 사람들은 단일한 마을이나 지역에 거주하는 사람보다 사악한 격정에 굴복할 가능성이 훨씬 적다."[19] 중앙 집중화는 미합중국을 단일한 중앙집권적 국가라는 조건으로 축소시키고 폭도의 욕구나 특권을 지닌 사람들의 조작에 쉽게 말려들게 하기 때문에 쿠퍼는 일관되게 주가 연합하는 형태의 국가를 옹호했다.[20]

1833년 말 쿠퍼와 그 가족은 오랜 해외 체류에서 돌아왔다. 그리고 4년이 채 지나지 않아 그의 인기를 떨어뜨리고 재산을 침해당하게 한 두 개의 불쾌한 논란 중 첫 번째 사건에 휩싸인다. 이 두 논란은 모두 쿠퍼가 받아들일 수 없었던 대중적인 평등사상에 기인했다. 첫 번째 사건은 처음엔 사소했지만 나중엔 그가 사는 마을 사람 모두와의 논쟁이 됐다. 마을 사람들이 허락 없이 공원을 만들면서 쿠퍼의 땅 일부를 심각하게 훼손하고 점유했다. 그는 마을 사람들을 자신의 땅에서 쫓아냈고 나중에 불후의 명성을 얻게 된 마크 트웨인(Mark Twain) 같은 지방신문 편집자들로부터 엄청나게 욕을 먹게 된다. 그는 이들을 명예훼손으로 고소했고 결국 승리하기는 했지만 울화통 터지는 소송을 통해야 했다. 이 소송이 진행되는 동안 쿠퍼는 『The American Democrat(미국의 민주주의자)』를 출간했다. 명료함과 용기, 설득력과 위엄이 가득 찬 책이었다. 아마도 이 소논문은 지방신문 편집자들과의 투쟁이 질질 늘어지기 전에 쓰여진 듯하다. 이후 뉴욕에서 일어난 "반지대 전쟁"은 그를 격분시켰다.

『The American Democrat(미국의 민주주의자)』는 자연적 경계를 세워 민주주의를 강화하려는 시도였다. 이 책에는 토크빌의 미국 사회 분석이 미리 등장한다. 민주주의에는 그 적절한 한계를 넘어가려는 경향이 있다. 정치적 평등을 경제적 평준화로 바꾸려 하고, 동일한 기회는 모두가 평범해져야 한다는 고집으로 변하며, 모든 개인적 권리와 사생활을 침해하려 한다. 민주주의자들은 자신들을 법 위에 놓으려 하며, 다중의 의견을 정의라 여긴다. 그러나 이러한 악의, 악을 향한 경향의 보상도 없지 않다. 민주주의는 사람들의 인격을 고양하고 군사 조직을 줄이며 국가의 번영을 촉진하고 자연적 정의 구현을 진작한다. 소수가 아니라 공동체 전체에 봉사하는 경향이 있다. 가장 싼 형태의 정부다. 투표가 소총을 대신하기 때문에 대중적 소란이 벌어질 가능성이 적다. 흥분하지만 않으면 귀족정치와 군주제보다 추상적 정의를 더 존중한다.[21] 따라서 우리는 민주주의를 아끼지만 제한 없는 무법적인 민주주의를 아끼지는 않는다.

"**모든 사람의 마음에 놋쇠 글씨로 각인되어야 한다. 민주주의에서 대중은 제도가 명백하게 양도한 권력만 보유한다. 더욱이 이 권력은 오직 헌법이 규정한 형태로만 행사된다. 그 밖에는 행동에 나서든 단순한 의견에 국한되든 모두 압제다.**"[22] 대중에게 이 필요성을 어떻게 설득할 것인가? 평등과 정부에 품는 대중적 환상을 폭로하거나, 신사가 민주적 사회에 영향력을 발휘할 수 있게 되면 가능하다. "미국에서 진정한 자유를

---

i　Anti-Rent War: 헬더버그 진쟁(Helderberg War)이라고도 하며, 19세기 뉴욕 주 북부에서 일어난 소작농들의 반란을 가리킨다.

바라는 사람은 폭정의 행태가 대중에서 비롯된다는 사실을 이해해야 한다. 따라서 대중은 감시되어야 한다. …비록 이 나라의 정치적 자유는 다른 문명화된 어떤 나라보다 크지만 개인적 자유는 적다고 말할 수 있다."[23]

쿠퍼는 사적인 자유를 위험에 빠트리는 대중적 오해를 분석했다. 평등은 절대적이지 않다. 독립선언서는 도덕적 의미에서조차 글자 그대로 이해되어서는 안 된다. 정부의 존재 자체는 불평등을 의미한다. "자유는 평등과 마찬가지로 제대로 이해되지 않은 채 사용되는 경우가 잦다. 완벽하고 절대적인 자유는 사회라는 존재와 공존할 수 없다." 우리가 대중적인 정체를 수용한 이유는 완벽해서가 아니라 다른 어느 정체보다 사회를 혼란시킬 가능성이 적어서다. 자유는 당연히 자연적 정의에 종속된다. 그리고 그 한계 안에 제한되어야 한다. 대의원을 단순히 대리인으로 전락시키는 대의제의 그릇된 이론들은 미국의 자유를 위험하게 만든다. 분산을 염두에 두었던 체제이므로 이를 통합해도 위험해진다. 부패하고 악의적인 언론은 품위 있는 삶을 위협한다. "만약 신문을 폭정의 전복에 사용하면 신문의 폭정이 만들어질 뿐이다." 민주적인 사람들이 사적인 삶의 안전을 침해하려는 성향은 자유주의적 민주주의의 충격적 도착(倒錯) 현상이다. 왜냐하면 "개별성은 정치적 자유의 목적"이기 때문이다. 행복과 인격적 깊이는 개별성에 달려 있다. 이와 비슷한 주장을 종종 보수주의자들이 하지만 여기서는 보기 드문 힘과 정확성으로 표현됐다. 쿠퍼는 미국의 대중에게 민주주의 자체의 악덕을 의식하도록 일깨우려 시도했다. 조심스럽게 말했지만 어쩔 수 없이 대중의 혐오를 자초했고 그 때문에 그의 책은 그 가치에 비해 덜 읽혔다.

권력 행사에 자제가 필요하다는 사실을 사람들에게 일깨울 필요성과 함께, 쿠퍼는 민주주의의 희망이 공동체의 신사나 지도자들의 생존에 달려 있다고 믿었다. 그들은 천박한 충동을 극복하며 대부분의 입법적 혹은 초법적 위협에 견딜 수 있는 사람들이다. "평범한 관계 속에서 사람들이 보유하는 사회적 지위는 출생, 교육, 개인적 특질, 재산, 기호, 습관 그리고 어떤 경우엔 변덕과 옷매무새 등으로 좌우된다."[24] 사회적 지위는 재산으로 얻어지며 문명화된 사회에서 제거될 수 없다. 문명이 존재하는 한 재산은 지위를 뒷받침한다. 더 우월한 사회적 지위를 지닌 사람이 의무감도 견지할 여건을 마련하도록 노력해야 한다. 심지어 신의 섭리라는 거대한 도덕적 체계에서조차 한 사람은 다른 사람과 같지 않다. "사회적 불평등은 미국 제도들의 불가피한 결과다. 제도 자체 어디에도 그런 선언을 하지는 않았고, 수많은 헌정 체제가 그 문제에서 심오한 침묵을 지키고 있지만 그런 헌정 체제를 처음 구성했던 사람들은 숨 쉬는 일이 동물의 삶에서 가장 중요한 기능이듯 불평등은 그 헌정 체제의 불가피한 결과라는 사실을 알았던 듯하다."[25] 지위에는 사적이든 공적이든 의무가 따른다. 우리는 신사들이 그 의무를 수행하도록 해야 한다.

　　"민주주의는 실행 가능한 한 모든 권리에 동등하게 참여한다는 의미다. 사회적 평등이 대중적인 제도나 관례들의 조건이라고 여긴다면 그런 제도가 문명을 파괴한다고 가정하는 셈이다. 왜냐하면 모든 인간을 취향과 세련됨에서 가장 높은 수준으로 올리기는 자명하리만큼 불가능하기 때문에 그 대안은 결국 전체 공동체를 가장 낮은 단계로 끌어내리는 것이다."[26] 신사들의 존재는 민주주의와 양립한다. "귀족"은 "신사"와 동일한 의미가 아니다. "신사라는 단어는 긍정적이고 제한적인 의미를 지닌다. 신사는 출생이나 태도, 노력, 성격, 사회적 조건에 따라 사회의 대중 위로 고양된 사람이다. 문명화된 사회는 이런 차이가 없이는 존재할 수 없다. 따라서 그들을 부르는 신사라는 용어를 거부한다고 얻어지는 건 없다."[27] 교양의 수준이 신사를 다른 사람과 구별해준다. 단순히 점잖은 본능으론 충분치 않다. 그러나 돈은 고상함의 기준이 아니다. 만약 신사와 숙녀가 사회에서 사라진다면 그들과 함께 겸손한 학식, 문명을 이끄는 예절의 힘, 고양된 행동의 모범은 물론이고 사적이고 공적인 의무를 단순한 임금 획득 이상으로 이끌어 올리는 지위라는 높은 의식도 소멸한다. 신사와 숙녀가 사라지면 궁극적으로 문명도 뒤따라 사라지게 된다.

신사의 개념을 다루는 책이 있다면 쿠퍼의 언급은 한자리 차지할 만하다. 그러나 그의 말은 큰 영향력을 발휘하지 못했다. 신사가 미국 사회에서 완전히 사라지지는 않았지만 그들의 생존에 필요한 사회적, 경제적 조건들이 언제나 바람직하지는 않았을뿐더러 이제는 위험한 상황이다. 『The American Democrat(미국의 민주주의자)』가 출간된 지 2년 만에 쿠퍼를 거의 광란 상태의 흥분으로 몰아넣은 반지대 전쟁이 뉴욕에서 벌어졌으며, 이 전쟁은 미국에서 신사가 얼마나 곤란한 상황에 부닥쳤는지 보여주었다. 왜냐하면 신사의 존재는 토지의 세습된 소유에 기반을 두기 때문이다. 반지대 운동의 급진주의자들은 뉴욕 주 중심부의 대지주들이 농부와 무단 점유자들에게 토지를 양보해야 한다고 강하게 말했다. 그 어떤 규범이나 합법적 권리도 다수의 요구를 막을 수 없으며 그 토지의 소유권을 넘겨주어야 한다는 주장이었다. 결국 토지 소유자를 겁박한 대중적 열기 앞에서 보인 법원의 미온적 태도 때문에 장기적으론 농부와 무단 점거자들이 승리했다. 허드슨 강 유역의 위대한 대지주들은 역사 속에서 사라졌다. 이와 같은 재산권의 침해와 그것을 이루어 낸 수단 때문에 쿠퍼는 헤아릴 수 없을 만큼 실망했다. 만약 민주적 사회가 신사 계급을 뿌리 뽑아버리겠다고 나선다면 그 사회 자체의 지도력은 어디서 와야 하는가? 어떻게 민주적 사회는 높은 품격을 유지할 것인가? 그 질문은 미국에서 만족스러운 답을 낸 적이 없다. 그리고 대규모 토지 소유를 향한 두드러진 적대감은 미국의 특성에 스며들었다. "토지 개혁"은 일본을 정복한 미국이 처음으로 편 정책의 하나였다. 일본 사회의 보수적이고 온건한 요소를 없애버린 조치였다. 미국은 이탈리아와 엘살바도르에서도 "농업 개혁"을 촉구했다. 그리고 아주 오랫동안 중국 공산주의자인 "농업 개혁가들"에게 미소를 보냈다. 맨체스터 자유주의자들도 영국의 대지주들에게 같은 종류의 적대감을 느꼈다. 미국의 산업 사회는 지주 계층의 생존에 유감을 느꼈다.

쿠퍼를 가장 잘 비판한 사람은 다음과 같이 썼다. "인생의 후반기에 쿠퍼는 미국인들의 불안정하고 찰나적인 삶이 신사들의 재산권을 위태롭게 한다고 생각했다. 그의 마지막 소설은 신사들의 생존권 그 자체가 위협받고 있다는 쿠퍼의 생각을 담고 있다. 이 불안정성과 한시성은 그의 순탄했던 경력 초기 주요 주제의 하나였다. …그는 그의 비극적 전망을 하나로 엮어낼 만한 전체적으로 적절한 상징을 발견하지 못했다. 아마도 그의 본성 깊숙한 곳의 심성은 밝았기 때문일까. 그의 마음은 그에게 보이는 세계만 아팠고, 겉으로만 쓰라렸을 뿐인지 모른다."[28] 최고의 미국적 가치가 도전적으로 발현된 페니모어 쿠퍼는 결코 강인한 낙관주의를 모두 버린 적이 없다. 그러나 가문이 좋고 고매한 원칙을 지닌 신사들이 보석처럼 장식된 민주주의를 지키려는 싸움에서는 졌다. 숙고하는 미국인이라면 이 결함의 정도를 때때로 냉철하게 생각해봐야 한다. 아마도 미국의 농촌, 작은 도시들, 그리고 서부의 텅 빈 주들에서는 신사를 찾아보기 어려울 것이다. 심지어 옛 도시들에서도 사회는 종종 지도력이나 품격의 부족으로 과거 노쇠한 사람들의 특징이었던 권태로 퇴락하는 경우가 많아 보인다. 아마도 신사가 없는 사회는 지루해질 수밖에 없는 듯하다. 그러한 사회의 사람들에게 다양성의 씨앗은 없다. 잉게 사제[i]는 "역사에서 대대적인 규모의 지루함이 가져오는 효과가 과소평가되고 있다"고 썼다.[29] 오늘날에는 반드시 따져봐야 할 지루함의 영향력이다. 이러한 변화와 함께 우리는 토크빌로 옮겨간다.

4. 토크빌의 민주적 독재론

근대 사회가 언제나 그 모습을 바꾸어가리라 믿는 사람들이 더러 있다. 그러나 나는 궁극적으로는 같은 제도, 선입견, 관습에 지나치게 변함없이 고정돼 있지 않을까, 그래서 결국 인류는 멈추고 어떤 한계에 갇히지 않을까 두렵다. 인간은 새로운 개념들을 만들어내지 못하고 같은 생각을 영원히 오가는 반복만 계속하지 않을까, 비록 끊임없이 움직이지만 헛되고 쓸쓸하며 사소한 일에나 힘을 낭비하지 않을까, 결국 발전하기를 멈추지 않을까 걱정한다.

_토크빌, 『미국의 민주주의(Democracy in America)』

세계를 뒤엎은 프랑스의 일반화 능력이 토크빌에서 그 정점에 도달했다. 그는 프랑스 관념철학자들과 백과사전학파의 방법과 스타일을 채용해 반세기가 더 지난 뒤 그들의 책에 담긴 내용들을 한층 더 발전시

---

i   William Ralph Inge(1860~1954): 영국의 작가이자 사제. 캠브리지대학 신학 교수. 세인트 폴 성당의 수석사제(Dean)라 잉게 사제(Dean Inge)라는 이름으로 널리 알려졌다.

켰다. 어떤 점에서 토크빌은 그의 철학적 스승 버크를 뛰어넘었다. 그의 『미국의 민주주의』는 버크가 시간이나 인내가 없어 다루지 않았던 새로운 질서를 공평하게 분석했다. 토크빌의 책은 전체를 읽어야지 부분적으로 읽어서는 안 된다. 그의 모든 문장은 의미 있으며 모든 관찰엔 총명함이 넘쳐난다. 두 권으로 된 『미국의 민주주의』는 경구의 보고이며, 『구체제와 프랑스혁명(The Old Régime and the French Revolution)』은 책 수백 권을 쓰게 해주는 원천이다. 『Souvenir(회고록)』은 어떤 회고록도 담지 못한 간결하고 재기 발랄한 이야기로 그득하다. 교수들을 제외하고 많은 사람들이 여전히 토크빌을 읽는다. 토크빌은 민주주의의 가장 친한 친구이자, 가장 솔직하고 현명한 비평가이기 때문에 마땅히 그의 책을 읽어야 한다.

판사이자 의원, 외무장관이었지만 학자로서도 토크빌은 위대한 업적을 이뤘다. 그러나 토크빌 자신은 자신의 삶이 거의 실패했다고 느꼈다. 마키아벨리를 다룬 맥컬리의 짧은 글에는 닥치는 대로 읽었던 존 랜돌프의 마음을 사로잡은 문장이 나온다. 랜돌프는 《에든버러 리뷰》에 실린 그 글을 읽을 때 작가의 이름은 알지 못했다. 랜돌프는 이 묘사를 자신의 처지에 적용했다. 토크빌의 감정도 틀림없이 비슷했을 듯하다. "쇠잔한 조국이 서서히 죽어가는 고통을 지켜봐야 하는 운명에 처해 있고, 소멸에 앞서 발작과 혼수상태를 번갈아 오가는 조국을 보살펴야 하며, 차가움, 어둠, 타락만 남을 때까지 조국의 생명력을 나타내는 징후가 하나둘 사라져 모두 없어지는 순간을 지켜봐야만 하는 위인이 있다. 누가 이보다 더 고통스러운 상황을 생각해낼 수 있을까." 신사의 정신과 뛰어난 개인들의 고매한 능력이 평범함으로 빨려 들어가며 사회는 죽음과 같은 삶이라는 전망을 앞두고 있다고 토크빌은 생각했다. 토크빌은 괴물 같은 당대의 귀먹고 눈먼 경향에 맞서 호소했지만, 그의 호소는 무력했다. 토크빌은 자신의 무능과 무의미를 고통스럽게 의식했다. 그러나 그런 상황에 맞서 단순히 욕만 해댔던 사람은 아니다. 사회의 평준화 경향에서 나타난 그 문제들을 개선할 수 있다는 희망을 잃지 않았다. 후세에 미친 그의 영향은 그가 희망했던 것보다 훨씬 더 심대했다.

토크빌은 근대 사회가 직면한 난제를 묘사하며 더 나은 표현이 없었기 때문에 민주적 독재(Democratic Despotism)라는 용어를 마지못해 사용했다. 정치이론가, 사회학자, 자유주의자, 보수주의자로서 토크빌이 거둔 최대의 업적은 민주적 독재의 분석이다. "나는 민주주의 정체에 반대하지 않는다"고 그는 1857년에 프레슬론[i]에게 쓴 편지에서 말했다. "민주주의 정체들이 자유롭다면, 위대할 수도 있고 아마 신의 의지와도 일치할지 모른다. 우리 사회가 민주주의적이라서가 아니라 우리가 계승하고 만들어낸 악덕 탓에 잘 통제된 자유를 획득하고 유지하기가 대단히 힘들다는 점이 나를 슬프게 한다. 자유가 없는 민주주의보다 더 처참한 것을 보지 못했다."[30] 해럴드 라스키는 토크빌이 본질적으로 귀족적이었으며 중앙 집중화된 민주주의 정체가 거리낌 없이 달려간 "집산주의의 규율을 고통 없이 수용하지 못했다"고 말했다. 전체 대중의 손에 입법권이 완전히 장악되면 경제적, 문화적 평준화라는 목적을 추구한다.[31] 대단히 맞는 말이다. 토크빌은 집산주의의 규율을 더 불쾌하게 여겼다. 태생이 어떻든 간에 보수주의자나 자유주의자들은 구체제의 어떤 어리석

---

i   Alexander Pierre Freslon(1808~1867): 프랑스 법학자이자 정치인.

음보다 집산주의 규율을 더 질색했다. 아리스토텔레스처럼(비록 토크빌은 아리스토텔레스의 정치학에서 근대 문제에 적용할 만한 어떤 지혜도 발견하지 못했지만, 어떤 학자들은 토크빌이 아리스토텔레스 이후 최고의 정치사상가라고 선언하기도 했다.) 토크빌은 언제나 목적을 추구했다. 목적을 잊고 평균을 신봉하는 정치 체제란 "집산주의의 규율"이며 토크빌에게는 과거의 노예제보다 더 나쁜 굴레다. 사회는 인간의 도덕적이고 지적인 자질을 최고로 끌어올리는 방향으로 설계되어야 한다. 새로운 민주 체계에서 오는 최악의 위협은 평범함(mediocrity)을 장려하는 정도가 아니라 강제할지도 모른다는 점이다. 토크빌은 인간 사회가 곤충들의 사회처럼 되지 않을까 두려워했다. 윈덤 루이스가 그의 단편소설집 『썩어가는 언덕(Rotting Hill)』과 조드[i]가 『Decadence(타락)』에서 묘사한 상황으로 빨려 들어가게 하는 그 힘을 무서워했다.[32] 토크빌은 다양성, 개별성, 진보를 보존하려고 투쟁했다.

> 사회적 조건이 평등할 때마다 여론은 각 개인의 마음을 심히 무겁게 내리누른다. 다중의 의견은 개인을 포위하고 지시하고 압박한다. 이런 현상은 정치적 법률보다는 사회적 구조 그 자체에서 더욱 많이 생성된다. 인간들이 서로 더 비슷해져가면서 각 개인은 나머지 사람들보다 더 약하다고 느끼게 된다. 다른 사람보다 월등히 우월해지거나 자신을 특별히 두드러지게 해주는 그 무엇이 없다면 다른 사람들이 그를 공격하는 즉시 스스로를 불신하게 된다. 그 자신의 힘을 불신할 뿐

---

i Cyril Edwin Mitchinson Joad(1891~1953): 영국의 철학자이자 방송 진행자. 철학을 대중화하면서 유명해졌다.

아니라 권리도 의심한다. 동포 다수가 잘못이라고 주장하면 그는 자기가 틀렸다고 곧 인정하게 된다. 다수는 그를 강제할 필요도 없다. 그들은 그를 확신하게 만든다. 대다수 사람이 거부하거나 그들이 비난한다고 선언한 그 무엇을 믿기란 극단적으로 어렵다. 민주적 공동체의 권력이 조직화되고 균형이 잡힌다 해도 사정은 마찬가지다.[33]

이러한 일반화는 프랑스 관념 철학자들의 그것처럼 매우 대담하지만 18세기 사회사상을 특징짓는 선험적 가정 위에 세워진 관념들보다는 훨씬 더 나은 구체적인 지식에 토대를 두었다. 미국의 삶을 폭넓게 조사하고 영국을 잘 알았으며 정치적 경험이 있었고 잘난 척하지 않는 박식함이 있었던 덕분에 토크빌은 인간과 사회의 본질을 권위 있게 말할 수 있었다. 그는 정당함을 열망하면서 조심스럽게 글을 썼다. "그는 모든 필자들 중에서 가장 많은 사람들의 인정을 받으며 결점을 찾아내기는 가장 어렵다. 그는 항상 현명하고 옳으며 아리스티데스[i]만큼 정당하다."[34] 이는 액튼 경의 견해다. 토크빌은 마음의 평화에 어떤 대가를 치르더라도 자기기만은 회피하겠다고 결심했다. 버크와 함께 토크빌은 신의 섭리가 세계의 엄청난 변화를 이끄는 길을 닦아준다고 믿었다. 그리고 그 변화의 방향이 명백해 그 변화를 반대하는 게 곧 신에게 불경죄를 짓는 셈이라면, 그는 새로이 등장하는 민주주의에 굴복해 자신의 정신적 고양조차 포기할 용의가 있었다. "당신이 대단히 자부심을 느끼는 민주 사회에서, 당신의 책이 말하는 정신으로 완벽히 들어갈 사람은 10명도 없을

---

i   Aristides(BC530~BC468): 고대 아테네의 정치인으로 '정의'라는 별명이 있다.

것이다"라고 용감한 천재 콜라르[i]가 토크빌에게 말했다.[35] 그러나 토크빌은 민주주의가 식인종이 되도록 내버려둘 생각이 없었다. 그는 민주주의의 욕망이라는 제단에 바쳐진 민주주의의 미덕이 희생되지 않도록 가능한 한 최대로 저항했다.

민주주의는 스스로를 잡아먹으며, 곧 섬뜩하고 타락한 형태로만 존재한다. 아마도 여전히 평등이라는 본질적 특징은 유지할지 몰라도 애초에 민주주의의 승리를 고무한 자유와 진보를 향한 모든 열망은 곧 사라진다. 토크빌은 민주주의의 이러한 교활한 악덕을 구별해냈다. 모든 민주주의 비평가들은 정치적 평등주의가 반드시 무질서, 그게 아니라면 폭정으로 귀결된다고 선언했다. 토크빌은 비록 역사적 지식을 강하게 존경했지만 과거에 얽매이지는 않았다. 미래는 반드시 지나간 과거처럼 될 필요가 없다. 근대 평등주의의 현실적 귀결이 고색창연한 폭정이나 무질서일 필요는 없다고 썼다. 이 시대 민주사회의 위협은 단순한 질서의 붕괴나 강력한 한 사람의 권력 찬탈에 있지 않다. 오히려 평범함의 폭정, 중앙정부가 강요하는 정신과 조건, 마음의 규격화, 그리고 정확하게 라스키가 이야기한 "집산주의 규율"이 현대 민주사회를 위협한다. 토크빌은 "사회 복지 국가"의 등장을 예견했다. 이 국가는 피지배자에게 엄격한 통일성을 강요하는 대신 그들 모두에게 복지를 제공하기로 동의한다. 민주주의라는 이름은 남는다. 그러나 정부는 구체제와 다름없이 위에서 아래로 권력을 행사하지 아래에서 위로 대중이 권력을 행사하지는 않는다. 엘리트 관료가 지배하는 계획 사회로 이 통치자들은 귀족이 아니다.

---

i   Pierre Paul Royer-Collard(1763~1845): 프랑스 정치인이자 철학자.

왜냐하면 귀족들이 아껴온 옛 자유와 특권, 개별성은 모두 뿌리째 뽑혀 나가고 사회의 관리자들이 공유하는 단조로운 평등으로 대체됐기 때문이다.

나는 민주적인 나라들을 위협하는 그러한 압제의 종류들이 이제껏 한 번도 세상에 존재하지 않았다고 생각한다. 동시대인들은 그들의 기억 속에서 그 압제의 어떤 원형도 발견하지 못한다. 내가 생각해 낸 그 전체적인 개념을 정확하게 전달할 만한 표현을 찾으려 했으나 헛수고였다. 그 개념 자체가 너무 새로워 독재와 폭정이라는 단어는 부적절하다. 이름조차 붙이기 어렵다. 그러나 마땅히 규정하려 시도해야 한다.

나는 독재가 세상에 나타나는 새로운 특징들을 추적했다. 첫 번째 두드러진 관찰은 셀 수 없이 많은 사람들이다. 이들은 다 비슷하고 동등하며 끊임없이 작고 하찮은 쾌락을 손에 넣어 그들의 삶을 만족시키려 한다. 각자는 따로 살아가며 다른 모든 나머지 사람들의 운명에는 이방인이다. 아이들과 사적인 친구들이 그에겐 전 세계의 인류가 된다. 그 나머지 시민들과도 가깝긴 하지만 보지도, 만지지도, 느끼지도 못한다. 그는 오직 그 자신만 외롭게 존재한다. 비록 그의 친족이 그에게 남아 있긴 해도 어쨌든 그는 나라를 잃어버렸다고 말할 수 있다.

이런 인간의 무리 위에 막대한 후견자인 권력이 인간의 운명을 감시하고 그들의 감사함을 확보하려고 홀로 서 있다. 그 권력은 절대적이고, 정밀하며, 균형이 잡혀 있고, 선견지명이 있으며, 관대하다. 그 권력의 목적이 인간을 인간답게 준비시키는 데 있다면 부모의 권위와 비숫하다고 말할 수 있다. 그러나 권력의 목적은 그 반대로 인간을 영원한 아이 상태로 머물게 하는 데 있다. 인간들이 그저 기쁨만 생각할 뿐이라 여기기에 권력은 인간이 기뻐할 때 대단히 만족스러워한다. 인간에게 행복을 주려고 정부는 기꺼이 노력하기 때문이다. 그러나 그 권력은 인간의 필요를 조정하는 유일한 사람이자 대리인이길 선택한다. 그래서 정부는 인간의 쾌락을 돕고, 그들의 주요한 관심사를 관리하고, 그들의 근면함을 지시하며, 재산의 상속을 규제하고, 유산을 세분한다. 그러나 삶의 모든 염려와 고난을 정부가 없애준다면 인간에게는 무엇이 남는가?

이렇게 권력은 매일매일 인간의 자유행동권을 필요 없게 하고 행사하지 않게 만든다. 권력은 인간의 의지를 협소한 범위 안에 가두고 단계적으로 인간의 모든 유용성을 박탈해간다. 평등의 원칙은 인간을 이러한 것들에 적응시킨다. 인간이 이런 것들을 견디게 하거나 종종 그것을 혜택이라고 바라보게 하는 성향을 키운다.[36]

여기서 일종의 인도주의적인 이집트나 페루 사회가 묘사되고 연상된다. 영국과 미국의 집산주의적 개혁가들이 오늘날 전망하는 국가의 상태다. 계획경제를 지지하는 사람들은 대부분 그러한 사회를 혐오하는 토크빌의 마음을 이해하기 어려울 것이다. 전능하고 가부장적인 국가, 그래서 인류의 모든 문제를 이끌고, 개인의 모든 필요를 충족해주는 게 20세기 사회 계획가들의 이상이다. 이러한 제도는 인류의 물질적인 욕구를 충족시키려 의도됐다. 20세기의 사회적 열망은 벤담과 마르크스의 사상에 흠뻑 젖어서 물질적 필요 이상은 거의 생각하지 않는다. 인간을 영원히 어린아이로 유지하겠다는 생각, 정신적으로 인간은 결코 완전한 어른이 되지 않는다는 생각은 의무교육과 의무보험, 징병제와 의무 투표에 익숙해진 한 세대의 사상가들에게는 큰 문제로 보이지 않았다. 획일성을 강요하는 사회는 다양성과 정신적 삶의 무덤이다. 이를 알았던 토크빌은 민주주의가 장려하는 물질주의가 대중의 의식을 장악해서 몇몇 독립적인 영혼을 제외하고는 자유나 다양성이라는 사상을 모조리 질식시켰다고 느꼈다.

"미국인은 마치 영원히 죽지 않는다고 확신하듯 이 세상의 물건에 매달린다. 주변의 손에 닿는 곳에 있는 모든 것을 서둘러 잡는 바람에 다른 사람들은 그가 그런 것들을 즐기기에 충분히 오래 살지 못할까 봐 겁을 낸다고 생각한다. 그는 모두 부여잡기 때문에 아무것도 단단히 잡지 못한다. 곧 새로운 만족을 찾으려 이미 손에 잡은 것을 놓는다."[37] 이 허욕의 열정은 미국만의 고유한 악덕이 아니라고 토크빌은 설명한다. 일반적으로 민주주의 시대의 산물이다. 귀족과 그들이 품격을 부여하는 사회는 부를 경멸하고, 용기를 명예롭게 여기며 가족의 자부심을 더 강한 충동으로 받아들인다. 그러나 가장 강력한 영향력을 행사하는 계층까지 상업주의가 사로잡은 사회에서는 곧 이해가 유일한 가치 판단의 기준이다. 중산층은 가장 먼저 나서서 힘이나 세력, 그리고 지위 상승과 부의 증대가 존재의 목적이라고 대중에게 확신시킨다. 그리고 대중이 일단 이 확신을 갖게 되면, 대중은 국가가 재조직돼서 그들에게 물질적 만족을 줄 때까지 쉬지 않는다. 이미 미국에서 이런 물질주의가 사람들의 특성을 규격화하는 추세다. "이것이 사람들의 모든 격정을 비슷하게 만들고 그 결과 사람들의 생각을 조사해도 그 결과는 단조로워진다."[38] 전통 있는 나라들이 민주적 충동에 항복하면서 그와 같은 비율로 물질주의에도 굴복한다.

사회를 통치하는 힘으로서 물질주의는 두 가지의 압도적인 반대에 직면한다. 우선 물질주의는 인간의 더 고매한 역량을 약화시킨다. 두 번째로 물질주의는 그 스스로를 파멸시킨다. 물질주의는 적극적인 악덕이 아니라 소극적 악덕이다. "내가 평등의 원칙에 반대하는 이유는 그것이 인간을 금지된 향락으로 이끌기 때문이 아니라 오히려 허락된 것들을 전적으로 추구하게 만들기 때문이다. 이러한 수단으로 영혼을 타락시키기보다는 무기력하게 만들어, 영혼의 뒤틀린 행동을 잡음 없이 곧게 펴는 일종의 미덕이 있는 물질주의가 궁극적으로 이 세상에 수립될지도 모르겠다."[39] ("아름답고 비싼 기계"에서 맥컬리가 느꼈던 순진한 기쁨보다 얼마나 더 심오한 이야기인가?) 유한한 것에 그렇게 몰두하면 곧 어떤 무한한 것의 깨달음도 무색해진다. 영적인 힘, 혹은 신의 존재를 망각한 인간은 진정 인간이기를 멈춘다. "민주주의는 육체적 만족을 추구하는 기호를 장려한다. 이 기호가 지나치게 되면 모든 것은 물질뿐이라는 믿음을 갖게 한다. 물질주의는 다시 같은 쾌락을 추구하도록 대단히 조급하게 사람들을 몰아간다. 민주 국가들은 이런 치명적인 순환의 고리에 빠져버린다. 그들이 이 위험을 보고 자제했으면 좋겠다."[40]

시간이 조금 지나면 획득과 소비에의 몰두는 물질적 축적을 가능하게 했던 사회 구조 그 자체까지 훼손한다. "인간이 물질적 사물들로 만족하게 되면 그것을 생산해내는 기술을 차츰 잃어갈 가능성이 높다. 종국엔 좋고 나쁜 걸 가릴 능력도 잃고 개선도 안 하면서 물질적 사물들을 그저 짐승처럼 즐기게 된다."[41] 무엇이라도 영혼을 확장시킨다면 그 과정에서 영혼의 실용적인 능력도 더 좋아진다. 그러나 도덕적 타락은 정직한 정부와 정상적인 상업을 방해하고, 심지어 이 세상의 상품에서 순수한 쾌락을 누리는 능력까지 훼손하다가 결국엔 그 모두를 목 졸라 죽인다. 아래에서 자기 규율이 느슨해지는 만큼 위에서 강제가 내려온다. 중앙집권적 국가의 무게는 최후의 자유까지 없애버린다. 한번 사회가 여기까지 미끄러지면 절대주의에 저항하는 울타리는 거의 남지 않는다. "종교가 인간의 영혼을 지배하던 제국을 잃었기 때문에 선과 악을 구분하던 가장 두드러진 경계가 전복됐다. 왕들과 국가들은 우연의 지배를 받는다. 어디가 폭정의 자연적 한계이고 어디까지가 방종인지 아무도 말할 수 없다."[42] 국가는 개인적인 삶의 모든 세세한 부분까지 침해할 권리가 있다고 상정한다. 무차별적인 민주주의가 개인적 차이를 향해 반감을 드러내면서 이러한 권리 침해는 추인된다. 마침내 끈질긴 간섭과 강력한 전체주의 국가의 견디기 힘든 부담 때문에 이 인과관계의 사슬을 시작했던 상업적이고 산업적인 추동력이 그 힘을 잃는다.

민주적 독재의 승리는 불가피한가? 전 세계 곳곳으로 민주적 제도들이 확산되는 현상은 분명 불가피해 보인다. 신의 섭리가 하는 일이라고 보이기 때문에 우리는 이것을 성스럽게 예정된 과정으로 받아들여야 한다고 토크빌은 답한다. 민주적 사회가 진정한 가족과 진정한 자유 그리고 진정한 목적을 박탈당한 이름 없는 존재로, 사회적 물방울의 바다로 전도될 가능성이 매우 높지만 피할 수 없지는 않다. 이에 맞서 지식이 있는 사람은 미친 사람처럼 싸워야 한다. 왜냐하면 벤담주의자들이 꿈꾸는 사회 조직에서 개인은 외롭고 친구도 없으며 이기적이고 희망도 없이 국가라는 괴물에 홀로 맞서기 때문이다. 그런 사회 조직에서 유서 깊은 모든 애정과 집단들은 뿌리째 뽑혀나가고 물질주의가 전통적 의무를 대체한다. 그러나 이러한 현상은 생각의 힘으로 피할 수 있다. 아니 그럴 수 있다고 우리는 희망을 가져야 한다. 민주적인 사람들이 극단적인 단조로움이나 비잔틴식의 음산함으로 향하는 성향을 조금이라도 막으려면 영원한 감시와 끊임없는 비판이 필요하다. 인류에게 민주적 독재를 강제하는 힘은 어마어마하게 강력하다. 토크빌은 그것을 주로 『미국의 민주주의』 두 번째 권의 4번째 편에서 길게 분석했다. 이미 다룬 물질주의에 더해 가장 주요한 원인들은 개념과 구조의 단순성, 중앙 집중화, 규격화로 향하는 민주주의의 좋지 못한 경향들이다.

우선 민주적인 사람들은 위계질서, 중개자 신분, 특권, 모든 종류의 특별한 모임들을 뿌리 깊게 싫어한다. 복잡성과 다양성은 보통 사람들이 음미하기엔 짜증스럽게 어렵다. 이런 괴로움은 원칙에 따라 혐오로 격상된다. 심지어 초자연적인 존재나 신과 인간을 잇는 사제들도 민주적 사회의 종교에서는 흐릿해져가는 편이다. 평균적인 인간은 개인이 신을 직접적으로 맞닥뜨리는 단순한 관계를 선호한다. 민주주의가 천사와 악마에 대해 관용적이지 않다면 민주주의가 귀족의 흔적, 제한된 선거권, 특권이 부여된 사람, 정부와 시민의 사적인 관심사 사이에 장벽을 세우는 다른 여러 제도들을 견뎌낼 가능성은 더 적다. 이렇게 민주적 단순화의 경향은 자유주의적 민주주의를 가능하게 했던 그 안전장치들을 단계적으로 지워나간다. 토크빌은 자유를 보호하는 귀족의 기능을 거듭 묘사한다. "귀족만큼 그 시각이 보수적인 경우는 세계 어디에도 없다. 대중은 무지와 격정으로 오도될 수 있다. 왕의 마음은 편견이 있을 수 있고 그의 구상은 흔들릴 수 있다. 게다가 왕은 죽는다. 그러나 귀족들은 그 수가 너무 많아 음모로 오도되기 힘들고, 반성하지 않는 도취에 쉽사리 굴복할 만큼 너무 많지도 않다. 귀족들은 견고하고 계몽된 집단으로 결코 죽지 않는다."[43] 그러나 의기양양한 민주주의는 자의적인 권력을 견제하고 문명의 계속성을 보장하는 이 도구를 예외 없이 제거해 버린다.

두 번째로 중앙정부에 실제 권력을 모두 다 집중하려고 준비하는 민주 국가들은 곧 진정한 민주주의의 뿌리에 독을 뿌린다. 진정한 민주주의는 자립과 지역적 제도들의 산물이기 때문이다. 연방주의자들이나 토리당 사람들보다 랜돌프나 칼훈이 더 명료하게 밝혔듯이 토크빌도 자유는 지방주의(particularism)와 무한히 직결돼 있다고 인지했다. 통합은 독재와 혁신의 도구다. 프랑스의 구체제도 통합을 보수적인 도구로 생각하는 잘못을 저질렀다. 그 반대로 통합은 수많은 유서 깊은 이해 집단들을 단 한 번의 혁명적 폭력으로 전복할 수 있게 해주었다. 부르봉 왕가가 수립한 정부의 통합된 기구는 자코뱅파의 목적에 즉각 전용됐다.

민주적인 사람들은 정부를 중앙 집중화하려는 기호에 이끌릴 뿐 아니라 그 정부를 통치하는 모든 사람들의 열정도 정부를 항상 그 방향으로 몰아간다. 민주적 공동체에서 능력과 야망이 있는 거의 모든 구성원들은 끊임없이 정부의 권력을 확장하려고 노력하리라 쉽게 예상된다. 그들은 모두 언젠가 자신들이 그 권력을 행사하길 바라기 때문이다. 극단적인 중앙 집중화가 국가에 해가 될지도 모른다는 사실을 그들에게 증명하려는 건 시간낭비다. 그들은 본인들에게 도움이 된다고 생각해 중앙 집중화를 추진하기 때문이다. 민주주의 체제의 대중

가운데 정부의 중앙 집중화에 반대하는 사욕이 없는 위대한 사람이나, 중앙 집중화에 반대하는 극단적으로 평범한 사람은 거의 없다. 전자는 드물고, 후자는 무기력하다.[44]

분노하지만 구걸하고, 통합을 두려워하면서도 끊임없이 연방 보조금을 원하는 욕구 등에서 보이는 오늘날 미국의 모습은 토크빌의 관찰을 충분히 뒷받침하는 사례다. 토크빌은 유일하게 혁명의 피해를 보지 않는 대상이 있다면 중앙 집중화라고 말했다. 프랑스에 세워질 수 없는 단 하나는 자유정부다. 그리고 파괴될 수 없는 단 하나는 중앙 집중화의 원칙이다. 그 위험한 본질을 잘 아는 사람들도 "중앙 집중화는 모든 사람의 일에 간섭할 수 있게 해주고, 전부를 그들의 손에 쥐어주는 쾌락을 제공하기 때문에 그 위험성을 보상해준다고 생각한다."[45] 중앙 집중화는 모든 종류의 이해 집단에 특별한 호의를 약속한다. 그 가능성들은 단순한 민주주의자들을 저항할 수 없게 유혹한다. 그러나 중앙 집중화는 정부라는 기계를 작동하는 사람에게 권력을 넘겨주기 때문에 전적으로 민주주의에 적대적이다. "지금 열리는 민주화의 시대에는 개인적 독립이나 지역의 자유들이 인공적인 산물이고, 중앙 집중화가 정부의 자연스러운 형태가 되리라고 생각한다."[46]

세 번째로 민주적 국가들은 획일성과 규격화에 빠져버린다. 그들은 보통과 다르게 튄다든지 위대하거나 개인적이고 신비스러운 것은 증오한다. 입법은 포괄적이고 유연하지 않아야 된다고 요구한다. "모든 인간은 그 자신을 주변 사람과 거의 다르지 않다고 보기 때문에 왜 한 사람에게 적용 가능한 규칙을 다른 모든 사람에게 평등하게 적용할 수 없는지 이해할 수 없다. 따라서 아주 사소한 특권도 그의 이성으로는 불쾌한 일이다. 같은 사람들이 속한 정치 제도들에서 약간의 상이함도 용납될 수 없다. 그에겐 입법의 통일성이 좋은 정부의 첫 번째 조건으로 보인다."[47]

계급과 신분 제도가 사라지면 남과 달라지려는, 혹은 특징이 두드러진 개인이 되려는 욕구는 곧 적어진다. 인간은 개성을 부끄러워하도록 성장한다. 귀족의 시대에 인간은 실제로는 구분이 존재하지 않는 곳에서조차 상상 속의 차이라도 만들어내려고 했다. 민주주의 시대에선 모든 게 평범함의 오점으로 미끄러져간다. "인간은 대단히 비슷하고 그 유사성에서 조금이라도 벗어나면 괴로워진다. 그들 자신의 특징적인 특이성을 보존하려 추구하기보다는 다른 모든 일반 대중과 같아지려고, 그 특이성을 털어내려 한다. 그들의 눈에는 대중이 권리와 힘의 유일한 대표자다."[48] 그 결과 지도층은 시들어간다. 대조라는 활기찬 에너지는 사람들에게서 날아가 버리고, 인간은 거의 특징 없는 단순한 숫자, 즉 사회 체제에서 동일하고 서로 교체 가능한 존재가 되어버린다. 지능도 그에 따라 줄어든다. 어떤 형태의 승진 후보자들도 다 비슷하기 때문에 민주주의 제도는 독특한 자질의 인정이 아니라 지루한 규정이나 기계적인 순서에 따라 사람을 발탁한다. "특권을 증오하기 때문에, 선택이 주는 당황스러움 때문에 모든 인간은 마침내 그들의 자질과 무관하게 똑같은 시련을 통과하도록 강제된다. 모든 사람들은 무차별적으로 수많은 사소한 기초적인 운동을 해야 한다. 그러한 과정에서 그들의 젊음은 낭비되고 그들의 상상력은 소진된다. 사람들은 자신에게 주어진 것을 충실히 획득하길 단념한다. 마침내 어떤 비상한 행동을 해야 할 기회가 주어졌을 때 오히려 그러한 행동을 하고 싶어 했던 그들의 욕구는 이미 사라진지 오래다."[49] 미국의 교육적 성향이나 공공 서비스에 익숙한 사람은 토크빌이 무엇을 의미했는지 잘 안다. 이러한 방법에 따라 야망이 의도적으로 억눌러지면 집단적 삶의 분위기는 괴로워진다.

민주적 어리석음들의 이 모든 분석은 민주주의라 불리지만 실제로는 새로운 절대주의라는 노예 상태의 조건으로 비틀거리며 나아가는 사회의 실망스런 모습들이다. 그 윤곽은 우리 시대에 더욱 분명해졌다. 우리 앞에 입을 크게 벌린 위험을 가장 간결하게 묘사한 토크빌의 다음 문장은 그의 『미국의 민주주의』 시작 부분에 등장한다.

우리는 홀로 독재에 맞설 능력이 있었던 그 유력자들을 절멸시켜 버렸다고 생각한다. 가정, 길드, 개인들에게서 박탈한 모든 특권을 정부가 혼자 차지했다. 전체 공동체의 약점은 몇 안 되는 사람들의 권력으로 이어졌다. 그 권력은 때때로 압제적이었지만 대부분은 보수적이었다.

재산권의 분할은 부자와 가난한 사람을 가르는 거리를 좁혀버렸다. 그들이 서로 가까워질수록 그들 상호 간의 증오는 더 커져갔다. 권력을 요구하는 상대를 더욱 격렬하게 시기하고 두려워했다. 권리라는 개념은 어느 쪽에도 존재하지 않았다. 무력만이 현재를 담보하고 미래를 보장해준다.[50]

무엇을 해야 하는가? 마르크스의 머릿속엔 구질서를 완전히 몰아낸 세계를 만들겠다는 구상들로 가득했다. 모든 문제는 프롤레타리아 대격변으로 해결한다. 사회는 머리부터 발끝까지 재구성된다. 차라리 발끝 위에 있는 모든 사회는 다 잘라낸다는 구상이다. 그러나 차분하고 섬세하며 분석적인 정신의 소유자인 토크빌은 알렉산더 대왕이 고르디우스의 매듭을 풀었던 방법으로는 어떤 매듭도 진정으로 풀리지 않는다는 사실을 알았다. 오히려 피곤하고 낭만적이지 않지만 옛 가치와 새로운 신앙을 조화시킬 필요성이 있고, 그렇게 놀림당하고 실행하기 어려운 보수적 의식이 문명의 생존에 반드시 필요하다는 사실에 주목했다.

5. 사려 깊은 민주주의

"혁명에서 특히 민주적 혁명에서 미친 사람, 의례적인 말이 아니라 진짜로 미친 사람들이 정치적으로 매우 중요한 역할을 담당했다고 언제나 생각했다. 하나는 적어도 분명하다. 반쯤 미친 상태는 그러한 시기에 적당해 오히려 종종 성공으로 이어진다."[51] 토크빌이 1793년 공포정치 시대의 유령들처럼 블랑키[i]나 바르베스[ii]와 같은 광란의 인물들이 대의원회의 연단을 습격해 새로운 공포를 소리쳐 요구하던 1848년의 소름 끼치던 날들을 두고 쓴 글이다. 토크빌은 강력한 사회주의자들이 처음 권력을 찬탈할 때 벌어졌던 거친 길거리 전투의 현장에 있었다. 그는 우선 마르크시즘의 풍선이 터지는 것을 보았다. 곧이어 토크빌은 루이 나폴레옹(Louis Napoleon)의 외무장관이 되었다. 1851년의 쿠데타[iii]로 민주주

---

i   Louis Auguste Blanqui(1805~1881): 프랑스의 사회주의 정치 운동가. 마르크스와 달리 노동계급이 아니라 소수의 엘리트가 혁명을 해야 한다고 주장했다.
ii Armand Barbès(1809~1870): 프랑스 공화주의 혁명가로 7월 군주제를 강하게 반대했다.
iii 보나파르트의 조카 루이 나폴레옹은 1848년 성인 남성 보통선거로 대통령에 당선된 뒤 1852년 퇴임을 앞두고 친위 쿠데타를 일으켜 의회를 해산하고 완전 보통선거를 되살리는 등 개혁 정책을 도입했다.

의 비평가인 토크빌의 공직 경력은 모두 끝났다. 그는 파리의 폭도는 물론이고 국민투표로 세워진 독재자에게도 굴복하지 않았다. 토크빌이 혁명의 추가 흔들리는 과정을 목격하고도 여전히 사회의 미래에 희망을 잃지 않았다는 사실은 그가 얼마나 강한 정신의 소유자인지를 증명한다.

토크빌은 인간과 사회엔 자유의지가 있다고 믿었다. 그는 헤겔과 그의 학파를 매우 경멸했다. 또한 역사적 운동에서 알려지지 않은 인과관계와 우연, "우연, 혹은 차라리 우리가 우연이라 부르는 2차적 원인들의 뒤엉킴"이라는 요소를 언급함으로써 헤겔의 역사적 결정론이란 일련의 숙명론을 비웃었다. 그는 신의 섭리가 널리 퍼져 있고 진짜라고 버크 못지않게 믿었으며 정해진 운명이나 국가의 숙명이라는 과장된 이론들을 전면적으로 거부했다. "민주적 시대에서 이 필연이라는 교리는 역사를 읽는 사람들에게 대단히 매력적이다. 그 교리가 공동체의 전체 대중을 감염시켜서 대중의 마음을 사로잡을 때까지 저자에서 독자들에게 전달된다. 그렇게 되면 곧 근대 사회의 활동을 마비시키고 기독교인들은 터키인의 수준으로 떨어지게 된다."[52] 위대하고 신비스러운 운동들이 19세기 세계에 분명 작동하고 있었다. 그러나 여론과 정치적 제도들이 이러한 경향들의 작용을 다듬고 조정할 수 있었다. 조금의 인내와 좋은 지도만 있었다면 프랑스의 구체제도 무차별적인 파괴를 피하고 개혁되고 보존될 수 있었다. "혁명은 악이 절정에 이르렀을 때가 아니라 개혁이 시작될 무렵에 발생한다. 계단을 반쯤 내려왔는데도 더 일찍 바닥에 닿으려고 우리는 창문 밖으로 몸을 던진다. 그것이 사실 사건이 보통 진행되는 과정이다."[53] 보통의 과정이 그런 건 사실이지만 그렇다고 그 과정이 꼭 불가피한 건 아니다. 결심만 단단히 하고 막아선다면 민주적 독재의 도래는 회피할 수 있다.

설익은 새 민주주의가 제시하는 어려움들은 정말로 매우 강력하다. 민주 시대의 특징은 무지와 조급함이다. 야비한 야망을 품은 사람들이 일반적으로 국가의 정점에 있다. 거만함은 넘쳐나지만 일의 처리에서 그 위엄은 부족하기 짝이 없다. 가정의 퇴락, 특히 미국에서 가정은 단순히 가구로 그 지위가 전락했다. 사회의 평온을 오랫동안 지지해왔던 하나의 제도가 없어진 셈이다. 인간의 견해는 먼지처럼 흩날려 응집하기가 불가능하며, 지성적으로 조화된 어떤 행동으로 대중의 여론을 몰아가기는 힘들기만 하다. 문학적 취향은 피상적이고 독서는 천박하다. 평온함이 고상함보다 우선된다. 지적인 고립으로 정신의 공동체는 위태로워진다. 무엇보다 사상과 토론의 자유가 심각하게 지장을 받는다는 게 가장 위험하다.

미국에서 과반이 넘는 다수는 의견의 자유 주위에 강력한 장벽을 세운다. 이 장벽 안에서 저자는 무슨 이야기든 쓸 수 있다. 그러나 그 장벽 밖으로 넘어가면 화가 미친다. 이단 선고를 받는 위험 정도가 아니라 계속되는 악담과 박해에 노출되고 만다. 그의 정치 경력은 영원히 닫혀버린다. 그 경력을 열어줄 유일한 권위에 도전했기 때문이다. 그는 모든 종류의 보상, 심지어 유명인이 된다는 보상조차 받을 수 없다. 그는 의견을 대중에 공개하기 전까지는 그의 동조자가 있다고 생각했다. 그러나 이제는 더 이상 아무도 없는 듯하다. 자신을 모두에게 공개했기 때문이다. 그를 나무라는 사람은 큰 소리로 비판한다. 그와 생각이 같은 사람들은 조용히 사라진다. 그는 마침내 굴복한다. 그가 매

일 해야 하는 수고에 압도되어 침묵으로 침몰한다. 마치 진실을 말했다는 걸 후회라도 하듯 말이다.[54]

생각의 힘은 여전히 민주주의가 독재로 전락하지 않도록 억제할 수 있다. 결코 폭력이 아니라 정신의 영향력을 통해서만 사회의 유서 깊은 방식이 보호된다. 체계적인 사상이 뒷받침되지 않는다면 영국 귀족의 용감함도 민주주의 정체를 구해내지 못한다. "군사복무만으로 귀족이 유지되지는 않는다"고 토크빌은 그로트 부인에게 썼다. "군사복무로 충분했다면 우리의 귀족정치가 지금처럼 먼지와 같이 사라지지 않았다. 모든 시대에 또 가장 고귀한 신분에서 가장 낮은 단계까지 프랑스 귀족보다 누가 더 인생을 거리낌 없이 낭비할 수 있을까? …투르라빌(Tourlaville)에서 장원을 지킨 마지막 총은 땅에 반쯤 박혀 소를 묶어두는 말뚝으로 쓰였고 바로 그 장원은 농장으로 바뀌었다. …죽는 방법은 알았지만 통치하는 방법을 몰랐던 귀족의 운명이다."[55]

민주적 사회의 질서를 지키는 가장 중요한 버팀목은 종교다. 토크빌의 미국 관찰기엔 이런 측면에서 상당한 안도가 발견된다. 민주적인 사람들은 분명 종교를 단순화한다. 그러나 종교에는 여전히 구속하는 힘이 남아 있어 민주적 독재로 이끄는 물질주의를 상쇄하는 데 도움을 준다. 프랑스의 민주 투쟁에 수반했던 종교의 권력 개입 반대론이 평등주의와 반드시 함께 갈 필요는 없다. 국가와 교회의 분리는 종교에 평화로운 영역을 수립해준다고 미국의 로마가톨릭 사제들은 토크빌에게 말했다. "모든 고통을 위로한다는 그러한 감정에 머무는 한 종교는 모든 인류의 사랑을 받게 될 것이다." 자기애는 민주주의에서 특별히 위협적인 악덕이다. 그러나 종교가 세속적이지 않은 목적에 헌신하도록 가르치면서 미국에서는 이 악덕이 눈에 띄게 견제된다. 혁신을 추구하는 미국인의 성향은 종교가 없었다면 아무런 제약도 받지 않았을지 모른다. 하지만 종교가 있는 미국인은 종교적 신앙이 요구하는 내용을, 가장 중요한 제약을 존중하지 않을 수 없다. 왜냐하면 종교는 국가의 전능한 힘이라는 이론을 따르지 않기 때문이다. 토크빌은 미국의 급진주의자들이 "기독교적 도덕성과 평등을 존중한다고 공개적으로 선언해야만 한다"고 말했다. 이에 따라 "자신들의 구상에 어긋나는 법률들을 그들이 제멋대로 위반하도록 허용되지 않는다. 또 급진주의자들 스스로는 양심의 가책을 극복할지 몰라도 열성적인 지지자들의 그것까지 이겨내기란 쉽지 않다. 지금까지 미국에서는 누구도 사회의 이익을 위해 모든 게 허용된다는 공리를 앞세우려 하지 않았다. 그런 공리는 자유의 시대에 독재자들을 보호하려고 발명된 불경스런 금언 같아 보인다. 이렇게 법은 미국인들이 하고 싶은 일을 하도록 허용하지만 종교는 그들로 하여금 성급하거나 정의롭지 못한 일을 생각하지 않게 하고 그런 일을 저지르지 못하게 해준다."[56] 토크빌의 종교적 경건함은 지적이고 인내심이 있었다. 그는 종교적 신앙이 있는 민주적인 사람이 오로지 물질적 성공만을 목적으로 삼는 민주적인 사람보다는 훨씬 더 사적인 권리와 후손의 몫을 경건하게 존중해준다고 생각했다.

대중의 사랑으로 법과 관습이 수립되었다면 그 역시 민주주의가 스스로 타락하지 못하게 지켜줄 수 있다. 무엇이든 권력의 집중을 막기만 한다면 모든 자유와 전통적인 삶은 보호된다. 미국에서 연방제라는 헌정 체제, 마을 자치 정부, 독자적인 사법권은 모두 권력분립을 확실하게 하려는 수단이었다. 일반적으로 지방 분권화는 독재자가 되려는 다수의 손에 폭정의 주요 수단을 넘겨주지 않는다. 단순한 수의 우세에 권력을 넘기지 않는 한, 인간 활동의 상당한 분야들이 정부의 영향력 밖에 있는 한, 헌정 체제가 입법의 영역에 제한을 가하는 한, 또 이러한 요소들이 계속되는 한 민주적 독재는 막을 수 있다. 만약 민주주의가 그 주권에 이러한 제약을 습관적으로 수용하도록, 그러한 제약을 이성과 선입견으로 승인하도록 설득한다면 자유는 평등과 함께 계속 같은 세계에 존재할 수 있을지 모른다. 이러한 견제를 가능하게 만드는 분명한 지지, 참으로 가장 유일하게 지속되는 도움은 사람들의 관습에, 집단적인 습관에 주어졌다. 그러나 헌정 체제도 국가가 격정과 어리석음의 시대를 헤쳐나가는 데 도움이 될 수 있다. "대중적인 제도와 관습들의 커다란 효용은 인간의 마음이 다른 데 얽매이는 동안에도 자유를 유지해준다는 것이다. 자유에 무위도식의 삶을 제공하고, 방심하는 동안에도 자유의 존재를 지켜준다. 자유로운 정부의 형태들은 인간이 자유에 잠시 싫증을 내도 그 자유를 잃지 않게 해준다."[57] 그러나 인간은 헌정 체제를 절대 불변의 무엇으로 만들겠다고 시도하지 않아야 한다. 왜냐하면 그렇게 되면 오히려 반감을 촉발하기 때문이다. 구속은 느슨해야 한다. "나는 오랫동안 생각해왔다. 정부를 영원히 변치 않게 만드는 목표를 세우는 대신 정기적이고 쉬운 방법으로 정부를 바꾸는 게 가능해야 한다. 모든 사정을 감안하면 이것이 정부를 바꾸지 못하게 만드는 쪽보다 훨씬 덜 위험하다. 나는 프랑스 사람들을 미친 사람으로 취급해서, 속박에 묶여 분노하지 않도록 그냥 내버려두는 편이 현명하다고 생각한다."[58] 이제 대중은 공적인 일의 처리에 직접적인 영향력을 행사한다. 그들이 권력을 남용하지 않도록 하는 주요한 안전장치는 그들이 정의와 자유를 중요하게 여기도록 하는 데 있다. 그렇게 하려면 실정법의 무게보다 훨씬 더 의미 있는 사랑과 규범이라는 정교한 그물망에 의존해야 한다.

귀족정치의 잔재가 어디에서라도 아직 남아 있다면 단순히 머리 숫자로 세어진 다수가 전체 사회에 폭정을 행사하려는 충동을 억제하는 데 활용되어야 한다. 미국에서 변호사 계급은 훈련과 관심사 때문에 기본적으로 보수적이다. 이들은 능력과 영향력이라는 측면에서 인공적인 귀족을 구성한다. 토크빌은 대중 여론이 항상 귀족정치를 혐오했다는 걸 잘 알았다. 아무리 그 장점이 크다 해도 소용없었다. "인간의 가슴이 간직한 비밀스러운 본능과 인간의 본성에 이보다 더 모순되는 종류의 복종은 상상하기 힘들다. 인간은 그들 자신의 충동을 따르도록 놔두면 언제나 왕의 자의적 권력 행사를 귀족의 규칙적인 행정보다 더 선호한다. 귀족정치의 제도들은 인간의 불평등을 기본적인 원칙으로 삼지 않고는, 그 불평등을 미리 합법화하고 가정과 사회에 도입하지 않고는 존재할 수 없다."[59] 장기적으로 아마도 귀족정치는 모든 곳에서 사라져버릴 것이다. 귀족들이 피부양자들이나 하층민들과의 직접적인 접촉을 잃어가면서 보호자나 행정 집행자로서의 기능도 잃어간다. 지대 총액이 증가하면서 대개 귀족의 권력은 약화된다. 귀족의 주먹에서 권력이 빠져나가면서 임대료도 누군가 곧 잡아채간다. 이러한 경향은 때로는 폭력적이고 때로는 알아차릴 수 없을 정도여서 거의 거스를 수가 없다. 그러나 귀족이 한번 사라지면 절대 다시 생겨나지 않으며 그런 사회는 독재에 노출된 문명이다. 폭정은 그곳에서 한번 수립되면 사회의 악덕에 비위를 맞추며 그 자신을 유지해간다. 귀족들은 개인적 자유를 지키려는 경계

378

심을 보유했으나 그 귀족이 사라지고 나면 전능한 주권과 방어 수단이 없는 신민이 서로 얼굴을 직접 맞대고 서게 된다. "귀족정치를 보존하는 동안엔 자유를 보존하게 된다"고 1854년의 개혁법을 설명하면서 토크빌은 나소 시니어에게 보낸 편지에서 말했다. "그 법이 통과되면 가장 최악의 폭정이라는 위험에 떨어진다. 폭도들이 임명하고 통제하는 독재자의 폭정이다. 폭도들이 독재자를 통제나 할 수 있을지 모르겠지만 말이다."[60] 프랑스는 그때 처음으로 이런 근대적 "국민투표 민주주의"의 지배를 받았다. 20세기 세계는 그들의 모든 모습을 안다. 그러니 남아 있는 귀족적 자부심과 분위기가 무엇이더라도 가능한 한 그에 최대한 매달리라고 토크빌은 충고했다. 심지어 아주 희미한 귀족정치의 트럼펫 소리도 정치적 절대주의에 상당한 저항을 불러일으키기 때문이다.

여전히 민주주의의 단점을 개선하는 또 다른 수단은 공교육이다. 미국에서 대중 교육은 사람들에게 그들의 직접적인 권리와 의무가 무엇인지 가르쳤다. 비록 미국의 교육은 너무 자주 피상적이었고 많은 사람들에게 서둘러 가르치려는 바람에 배려나 철저함이 희생됐지만 여전히 많은 내용의 가르침을 미국인들에게 주었다. 그 결과 프랑스에서 1789년 사건들을 일으켰던 무지와 무모를 미국인들은 면할 수 있었다. "욕망이 아니라 생각이 거대한 혁명을 야기한다. 노동과 자본의 관계를 보는 터무니없는 생각들이, 근로자와 고용주 사이에 정부가 개입해도 좋은 정도를 다룬 허황된 이론들이 혁명을 야기했다. 또 정부는 국민들의 필요를 충족해줄 뿐만 아니라 그들을 편안하고 안락한 환경에 놓이도록 해야 한다고 많은 사람들을 설득한 극단적인 중앙 집권화의 교리가 혁명을 야기했다."[61] 그러나 토크빌은 동시대 수많은 정치인들과 달리 교육

제도의 효율성을 지나치게 확신하지는 못했다. 문자 교육과 독서는 "가슴을 고치는 도덕적 교육"으로 통합되지 않으면 아무런 소용이 없다.

무엇보다 근대 사회를 지지하는 사람은 개인적인 차이와 다양한 특성을 장려하고 보호하려고 끈질기게 노력해야 한다. 획일성은 고매한 존재가 되고자 하는 인간의 분투를 가로막는다. "민주 시대의 커다란 위험은, 분명히 말하지만 전체를 위한다는 명목으로 사회의 부분들을 파괴하거나 약화시킬 수 있다는 데 있다." 헤겔학파는 이런 함정에 쉽게 빠져 버렸다. "우리 시대에 개인을 고양하는 모든 것은 유용하다. 부류의 범위를 확대해 별개의 존재를 하나의 부류로 돌리는 모든 행위는 위험하다. 현재 대중의 마음에 있는 자연스러운 경향이 그렇다. 정치에 도입된 현실적 원리들은 과도한 민주주의로 이어진다. 그 원리들은 중앙 집권화, 전제정치, 필연의 원칙을 촉진하고 개인적 권리를 경멸하도록 장려한다. 간단히 말해 모든 제도와 모든 원칙은 사회가 인간을 발로 밟도록 허락하며 국가가 전부고 국민은 아무것도 아니라고 간주한다."[62] 근대 세계는 18세기 경제학자들의 꿈을 실현하려고 안달복달이다. 그들은 국가가 단순히 국민을 통치하는 데 머물지 말고 국민을 만들어가야 한다고 믿었다. "국가는 국민을 개혁할 뿐 아니라 바꾸어가야 한다. 필요하다고 생각하면 아마도 새로이 국민을 만들어야 한다."[63] 토크빌은 인간으로서 인간의 방어에, 사랑스럽고 유서 깊은 강점과 약점이 함께 있는 전통적인 인간성을 지키려고 각고의 노력을 다했다. 그는 "계획된" 인류라는 개념에 경악했다. 모렐리와 그의 동료들이 열광적으로 예언했던 사회주의는 중앙 집권화된 평등한 국가를 그 통로로 삼아 인간을 비인간화하고 규격화하려는 도구였다. "중앙 집권화와 사회주의는 같은 땅에서 자라

는 토착 식물임이 너무나 분명하다. 하나는 야생 풀잎이고 다른 하나는 정원의 식물이다."⁶⁴

공개적으로 토크빌은 민주주의의 교정(矯正)에 끊임없는 관심을 촉구했다. 그러나 사적으로는 때때로 개혁의 시도를 단념했다. 욕구가 차고 넘치는 시대에 글이 무슨 소용이 있겠느냐고 회의했기 때문이다. "나는 이러한 시대에 내 글이, 아니 어떤 글이라도 조그마한 영향력이나마 발휘할 수 있다고 믿지 않는다. 아마 지금보다 우리를 더 나쁜 조건으로 밀어 넣거나, 도덕적으로 타락시키는 나쁜 소설은 예외일지 모른다."⁶⁵ 회색빛의 단조롭고 끊임없는 풍경처럼, 무자비하게 조직화되고 속박된 채 국가에 총제적으로 흡수된 개인들이 토크빌의 마음의 눈앞에 창백한 벌거숭이로 펼쳐져 있다. "일반적으로 우리같이 생각하는 사람들에게 사회는 충분히 우울한 존재일 가능성이 있다. 그것이 우리가 진정으로 함께 살아가야 할 또 다른 이유다. 나는 시간이 가면서 성공 앞에 머리를 조아리는 그런 사람의 하나가 아니었다는 걸 발견하고 기뻤다. 남들이 대의명분을 더 많이 버릴수록 나는 그에 더 많이 마음을 쓰게 된다"고 토크빌은 1854년 코르첼ⁱ에게 쓴 편지에서 말했다.⁶⁶

그러나 토크빌의 자유주의적 보수주의는 버려진 대의명분이 아니다. 불가피한 민주주의에 그는 엄격한 비판과 개혁을 처방해주었다. 테일러ⁱⁱ는 토크빌의 처방이 실패한 이유를 1848년 벌어진 사건들의 분석이 잘못되었기 때문이라고 생각하며 다음과 같이 말했다. "토크빌이 인정하

ⁱ Francisque de Corcelle(1802~1892): 프랑스 정치인.
ⁱⁱ Alan John Percivale Taylor(1906~1990): 19~20세기 유럽 외교사를 전공한 영국의 역사가. 언론인이자 방송인.

지 않은 1848년의 위대한 발명은 사회민주주의다. 우리의 문명을 구해 줄 유일한 길이었다. …무엇보다 자유를 사랑하는 사람은 국민을 믿었어야 했다."[67] 그러나 이는 마치 모렐리나 마블리가 토크빌을 비판하려고 얼굴을 드러낸 꼴이다. 왜냐하면 토크빌은 중앙 집권화된 평등 사회를 묘사하려고 사용된 "사회민주주의"의 본질을 너무 잘 알았기 때문이다. 그런 사회는 자유를 억압하는 게 아니라 단순히 무시해버린다. 버크의 제자로서 토크빌은 "국민"이 추상적인 개념으로 존재하고 여호와[i]처럼 두려워해야 하거나 미워하거나 존경받아야 할 존재라는 환상에 굴복할 수 없었다. 버크와 토크빌은 누구보다 인류 모든 세대의 영원한 통일체와 국민성(nationality)이라는 개념을 잘 알았다. 그러나 국민 혹은 대중은 신비스럽고 인정 많은 존재로 정당이나 격정과 무관하게, 그리고 인류의 평범한 실수를 반복하지 않으며 살아가는 존재가 아니다. 국민들은 사상이나 지도자들의 영향을 받으며 사고하고 행동한다. 사상과 지도자들이 없다면 국민들은 존재한다고 이야기할 수도 없다. 사상과 지도자와 같은 그러한 효모의 존재가 없는 국민은 마치 타피오카 푸딩같이 느슨히 뭉쳐진 원자의 무정형 덩어리로만 존재한다. 그러나 사회 계획가들은 이를 평온한 상태로 여긴다. 고매한 원칙의 영향 아래 있는 국민은 때때로 절정의 경지로 고양된다. 그들은 동시에 히틀러(Adolf Hitler)나 스탈린(Joseph Stalin), 아니 마녀를 불태우려는 사람을 위해 고함을 지를 수도 있다. 미덕이 담긴 관습과 법률이 없다면 국민들은 해밀턴의 "위대한 짐승"이 된다고 토크빌은 묘사했다. 그리고 그런 사람들을 이론

---

i Jehovah: 여호와는 성경에 나오는 하나님의 이름을 나타내는 고유 명사로 영국식 표기다. 성경에 따르면 하나님이 사람들에게 밝힌 자신의 이름이다.

적으로 신뢰한다면 중세의 성물 숭배보다 훨씬 더 경솔하고 무책임한 신앙이라고 말했다. 『미국의 민주주의』는 맹목적으로 비틀거리며 대중을 좇는 행위, 그 잘못을 훈계하려고 쓰였다.

VII

과도기적 보수주의: 뉴잉글랜드 소묘

왜 이런저런 사람들이 이렇고 저런 즐거움을 누리도록 우리들이 희생해야 할까? 그런데 정작 우리는 왜 그런 즐거움을 누리지 못하는 거지? 유럽 국가들의 다수 대중이 이렇게 자문하도록 깨닫는다면 유럽의 신분제 사회엔 내전의 신호가 켜진 셈입니다. 그 내전은 봉건적 헌정 체제가 완전히 무너진 뒤에야 끝나겠죠. 궁극적으로는 봉건 귀족체제에 그나마 남은 유물의 파괴로 이어질지도 모릅니다. 유럽의 예술품, 과학이나 문명이 내전으로 모두 파괴되지는 않겠지만 문제로는 남고… 인간 역사에서 가장 계몽된 시대의 예술이나 과학 그 자체… 천재성, 솜씨, 학문은 정치적 광기에 휘둘려 박탈되거나 처벌의 대상이 될 가능성이 높습니다.

_존 퀸시 애덤스가 존 애덤스에게 보낸 편지, 1795년 7월 27일

1. 보수적 질서를 무너뜨린 산업주의

1789년부터 사회의 기존 체제, 재산권, 서구의 지적인 전통에 대중이 저항하기 시작했다. 불안했던 간헐적인 휴전이 있었지만 이 반역은 20세기 중반까지 지속됐다. 존 퀸시 애덤스는 프랑스를 바라보며 그 반역이 결국 야만으로 돌아가는 단계까지 이어질지 모른다고 판단했다. 왜냐하면 대중의 과거 혐오가 한번 시작되면 단지 정부와 경제를 절멸하는 데서 멈추지 않기 때문이다. 예술과 과학이 소수의 특권으로 보이거나 대중적 욕구의 충족을 방해한다고 보이면, 대중은 총체적인 파멸을 마다하지 않는다. 급진적 개혁에 반대하도록 뉴잉글랜드의 정신을 일깨울 가능성을 이보다 더 잘 예견할 수는 없었다. 엄격하고 근면하며 실천

적이고 칼뱅주의적인 뉴잉글랜드는 학문을 존중했다. 학교교육과 독서는 심지어 스코틀랜드보다 더 널리 확산돼 있었다. 프랑스혁명이 시작되자마자 정보가 풍부한 대중 여론은 프랑스인들의 관념에 맞서 움직이기 시작했다. "뉴잉글랜드 기질의 근본은 무언가에 저항하는 것이다." 헨리 애덤스는 그의 책 『Education(교육)』에서 그렇게 썼다. 그들의 개혁하려는 욕망에도 불구하고 뉴잉글랜드 사람들의 마음은 선조들의 제도에 애착이 깊었으며, 19세기 개혁의 급류에 그들의 작은 문명을 휩쓸어 가버리려는 비인간적인 힘에 놀랐다. 개리슨[i]과 그 동료들의 광신적인 주장조차 뉴잉글랜드 특성의 한 측면이었다. 개리슨은 흑인 노예들에게 애정을 보인 반면, 새로운 산업 인력들의 잠재적 영향력을 두려워했기에 그들에게는 완전히 적대적이었다. 경력이 다채로운 뉴잉글랜드인 세 사람의 사상에서 보수적 원칙을 찾아가는 뉴잉글랜드 사람들의 모색을 추적해보자. 존 퀸시 애덤스는 지칠 줄 모르는 실천적 정치인이고, 오레스테스 브라운슨[ii]은 아가멤논(Agamemnon)의 활동적인 아들이었으며, 너새니얼 호손[iii]은 영혼의 신비를 찾으려 했다. 이 세 사람은 모두 보수적 본능을 성공적으로 표현하려고 노력했다.

민주주의와 산업주의가 도래하면서 보수적 질서의 정신적이고 물질적인 기둥이 뜯겨 나갔다. 문명이 살아남으려면 이 기둥이 다시 뿌리 깊게 세워지거나 전혀 새로운 사회적 구조물이 고안되어야 했다. 영국 국

---

i William Lloyd Garrison(1805~1879): 미국의 개혁가이자 언론인. 노예제 철폐와 보통선거를 주장했다.
ii Orestes Augustus Brownson(1803~1876): 미국 뉴잉글랜드의 지식인 활동가이자 노동운동가. 가톨릭으로 개종했다. 그리스 신화에서 오레스테스는 아가멤논의 아들이다.
iii Nathaniel Hawthorne(1804~1864): 미국의 소설가. 에드가 앨런 포 등과 함께 암흑낭만주의의 대표적인 작가.

교에 반대해 시작됐고 지주와 성직자들에 호의를 느꼈으며, 프랑스 자코뱅이나 관념철학자들을 경멸했기에 뉴잉글랜드는 그 어느 쪽의 과업에도 적임이 아니었다. 뉴잉글랜드를 변명해서 말하자면 그 두 가지 모두 헤라클레스와 같은 초인적인 능력이 필요한 과업이었다.

영국이나 미국을 비롯해 대부분의 서유럽에서 근대 산업주의는 보수적 사회의 경제적 저항을 무력화시켰다. 시골의 지주에게서 실업가와 금융인들에게로, 옛 방식의 상업적 이해에서 거대한 새 제조업 기업으로 부의 통제가 점점 더 빠른 속도로 넘어갔다. 인구의 측면에서도 도시가 농촌을 압도했다. 부를 새로이 장악했고 숫자에서도 우위를 보이는 세력들은 전통을 경멸하거나 거의 무시했다. 새로이 떠오른 기업가들은 그 자신들의 변변찮은 출발을 의식해 기존의 사회구조를 경멸하는 경향이 있었다. 전통에 적대적인 힘, 다시 말해 개선, 확대, 통합이 그들의 직접적인 이익에 부합했다. "황폐한 시대"[i]의 신흥 프롤레타리아들은 뿌리도 없고, 무식하며, 간혹 굶주리기도 했다. 이들은 전통의 가치를 전혀 몰랐고 지루해했다. 변화는 그들에게 구경거리였고 그들의 욕구는 물질적이었다. 이렇게 산업 인구는 양극단인 자유주의와 급진주의에 매혹되었다. 19세기 초기의 수십 년간 그들은 보수주의에 전혀 끌리지 않았다. 보수적 사회 구성원들은 거대한 사회 개선을 이해하는 데 더뎠고, 패배가 거듭되자 오랫동안 당황했다. 디즈레일리와 벤팅크가 이끌었던 "살찐 소(fat cattle)" 반대파[ii] 무리들, 로어노크의 랜돌프 뒤에 몰려든 남부 농장

---

i 영국의 언론인이자 사회 정치사를 다룬 작가 존 하몬드(John Lawrence Le Breton Hammond, 1872~1949)가 영국 산업화 초기 노동자들의 삶을 그린 책 『The Bleak Age: England 1800-1850』 제목에서 따온 말이다.
ii 농축산물 수입 반대를 주도했다.

주들, 존 애덤스를 지지했던 북부 상인과 농부들에게 규범적 사회를 향한 애정은 여전히 남아 있었다. 그러나 돈과 투표는 그들의 손을 빠져나가기 시작했다. 산업사회의 세계는 존숭이 없는 곳이었다.

뉴먼[i]은 토리즘이 사람들에 충성한다고 말했다. 그러나 산업화의 세계는 비인간적이다. 과거에는 심지어 미국에서도 사람들이나 지역적 충성의 위계질서로 사회구조가 이루어졌다. 하인과 주인, 도제와 목사, 가구에 대립되는 교구나 마을, 지역 유권자와 대의원, 아들과 아버지, 신도와 교회가 사회를 구성했다. 재산이 있는 사람들은 대부분 행정 관료나 입법가 혹은 이웃의 모범이 되는 사람들이었다. 영국에 신사 계급의 사람들이 있었다면 버지니아에서는 리(Lee), 버드(Byrd), 랜돌프(Randolph) 등의 가문이 있었다. 마찬가지로 뉴욕 주에는 반 렌셀러(Van Rensselaer), 스카일러(Schuyler), 쿠퍼(Cooper) 가문이 활약했고, 심지어 뉴잉글랜드의 항구들과 유서 깊은 마을들의 옛 가문들도 비슷한 역할을 담당했다. 세금은 공통의 목적을 달성하려고 순수하게 자발적으로 이루어진 기여였다. 단순한 형태의 정부는 공동체 대부분의 구성원에 직접적이고 즉각적인 관심을 가졌다. 사회적 근접성이 상례일 때 사회적 양심이 가장 엄격하게 작동되므로 당시는 대개 정당한 사회였다. 오래되고 분권화된 사회라는 강점이 있는 작은 공동체 안에서 상당 기간 지속되는 부패와 태만은 너무 두드러져 보인다. 사람은 사람의 눈을 보아야 하고 양심은 양심에 말을 해야 했다. 이런 상황에서 커다란 문제점이 숨겨지기는 어려웠기 때문에 상대적으로 존재의 조건이 조화로웠다고 해

---

i John Henry Newman(1801~1890): 영국의 가톨릭 추기경이자 신학자.

야 한다. 누구나 이 17세기와 18세기 삶의 형태에 나타난 단점이 무엇인지 다 안다. 그러나 역사적으로 볼 때 불완전한 창조물인 인간에게는 그 어느 사회보다 적합했다. 적어도 아리스토텔레스가 바라보는 인간 본성에는 가장 적합한 제도였다. 그는 인간의 가장 고귀한 품성이 계발됐을 때가 진정한 자연 상태라고 규정했다.

이런 인간적 관계와 지역적 품위들은 증기, 석탄, 방적기, 조면기, 빠른 교통수단, 그리고 학생들이 진보의 내용이라고 암기하는 일련의 물건들 덕분에 한쪽으로 쓸려나갔다. 산업혁명은 인구의 팽창이라는 도전에 인류가 대응한 결과로 보인다. "자본주의는 세계가 필요로 했던 그 무엇, 꾸준히 늘어가는 사람들에게 더 나은 생활 수준을 주었다"고 루트비히 미제스[i]는 그의 『인간 행동(Human Action)』에서 통명스럽게 썼다. 그러나 자본주의는 세계를 뒤죽박죽으로 만들었다. 개인적인 충성심들은 재무적 관계들로 대체됐다. 부자는 행정관이나 보호자, 가난한 사람의 이웃이 되기를 그만두고, 집단의 일원으로서 대부분 부를 더 축적하는 목표밖에 없는 사람이 되었다. 보수주의는 단순한 논리로 정리될 수 없기 때문에 사람들은 보수주의에 깊이 빠져들어야 한다. 그러지 않았던 부자들은 보수주의의 규범을 이해하지 못했기 때문에 더 이상 보수주의자일 수 없었다. 가난한 사람은 그들대로 더는 공동체에 자신들 나름의 그럴듯한 자리가 있다고 느끼지 못했다. 그들은 사회적 원자가 되어버렸다. 가난한 사람들의 마음엔 시기와 권태라는 감정밖에 남지 않았고 진정한 가족의 삶에서 잘려나가 그저 편의로 모여 사는 한 가구의

---

i Ludwig von Mises(1881~1973): 오스트리아학파 경제학자. 전통적 자유주의에 입각해 많은 저술을 남겼으며 인간의 선택과 행동을 연구했다.

삶으로 내몰렸다. 그들의 옛 신념들은 흩어져버리고, 옛날의 획기적 사건들도 잊혀졌다. 산업주의는 프랑스 평등주의자들이 앞세운 책보다 보수주의에 더 강한 충격을 주었다. 전통주의자들의 참패에 화룡점정을 찍듯 미국에서는 보수주의가 산업적이고 탐욕적인 새 이해 집단을 지지한다는 인상이 생겨나기 시작했다. 보수주의는 단순히 사유재산의 대대적인 축적을 옹호하는 정치적 주장이며, 팽창·중앙 집중화·축적이 보수주의의 교리라는 인식이다. 이런 혼란과 더불어 해밀턴이 미국 보수주의의 창시자라는 대중적 믿음 또한 미국의 전통적 세력들은 충분히 극복해내지 못했다.

민주주의의 급작스런 승리와 산업주의의 성장이 일치했던 이유는 부분적으로 여러 원인이 뒤얽혔기 때문이다. 피할 수 없었다곤 해도 그것은 거의 재앙이나 다름없는 동시 발생이었다. 소박한 농촌 인구에 맞게 설계된 제퍼슨식 민주주의가 탐욕적이고 참을성 없으며 종종 도시화된 집단에 강요됐다. 19세기 세계는 평등을 씨 뿌리기에는 자갈밭이었으며 잡초들도 억셌다. 그러나 민주주의의 성과를 어떻게 평가하든, 보수주의자들은 옥수수에서 독보리를 골라내는 수단을 찾아내지 못했다. 투표권은 한번 확대되고 나면 다시 축소하기가 불가능했다. 새로운 계급에 투표권을 주지 않기엔 너무 위험했다. 페인과 루소, 싸구려 언론, 입법으로 보편적 행복이 만들어진다는 널리 퍼진 확신, 19세기 내내 도시 대중이 눈에 띄게 보유했던 반란의 힘, 우월한 옛 계급이 장악했던 사회적 주도권의 상실, 공동체의 공감을 대신한 개인주의 등 이 모든 영향력이 보수주의자들을 거의 무기력하게 만들었다. 양보하기를 겁내고, 양보를 거부하기도 겁내면서 보수주의자들은 기회주의자로 전락했다. 미국에서 주 헌법의 빠른 수정과 투표권의 확대, 주의 수도를 동부의 도시에서 서부 지역으로 옮기는 등 대중적 주권의 구현들은 절제를 상실한 일반적 증상들이었다. 보수 세력들은 곤혹스러워졌다. 연방주의자당은 해체됐고, 휘그당 이상의 더 나은 도구를 찾지 못했다. 웹스터[i]와 클레이[ii]라는 재능 있는 인물들이 있었지만 일관된 원칙이 결여됐다. 존슨은 버크를 "밑바닥이 없는 휘그"라고 불렀다. 그러나 이런 욕설은 오히려 미국의 휘그당이 들었어야 한다(그러나 지금에 이르러 우리는 그들에게 1861년 이래 그들이 받아왔던 대우보다 더 호의적인 배려를 해주어야 할 때가 아닌가 한다).

산업주의와 민주주의는 보수주의의 성벽에 폭격을 가했고, 합리주의와 공리주의는 구체제의 지적인 기초를 약화시켰다. 레슬리 스티븐은 휘그들이 교구 목사들을 지독하게 불신했다고 말했다. 이 18세기의 성직자 제도 불신은 19세기 들어 신앙의 직접적인 부정으로 발전했다. 흄과 볼테르의 영감이라는 회의주의가 영국과 미국을 압도적으로 지배했다. 미국의 평등주의자들은 제퍼슨의 이신론(理神論)을 거의 공식적인 교리로 받아들였다. 존 애덤스나 칼훈 같은 보수주의자들도 칼뱅주의적 계승을 버리고 일위신론에 가깝게 다가갔다. 존 퀸시 애덤스는 생의 후반기에 조물주의 존재를 의심하면서 고통스러워했다. 신이 국가의 운명을 결정한다는 후커와 버크의 확신은 언제나 보수주의에 엄청난 힘을 주던 원칙이었다. 글랜빌[iii]이 "지배적인 견해"[iv]라 부르는 시대적 영향력

---

i Daniel Webster(1782~1852): 미국의 상하원 의원으로, 휘그당 대통령 후보 지명에 세 차례(1836년, 1840년, 1852년) 도전했다.
ii Henry Clay(1777~1852): 미국의 법률가이자 정치인. 국무장관을 지냈으며, 휘그당 유력 정치인이었다.
iii Joseph Glanville(1636~1680): 영국의 작가이자 철학자.
iv Climate of opinion: 대중적으로 인기 있다고 여겨지는 의견 또는 대중적인 분위기.

이 그들의 본능과 달랐기에 보수주의자들은 확신을 잃어갔다. 그와 함께 프랑스와 벤담의 합리주의에 맞섰던 보수주의의 면역력도 약해졌다. 관념론자들과 사람의 숫자만 세는 사람들에게 어떻게 대꾸해야 할지 보수주의자는 그 방법을 확신할 수 없었다. 낭만주의자들의 시적인 열정은 이미 그들을 버렸지만 빅토리아 시대에 나타났던 법률적이고 역사적인 보수주의자들의 방법론을 미국의 보수주의자들은 아직 획득하지 못했다.

19세기 뉴잉글랜드의 보수주의가 개혁의 물결을 효과적으로 억제하는 데 실패했다 해도 뉴잉글랜드엔 설득력과 비범함을 겸비한 인물들이 있었다. 좀 더 보수적이었던 영국의 옛 잉글랜드에서 로버트 필 경이 1832년의 대재앙 이후 보수주의의 남은 찌꺼기를 주워 모아 다시 또 하나의 당(보수당)으로 만들어가던 때였다. 필의 견해는 뉴잉글랜드 보수주의자들의 그것과 상당히 유사했다. 본능적으로 옛 방법에 애착을 보이지만 이성을 통해 경쟁자들의 이론도 반쯤은 확신했다. 이렇게 성실하게 양보와 양보를 거듭한 뒤에 마침내 토리가 여전히 자신을 지지한다고 확신했지만 정작 토리에 등을 돌린 자신을 발견하고 필은 충격을 받았다. 내전의 전망이 점점 더 강력해지는 과정에서 미국의 보수주의자들에겐 내전을 거부하거나 또는 내전으로 이끌어줄 그 어떤 정당도 없었다.

2. 존 퀸시 애덤스: 그의 열망과 좌절

최근 몇 년간 자유주의적 작가들이나 급진적인 작가들은 미국에 진정한 보수정당을 만들어야 한다고 추천했다. 예를 들어 라스키는 보수

정당이 미국 정치의 기풍을 진작하리라고 선언했다. 슐레진저 주니어도 비슷한 견해를 가졌다. 물론 그들은 옳았다. 그러나 이들은 보수주의가 성공하기를 바라지는 않았다. 그들은 혁신에 맞서는 충성스러운 반대자를 제공하고 싶었을 뿐이다. 그저 품위 있는 비판의 제공 말고는 실효성이 없는 반대다. 슐레진저는 존 퀸시 애덤스를 20세기 보수주의자의 모범이라고 인정했다. 보수주의자의 재조직화를 지지하는 좌파 옹호자들은 20세기 영국의 자유당(Liberal Party)처럼 보수정당이 기존 사회를 새로운 집산주의 국가로 변신시키는 수단, 임시 정당이기를 바랐다. 좌파들은 그들의 공리를 불신하는 보수주의를 승인했다. 존 퀸시 애덤스는 그러한 보수적 견해의 훌륭한 대변자였다.

아마도 미국 정치사에서 존 퀸시 애덤스보다 더 정직하고 근면하며 당면한 목적에 단호했던 정치인은 없었다. 그러나 존 랜돌프가 "미국 명문가"라고 부른 집안에서 두 번째로 위대했던 이 인물은 보수주의 사상가로선 우유부단했다. 그는 연방주의의 죽음을 목격했다. 토크빌이 그랬듯이 존 퀸시 애덤스는 민주주의의 성장은 신의 뜻이라고 믿게 됐으며 미국의 문제를 처리하는 데 보수적 원칙의 수립이 시급하다고 느꼈다. 그러나 애덤스는 미국의 보수주의가 그 원칙을 뿌리내릴 방법은 발견하지 못했다. 그의 손자 브룩스 애덤스(Brooks Adams)는 "존 퀸시 애덤스는 19세기 초 가장 흥미롭고 시사점이 많은 인물"이라고 선언했다(미국 보수주의 역사의 절반은, 아니 거의 전부는 애덤스 가문의 이야기여야 한다). 몇

---

i Arthur Meier Schlesinger Jr.(1917~2007): 미국의 역사학자이자 사회비평가. 영향력 있는 아서 슐레진저(Arthur M. Schlesinger Sr.)의 아들이며 미국의 20세기 자유주의를 연구했다. 1952년, 1956년 대통령 선거 때 민주당 후보 연설문을 작성했다.

가지 점에서 6대 미국 대통령은 분명히 그런 인물이다. 그의 방대한 일기는 그 시대 미국의 사상을 들여다보게 해주는 최고의 창문이다. 그의 과학적 근면함은 미국의 지성을 앞으로 나아가게 했으며 국민성을 발전시키려는 그의 열망은 감동할 만큼 고귀했다. 그러나 보수주의 사상가로서는 충분하지 못했고 보수주의 지도자로서는 불운했다. 그는 랜돌프 이상으로 인간의 동기를 의심했다. 그러나 동료들에게는 건방지기 짝이 없었다. 개인적인 엄격함은 의미 있는 대중적 추종 세력을 유지하기 어렵게 만들었다. 러시아와 런던에서 외교관으로 근무하던 당시의 애덤스를 묘사하며 영국의 리틀턴 경[i]은 이렇게 썼다. "내가 말을 걸어 몇 마디 의례적인 인사말을 나눠야 했던 사람 중에 가장 끈질기고도 예외 없이 불쾌했던 인물이었다. 솜털이 나 있는 가죽 같은 귀에다 찡그린 표정을 하고, 마음속에는 영국을 향한 증오를 담고서 그는 피터스버그의 보잘것없는 사람들 사이에, 스패니얼의 무리 속에 불독처럼 앉아 있었다. 속으로 외마디의 모진 독설을 내뱉어야 했던 때가 수도 없이 많았다."[1]

존 랜돌프는 플로리다를 얻으려는 뒤가 구린 흥정을 보고 분연히 매디슨에게 외쳤다. "나는 정치인에 적합한 사람이 아니란 걸 잘 안다." 존 퀸시 애덤스 역시 그 교활한 직업에 더 잘 준비된 사람은 아니었다. 심지어 그는 자신이 대통령이 되었을 때조차 선거를 승리로 이끈 정치적 음모를 전혀 몰랐다. 잭슨의 손에 참패를 당했던 1828년, 그가 받은 충격은 헤아릴 수 없을 정도였다. 그의 성격은 더 뒤틀렸고 신과 인간을 보는 그의 생각은 더 혼란스러워졌다.

---

i George William Lyttelton, 4th Baron Lyttelton(1817~1876): 영국의 귀족. 보수주의 정치인.

애덤스는 토머스 페인을 비판한 『Letters of Publicola(푸블리콜라의 편지)』를 출간하며 정치적 논쟁에 처음 뛰어들었다. 그의 오랜 정치 경력은 남부의 이해 집단과 노예제를 비난하면서 끝났다. 50년의 공직 생활은 전통과 재산권의 방어에서 시작해 노예제를 인도주의적 시각에서 공격하는 방향으로 전개됐다. 그의 노예제 공격은 진정한 보수주의와 진정한 개혁이 격정의 불꽃으로 함께 타오르도록 만들어버린 갈등의 도래를 재촉했다. 그는 일생을 바쳐 미국의 국민성을 구축하려던 자신의 고매한 희망, 그 어느 한 가지도 달성하지 못했다는 실패를 의식하며 고통스럽게 죽었다. 이상이 좌절됐다는 이유로 이 엄격하고 야심적인 인물을 비난하기는 어렵다. 그러나 진정한 보수주의자가 마땅히 기대해야 했던 이상으로 존 퀸시 애덤스가 인간에게 너무 많이 기대했다는 사실은 여전히 남아 있다. 동시에 자신에 비해 도덕적으로 열등한 수많은 지도자들보다 그는 인간에게서 훨씬 더 적게 얻었다.

애덤스는 프랑스혁명의 강령을 경멸하며 엄격한 도덕성에 기초하지 않은 모든 정치적 구상에 적대적이었다. 그럼에도 그는 자신의 보수적 선입견들을 약화시키거나 혼란시켰던 어떤 혁신적 믿음들에도 집착했다. 그는 사회적 지속성이나 규범이라는 원칙에서는 버크와 신념을 공유했다. 그러나 이 확신을 몇 가지 특징적이고 심지어 모순되는 성향과 뒤섞었다. 예를 들어 신의 섭리와는 다른 진보라는 개념을 믿었다. 인간이 완벽해질 수 있다는 가능성을 믿었다. 국가 발전의 수단으로 통합이라는 가치를 믿었다. 그는 의도적으로 시민의 삶을 이끄는 정부의 역할을 믿었다. 민주주의에서는 무엇을 믿어야 할지 퀸시 애덤스는 확신하지 못했다. 토크빌과 마찬가지로 다수의 지배를 받는 자유와 재산권은 두려위했다. 그러면서도 단지 희미한 특질을 내세워 민주적 정신을 상찬하는 경우가 대단히 잦았다. "민주주의, 순수한 민주주의는 적어도 그 기초에 인권이라는 관대한 이론이 있어야 한다. 민주주의는 인류의 자연적 평등에 기초한다. 민주주의는 기독교란 종교의 주춧돌이다. 지구상에 존재하는 모든 합법적 정부의 첫 번째 요소다. 민주주의는 다수 구성원들의 결합 의지로 이뤄지는 공동체의 자치 정부다."[2] 처음부터 마지막까지 그는 위험하게도 자신의 개인적 판단으로 미덕을 구분하려 들었고 자신의 정치적 운명으로 신의 정의를 확인하려 했다.

퀸시 애덤스가 우쭐하지는 않았다. 다른 모든 애덤스 가문의 구성원들처럼 그 역시 겉으론 허영심이 있고 건방져 보였다. 그러나 다른 이들과 마찬가지로 마음 깊은 곳에선 두루 겸손함을 간직했다. 양심을 끊임없이 찾아 나서는 청교도적인 자세와 자신의 잘못을 스스로 경멸하듯 비난하는 태도를 견지했다. 그는 영원히 자기가 마땅히 해야 할 일을 하지 못한다는 생각에 괴로워했으며 죽음이 임박했을 때 이렇게 썼다. "인간의 창조자가 때때로 인류의 어느 한 개인에게 주었을지도 모를 그런 지적인 힘이 내게 있었다면, 내 일기는 아마도 인류의 손으로 쓰인 책으로는 성경 다음으로 가장 고귀하고 가치 있는 책이 되었을 테고 나는 내 조국과 인류에게 가장 위대한 혜택을 베푼 사람이었을 것이다. 나는 거부할 수 없는 비범함, 억누를 수 없는 의지의 힘과 전능하신 신의 호의로 이 지구상에서 노예제와 전쟁을 영원히 사라지게 했을 수도 있다. 그러나 창조주는 내게 그런 생각의 힘을 주지 않으셨다. 나아가 나는 내가 할 수 있었거나 마땅히 했어야 했음에도 불구하고 신이 내게 주신 선물조차 조금도 발전시키지 못했다."[3] 퀸시 애덤스는 자신의 의무가 미국의 도덕적 가치를 보존하는 데 있다고 생각했고 자신의 시대가 과도기라는 사실을 알았다. 그러나 이 냉혹한 스핑크스와 어떻게 논쟁해야 할지 적절한 방법은 발견하지 못했다.

그럼에도 불구하고 퀸시 애덤스는 워싱턴이 열었던 길에 발을 들여놓음으로써 미국을 이끄는 데 고통스럽고 헌신적인 노력을 다했다. 그의 동포 대다수가 거의 이해할 수 없는 목적 때문에 고상해진 국가주의, 즉 통합적 연방주의가 그의 정치적 닻이었다. 애덤스의 국가주의는 해밀턴이나 피커링이 대변했던 물질적 연방주의를 경멸하고 남부의 배타주의를 부정했다. 애덤스는 1808년 통상금지법(Embargo Act) 논란이 벌어질 때 연방주의자에서 탈퇴했다. 곧이어 그는 공화주의자(Republican)가 된 자신을 보고 놀랐다. 버지니아 왕조[i] 아래 공화당은 스스로의 모습을 많이 바꾸었기에 늙은 존 애덤스의 아들은 제임스 먼로의 후임으로 가장 적합해 보였다. 이렇게 젊은 애덤스는 1825년 대통령이 됐다. 그는 신이 그의 손에 미국을 재건하도록 맡겼다고 생각했다. 일생을 통해 탁월하게 명민하고 동시에 애처로울 정도로 순진했던 애덤스는 신의 힘을 신뢰했다. 그러나 4년 뒤 민주주의가 그의 용감했던 아버지를 짓밟았듯이 자신까지 꺾어버리자 놀란 애덤스는 신이 정작 존재하기나 하는지 의심하기에 이르렀다.

그는 미국을 역사에서 가장 고귀한 나라로 만드는 수단이 통합에 있다고 생각했다. 1816년에 "내 정치학의 체계는 점점 더 국가와 정부 강화

---

i Virginia Dynasty: 건국 초 미국의 대통령 5명 중 4명이 모두 버지니아 주 출신인 것을 빗댄 말. 조지 워싱턴, 존 애덤스, 토머스 제퍼슨, 제임스 매디슨, 제임스 먼로를 가리킨다. 비록 조지 워싱턴도 버지니아 출신이지만 연방주의자와 강하게 연결됐기 때문에 그를 제외하기도 한다.

쪽으로 기울어간다"고 썼는데 "이는 존 랜돌프가 주로 주 정부에 의지해야 한다고 공표한 내용과 정확하게 반대였다. 모든 주 정부의 노력은 연방 국가를 자기들 마음대로 휘둘러 자신들의 지역적 이득에 유리하게 만드는 데 있다. 이 주장은 가장 강력한 주에 거주하는 사람들에게는 충분히 현명하지만 상대적으로 약한 주에 거주하는 사람들에게는 좋을 게 하나도 없고, 연방 국가 전체적으로는 유해하다."[4] 애덤스와 랜돌프는 서로 혐오했다. 두 사람은 당대의 가장 정직한 정치인들이었다. 그 둘이 대변했던 서로 다른 보수적 견해는 아직 통합되지 않았다. 애덤스는 중앙 집중화된 권력을 조심하라는 토크빌의 경고를 무시했다. 그는 일반적인 정부가 보유한 도덕적 지도력과 세입을 적절하게 활용하면 미국에서 인간의 본성이 완벽해질 수 있다고 생각했다. 무아지경이나 다름없는 이 꿈과 조그만 체구의 19세기 청교도 신사에 깃든 중세적 신비주의에 의지해, 애덤스는 지역의 자유라는 문제와 당면한 어려움들을 무시했다. 그는 1843년 신시내티에서 평생 끈질기게 간직했던 꿈을 재차 이렇게 표현했다.

이제 제 생각을 신실하고 간절하게 고려해주시길 여러분께 요청드립니다. 정부의 형태는, 인류의 자연적 평등이라는 원칙에 기초해야 하며, 인간의 절대적 권리가 그 초석입니다. 이러한 정부 형태가 인간 개개인은 물론이고 공동체의 행복을 추구하기에 가장 적합합니다. 그것이 실제로 가능하고 상상할 수 있는 유일한 정부 형태입니다. 그런 정부 아래 자기애와 사회적 사랑은 하나입니다. 아울러 저는 충분히 다음과 같이 덧붙일 수 있다고 생각합니다. 지구상에 현존하는 정부들이 그 원칙에 얼마나 가깝고 얼마나 먼지에 따라 같은 비율로 그 정부에 속한 개인과 공동체의 행복 추구에 기여하거나 방해하며, 그 목적을 달성하거나 오히려 파괴한다고 말입니다. 그것이 몽테스키외가 말한 진정한 공화국입니다. 그 공화국의 정부에게 미덕은 근본적인 원칙이며, 정부도 그 구성원의 하나인 공동체의 모든 가슴에 뿌리 깊게 자리 잡은 사랑이 곧 미덕입니다.[5]

어떤 점에서 이는 제퍼슨보다 더 제퍼슨 같은 주장이며 이상적인 도덕주의적 사회관이다. 애덤스는 사회계약을 역사적인 사실로 받아들인 견고한 사회계약론 지지자이며, 보편적 정의를 사랑했고 끊임없는 발전을 옹호했다. 이것이 애덤스의 혁신적인 측면이다. 그러나 보수적인 성향과 경험은 그의 낙관론을 한계에 묶어두었다. 애덤스는 벤담과 대화를 나누는 사이였는데, 벤담의 비인간적일 정도로 정확한 사회적 계산과 그의 유물론, 그리고 영국에서 내전이 촉발할 가능성을 편안하게 받아들이는 그의 태도에 경악했다. 현명한 개혁가인 애덤스는 신이 허락한 성스러운 때에, 신의 섭리가 허락한 수단으로 움직였다. 왜냐하면 바로 그런 개혁이, 미국의 경험이 연방정부를 신의 의지와 인간적 타협의 산물로 만들어냈기 때문이다. 이제는 이 정치 체제를 도덕적, 물리적 진보의 기구로 만들 때이다. 고양된 민주주의는 여러 주에 존재하는 여러 가지 충돌 요소를 포용해 만들어져야 한다. 사회적 부조화들은 화해되어야 하고 지역적 적대감은 사라져야 한다.

연방의 비용으로 교통 기반 시설을 구축하고, 제조업을 장려하며 거대한 자연의 보고인 서부의 광대한 토지를 보존하고, 과학을 진흥하여전 세계에 퍼진 자유의 정신에 공감하라. 이것이 애덤스가 구체적으로 주장한 내용들이다. 그러나 존 랜돌프는 이런 주장이 국가의 한 부분을 희생해서 다른 부분이 돈을 더 벌어보겠다는 속임수에 지나지 않는다고 보았다. 엄청난 이권 추구이거나 아니면 경제를 부흥하겠다면서 엉터리 계획을 남발한 라가도 연구소의 계획들에 지나지 않는다고 보았다. 애덤스의 계획들을 즉각적으로 지지한 수많은 사람들의 동기로만 보자면 랜돌프의 판단은 옳았다. 그러나 존 퀸시 애덤스가 옳든 그르든 간에 그 자신은 이 계획들이 워싱턴이 내세운 미국의 이상을 달성하는 데 필요한 구상이라고 생각했다. 도로와 운하, 항만들은 보편적 혜택을 제공해 국가를 진정한 하나의 공동체로 만들 터이며, 장기적으로 보호관세는 모든 사람들의 이해에 합치될 것이고, 투기꾼이나 무단 점거자들의 먹이로 전락하지 않은 국유지는 앞으로 몇 세대에 걸쳐 수행될 거대한 국가적 사업에 필요한 재원을 마련해주리라고 생각했다. 새로운 도량형 체계의 도입, 국립 천문대 건설, 과학적 임산 관리나 이와 유사한 계획들은 국가를 더 잘 이해하게 해주고 경제를 발전시키리라고 믿었다. 미국은 공화주의에서 사회 진보의 더 높은 단계를 획득한 신생국 그리스나 남아메리카의 국가들을 좀 더 큰 공동체의 구성원으로 받아들일 수 있으리라고 생각했다. 번영과 희망의 보수주의이고, 신사들이 이끄는 자유롭고 친절한 공화국이었다. 이는 단순한 온정주의보다는 고매한 이상과 정의에, 또 "모든 사람에게 언제나 그의 권리를 확보해주려는 끊임없는 의지"에 기반을 둔 생각이었다. 그러나 이는 거의 불가능했다.

옛 뉴잉글랜드의 엄격함이 거대한 덕행으로 바뀐 애덤스 대통령은 위에서 내려오는 지시에 미국인들이 드러내는 뿌리 깊은 적대감을 간과

했다. 그들이 애덤스와 헨리 클레이의 "타락한 흥정"을 비판했던 이상으로, 그리고 행정부가 겪었던 단순한 정치적 어려움 이상으로 잭슨 장군에게 전국적 지지를 보내고, 그에게 애덤스보다 두 배나 더 많은 선거 인단 표를 몰아준 까닭에는 중앙의 권위로부터 지시받기를 거부하는 미국의 민주주의가 있었다. 진정으로 독재자였으며 태생적 귀족이었던 앤드루 잭슨은 과학자이자 지식인이었던 사람에 이어 미국의 대통령이 되었다. 민주주의에 고삐를 채우기는커녕 민주주의가 앞서 나가도록 허락했기 때문이다. 잭슨의 통치 아래 공공의 토지는 곧 정착지로 개방됐으며 미시시피 너머의 지역에선 열광적인 개발이 시작됐다. 미국은 그 후유증에서 아직 충분히 회복하지 못했다. 국내 교통 시설 확충 계획은 경멸과 함께 버려졌다. 보호관세는 타협으로 축소됐다. 과학적 실험은 포기됐고 외교 정책은 위축됐다. 애덤스는 신이 자신에게 임무를 주었다고 느꼈었다. 뉴잉글랜드의 정신을 간직한 애덤스는 전지전능한 신과의 관계가 계약의 문제라는 생각을 완전히 잃어버린 적이 한 번도 없었다. 뉴잉글랜드의 호교학(護敎學)에선 신과 그의 선민 사이에 "아름다운 거래"를 성스럽게 언급하는 경우가 수도 없이 많다. 그럼 신은 존 퀸시 애덤스를 버렸는가? 이것이 쉬지 않고 일한 보상인가? 이것이 존 퀸시 애덤스가 그렇게 확신했던 저항할 수 없는 인간의 진보였는가?

욥보다 신앙심이 약했던 애덤스는 이런 고난을 견뎌낼 만큼 신앙이 철두철미하지 못했다. 그는 1828년의 대선 패배로 남부를 용서하지 못

---

i Corrupt bargain: 1824년 대통령 선거 때 누구도 선거인단에서 절대다수를 확보하지 못하자 수정조힝 12조에 따라 대통령 선출이 하원으로 넘겨졌다. 이에 당시 의장이자 후보였던 헨리 클레이는 존 퀸시 애덤스를 지지해서 그를 대통령에 당선시키는 대신 그의 국무장관이 되었다. 이를 미국 역사에서 타락한 흥정이라 부르기도 한다.

했고, 신도 거의 용서하지 않았다. 심지어 과학의 정신도 자신을 버렸으며 곡해돼 저급하게 사용됐다고 느꼈다. 애덤스처럼 유서 깊고 고매한 가문은 과학이라는 이 뉴잉글랜드의 힘을 휘두를 운명이 아니었다. 대신 나무를 다듬어 무엇이든 만들고 심지어 향신료인 육두구까지 나무로 만들어내는 양키[i]들이, 실질적인 발명가들이, 사업을 장려하는 사람들이 과학을 납치해 사적인 허욕을 충족시키는 목적에 묶어두었다. 대중의 마음을 고상하게 만들고 사회적 유대를 강화하는 대신 응용과학은 빠르게 저질스러운 개인주의의 주요 무기가 돼버렸다. 정의롭고 검소한 애덤스에게 개인주의는 저주였으며, 의무가 없는 막대한 부의 근원이자 부도덕한 야망과 탐욕스런 물질주의의 도구였다. 곧 개인주의는 애덤스가 사랑한 나라의 바로 그 얼굴에 상처를 입히기 시작했다. 그때 이후 국토의 모양을 손상하는 과정은 한 번도 중단되지 않았다. 비록 애덤스는 그것을 보수적인 도구로 오해했지만 응용과학은 혁명적인 힘이었다. 신의 섭리가 이처럼 타락을 허용한다면 세상에 진보는 있을 수 있는가? 신은 있는가? 모욕감 속에 존 퀸시 애덤스는 워싱턴을 떠났다. 속은 쓰라리고 희망은 없었다. 겉으로는 차가운 태도를 보였지만 그는 결코 마르쿠스 아우렐리우스[ii]가 사회를 이끄는 사람들에게 전해준 고독한 경구, "산의 정상에서 사는 듯하라"[iii]를 따르지 않았다. 애덤스는 오래된

---

i Yankee, Yank: 미국 밖에서는 모든 미국 사람을 가리키며, 미국 남부에서는 북부 사람 혹은 북군 지역을 가리킨다. 미국 내 다른 지역에서는 북동부 지역 출신 사람들을 지칭한다.

ii Marcus Aurelius(121~180): 로마의 황제로 5현제 중 한 사람. 161년에서 180년까지 황제로 재위했다. 스토아 철학자이기도 했으며 『명상록』의 저자로 유명하다.

iii 『명상록』 10장 15절(당신에게 남은 인생은 짧고 작다. 산의 정상에서 사는 듯하라. 어떤 정치 체제 아래에서 어디에 살던 이곳과 저곳은 아무 차이가 없다. 그들이 당신을 보게 하라. 자연의 법칙에 따라 살아가는 당신을 알게 하라. 당신을 견딜 수 없어 한다면 그들이 당신을 죽이도록 해라. 그 편이 사는 것보다는 낫다.)에 나오는 구절.

원한을 주저하지 않고 털어버리는 일이 거의 없었다. 친구들의 배신으로 하원의원으로 돌아간 전직 대통령[i]은 노예 세력을 "남부의 무서운 풍조(Sable Genius of the South)"라 공격하면서 복수하기 시작했다.

1828년에 패배하기 오래전부터 존 퀸시 애덤스가 노예제를 혐오했다는 사실은 널리 알려졌다. 단순히 오래된 원한 때문에 고유한 제도(노예제)를 맹렬히 비난했다는 뜻은 아니다. 1816년 애덤스는 노예제 문제로 칼훈과 논쟁을 벌였다. "도덕적 원칙의 근원을 오염한다는 사실이 노예제의 여러 악 중 하나이다. 그것은 악덕을 근거로, 미덕을 그릇되게 평가한다. 가장 성스러운 인간의 권리를 피부색에 의지하자는 이 주장보다 무엇이 더 그릇되고 냉혹할 수 있는가? 그것은 인간의 이성을 전도한다. 논리적 힘을 부여받은 인간을 초라하게 만들어 기독교라는 종교가 노예제를 허락했다고 주장하게 만든다. 노예들은 행복하고 조건에 만족한다고, 노예와 주인 사이에는 상호 애정과 애착이 있다고 주장하면서 주인의 미덕은 노예의 지위 강등으로 세련되어지고 고양된다고 말한다. 노예 거래를 향해 욕설을 퍼부으면서 동시에 자신들에게 노예를 주었다고 영국을 저주한다. 범죄를 저지른 노예는 공포의 예로 삼아 엄하게 질책한다. 또 유색인종에도 인권을 적용할 수 있다고 언급하면 두려움에 괴로워 몸부림친다."[6] 그러나 애덤스가 두려움 없이 의회에 매년 노예제 철폐 청원을 제출할 수 있었던 직접적인 자극은 남부에, 잭슨의 남부에 느꼈던 비통함 때문이었다는 점을 의심하기는 어렵다.

---

i 존 퀸시 애덤스는 대통령에서 떨어지고 나서 은퇴해서 지내려 했지만 지루함 때문에 1830년 하원의원에 출마했다. 당선된 이후로 1848년 죽기 전까지 9번 낙선되어서 17년간 활동했다. 전직 대통령이 공직에 다시 출마한 경우는 이후 앤드루 존슨이 상원의원에 당선된 것 말고는 없다.

노예제 철폐 청원을 후원한다고 분노하는 남부의 의원들을 무시하면서도 애덤스는 청원자들의 구체적인 견해까지는 동의하지 않는다고 애써 밝히기도 했다. 그는 오직 그들의 청원 권리만을 방어했다. 존 퀸시 애덤스는 노예제가 다른 모든 악과 마찬가지로 단순히 입법과 법령으로 만족할 만하게 근절될 수 없다는 걸 알았다. 노예제를 혐오했던 그는 옳았다. 위대한 버지니아의 지주들도 옳았다. 물론 노예제의 어두운 그림자가 새로운 영토로 번져가지 못하게 막으려는 애덤스의 노력은 옳은 방향이었다. 그러나 개혁가의 용감함이라는 옷을 입으면서 애덤스는 보수주의자의 신중함을 잊었다. 자연의 순리에 역행하면서 변화를 반대했던 젊은이는 급진적 개선을 요구하는 나이 먹은 군관이 됐다. 이미 개리슨의 광적인 목소리가 그의 등에서 울리고 있었다. 애덤스가 죽고 난 다음 뉴잉글랜드의 지도층은 폭 좁고 편협한 인도주의를 내세우는 섬너[i]나 필립스[ii] 같은 사람들로 가득 찼다. 그들은 오래된 악을 제거할 수 있다면 어떤 새로운 재앙도 마다하지 않았다.

남북전쟁과 남부의 억압은 미국에서 지적인 보수주의 전통을 심각하게 훼손했다. 따라서 보수적 개념들은 극히 최근까지 진정 효과적으로 회복하지 못했다. 심지어 지금도 대중의 마음속에는 만족할 만한 회복이 이뤄지지 않았다. 유서 깊은 모든 것에 애착을 느끼는 호손은 노예제 철폐론의 위험을 느꼈다. "인간의 의지와 지성의 역사에서 어떤 위대한 도덕적 개혁도 그 목적에 맞게 적응시킨 방법들로 완벽해진 사례는 없

---

i Charles Sumner(1811~1874): 미국의 정치인으로 매사추세츠 주 상원의원이었다. 노예해방을 이끌었다.
ii Wendell Phillips(1811~1884): 미국의 노예제 철폐론자, 원주민 옹호자, 변호사.

다"고 자신의 책『Life of Franklin Pierce(프랭클린 피어스의 삶)』에서 썼다. 노예제는 입법적인 장치로 치유될 수 없었다. 존 퀸시 애덤스는 경건하고 역동적인 정치인이라면 산이라도 움직일 수 있다는 신념을 애지중지하면서 평생을 살아왔다. 그러나 그는 노예제 철폐 청원의 뒤쪽에 삐죽이 내민 괴물의 얼굴을 알아볼 만큼 예민하지는 못했다. 호손의 예민함에 비하면 절반도 못 됐다. 애덤스는 노예제 철폐가 남부와 미국의 문제를 해결하기에 충분하지 않다는 사실은 알고 있었다. 그는 미국을 진정으로 사랑했고 누구보다 선동 정치가를 싫어했다. 그러나 당시의 분위기는 이 차갑고 청렴결백한 뉴잉글랜드 정치인을 감성적이고 급진적인 운동에 불편하게나마 동승하도록 만들었다. 애덤스가 죽은 다음 그 운동은 홍수를 이루었다. 그 홍수의 물결은 애덤스가 장엄한 평온이 오는 미래에나 가능하리라 상상했던 공화국의 고매하고 경건한 위엄을 휩쓸어 가버렸다.

3. 초월주의자 에머슨의 착각

존 애덤스는 『Defence of the Constitutions(헌법을 옹호함)』에서 "민주주의, 단순한 민주주의를 지지한 지식인은 없었다"고 썼다. "사람들은 언제나 남의 봉사는 공짜로 받고 싶어 했지만 남에게 봉사하는 영광을 누릴 때는 대가를 기대했다. 그들은 책략과 계교에, 위선과 미신에, 아첨, 뇌물, 그리고 손 큰 선물에 너무 자주 환호와 예찬을 보냈다." 그러나 모든 시대는 그 시대의 분위기가 요구하는 필자를 어떻게든 발견해낸다. 심지어 19세기 중반이 지나기도 전에 미국의 민주주의는 지식인 사이에서 그 예찬론자를 만들어내기 시작했다. 얼마 지나지 않아 휘트먼[i]은 민주주의를 노래하기 시작했다. 과거엔 거의 발현되지 않았고, 미몽을 깨우치고 나서는 다시 되살려내기 불가능한 진심을 담아 그는 민주주의를 찬양했다. 사실 민주주의는 그 자체뿐만 아니라 그에 수반하는 원리들도 전통적인 질서에 맞서 적대적이었다. 그러나 물질적 진보, 인간이 완벽해질 가능성, 개선이 아니라 변화나 새로움 그 자체에 헌신하는 뉴잉글랜드 지식인들이 나타났다. 그런 낙관적 지식인의 최고봉은 에머슨[ii]이었다.

양키의 문화에 깊숙이 자리 잡은 보수적인 특징들이 더러 있었다. 그럼에도 표면적으로는 현실을 개선하겠다는 성향도 지속됐기 때문에 뉴잉글랜드 지식인들은 혼란스러워했다. 코튼 매더[iii]가 교회의 문 뒤에서 청교도 정신이 쇠퇴해가는 현상을 막을 수 없었듯이 뉴잉글랜드는 끊임없이 개선하고 순수해지려, 아니 다른 사람을 개선하고 순수하게 만들려 했다. 청교도적 전통이 초월주의(Transcendentalism)와 일위신론에서 현저히 약화됐지만 청교도적 유산인 낙관적인 개입의 충동은 여전히 강력하게 남았다. 그런 충동은 남북전쟁의 발발과 재건의 실패에 이르기까지 그 모두에 두드러진 책임이 있다. 북부 사람 양키들의 꼬투리 잡기가

---

i Walter Whitman(1819~1892): 미국의 시인, 수필가, 언론인. 초월주의와 현실주의적인 작품을 썼으며, 운율에 구애받지 않는 자유로운 시작법으로 유명하다. 그의 시집 「풀잎(Leaves of Grass)」은 지나치게 성적인 묘사로 당시 외설적이란 평가를 받기도 했다.

ii Ralph Waldo Emerson(1803~1882): 미국의 수필가, 강연자, 철학자. 19세기 중반 초월주의운동을 이끌었다. 동양 사상에 밝아 청교도의 기독교적 인생관을 비판했으며, 편협한 종교적 독단이나 형식주의를 배척했다. 자신을 신뢰하며 인간성을 존중하는 개인주의적 사상, 자연과 신과 인간은 궁극적으로는 하나로 돌아간다는 범신론적 초월주의를 주장했다.

iii Cotton Mather(1663~1728): 미국의 회중파 교회 목사이자 역사가. 뉴잉글랜드의 청교도 사회를 지배한 '매더 왕가' 중에서도 가장 두드러진 활약을 했다. 격렬한 논쟁가로 450권에 이르는 방대한 저서를 남겼다. 12세에 하버드대학에 입학, 18세에 석사학위를 받았으며 1685년 아버지 뒤를 이어 보스턴에서 목사가 되었다. 쇠퇴해 가던 뉴잉글랜드 청교도 유지에 힘썼다.

남긴 효과는 꽤 오래 지속됐다. 예컨대 북부 사람들의 대중적인 마음에 지워지지 않을 정도로 각인된 스토[i]가 바라보던 방식의 남부의 삶은 그 이후로도 오래 계속됐다. 메이슨 딕슨 라인 북부에는 여전히 왜곡된 인도주의가 작동한다는 사실을 누구나 알 수 있다. 남부의 악행을 공표하는 연극이라면 언제나 흥행에 성공했으며, 남부 백인의 음험함을 다룬 소설은 거의 모두 판매돼 출판사 재고 목록에 남지 않았다. 이 외향적이고 거리낌 없는 뉴잉글랜드의 양심은, 서부개척운동[ii]의 도덕적이고 문학적인 형태로서 한편으로는 섬너, 찰스 프랜시스 애덤스[iii], 로웰[iv], 파커[v], 개리슨이 지녔던 남부에 반대하는 에너지와 마음속 깊이 맺힌 반노예제로 표출됐다. 다른 한편으로 그 양심은 희미한 낙관주의, 사회적 실험, 에머슨, 리플리[vi], 알코트[vii], 마가렛 풀러[viii]를 비롯해 다른 초월주의자들과 콩코드[ix] 유명 인사들의 형이상학적 창조물로 표현됐다.

---

i Harriet Elisabeth Beecher Stowe(1811~1896): 미국의 노예제 철폐주의자이자 작가. 1852년 발간한 『엉클 톰의 오두막(Uncle Tom's Cabin)』이라는 소설로 유명하다. 이 소설은 노예제 아래 흑인들의 비참한 삶을 그렸다. 북부의 노예제 철폐운동을 촉발했고, 남부의 분노를 자아냈다.

ii Free Soil movement: 1840년대 미국 동부의 넘쳐나는 빈곤층 노동자 계층에게 서부 개척을 촉구한 운동으로 흑인 노예제에 반대했다.

iii Charles Francis Adams Sr.(1807~1886): 미국의 정치인으로 외교관을 맡았으며 존 퀸시 애덤스의 아들이다.

iv James Russell Lowell(1819~1891): 미국의 시인, 비평가, 정치가. 뉴잉글랜드의 명문가 출신으로 노예제도에 강력히 반대하고 링컨 대통령의 위대함을 최초로 인정한 사람 중의 하나다. 당시의 문인을 비평한 「비평가의 우화」로 유명하다. 하버드대학 교수. 《The Atlantic(아틀란틱)》, 《North American Review(북아메리카 평론)》의 편집장을 지냈다. 영국 주재 미국대사를 지냈다.

v Theodore Parker(1810~1860): 미국의 초월주의자이자 일위신론 교회의 개혁파 목사. 그의 글은 링컨 대통령과 마틴 루터 킹 목사의 연설에 영감을 주었다.

vi George Ripley(1802~1880): 미국의 사회개혁가이자 언론인, 일위신론 목사. 이상향 공동체 브룩 농장(Brook Farm)의 설립자이자 초월주의자.

vii Amos Bronson Alcott(1799~1888): 미국의 교육자이자 작가, 철학자. 학생들과의 대화를 통한 교수법으로 유명하다. 여성의 권익을 옹호하고 노예제 철폐를 주장했다.

viii Margaret Fuller(1810~1850): 미국의 언론인, 비평가, 여권 신장 운동가. 미국 최초의 전업 여성 서평가.

ix Concord: 매사추세츠 주 동부의 마을로 독립전쟁의 시발지였으며 에머슨과 호손 등이 거주한 마을이기도 하다.

몇몇 초월주의자들과 일위신론 창시자들에서 보이듯 독일의 관념론이 그들의 사고 체계를 만들어냈으며 동시에 에머슨 등은 어떤 종류의 보수주의를 지지하는 듯 보인다. 그러나 이는 우연일 뿐 논리적 귀결은 아니다. 헤겔 자신도 우연히 그리고 편의에 따라서만 보수주의자다. 그들의 철학에서 보이는 총체적인 사회 개선론이나 추상적이고 개인주의적 성향은 보수적 가치를 파괴한다. 개인적인 감정과 사적인 판단에 의존하며, 인류의 규범과 경험은 경멸하고, 자기중심적 사회도덕과 포괄적인 사회도덕이 교대로 또 당황스럽게 반복되는(루소에서 흔히 보이는 모순) 에머슨 사상의 특징들은 미국의 대중적 열망과 잘 맞아떨어졌다. 미국인들은 그 이후 에머슨식의 "독립독행"[i], "경험"[ii], "자연"[iii]을 비롯해 그의 다른 개인주의적 선언들을 먹고 자랐다. 이렇게 미국인들의 지적인 욕구에 부합하지 않았다면 에머슨은 그들의 기억에서 사라졌을 것이다. 왜냐하면 그의 수필은 논리가 뒤죽박죽인 데다 번득이는 날카로운 문장과 문단들이, 그의 친구 칼라일의 문장과 마찬가지로 체계적이지 않은 정신을 표현하기 때문에 읽기가 쉽지 않다. 그러나 에머슨의 관념은 미국인들의 성정에 아주 잘 들어맞았고 그가 미국인의 생각에 미친 영향은 헤아릴 수 없이 크다. 매우 유명한 타자기 훈련 교재에서도 에머슨의 문장이 등장할 정도다. 에머슨의 생각은 심지어 어빙 배빗 같은 보수주

---

i Self-Reliance: 에머슨이 1841년에 쓴 수필이며 일치나 그릇된 일관성을 피하고 자신만의 본능과 개념을 추구하라는 내용이다. "바보같은 일관성은 작은 정치인과 철학자, 성직자가 추구하는 작은 마음의 요귀다"라는 유명한 인용구가 있다.

ii Experience: 에머슨이 1844년에 쓴 수필로 삶을 지나치게 이지적으로 생각하지 말도록 요구한다. 특히 이상향이나 이상적인 공동체를 창조하려는 실험에 반대했다.

iii Nature: 1836년 에머슨의 수필로 여기서 초월주의의 기초를 제시했다. 신이 자연에 가득하며 현실은 자연을 연구하면 이해하게 된다는 생각이다.

자들의 마음속에도 숨어 들어가 때때로 조화롭지 못한 영향력을 행사하기도 한다.

에머슨은 미국인들의 마음에 있던 평등이나 혁신을 추구하는 다양한 충동을 부채질했다. 이 모든 특징들을 토크빌은 일찍이 주목했었다. 단순함을 지향하고, 위계질서를 싫어하며, 규칙과 규율에 인내심이 부족하고, 단순한 처방을 선호하는 성정들이 미국인에 있다. 에머슨이 신을 대신령(Oversoul)[i]으로 축소하고 개인적인 판단을 그에 앞세우며 성장과 변화와 생성을 극찬하고 문서나 타협으로 속박되지 않은 자유를 찬양할 때, 그는 몽환적인 초월주의자들에 국한되지 않은 대단히 광대한 청중에 도달한다. 에머슨은 권위에 맞서는 반란의 선지자다. 비록 그는 완고하게 개인주의적이지만 때때로 재산의 "현 보유권"과 물질주의를 공격할 때는 사회주의를 슬쩍 내비친다. 이는 역설이 아니다. 진정한 보수주의, 벤담이나 스펜서의 관념에 감염되지 않은 보수주의는 개인주의의 대척점에서 생겨난다. 개인주의는 사회적 원자론이다. 보수주의는 정신의 공동체를 강조한다. 인간은 적절한 공동체 없이 존재할 수 없다. 아리스토텔레스가 알았듯이 인간에게 공동체 정신이 거부되면 그들은 터무니없게도 물건의 공동체를 지향한다. 에머슨이 "영원한 하나(the eternal One)"와 대신령을 말했고 원자론을 겉으론 거부했지만, 그 표면 아래엔 인간과 인간의 철학적 고립이 놓여 있었다. 아마 그 자신에게 있던 정신적 개인주의를 본능적으로 혐오했기 때문인지 에머슨은 사회적 집산주의로 달려갔다. 자유로운 조화의 음침한 대체재, 위안을 주는 통일성,

---

i 에머슨이 쓴 유명한 수필 「The Over-Soul(대신령)」에 나오는 개념. 인간 영혼의 존재와 본질, 영혼과 자아의 관계, 한 인간의 영혼과 다른 영혼의 관계, 인간의 영혼과 신의 관계라는 4가지 주제를 다루었다.

토크빌이 민주적 독재로 불렀던 그것을 향해 에머슨은 다가갔다.

에머슨의 구체적인 정치적 개념들은 거의 충격적이다. 먼저 절망적인 순진함에서, 그 다음으로는 불편한 사실을 손쉽게 무시해버린다는 점에서 그렇다. 헌정 체제의 안전장치, 견제와 균형, 자유를 확보하려는 도구, 규범적인 권위를 일축해버리고 그는 우리가 정부에 요구하는 내용 전부는 그저 선한 의지일 뿐이라고 선언했다. 우리는 우리의 정치 체제를 "절대권리" 위에 세워야 한다. 그러면 우리는 아무것도 두려워할 게 없다. 몽테스키외와 버크를 추종한다고 공개적으로 선언한 사람에게서 이런 말이 나왔다니! 관념철학자들 중에서도 가장 낙관적인 이런 생각은 치국책으론 철없는 어린애의 말이나 다름없다. 에머슨의 정치적 이상은 소로[i]의 생각처럼 현실에서는 구현이 불가능하며 그나마 증명을 회피하려고 변명을 늘어놓는 소로의 강인한 근성조차 없었다. 루소와 헤겔은 그들의 확신에 찬 뉴잉글랜드 제자들 덕분에 어리석은 사람이 되어버렸다. 그리고 어떻게 "절대권리"가 세워질 수 있느냐는 질문이 제기되자 에머슨은 폭력적 영웅, "현명한 사람"을 치켜세웠다. 그런 견해는 칼라일에서 더욱 두드러지며 20세기의 더 비참한 미망으로 남았다. 초월적 인도주의의 가르침을 몇 년간 지속했던 에머슨은 오사와토미 브라운(Osawatomie Brown)이 절대권리의 운명적 도구라고 세계를 향해 말했다. 캔자스와 하퍼스 페리(Harper's Ferry)에서 무고한 사람을 도륙한 피범벅의 늙은 미치광이가, 정치학을 살인으로 축소하려고 지난 백 년간

---

i Henry David Thoreau(1817~1862): 미국의 수필가, 시인, 철학자, 선도적 초월주의자. 자연 속에서 사는 소박한 삶을 이야기한 책 『월든Walden』으로 유명하다. 부당한 국가에는 불복종해도 된다는 주장을 폈다.

노력해온 테러리스트들의 전형인 존 브라운[i]이 절대권리의 그 운명적 도구라는 얘기다. 브라운은 "교수대를 십자가처럼 영광스럽게" 만들었다. 가장 잘 봐주면 편집광이요, 최악의 경우라면 살인자의 공포일뿐인 자에게 보내는 에머슨의 찬사에서 우리는 초월주의와 허무주의 사이에 너무나 절망적인 경계 불분명의 안개 자욱한 지점이 존재한다는 사실을 깨닫는다.

"경험이 보여주듯 종교나 교육 어느 하나만으론 전적으로 부적합하다. 민주정치나 군주제는 물론 귀족정치도 사정은 마찬가지다. 인간의 격정을 억제하고, 안정적인 정부를 유지하며 생명과 자유 그리고 사람들의 재산권을 보호하는 업무에는, 그 무엇도 단독으로는 또 전적으로 부적합하다." 존 애덤스의 이 같은 가르침에 에머슨은 전혀 주목하지 않았다. 오직 서로 대립하는 격정, 이해, 힘의 조화만이 국가를 정당하고 평온하게 만든다고 말했던 존 애덤스는 죄의 존재를 논란이 필요 없는 사실이라고 믿었다. 반면 에머슨은 칼뱅주의 형태로 그 신조의 핵심을 버리고 자신의 사상 체계에 죄라는 개념을 절대 인정하지 않았다. "그러나 그러한 뿌리 깊고 집요한 낙관주의는 에머슨과 같은 인물에서야 오직 유쾌한 측면만을 드러내겠지만 보통 사람들에게는 위험한 신조다. 그 낙관주의는 도덕적 고려나 개인적인 책무에 치명적으로 무관심해져버리기 때문이다. 우리 미국 정치에서 나타나는 비합리적인 감상주의의 대부분

---

i John Brown(1800~1859): 미국의 노예철폐론자. 무장 반란이 노예제 전복의 유일한 길이라 믿어 오사와토미 등 여러 지역에서 무장봉기를 주도했다. 1859년 하퍼스 페리의 연방 병기고를 습격해 7명이 숨졌고 무기를 탈취해 노예들을 무장시키려던 계획도 수포로 돌아갔다. 버지니아 주에서 연방군에 반역죄로 체포돼 처형당했으며 그의 죽음은 남부의 연방 탈퇴와 남북전쟁을 촉발하는 하나의 계기가 됐다.

은 그것에 뿌리를 두고 있다"고 찰스 엘리엇 노턴[i]은 친구인 에머슨의 견해를 평가했다.

죄의 구속력 인정이 보수주의의 주요한 신조다. 퀸틴 호그[ii]는 『The Case of Conservatism(보수주의 옹호)』라는 작지만 힘이 넘치는 책에서 이 신념의 필요성을 재차 강조했다. 왜냐하면 보수주의 사상가들은 인간이 타락했고 인간의 욕구는 억제될 필요가 있으며 죄를 억제하려면 관습과 권위, 법과 정부의 힘은 물론 도덕적 규율까지 필요하다고 믿기 때문이다. 이러한 신념은 그 뿌리가 애덤스를 통해 칼뱅주의자와 어거스틴(Augustine)으로, 버크를 통해 후커와 중세 스콜라철학자와 곧이어 성 어거스틴(St. Augustine)으로 그리고 아마도 (헨리 애덤스가 그랬듯이) 어거스틴을 넘어 마르쿠스 아우렐리우스와 금욕주의 교사들은 물론 성 바오로(St. Paul)나 히브리인들에게로 이어진다. 전통을 참을 수 없었던 에머슨은 그런 불편한 이론들을 멀리했다. 그의 58번째 생일에 에머슨은 "나는 악마와 고통에 큰 실체를 부여할 수 없었다"고 말했다. 악마와 고통은 기독교 사상의 중대한 문제이기 때문에 그러한 끔찍하고 냉혹한 사실에 "큰 실체를 부여할 수 없었다"는 사람은 근대정신의 신뢰할 만한 안내자일 수 없다. 에머슨주의의 전반적인 사회적 성향은 급진적이거나 단순한 처방 즉, 구원의 책략이 결여된 솔로몬의 판결을 옹호하거나 아니면 (그만으로 부족하다면) 아예 문제가 없는 척했다. 남북전쟁 이래 미국인들만큼 자신들 속의 악마에 무관심한 사람들도 없었으며 그들만큼

---

i Charles Eliot Norton(1827~1908): 미국의 작가, 사회비평가, 진보적 사회개혁가. 당대의 동료들이 가장 교양 있는 사람으로 평가했다.

ii Quintin Hogg(1907~2001): 영국의 보수당 정치인. 정치적 저술로 유명하다. 아버지에 이어 대법관직을 1960년대에서 1970년대 걸쳐 10년간 역임했다.

악마의 존재 자체를 손쉽게 부인한 사람들도 없었다. 20세기 미국은 범죄, 도시화의 그늘, 정치적 타락, 가정의 퇴락이나 늘어나는 무산자 계급으로 고통받는 모습을 보여준다. 이런데도 지배적인 목소리는 사보나롤라[i]의 목소리가 아니었다. 오히려 사회학자와 심리학자, 신실증주의자들의 합창이 연단을 장악했다. 이들은 죄의 존재를 인정하지 않고 "조정"이 모든 사회적 암을 치유한다고 선언한다. 에머슨이 미국 대중의 이런 타조 같은 성향, 모래 속에 머리를 처박고 현실을 부정하는 심리를 발명하지는 않았으나 가장 강력한 옹호자였음은 사실이다. 만약 악마가 지리적으로 멀리 떨어져 있다면, (노예제처럼) 어떤 계급이나 지역에만 고유하다면 마취하지 않고 외과수술로 도려낼 수 있다. 그러나 고향이나 심장에 매우 가깝다면, 그래서 외과 수술로 제거할 수 없다면 우리가 뭔가 잘못 알았음이 틀림없다는 얘기다.[ii]

어리석은 일관성은 소인배들을 괴롭히는 요괴다. 바보 같은 낙관주의는 대범한 사람에게 내리는 천벌인 경우가 잦다. 죄라는 사실을 무시하는 사회적 낙관자로서 에머슨은 급진적 사상가였다. 아마도 미국의 모든 급진적 사상가 중에서도 가장 큰 영향력이 있을지 모른다. 남을 돕겠다는 선의의 본능이 우월하다는 사실을 루소와 함께 믿었던 에머슨은 기꺼이 사회의 낡은 방식을 버리려 했다. 감정의 새로운 건축물을 세울 토대가 정리되도록 말이다. 그런 에머슨에게 답했던 경고의 목소리 중에서 호손과 오레스테스 브라운슨의 목소리가 가장 설득력이 있었다.

---

i Girolamo Savonarola(1452~1498): 이탈리아의 수도사, 설교가, 종교개혁가. 설교를 통해 피렌체 시 개혁과 민주정 도입을 꾀했다. 교황 알렉산더 6세의 **부도덕**을 비난하고, 로마가톨릭 교회와 이탈리아가 벌을 받을 것이라고 예언했다.

ii 왜냐하면 그런 문제는 에머슨에겐 아예 존재할 수 없기 때문이다.

4. 가톨릭의 보수적 동력에 주목한 브라운슨

에머슨과 그 무리들이 콩코드 지역에서 미국 지성계의 주도권을 장악하기 전까지 미국의 학자들은 민주주의를 의심하고, 옛 방식을 사랑하며 정신의 보수주의가 두드러진 존 애덤스의 견해를 받아들였다. 어빙, 쿠퍼, 포[i]가 이런 성격의 인물들이고 에머슨과 같은 시대를 살았던 몇몇 저명한 인사들도 초월주의의 저작들을 부인하면서 미국 사상에 흔적을 남길 만큼 혁신에 비판을 가했다.

버몬트 출신의 오레스테스 브라운슨은 지칠 줄 모르는 정신으로 초월주의가 판치던 그 시대의 거의 모든 이론들을 섭렵하고 나서 마침내 성지를 발견한 사람의 열정으로 정통교회(가톨릭)를 포용했다. 그는 회중교회[ii], 장로교회[iii], 보편주의[iv], 사회주의, 무신론, 일위신론교회, 뒤틀린 방법으로 이끌어지는 혁명적 음모를 거쳐 1844년 마침내 사적인 판단[v]을 극도로 거부하는 가톨릭 교회로 나아갔다. 브라운슨은 이상향의

---

i Edgar Allan Poe(1809~1849): 미국 최초의 전업 작가. 시와 단편 소설로 유명하며 미국 낭만파 문학의 중심인물이었다. 탐정소설이라는 장르를 열었고 공상과학 소설 형성에도 기여했다.

ii Congregationalism: 미국의 회중교회주의는 영국의 회중교회주의자들이 1620년 메이플라워(May Flower) 호를 타고 플리머스(Plymouth)에 도착하면서부터 뿌리를 내리기 시작한다. 그들은 스스로를 순례자(Pilgrim)라고 불렀으며, 이후 1629년 매사추세츠 식민지로 이주한 청교도들과 1648년 케임브리지 신앙 선언을 통해 신앙 고백의 동일성을 확인하고 연합함으로써 설립된 개신교 교단의 신념이다. 이들은 미국을 하나님께서 주신 새로운 가나안이라고 믿었으며, 그 믿음에 따라 하나님의 뜻으로 통치되는 새로운 나라를 미국에 만들고자 주력했다. 그 결과 미국 민주주의라는 정치 제도의 기반을 만들게 되었다. 하버드대학, 예일대학, 윌리엄스대학 등 미국 내 유수 대학들을 설립하기도 했다.

iii Presbyterianism: 장로교는 16세기 종교개혁 운동으로 형성된 유럽의 칼뱅주의적 개혁파 가운데 스코틀랜드의 존 녹스를 중심으로 형성된 기독교 종파이다. 존 녹스는 칼뱅의 제자로 스코틀랜드로 건너와 종교개혁 사상을 전파했다. 장로교는 칼뱅의 신학적 전통을 따른다는 점에서 신학적으로는 다른 개혁파 교회들과 거의 같다. 하지만 교회 구조에서 목사와 장로가 교회를 다스리고, 대의정치의 원칙에 따라 당회, 노회, 대회, 총회로 이어지는 계층적 교회 질서를 수립했다는 점에서 다른 개혁교회와 구별된다. 장로교는 성공회, 루터교, 재침례파와 더불어 16세기 종교개혁 시기에 형성된 교파 중 하나다.

iv Universalism: 종교는 인간의 보편적 특질이라고 여기는 신학적, 철학적 개념.

v 10세기 종교개혁운동이 주창했다. 개인이 성경을 읽고 스스로 판단할 근거가 있다는 개념.

공동체를 지향한 브룩팜(Brook Farm)과 뉴하모니[i]를 알았으며 이제는 미국보다 더 오래된 공동체(가톨릭)의 구성원이 됐다. 브라운슨은 지난 세기보다는 최근에 더 많은 관심을 받았다[패링턴은 그를 언급하지 않았다. 마치 침묵의 음모가 미국 사상사에서 그의 이름을 삭제해버린 듯했다. 아마도 브라운슨이 교회나 사회적 형태의 측면에서 프로테스탄티즘(Protestantism)을 공격했고 이것이 전통적인 지성계 분류에서 깔끔하게 또 편리하게 어느 한쪽에 속하지 않았기 때문인지도 모른다].[7] 그러나 그는 미국 보수주의 정신으로 볼 때 가톨릭의 진보에 나타난 가장 흥미로운 사례다. 만약 가톨릭계 미국인들이 브라운슨의 희망을 달성하지 못했다 하더라도 아직도 증가하는 그들의 영향력이 대중적인 세속주의를 어느 정도는 억제했다. 북미의 섬세하고 자세한 가톨릭 역사는 만족스럽게 기록된 적이 한 번도 없다. 그 역사가 쓰일 때 브라운슨과 그가 발간했던 《보스턴 쿼털리 리뷰(Boston Quarterly Reveiew)》는 철저히 연구되어야 한다.

체계 자체가 보수적인 가톨릭의 우호적인 영향력을 버크는 여러 번 언급했다. 토크빌은 미국의 삶에 나타나는 보수적인 성향을 묘사했으며 그 성장을 예언했다. 20세기 어빙 배빗은 아마도 로마가톨릭 교회(그 자신은 비록 사랑하지 않았지만)가 문명을 유지하는 유일하게 효과적인 수단이 되리라고 썼다. 브라운슨은 과거 온갖 급진적 관념에 물들었으나 이

---

i New Harmony: 인디애나 주에 세워진 역사적인 도시. 독일 루터 교회의 조지 랩(George Rapp)과 구성원들이 하모니 소사이어티(Harmony Society)가 1814년 세웠다. 1824년 웨일즈 출신 사업가이자 사회기획가인 로버트 오웬(Robert Owen)이 사들여 이상향의 공동체를 세우려 했지만 2년 만에 실패했다. 그럼에도 이 공동체는 미국 사회에 깊은 영향을 남겼다. 교육과 과학을 진작시켰으며 미국 최초의 무료 도서관이 세워졌고, 남녀 모두에 개방된 공립학교가 세워졌다.

제는 모두 버리고 종교적 원칙의 토대 위에서 보호의 의무를 자임했다.

"우리는 자유와 인간의 권리를 들을 만큼 들었다. 이제는 인간의 의무나 당국의 권리 같은 이야기를 들어야 할 때다."[8] 신에게 굴복하고 순종하는 길이야말로 영원한 구원에 이르는 데 반드시 필요하다. 또 그만큼 사회정의와 삶의 평안에 이르는 비밀이기도 하다. 미국인을 종파주의에서 구해오는 일이 지적인 사회개혁가의 임무이자 사제의 의무이다. 왜냐하면 자유로운 정치 제도는 사람들이 종교적인 존승에 젖어 있을 때에만 확보되기 때문이다. 다른 어떤 형태의 정부보다 민주주의야말로 도덕적 법칙에, 인간의 지혜보다 우월한 권위로 규정된 원리에 그 토대를 둔다. 그러나 프로테스탄트의 체계나 초월주의 어디에 도덕률이 적절하게 정의돼 있거나 혹은 그 해석이 이루어져 있는가? 콩코드 지식인들의 "도덕 법(moral law)"은 단순히 감정과 개인적 충동을 관념화했을 뿐 아닌가? 신성을 모독하듯 초월주의자들은 신의 사랑과 인간의 사랑을 혼동했으며 그 바람에 종교는 단지 감상적인 감성으로 전락했다.

프로테스탄티즘은 세 단계를 거쳐 영락한다. 종교를 민간 정부의 명령에 따르도록 만드는 게 그 첫 번째 단계다. 두 번째는 일시적 정부의 권위를 거부하고 종교를 신자들의 통제에 둔다. 세 번째가 개인주의 단계로서 "종교를 전적으로 개인의 통제 아래 두며, 그 개인은 자신의 신조를 선택하고 그 신조를 자신에 적합하게 만들며, 그 자신의 고유한 경배 방법과 규칙을 고안하고 어떤 제약에도 복종하지 않으며 스스로에게만 구속받는다."[9] 이 마지막 단계에 이르면 종교적 정신의 해체가 곧 다가온다. 인간은 역량이 부족해 도움을 받지 않는 이성은 신념을 유지할 수 없기 때문이다. 또 이기적인 선언이나 광신자들의 퇴적물로 퇴락하지 않도록 기독교를 유지·보호하려면 신의 권위(Authority)가 필요하다. 프로테스탄티즘 아래에서는 신의 통치 체제에 복종하기보다는 한 분파가 종교를 통제하고 회중이 성직자들을 위협하면서 자신들의 허영에 아첨하는, 그들의 입맛에 맞는 설교만 강요한다. 프로테스탄티즘은 대중적 자유를 유지할 수 없다. 왜냐하면 "스스로 대중의 통제에 굴복해 대중적 의지, 격정, 이해, 선입견 그리고 광기 모두를 그대로 추종해야 하기 때문이다."[10] 프로테스탄티즘도 그중 하나의 형태이지만 근대정신은 충절이라는 개념을 혐오한다. 충절이라는 개념 위에 이 세계와 다음 세상의 모든 위계질서가 세워지기 때문이다. "근대정신은 이런저런 형태의 정부가 아니라 정통성을 싫어한다. 만약 민주주의가 정통성을 토대로 주장된다면 근대정신은 절대군주제 못지않게 민주주의에도 빠르게 반역한다. 근대정신은 모든 측면에서 실천적 이성의 직접적 부인이다. …그것은 인간의 보편적이고 절대적인 우월성을 주장한다. 또한 종교, 도덕, 정치를 인간의 의지, 격정, 변덕에 굴복시킬 수 있는 제한 없는 권리를 주장한다."[11] 이는 민주주의에 치명적이다. 왜냐하면 근대정신은 반역과 무질서를 자극하며 모든 것을 유동적으로 만들어 민주주의처럼 아주 섬세한 정부를 가능하게 했던 도덕적 연대를 깨뜨리기 때문이다. 귀족정치나 군주정에서는 사회구조를 망가뜨리기 전에 나타나기 어렵다고 생각되는 사회 전반의 종교적 감정이 민주주의에는 반드시 필요하다.

선한 의지는 자유와 정의를 지키는 수호자로 충분하지 않다. 그런데도 충분하다는 착각 때문에 모든 선동가와 독재자가 승리한다. 이식된 관념론이 아무리 많이 동원된다 해도 종교적 규제의 상실을 보상하지 못한다. 인간의 격정은 오직 신의 분노가 내리는 벌과 신앙심의 따뜻한 사랑으로 견제된다. 신의 통치권은 자유를 억압하기보다는 자유를 수립하고 보장하며 권위는 자유의 적대자가 아니라 자유의 옹호자다. 다른 무엇보다도 가톨릭은 보수적이어야 한다. 그러나 가톨릭 신앙의 소유자 상당수는 기존 질서가 자신들의 적이라는 그릇된 태도에 빠졌다. 정부가 가톨릭을 용인하지 않는 국가에서 그들이 왔기 때문이다. "다수는 그들 스스로를 보호할 수 있다. 소수는 법의 우월과 신성함으로만 보호된다. 법은 있는 그대로 옳다. 우리는 그렇게 법을 지키도록 공부해야 한다. 그렇게 한다면 우리는 항상 우리의 영향력을 사용해 보수적인 쪽을 돕지 결코 급진적인 쪽을 돕지 않는다."[12] 성직자에 반대하는 극단적인 프로테스탄트 필자들이 20세기 로마가톨릭 교회에 맞서 사용하던 주장을 예견하며 브라운슨은 그들을 반박했다. 교회는 정부의 일에 끼어들 욕구가 없다. 교회는 단지 정부가 복종하는 도덕적 법률만 옹호한다.

브라운슨은 드 메스트르에 동의하며 헌정 체제는 만들어질 수 없다고 말한다. 헌정 체제는 서서히 만들어지며 한 국가의 역사적 경험이 표현되는 형태다. 그렇지 않으면 종잇장에 불과하다. "모든 정치적 헌정 체제들의 생성 원칙은 …신의 섭리이지 인간의 의지나 의도적 지혜가 결코 아니다." 헌정 체제들은 그 아래 사는 사람들의 경험이 다 다르듯 달라져야 한다. 어떤 형태의 정부라도 한 나라에 오래도록 수립되어 유지됐다면 그 국가 공동체의 삶에 가장 좋은 영구적인 틀이 분명하다. 유럽에서는 군주제와 귀족정치가 계속되어야 한다. 왜냐하면 그곳 존재의 전체적인 성질들은 이러한 제도들에 묶여 있기 때문이다. 그러나 미국에서는 왕실과 귀족이 존재한 적이 없다. 국가가 생성되고 발달하는 과정에서 왕이나 귀족이 이민을 오지도 않았다. 평민만 미국으로 이민을 왔고 따라서 우리의 헌정 체제는 평민이 유일한 계급으로 있는 그러한 나라에 맞게 틀이 짜였다. 공화주의는 미국에 가장 좋은 정부 형태다. 진정한 미국의 보수주의자들은 법을 엄격히 준수하고 성문헌법을 굳건히 준수하는 순수한 형태의 공화국을 유지하려고 투쟁해야 한다. 인간이 만든 제도는 변하기 마련이다. 헌정 체제 역시 때때로 수정되고 고쳐져야 한다. 그러나 사회개혁가가 헌정 체제를 창조하지는 않는다. 그는 헌정 체제를 발전시키고 그 건강의 회복을 돕지만 인간성의 근원에서 출발해 새로운 헌정 체제를 만들어낼 수 없다는 사실은 잘 안다.

"미국인들에 광범위하게 퍼지고 깊게 뿌리내렸으며 활발하게 작동하는 급진적 성향에 우리의 커다란 위험이 있다." 그 무엇도 더 이상 성스럽고 존숭할 만한 대상으로 여기지 않고, 옛것은 배척하고, 바른 것은 망가뜨리고, 모든 종교적 제도나 국내 또는 사회적 제도들을 방황하게 만들면서, 과거로부터 아무것도 빌리지 않고 경험의 자료를 무시한다. 우리는 정확한 의미를 지니는 언어조차 부정하려 한다. 미국인들 다수는 아마 이런 급진적인 성향을 승인하지 않을지도 모른다. 그러나 야망이 있는 광신자나 경쟁하는 정치인들 앞에서는 침묵한다. 우리는 권위의 원칙, 다시 말해 신의 권위를 인정할 때까지 위험한 실험과 변화의 홍수에서 벗어나지 못할 것이다. 교회가 없다면 이런 사실을 이해할 수 없다. 프로테스탄티즘과 그 서투른 분파들이 우리의 눈앞에서 쇠락해갈 때 정통 신앙의 요새는 비국교도들의 구릉 위에 솟아올라야 한다. 정통 신앙이 없으면 인간의 죄와 약점은 그 한계를 모르며 정통 신앙이 없으면 질서와 정의는 소멸한다.

"아무리 명료하고 납득할 만해도 단순한 추론만으로 움직이는 사람은 거의 없다"고 브라운슨은 『The American Republic(미 공화국)』에서 썼다. 비록 미국 정치이론을 다룬 서적으로는 상대적으로 통찰력이 좋은 글이지만 이 책을 아는 사람은 거의 없다. "오랫동안 반복되어온 일이 논리보다 더 강력한 힘을 발휘한다. 일부의 사람들만 새로운 것에 욕심을 내고 언제나 실험을 시도한다. 그러나 모든 나라의 대다수 사람들은 자신들이 알지 못하는 것을 위해 아는 것을 버리는 데 생래적인 반감이 있다. …어떤 이득을 약속한다고 해도 사회나 정부의 구조 개혁이나 변화가 도입됐을 때 과거에 그와 유사한 뿌리나 기원이 없는 한 성공할 수 없다. 인간은 창조주가 아니다. 인간은 계승하고 발전시킬 뿐이다. 그 자신이 창조물이고 제1이 아닌 제2의 원인일 뿐이기 때문이다."[13] 혁신을 좇으려는 야망에 가득 찬 인간의 욕구를 억제하는 이 육체의 보수주의는 그 자체가 신의 섭리에 따른 도구다. 신의 섭리는 본질적으로 창조의 계속이다. 신의 존재를 부정하는 비종교적인 사람들은 자신들을 정체 상태로 몰아넣는다.

미국의 신도들이 로마가톨릭으로 개종하는 과정이 브라운슨의 희망보다 더 천천히 이루어졌는지 모르지만 지속성은 있었다. 미국에서 승리를 거두는 가톨릭의 모습이 어떨지, 토크빌이 암시하고 에블린 워[i]가 추측한 대로일지 아니면 미국의 민주주의와 물질주의로 그 형태가 많이 바뀌고 희석될지는 앞으로 몇 세대가 지나야 알게 될지 모른다. 그들이 브라운슨의 적극적인 지성을 되살려서 미국주의와 정통 교리의 조화를 이룰 수 있다면 대단히 다행스러운 일이다.

---

i   Arthur Evelyn Waugh(1903~1966): 영국의 소설가이자 여행 작가, 다작의 언론인으로 20세기 위대한 문장가의 한 사람으로 인정받고 있다.

세일럼(Salem)의 괴짜이자 불구의 가톨릭 신자인 케일럽 웨더비(Caleb Weatherbee)는 산타야나의 책 『The Last Puritan(마지막 청교도)』에서 감동적으로 말했다. "나는 미래에도 산다. 북적이는 미국 땅에서 살 후손들을 생각할 때, 그들에게는 다행스럽게도 내 육체의 후계자가 아니라 내 정신의 옹호자들이 살아가리라고 어느 정도는 확신한다. 그래서 나는 미래에도 산다. 우리는 언제나 마음을 정결케 했으며 위대한 기대에 봉헌했다. 어떤 기대? 아무도 모른다. 그러나 나는 하느님이 내게 그분의 뜻이 어느 방향으로 가는지 일부는 밝혔다고 믿는다. 나는 내 장애에 감사한다. 왜냐하면 그 장애가 아니었다면 나는 우리의 번영과 사소한 일상에 휘둘려 분명 허둥지둥했을 것이다. 내 자신에게 어떤 힘이 있었겠는가? 불구라는 사실을 몰랐으면 우리의 이름과 방식을 앞세운 어떤 고상한 보편적 지배나 허영이 아니라 겸손과 자선의 새로운 삶이나 회개에 미국인들이 전념해야 한다는 사실을 인지하지 못했을 것이다." 브라운슨이라는 사람 안에서 그랬듯이 뉴잉글랜드의 엄격하고 청교도적인 신앙심과 정통의 흐름을 하나로 묶어 미국의 본질을 회개의 강물에 씻는 일이 전혀 불가능하지는 않다. 히로시마와 나가사키의 충격은 이제껏 거의 아무에게도 알려지지 않은 겸손과 자선의 새로운 삶을 예고했다. 사회 구조에 어떤 영향을 미치든 새로운 국가적 위기는 뉴잉글랜드 양심의 이러한 전환을 지지할 가능성이 높다.

5. 호손: 사회와 원죄

뉴잉글랜드의 과도기적 기간에 가장 영향력 있는 보수적 사상가는 너새니얼 호손이었다. 그는 비유의 제왕이며, "해골만 남은 해적"이고 양심의 문제에 집착하는 유머러스하고 우울한 남자다. 공포물과 희극을 똑같이 좋아한 그는 한때 활동적인 정치인이자 몽상가였다. 에머슨과 그의 추종자들이 그렇게 열심히 무시했던 죄의 강령을 호손은 미국인들의 마음에 다시 심어놓았다.

최근의 몇몇 작가들은 불안의 이 시대에 그들에게 주어진 모든 수단을 활용해 국민주권론(popular sovereignty)을 강화하려 앙앙불락이었다. 그래서 우스꽝스럽게도, 호손이 민주당 당원이었으니 민주주의자임에 틀림없지 않느냐고 강조해왔다. 물론 그는 민주당원이었다. 페니모어 쿠퍼도 민주당원이었다. 호손은 휘그의 상업적 애정과 젠체함 그리고 속물근성을 싫어했다. 그는 미국을 자랑스러워하고 싶었다. 그리고 죽은 과거에 매료됐기 때문에 때때로 미래와 현재에 느끼는 희망을 불편하게 드러냈다. 그러나 호손처럼 타고날 때부터 보수주의자인 사람은 아주 드물다. 그는 전통에 몰두하고 개선을 의심스러워했다. 그의 민주주의는 친구 프랭클린 피어스(Franklin Pierce) 대통령의 민주주의였다. 피어스는 지적이고 온건하며 상당히 재주가 있는 정직한 신사였지만 정치꾼들과 역사가들은 그를 잔혹하게 다루었다. 피어스처럼 호손은 남부 노예제의 저주는 북부의 위협이나 징벌적 입법으로 해소할 수 없다는 사실을 알았다. 그는 노예제를 혐오했다. 그러나 그 존재는 경제적 힘의 추세나 전 세계의 도덕적 확신과 모순되며 시간의 흐름에 따라 연방정부가

---

i 톰 애플턴(Tom Appleton)이라는 작가가 호손을 "해골만 남은 해적(boned pirate)"이라고 불렀다고 한다. 문학적 소재를 유럽에서 많이 훔쳐왔다는 의미로, 혹은 호손이 나이 들자 그 모습이 마치 두개골과 X자 뼈로 상징되는 해적과 비슷하게 보였기 때문이라고 한다.

간섭할 필요 없이 퇴조해가리라는 사실을 알았다. 정부의 개입이나 개인적인 광신적 행위는 국가의 통합을 해칠 뿐이며 이렇게 큰 사회적인 문제를 해결할 수 없다. 호손은 에머슨, 소로, 로웰을 경멸했으며 존 브라운보다 더 정당하게 교수형에 처해진 인물은 없다고 선언했다. 만약 호손의 온건한 태도가 조금 더 넓게 받아들여졌다면 미국의 북과 남은, 호손이 영국 정치 안정의 비밀이라고 마음에 새겼던 전통의 길을 고수했을 것이다. 그러나 이 모두는 이제 우리에게 그다지 중요하지 않다. 호손이 견지했던 개별적인 정치적 견해들은 오늘날 그렇게 중요하지 않다. 그가 그런 견해에 도달하게끔 한 사회적이고 도덕적 원칙들이 더 중요하다. 호손은 과거를 보존하고 죄의 개념을 표현하는 형태로 미국의 사상에 영향을 미쳤다.

보수주의는 죽은 세대에 존경을 표현하지 않는 곳 어디에서도 존재할 수 없다. 미국에서는 삶의 변화, 끊임없는 이주, 진정한 가정의 연속성이 지속되지 않는 현상과 더불어 심지어 부패하기 쉬운 미국식 건물i의 구조까지 모두가 힘을 합해 과거를 무시하도록 미국을 유혹한다. 어떤 세대이든 영원한 사슬 속에 놓여서 앞과 뒤의 세대를 이어주는 연결고리일 뿐이라는 사실을 스코트는 19세기 영국에 환기시키려 했다. 그런 스코트의 비범함을 모두 다 짜낸다 해도 미국인들이 고개를 돌려 그들의 조상을 바라보도록 설득하는 문제는 그보다 더 어려운 일이다. 그런데도 어빙, 쿠퍼, 호손은 파크먼(Parkman) 같은 역사가들과 함께 미국의 상상력을 깨우는 데 성공했다. 그들은 거칠고 단편적인 소재들에서 미

---

i 목조 주택을 가리킨다.

국의 유산이라는 통찰력을 창조해냈다. 그 유산은 대서양 해안가의 영어를 사용하는 사람들 사이에서 생겨난 국가적 이상으로 무정형의 미국인 무리들을 인도하는 데 여전히 도움을 준다. 그 세 작가의 작품들은 보수적 힘을 발휘했으며 호손의 작품이 가장 지속적으로 지적인 힘을 발휘했다. 세일럼의 귀신 나오는 방의 고독 속에서, 고대의 두려움과 신비가 없는 땅에서 수행하는 소설가라는 임무가 얼마나 어려운지 호손은 절감했다. 그는 스스로 옛 뉴잉글랜드의 유령을 생각해내는 방법을 터득했다. 그리고 귀신과 소통하는 그의 능력은 미국의 사상과 지성사에 지금까지도 두드러진 성향을 부여했다. 이버 윈터스[i]는 그의 이런 영향력을 몰의 저주(Maule's curse) 또는 미국의 반계몽주의라고 약간 수수께끼처럼 표현했다. 윈터스가 일반적으로 이해되는 정치적 반계몽주의를 의미하지는 않은 듯하다. 그러나 더욱더 부풀어 오르도록 에머슨학파가 불어댔던 "계몽"의 거품을 미국의 지성계에서 가장 열심히 터트리려 했던 사람이 호손이었다. 호손은 과거를 우상화하지는 않았다. 그는 과거가 자주 음울하고 잔인했다는 사실을 안다. 그러나 바로 그런 이유 때문에 과거 이해가 사회개혁을 구상하는 기본적인 토대가 되어야 한다. 과거를 조사해야만 사회는 인간 본질의 한계를 발견하게 된다.

지금까지 존재했던 모든 사람 중에 미국인들이 과거를 가장 신경 쓰지 않는다. 『대리석 목양신(The Marble Faun)』[ii]에서 호손은 미국인들이 인물 흉상에 돈을 지불한다는 사실이 흥미롭다고 언급했다. "세습되는 가

---

i Arthur Yvor Winters(1900~1968): 미국의 시인이자 문학 평론가.
ii 너새니얼 호손이 1860년에 발표한 소설로 이탈리아를 배경으로 하며 우화, 목가적 이야기, 괴기소설, 여행안내서의 요소가 뒤섞여 있다.

구로서 우리 가정의 존속 기간이 짧았기 때문에 증손자들은 아버지의 할아버지를 모르는 게 거의 확실하다. 따라서 길어야 50년이 지나면 경매꾼은 의사봉을 두드리며 그 돌덩이가 얼마에 팔렸다고 선언하게 될 것이다." 버크가 살았던 영국에서는 조상에 대한 존숭이 여전히 보편적인 사회적 충동이었다. 그리고 옛 방식들의 경멸이 오히려 인위적으로 생겨난 새로운 현상이었다. 그러나 호손의 미국에서는 계속성보다 변화를 더 기대했다. 과거에 보내는 충성보다 미래의 유혹이 더 강력했다. 예전에 그랬듯이 비록 어느 정도의 존숭은 사회에서 반드시 필요했지만 그럼에도 불구하고 존숭은 인위적인 창조물이었다. 인간은 조상을 돌아보고 당연히 앞날의 후손을 생각하는 인위적인 존숭을 만들어낼 필요가 있었다. 호손은 미국인의 기질에 옛것을 존중하도록 영향력을 미친 작가로는 가장 최고였다.

청교도적인 뉴잉글랜드는 호손의 고유한 영토였다. 이곳의 과거는 장기적이고 실질적으로 미국에 보수적인 영향력을 행사했다. 비록 정통에 엄격하게 반대하며 탄생했지만 그 교리에 따르면 미국의 청교도는 영국 국교회주의의 상대적 관대함보다 오히려 더 요구 사항이 많은 정통성을 곧 드러냈다. 『주홍글씨(The Scarlet Letter)』에서, 또 과거로 거슬러 올라가 『일곱 박공의 집(The House of the Seven Gables)』[i], 『Twice Told Tales(두 번 말해진 이야기들)』[ii]과 『Mosses from an Old Manse(낡은 목사관의 이끼

---

i 호손이 1851년에 발표한 공포 소설로 뉴잉글랜드 한 가정의 역사를 추적한 소설. 이 소설에서 저택이 세워진 토지를 처음 소유한 인물이 매슈 몰(Matthew Maule)이다.

ii 두 권으로 된 호손의 단편소설집. 첫 권은 1837년에, 두 번째 권은 1842년에 출간됐다. 모두 잡지나 다른 간행물에서 발표됐던 소설이라 책의 타이틀이 '두 번 말해진 이야기들'이다.

들)』[i]의 많은 단편에서 청교도 정신은 독특한 통찰력과 함께 솔직하게 드러난다. 격렬하게 비판적이며 대담하고, 결연하며 근면하고, 자유로운 정치 제도와 밀접하며, 자기 반성적이고, 감정은 억누르며, 자기애나 자기연민 심지어 세속적인 야망도 용서하지 않는 열정으로 경건함을 추구하는 그런 청교도 정신 말이다. 그 정신엔 두려워할 대상이 많고, 미워할 대상도 조금 있으며, 경외할 대상은 대단히 많다. 더욱 점잖은 뉴잉글랜드 후손의 손을 거쳐 미국의 정신에 지속적인 영향력을 미쳤지만, 청교도적 특성은 근대 미국적 삶의 공통적인 충동이나 열망과는 대척점에 서 있다. 조심스럽게 행동하고, 개선과 확장을 의심스러워하며, 자신은 억누르고, 신학으로 강철같이 무장한 청교도주의는 근대 미국에서 지배적이었던 물질적이고 쾌락 추구적인 욕구를 혐오한다. 이렇게 근대정신은 청교도주의를 증오한다. 청교도주의는 극단적인 형태의 도덕적 보수주의다. 근대 세계를 괴롭히는 모든 형태의 폭동 가운데 도덕적 혁명이 가장 폭력적이다. 그러나 호손 덕분에 미국은 청교도들의 악이나 미덕을 한 번도 잊은 적이 없다. 비록 또 다른 극단적 형태의 무자비한 규율을 제공하는 방식일지라도 청교도주의는 오늘날 미국 사회에서 여전히 어느 정도 영향력을 행사한다. 이 옛 뉴잉글랜드 믿음의 보수적 유산은 누군가 미국 문학을 읽는 한 호손이 남긴 대로 여전히 머물게 된다.

평범한 사람에게는 이 업적조차도 훌륭해 보이겠지만, 이것은 호손의 주요 성취, 즉 잊고 싶어 하는 국민들에게 죄라는 개념을 각인시킨 그 성과에 비하면 부차적일 뿐이다. 호손은 원칙적으로 역사 소설가는

---

i 1846년 발간된 호손의 단편소설집.

아니었다. 그는 도덕성에 불타는 흥미를 느꼈다. 번연[i] 이래 호손처럼 도덕적 우화를 집필한 작가는 없다. 상상력의 힘으로 호손은 양적으로나 질적으로 죄는 언제나 같다고 선언하면서 미국인들의 낙관론을 나무랐다. 개혁 프로젝트는 언제나 인간의 가슴에서 시작되고 끝나야 한다고 선언했다. 인류의 진정한 적은 사회적 제도가 아니라 인간의 마음속에 있는 악마라고 말했다. 인공적인 개선으로 인류를 개선하겠다는 광신자들은 사실상 영혼을 파괴하는 사람인 경우가 대단히 잦았다는 얘기다.

원죄라는 교리의 믿음은 모든 위대한 보수주의 사상가들의 체계에 두드러진 특징이다. 버크의 고상한 기독교적 복종에, 애덤스의 냉정한 비관주의에, 랜돌프의 우울함에, 뉴먼의 "칼뱅적 가톨릭"에 모두 그 특징이 나타났다. 그러나 호손은 거의 전적으로 원죄, 그 실체, 그 본성, 그 결과에 집중했다. 그의 원죄 숙고는 집착이자 직업이고 인생 전부나 다름없었다. 여기서 그는 보수주의의 주요한 설교자가 된다. 보들레르(Baudelaire)는 그의 일기에서 이렇게 썼다. "진정한 문명은 가스등, 증기 기관, 전차대(轉車臺)[ii] 등에 있지 않다. 원죄의 흔적이 감소하는 데 있다." 비록 정신적으로나 감성적인 측면에서 근본적으로 다른 두 사람이었지만, 이 점에서 호손과 보들레르의 견해는 같았다. 영웅적인 노력을 한다면 인간은 이 세상에서 원죄의 영향을 줄일 수 있다고 호손은 말했다. 그러나 이 투쟁은 온전한 집중력을 요구한다. 인간이 원죄를 무시하려 할 때마다 어떤 복수의 천사가 개입하기 때문이다. 물질적이고 영적

---

i　John Bunyan(1628~1688): 영국의 작가이자 정교도 목사. 거의 60권에 달하는 기독교적 우화를 집필했다.
ii　기계의 발명 등 물질적 '진보'를 비유적으로 일컫는다.

인 진보는 무너지고 악마의 존재는 공포와 고통으로 인간의 마음에 다시 각인된다. 오직 한 종류의 개혁만이 시도할 만하다. 바로 양심의 개혁이다.

호손은 진정한 청교도가 아니었으며 심지어 엄격한 기독교인도 아니었을지 모른다. 그의 소설은 종교적 경전도 아니다. 그는 끊임없이 샘솟는 호기심, 심지어 잔인한 호기심 때문에 죄의 구조를 해부한다. 『주홍글씨』와 또 『대리석 목양신』에서 죄는 그 모든 결과에도 불구하고 여전히 어떤 사람들에게 계몽적인, 아니 참으로 고상한 영향력을 행사한다. 죄의 결과는 고통스럽지만 인간을 각성시킨다. 우리는 아직도 죄의 수수께끼에 있는 모든 비밀을 다 모른다. 원죄의 도움 없이 갱생이나 개심은 불가능하다. 호손은 『대리석 목양신』의 거의 끝부분에서 케니언[i]이 두려움을 느끼도록 했다. "그러면 죄는, 우리가 우주에서 무서운 암흑으로 여기는 그 죄는 슬픔처럼 단순히 인간의 교육적 요소로서, 그것이 없었다면 달성하지 못했을 어떤 더 고매하고 순수한 단계로 나아가려는 투쟁의 도구인가? 아담은 추락했지만 우리는 궁극적으로 그보다 훨씬 더 고매한 천국으로 상승하는가?" 죄가 어떤 결과를 초래하든 우리는 사회를 뒤흔드는 가장 위대한 힘인 죄를 상대해야 한다. 잔인함, 파괴, 그리고 무자비한 자기만족을 향한 충동들이 우리의 내면적인 본질을 지배하려고 영원히 투쟁한다. 이를 무시하는 심리가 있는 사람은 사회와 자신을 타락시킨다. 호손은 에머슨과 견해가 완전히 다르다. 『블라이더데일

---

i Kenyon: 『대리석 목양신』에 나오는 네 주인공의 한 사람. 조각가이며 합리적 인본주의를 대변한다. 또 다른 주인공 힐다를 사랑한다.

로맨스(The Blitherdale Romance)』[i]에서, 또 여섯 개의 단편소설에서도 그는 도덕적으로 엄격하지 못한 사람들에게 벌어지는 인도주의의 재앙을 묘사했다. 너새니얼 호손은 원죄를 모든 사회적 계산에 고려하도록 미국인을 확신시키지는 못했다. 20세기의 인간에게 원죄는 가장 불편한 이론으로 남아 있다. 그들은 인간을 재로 만든 부헨발트(Buchenwald) 강제 수용소[ii]의 화로를 보고도, 혹은 시베리아에서 늙은 말처럼 일하다가 죽는 사람들을 보고도 아직도 원죄가 신학적인 속임수에 지나지 않는 듯 행동한다. 심지어 옛 영국의 자유주의적 전통을 이어받은 처칠(R. C. Churchill) 같은 비평가조차 자주 날카로운 비평을 선보이면서도 "원죄가 야만적이고 원시적인 개념"이라고 집요하게 써댄다.[14] 호손이 원죄라는 교리를 대중적으로 유행시키지는 않았다. 그러나 많은 사람들에게 원죄가 사실일 가능성을 불편하고 유감스럽게 인지하도록 만들기는 했다. 이 것이 그가 보수주의에서 거둔 강력한 성취다. 호손 이래로 원죄라는 숨어 있는 의식은 미국의 지식인들을 괴롭혔다.

"혁명이나, 사회적 질서를 어지럽히는 그 무엇이라도 개별적으로 탁월한 미덕을 발휘할 기회를 얻을 수는 있다. 그러나 혁명의 결과는 일반적인 도덕에 해롭다. 대부분의 사람들은 어떤 반복되는 일상에서만 미덕을 발휘하도록 만들어져 있다"고 호손은 그의 짧은 글『The Old Tory(옛 토리)』에서 썼다. 이는 철두철미하게 버크의 정신이다. 호손은 그의 작품을 통해 이 도덕적 보수주의라는 주제로 되돌아온다. 그러나 일단 혁명적인 도덕적 가르침을 실천하고 난 다음『블라이더데일 로맨스』에

---

i 너새니얼 호손이 1852년에 발표한 소설로 '블라이더데일'이라는 이상향을 그렸다.
ii 나치가 1937년 바이마르 근처에 세운 유대인 강제 수용소.

서 죄 많은 충동의 파괴적인 힘을 매우 신중하게 분석한다. 가장 간결한 분석은 『Mosses from an Old Manse(낡은 목사관의 이끼들)』에 나오는 세 개의 단편, 「The Hall of Fantasy(환상의 방)」, 「The Celestial Railroad(천국의 기찻길)」, 「Earth's Holocaust[지상의 전번제(全燔祭)]」에 나온다.

우리가 처한 상황에서, 자연이나 인간 경험의 전부가 유동적이거나 빠르게 바뀌어간다는 사실을 받아들이지 않을 수 없다. 많은 곳에서 지각이 갈라지고 지표 전체가 위험스럽게 솟구친다. 위기의 시절, 우리 자신은 위태로운 소용돌이 속에 있다. 우리의 위대한 지구는 무한한 공간의 대기에 마치 속이 텅 빈 물방울처럼 떠다닌다. 만약 개혁가와 진보적인 사람들 속에서만 산다면 어떤 현명한 사람도 그 현명함을 오래 유지하지 못한다. 따라서 정기적으로 기존의 안정된 체제로 돌아가 옛 관점에서 새로이 관찰하고 자신을 수정해야 한다.

그렇기 때문에 이제 나는 보수주의자들, 《North American Review(북미 평론)》의 작가들, 상인들, 정치인들, 캠브리지 사람들과 대화를 해야 한다. 이해하기 어렵고 몽롱한 현실에서 아직도 하나 또는 두 개의 유서 깊은 개념을 고수해온 모든 존경할 만한 바보들과 대화를 해야 한다.

이렇게 친절한 경멸을 보내며 호손은 브룩팜의 이상주의자나 급진주의자들에, 에머슨과 알콧, 리플리, 마가렛 풀러 등 "꿈꾸는 무리들"에 등을 돌렸다. 왜냐하면 그들이 인간에게 죄가 많다는 사실과 함께 도덕적이고 사회적인 행동의 한계와 그 적절한 기능을 잊었기 때문이다. 『블라이더데일 로맨스』는 광신적 개혁가 홀링스워스(Hollingsworth)의 역사다. 그는 범죄자들의 더 높은 본성에 호소해 그들을 구원하려고 결심했다. 그리고 모든 일이 끝났을 때, 그는 유일한 범죄자인 자기 자신을 개심시키려는 시도를 암울하게 받아들인다. 호손은 커버데일(Coverdale)의 입을 통해 말한다. "박애주의자를 끊임없이 괴롭히는 죄는 도덕적 애매함인 경우가 많다. 그의 명예에 대한 감각은 다른 명예로운 사람들의 감각과 달라진다. 정확하게 언제 어디일지는 모르지만 그는 어디쯤에선가 권리를 행사하고 싶은 욕구에 휘둘린다. 그리고 그의 공적인 목적들의 중요성 때문에 개인적인 양심은 던져버려도 좋다고 생각해버린다." 홀링스워스는 꿈을 좇겠다며 그가 가세했던 사회주의적 공동체(푸리에 식의 계획은 실현성이 없어서 조만간 해체될 운명이었지만)의 파괴를 초래한다. 그는 인습에 구애받지 않고 자신을 사랑했던 여인을 자살로 몰아간다. 그는 범죄자를 수용할 구호소 건립 기금을 얻으려고 위험에 처한 순박한 소녀를 일시적으로 버린다. "더 고상한 본성들"의 보편적 고양을 추진하고자 자신의 고상한 본성은 상실해버리는 셈이다. 그러한 사람은 노예제 철폐론자들처럼, 또 집산주의자들처럼 대부분의 사람들이 어떤 일상에서만 미덕을 발휘할 수 있다는 사실을 잊는다. 도덕적 규율은 깨졌고, 사회는 혼란스러워져 원죄의 원초적인 상태로 다시 빠져든다. 도덕은 가장 부서지기 쉬운 인공물이다.

미국을 괴롭힌 개혁적 열정을 다룬 우화, 「The Hall of Fantasy(환상의 방)」에서 호손은 탄식하듯 공감하며 묘사했다. "피난소를 채운 자칭 개혁가들은 인류가 옛 관습을 마치 누더기 옷이나 되는 듯 벗어던지려 할 때의 시끄러운 기간을 대변하는 사람들이다. …여기 감자의 형태로 신앙이 구체화된 사람들이 있고, 긴 턱수염에 깊은 영적인 중요성을 지닌 다른 사람들도 있다. 여기서 노예제 철폐론자들은 자신의 생각 하나를 철도리깨처럼 휘두른다." 이들은 지상에서 완벽을 추구하는 사람들이다. 그러나 환상의 방에 사는 또 다른 거주자 밀러 신부(Father Miller)는 온 인류가 곧 파멸하리라는 예언과 함께 "돌풍 속의 시든 잎들같이 그들의 모든 꿈을 흩뿌린다." 오직 이와 다른 세계에서나 완벽은 발견된다고 호손은 넌지시 암시하는 듯하다.

「The Celestial Railroad(천국의 기찻길)」에서 호손은 (어빙과 호손에게 강력한 영향력을 행사한) 『천로역정(The Pilgrim's Progress)』을 모방해 루이스가 『The Great Divorce(위대한 절연)』[i]에서 묘사했듯이 멸망의 성읍[ii]에서 천국의 도시[iii]로 가는 여정을 묘사한다. 그 두 도시를 잇는 새로운 철도의 책임자인 순탄로 씨[iv]는 여행자들을 수행하며 현대의 진보와 물질적 발전이 어떻게 죄의 중요성을 없애고 양심의 고통을 느끼지 않게 해주었는지 설명해준다. 절망의 구렁텅이[v]에는 다리가 놓이고, 복음 전도자[vi]의 두루마리 명단은 편리한 판지 입장권으로 대체됐으며, 기차가 가는 도중에 이뤄지던 신앙심 깊은 대화는 점잖은 뒷담화에 그 자리를 양

---

i 루이스(Clives Staples Lewis)가 1944년과 1945년 영국의 《가디언》에 연재한 글. 기독교의 천국과 지옥을 사유한 신학적인 글이며 이후 책으로 출판됐다.
ii City of Destruction: 이사야서 19장 18절에 나오는 이집트의 도시로 『천로역정』에서는 기독교인의 고향이다. 현실 세계를 대변한다.
iii Celestial City: 기독교인이 가는 여행의 최종 목적지로 『천로역정』에서 순례자가 도달하고 싶어하는 도시이다. 신이 사는 곳이며 시온 산에 존재한다.
iv Mr. Smooth-it-away: 존 버년의 『천로역정』에 나오는 개종을 요구하는 성직자인데 호손이 그의 소설 「The Celestial Railroad(천국의 기찻길)」에서 패러디해 만들어낸 인물이다.
v Slough Despond: 『천로역정』에 나오는 가상의 늪. 죄와 죄책감의 무게로 주인공이 자꾸 빠져들어 간다.
vi Evangelist: 성직자. 기독교인에게 천국의 도시로 가게 한다. 성경으로 보이는 책을 기독교인에게 보여준다.

보했고, 죄책감의 부담은 이제 짐칸에 실렸으며, 벨제붑[i]과 쪽문지기 사이의 분쟁은 타협으로 매듭지어졌고, 기차의 기관사는 마음씨 좋은 아저씨[ii]에서 무저갱의 사자 아볼루온[iii]으로 바뀌었으며, 모욕의 계곡[iv]은 고난의 언덕[v]에서 온 물건들로 가득 찼고, 지옥(Tophet)은 반쯤 불이 꺼진 화산의 분화구일 뿐이라 설명해버린다. 위대한 초월주의자는 교황과 이단의 동굴을 물려받았고, 허영의 시장[vi]엔 설득력 있는 목사들로 가득하며, 절망의 성은 유흥의 집으로 바뀌었다. 그러나 알고 보니 천국의 도시에 사는 하느님은 이 뛰어나게 편리한 철도를 받아들이지 않았다. 그래서 천국의 도시로 데려다주겠거니 기대했던 배를 타려고 기차를 떠난 사람들은 전혀 다른 목적지로 가는 뱃사공 카론(Charon)[vii]의 승객이라는 사실을 뒤늦게 알고 당황한다. 도덕적 절대자에 눈감은 현대인들의 운명을 묘사한 내용이다.

「Earth's Holocaust(지상의 전번제)」는 죽은 시대가 존숭하는 전부를 서부의 평원에 있는 모닥불에 던져버리는 방법으로 근대의 인류를 혁신

---

i Beelzebub: 가톨릭에 따르면 지옥의 7악마 중 하나로 에크론의 도시 팔레스타인에서 숭배된 신. 고대 시절 다신교도인 셈족의 신으로 유명한 '바알'을 가리키는 명칭 가운데 하나로도 알려졌다. 일신교도인 유대인 사이에서는 사탄을 달리 이른 말이며 악마의 파리나, 파리 대왕을 지칭하기도 한다. 『천로역정』에서는 천국으로 가는 좁은 통로를 지키는 쪽문 옆에 요새를 짓고 병사들과 함께 천국으로 가려는 사람들에게 불화살을 쏘는 악마로 나온다.

ii Mr. Great-Heart: 기독교인이 가는 여행의 안내자이자 경호원으로 『천로역정』 2부 주인공 중 하나.

iii Apollyon: 『천로역정』에서 멸망의 성읍의 지도자. 사탄의 친구이자 악마의 동반자 중 하나이다. 기독교인에게 천국의 도시가 아니라 자기가 지배하는 땅으로 돌아와 봉사하도록 종용하며, 모욕의 계곡에서 기독교인과 한판 전투를 벌인다.

iv Valley of Humiliation: 고난의 언덕의 또 다른 면이다. 기독교인이 신의 무기로 보호받고 아볼루온과 싸워 끝내 승리한다.

v Hill Difficulty: 고난으로 가는 언덕이자 길. 위험과 파괴라는 샛길로 빠질 난관이 있다. 기독교인은 고난이라는 옳은 길을 택하지만 위선자와 형식주의자는 다른 두 길을 각각 택한다.

vi Vanity Fair: 『천로역정』에서 왕의 고속도로를 지니며 1년 내내 열리는 시장.

vii Charon: 그리스 신화에서 삶과 죽음을 가르는 두 강 스틱스(Styx)와 아케론(Acheron)을 건너 망자를 실어 나르는 뱃사공. 카론에게 주는 뱃삯인 동전은 사자의 입에 넣어둔다.

해서 과거를 파괴하는 내용이다. 족보, 귀족의 문장, 기사휘장 등 귀족의 모든 장신구가 불 속에 던져진다. 절망적인 신사는 외친다. "야만에서 발전해 나왔으며 다시 그쪽으로 퇴보하지 않도록 막아주는 당신의 모든 징표를 이 불이 태워버린다." 보라색 옷과 왕실의 홀(笏)마저 뒤따라 불길에 던져진다. 독주와 담배 그리고 전쟁의 무기와 교수대, 곧이어 결혼 증명서와 돈까지 불타오르며 땅문서와 모든 성문헌법까지 모두 불태워버려야 한다는 고함이 솟구친다. 그 불길은 수백만 권의 책과 당대의 문학으로 더 번져간다. "이제 인류는 과거의 가장 현명하고 똑똑한 사람들이 꿈꾸던 수준 이상으로 발전한 단계에 도달했기 때문에 글에 남아 있는 하찮은 성취로 지구가 방해받도록 계속 허락한다면 이는 명백한 바보짓이다." 화장용 땔감을 보충하면서 사람들은 곧 사제들이 입는 성의, 주교관(主教冠), 주교장(主教杖), 십자가, 세례반, 성수반, 성찬대와 설교단은 물론 성경까지 불길에 집어던지려 한다. "듣는 사람들이 움찔하는 진실은 세계의 요람기를 이야기한 우화에 지나지 않는다." 그렇게 성경도 함께 전번제에 던져진다.

이제 인간의 과거 모든 유산은 이 엄청난 개혁에서 전부 파괴되고 인류에겐 원시적인 순수함만 남을지 모른다. 그러나 "가무잡잡한 안색의 사람"[i]은 절망하는 반동주의자들을 안심시킨다. "현인인 체하는 사람들이 불에 던지지 못한 단 하나가 남아 있다. 그것 없이는 나머지 모든 불길은 사실 아무것도 아니다." 인간의 심장 말이다. "그들이 그 더러운 동굴을 정화할 어떤 방법을 찾아내지 못하는 한 그것은 모든 잘못과 불행

---

i 너새니얼 호손을 가리킨다.

의 형태를 다시 만들어낼 것이다. 똑같은 잘못이거나 더 나쁜 잘못을 말이다. 그들이 지금껏 불태우려고 그렇게 애쓴 모든 잘못을 반복할 뿐이다. 나는 이 밤 내내 서서 이 모든 일을 바라보며 회심의 미소를 지을 뿐이다. 내 말을 믿어라. 아직도 세계는 옛날 그대로다."

호손이 결연하게 확신했던 그 핵심적 내용이다. 도덕적 개혁만이 진정하고 유일한 개혁이다. 죄는 죄를 고려하지 않은 광신자들의 계획을 더럽힐 뿐이다. 무한하게 천천히 이뤄지는 양심의 진보를 통하지 않은 진보는 환상일 뿐이다. 그러나 호손은 피어스처럼 남과 북이라는 광풍의 소용돌이에 무너졌다. 그 폭풍은 사우스캐롤라이나의 섬터(Sumter)로 울부짖으며 다가가 버지니아의 매너서스(Manassas)에서 애포매톡스를 의기양양하게 휩쓸어버렸다. "현재와 지금 당장 그리고 실제적이라는 게 얼마나 힘이 센지 내게 증명했다"고 너새니얼 호손은 그가 죽던 마지막 해, 게티스버그 전투가 벌어졌던 그 해에 썼다. "그것들이 내 얄팍한 능력은 물론이고 상상으로 구성해보려는 욕망까지 앗아가버렸다. 슬프게도 나는 천 편의 아름다운 환상만 태풍 위에 흩뿌리는 데 만족하도록 남겨졌을 뿐이다. 그 태풍은 우리 모두를 지옥의 변방(Limbo)으로 휩쓸어 가버릴 가능성이 크다. 그곳에서 우리나라와 그 정체(polity)는 문자 그대로 내가 쓰지 못한 소설만큼이나 산산이 부서진 꿈의 파편일지도 모른다."[15]

남북전쟁과 복구(Civil War and Reconstruction)는 죄 많은 욕구와 개혁의 열정이라는 폭풍이 부채질한 화마였다. 그 화마의 상처에서 미국의 도덕적, 정치적 보수주의는 아직 회복하지 못했다. 아마도 영원히 회복하지 못할 수도 있다. "내 말을 믿으라. 지금까지 도움의 손길을 내민 수많은 사람들을 놀라게 할 만한 연료가 더 보충될 때야 그 불은 꺼질 것이다." 「Earth's Holocaust(지상의 전번제)」에 등장하는 한 관찰자는 이렇게 열변을 토했다. 전쟁이 불타올랐을 때 뉴잉글랜드의 이상주의자들은 그들의 원죄 논리로는 사라졌어야 할 치명적 무지, 잔혹함, 타락이 잿더미에서 다시 꿈틀거린다는 사실을 발견하고 경악했다.

THE CONSERVATIVE

VIII

보수주의와 상상력: 디즈레일리와 뉴먼

MIND

:

이성은 인간의 행동과 진보에 커다란 족적을 남긴 위대한 성취를 이루지 못했다. 이성이 트로이를 포위하지 않았고, 이성 때문에 사라센(Saracen)이 사막을 벗어나 세계를 정복하지도 않았다. 이성이 십자군을 부추기지도, 수도원을 세우지도 않았다. 이성은 예수회(Jesuits) 수사들을 만들어내거나, 프랑스혁명을 창조하지도 않았다. 인간은 격정으로 행동할 때 진정으로 위대하다. 상상력에 호소할 때 인간은 가장 매혹적이다. 심지어 모르몬교의 신자들이 벤담의 추종자들보다 그 수가 더 많다.

_벤저민 디즈레일리, 『Coningsby(코닝스비)』[i]

1. 마르크스의 유물론: 자유주의의 결실

두 명의 유대인이 새로운 보수주의와 새로운 급진주의를 소개했다. 디즈레일리와 마르크스다. 30년간 비록 사회의 양극단에 있었지만 그들은 같은 런던에 살았다. 휴헨덴 저택[ii]의 화려한 소유주는 영국 하원을 놀리거나 홀리고 때로는 깜짝 놀라게 했다. 다른 한 사람은 (커닝엄 그레이엄[iii]이 말했듯이) 부두 노동자들조차 대수롭지 않게 여길 푼돈을 받으며 세계 각국의 지식인들이 눈이 닳도록 고생하던 대영박물관에서 땀 흘리

---

i   코닝스비는 영국 링컨셔 린지구 동쪽의 마을 이름이다. 디즈레일리가 1844년에 발표한 정치소설의 제목이기도 하다.
ii Hughenden Manor: 빅토리아식 건물로 버킹엄셔의 하이위컴(High Wycombe) 근처에 있다. 벤저민 디즈레일리의 시골 거주지였다. 지금은 국가 소유로 일반인에게도 개방되어 있다.
iii Robert Bontine Cunninghame Graham(1852~1936): 스코틀랜드 정치인이자 작가, 언론인. 자유당 소속 국회의원이었으며 영국 하원의원 최초의 사회주의자였다.

며 노력했다. 이들은 이스라엘의 두 아들이다. 두 사람 모두 정통 유대
교와 절연한 유대인을 아버지로 두었다. 디즈레일리와 마르크스는 19세
기 자유주의 사회는 곧 멸망하리라고 인식했다. 마르크스는 기존의 사
회 체계를 모두 없애버리고 전적으로 유물론에 입각한 집산주의적 삶으
로 대체하자고 제안했다. 디즈레일리는 결연히 옛 질서를 되살리려 했다.

만약 리카도가 위대한 자유주의 경제학자로 인정된다면, 빅토리아
여왕 즉위에서부터 현재까지 영국 사회사상 부문에서 발생했던 세 가지
주요한 운동이 모두 헤브라이 전통에 젖은 지도자들의 지배를 받았다고
할 수 있다. 그 세 사람 중 누구도 유대인의 정신을 완전히 떨쳐내지 못
했다. 디즈레일리는 적어도 이러한 유대를 끊으려 시도하지 않았다. 왜
냐하면 그는 비록 영국국교회 신자라고 공언했지만 자신의 조상을, 유
럽을 정복한 "위대한 아시아의 신비"를 자랑으로 여겼다. 그는 기독교가
헤브라이즘[i]의 정점이라고 말했다. 보수적 사회는 헤브라이 도덕 원칙의
세속적 표현이라는 말이다.

그러나 빅토리아 시대의 보수 사상이 전적으로 그의 열정적이고 기
괴한 상상력으로 유지됐다고 말한다면 과장이다. 물론 그가 정치운동으
로서 토리즘(Toryism)을 되살려내기는 했다. 공리주의적 자유주의에 빨
려 들어가지 않도록 디즈레일리는 토리즘을 구해냈다. 그는 대중이 보
수주의에 매력을 느끼도록 만들었다. 그 결과 그가 개혁법을 도입한 지
150년이 지났지만 하원의 과반수는 아직도 그를 지지한다. 그의 소설과

---

i 헤브라이즘은 히브리어의 사용, 기질, 특징, 헤브라이 문화 또는 헤브라이 정신, 유대인과 그들의 믿음,
국가 이념, 문화 등은 물론 유대교와 기독교 정통을 총괄하여 사용되기도 한다. 헬레니즘이 이성적·과
학적·미적인데 비하여, 헤브라이즘은 의지적·윤리적·종교적이다.

연설은 영국인의 마음에 토리의 유산이라는 신화를 심었다(구체적으론 아무리 기발해도 본질적으로는 신화가 맞다). 또 독일과 프랑스에서 혁명의 세력으로 불타올랐던 낭만적 열정의 대부분을 보수주의 쪽으로 돌렸다. 소설가로는 엄청나게 명민하고 당의 지도자로는 화려할 만큼 신출귀몰했으며, 외교관으로선 멋지게 영리했지만 정확하게 말해 디즈레일리는 철학자가 아니었다. 때로는 별난 상상력의 아낌없는 발현에서 그의 비범함이 드러났다. 버크가 마지못해, 그러나 위엄 있게 언급했고, 콜리지가 자신의 복잡한 정신세계에 몽환적으로 적용했던 형이상학적 제1의 원칙들이 디즈레일리의 책과 연설에는 없다. 희미하게 장막이 처진 후궁에 사는 여인들처럼, 반짝이는 경구나 거대한 동양의 비밀이 언뜻언뜻 보일 뿐이다. 빅토리아 시대 보수주의 철학의 달인은 뉴먼이었다. 이 장에서는 뉴먼과 『Sybil(시빌)』, 『Contarini Fleming(콘타리니 플레밍)』[i]의 저자인 디즈레일리를 다룬다. 성격은 서로 일치하지 않았지만 이 두 사람은 당대에 전통적인 영국인의 생각과 틀을 보호한 주요 인물이었다. 그러나 디즈레일리는 어찌 보면 토리즘에 끼어든 침입자였다. 디즈레일리가 되찾아오기로 작정한 대의명분을 지녔던 사람들이 오히려 오랫동안 그를 불신했기 때문이다. 또 당대 사람들 대부분은 뉴먼이 로마 때문에 캔터베리(Canterbury)를 잊은 영국 전통의 배교자라 여겼다. 보수주의자들이 선천적인 혼수상태에서 깨어나려면 흔히 자신들의 일원이 아닌 다른 사람의 도움을 필요로 한다. 토리당원들이 캐닝보다 더 신뢰했던 로버트 필 경은 무의식적으로 토리당을 파멸로 이끌었다.

---

i 디즈레일리가 1832년 익명으로 출간한 세 번째 소설. 심리적 자전 소설이며 토머스 칼라일이 번역한 괴테의 『빌헬름 마이스터의 도제(Wilhelm Meister's Apprenticeship)』(1796)의 모방으로 보인다.

『공산당 선언(Manifest der Kommunistischen Partei)』을 1848년 마르크스와 엥겔스가 발표했을 때 디즈레일리는 토리당의 당수가 되었다. 뉴먼은 버밍엄의 교회당에서 더블린(Dublin)에 가톨릭 대학을 설립하려고 애쓰기 직전이었다. 1867년 『자본론(Capital)』 제1권이 등장했을 때 디즈레일리는 선거개혁법을 통과시켰다. 뉴먼이 『Apologia pro Vita Sua(내 삶을 변호함)』[i]과 『A Grammar of Assent(인정의 원리)』[ii]를 쓰던 그 무렵이었다. 이 세 사람은 서로 일치하지는 않았어도 모두 자유주의에 맞서는 저항을 벌였다. 자유주의는 스스로 영생불멸이라고 확신했다. 그러나 자유주의가 세계에서 그리 오래가지 않으리라고, 과도기적 교리이거나 덧없는 한순간의 개화일뿐이라고 믿었던 사람들이 있다. 바로 마르크스, 디즈레일리, 뉴먼이 그들이다. 비록 자유주의는 스스로 영광스러운 새로운 꽃이라고 상상했지만 사실 낡은 질서의 몸체에 붙어사는 기생충에 지나지 않는다고 이 세 사람은 생각했다. 자유주의의 도덕과 정치는 자유주의가 부인하는 전통적 토양에서 생명력의 원천을 받아들인다. 따라서 구질서가 멸망하면 자유주의도 시들어버릴 수밖에 없다. 벤담주의자들과 맨체스터 자유주의[iii]자들의 회의주의는 전통적 신념이 실질적으로 통제하는 사회에서만 번성할 수 있다. 자유주의적 의회주의는 옛 잉글랜드의 귀족적 충성으로 지탱된다. 전통적 정치 질서와 정통이 죽으면

---

i 뉴먼이 자신의 종교적 견해를 옹호하려고 1864년에 발간한 책자. 뉴먼은 영국국교회를 탈퇴한 다음 이 책을 썼다.
ii 뉴먼이 1870년에 신앙의 철학을 주제로 쓴 책. 뉴먼은 이 책을 쓰기 시작한 지 20년 만에 완성했다고 가까운 친구들에게 밝혔다.
iii Manchesterism: 맨체스터 자본주의 또는 맨체스터 자유주의. 19세기 영국 맨체스터에서 코브던과 브라이트가 이끈 사회운동으로, 이들은 아담 스미스의 사상을 받아들여 자유무역이 더 평등한 사회를 가져온다고 주장했다. 평화주의, 노예제 철폐, 언론 자유, 정교 분리 등을 주장했다.

자유주의도 그들과 함께 무덤으로 들어간다. 마르크스는 중산층의 상승이 완성되고 붕괴되면서 자유주의도 무너지리라는 사실을 기대하는 잔인한 즐거움을 만끽했다. 디즈레일리와 뉴먼은 공리주의가 무너뜨린 균형을 회복해 경건함, 질서, 그리고 자유를 구해내려 노력했다.

벤담, 밀, 그로트(Grote) 같은 학자나, 코브던[i], 브라이트[ii], 채드윅[iii] 같은 정치인을 막론하고 자유주의자들에게서 가장 두드러지게 결여된 능력은 고매한 상상력이다. 그들은 거의 십계명을 지키듯이 아무리 고립적인 현상이라 하더라도 개별적인 것을 귀하게 여기며 사실들을 좇는다. 이렇듯 사실에 열정적으로 집착하는 현상은 베이컨과 로크의 유산이며 영국과 미국 사람들에게 우울한 영향을 미쳐왔다. 던컨 포브스[iv]는 논평했다. "영국의 역사가들은 아직도 콜리지의 생각이 청어떼의 이동이나 의회의 법안보다는 '실제에 좀 부족하거나 엄정한 사실에 미치지 못한다'는 느낌에서 벗어나기 힘든 모양이다. 사상사는 다른 어느 나라보다 영국에서 가장 푸대접을 받았다."[1] 영국의 경험주의를 뛰어넘어 디즈레일리와 뉴먼 두 사람은 모두 관념을 두려워하지 않았다. 그들은 상상력의 힘 그리고 역사에서 상상력이 행사하는 역할을 이해했다. 그들보다는 못해도 마르크스 역시 비슷하게 생각했다. 비록 마르크스가 논쟁과 증명의 공리주의적 개념을 형식적으론 고수했고, 과학적이고자 하는 호전적 결의도 있었지만 그의 영향력은 상상력을 지닌 사람의 그것이었다. 비록 그의 상상력은 더럽혀지고 족쇄가 채워졌지만 여전히 관념의 세계

i   Richard Cobden(1804~1865): 영국의 제조업자. 급진적 자유주의 정치인으로 자유무역을 주장했다.
ii   John Bright(1011~1889): 영국의 급진적 자유주의 정치인. 웅변가. 자유무역을 주장했다.
iii Edwin Chadwick(1800~1890): 영국의 사회개혁가. 위생과 공중 건강 개선에 들인 노력으로 유명하다.
iv   Duncan Frobes(1922~1994): 영국의 역사학자.

를 끌어들여 개별적인 사실의 독재를 넘어서는 우월함을 과시했다. 알렉산더 그레이[i] 교수는 말했다. "마르크스가 옳았는지 틀렸는지를 따진다든지, 『자본론』 1권과 3권이 서로 일치하지 않거나 논리적으로 결함이 있는지 뒤지거나, 마지막으로 마르크스의 사상체계를 "반박"하려 한다면 시간낭비일 뿐이다. 왜냐하면 마르크스와 사귈 때 우리는 더 이상 이성과 논리의 세계에 있지 않다. 그는 미래를 보았다. 모든 사물이 사라지는 형태는 대단히 분명하게, 그러나 어떻게 모든 사물이 새로이 만들어지는지는 대단히 희미하게 나타나는 미래를 보았다. 그러나 그의 미래 구상은, 적어도 그 일부는 많은 사람들의 심금을 울렸다."[2] 알려지기는 유물론자였지만 마르크스는 사실 헤겔의 교리를 받아들인 관념론자다. 마치 네소스의 독 묻은 옷[ii]처럼 자신의 몸에서 찢어내려 했던 마르크스의 이런 관념론적 특징은 그가 방법론을 모방했던 공리주의자를 어떻게 이길 수 있었는지 설명해준다. 비록 결과적으론 옳지 않았지만 마르크스는 목적을 다루었다. 반면 자유주의자들은 수단과 개별적인 사실만 다루었다. 대중은 이성보다는 상상력으로 더 지배된다. 따라서 이 싸움에서의 승리는 미래를 꿈꾸는 자의 몫이었다.

마르크스에게 인간이 추구하는 목적은 조건의 절대적 평등이다. 마르크스는 자연 상태라는 가정에서 인간이 평등했다는 환상을 믿지 않는다. 평등은 사회에서 한 번도 존재한 적이 없다는 사실을 알았으며 자연권이라는 모든 개념을 비웃었다. 또 평등은 회복되는 게 아니라 창조

---

i Alexander Gray(1882~1968): 스코틀랜드 관료. 경제학자이자 시인, 작가.
ii 그리스 신화에서 네소스(Nessus)의 피 묻은 옷은 히드라의 독이 묻은 옷으로, 후에 헤라클레스를 죽음에 이르게 한다.

돼야 한다고 믿었다. 인간은 본질적으로 평등하지 않다. 사회주의자들은 입법과 경제적 수단으로 인간을 평등하게 만들어야 한다. "평등을 만들어내려면 우선 불평등을 수립해야 한다." 이것이 자본론의 가장 중요한 문장 아닌가? 똑똑하고 강하고 근면하고 미덕이 있는 사람들이 약하고 바보 같으며 게으르고 사악한 사람에게 봉사해야만 한다. 자연이 그런 사회주의적 부자연스러움에 복종해야 관념의 정당함은 입증된다. 그레이(J. L. Gray)는 "공산주의 목표에 무조건 집착하는 모습에서 나타나듯 마르크스는 소박한 직관에 따른 윤리적 지식을 확신한다. 아울러 사회 발전에서 혁명이라는 수단의 고유한 효율성을 강조한다. 그런 그의 역사 철학까지 볼 때 우리는 관념론의 핵심인 연역적 추론의 예들을 알게 된다"고 썼다.[3] "최대 다수의 최대 행복"을 끊임없이 반복하는 쪽보다는 비록 자의적이긴 해도 평등이라는 이 윤리적 목적에 더 많은 상상력이 담겨 있다. 이렇게 한때 자유주의자들이 장악했던 급진적 충동은 벤담주의를 버리고 마르크시즘을 택했다. 군더더기로 많이 포장됐지만 결국은 시기심이라는 원칙이 벌거벗은 사리추구(Self-Interest)를 압도해버렸다.

디즈레일리와 뉴먼이 품었던 목적과 상상력은 마르크스의 그것과는 또 다른 성질을 지녔다. 그들은 평등이라는 사상을 극도로 싫어했고 질서에 목적을 뒀다. 정신의 영역에 자리 잡은 질서, 사회의 영역에 있는 질서였다. 종교적 신앙에서는 교회의 성스러운 특징을 인정하는 믿음이며, 교회는 국가와 무관하게 영원히 존재하는 공동체다. 정치에서는 사회적 다양성을 인정하는 체계이며 권리와 의무의 위계질서를 말한다. 토리의 민주주의에 세례를 베푼 디즈레일리는 귀족정치라는 원칙을 중심에 두고 영국 사회라는 개념을 형성해갔다. 정치적 권위의 도구로만 존재했을 뿐인 교회를 구해내는 데 기여한 뉴먼은 영혼의 삶을 진실에의 동의로, 교육을 초월적 지혜로 올라가는 사다리로 보았다. 두 사람은 모두 "법과 질서"가 동어 반복이 아니라는 사실을 알았다. 종교적인 법이나 세속적인 법이나 모두 질서, 정신, 관념의 위계와 사회의 계급이 있어야 제대로 작동한다.

이 상상력이 풍부한 보수주의자들과 이들이 존재를 거의 몰랐던 음침한 경쟁자들의 활동은 1830년대 자유주의자들의 승리에서 보수주의자들이 되살아난 1880년대에 이르기까지 50년 동안 서로 엇갈렸다. 1832년 선거개혁법의 도입에서 1867년의 개혁으로 그 결과가 느껴지게 될 때까지는 자유주의의 시대였다. 정치적으로는 1832년 선거권을 부여받은 "잡화상들의 정부(government by grocers)"였고 중하층 계급들의 50년이었다. 경제적으로는 맨체스터 자유주의의 승리였으며 자유무역, 자유기업, 그리고 경쟁적 개인주의의 시대였다. 지성적으로는 공리주의가 대중화된 시대였다. 종교적으로는 국교회 교무위원회[i], 복음주의[ii], 바리새 클래펌파[iii], 트롤로프[iv]의 소설에 등장하는 슬로프 목사[v]의 시대였다. 대중의 삶은 생시몽[vi]과 엥겔스가 묘사한 도시와 산업 지역의 주

---

i   Ecclesiastical Commission: 영국국교회가 1835년 교회 수익의 적절한 배분 등을 위해 만든 위원회.
ii Evangelicalism: 기독교에서 16세기 종교개혁 이후 개신교의 일반적인 신학적 경향을 지칭하던 용어이다.
iii Clapham Sect: 존 뉴튼이 창시한 영국국교회의 분파로 런던 클래펌에 근거지를 둔 사회개혁가들을 지칭한다. 1780년에서 1840년까지 활발하게 활동했다.
iv Anthony Trollope(1815~1882): 빅토리아 시대 영국의 소설가. 가상의 도시를 다룬 소설 모음집 『Barchester Towers(바체스터 타워)』의 작가로 유명하다.
v   Mr. Obadiah Slope: 『Barchester Towers(바체스터 타워)』에 등장하는 인물로, 프루디에 주교에게 영향력을 행사했던, 감언이설에 능하고 약삭빠른 목사.
vi Saint-Simon(1760~1825): 프랑스의 사상가이자 경제학자. 계몽주의 사상의 영향을 받으며 자랐고,

민이 처한 곤경이 말해주듯 지옥 같은 나날이었다. 당시 영국은 소설『어려운 시절(Hard Times)』[i]과『황폐한 집(Bleak House)』[ii]이 그렸듯이 신음하고 악취를 풍겼다. 그런 영국은 메이휴[iii]의 기록물『London Labour and the London Poor(런던의 노동과 런던의 빈자)』[iv]와 기싱[v]의 소설『Workers in the Dawn(새벽의 노동자들)』[vi]에서도 지속됐다. 디즈레일리가 필에 맞서 논쟁을 벌이고 뉴먼이 로마가톨릭으로 개종했을 때 차티스트운동이 활발하게 일어났다. 보통선거를 요구한 차티즘은 영국의 모든 사회계급을 괴롭히던 불안의 한 증상이었을 뿐이다.[4] 그때는 디즈레일리의 소설『Sybil(시빌)』과『Two Nations(두 나라)』가 발표됐던 영국이었다.

"기근의 40년대(Hungry Forties)"는 사실 특별히 굶주리지는 않았다. 사람들은 오히려 1830년대나 1820년대보다 더 잘 먹었다. 그리고 1850년대는 전 시대보다 더 잘 먹었다. 번영의 혜택이 사회의 더 낮은 계층으로 계속 확산돼갔기 때문이다. 동시에 옥수수 수입금지법의 폐지에 따라 반드시 오리라고 옛 토리(Old Tory)가 확신했던 농촌의 불황은 끝내 오지 않았다. 차티즘 그 자체의 정신처럼,『Sybil(시빌)』에 묘사됐던 무질

오웬, 푸리에와 함께 공상적 사회주의자로 분류된다. 18세 때 미국 독립전쟁에 참전했다가 미국의 산업 발전에 충격을 받고 귀국해 프랑스혁명에 찬성했다. 자원을 독점한 지배계급과 피지배계급의 계층 간 갈등으로 역사가 발전한다고 주장했으며 마르크스와 엥겔스의 사회주의 이념과 존 스튜어트 밀의 사상에 영향을 주었다.

i   찰스 디킨스의 소설. 1854년 주간지로 출판이 시작되었다. 상상의 도시인 코크타운(Coketown)이 배경으로 당대의 사회·경제적 압력을 묘사했다.

ii   찰스 디킨스의 소설. 영국의 사법 제도를 풍자하고자 쓰여졌으며 서로 상충되는 유서를 둘러싼 법정 소송을 다룬다.

iii   Henry Mayhew(1812~1887): 영국의 언론인, 극작가, 사회연구가. 《모닝 크로니클(Morning Chronicle)》 신문에 런던의 노동자 실태에 관한 글을 연재했다.

iv   빅토리아 저널리즘의 산물로 1840년대 런던 노동자들을 관찰하고 기록한 헨리 메이휴의 작품이다. 신문에 연재됐다가 나중에 책으로 출판되었다.

v   George Robert Gissing(1857~1903): 영국의 소설가이자 교사.

vi   1880년에 세 권으로 출간된 조지 기싱의 소설. 가난하지만 막 주목받기 시작한 예술가와 창녀의 불행한 결혼 생활을 다뤘다.

서는 싸구려 빵과 더 높은 임금으로 완화됐다. 마르크스는 여러 측면에서 선견지명이 있었지만 노동계급의 빈곤이 갈수록 절망적으로 변해가리라던 예언은 틀려도 한참 틀렸다. 1848년 이래 산업 인구의 물질적 조건은 전쟁이 있었던 잠깐의 기간이나 경제적 혼란기를 제외하곤 서구 사회 전반에 걸쳐 개선됐다. 그러나 디즈레일리나 뉴먼은 비록 새로운 프롤레타리아의 물질적 조건이 안타까운 형편임을 알긴 했지만 빅토리아 사회의 주요한 문제는 물질적 빈곤이 아니라고 판단했다. 악은 그보다 더 깊이 퍼져 있다고 생각했다. 인간성, 종교적 위안, 정치적 전통, 존재의 품위, 진정한 가정, 교육, 도덕적 개선의 가능성 등이 박탈되었기 때문에 대중이 겪는 문제가 바로 악의 뿌리라 여겼다. 대다수의 사람들은 언제나 가난했다. 그러나 기독교가 승리한 이래 이처럼 지루하고 희망을 잃은 시대는 없었다. 이처럼 더럽고 먼지투성이의 무시무시한 도시에서 단조로운 노동에 매달려야 했던 때는 없었다. 도덕적 개인주의와 물질적 성공만이 최고라는 철학적 분위기에서 말이다.

자유주의의 성과를 보고 디즈레일리와 뉴먼은 각자 다른 방법으로 토리(Tory)를 개혁해나갔다. 부르주아의 부상을 혐오했던 마르크스는 그 체계의 모든 정신적이거나 반정신적 특징들에도 불구하고 인간의 노동력으로 지배되는 사회가 되어야 한다고 생각했다. 디즈레일리는 정치인으로, 뉴먼은 철학자로 이런 종류의 급진주의에서 공리주의 원칙에 입각한 인간 존재의 더 깊고 심각한 타락만 보았을 뿐이다. 신앙과 충절 그리고 전통은 그들이 견지한 사회사상의 기초였다. 디즈레일리와 뉴먼은 탐욕스러운 산업주의와 사회를 파고드는 벤담주의 철학이 없애버린 것들을 인류에게 되돌려주려 했다. 그들의 도구는 상상력의 힘이었다.

450

2. 디즈레일리의 국민 공동체론

1832년 개혁 법안이 통과된 다음, 산산조각이 난 토리당의 납골당 같은 당사에 토리의 원칙들은 얼마나 남아 있었을까? 키이스 펠링은 이렇게 묻고 스스로 답했다.

많았다. 만약 프랑스혁명 이후 18세기 휘그(Whig)의 독점을 지켜주느라 그들 스스로 기진맥진했다는 사실을 깨달았다면 말이다. 토지귀족이 모든 정치권력을 보유해야 했고, 배타적 교회로 그 권력이 강화되어야 했던 시대를 지켜내야 했던 토리가 그 껍질을 잘라냈다면, 그들 주변의 새로운 세계라는 관점에서 타고난 그들 고유의 힘을 분석했다면, 그들이 앞으로 해야 할 일과 불멸의 가치들이 아직 살아남아 있다는 사실을 발견했을 것이다. 역사적 공동체인 사회를 위해 신성한 본래의 모습과 그 권한을 여전히 지닌 교회가 있었다. 비록 더럽혀지고 미움을 받고 정파적으로 변하긴 했지만 아직 담당해야 할 역할이 있었던 왕실이 있었다. 그리고 국민들이 있었다. 당시 그들은 무시되었고 파벌에 사로잡혔고, 거의 혁명 지향적이었다. 그러나 스스로 원했는지는 모르지만 고대의 경계와 오랜 사랑 안에서 그들은 새 삶을 살아갈, 새로운 행복을 발견할 능력이 있었다. 씁쓸하고 비통한 혁명적 형식이나 감상적 이상이 아니라, 후커, 버크, 콜리지가 출범시켰고, 약간의 결점에도 불구하고 최근에는 피트, 리버풀, 허스키슨, 캐닝 등이 그 예를 보인 삶의 균형 잡힌 기준, 질서 있는 자유에 호응할 수 있었다.[5]

당연히 이 문장에는 디즈레일리의 울림도 있다. 벤저민 디즈레일리가 몰락한 반동을 떠오르는 보수주의의 용기로 바꾸어버렸기 때문이다.

『Coningsby(코닝스비)』에서 시도니아(Sidonia)는 유대인들이 본질적으로 토리들이라고 말했다. "토리즘은 유럽을 길들인 전능한 원형에서 복제됐을 뿐이다. 그리고 모든 유대인 세대는 그들에게 적대적인 사회에 점점 더 강력해지고 위험해져야 한다." 왜냐하면 어떤 사회에서나 완전한 시민권이 거부되면 유대인들은 급진적 운동이나 비밀 결사에 휩쓸린다. 그럼에도 인간으로서 그들의 본능은 보수적이다. 디즈레일리가 『Lord George Bentinck(조지 벤팅크 경)』에서 썼듯이 "그들은 전통을 유지하는 피신탁인들이자 종교적 요소를 보호하는 사람들이다. 그들은 인간이 평등하게 태어났다는 현대의 치명적인 교리에 담긴 기만성을 가장 극명하게 증명하는 살아 있는 증거들이다. …그들은 획득의 능력이란 또 다른 특징을 지녔다. …이렇게 유태 종족의 모든 성향은 보수적으로 보인다. 그들은 종교, 재산권과 자연적 귀족을 지향하는 성향이 있다. 이 위대한 종족의 경향성을 진작하고 그들의 힘과 창조력이 기존 사회의 대의명분 추구에 도움이 되도록 정치인은 마땅히 노력해야 한다."[6]

유대인 급진주의자들은 이례적인 존재이다. 그 종족과 종교의 전통, 가족과 옛 관습, 그리고 영적 계속성에 매달리는 헌신 등은 모두 유대인을 보수주의로 향하게 만든다.[7] 유대인을 사회에서 배제할 때 그들은 사회 혁명적이 된다. 마르크스는 이런 복잡한 분노에서 벗어날 수 없었기 때문에 자본주의는 물론 유대인을 미워하게 됐다. 그러나 디즈레일리는 연단에서 그가 들었던 "유태 꼬마(Jewboy)"라는 야유를 무시할 수 있었다. 그는 벤담의 개념들 탓에 붕괴되어 가던 서구 사회를 시나이(Sinai)와 헤브라이의 선지자들이 구해내리라고 선언했다. 디즈레일리는 메테르니히의 친구이자 버크의 번역가였던 프리드리히 겐츠가 유태 사회사상의 진정한 성향을 대변했다고 말했다. 그러나 어떻게 근대의 유태적인 특징이 한때 기독교 세계로 불렸던 나라의 제도들에 강력한 애정을 겸비해 결합될 수 있었는지 더욱 뚜렷하게 보여준 사람은 디즈레일리였다.

디즈레일리의 반짝이는 상상력은 현란하고 동양풍이었으며 어쩌면 셈 족의(Semitic) 특징일 수도 있었다. 그가 입는 화려한 옷보다 그의 그런 특징들이 더 두드러졌다. 그의 상상력은 때로는 터무니없는 생각과 지나친 자만심으로 이루어진 환상이었지만, 여전히 창조적이고 예리한 능력으로 빛났으며 공리주의의 건조한 핵심을 고매하고 아름다운 훈계의 불꽃으로 태워버렸다. 디즈레일리의 상상력, 1867년의 개혁, 성공적인 제국주의가 자유주의자들의 경직된 합리주의를 패배시켰다. "영국의 엉터리 귀족들과 그들의 유대인"은 중하층 계급의 주도권을 끝내버리는 데 멈추지 않았다. 물질적 이해의 무게를 재고 그 균형을 이루려는 냉정하고 합리적인 시민들이 점점 더 정치를 장악해가리라던 자유주의자들의 생각마저 폭파해버렸다.

정치 경력의 초기, 디즈레일리의 상상력은 영국 헌정을 보는 하나의 이론을 세웠다. 이 이론은 1881년 죽을 때까지 그의 생각을 지배했다. 물론 그의 정치 경력 후반기에 들어 정치적 편의와 피곤한 의무감 때문에 다소 수정되기는 했다. 이 성장의 씨는 콜리지가 뿌렸다. 토리당의 급진주의자였던 디즈레일리는 그 씨를 잘 키워 젊은 영국에 적합한 구체적 강령으로 발전시켰다. 그리고 오늘날 토리당의 정신에도 자양분을 제공한다. 비록 그 당은 자유주의의 영향을 엄청나게 많이 받았지만, 디즈레일리의 이 구상과 마르크스의 불타오르는 구상을 대조해보는 건 흥미로운 일이다. 두 사람 모두 계급 이론을 제시했다. 마르크스는 계급 간 전쟁이 불가피하다고 주장했다. 조만간 대변혁이 일어나지만 모든 계급이 프롤레타리아로 수렴되고 계급 없는 사회가 수립되면서 끝난다고 했다. 디즈레일리는 계급 간의 진정한 이해는 서로 적대적이지 않다고 선언했다. 계급 간 이해는 국가의 복지라는 측면에서 하나로 묶인다고 말했다. 그의 정치적 목적은 계급 간의 조화로 19세기의 가난하고 부유한 두 개의 영국을 하나로 통합하는 데 있다고 했다. 이 통합은 계급의 회복과 정당화이지 계급의 철폐가 아니었다. 계급은 질서이며 질서가 없으면 법은 무너진다. 지성적인 토리는 질서와 의무라는 옛 감각을 불러일으켜, 모든 보수적 추동력의 기초가 되는 사람과 장소에 대한 충절심을 되살리고 근대 산업사회의 삶에 귀족주의 정신을 불어넣어야 한다. 영국의 민주주의는 진정한 계급의식이 계속 존재하느냐에 달려 있다.

플랜태저넷 가문[i]이 영국을 지배했을 때 영국의 헌정 체제는 인정된 계급과 질서의 체계를 이해했다. 디즈레일리는 각 계급에 승인되고 균형 잡힌 고유의 특권이 있었기 때문에 공동체의 모든 중요한 이해 집단은 국가의 모든 일에 자신들의 견해를 반영할 수 있었다고 말했다. 튜더(Tudor) 시대에 들어 개혁의 폭력이 이 균형을 깨버렸다. 교회는 왕국에서 분리된 집단으로 전락하고, 가난한 사람을 교육하는 기부금은 철폐되었으며, 거대 귀족들의 손에 막대한 토지 재산권을 주어서 그 이후 정치적 거물들이 등장하게 됐다. 이들은 정당으로 무리 지어 휘그가 됐으

---

i Plantagenet: 프랑스 앙주(Anjou)에서 발생한 왕가의 가문. 헨리 2세가 1154년 왕위를 승계하면서 1485년 리처드 3세가 사망할 때까지 영국 왕실을 지배했다.

며 부당한 우월함을 행사하여 왕과 평민들을 위협했다. 이러한 주도권에 저항하려던 왕의 시도는 내란들을 촉발했다. 의원들의 극단적인 조치들은 왕을 돕도록 진정한 토리의 정당을 결집시켰다. 영연방을 좌우했던 중요한 실력자들이 권력을 장악하려던 혁명은 실패했다. 왕정복고[i]에 불만족스러워했던 휘그는 윌리엄 3세[ii]를 불러들였다. 베네치아 공화국의 도제[iii]처럼 만들고자 했기 때문이다. 윌리엄 3세는 그런 꿍꿍이속의 휘그를 당황하게 했다. 그러나 휘그의 실패는 일시적이었다. 그들은 왕위 계승법 제정을 통해 앤(Anne) 여왕에게 하노버(Hanover) 왕가가 왕위를 승계할 수 있다고 인정하도록 강요했고 결국엔 도제로 취급받는 데 순종한 외국인 왕들을 획득했기 때문이다. 조지 3세[iv]가 이에 맞서자 휘그는 그를 거의 뚜드려 패다시피 했다. 그럼에도 불구하고 프랑스혁명이 발발했고 버크는 피트에게 휘그의 힘 상당 부분을 넘겨주었다. 그 이래 휘그는 터무니없이 야망이 큰 정당이 되었다. 영 연방의 질서에 어떤 대가를 지불하더라도 독점적 권력을 수립하려 했다. 베드포드 공작 같은 귀족이 영국의 전통과 자유를 가장 엄중하게 위협했다.

---

i   Restoration: 청교도혁명에 의한 공화제(잉글랜드 연방)가 끝나고 1660년 잉글랜드의 찰스 2세가 의회의 지지를 얻어 왕위에 올라 군주제를 부활시킨 일을 말한다. 그 이후 명예혁명에 이르기까지의 시기를 가리킬 때도 있다.

ii   William Ⅲ(1650~1702): 네덜란드 공화국 통령(1672~1702)이자 잉글랜드 왕국, 스코틀랜드 왕국, 아일랜드 왕국의 국왕(1689~1702)이었다. 영국 의회가 주도한 명예혁명으로 아내인 메리 2세와 함께 영국의 공동 통치자가 되었다.

iii Doge: 천 년 넘게 베네치아 공화국을 통치했던 최고 지도자의 명칭. '지도자'란 뜻의 둑스(Dux)에서 유래한 라틴어로, 현대 이탈리아어의 두체(Duce)와 영어의 듀크(Duke)와 상통하는 말. 베네치아 공화국의 도제는 귀족이 선출했으며 공화국 내에서 가장 명민하고 통찰력 있는 원로가 도제로 뽑혔다. 임기가 종신이라 공화국이었음에도 군주제적인 요소가 섞였다.

iv   George Ⅲ(1738~1820): 영국과 아일랜드 연합 왕국의 국왕(1760~1820)으로, 하노버 왕가가 배출한 세 번째 왕이다. 그의 치세 기간에 북아메리카의 13개 식민지에 대한 과세를 계기로 혁명이 일어나 미국 독립전쟁이 발발했다. 63년째 재위 중인 엘리자베스 2세에 이어 영국 군주 중 세 번째로 재위 기간이 길다.

왕실, 교회, 국가의 특권에 헌신한 토리는 휘그와 자유주의자들이 옹호했던 베네치안 헌정 체제에 저항할 의무가 있었다. (디즈레일리가 계속한) 1832년의 개혁법은 국가의 전통과 특징을 파괴하는 방향으로 한 발 더 내디딘 잔혹한 발걸음이었다. 그 여러 해악 중에는 해당 지역의 더 낮은 하층 계급을 대변해온 프레스톤(Preston) 같은 마을들의 유서 깊은 대중적 투표권을 철폐한 법률이 있다. 이로써 개혁가들은 오히려 진정으로 사무치는 불만 세력에 재갈을 물린 셈이다. 특정 계급에만 정치권력을 주자는 게 휘그의 정책이다. 모든 계급의 목소리가 반영되어야 한다는 권리를 인정하자는 게 토리의 원칙이다. 이런 생각들은 『A Vindication of the English Constitution(영국 헌정 체제를 옹호함)』(1835), 『The Letters of Runnymede(러니미드의 편지)』(1836), 『Coningsby(코닝스비)』(1844), 『Sybil(시빌)』(1845)과 더불어 디즈레일리의 초기 연설에 잘 드러난다.

필의 지도로 1832년 이후 이루어진 토리의 회복은 겉모습만 그럴듯했을 뿐이다. 로버트 필은 원칙을 희생해 총리 자리를 얻었다. 미래를 다루어야 했을 때를 빼면 그는 위대한 정치인이었다. 그의 상상력은 혁명적인 결과라는 측면에서는 자코뱅주의자들의 작은 소책자에도 미치지 못했다. 탬워스 선언[i]의 본질은 휘그의 가장 주요한 요구를 받아들인 양 보였다. 그리고 그가 옥수수법에 관한 문제에서 굴복했을 때 옛 토리의 경제적 보루는 무너졌다. 그 탓에 계급으로서 영국 사회에서 가장 유용

---

i Tamworth Manifesto: 로버트 필 경이 1834년 탬워스에서 발표한 정치 선언으로 근대 영국 보수당의 기초로 여겨진다. 총리 취임을 요청받고 토리당 전임자들과 자신의 차이를 밝히면서 1832년의 선거법 개혁을 인정하고 필요가 있으면 개혁과 개선을 마다하지 않겠다고 했다.

한 요소인 시골 신사들(country gentlemen)의 신분 보장도 깨졌다. 디즈레일리와 벤팅크 그리고 하원의 다른 시골 지주들[배젓이 '시대에 뒤진 사람들(the Army of Fogies)'이라고 부른]은 분노했고 필을 거부했다. 이들은 정치적 황무지로 나가 토리당을 재건했다.[8] 시간이 흘러 더비[i]와 디즈레일리가 이끈 당의 이 회생은 뜻밖으로 집권에 성공할 만큼 강해졌다. 1873년 이래 보수주의자들은 (짧은 기간을 제외하곤) 영국을 30년간 지배할 수 있었던 주도권을 획득했다.

필의 생각을 충분히 극복해내고 세계 어느 나라보다 가장 심각하게 산업화된 나라를 지배할 만한 정신을 보수주의자에게 안겨준 디즈레일리의 사상은 무엇인가? 1845년에는 회복이 어려울 만큼 망해버렸다고 스스로 생각했음에도, 어떻게 20세기에 들어서고 나서도 계속 시골 신사들의 정당이 집권할 수 있었을까? 디즈레일리의 영국사 이론은 어떻게 정치철학의 형태를 갖추게 됐을까? 디즈레일리라는 인물의 매력과 글래드스턴과 오래 투쟁했던 자세한 내용들은 오히려 그가 이룩한 진정한 성취를 제대로 평가하기 어렵게 한다. 비컨즈필드 경(Lord of Beaconsfield)의 추종자들이 그의 업적을 요약하려 할 때면 잡다한 개혁의 항목들을 마주치게 된다. 1867년의 개혁, 공장법, 학교 지원, 공공주택 계획의 시작 등이 마치 그 자체로 보수적 조치들인 듯 말이다. 사실 디즈레일리가 입안한 실정법들은 그의 이론과 때때로 일치하지 않는다. 오히려 이론보다 열등할 때도 있다. 정치 지도자로서 그가 이룬 진정 중요한 성취는 대중의 상상력에 보수주의(Toryism)를 이식한 것이다.

---

i Edward George Geoffrey Smith-Stanley, 14th Earl of Derby(1799~1869): 영국의 보수 정치인. 세 차례 총리를 역임했고 총 재임 기간은 3년 280일로 지금까지 최장수 보수당 총재로 알려졌다.

영국은 그 때문에 고유의 헌정 체제에 충성스럽게 남아 있을 수 있었다. 그 점에서 디즈레일리의 성취는 헤아릴 수 없는 가치를 지녔다. 프림로즈 리그[i]가 수에즈 운하보다 더 중요하다.[ii] 오늘날 리즈(Leeds)에서 셰필드로 가면서 웨스트 라이딩(West Riding)을 지나거나, 산업 시설 밀집 지역인 어떤 다른 곳을 지나는 외국인은 영국에 보수적 정부들이 존재할 수 있다는 사실에 경악하게 된다. 그러나 이 침침한 벽돌집들이 늘어선 곳이나 천편일률의 공공주택에 사는 많은 근로자들이 보수당 후보에 표를 던진다. 토리당은 나라 전체로 볼 때도 전반적인 노동계급은 물론이고 정규 노조원 수백만이 자신들을 지지한다고 주장한다. 생시몽은 이미 리버풀 행정부 때 영국에 프롤레타리아 혁명이 충분히 무르익었다고 생각했다. 그러나 영국은 1951년 처칠을 총리로 맞고, 1986년에 철의 여인을 총리로 유지할 만큼 여전히 보수적이다. 근대 세계 어디에서도 통일된 보수당이 이렇게 오래 단일한 목적을 유지하면서 이렇게 지속적으로 대중적인 지지를 누리지는 못했다. 이는 대부분 디즈레일리의 승리라고 해야 한다.

디즈레일리는 자신의 소설 『Tancred(탱크레아우스)』에서 이렇게 말했다. "이 나라의 사람들은 국민 공동체이기를 그만두었다. 거칠고 일시적인 규율에 갇힌 군중에 지나지 않는다. 그 규율은 그들이 나날이 파괴해가는 오래된 체제의 잔존물일 뿐이다." 디즈레일리 사회이론의 핵심

---

i Primrose League: 앵초단이라고도 부른다. 영국 보수당의 의회 밖 조직으로 보수주의 사상의 전파에 주력했다. 1883년에 설립돼 2004년에 해체됐다. 19세기 말에서 20세기 초까지 최대의 정치 조직으로 동시대 보수당의 장기 집권을 가능하게 했다. 앵초는 디즈레일리가 가장 좋아한 꽃이다.

ii 디즈레일리는 1875년 의회와 상의하지 않고 수에즈 운하의 주식 44%를 사들였다. 4백만 파운드였던 가치가 1914년에는 4천만 파운드가 됐다. 당시 수에즈 운하 교통량의 5분의 4는 영국의 배였다. 운하의 소유권은 없었지만, 이 주식을 보유함으로써 영국은 자국에 유리하게 영향력을 행사할 수 있었다.

은 국민 공동체라는 개념(the idea of the nation)이다. 벤담주의자들의 사회적 원자론을 거부하고 신흥 사회주의자들의 계급 간 적대감도 경멸하면서 디즈레일리는 영국 사람들에게 그들이 단지 경제 단위의 집합체도 아니요, 계급 투쟁의 병사들도 아니라는 사실을 상기시켰다. 그들은 국민 공동체를 구성하며, 왕과 귀족, 교회가 그 공동체의 보호자들이다. 그런 국민 공동체의 짜임새는 매우 엉망이 됐으며 이제 마땅히 보수되어야 한다. 영국의 자유는 계급 간 균형으로 이루어졌으나 휘그와 공리주의자들 때문에 훼손됐다. 휘그와 공리주의자들은 어떤 계급도 무시하거나 잊어버리지 않는 국민 공동체라는 원칙을 이해하지 못하거나 사실상 혐오한다. 배타적인 경제 계급이 실질적으로 통제하고 10파운드 투표권으로 엄격하게 정의되는 하원은 거의 절대적인 권력이 됐다. 상원은 1832년의 개혁법으로 받은 타격 때문에 추락해, 등기소 비슷하게 전락했다. 왕은 국토의 수호자가 아니라 단지 그 상징으로 간주됐다. 교회는 도덕적 규율을 전달하는 단순한 중개소로 취급되며 의회가 관리하고 약탈하는 대상이 됐다. 농부와 잊혀진 도시 노동자들인 영국 서민들은 끔찍하게 방치됐다. 그들은 무지와 사악함과 권태로움과 빈곤에 버려졌다. 중요한 문제에서 그들의 발언권은 중세 시대보다 위축됐다. 국민 공동체는 시들어갔다. 지금은 정치의 부패가 아니라 그보다 더 나쁜 시대, "훨씬 더 광범위하기 때문에 그 결과에서 훨씬 더 위험한 사회적 해체의 시대"다.[9] 비록 지금은 세력이 약해져 죽어가지만 공리주의 체계가 이 사회적 무감각의 시대에 어떤 반향을 불러일으켰다고 해도 놀랄 일은 아니다. "기름 부음 받은 왕들이 국가 원수로 바뀌니 따라서 그들에게 지불하는 보수는 과분하다고 여기게 된다. 중세의 사회 계급 제도[i]는 그들을 실제로 대변하는 의회로 바뀌었기 때문에 진정한 개혁을 필요로 한다. 성스러운 교회는 국가기관으로 바뀌어서 이를 지지하지 않는 모든 사람들이 불평을 늘어놓게 된다. 그러니 당연히 반역이 일어나고, 급진주의가 발생하며, 신을 믿지 않는 현상이 일어나게 된다."[10]

옛 휘그는 베네치아 과두제를 편애했다. 자유주의자들은 말쑥하지만 교양 없는 계급을 대변했다. 급진주의자들은 정치적 통일성과 맨체스터 경제학의 무시무시한 강령에 흠뻑 젖어 있었다. 그러나 이들은 영국의 국민 공동체에게 아무런 희망을 주지 못했다. 만약 개혁이 이뤄져야 한다면 보수주의를 다시 살려내는 일이어야 한다. 토리들이 이 땅의 진정한 평민들(the true Commons)을 구해내야 한다. 디즈레일리는 급진주의자들이 즐겨 쓰는 "국민(people)"이라는 추상적 용어를 경멸했다. 그 혼란스러운 명사는 "정치과학이 아니라 자연철학적 용어"다.[11] 『러니미드의 편지』에서 그는 또다시 선언했다. "'국민'이라는 구절은 완전히 허튼 말로 정치적 용어가 아니다. 자연의 역사에서 쓰이는 구절이다. 국민은 하나의 종족이 아니다. 문명화된 공동체가 국민 공동체이다."[12] 감성적이고 정의되지 않은 "국민"은 디즈레일리가 염려하는 대상이 아니다. 그는 단지 선거권이 없고 유산을 상속받지 못한 영국 하층 계급들을 불행에서 구해내려 했다.

디즈레일리는 그 하층 계급들이 어떻게 됐는지 『Sybil(시빌)』에서 묘사했고 통계가 그의 이야기를 뒷받침한다. 농부는 "농업 노동자"로 전락

---

i Estates of the Realm: 유럽 기독교 국가에서 사용되던 광범위한 사회적 위계. 지역마다 차이가 있었는데 프랑스에서는 크게 성직자, 귀족, 농부와 부르주아 이렇게 세 집단으로 나뉘었다.

해서 극빈자와 동의어가 됐으며 교회 보조금으로 그들의 임금을 낮춘다. 산업 노동자는 귀신이 나오는 집에 잠시 머무는 사람들로, 공장 내 매점 주인이 마음먹기 따라 수천 명씩 무리지어 놓을 수 있으며 "세계에서 가장 추악한 나라의 가장 끔찍한 자치 도시의 가장 처참한 집에서 머문다." 그들은 야만적이게도 종교에 무지해서 끽해야 "하나님과 우리의 죄를 구하려 십자가에 못 박힌 구세주 본디오 빌라도(Pontius Pilate)"를 믿거나, "모세나 골리앗 그리고 나머지 제자들"을 믿는다. 이런 무식한 무리들은 늘어날 뿐이다. 사회주의자 제라드(Gerard)는 소설 『Sybil(시빌)』에서 "나는 매년 새로 도착하는 30만 명 이상의 이방인을 두고 하는 말이다. 그들을 어떻게 먹이고 입히고 어디에 재울 텐가? 그들은 푸주한의 고기를 아예 포기했다. 빵까지 포기해야 하는가? 입을 옷과 잠을 잘 보호소에 관해 말하자면 왕국의 넝마는 이미 다 소진됐고, 하수구와 지하실은 이미 토끼장처럼 북적인다"고 말했다. 사생아는 아편을 먹여서 살아남으면 스스로 알아서 살아가라고 거리로 내던져진다. 사람들은 일주일에 나흘 일하고 사흘은 취해 있다. 이런 사회에서 무엇을 보호해야 하는가?

엄청나게 많이 보호되고 회복되어야 한다. 이런 끔찍한 고발을 하고 난 다음에도 디즈레일리는 토리로 남았다. "충절(Loyalty)은 말이 아니다. 신앙(Faith)은 미혹이 아니다. 인민의 자유(Popular Liberty)는 정치적 계급들이 불경스럽게 행사하는 주권의 성스러운 권리보다 훨씬 더 널리 퍼져 있으며 실질적이다." 불을 질러서 사회를 개선할 수는 없다. 인간은 마땅히 옛 미덕을 찾아내서 다시 밝혀내야 한다. 영국은 여전히 위대하며 다시 살아날 능력이 있다. 그러나 만약 교조적 혁신가의 손에 맡겨진다면 영국은 반드시 망한다. 『Sybil(시빌)』을 출간하고 나서 20년 뒤에 디즈레일리는 다음과 같이 말했다.

> 오래되고 강력하며 재산을 충분히 물려받은 교회와 완벽한 종교적 자유가 있다. 깨지지 않은 질서와 온전한 자유가 있다. 영국은 로마인처럼 광대한 토지는 물론 카르타고와 베네치아를 합해도 부족할 만큼 많은 상업 기업들을 보유했다. 그리고 이 고유한 나라는 다음과 같은 이유들로 로마와 상당히 대조적이다. 우선 무력으로 지배되지 않는다. 영국은 상비군들이 아니라 가장 비범한 일련의 전통적 영향력들로 지배된다. 영국은 그 영향력들을 대대로 아껴왔는데 그것들이 법을 대변하고 관습을 담고 있다는 사실을 알기 때문이다. …이러한 위대한 창조물들은 다른 무엇보다도 압도적으로 이 나라의 핵심적이고 고유한 요소나 자원들이다. 사회의 이런 상태를 파괴하려 한다면 기억하라. 영국은 다시 시작할 수 없다.[13]

치유책이 무엇이냐고? 우선 영국민이라는 느낌과 공동체를 되살리고 공리주의적 이기심과 개인주의를 거부해야 한다. 탄광촌 워드게이트(Wodgate) 지옥에서 고통받는 하층민들도 런던 도심의 은행가들 못지않게 영국인이다. 이와 함께 진정한 종교적 감정도 회복되어야 한다. 왜냐하면 비록 디즈레일리는 신학자가 아니지만 대단히 신앙심이 깊었다. 또 탱크레아우스에게 했던 만큼 극적이지는 않아도 시나이의 천사가 위풍당당하게 디즈레일리에게도 말을 걸었기 때문이다. 일련의 정치경제적 수정이 뒤따라야 한다. 왕실 존중을 새롭게 되살려내야 하며 교회를 소생시켜야 하고 지방정부를 보존하고 농업의 이해를 인정하는 상업법을 제정해야 한다. 아일랜드에 공평해야 하고 "재산권과 마찬가지로 노동도 규제를 요구한다는 사실을 수립해" 노동 인구의 조건을 물리적으로 개선해야 한다. 그리고 이는 회복이지 혁명이 아니어야 한다. "젊은 영국(Young England)"[i]은 대단히 야망이 컸으며, 이 중 일부를 달성했다. 얼핏 생각하기보다는 더 많이 달성했다. 보수주의자들은 디즈레일리의 지도로 벤담이 19세기 중반까지 근절되리라 기대했던 유서 깊은 제도들을 보존하는 데 성공했다. 디즈레일리가 토리의 지도자가 된 지 백년이 지났지만, 영국 왕실은 그 정치적 기능이 많이 약화됐다고는 해도 전보다 더 큰 사랑을 받는다. 1911년의 의회법에도 불구하고 상원은 여전히 살아남았으며 노동당 정부 아래에서도 19명의 귀족이 장관이 됐다. 영국국교회는 명목상으로는 여전히 대다수 영국인들의 교회로 재산을 물려받으며 국교로 남아 있다. 프랑스의 행정 구분인 애론디스망(arrondissement)이 영국 행정의 최소 구획인 패리시(parish)를 대체하지도 않았고 프랑스의 헌병대가 영국의 치안관을 대신하지도 않았다. 노동계급의 조건은 마르크스의 예언을 깨트리고 전보다 더 나아졌다. 지구상의 강대국 중 유일하게 영국은 19세기와 20세기에 걸쳐 내란이나 혁명을 전혀 겪지 않았다. 이는 보수주의자들의 위대한 업적이다. 또한 혼란에 빠지고 거의 멸망한 정당에게 볼링브룩, 버크, 콜리지를 가르친 디즈레일리의 작품이다.

하층 계급들은 잊혀지지 않으며, 영국은 여전히 살아 있고, 사회

---

i   빅토리아 시대 정치 집단. 캠브리지, 옥스퍼드, 이튼 출신의 보수적 귀족들로 그 구성원이 제한됐다. 그러나 이들을 이끈 지도자는 귀족도 아니고 이튼이나 캠브리지 출신도 아니었던 디즈레일리였다.

의 지도자들은 일반 대중들과 공통의 이해를 지녔다는 사실을 디즈레일리는 영국 국민들에게 확신시켰다. 섀프츠베리(Anthony Ashley Cooper Shaftesbury)와 그 동료들이 만들어낸 인도주의적 법률들이 이를 말해준다. 그러나 실정법만으로 영국민을 만족시키기는 어렵다. 사회적 안정의 문제는 필요를 어떻게 충족시켜주느냐의 문제가 아니다. "어떤 웅변가도 인간의 가장 평범한 물리적 부족함을 강조해 감명을 주지 못한다. 물론 누군가의 독재 탓에 그런 부족함이 발생했다고 주장할 수 있다면 사정은 조금 달라진다"고 월터 배젓은 썼다.[14] 보수주의는 독재가 아니며, 자유주의보다 훨씬 더 인기가 있다는 것을 디즈레일리는 증명했다.

더비와 디즈레일리는 토리즘이 대중의 정서와 공감한다는 최종 증명을 제공할 필요가 있다고 판단했다. 그러나 그 증명은 결과적으로 보수주의에 주어진 사형 집행 명령서가 되어버렸는지 모르겠다. 그 명령서는 도시 노동계급에 투표권을 부여한 1867년 개혁입법이었다. "그것은 단지 정치적 전술의 문제가 아니었다. 디즈레일리는 토리가 바로 민주주의라고 믿었고, 이후 사태의 전개는 그가 틀리지 않았음을 증명했다"고 나이겔 버치[i]는 썼다.[15] 이는 낙관적인 평가다. 아니, 디즈레일리가 민주주의에 강한 신념을 지녔다는 건 정확한 평가다. 그러나 최종적으로 통과된 개혁법은 당초 그가 마련했던 법이 아니었다. 토론이 벌어지는 내내 그는 낙담했다. 사태는 유순한 디즈레일리가 감당하기 어려울 정도로 빠르게 움직였다. 이미 30년 전에 그는 "영국의 헌정 체제가 시민권의 평등에 토대를 둔 귀족정치"이며, 그 고유한 정부의 미덕으로

---

i   Nigel Birch(1906~1981): 영국의 보수 정치인.

"사실상 귀족적 민주주의"라고 썼다.[16] 『A Vindication of the English Constitution(영국 헌정 체제를 옹호함)』에서 디즈레일리는 이렇게 말했다. "헌정 체제뿐만 아니라 정치적 조건을 살펴보면, 우리 사회의 상태는 사실상 완벽한 민주주의 사회이다. 계승되는 국왕이 이끌며, 입법과 행정 기능은 공동체의 두 특권 계층이 행사하지만 영국민의 모든 구성원은 적절한 자격이 있다면 누구나 그 기능의 행사에 참여하도록 보장된다. 그리고 영국민은 언제나 이에 참여해왔다."[17] 그러나 이는 제한되고 전통적인 민주주의다. 그는 솔즈베리 경 못지않게 절대적이고 교조적인 민주주의를 두려워했다. 1865년에 그는 하원이 "민주주의로 가는 경향이 있는 어떤 조치도 허락하지 않고 오히려 우리가 사는 자유로운 영국의 질서 있는 상태를 그대로 유지하기"를 바랐다. 1867년 토론에서 디즈레일리는 노동계급에게 절대적 권리가 아니라 특권이 주어져야 한다고 말했다. "조건에서 커다란 불평등이 있는 우리 사회의 상태에는 대중적 특권이 논리적으로 맞다. 반대로 민주적 권리는 노동계급이 통제하는 사회의 근본적인 기초로 조건의 평등이 전제돼야 한다고 요구한다."[18] 디즈레일리는 민주주의가 한번 승기를 잡으면 조건의 평등을 강요하리라는 것을 알았다. 그리고 백 년 뒤 영국은 그의 불길한 예감이 사실임을 보여주었다.

디즈레일리는 어느 특정 계급에 주도권을 넘겨주고 싶지 않았다. 투표권의 광범위한 확장으로 기능공들에게 위험한 주도권이 넘어갈 수 있었다. 그러나 구조적인 변화를 바라는 위험한 선동을 잠재우려면 의회 개혁의 문제를 어떻게든 풀어내야 할 필요가 있다고 생각했다. 그는 1867년의 선거법 개혁이 최종적이길 바랐으나 실제로는 그렇지 못했다.

1884~1885년의 세 번째 개혁은 농촌 노동자와 광부, 시골의 다른 주택 소유자들에게 투표권을 주면서 작은 단위의 농촌 지역구에 부여된 의석을 앗아가버렸다. 그리고 예부터 전해진 귀족적이고 토지에 이해가 있는 지주 세력들을 몰아냈다. 하원의 주도권은 산업 도시들에게 넘어갔다. 여성과 여전히 투표권을 부여받지 못했던 나머지 사람들도 1918년과 1928년의 입법으로 모두 투표권을 부여받았다. 디즈레일리의 개혁 이래 80년이 지나서 대학에 주었던 의석까지 폐지하면서 사회주의자들은 마침내 "모든 사람에게 투표권을 부여한다"는 벤담주의자와 차티스트의 운동을 마무리하게 된다. 토리들은 정말 과감한 일을 했다. 그러나 달리 어찌할 수 있었겠는가? 그러자 가장 현명했던 자유주의자인 월터 배젓은 1867년이 단순히 1832년의 속편일 뿐이라며 휘그의 정책을 빼앗아간 토리를 혐오했다. "1832년의 개혁가들은 새로이 만들어내기는커녕 수많은 지적인 유권자들을 파괴했다. 새로운 유권자들을 만들어야 한다는 생각도 없었고 그런 말도 안 했다. 그들은 이렇게 눈에 띄는 행동으로, 정치적 훈계치고는 가장 영향력 있는 방식으로, 영국에서 가장 바람직한 변화는 숫자의 힘을 키우는 데 있다는 사실을 가르쳤다. 물론 인류의 대부분은 이미 그렇게 생각했었다."[19] 1832년의 개혁법은 투표권 부여 기준을 단순한 재정적 자격으로 축소했다. 그 이래 대중의 여론은 투표권이 부여되는 자격을 점차 축소하는 방향이었고 이런 현상은 보편적 투표권이 부여되기 전까지 계속되었다.

한 세대가 지나 렉키[i]는 "근대 정치사에서 1867년의 '보수적' 개혁법

---

i William Edward Hartpole Lecky(1838~1903): 아일랜드의 역사학자이자 정치이론가. 그의 주요 저작은 8권짜리 『History of England during the Eighteenth Century(18세기 영국사)』다.

보다 더 후회스러운 장면은 없다"고 말했다. 이는 가혹한 평가다. 그럼에도 그 법은 더 현명하게 처리될 수 있었다. 예컨대 그 "꿈같은 투표권들" – 교육받은 사람들이나, 검소한 사람들, 재산이 있는 사람들, 사람을 이끄는 지도자들에게 복수의 투표권을 주어서 투표가 단지 그 수를 셀뿐만 아니라 그 무게를 달아서 평가되어야 한다는 이야기는 토론의 혼란 속에서 실종되어버렸다. 자유주의자들과 보수주의자들, 급진주의자들이 조금 더 관대해지려 경쟁하다가, 더 많은 선거인에게 투표권을 주려고 다투다가 일이 그렇게 되어버렸다. 하원에서 절대다수를 차지하지 못했던 토리들은 그들이 당초 제안했던 내용이 희미하게만 남아 있는 법의 통과를 허락할 수밖에 없었다. 당초의 법안은 안전장치들과 유보들로 잘 제한돼 있었다. 글래드스턴은 1864년에 선언했다. "개인적인 부적절함이나 정치적 위험의 고려 때문에 자격이 박탈되지 않은 모든 사람은 도덕적으로 헌법의 테두리 안에 들어올 자격이 있다." 이렇게 그 개혁법은 통과됐다. 투표권은 이제 특권이 아니라 "도덕적 권리"가 되었다. 절대적 민주주의 체제 아래에서 재산권이, 개별성이, 정부의 품위가 얼마나 살아남을지는 아직 불투명했다. 그러나 디즈레일리가 재건한 정당의 지혜와 활력은 초창기 해방의 기간에 새로운 민주주의를 냉철하고 정직하게 유지해나갈 힘을 분명히 주었다.

노동자는 타고난 급진주의자가 아니라고 1874년 길드홀[i]에서 디즈레일리가 말했다. 그는 노동자들이 보수 정부를 절대 다시 허용하지 않으리라는 불안에 공감하길 거부했다. "우리는 노동자들이 보수적일 수 없

---

i Guildhall: 런던의 금융중심지에 있는 빌딩. 수백 년간 마을 회의 장소로 사용됐다. 런던의 시청과는 다르다. 길드홀은 그 건물 전체이거나 그 중 하나의 강당을 의미하기도 한다.

다는 말을 들었다. 왜냐하면 그들은 땅이나 자본 등 보호할 게 없기 때문이란다. 마치 세상에 고귀한 것은 땅과 자본밖에 없다는 듯이 말이다." 근로자들에겐 자유, 정의, 신체와 가정의 안전, 법의 평등한 집행, 자유로운 노동도 있다. "분명히 이러한 특권들은 보호할 만한 가치가 있다! …만약 이게 사실이라면 근로자들이 보수주의자라는 게 놀라운 일일까?"[20] 노동자들은 비록 어떤 정당이 1867년의 개혁법을 통과시켰는지는 모른다 해도 150년이 지난 지금도 여전히 보수적이다. 로의 아둘람 당원들이 우려했던 최악의 두려움은 실현되지 않았다. 디즈레일리가 이상으로 생각한 정부는 주도적인 계급을 대변하는 정부가 아니라 진정으로 국민 공동체 모두를 대변하는 정부였다. 그리고 교리적 사회주의를 받아들인 의회의 정당이 부상하면서 상처를 받았긴 해도 디즈레일리의 그런 보수주의의 이상은 여전히 죽지 않았다.

1867년의 개혁법이 통과된 지 5년이 지나서 디즈레일리는 그 법이 영국민 대다수가 보수적이라는 확신을 토대로 만들어졌다고 말했다. 토리즘의 목적은 나라의 오래된 제도들을 유지하고 제국을 보존하며 국민의 삶의 조건을 고양하는 것이라고 설명했다.[21] 디즈레일리의 당은 이런 점에서 그들의 활동을 부끄러워해야 할 이유가 없었다. 1833년 이래 토리는 아주 먼 길을 걸어왔다. 늙고 까칠해진 오랜 당원들 몇 명만이 당의 다 타고 남은 재 주변에 웅크리고 앉아 꺼진 불을 부채질하면서 신비스런 속삭임으로 '반항'을 중얼거릴 뿐, 당시 대부분의 당원들은 당이 파산지경이라고 생각했다. 그들은 1845년에 필이 시골 신사들에 등을 돌린 이후에도 험난한 길을 걸어야 했다. 그렇지만 그들은 20세기 말 지적이고 강력한 정당으로 살아남았다. 그것은 "그 모든 혼란 위에 군림하며 앉아 있었던 늙은 유대인 신사"의 상상력이라는 선물 덕분이었다. 이곳 저곳에서 디즈레일리는 실패했다. 그러나 대부분 진보의 격랑이 전통이라는 운하로 흐르도록 그 물꼬를 돌리는 데는 성공했다.

3. 뉴먼: 지식의 근원과 교육의 이상

> 사람들은 내게 말한다. 기독교가 인간 사회에서 과거에 누렸던 근본적인 권력을 다시 획득하리라는 생각은 단지 꿈에 지나지 않는다고 말이다. 나도 마찬가지다. 나 역시 그럴 수 있다고 결코 말하지 않았다. 난 정치인은 아니다. 어떤 조치를 제안하려는 게 아니라 그저 잘못을 드러내고 허식에만 저항할 뿐이다. 만약 인간에게 큰 열망이 없다면 벤담주의가 군림하게 하자. 그러나 그들에게 낭만적이 되라고 말하지는 말고 신의 영광으로 그들을 위로하자. 한때 종교로 이루었던 일을 철학으로 도모하지는 말자. 신앙의 우세를 실행하기 불가능할지 모르지만 지식의 지배는 이해하기 힘들다. 이 시대 정치인의 문제는 어떻게 대중을 교육할 것인가에 있으며 문학과 과학은 그 해결책을 줄 수 없다.
>
> _존 헨리 뉴먼, 『Tamworth Reading Room(탬워스 독서실)』(1841)

뉴먼은 정말 정치인이 아니었다. 뉴먼이 정치를 직접 언급한 중요 수필은 『Who's to Blame?(누구를 탓해야 하나?)』(1855)였다. 크리미아(Crimea)에서 영국이 자초한 재난이 그 직접적인 원인이었다. 그의 다른 글에서 정치는 신학이나 인식론의 희미한 그림자에 지나지 않았다. 그러나 진정한 보수주의는 역시 정치를 초월한다. 뉴먼은 일관된 토리였다. 귀족주의 원칙과 사람에 충성한다는 개념에 충실했다. 그러나 그가 보수주의 사상에 했던 중요한 기여는 달리 있다. 위대한 보수주의자들은 세속적인 것들을 덧없게 여기는 특징이 있다. 그런 느낌이 충만했던 뉴먼은 벤담주의자들과 다른 급진주의자들이 그와 그의 동료들을 정치적 논란에 억지로 밀어 넣었기 때문에 어쩔 수 없이 사회 문제를 다루었다. "그럼 우선 신의 존재부터 시작하자. (이미 말했듯이 나에겐 내 존재만큼이나 확실하다. 비록 그 확실성의 근거를 논리적인 형태로 가다듬으려 할 때 분위기나 형태에서 내가 만족할 만큼 하기는 어렵다.) 내 자신을 벗어나 인간의 세계를 본다. 그곳에서 나는 나에게 말할 수 없는 고통을 주는 광경을 본다. 세계는 내 존재에 가득한 그 위대한 진실에 단지 거짓만 주는 듯 보인다. …세계의 광경은 선지자의 두루마리에 이미 나와 있는 그대로다. 탄식과 슬픔, 고뇌로 가득 찬 세계다."[22] 이 민감하고 세심한 사람은 마치 시저(Caesar)가 신의 소유물을 자신의 것이라 주장한 시대와 비슷한 분위기의 영국에서 살았다. 그래서 뉴먼은 그의 명상적인 기질과는 극도로 맞지 않는 논쟁과 투쟁에 평생을 바쳤다.

키블(John Keble), 퓨지(Edward Bouverie Pusey), 뉴먼, 허렐 프루드(Hurrell Froude) 등이 주도한 옥스퍼드운동 전체 모임은 1833년 그들의 투쟁을 시작했다. 공리주의자들의 조치가 영국국교회를 잠식해 들어왔기 때문이다. 개혁법에 이어 영국국교회를 새롭게 바꾸려 기획된 자유주의적 입법의 물결이 뒤따랐다. 처음 개혁 의회를 선출한 비국교도 중산층의 견해를 중심으로 그 정책들이 만들어졌다. 의회의 구성원이 영국국교회 신도들이고, 심사율과 지방자치단체법이 이교도와 가톨릭교도들이나 유대인들에게 공직을 허락하지 않는 한, 영국국교회는 상하 양원에 복종해도 만족스러울 수 있었다. 그러나 이제 심사율은 철폐됐고 하원은 확 달라졌다. 기존 교회 체제에 적대적인 비국교도와 세속적 합리주의자들이 이제는 의회를 지배하거나 그렇지는 않더라도 막대한 영향력을 휘두르게 됐다. 이들이 통과시킨 법령은 벤담과 제임스 밀조차 인정한 교회를 향해 경멸과 적대감을 종종 드러냈다. 교회를 상대로 한 공격이 곧 시작됐다. 옥스퍼드 운동의 힘과 복음주의자, 심지어는 비국교도들의 경고로 그 공격이 곧 주춤해졌지만 영국국교회는 그 이후 국가를 두려워해왔다. 평신도에게 교회 수입의 통제권을 넘겨준 교무위원회의 설립, 대표적으로 더럼 주교(Bishop of Durham) 등 위대한 고위 성직자들이 그들의 오래된 특권을 포기하도록 겁박한 사실, 1836년 십일조를 화폐로 대납하게 한 법[i], 1852년에서 1868년 사이에 교무위원회가 대성당의 재산을 인수한 사실, 키블의 순회 설교 직전에 정부가 아일랜드 주교의 10개 관구를 탄압한 사실 등은 모두 세속화 과정이 시작됐다는 의미다. 이를 막지 못하면 공리주의자들이 옹호하는 인도주의적 유사 종교로 영국국교회가 내몰리며 세속화 과정이 매듭지어지리라는 사실을 옥스퍼드 운동의 참가자들은 충분히 숙지했다. 그러나 사태는 벤담이나 밀이 바랐던 대로 흘러가지 않았다. 초기 단계인 대중의 교회 사랑에 힘입어 옥스퍼드 운동가들은 교회의 해체, 교회 재산권의 몰수, 1830년 이래 영국을 휩쓸고 심지어 이탈리아, 스페인, 포르투갈 정통 교회의 성채까지 번져갔던 교회 재산의 약탈을 회피할 수 있었다.

이는 보수주의가 거둔 상당한 성과였다. 그러나 여기서 이를 깊이 따져볼 필요까지는 없다. 소설 『The Warden(병원장)』[ii]에서 《주피터

---

i The Tithe Commutation Act 1836: 십일조 화폐 전환법. 십일조를 현물이 아니라 화폐로 대체해 납부하게 하고, 이를 위해 지역별 십일조 산출 근거를 따지는 평가 지도를 만들었다.

ii 트롤로프의 『The Barchester Chronicles(바체스터 연대기)』 시리즈로 발표한 6개 소설의 4번째 소설이다.

(Jupiter)》신문의 주필 톰 타워스[i]가 비난하는 바람에 하딩 씨[ii]는 히람 병원(Hiram's Hospital)의 급료를 교무위원회에 빼앗겼다. 여기서 무기력한 교회와 의기양양한 자유주의자들이 벌이는 싸움의 본질을 보게 된다. 그리고 이런 싸움은 사회 어느 분야에서도 드러난다는 점을 알 수 있다. 트롤로프는 정의를 논하는 연약한 거지들의 논쟁에서, 직업적인 선동가가 토론을 정복하는 데서, 공리주의라는 개념의 승리를 그려냈다. 공리주의자들이 규범적 사회를 무시하고 자신들이 세운 체계의 토대였던 이기적인 충동의 도움을 받는 승리였다. 그러나 최종적으로 승리하는 사람들은 슬로프 목사(Reverend Mr. Slope)나, 프루디 부인[iii], 심지어《주피터》신문의 톰 타워스도 아니었다. 조지 영[iv]이 썼듯이 1850년 무렵 콜리지(옥스퍼드 운동은 콜리지의 손자뻘이다)는 벤담을 패배시켰다. 교회는 단순한 도덕 경찰 이상이며, 사회는 단순히 개인의 집합체가 아니다. 옥스퍼드 운동가들은 "조직이나 성찬을 중시하는 교회의 모습은 재부상해야 하며 신비롭고 고색창연하며 아름다움을 느끼는 부분이 종교에 있어야 한다. 비록 지배적인 신학이 세속적이거나 헛되고 불경스럽다고 무시하거나 배척했지만 말이다"고 강조했다.[23] 나중에 급진적인 집산주의자들과 영국 가톨릭이 잠시 어울리긴 했어도 옥스퍼드 운동은 지속적인 중요성을 지닌 영국 보수주의의 현상이었다. 옥스퍼드 운동가들의 지도

---

i　Tom Towers: 「The Warden(병원장)」의 등장인물. 톰 타워스는 하딩이 탐욕스러운 성직자로 명예로운 자리에 주어지는 정당한 보수 이상을 지급받는다고 비판하는 사설을 쓴다.

ii　Mr. Harding: 「The Warden(병원장)」의 주인공. 조용하고 음악을 사랑하는 히람 병원의 원장이다. 두 딸이 있으며 대성당의 음악감독이기도 하다.

iii　Mrs. Olivia Proudie: 프루디 주교의 부인. 자신만만하지만 천박하고 드센 부인으로 교회의 전통적인 제례 철폐를 외치면서 일요학교 등 복음주의적 주장을 지지한다.

iv　George Malcolm Young(1882~1959): 영국의 역사가. 빅토리아 시대를 다룬 장문의 글 「Portrait of an Angel(천사의 초상)」(1936)으로 유명하다.

자로서 뉴먼은 영국의 신앙에서 전통적 요소를 되살려냈다. 뉴먼이 로마 가톨릭 교회로 넘어갔을 때 그곳에서도 영국이라는 국가에 오래도록 적대적이었던 사람들에게 보수적인 영향력을 행사했다. 그리고 증가하는 교우들의 지적인 수준을 고양시켜 영국 가톨릭의 주요 사상가들을 백년이 지나도록 뉴먼 추기경과 유사한 보수주의에 머물도록 했다.

일반적으로 보수적인 사상을 공부하는 사람들에게 (비록 근대 영국 사상의 발전에는 중요하지만) 이런 특수한 이야기들은 그리 흥미롭지 못하다. 오히려 뉴먼이 옥스퍼드를 떠나 버밍엄의 성 필립보 네리 수도회(Oratory of St. Filippo Neri at Birmingham)로 가면서 밝힌 철학적 원칙들이 훨씬 더 흥미롭다. 그의 인식론과 교육 사상은 근대 영국과 근대 미국의 사회적 논쟁에서 번쩍이며 빛을 발했고, 보편적 적용이 쉬운 보수적 개념들이다. 관찰력이 있는 학자라면 정치학은 윤리학으로 연장되고, 윤리학은 다시 종교적 신앙의 문제들로 귀결된다는 점을 쉽게 발견한다. 뉴먼은 사회가 신앙을 먹으며 살아간다고 알았던 후커와 버크의 철학적 고리를 이어나간다. 뉴먼의 이러한 확신은 그의 초기 설교와 글에서도 분명하지만 『An Essay on the Development of Christian Doctrine(기독교 교리의 발전에 관하여)』(1845), 『The Idea of a University(대학의 이상)』(1853), 『A Grammar of Assent(인정의 원리)』(1858), 『Apologia pro Vita Sua(내 삶을 변호함)』(1864)에서 그 결실을 맺었다. 그러나 1841년 일간지 《더 타임스(The Times)》에 발표되고 나중에 1872년에 발간된 『Discussions and Arguments(토론과 주장)』에 재수록된 『The Tamworth Reading Room(탬워스 독서실)』에서 아마도 가장 설득력 있게 상술됐다. 뉴먼의 보수적 신념을 설명하는 틀로서는 『The Tamworth

Reading Room(탬워스 독서실)』이 가장 효과적이다.

　로버트 필 경은 1832년 이래 절멸 위기에 처한 보수당을 구하려 온 힘을 다해 싸웠지만, 빅토리아 시대의 위대했던 두 명의 보수주의자들은 그를 혹평했다. "필은 최상의 실천 능력만으로도 충분하다고 가정하는 실수를 저지른 정치인이다. 정치인에겐 중대한 실수를 막아줄 철학적 통찰력이 있어야 한다. 실천 정신은 어떤 사건의 실제적인 상황을 분명히 보는 반면 그것을 넘어서는 예측 능력이 거의 없다. 그것이 실천 정신의 약점이다."[24] 휴 세실 경[i]의 말이다. 디즈레일리는 탬워스 지역의 강력하고 실천적인 제조업자(로버트 필)가 자신의 탬워스 선언(1834)에서 정치적 토리즘의 모든 진정한 원칙을 훼손해버렸다고 말했다. 뉴먼은 1841년 탬워스 독서실 개막 연설에서 필이 옛 영국의 지적인 기반을 공리주의자들의 손에 넘겨주었다고 말했다. "필에 완전히 절망하지 않았을" 때 급진주의자 코브던에겐 통찰력이 있었던 셈이다. 왜냐하면 로버트 경은 단계적으로 자유교역주의자들에게 설득되었기 때문이다. 또 종교적 기득권층의 방어자였으면서도 서서히 공리주의자, 벤담과 브로엄의 형이상학적이고 교육적 원칙에 사로잡혀갔다. 이렇게 유혹에 빠진 수호자로부터 정치적이고 영적인 보수주의를 구해내야 했다. 디즈레일리가 필 지지자들로부터 토리즘을 구해내 정당 사이의 경계를 다시 구분지었을 때 뉴먼은 지식이 힘이라는 베이컨식의 개념에, 교육은 물질적 증강의 수단이 된다는 공리주의자의 야망에, 존숭할 만한 종교적 반대를 재확인했다.

---

i　Lord Hugh Cecil(1869~1956): 영국 보수당 정치인.

탬워스 도서관 개관식에서 (설교하는 분위기에서 자주 그랬듯이) 인간은 교육받아야 한다고, 그렇지 않으면 사악해지며 유용한 지식(Useful Knowledge)[i]이 그들의 죄를 대속해주는 수단이라고 필은 선언했다. "자연과학과 윤리학은 인간의 마음을 만족시키며 평온케 하고, 확장하며 고양하고, 깨우며 황홀하게 한다"는 얘기다. 과학은 중립 지대에 놓여 있어 인간은 종교나 정치와 무관하게 이와 만날 수 있다. 이는 런던대학을 설립할 때 브로엄이 상술했던 시각이다. 자연과학은 심지어 죽음의 순간에 위안과 즐거움을 주는 원천이 되기도 한다. 브로엄과 필은 벤담의 제자들(설교자의 건조한 문장들을 육감적이고 복음주의적인 심상으로 아름답게 꾸미긴 했지만)로서 지식이 자연 극복의 힘을 얻게 해주고 인간을 도덕적으로 개선하는 수단이며, 그러한 노력에서 인간이 성공하게 해주는 실질적인 훈련이 교육이라고 말했다. 그러나 그들은 종교를, 신학적 과학을 그들의 구상에서 전적으로 빼먹었다. 종교는 논쟁적이다. 따라서 공공의 가르침에서 설 자리가 없다고 믿었다. 심지어 영국국교회의 수장인 로버트 경도 그렇게 믿었다. 그들의 지식과 교육이라는 개념은 오류로 가득 찼다.

뉴먼은 세속적 지식이 도덕적 개선을 이루는 원칙이 될 수 없다고 이야기했다. 세속적 지식이 도덕적 개선의 직접적인 수단도 아니고 도덕적 개선에 앞서지도 않는다. 세속적 지식은 사회적 효용의 원칙이나 행동의 원칙으로도 적합하지 않다. 자신만의 종교가 없다면 세속적 지식은 보

---

i 브로엄은 교육을 받지 못한 중산층과 하층민을 위해 유용한 지식을 담은 출판물을 인쇄해 배포하는 운동을 벌였다. 이를 위한 단체를 1826년 세웠으나 1848년 해체됐다. 미국에서도 유사한 단체 활동이 벌어졌다.

통 불신의 수단이다. 단어가 만들어내는 논리로, 사실의 축적만으로는 확신이 만들어지지 않는다. 자연과학은 확실성을 가져다주지 않는다. 가장 가능성이 높은 과학적 이론이라고 해봐야 인간이 더듬어서 한데 모을 수 있었던 불충분한 사실을 토대로 한 그럴듯한 가설 이상이 아니기 때문이다. 추려낸 몇 가지 사실을 가르친다고, 혹은 의심하는 기술을 배운다고 인간은 훌륭해지지 않는다. 진정한 지식은 정돈된 이성이나, 벤담식 논리나, 조심스럽게 경중을 따진 정보의 산물이 아니다. 어떤 인간도 이런 추상적 근거에 따라 행동하지 않는다. 벤담이나 밀은 그들 스스로 엄격하게 과학적 원칙의 체계를 공표했지만, 실제로는 그들이 스스로 의식하지 못한 경험이나 전제 조건에 따라 단어의 논리를 세웠다. 물론 그들이 그런 사실을 인식하지 못했을 가능성은 충분히 있었다. 지식은 윤리학이나 자연과학적 가르침의 결과가 아니다. 미덕과 마찬가지로 지식은 인간이 기껏해야 불완전하게 이해하는 미묘한 과정의 산물이다. 뉴먼은 나중에 그 과정을 추론의 감각(Illative Sense)이라고 불렀다.

물리학에서처럼 도덕에서도 개울물은 수원지보다 높이 오르지 못한다. 지구에서 기독교는 인간을 위로 올린다. 왜냐하면 기독교는 하늘에서 왔기 때문이다. 그러나 인간의 도덕성은 날아오를 날개가 없기에 네발로 기어가거나 걷거나, 지구 위에서 안달한다. 지식의 학파 (Knowledge School)는 인간을 그 자신 이상으로 끌어올리겠다고 계획하지 않는다. 그 학파의 목표는 단순히 인간에게 있는 현재의 힘과 취향을 주어진 상황에서 가장 편리하거나 실천적으로 처리하는 데 있다. 지식의 학파는 프랑스 독재자의 희생자들처럼 눕지도, 서지도, 앉

지도, 무릎 꿇지도 못할 만큼 우리에 갇힌 채 접혀 있는 인간을 발견한다. 이 학파가 원하는 최상의 욕구는 그 인간의 불안이 가장 작아지는 태도의 발견에 있다.[25]

이렇게 실천적인 지식은 인간을 고통 속에 버려둔다. 심장은 이성을 통해 도달되지 않는다. 도덕적 악을 굴복시키는 유일하게 알려진 원칙은 보이지 않는 그 무엇인가에 느끼는 두려움이다. 그러나 이는 공리주의적 교육자들이 전혀 고려하지 않고 내버려둔 분야다. 과학적 사실은 근대 인간의 권태를 구제해주지도 않고, 인간의 욕망이란 무상함 이상의 희망을 주지도 않는다. "우리가 신의 은총에 앞서 자연으로, 신앙에 앞서 증거로, 양심에 앞서 과학으로, 실천에 앞서 시정(poetry)으로 교육을 시작한다면 우리는 마치 욕망과 격정에 빠져 이성에 전혀 귀를 기울이지 않는 셈이다."[26] 제1원리라는 기초가 없으면 과학 그 자체는 무가치하다. 연결되지 않은 사실들의 무의미한 축적이다. 우리의 제1원리는 자료를 축적한다고, 베이컨의 방법을 따른다고, 추론을 끌어낸다고 얻어지지 않는다. "인생은 행동을 요구한다. 우리가 전부 증명해야 한다고 고집한다면 우리는 행동에 절대 이르지 못한다. 행동하려면 무엇인가 가정해야 한다. 그 가정은 신앙이다." 이성은 우리에게 느낌이나 행동을 강요하지 않는다. 오히려 이성은 느낌과 행동을 따를 뿐이다.

만약 단어의 논리나 표본의 박물관으로 우리의 삶은 물론 심지어 과학조차 형성하지 않는다면 무엇이 실제로 우리의 지배적 동기이자, 제1원리의 근거인가? 뉴먼이 얘기하는 이 추론의 분별력이란 정확하게 무엇인가?『A Grammar of Assent(인정의 원리)』에서 뉴먼은 이렇게 간단하게 정의한다. "추론하거나 그 추론 자체를 통제하는 정신이지, 단어나 명제의 기술적 장치가 아니다. 나는 판단하고 결론을 내는 이 힘의 완벽한 형태를 추론의 감각(Illative Sense)이라고 부른다." 우리는 이 "분별력"의 사용법에서 "양식(good sense)", "상식(common sense)", "미의식(a sense of beauty)"과 유사한 용법을 본다. 그것은 비록 다른 방법으로 채택됐지만, 어떤 특별한 주제에 첨부된 동일한 기능이다. 그것은 (원칙적으로 근대 수학의 계산법을 닮은) 논리 이상의 추론이라는 방법을 채택했으며 우리의 추정에서 진실과 실수를 판별하는 궁극적 시험이다. 그것의 힘과 순수함은 사람마다 다르다. 진정한 지적 개선은 이 추론의 분별력을 강화하고 더 완벽하게 만드는 데 있다.[27] 그 문장이 의미하듯이 추론의 분별력은 우리에게 확신을 주는 느낌으로, 우리의 의식과 형식적 추론보다 더 깊은 원천에서 형성된다. 그것은 직관, 본능, 상상력, 그리고 오래되고 섬세한 경험이 모두 합해져 만들어진다. 그러나 추론의 분별력은 어느 인간에게도 무오류는 아니다. 가정들은 추론의 분별력에 따른 행동이지만 사상의 그릇된 요소를 기초로 할 수 있어서 실수로 이어진다. 우리는 마땅히 우리의 특정한 추론의 감각을 권위(Authority)에 의지해서 수정해나가야 한다. 권위는 일종의 걸러진 집단적 추론의 분별력이기 때문에 개인적 실수를 정화해준다. 뉴먼이 1846년 존 키블을 다룬 글에서 썼듯이 "양심은 하나의 권위다. 성경은 하나의 권위다. 교회, 오래된 풍습, 현명한 사람들의 말, 대대로 내려오는 교훈, 윤리적 진실, 역사적 기억들, 법률 같은 경구나 국가적 격언, 속담이나 정서, 육감이나 선입견은 모두 권위다."

자연과학에서 가능성을 일반적으로 검증하는 방법은 물리적 사실이다. 이 사실들이 물리적 감각에 주어져 검증된다. 그러나 역사, 윤리나 그 유사한 연구들은 추론의 분별력과 권위로 수행되고 점검받아야 한다. "그러한 과학에서는 단순한 사실에 의지할 수 없다. 왜냐하면 우리는 그것들을 충분히 이해하지 못하기 때문이다. 우리에게 주어진 것으로 최선을 다해야 한다. 사방에 도움을 청해야 한다. 그러한 상황에서 다른 사람들의 의견이나 시대의 전통이나 권위의 규범이나, 선행하는 전조나, 유사한 사례나, 비슷한 경우나 이런저런 것들을 아무렇게나 채택하지 않고 감각에서 오는 증거처럼 가려내고 검사하는 게 중요하다."[28]

만약 추론의 분별력이 믿음과 행동을 궁극적으로 허용해준다면 공리주의적 개념의 지식은 무엇이라고 불러야 하는가? 추론의 분별력이라는 바로 그 존재를 전혀 몰랐던 벤담의 제자들은 그들의 계산에서 지혜로 가는 가장 주요한 수단을 빠뜨렸다. 그와 함께 그들은 종교적 신앙도 빼먹었다. 그들의 그 어떤 방법으로도 종교적 진실을 이해할 수 없다는 사실을 희미하게 인지하고 그들의 실험으로는 신학이 과학은 될 수 없다고 도발적으로 확신했다. 공리주의자들은 신앙을 공들여 무시한다. 그러나 종교는 단지 공리주의적 관점에서만 고려된다 해도 사회의 강한 버팀목이다. 외로운 인간을 위로하고, 정의를 집행하며, 악을 억제한다. 이 모든 분야에서 종교만이 그 기능을 수행한다. 이렇게 공리주의자들과 공리주의로 개종한 로버트 필 경은 오히려 공리주의적 질서의 토대를 저해했다. "많은 사람의 사랑을 받을 수도 있었던 그 사람이, 이와 같은 날에, 정치인은 목표를 높이 설정하기보다는 평균치를 보존할 때 찬사를 받으며, 안전한 게 첫 번째 장점이고 열정을 다시 일깨우는 게 가장 명예롭지 않은 실수라고 생각했다는 게 얼마나 슬픈 일인가! 영혼이 없는 육체에는 생명이 없으며, 생각이 없는 정당에는 단결이 없다는 사실을 그 사람이 이해하지 못했다는 게 얼마나 한심한 일인가!"[29]

공리주의는 죽음의 철학이다. 그 죽음의 불가피성은 벤담주의자들이 의심을 강조한 결과다. 데카르트와 함께 공리주의자들은 하늘과 땅에 있는 전부를 의심했다. 이는 결정적인 바보짓이다. 왜냐하면 의심은 퉁명스럽고 질투심이 강하며, 이기적인 감정이고 부루퉁한 자신을 제외한 나머지 전부를 신랄하게 부인하는 행동이다. 의심으로는 아무것도 배우지 못한다. 많은 분야에서 의심은 완전히 누그러뜨려지지 않는다. 그러나 우리는 의심에도 불구하고 살아가야 한다(그것은 본질적으로 불완전하고 한시적 존재인 인간이 처한 조건이다). "우리가 무엇을 알고자 하면 많은 것에 무지하려고 마음을 먹어야 한다. 우리는 과학을 위태롭게 해야 할지 신앙을 위태롭게 해야 할지 하나를 선택해야 한다."[30] 추론의 분별력을 무시하면서 실천적 능력만 계발하는 사람은 안타까운 거래를 하는 셈이다. 추론의 분별력을 부인하면 의심은 불가피하다. 추론의 분별력을 인정하면 인간은 어떤 문제를 다룰 때 의심에서 확실성의 단계로 올라갈 수 있다. "의심 그 자체는 긍정적인 단계다. 결정적인 정신의 습관을 뜻한다. 따라서 그 자체의 모든 원칙과 교리의 체계가 반드시 필요하다. 그러나 아무것도 가정되지 않는다면 가정을 제외한 추론의 방법은 도대체 무엇인가? 그리고 우리의 본성 그 자체는 무엇인가? …전부 의심하는 것을 의무로 여기기보다는, 승인하라고 우리에게 주어진 전부를 믿는 데서 마땅히 시작해야 한다는 견해를 유지하겠다. 후자야말로 진정한 학습 방법으로 보인다."[31] 믿음은 행동으로 이어진다. 콜리지도 매우 비슷한 이야기를 했다. 그러나 뉴먼은 대부분 지성이 직관적으로 진실을 인지할 수 있다고 말하지 않았다. 의심을 해소해주는 추론의 분별력은 직관 이상이다. "직접적이고 단순한 통찰력이나 단 한 번 바라봄으로써가 아니라, 마치 조금씩 축적을 통해서, 정신적 과정으로, 대상을 골똘히 생각해서, 많은 부분적 개념들을 비교하고 조합하며 상호 수정하고 끊임없이 차용해서, 정신의 여러 능력과 연습의 공동 작용과 집중, 활용 덕분에 우리는 안다."[32] 이런 모든 기능의 통합과 조화는 훈련으로 이루어진다. 뉴먼은 교육의 공리주의적 원칙들이 순수한 지식으로 이르는 길이 아니라는 걸 보여줌으로써 진정한 교육적 과정을 묘사하기에 이르렀다.

자유주의의 반대자가 자유주의 교육의 고상한 옹호자였다는 건 역설적이지 않다. "자유주의"가 로버트 필 경에게 밉살스러운 단어였다면 뉴먼에게는 저주였다. 그는 그 단어를 바이런과 그의 숭배자들을 평가하는 의견을 통해 처음 들었다고 말했다. "이후에 자유주의는 어느 신학 학파의 휘장이었다. 냉담하고 쌀쌀맞지만 그 자체로는 별로 위험하지 않은 학파였다. 그러나 스스로 예상하지도 않았고 이해하지도 못할 악으로 가는 문을 열어젖힌 점에서는 위험했다. 현재로서는 그저 심원하고 그럴듯한 회의주의 이상은 아니며, …자연적 인간이 실천적으로 발휘해본 인간 이성의 발전일 뿐이다."[33] 종교와 정치에서 자유주의의 핵심은 사적인 판단이다. 권위를 존숭했던 뉴먼에게 인간의 사소한 개인적 인식에서 오는 그릇되고 경솔한 양심의 명령에 따라 중대한 문제를 판단하는 건 언어도단의 불경한 행위이며, 악마에 사로잡혔거나 영적 오만의 죄를 범하는 짓이다. 자유주의자들은 인간 이성의 우월함이 자명하다고 가정하고(벤담이 그 예를 보인 건조한 논리적 이성의 우월성) 기독교적 겸손을 경멸한다. 그들은 인간이 선하게 태어났으며 무한히 개선될 가능성이 있다고 어리석게도 믿고 있다.

그러나 자유주의적 교육은 또 다른 문제다. "자유주의적"이라는 표현엔 의심하고 다 부숴버리는 의미의 자유가 아닌 아주 오래되고 더 순수하며 진정한 자유의 의미가 담겨 있다. 그것은 신의 계율이 미치는 범위 안에서 사는 자유를 말한다. 자유주의적 교육은 자유로운 인간의 지적인 훈련이다. 빅토리아 시대에 뉴먼보다 자유주의적 교육을 정의하기에 더 적합한 사람은 없었다. 그는 전통적인 자유주의적 학습의 가장 우수한 표본이며, 옥스퍼드의 불빛이었다. 비록 (긍정적인 의미에서) 장엄한 지적 전통의 테두리 안에서 작동하지만 믿을 수 없을 만큼 도량이 크고 탐구적인 정신의 소유자로서 뉴먼은 "현대 '문명'의 전체적인 기초를 따져 묻고 개인의 자아가 외부 세계와 어떻게 연결됐는지 가장 깊은 질문을 제기할 수 있는 아마도 유일한 영국인일 것이다(밴턱[i])."[34]

브린턴은 과학적 방법론과 가정들이 지닌 허점을 비판하는 뉴먼을 논하면서 그를 20세기적 의미의 실용주의자라고 부르기까지 했다.[35] 그러나 브린턴은 오직 특정한 사실만 알 수 있다는 윌리엄 제임스[ii]의 믿음과 과학적 이론이 그 자체로는 확실성을 가져다주지 못한다는 뉴먼의 믿음을 혼동했다. 뉴먼이 어떤 점에서 실용주의자였다면 그 단어의 옛 의미로는 가능하며 모어[iii]에 따르면 적절하게 이해될 경우 "영국국교회주의의 비범함"을 표현한다. "올바르게 이해된다면 철학자들 가운데 플라

---

i   Geoffrey Herman Bantock(1914~1997): 영국의 교육학자이자 역사학자.

ii   William James(1842~1910): 미국의 철학자, 심리학자, 의사. 미국에서 심리학 과정을 처음으로 제공한 교육자로 알려져 있다. 찰스 샌더스 퍼스(Charles Sanders Peirce), 존 듀이와 함께 실용주의 철학학파의 주요 인물로 꼽힌다. 기능 심리학 창시자의 한 사람.

iii   Paul Elmer More(1864~1937): 미국의 언론인, 비평가, 수필가, 기독교 호교론자.

톤은 최고의 실용주의자다. 육체적 감각이라는 요란한 오합지졸들보다 진정으로 더 과학적이고 더 사실적이며, 더 깊고 크며 믿을 만한 정신적 직관이 있다는 사실을 보여주면서 이데아가 자연적 대상물보다 더 진실한 사실이라는 자신의 믿음을 방어하려고 노력했다는 점에서라면 더욱 그렇다."[36] 진정으로 관념적이며 가톨릭적이고 자유주의적 정신의 보유자인 뉴먼은 "대중을 어떻게 교육시킬 것인가가 이 시대 정치인들의 주요한 문제"였음을 알았으며 인간을 단번에 신의 종으로, 그 자신의 지배자로 만들 규율을 생각하기 시작했다.

"만약 미덕이 정신의 지배자요, 미덕의 목적이 행동이고, 미덕의 완성이 내면적인 질서, 조화, 평화라면 우리는 미덕을 도서관이나 독서실보다는 더 성스럽고 근엄한 곳에서 찾아야 한다."[37] 교육은 그 본질이 규율이지 쾌락이나 위안이 아니며 또한 게으름의 대안도 아니다. 교육은 그 자체로 미덕을 가르칠 수 없다. 진정한 교육에 수반하는 규율은 미덕이 요구하는 규율과 같다. 교육의 뿌리는 신학 연구, 다시 말해 미덕과 종교적 신앙의 연구다. 『The Idea of a University(대학의 이상)』에서 처음 전개되는 네 가지 논의는 신학이 진정 과학이며 어떤 지식 체계에서도 필수 불가결하다는 사실을 증명하는 데 할애됐다. 그 다음 뉴먼은 고등 교육은 어떠해야 한다는 일반적인 문제를 논했다. 더블린에 가톨릭 대학을 세우려는 뉴먼의 시도는 수포로 돌아갔다. 그렇지만 대부분의 교육자들이 깨닫는 이상으로 그들에게 미친 뉴먼의 궁극적 영향력은 컸다.[38]

그 시대의 진정한 문제는 대중의 교육이었다. 그러나 바로 그 문제를 뉴먼은 직접적으로 다루지 않았다. 그가 교육 문제로 글을 썼을 때는 사회 지도층의 훈련에 관한 언급이었을 뿐이다. 토리로서 그는 지도자 교육이 어떤 대중운동보다도 앞서야 한다고 생각했다. 지도자들이 공급되면 사회 문제의 3분의 2는 해결된다고 여겼다. 그러나 지도자들과 대중은 모두 종교적 원칙, 즉 공리주의 학자들이 인정하지 않는 지적인 규율 위에 세워진 교육을 필요로 한다. "우리 눈앞에 펼쳐진 다양하고 바쁜 세계는 물리적이지만 단순히 물리적인 세계 이상이다. 과학적 분석과 동일하게 이 세계의 실제 체계를 만들어내면서, 내가 상상하는 교수는 철학적 깊이의 부족과 대학교육이 무엇인지 모르는 무지를 무심코 드러낸다. 그는 더 이상 자유주의적 지식을 가르치는 교사가 아니라 편협하고 괴팍한 사람이다."[39] 공리주의의 효율성이라는 좁은 계획에 따라 대학을 다시 개조하려는 에든버러 평론가들은 현실적으로 가장 비자유주의적인 사람들이었다. 그들은 "종교적 진실이 일반적 지식의 일부가 아니라 그 조건이라는 사실을 몰랐다. 그렇게 말할 수 있다면, 종교를 없애는 건 곧 대학교육의 구조를 해체해버리는 셈이다."

대학의 묘사는 자유주의적 교육을 정의하는 일보다 쉽다.[40] 뉴먼은 『Discourse V(소론V)』에서 다음과 같이 말했다. 자유주의적 규율로 "평생 지속되는 마음의 습관은 형성된다. 그 특징들은 자유, 공평함, 침착함, 절제, 지혜다. 또한 앞서의 논의에서 내가 철학적 습관이라고 불렀던 것이다." 자유주의적 학문들은 특히 대학과 신사의 특징이며, 정신이 아무런 역할을 하지 않는 노예의 일에 반대된다. 그러나 우리가 이 자유주의적 학문에 너무 많은 요구를 한다면 잘못이다. "그 학문의 직접적인 과업은 우리의 영혼을 유혹에 맞서 강철같이 만드는 일도, 고통 속에 있는 영혼을 위로하는 것도 아니다. 그저 방직기를 작동시키거나, 증기차를 작동하는 일일 뿐이다. 전반적으로 보아, 비록 물질적이거나 도덕적 진보의 수단이나 조건이 된다 해도 여전히 우리의 환경을 일시적으로 개선해줄 뿐 우리의 마음까지 고쳐주지는 못한다." 자유주의 학문은 직접 미덕을 심어주지 못한다. "화강암을 면도칼로 쪼아내고 배를 비단 줄로 정박시켜보라. 그렇게 할 수 있다면 당신은 인간의 지식과 인간의 이성이라는 예민하고 섬세한 도구로 인간의 격정과 자부심이라는 거인을 상대해 싸울 수 있다고 희망해도 좋다." 기껏해야 자유주의적 학문은 인간의 마음에 올바른 이성과 지적인 열망의 겸손을 가르치는 규율이나 방법 정도일 뿐이다. "아무런 훈련을 받지 않은 젊은이는 비록 날카롭고 활동적인 지성을 가졌다 해도 그의 마음속에 뒤죽박죽 쌓아올린 생각의 잡동사니 외에 보여줄 게 없다."[41] 자유주의적 교육은 활동적인 지성에 질서를 가져다준다. 대학은 그 이상을 하겠다고 희망할 수 없다.

지성이 어떤 특정하고 우연한 목적에, 어떤 구체적인 직업이나 업종에, 연구나 과학에 희생되거나 그에 맞게 형성되는 게 아니라, 그 고유한 목적에 따라 적절한 목적을 인지하고, 가장 최상의 문화를 지향해서 규율되는 이 훈련의 과정을 자유주의적 교육이라 부른다. 물론 지성의 그 훈련이 상상 가능한 만큼 수행됐다거나, 지성이 마땅히 그래야 하는 형태로 발전된 사람은 없다. 또 진정한 훈련이 무엇인가 하는 개념을 획득한 사람이나, 적어도 그것을 지향하며 다른 무엇보다 훈련의 진정한 경지와 결과를 우수성의 기준으로 삼는 사람도 거의 없다.[42]

학습이나 습득이 아니라, 지식으로 단련된 사상과 이성이 지적인 훈련의 목적이다. 적절한 지식 그 자체가 고유의 목적이다. 교육의 진정한 목적은 "유한한 정신이 인지할 수 있는 전부를 그 고유한 위치에서 그 자신만의 특징이 유지된 상태로 분명히, 냉정하고 정확하게 이해하고 바라보는" 것이다.

대학과 교육적 목적을 바라보는 이런 생각은 영어권에서 채택된 지적인 훈련의 형태와는 무한히 동떨어져 보인다. 뉴먼 자신의 가톨릭 대학은 없어졌다. 옥스퍼드와 캠브리지, 그리고 스코틀랜드 대학들은 점진적으로 공리주의적 혁신을 대단히 많이 받아들였다. 영국의 새로운 지방 대학들은, 특히 급성장한 산업 도시에 있는 대학들은 일반적으로 브로엄과 러싱턴(Lushington)이 1827년과 1828년에 세운 런던대학(University of London)의 형태를 본받으려 했다. 국가가 지원하는 공교육의 발전 체계(첫 번째 보조금은 1842년에 마련됐다)도 세속적이고 공리주의적 특질을 꾸준히 채택하기 시작했다. 벤담주의자들은 국가가 보편적 교육자가 되어야 한다고 결정했다. 사실상 그들은 성공했다. 영국국교회와 비국교도들 간의 분쟁은 교육 감독권을 점점 더 정부의 손에 넘겨주었다. "단순한 기독교 성경의 가르침"은 살아남았지만 교회로부터 분리된 학교 제도가 국립 학교로 완성됐다. 로버트 로는 1862년 교육부 장관으로서 나쁜 학교는 좋게 만들고 좋은 학교는 나쁘게 만드는 평준화를 시작했다. 아마도 당대의 모든 자유주의자들 사이에서도 가장 충실한 자유주의자였던 로는 뉴먼과 공통점이 거의 없었다. 1867년 로가 "사회지도자들을 교육해야 할" 긴급한 필요성을 말했을 때 그는 정신적으로 뉴먼이나 디즈레일리보다는 브로엄에 훨씬 더 가까웠다. 1870년의 교육법은 "기초교육을 얼마나 빨리 제공하느냐에 따라 산업의 부흥이 좌우된다"는 포스터[i]의 호소 덕분에 의회를 통과했다. "기술교육"은 자유주의자들이 그린 영국의 설계였다. 독일과의 경쟁에 맞서려면 영국은 실용적 교육을 의무화해야 한다고 영향력 있는 노팅엄의 제조업자, 포스터는 말했다. "만약 우리가 현재의 자발적인 교육 체계를 그대로 둔 채 계속 싸워야 한다면 우리는 곧 패배하고야 만다."[43] 국가가 마련한 세속적이며 통일되고 보편적인 교육은 무상이고 의무적이어야 한다(민주적 독재를 연상시키는 단어들의 조합이며 철학적 급진주의자들은 이를 조심하지 않고 사용했다)는 벤담주의자들의 이상은 1870년에 실현되기 시작했다. 의무교육은 중등교육까지 연장됐고 교육 체계는 더욱 중앙 집중화, 규격화되면서 1902년 교육법에 의해 그 과정이 엄청나게 가속화되기 시작할 때까지 같은 방향으로 꾸준히 움직여갔다. 아서 밸푸어[ii]가 후원한 1902년의 교육법은 실질적으로 사회주의 정책이었으며 페이비언 소책자 106호(Fabian Tract No.106)에서 시드니 웹[iii]은 열정적으로 그 도입을 촉구했다. 다른 수많은 측면에서와 마찬가지로 여기서도 새로이 세를 늘려가던 사회주의는 바로 몇 해 전까지 위대한 귀족 솔즈베리 경이 지배했던 정당에도 자신들의 이념을 주입시켰다.

디즈레일리는 1839년에 "그들의 국가교육이라는 체계 때문에 모든 사람들은 화폐 제조창에서 나온 동전처럼 똑같은 문양과 표제를 달고 나온다"고 말했다. "그들이 돈을 벌고 철로를 놓겠지만 격정의 시대가 오

---

i   William Edward Forster(1818~1886): 영국의 산업가이자 자유당 정치인, 자선사업가.
ii Arthur James Balfour(1848~1930): 영국의 보수주의 정치인. 1902년부터 1905년까지 총리를 역임했으며 후에 외무장관을 지냈다.
iii Sidney James Webb(1859~1947): 영국의 사회학자 겸 경제학자, 정치가. 영국 노농소합법 제정에 힘썼으며 1924년 이후 노동당 내각에서 각료를 지냈다.

면, 그들의 이해가 움직이기 시작하면, 그들의 감정이 일어나면 사회의 중심부까지 흔들어버리게 된다. 그러면 그들이 위컴의 윌리엄(William of Wykeham)이 지지하고 옹호한 것과 같은 종류의 교육을 받았는지 모두가 알게 된다."⁴⁴ 숫자와 사실만 중시했던 그래드그린드(Gradgrind)라는, 디킨스 소설의 주인공이 상징하는 개념들은 루소주의적인 감상과 뒤섞여 영국과 미국에서 국가가 후원하는 교육을 지배하게 됐다. 이제 격정의 시대는 왔다. 일부 사람들이 종교적 원칙에서 분리된 유사교육의 위협에 놀라 깨어났다.⁴⁵

그러나 보수주의 사상가들은 그들이 회피하지 못한 그 무엇으로 평가되기보다는 그들이 무엇을 보존했느냐에 따라 판단되어야 한다. 수많은 교수들과 교사들의 마음속에 뉴먼이 심어놓은 교육의 이상은 (때로는 지금으로선 익숙하지 않을 만큼 성공적으로) 아직도 싸우고 있다. 진정으로 인간적인 학습을 위해 배움이 기술적 훈련으로 추락하지 않도록, 대학과 학교가 참을 수 없게 세속화되지 않도록 말이다. 이 시대의 전지전능한 바다의 노인(Old Man Of the Sea)인 도시 프롤레타리아 아래에서 휘청거리는 요즘의 학교는 법이 노동을 허용할 때까지 아이들을 가두는 감옥에 지나지 않는다. 그런 시대인데도 뉴먼의 책에는 사회를 질식에서 구해낼 자유주의적 신사들을 양산하려고 고안된 교육의 개념이 여전히 남아 있다. 미국에서는 적어도 교구가 운영하는 학교들은, 그리고 종교단체가 설립한 대학들에선 뉴먼의 그런 개념들이 아직 약간의 영향력을 유지한다. 그리고 대부분의 그런 재단들은 그들이 알든 모르든 뉴먼에게서 그들 교육 이론의 가장 훌륭한 표현의 근거를 발견한다.

19세기 제1원리를 둘러싼 가장 치열했던 갈등의 하나는 정부와 입법부가 종교적 특성을 지녀야 하느냐 말아야 하느냐였다. 다시 말해 "국가는 양심을 가지는가? 기독교는 지상의 법인가? 범법자를 벌주는 집행자는 보복의 임무를 수행하는가 아니면 교정의 임무를 수행하는가? 사회 전체의 구조는 세속적 편의의 토대 위에 세워지는가? 철학과 과학이 종교와 맺는 관계가 질문의 대상이 됐다. 오래 존중된 전통적 신학은 지난 40년간 새로운 신학과 논쟁을 벌여왔다. 지금은 새로운 신학이 욱일승천의 기세다."[46] 뉴먼이 1858년에 쓴 글이다. 125년이 지났지만 새로운 신학은 여전히 기세등등하다. 그러나 고대로부터 내려오는 종교적 사회관은 여전히 그 무서운 공리주의적 편의에 저항한다. 이는 몇몇 사상사 전공자들이 인정하는 이상으로 영국의 정신적이고 문학적 전통에 남긴 뉴먼의 유산이다.

4. 배젓: 토론의 시대

어떤 개혁법도 최종적일 수는 없다고 불워리튼[i]이 1859년에 말했다. "민주주의는 무덤이나 마찬가지다. 그것은 끊임없이 '달라, 달라'고 운다. 그리고 무덤처럼 그가 한때 받았던 것을 결코 되돌려주지 않는다. 그러나 당신은 건강이 허락하는 모든 열정과 모든 움직이는 에너지를 가진 입헌군주제 아래 산다. 아직 무덤에 갈 만큼 무르익지 않은 민주주의에 굴복하지 마시라." 다이시는 자신의 책『Law and Opinion in England(영국에서의 법과 의견)』에서 말한다. 벤담주의의 시대는 1825년

---

i   Edward Bulwer-Lytton(1803~1873): 영국의 소설가, 시인, 극작가, 정치인. "펜은 칼보다 강하다"는 말을 만들어냈다.

에 시작되어서 1865년에서 1870년 사이에 끝났다. 뒤이어 집산주의 시대가 따랐다고 말이다. 만약 더비와 디즈레일리가 집산주의 시대를 불러들였다면, 벤담주의는 불모의 사상이며, 뉴먼이 선언했듯이 마르고 시든 가지에 불과하다는 걸 자유주의자들보다 그들이 더 빨리 알았기 때문이다. 당시 이미 벤담주의의 노란 잎들이 떨어져 내리고 있었다. 생의 후반기에 존 스튜어트 밀이 보였던 유사사회주의, 보편적 복지에 공적 자금을 대대적으로 써야 한다는 늙은 존 브라이트의 개종 등은 당대 지배적인 견해의 변화를 보여주는 징후들이다. 공리주의는 동기로 보자면 영국 산업의 팽창을 옹호하는 이론이었다. 그 산업적 팽창의 과정이 달성됐을 때 의식적인 사회 세력으로서 공리주의는 시들어버렸다. 비록 마르크시즘, 페이비어니즘[i] 그리고 사회적 계획과 산업 기업 시대에 그 흔적을 남겼지만 말이다.

1875년 보수주의자들이 공제조합과 공동 모의에 관련된 법들을 개정해주면서 노동계급과 화해한 직후 월터 배젓은 이렇게 썼다. "반동적인 정책을 제외하고 보수주의자에게 남은 선택은 대중의 무지한 민주적 보수주의냐 아니면 가장 냉철한 두 정당 당원들의 잘 교육된 조심스러움이 추천하는 온건한 정책을 꾸준히 지지하는 보수주의냐, 둘 중의 하나로 모아졌다."[47] 일반적으로 말해 그때 이래 보수주의는 후자에 기울었다. 랜돌프 처칠 경(Lord Randolph Churchill)의 토리 급진주의는 "사람들을 신뢰해야 한다"는 애매모호한 구호와 함께 당의 대다수를 대변하

---

i Fabianism: 1884년에 창립된 영국의 사회주의 운동 단체 '페이비언협회'의 이념. 혁명적 방법보다는 계몽과 개혁을 통한 이념 실천을 활동 방법으로 택했다. 영국 노동당의 기초가 되었으며 영국 식민지의 독립, 특히 인도의 독립 등에 영향을 끼쳤다.

지 못했다. 오히려 보수주의자들은 분열해가는 자유주의자들을 받아들이면서 세력을 키워 자신들의 구성원들을 확장해갔다. 이 중 가장 중요한 성과는 조지프 체임벌린[i]의 가세였다. 그러나 보수주의 사상이 그에 맞게 솔직하고 명료하게 강화됐는지는 의문이다. 배젓이 옹호한 자본가들의 보수주의는 완성됐다. 그러나 그 완성은 마치 필의 망령이 살아나 디즈레일리가 이룬 업적을 해체하는 방식으로 작동했다.

다정하고 인간적인 자유주의자 배젓은 당대 최고의 비평가였다. 그는 우연히도 뉴먼을 흠모했지만 디즈레일리는 거의 존경하지 않았다. 그는 구질서가 민주주의의라는 매개체 그 자체를 통해서 제거되지 않는다고 생각했다. 오히려 아테네와 피렌체처럼, 밀접하게 연결되고 새로움에 민감한 나라들로 근대 국가들을 변화시키는 엄청난 사회적 힘을 통해서 구질서가 제거된다는 사실을 이해했다. 바로 토론이 지배하는 19세기의 정부였다. 토론은 기독교 세계의 관습이라는 지혜를 무시하고, 버크의 선입견과 규범을 삼켜버리고, 조상의 방식을 포기하기 싫어하는 인간의 아주 오래된 거부감을 전복시켰다. 디즈레일리와 글래드스턴의 시대는 연설과 설교 그리고 의회의 소동이 빈번했던 때였다. 여론과 토론의 즉각적인 영향력으로 사회가 급작스럽게 바뀌는 혁명적인 현상을 보였다. 민주주의는 공공 토론의 열매지 그 씨앗이 아니다. "루터(Luther)의 시대 이후 다소 뿌리 깊은 확신이 존재해왔다. 인간은 지적인 과정의 일환으로 스스로 종교를 생각해낼 수 있을지 모른다. 그리고 가장 고매한

---

i Joseph Chamberlain(1836~1914): 영국의 정치인. 처음에는 급진적 자유주의자였으나 나중엔 자유주의적이었으며 아일랜드와의 연합을 지지하다가 선도적 제국주의자로 보수당과 연합했다. 41대 영국 총리였던 네빌 체임벌린이 그의 아들이다.

의무로서 그렇게 해야만 했다. 정치적 토론의 영향과 종교적 토론의 영향은 오랫동안 굳건하게 결합해왔고, 서로가 서로를 대단히 효과적으로 강화해주었기 때문에 중세 시대에 존재했던 충절과 충성, 권위라는 오래된 개념들은 더 이상 최고의 정신을 보유한 사람들에게 거의 영향을 미치지 못하게 됐다."[48] 이는 뉴먼이 통렬히 비난한 사적인 판단(Private Judgement)이다. 민주주의를 무덤에 비교한 불워 리튼을 언급하며 배젓은 이 유추를 동등하게 토론에 부쳐볼 만하다고 말했다. "한번 어떤 주제를 토론이라는 호된 시련에 사실상 복종시키면 절대 되돌릴 수 없다. 그것에 신비의 옷을 입힐 수도 없고 신성하게 만들어 보호할 수도 없다. 그것은 영원히 자유로운 선택에 열린 채 남아 있고 세속적인 논의에 노출된다."[49]

사적인 판단과 자유로운 토론은 자유주의의 필수 불가결한 원리이자 주요한 버팀목으로 19세기의 값싼 언론(곧 싸고 지저분해졌다), 빠른 통신, 인구의 도시 집중 등으로 가능해졌다. 이렇게 유럽의 주요 국가들은 고대 도시국가의 이점을 획득하는 한편 고대 도시국가에서 들끓었던 여론의 위험에 노출됐다. 디즈레일리와 뉴먼은 전통과 권위, 옛 충절을 방어하면서 이 성난 물길을 거슬러 헤엄쳤다. 규범적 진실을 향한 (이 힘을 고려하도록) 대중의 공감을 불러일으킨 점에서 그들이 거둔 성공은 영웅적이었다. 거대하게 깊은 샘들이 파괴돼 바닥을 드러낸 듯한 시대, 5세기 그리스와 같은 시대였음에도 디즈레일리는 조각난 보수주의의 정치적 본능을 하나의 건강한 정당으로 다시 접합해내는 수완을 지녔으며, 뉴먼은 공리주의자들과 물질주의자들이라는 기세등등한 주인에 맞서 기독교인을 무장시킬 지혜가 있었다. 1867년 영국은 나이아가라 폭포에 총질을 하는 큰 모험을 감행했다. 그 폭포는 민주주의가 아니라 진정 토론이라고 불려야 한다. 창조적 상상력이 있었던 이 두 사람 덕분에 새로워진 보수주의는 그 충격을 견뎌낼 만큼 강력했다.

마르크스가 예견한 육체적 고통보다는 토론과 사적인 판단이 지난 150여 년 내내 끊임없는 실험과 개선을 추진하도록 자극을 제공했다. 고통을 받았기 때문이 아니라 항의와 사적인 판단이라는 새로운 분야였기 때문에 많은 사람들이 마르크시즘을 받아들였다. 토론이라는 탐욕은 무덤의 욕구만큼 진실로 그 충족이 어려운가? 만약 그렇다면 우리 근대 사회의 계속성과 영원성은 불가능한가? 고삐 풀린 토론의 제국에는 세 가지 견제가 가능해 보인다. 전통적 지혜라는 개념의 의도적인 부활이 그 하나다. 다른 하나는 변화 그 자체나 토론을 대중이 점점 더 지루해 하는 것이다. 마지막은 재난이 닥쳐서 그들 자신의 견해를 불신하도록 인간에게 교훈을 주는 방법이다. 마지막 두 가지 가능성이 우리 세대에 임박했다고 보인다. 그러나 둘 다 무자비하게 규율이 집행되는 경우다. 이 사회가 재난의 시대를 맞지 않도록 구해내고 싶은 보수주의자들이라면 단순한 개인적 이해가 아닌 정치적 신앙을 되살리려고 노력해야 한다. 의심을 동의로 대체하는 물리적 실체 이상의 지혜를, 디즈레일리와 뉴먼의 체계를 살려내려고 노력해야 한다.

CONSERVATIVE

IX

법률적이고 역사적인 보수주의: 불길한 예감의 시대

:

보통선거권의 대안으로 무엇이 좋을까? 내게 누군가 실천적으로 어떤 방법이 가능하겠느냐고 묻는다면 당장엔 없다고 답하겠다. 사상과 감정의 전반적인 조류가, 인간사의 전반적인 흐름이 그 방향으로 흐르도록 거부할 수 없는 힘으로 정해져 있었다. 우리가 사는 이 시대에도 나쁜 생활방식이 있듯이 과거도 마찬가지였다. 그런 옛 삶의 방법들이 유럽 전역에서 무너져 내리고 건초더미처럼 홍수에 이리저리 떠다녔다. 그런 잔해를 구해내겠다며 현명한 사람이 애쓰고 고민해야 할 이유는 없다. 둑은 터졌고 사람의 힘으로 물길을 되돌릴 수는 없다. 그렇다고 그 흐름에 부화뇌동하면서 강의 신에게 할렐루야를 노래 부를 이유도 없다.

_제임스 피츠제임스 스티븐 경[i] 『Liberty, Equality, Fraternity(자유, 평등, 동지애)』

1. 자유주의와 집산주의: 존 스튜어트 밀, 콩트, 그리고 실증주의

1867년 이후 영국 사회의 보수적 세력들은 꾸준히 세를 불렸다. 옛 자유주의자들이나 휘그 그리고 공리주의자들을 자신들의 품에 새로이 받아들였기 때문이다. 글래드스턴식 자유주의[ii] 흐름에, 국가권력의 증대에, 노동운동의 공격성에, 대규모 새로운 유권자들을 향한 아첨에 놀란 중산층 계급들(지금까지 자유주의를 지지했던 세력)이 토리에 충성하기

---

i Sir James Fitzjames Stephen(1829~1894): 영국의 변호사, 판사, 작가.
ii Gladstonian Liberalism: 영국 빅토리아 시대 총리이자 자유당 지도자 윌리엄 글래드스턴(William Ewart Gladstone)의 이름을 딴 자유주의. 제한된 정부 지출, 낮은 세금, 정부의 균형 예산, 자조와 선택의 자유 등 고전적 자유주의를 강조했다. 자유무역, 정부의 경제 개입 최소화 등으로 구성된 이념을 지칭한다. 영국에서는 자유방임주의의 고전적 자유주의를 지칭한다.

시작했다. 이르게는 1850년대에, 늦어도 1870년대 중반에 배젓은 진정한 보수주의자와 자유주의자들의 이해가 수렴해가는 현상을 분명히 인지했다. "자유주의적 보수주의자"와 "보수적 자유주의자" 사이엔 그저 작은 차이만 있을 뿐이었다. 덩치가 커져가는 국가와 목소리가 높아지는 민주주의의 한계를 규정해야 할 의무가 두 세력 모두에 있었다. 19세기 초부터 공리주의의 사회적 원자론에 군건하게 반대해왔고 도덕적 대리인으로 국가를 수호해왔던 토리는 무게중심이 반대로 바뀌었다는 사실을 발견했다. 새로이 투표권을 부여받은 빈자들의 도구이자 정치운동이었던 세속적 집산주의는 영국 사회의 헌정 체제를 위협했다. 급진주의자인 허버트 스펜서는 개인주의에 가해진 이 새롭고 더욱 강력한 위험에 격분해 『The Man versus the State(인간 대 국가)』를 1884년에 출간하며 보수주의자들과 일종의 동맹을 맺었다. 부상하는 집산주의적 인도주의자들이 정치적 개인주의자들보다 더 불쾌해졌기 때문이다. "토리당이 변했거나, 영국국교회 반대자를 비롯해 모든 형태의 반대자에 맞섰던 온정주의의 수호자 토리가 모든 형태의 사회주의자들에 맞서는 개인주의의 수호자로 바뀐 듯 보였다"고 어니스트 바커 경[i]이 말했다.[1] 그러나 『The Man versus the State(인간 대 국가)』에서 빅토리아 시대 말기의 진정한 보수주의를 발견하기는 어렵다. 오히려 세 명의 위대한 학자들이 법과 역사에서 진정한 보수주의의 추동력을 유지했다. 그들은 1873년에 『Liberty, Equality, Fraternity(자유, 평등, 동지애)』를 발간한 제임스 피츠제임스 스티븐, 1885년 『Popular Government(대중 정부론)』를 펴낸 헨리

---

i Sir Ernest Barker(1874~1960): 영국의 정치학자로, 1936년 자유당 위원회 위원으로 선출되었다.

메인[i], 1896년 『Democracy and Liberty(민주주의와 자유)』를 출간한 윌리엄 에드워드 렉키[ii]다.

보수주의의 힘은 지적인 확신에서 솟아나지 않는다고 배젓은 말했다. 대신 두 가지 지속적인 감정이 대체로 보수주의자들의 애착을 키웠다. 하나는 충절이라는 옛 기사도 정서이며 다른 하나는 (대륙에서 '질서의 당[iii]'을 부추기던 그 무엇) 두려움이다. 그 두려움은 "육체적 삶보다는 존재의 전체적인 양식과 근원으로서, 그들의 상점, 집, 현재의 삶이 파괴되고 버려질지 모른다는 걱정이다." 근대 영국의 보수주의자들은 (배젓이 1856년에 썼다) 움츠러든 공포라는 비열한 보수주의와 향락의 토리즘을 극복하는 진지함을 보였다. 그러나 숙고하는 보수주의는 아직 영국에서 일반적이지 않았다. "미심쩍어하는 계급들에 맞닥뜨린 모든 얼빠진 보수주의자는 그들이 보호하려는 그 무엇을 위험에 빠뜨린다. 얼빠진 보수주의자야말로 조국에는 불운이요, 자유주의자들에겐 고민이다."[2] 영국의 보수주의자들이 1867년 이후 더 시급하게 필요하다고 여겼던 냉철하고 계산된 보수주의 옹호론은 다음의 세 사람이 만들어냈다. 우선 "양심의 공격적인 발전에 따라" 공리주의자에서 개종한 한 학자와 두 번째로 자유주의자에서 새로이 보수주의자가 된 과학적 제도 사학자(historian of institutions)와, 마지막으로 버크의 사상을 깊숙이 공부한 영국계 아일랜드 학자다.

---

i　Sir Henry James Sumner Maine(1822~1888): 영국의 비교 법학자이자 역사가.

ii　William Edward Hartpole Lecky(1838~1903): 아일랜드의 역사학자이자 정치이론가.

iii　Party of Order: 프랑스 2공화국 시절 의회에서 군주론자들과 보수주의자들, 그리고 미국의 정치 체제를 흠모한 공화주의자들이 구성한 정치 집단. 1848년 선거 이후 900명 의회에서 온건 공화파에 이어 2위 그룹으로 250명의 대의원을 보유했다. 토크빌, 프랑수아 기조 등이 주요 당원이다.

1870년대 이미 뚜렷한 정치운동이었던 사회주의의 부상은 기존의 영국 사회 전체에 위협을 가했으며 토리를 걱정시켰을 뿐 아니라 옛 맨체스터 자유주의자들까지 경악시켰다. 그러나 노동당은 아직 존재하지 않았다(비록 노동대의연맹[i]이 1873년 선거에서 후보 13명 중에 2명을 당선시키긴 했지만). 사회주의자들이 의회에 영향력을 행사할 수 있는 유일한 방법은 유력한 정당 의원들에게 사회주의 견해를 주입하는 것이었다. 급진주의자들이 1832년의 개혁 입법 이전에 휘그당에 침투했었듯이 사회주의자들이 이제 자유주의자들 사이로, 심지어 보수주의자들에게도 스며들어 가기 시작했다. 존 스튜어트 밀의 후기 사상에 사회주의가 침투한 흔적이 명백히 드러난다. 보수적 필자들은 이러한 시대적 변화를 말해주는 핵심에 밀이 있다고 정확하게 인지했다. 공리주의의 세습적인 최고위 사제이자, 50년 전에 철학적 급진주의자[ii]들이 성공적으로 활용했던 세속주의와 경험주의의 끊임없는 부추김을 앞장서 이끌었던 밀은 극단적인 개인주의에서 집산주의로 옮겨가면서도 그 논리적 모순을 인지하지 못했다. "합리주의의 성자"(밀을 표현한 글래드스턴의 묘사)는 투표권이 부여된 노동자 계급만큼이나 옛 영국의 삶에서 멀리 벗어났다. 밀은 노동자 계급을 두려워하고 경멸했지만 그들에게 사회적 신념을 제공하는 데 도움을 주었다. "성경, 영국국교회, 오래된 대학들, 고전문법 학교

---

i Labour Representation League: 1869년에 조직된 영국 노동당의 전신. 최초의 목적은 노동자들에게 투표권을 주고 그들을 국회에 진출시키려는 데 있었다.

ii Philosophical radicalism: 철학적 급진주의 또는 철학적 발본주의는 19세기 영국에서 제러미 벤담과 제임스 밀의 사상에서 영향을 받아 발상의 전환을 통해 사회개혁을 추구한 사람들의 신조와 운동을 가리키는 용어. 이 사상을 믿는 이들을 철학적 급진주의자 또는 철학적 발본파라고 부른다. 대표적인 사상가로 프랜시스 플레이스(Francis Place), 조지 그로트, 조셉 파크스(Joseph Parkes), 존 아서 로벅(John Arthur Roebuck), 찰스 불러(Charles Buller), 존 스튜어트 밀, 에드워드 존 트렐로니(Edward John Trelawny), 윌리엄 몰즈워스(William Molesworth) 등이 있다.

들, 목사관, 대지주의 저택 등 국가의 전통을 만드는 데 대단히 큰 역할을 담당한 이 모두가[화이트(R. J. White)의 논평] 여러 해 동안 그의 관심 밖이었다."[3] 밀과 다른 공리주의 지도자들에겐 집에 성경 한 권조차 없었다. 그러나 보수적 사회의 비국교도 비평가들에게 성경은 거의 전부를 의미했다. 존 스튜어트 밀은 인간으로서 그 누구보다 순수했고 유머가 없는 지성인이었으며 육체는 혐오하고 정신은 의심스러워했다. 비록 기질이나 취향에서는 전혀 달랐지만 빅토리아 시대 영국의 도시 노동자들은 이런 견해를 밀과 함께 나누었다. 다시 말해 그들은 성경과 교회, 대학과 고전문법 학교, 목사와 지주가 없는 삶을 살았다.

밀은 정치적 급진주의에 불안을 느꼈다. 『자유론(Essay on Liberty)』에서 그는 토크빌이 민주적 독재에 느꼈던 두려움을 반복했다. 『Representative Government(대의제 정부)』에서는 디즈레일리의 기괴한 선거구제와 비슷하게 보통선거권을 견제하는 정교하고 인공적인 체계를 추천하기도 했다. 모든 형태의 보수주의자들이 밀을 적으로 여긴 이유는 그의 특정한 정치 사상보다는 극단적인 세속주 때문이었다. 그는 사회적 삶에서 종교적 존숭을 제거하는 대신 "동지애라는 종교"로 대체하려고 했다. 동지애라는 종교에서 인간은 스스로를 찬미하고, 공리주의적 이성 위에 자신의 도덕 체계를 세우며, 인류의 모든 규범적 관습을 단순히 "삶의 실험"이라 여긴다. 인간은 자신의 세계를 가슴속의 욕구에 가깝게 형성한다. 빈곤, 질병, 운명의 부침, 인간이 고통을 받는 모든 악은 새로운 사회를 만들어내는 합리적 입안가가 제거해낼 수 있다. 밀은 『Utilitarianism(공리주의)』에서 "짧게 말해, 인간 고통의 모든 주요한 근원은 상당한 정도로, 대부분 거의 전적으로 인간의 노력과 염려로 극복이 가능하다"고 주장했다. 이런 우월한 인간 존재는 물질적 완벽으로 진보해나가면서 종교적 위안이라는 유치한 위로가 필요치 않게 된다. 현재의 고통은 사라지고 영원한 삶의 가능성 앞에 어깨를 으쓱일 뿐이다. 밀은 물질적 위로를 아낌없이 희망하는 20세기 사회주의자들의 선구자였다. 예를 들어 존 스트레이치[i]는 복지국가로 인간의 생명은 무한정 연장될지 모른다고 예언했다. 그리고 밀의 개선주의(meliorism)는 (그리고 콩트의 개선주의도) 일군의 반종교적, 반전통적 대중작가들에게 즉각적인 영감을 주었다.[4]

스티븐, 메인, 렉키는 모두 신앙이라는 측면에서 완벽한 정통이 아니었다. 그런데도 그들은 이 유해한 세속주의가, 인간의 선의와 인간의 현명함에 느끼는 웃자란 확신이 사회의 오래되고 안정되며 고귀한 그 모두를 위협한다는 사실을 알아보았다. 만약 밀의 집산주의적 공리주의가, 그리고 그 동맹인 실증주의가 대중적 환상을 사로잡는다면, 이 보수주의자들은 문명의 타락이, 원칙 없는 삶의 도래가 곧 뒤따른다고 예견했다. 다시 말해 샤를마뉴(Charlemagne) 이래 서구 사회의 작동을 지배해온 성실성이란 정상적인 동기가 보편적 이기심이라는 산성(acid)으로 용해되어버린다고 보았다. 모든 국가는 지도층을 가져야 한다. 도덕적 원칙으로 불이 밝혀지지 않은 혼란스러운 대중 정치에서는 새로운 독재자들만 출현한다. 그들은 고색창연한 관습에서 해방된 결과 오히려 더 무자비해진다. 존 스튜어트 밀이 암시한 등골 서늘해지는 평등 사회에서, 과학자—독재자—사제와 함께 콩트의 신이 없는 사회적 의식주의(godless

---

i Evelyn John St. Loe Strachey(1901~1963): 영국 노동당을 대표하는 정치인이자 경제학자. 처음에는 마르크스주의자였으나, 나중에는 자본주의 아래에서 수정을 인정하고 마르크스주의를 떠났다.

social ritualism)에서 후기 빅토리아 시대의 보수주의자들은 살아볼 만한 가치가 없는 삶의 모습을 보았다. 그들은 정신을 좀먹는 밀의 합리주의를 보수적 합리주의로 반박하려고 시도했다. 물론 그들은 시대사조에 맞서야 하는 자신들의 처지를 잘 알았다.

밀이 지녔던 실질적으로 고유한 영국의 물질주의는 더욱 강화됐다. 특히 콩트의 사상이 1870년대와 1880년대 영국의 역사학자와 과학자들에게 행사하기 시작한 강한 영향력 때문이었다. 조지 엘리엇[i], 프레더릭 해리슨[ii], 존 몰리[iii], 헉슬리[iv]와 일군의 번역가들이 확산한 실증주의는 영국에서 갈채를 받았다. 그 가장 큰 이유는 옛날의 신학적이고 형이상학적인 삶의 개념을 쓸어버리고 대단히 과학적인 기초 위에 사상을 재건했기 때문이다.[5] 몰리 같은 자유주의자들은 콩트가 이 전제 위에 세운 절대국가나 극단적인 사회 숭배(Sociolatry)의 예찬을 크게 알아채지 못하고 이 새로운 도덕성을 끌어안았다. 나르시시즘 같은 인간성의 자기 숭배는 콩트의 철학에서 분리 불가능한 부분이다. 인간은 무언가를 찬미해야 한다. 신을 부정했기 때문에 인간은 천사보다 훨씬 낮은 어느 곳에서 그의 신을 찾게 된다. 산업가와 과학자가 지배하고, 은행가 위원회가 관리하며, 대규모의 동일한 프롤레타리아가 지지하는 계획된 국가는 그 무엇도 개인적인 열망에 맡겨두지 않고 민주주의를 뿌리에서 가지까

---

i Mary Anne Evans(1819~1880): 조지 엘리엇(George Eliot)은 필명이다. 영국의 소설가이자 시인, 언론인으로 빅토리아 시대의 활발한 저술가였다. 남성의 이름을 필명으로 쓴 이유는 사회가 자신의 주장을 진지하게 받아들이길 원했기 때문이다.
ii Frederic Harrison(1831~1923): 영국의 법관이자 역사학자.
iii John Morley(1838~1923): 영국의 언론인이었다가 의회에 진출한 정치인. 윌리엄 글래드스턴을 영웅으로 여겼다. 19세기 마지막 위대한 자유주의 정치인으로 유명하며 러시아의 동맹으로 1차 세계대전 참전을 거부해 1914년 내각을 떠났다.
iv Aldous Leonard Huxley(1894~1963): 영국의 작가이자 철학자.

지 부인하며 통제라는 개념에 자유를 굴복시킨다. 이는 콩트의 자명한 원리에 당연히 뒤따르는 현상들이다. 도덕적 행동을 규제하는 초자연적인 힘은 없다고 인간은 의도적으로 훈련받았다. 따라서 그들은 벌거벗은 폭력이나 정교한 사회적 기계에 의지해 순응하거나 노동하도록 만들어져야 한다. 콩트를 흠모하는 해방된 영국인들은 실증주의가 인도하는 사회 체계가 해방과 자유주의의 정반대를 의미한다는 사실을 몰랐다. 실증주의에 따르면 인간에게 신학을 파괴하는 자유는 있지만 그 밖의 자유는 없다. 콩트 그 자신은 이런 선언에서 충분히 솔직했다. 그리고 빅토리아 시대의 보수주의자들은 콩트의 제자들보다 그런 콩트를 훨씬 더 잘 이해했다.

밀의 인도주의적 합리주의와 콩트의 집산주의적 실증주의는 과거를 경멸하고 버렸으며 공리주의적 행복의 원칙 위에 세속적 쾌락이, 순정한 즐거움이 가득한 미래를 약속했다. 그러나 버크와 마찬가지로 영국의 역사적, 법률적 학파의 사상가들은 과거가 버려지길 거부한다는 사실을 알았다. 왜냐하면 과거는 모든 인간이 축적해온 지혜의 목소리이기 때문이다. 조롱받은 과거는 반드시 조롱받은 만큼 복수를 한다. 법률, 사회적 제도, 도덕의 역사를 연구한 결과 스티븐, 메인, 렉키는 종교적 경건성과 공통의 관습을 급작스레 박탈당한 사람들은 미래를 전혀 파악할 수 없다는 걸 알게 됐다. 그들은 오직 현재만 염려하며, 한 번도 가보지 않은 감각적 충동과 혼란스런 욕망이라는 수심 낮은 하구로 흘러내려 가다가 사회적 무관심이라는 몸서리쳐지는 모래언덕에 좌초할 뿐이다.

2. 삶과 정치의 목적을 논한 스티븐

디즈레일리는 말년에, "스티븐이 판사란 사실은 너무 안타까운 일이다. 그는 미래의 보수당 지도자로서 무엇이든, 무슨 일이든 해냈을 텐데 말이야"라고 리튼에게 쓴 편지에서 말했다. 이 편지를 쓴 1881년은 스티븐이 『Liberty, Equality, Fraternity(자유, 평등, 동지애)』를 출간한 지 8년이 지난 때였다. 그 책을 출판했을 때 피츠제임스 스티븐은 던디(Dundee)에서 자유주의자로 출마했지만, 새로운 스타일의 집산주의적 자유주의자에게 패배한 다음, 자신이 철저하게 보수주의자라는 사실을 깨닫게 됐다. 스티븐은 그렇게 1873년 현실 정치인의 경력을 끝냈다. 그는 엄격한 공리주의자이자 영국국교회 개혁가들인 클래펌 분파(Claphamite)로 성장했다. 그는 인도에서 "벤담주의자의 리쿠르고스(Benthamee Lycurgus)"가 됐고, 인도에서 토론이 아니라 무력이 사회를 함께 묶는다는 사실을 배웠으며, 정치에서 좌절한 후 법률가로 돌아서 형사법의 기념비적인 역사책을 썼다. 성공적인 당의 지도자(디즈레일리의 제안에도 불구하고)가 되기엔 19세기 기준으로도 너무 엄격하고 퉁명스러웠으며 청교도적이었다. 이 결의에 차고 남자다운 빅토리아 시대의 인물은 어니스트 바커 경이 "19세기 후반 보수주의 사상의 가장 정치한 설명"이라고 부른 책의 저자다.[6]

홉스, 로크, 벤담과 존 오스틴[i]을 읽으며 성장한 스티븐은 이 교사들을 반박하지 않았다. 그러나 실질적으로는 스승들의 혁신적이고 회의

---

i John Austin(1790~1859): 영국의 법 이론가

적인 측면들을 거부했다. 세속적 개혁가들의 단 하나 중대한 실수가 스티븐을 보수주의자로 만들었다. 그들은 인간의 악행을 무시했다. 존 애덤스와 마찬가지로 인간의 본성을 보는 청교도적인 시각은 스티븐을 일깨워 감성적 인도주의에, 밀의 뿌리 없는 자유에, 콩트의 "선의의 기관"에 맞서게 했다. 약하고 실수하는 인간성을 생래적으로 불신했던 그는 친구 칼라일이 그랬듯이 정치적 제도들은 폭력을 가린 휘장에 불과하다고 확신했다. 피츠제임스 스티븐의 회의적인 남동생 레슬리 스티븐은 1873년 젊은 올리버 웬델 홈즈[i]에게 피트제임스가 "늙은 칼라일 때문에 매우 타락"해서 종교적 교리를 설파하는 사람이 됐다고 말했다.[7] 그러나 그 교리는 언제나 정통이 아니었다. 스티븐은 빌라도를 옹호할 수 있었다. "만약 우리가 자주 사용하고 듣는 언어가 암시하는 그 무엇이 진정 기독교라면 그것은 틀렸고 해롭다." 만약 산상수훈이 진정으로 국가의 명예를 지키지 말라고 금했다면 산상수훈을 무시해야 한다.[8] 스티븐의 신은 선지자들과 청교도들의 신이며 무한한 힘을 지녔다. "그(신)의 본성이 무엇이든 세계를, 혹은 내가 사는 세계들을 조직해서 나와 내 이웃에게 그가 처방한 법이 미덕이라는 걸 알게 하시는 신"이다.[9]

사랑은 그러한 존재, 신을 향해 사용하는 단어가 아니다. 인간이 신에게 반드시 느껴야 하는 건 두려움이다. 그것이 신을 생각하는 합리적이고 사내다운 방식이다. 밀과 콩트의 제자들은 세계에서 두려움을 제거하기로 결의했다. 그러나 두려움이 사라지면 인류는 투쟁해야 할 모든 동기와 미덕을, 추구해야 할 모든 의무감을 상실하게 된다. 그러면 삶은

---

i Oliver Wendell Holmes Jr.(1841~1935): 미국의 법학자.

처음엔 의미가 없어지고 나중에 견딜 수 없게 된다. 영국과 프랑스의 실증주의자들이 고백했던 인간성의 종교는 본질적으로 다음과 같다.

> "인류는 끊임없이 터져버리고 존재하기를 멈추는 기포들의 거대한 집합체다. 아무도 만들어내지 않았고 누구도 그것에 알아두어야 할 만한 가치가 있는지 모른다. 그것을 아무리 사랑한다 해도 그것들은 단지 기포일 뿐이다." 이는 의심할 바 없이 일종의 종교다. 그러나 내게는 대단히 바보 같아 보이는 종교다.[10]

스티븐이 정조준한 목표물인 존 스튜어트 밀은 스티븐의 책이 "독자에 매력적이기보다 불쾌감을 줄 가능성이 더 크다"고 주장했다.[11] 물론 밀은 그의 시대에서는 대단히 옳았다. 『Liberty, Equality, Fraternity(자유, 평등, 동지애)』는 당대에 광범위하고 즉각적인 영향력을 행사하지 못했다. 빅토리아 시대의 자기 확신이라는 추세나, 던디에서 스티븐을 패배시킨 대중적인 집산주의의 약속이라는 흐름에는 오히려 역행했다. 그러나 위축되지 않은 그의 음울한 에세이는 구약과 밀턴에 정통한 실천적 법률가의 저작이었으며 빅토리아 시대의 번영이 잠시 가져다준 낙관주의를 넘어섰다. 스티븐은 자유가 부정(否定)의 단어라고 말했다. 평등은 그보다 조금 모자라서, 관계라는 단순한 단어다. 동지애는 일반적인 사회적 추동으로 존재하지 않았고 존재할 수도 없다. 한 종교의 신조가, 그것도 파괴적 이단들의 종교에서 나온 신조가 공화국의 좌우명이 돼버렸다. 스티븐은 이 공리주의 원칙들, 이 혁신적 신조들을 반박하는 책을 썼다. 낡은 공리주의에 맞서 새로운 공리주의가 설파하는 일련의 호소라고 생각했다. 그러나 진실은 버크가 휘그 이상이었듯이 스티븐은 공리주의자 이상의 그 무엇이었다. 피츠제임스 스티븐은 벤담, 리카도, 제임스 밀의 경제적, 법률적 개념들을 (약간의 수정과 함께) 공유했다. 그러나 스티븐은 존 스튜어트 밀이 이 신념의 학파에서 벗어난 배교자라는 사실을 손쉽게 설명했다.

1870년 이래 옛 공리주의자들이 분열하면서 벤담주의자들의 부서진 몸체에서 파생된 적어도 세 가지 흐름이 있었다. 첫 번째는 스티븐이 지지한 초기 공리주의자들의 경제적이고 법률적 원칙들이다. 그러나 스티븐은 벤담주의의 형이상학적, 도덕적 기초가 부적절하다는 걸 깨달았다. 두 번째는 존 스튜어트 밀이 확장한 공리주의적 회의주의와 인도주의다. 그러나 밀은 스승들의 경제적이고 정치적인 개인주의는 버렸다. 세 번째는 그린[i], 브래들리(Francis Herbert Bradley), 보즌켓[ii]과 그 동료들의 관념론[iii]이다. 이들은 헤겔과 벤담을 뒤섞고 공리주의자들의 민주적이고 개혁적 성향을 유지했다. 그러나 최대 다수의 최대 행복이란 벤담식 원칙을 독일 철학에서 유추한 국가의 이상화로 대신했다. 스티븐의 국가와 그 기원의 개념은 그린의 그것과 달리 버크의 개념을 밀접하게 따른다. 이것은, (다시 버크와 마찬가지로) 아담 스미스가 정의한 경제적 원칙에 대한 동의, 인간 본성을 보는 엄격한 견해와 더불어 스티븐을 보수

---

i   Thomas Hill Green(1836~1882): 영국의 철학자. 정치적 급진주의자로 영국 이상주의운동의 회원이었다. 헤겔의 영향을 받았으며 사회적 자유주의를 뒷받침하는 사상가의 하나.
ii Bernard Bosanquet(1848~1923): 영국의 철학자이자 정치이론가. 19세기 말에서 20세기 초 영국 정치 사회의 영향력 있는 인물이었다. 버트런드 러셀(Bertrand Russell)이 추후 그를 비판하기도 했다.
iii 영국의 관념론은 19세기 중반에서 20세기 초반까지 영국에서 영향력을 발휘한 철학 사조다. 중심인물로는 토머스 그린, 프랜시스 브래들리, 버나드 보즌켓이 있다. 초기 독일 관념론은 케임브리지의 젊은 철학자 조지 무어와 버트런드 러셀에게 영향을 주었다.

주의로 이끈다. 그는 보수주의 정치사상에서 한 번도 분명하게 표현된 적이 없는 토론과 폭력의 관계를 분석해냈다.

한 가지 측면에서 분명히 젊은 밀은 순수한 공리주의자였다. 그리고 스티븐은 반(反)벤담주의자였다. 젊은 밀의 아버지 제임스 밀과 함께 스티븐은 사회의 모든 것은 종교적 진실에서 유추되어 한다고 주장했다. 뉴먼과 워드[i]에 반대하고, "자유주의적" 신학자들에게 더 적대적이었던 스티븐은 실증주의자들과 자유주의자들의 신조가 도덕성의 만족스러운 근거를 제시하지 못한다고 선언했다. "그러나 그는 가짜 강제(종교적)와 권위를 주장하는 거짓 근거에 똑같이 반대했다"고 그의 동생은 말했다. 신학자들과 다윈주의자들의 빅토리안 전투가 끝나더라도 사회를 보존하려면 종교적 강제의 필요성은 여전히 남아 있다. 두려움과 존경 없이, 그저 추상적 자유, 평등, 동지애에 헌신하는 사람들은 이성이 결여된 상태에서 예속, 굴레, 야만으로 터벅터벅 걸어 들어간다. 스티븐의 음울한 신앙심은 헤시오도스[ii]의 그것을 닮았다.

> 세계를 지배하는 제우스는, 저항할 수 없는 통치권을 휘두르며
> 오늘 주었던 것을 내일 다시 빼앗아간다.

국가는 종교를 그 인지 범위 밖에 둘 수 없다. 왜냐하면 국가는 종교적 권력 기구이고 법은 사회적 복수의 도구이며, 도덕을 강요하려고 창

---

i William George Ward(1812~1882): 영국의 신학자이자 수학자. 로마가톨릭으로 개종했다.
ii Hesiod: 기원전 7세기경 활동한 고대 그리스의 서사시인. 작가로 호메로스와 함께 그리스 신화, 그리스 문학에서 중요한 역할을 했다.

조됐기 때문이다.

스티븐은 칼뱅[i]의 교의를 묘사하며 말했다. "인간은 두려운 질병을 가졌다. 그러나 그 고유의 성질은 훌륭하다. 죄의 대속은 본성을 죽이는 데 있지 않고 치유하는 데 있다." 사악함으로 드러나는 본성의 전도와 타락은 인간을 비참한 굴레에 종속시킨다. 그 굴레로부터 신은 선민을 구원한다. "옳다고 생각하는 대로 신을 말하거나 말하지 못한다 해도 인간은 그들이 이해한다기보다 두려워하는 초인적 차원의 권력, 지혜, 선함이라는 관념들로 깊게 감동받는다는 사실이 분명하다. 원죄를 말하거나 말하지 않는다 해도 모든 인간은 어떤 점에서 때로는 약하고 사악하며, 그들이 추구해야 할 선한 일을 하지 않고 하지 말아야 할 악행을 한다는 사실 역시 분명하다. 이러한 상태를 '비참한 굴레'로 묘사한다는 건 적어도 알기 쉬운 어법이다. 칼뱅의 이론에 따르면 이러한 굴레에서 벗어나려는 인간은 본성의 더 나은 부분에 충실해야 하며 더 비열한 요소는 적절하게 복종시켜 유지하며, 선해지고 현명해질 수 있는 유일하게 가치 있는 자유의 원천으로 신을 바라보아야 한다."[12] 이것이 스티븐이 말하는 정치의 기초다. 여기에는 존 애덤스에서 어빙 배빗으로 이어지는 뉴잉글랜드 청교도의 전통과 강한 유사성이 보인다. 스티븐은 밀이 구속에서 해방되고 평등이 주어진다면 인간이 형제로 살아갈 것이라 믿었다고 썼다. 그러나 "나는 많은 인간들이 사악하거나 선하며 대단히 많은 다수의 인간은 무관심하다고 믿는다. 또한 대단히 많은 무관심한 사람들이 상황에 따라 이리저리 휘둘린다고 믿는다. 그중에서도 가장 중요한 상황

---

i   Jean Calvin(1509~1564): 종교개혁을 이끈 프랑스 출신의 개신교 신학자.

의 하나는 선하거나 사악함의 우세가 당분간 지속되는 경우다."[13] 보통 선거권, 평등이라는 그 모든 관념은 덕이 있는 사람들의 지도력이 필요하다는 사실을 무시한다. 평등주의자들은 그들의 정치학에서 도덕을 빼버리려 한다. 불가능한 일이다. "나는 현명하고 선한 사람이 바보와 사악한 사람을 지배해야 한다고 생각한다."

콩트의 주장에도 불구하고 정치의 영역과 도덕의 영역은 따로 존재하지 않는다. 국가는 도덕 체계를 집행하려고 존재한다. 인간을 육체와 무지의 충동에서 구하려고 존재한다. 결국 도덕성은 마땅히 종교적 신앙의 강제로 뒷받침되어야 한다. 그렇지 않으면 도덕성은 유지될 수 없다. "인간 삶의 전체적인 방향과 관리는(인간이 무엇을 목적으로 어떻게 살아가느냐는) 신의 존재 유무와 인간의 내세가 있느냐 없느냐에 달려 있다. 신이 있는데 내세가 없다면 신은 우리에게 아무것도 아니다. 만약 내세가 있는데 신이 없다면 우리는 내세를 합리적 추론으로 형성할 수 없게 된다."[14] 신과 내세가 없다면 인간은 충동에 따르거나, 아니면 "공통의 공리주의"나 "인간 세상에 지배적인 현재의 평범한 도덕성"에 복종해서 행동해야 한다. 그러나 이 후자의 거친 행동 체계도 인류의 소수가 고수하는 더 고상한 신념을 유지하는 힘이 없다면 결과적으로 무너져버린다. 그러나 만약 신과 내세가 존재한다면 합리적인 인간은 "좀 더 폭넓은 공리주의"에 근거를 두고 행동한다. 신의 섭리를 믿으면, 인간은 "그들이 처한 물질세계를 초월했다고, 그들에게 부과되는 법은 미덕이라고 생각할 것이다. 미덕은 말하자면 일반적으로 인간의 행복 증진에 적합한 원칙을 좇는 습관이다. 특히 인간의 불변하는 요소와 관련된 행복의 촉진에 부합하는 원칙들을 좇는 습관이다. 이렇게 미덕은 개인적인 행복과 연결돼 있으며 장기적으로 그것을 실천하는 사람의 행복에도 기여한다. 특히 그들의 본성이라는 변하지 않는 요소와 연결된 행복의 부분에 기여한다. 사악함과 관련해서는 그 반대가 참이다."[15] 스티븐의 이 확신은 공리주의로 보이지만 벤담의 최대 다수의 행복이라는 원칙과는 분명히 멀리 떨어져 있으며 합리적이고 물질적인 증거를 토대로 한 도덕성의 과학을 수립하려는 레슬리 스티븐의 시도와도 멀리 떨어져 있다.

인간이 어떤 원칙의 체계를 고수하든 "자유, 평등, 동지애"라는 종교는 유해하다. "왜냐하면 어떤 규칙이 적용되든 인간이 자유롭지 말아야 할 수많은 일들이 있다. 그들은 근본적으로 불평등하다. 그들은 형제가 아니다. 그들은 동지애가 중요하지 않다고 주장할 자격만 있을 뿐이다."[16] 근대 사회에서 자유, 평등, 동지애가 어떤 존재나 의미를 갖는다면 기독교적 도덕성에 뿌리를 둔다. 만약 실증주의자들과 합리주의자들이 사회의 종교적 확신을 폭파하는 일에서 성공을 거둔다면 그들은 밀의 학파가 의지해 살아간다고 선언한 바로 그 자유주의적 사회의 원칙들까지 그 잔해에 묻어버리게 된다. 신앙의 강제가 말살되면 1789년의 유사 종교[i]는 오래 살아남을 수 없다. 구원을 희망하지 않거나 천벌을 두려워할 수 없는 인간은 그들 세계의 폭죽이 될 뿐이다.

이렇게 밀의 『자유론』이 그 근거를 둔 철학적 가정은 그 자체로 핵심까지 썩었다. 합리적 방법론이라는 좁은 범위에 국한해서 밀의 사상체계를 비평한다 해도 여전히 밀의 시각을 옹호하기 어렵다고 스티븐은 말한다. 왜냐하면 밀이 스스로 그 근원을 거의 인정하지 않은 희미한 정

---

i 프랑스혁명을 가리킨다.

512

서에 따라 그의 시각이 형성됐기 때문이다. 아울러 밀이 스스로 대변한다고 생각했던 공리주의 기준을 충실하게 추종하며 만들어지지도 않았다. 밀의 정치학의 근본적인 내적 결함은 이것이다. 그는 사회가 토론으로 지배될 수 있다고 생각했다. 그러나 모든 사회의 엄청나게 강력한 추진력은 무력이다.

스티븐의 정의(定意)에서 무력은 단순히 물리적 강요를 의미하지 않는다. 지옥을 두려워하는 것도 일종의 무력이다. 대중 여론의 존중도 본질적으로 무력이다. 심지어 토론 그 자체도 무력 위에 드리워진 우아한 휘장이다. 인간이 그들의 모진 에너지를 대화로 소비하며 머리를 부수지 않고 그 숫자를 세며 끝내는 회의도 무력이다. 그러나 사회는 대립하는 이해가 다소 공평하게 균형이 맞을 때, 그리고 결정해야 할 문제가 서로에게 절실하게 중요하지 않을 때 이 대화라는 휘장을 용납한다. 스티븐은 여기서 배젓이 『Physics and Politics(물리학과 정치학)』에서 한 논평을 가져다 쓴 게 아니다. 왜냐하면 스티븐이 인도에서 집으로 배를 타고 오며 『Liberty, Equality, Fraternity(자유, 평등, 동지애)』라는 책으로 묶여져 나온 수필을 쓰던 바로 그 한 해 전에 배젓의 책이 출판됐기 때문이다. 그러나 빅토리아 시대의 영국이 토론으로 지배된 사회라는 배젓의 견해가 스티븐의 견해와 전적으로 불일치하지는 않았다. 옳든 그르든 간에 여론은 사회의 행동을 이끌어내는 데 도움을 준다. 여론은 오직 무력이나 무력의 위협을 통해야만 행동으로 이어진다. 그러나 만약 예를 들어 『자유론』이 토론을 통해 대중의 견해를 바꾸었다면, 결과적으로 어떤 점에서 사회 그 자체를 개조했다면 이는 결심을 굳힌 사람들의 집합체가 자신들의 견해를 뒷받침하는 최후의 수단으로 무력을 채택할 준비가 됐다는 사실을 분명하게 밝혔기 때문이다. 1832년의 개혁은 벤담의 『A Fragment on Government(정치론 단편)』 때문이 아니다. 국가의 통치자들, 중요한 기득권 이해 세력들은 순수 논리학에 항복하지 않는다. 1832년의 굴복은 노팅엄과 브리스톨의 폭도가 요구했다. 『A Fragment on Government(정치론 단편)』이나 그 저작이 대변하는 생각은 분명 폭도들에게 스며들었다. 그러나 꾸밈없는 무력의 채택이 변화를 궁극적으로 강제했다.

밀은 "인류가 자유롭고 평등한 토론으로 개선해갈 수 있을 때까지만" 강제가 사회에서 정당화될 수 있다고 썼다. 스티븐은 묻는다. 토론으로 개선하지 못했던 때가 있었는가? 야만인들도 토론으로 개선해나가지 않았는가? 그들은 토론하지 않았는가? 그러나 앞서 모든 사회는 무력이라는 버팀벽으로 토론을 뒷받침해야 할 필요성을 발견했다. 우리 시대도 이 질서의 버팀목 없이는 유지될 수 없다. "그러한 시대는 아직 어디에도 도래하지 않았다. 어떤 지정 가능한 시간 내에 그런 사회가 도래할 전망은 없다." 솔직해지자. 무력(혹은 그 가능성)은, 어떤 형태라도, 앞선 어느 시대보다 우리 시대에 더 위력적이다. 링컨은 샤를마뉴와 그 귀족들을 계란 껍질처럼 부숴버릴 만한 무력을 채택했다. "규칙적이고, 저항하는 세력이 없고, 우호적으로 행사되기 때문에 무력의 법칙을 철폐해야 한다고 말한다면 마치 낮과 밤이 너무나 잘 확립된 제도이기 때문에 해와 달이 더 이상 필요치 않게 됐다고 말하는 셈이다."[17] 군대와 경찰 그리고 급속한 통신 수단을 통해 근대 국가는 그 어느 때보다 필요 시 즉각적이고 효과적으로 채택되는 잠재적 무력의 도움을 받는다. 우리 사회의 비교적 자리 잡힌 질서는 궤변과 수줍은 설득의 결과가 아니라 무력의 비축 덕분이다.

밀이 그랬듯이 무력의 역할을 무시한다면 사회를 파괴적인 질병의 감염에 노출시키는 꼴이다. 왜냐하면 인간의 집단은 억제를 필요로 하기 때문이다. 인간들은 자신의 격정과 게으름을 적절하게 억제할 수 없다. 따라서 무력으로 집행되는 법의 종주권을 인정하도록 강제되어야 한다. "이기적이고, 관능적이며, 경솔하고, 게으르며, 절대적으로 평범하고, 아주 사소한 일상에 갇힌 남녀의 비율을 추산해보라. 그리고 가장 자유로운 토론이 얼마나 그들을 개선해나갈 수 있을지 생각해보라. 그들을 행동으로 이끌 실천적으로 가능한 유일한 방법은 강제나 억제다. …습지의 잔잔한 물에게 '도대체 왜 바다로 가지 않느냐? 너희는 완벽하게 자유다'라고 말하는 편이 더 현명하다."[18] 이뿐만이 아니다. 자연은 진공을 싫어해 사회에 뚜렷한 공간이 비워지면 언제나 그곳을 채우는 무력을 만들어낸다. 만약 국가가 법이 작동하도록 사회적 무력을 통제하는 신성한 기능을 포기하면 새로운 집단과 기관이 그 기회를 잡아서 국가와 법을 전복하고 그들의 목적에 맞게 무력을 사용하려 든다. 마침내 제 기능을 잊고 멸망한 국가의 잿더미 위에서 자신들의 지배를 받는 새로운 국가를 창조할 것이다. 정부가 무력을 삼가고 오로지 자신의 옹호에 토론이라는 수단만 채택할 수 있다는 개념을 무심하게 받아들이면 노동조합이나 반대 세력들은 다른 사람들에게 그들의 특별한 의지를 강요하려 든다.

무력은 일반적으로 악이라고 여겨지지 않는다. 오히려 선한 사람이 무슨 일을 하든 그 뒤에서 그 실행을 뒷받침한다. 무력은 인간이 바벨탑을 새로이 세우지 않도록 사용되어야 한다. 무력은 우리의 잘못을 시정해준다. 관용이 지나치게 성장해서 투쟁의 완화라는 참된 본령을 벗어나 버리면 악이 되는 때가 있다. 지나치게 성장한 관용은 삶의 자극을 제공하는 그러한 경쟁마저 완벽하게 억압하려 들기 때문이다. 그러면 무력을 정당하게 사용해 지나친 관용을 억제해야 한다. 자유도 모든 품위 있는 사람들을 위협하는 때가 있다. 그러면 무력으로 제압되어야 한다. 자유의 근대적 원리들엔 그런 경향이 있다. "자유를 달라는 외침은 짧게 말해 일반적으로 과거를 비난하는 것이다. 과거와 다르다는 제한된 의미에서 현재를 존중하는 행동이다. 또한 현재로부터 미래의 특징을 추론할 수 있기 때문에 미래를 존중하는 행동이기도 하다."[19] 지나친 자유가 이렇게 우리의 문명화된 유산을 파괴하려 들면 분쇄돼야 한다. 기억조차 하기 힘든 시대 이래로 계속 그래왔듯 밑도 끝도 없이 새로움을 추구하려는 욕구에 휩싸인 집단의 오만은 오직 무력으로만 억누를 수 있다. 근대의 "자유"는 규율이 바람직하다고 인정하고 수용했던 대부분의 옛 방식들을 이미 파괴했으며 그것들을 대체할 새로운 방식들은 거의 만들어내지 못했다. 계속해서 현재를 미화하는 "자유"는 "가장 폭넓은 의미의 복종, 규율이라는 미덕의 중요성을 적절하게 인지하는 분별력"과 양립하기 어렵다. 진정한 문명과 조화롭지 못하게 됐다는 말이다. 신의 섭리에 따라 무력은 이 무질서한 충동에서 인간을 구원해야 한다. 도덕적인 무력이든 물리적 무력이든 아무 상관 없다.

우리는 토론의 시대를 살지 않는다. 그렇다면 이 시대는 분명 무력의 시대다. 강제야말로 우리 질서와 문화의 주요한 보호자다. 밀과 콩트가 물리적 무력과 도덕적 두려움의 제재를 필요로 하지 않는다 치자. 그들이 인간성이란 종교로 존숭과 두려움의 초자연적인 신앙을 대신할 수 있다고 하자(대단히 불가능하지만). 그렇다 해도 콩트의 "의례고수주의의 사회과학 연합[i]"이나 밀이 주장하는 합리주의자들의 겁쟁이 천국은 학대받은 인류에게 어떤 삶을 부여할까? 그들은 아마도 인구의 풍성함이나 대규모 교육에 따라 양적으로 측정되는, "진드기 무리가 들고 달아나는 스틸턴(Stilton) 치즈 같은" 세계를 원하는 듯 보인다. "진보를 열렬히 바라는 사람들은 이상해 보인다. '영광, 영광, 중국인 6억 명, 힌두인 5억 명, 유럽인 4억 명에 이르는 때가 오리라. 하늘만이 몇 억 명의 다양한 피부색의 흑인들이 있는지 알고, 언제 도서관이 딸린 대영박물관이 두 개씩 생기는지 알게 되리라. "아직 태어나지 않은 세대의 그대들이여, 내 영혼을 번잡하게 만들지 말라.""[20] 실증주의자들이 찬양하는 이 진보는 무엇인가? 증가하는 유약함, 삶의 부드러움, 또 "원하는 걸 갖기를 덜 바라고, 과거에 비해 자신과 남에게 가해지는 고통을 더 두려워하는 인간인 듯 보인다. 이게 만약 사실이라면 지식이든 부든 혹은 인간성이든 다른 모든 분야에서 증가한 만큼 무엇이 감소해야 할지 생각하기가 어렵다. 모든 형태의 강함은 남자다움이자 삶이다. 덜 강해진다면 그만큼 남자다움이 줄어든다. 그 밖에 무엇이 된다 하더라도 말이다."[21] 미래의 어떤 큰 바다를 가로지르는 배의 승객들은 정교한 발명품 덕분에 휘몰아치는 파도를 너끈히 헤쳐갈 수 있다. 그러나 그들은 그 옛날 배를 타고 다니던 사람들의 환희를 알 수 없다. 실증주의자들이 자신들의 "진보"를 정의할 수 있는 한, 또는 그 누구라도 그 덧없는 비전을 정의할 수 있는 한 진보는 기질의 약화로 보이며, 진보의 도래를 재촉하는 합리적인 사람은 그

---

i   Ritualistic Social Science Association: 스티븐이 조롱하듯 실증주의를 묘사한 표현.

조상들에서 퇴보했음이 분명하다.

그렇다면 행복은 도대체 무엇인가? 밀은 그가 행복을 검증하고 행복한 사회를 계획할 수 있다고 생각했다. 이 무슨 기만인가! "엘던 경과 셸리[i] 같은 남자 중에, 아널드 박사와 허트포드 후작(Marquis of Hertford) 중에 누가 더 행복하다고 말할 수 있는가. 완벽하게 건강한 삶을 살다가 늙어서 죽은 대단히 바보지만 부유했던 농부와 다정하고 분별력이 있는 데다 뛰어난 비범함을 지녔으며 교양 있고 섬세한 여성으로서 불안의 고통과 미칠 듯한 행복을 오가다가 젊음이 다 가기 전에 말라 죽은 여자 중에, 어느 쪽이 더 행복하다고 경험을 통해 말할 자격이 있는 사람을 어디서 발견할 수 있을까?"[22]

이런 질문들은 결코 답해질 수 없다. 그 질문들은 마치 "낮 1시에서 런던 다리까지 얼마나 머냐고 묻는 셈이다." 입법가나 도덕가는 개인의 행복을 이루려고 시도하지 않는다. 그들은 단지 인간에게 그들의 특별한 인생관을 받아들이도록 강제하거나 설득하려고 노력할 뿐이다. 인간을 행복하게 만드는 계획을 완성하겠다는, 아니 더욱 주제넘게 각 개인의 행복을 다른 사람들의 행복만큼 만들어주겠다는 실증주의자들의 열망은 멍청함의 극치다. 여기서 스티븐은 그의 경쟁자를 곤죽으로 만들어버린다. 그들을 뭉개버리면서 그 자신의 명목상 스승인 벤담의 가장 주요한 원칙을 절멸시켜버린다. 신의 위대한 계획은 불가사의하다. 삶의 목적은 미덕이지 쾌락이 아니다. 자유가 아니라 복종이 미덕을 얻는 수단

---

i　Percy Bysshe Shelley(1792~1822): 영국의 주요 낭만파 시인으로, 그의 작품은 영어로 쓰인 가장 아름다운 시로 평가된다. 시에서도 정치·사회적 견해에서도 급진적이었다. 문인들의 모임에서 중심적인 역할을 했다. 살아생전에 명성을 얻지 못했으나 사후 점차 유명해졌다.

이다.

그러나 실증주의자의 목적인 진보와 행복이라는 허영을 치워둔다고 해도, 콩트와 밀의 체계는 내적으로 불협화음을 낸다. 진정한 평등은 자유를 배제한다(여기서 스티븐은 버크와 토크빌 그리고 다른 사람들의 주장을 반복한다). 진정한 평등은 획득할 수 없다. 한 묶음의 카드를 섞어서 그 모든 카드의 값어치를 다 같게 만들 수 있다고 생각하는 사람들이나 기대할 수 있다. 평등은 작은 것에 주어진 큰 이름이다. 미국을 보고 난 다음 평등이 인간의 목적인지 자문해보라. "엄청나게 많지만 평범하고, 자기만족에 빠진, 본질적으로 박약한 사람들을 빠르게 양산하는 일이 세계가 엎드려 경배해야 할 목적인가?"

누가 진정으로 동지애(fraternity)를 믿는가? "사람들이 대다수 인류에게 원하는 건 존경과 정의지 사랑이 아니다." 우리가 진정 형제인가? "우리는 50번째 사촌쯤 되는가?" 물론 그럴 수 있겠지만, 우리가 살아가는 눈물의 골짜기에서 어떤 실천적인 행동을 할 만한 대상이 되기에 우리는 서로에게 너무 추상적인 존재다. 우리를 둘러싼 더 시급한 문제가 훨씬 더 많기 때문이다. 모든 사람이 내 형제라고 주장한다면 어떤 특별한 사람이 나에게 친족임을 주장하지 못하도록 막는 셈이나 마찬가지다. "인간성은 오직 나만을 강조한다. 인간성의 사랑은 일반적으로 인간이 무엇이어야 하며 마땅히 어떻게 살아야 한다는 내 생각을 얼마나 열정적으로 간직하느냐를 의미한다."[23] 밀이나 루소 같은 사람들은 자신들의 시대와 그 시대를 살아가는 대부분의 사람들을 경멸하면서 이상하게도 무차별적인 인간애는 옹호하는 듯 보인다. 무정형의 인류 덩어리에 보내는 애정이라고 하는 건 사실 대개 자아의 터무니없는 팽창일 뿐이다. 사회에 수립된 기존의 모든 것을 녹여버리고, 흘러내리는 신세계의 붉은 촛농에 자신의 봉인을 찍겠다고 작정한 사람의 속임수다. 그리고 그러한 인간이 그들의 목적을 달성했다고 가정하자, 그들은 누구를 만족시킬까? 분명히 그 자신들은 아니다. 그들이 추구한 원자화된 사회에서 모든 인간은 완벽한 평등과 자유라는 외로운 조건에 몹시 지친 나머지 "그 상상력과 동지애의 어떤 매력도 제시하지 못하고" 죽은 수준으로 위축되거나 저주받은 채 존재한다.

단어는 사람의 손에서 부서지는 도구다. 스티븐은 귓엣말로 이야기했다. 강력한 중압을 단어에 가하면 우수한 사상가보다 열등한 사상가에게 논쟁의 이점을 준다. "단어로 적절하게 표현되지 못하는 그 무엇이, 표현되는 그 무엇보다 더 중요하다." 이것이 공리주의자의 말인가? 스티븐은 본능, 사상 체계, 원숙한 경험에서 보수주의자였다. 다만 그 자신 안에 영국국교회와 청교도적 전통이 뒤섞이고 피상적으로 공리주의자의 옷을 입었을 뿐이다. "우리는 감옥에 갇힌 영혼들이라고 나는 생각한다. 우리는 오직 서로에게 신호만 보낼 줄 안다. 그러나 우리가 생각하고 말해야 할 세계는 우리의 신호로는 전혀 묘사할 수 없다."[24] 여기서 버크가 인류의 위대하고 신비스러운 통합이라고 간주했던 경외와 겸손함이 드러난다. 여기서 벤담의 자기 만족적인 물질주의는 사소함으로 쪼그라든다.

책의 논지는 강력했지만 정작 호응이 좋지 않아 스티븐을 실망시켰다. 반면 만년의 밀이 쓴 정서적 평등주의는 비록 스티븐이 인간 활력의 타락이라고 비판했지만 『Liberty, Equality, Fraternity(자유, 평등, 동지애)』보다 열 배, 스무 배 더 많은 독자를 얻었다. 『자유론』은 자부심 강한 대중의 가설에 영합했다. 팔레스타인 사람들 속의 삼손(Samson)처럼 스티븐은 군중에 맞섰다. 그러나 무력과 토론이냐를 두고 벌어진 논쟁에서 누구의 책이 승리했는지 20세기가 분명히 말해주었다. 인간의 행동을 지배하는 강제에 대해 누가 더 예리하게 분석했는지는 전 세계의 증가하는 불행이 증언한다.

3. 메인: 지위와 계약

1882년 초 헨리 메인 경과 대화를 나누던 액튼 경은 최근 강연에서 장자 상속을 옹호한 메인의 견해에 이의를 제기했다. 액튼 경은 그 문제 전체에서 토리의 논조에 정통성을 부여했다고 메인에게 말했다. 메인은 "토리라는 용어를 힐난하는 투로 사용했느냐"고 반문했다. 액튼 경은 놀랐다. 친구이자 명목상 자유주의자가 토리즘에 관대하다니? "나는 이 대답에 대단히 놀랐다. 완전히 정당정치 밖에 있는 철학자가 토리즘을 치욕이라고 생각하지 않는다는 사실을 발견하고 너무 놀랐다."[25] 3년 뒤 메인은 대단히 밀도 높은 보수적 내용의 책, 『Popular Government(대중 정부론)』을 썼다. 그는 디즈레일리를 경멸하면서 성인의 삶을 시작했지만 깊은 비관주의로 그 경멸을 끝냈다. 퇴보의 길을 따라서 비틀거리며 걷는 사회의 맹목적 현상에 놀랐기 때문이다. 스펜서처럼(그의 『The Man versus the State(인간 대 국가)』를 메인은 인정했다). 그리고 스티븐처럼 원래 자유주의자였고, 급진주의자에 연대를 느끼며 빅토리아 시대를 선도했던 다른 십여 명처럼 헨리 메인 경은 그의 정치적 연대의 대상을 변경했지만 자신의 견해를 바꾸지는 않았다. 자유주의와 그 시대가 변했을 뿐이다. 개인적 자유에 헌신했던 과거를 버리고 자유주의는 대중의 물질적 복지라는 대의명분을 채택했다. 냉철한 지성의 보유자들은 이에 맞선 반동으로 디즈레일리의 만화경 같은 상상력이 생동감 있게 유지했던 견해로 넘어가기 시작했다. 머지않아 토리즘을 존중하는 철학자를 발견하고도 액튼 경조차 더 이상 놀라지 않게 됐다.

액튼 그 자신도 1885년의 개혁 이후 자유주의의 집산주의적 성향을 무시할 수 없었다. 그러나 그런 성향들을 당대의 지적인 방황 정도로 너그러이 봐주었다. 액튼은 적어도 대륙 사상가들의 "학문적 사회주의"를 글래드스턴이 영국에서 대변하기 시작했다는 사실을 인정했다. "나는 체임벌린의 견해에 대단히 동의한다. 글래드스턴의 철학에는 사회주의가 숨어 있다. 그가 이러한 일들에서 벌어지는 변화에 무심하다는 게 나를 불편하게 한다. …그러나 진정 심각하고 주목할 만한 일은 대중운동이 아니라 아담 스미스의 자리에 앉았던 사람들의 마음이 움직여간다는 사실이다."[26] 비록 이는 글래드스턴에 보내는 충성이지만, 액튼 자신의 자유라는 원칙에 보내는 충정이 아닐까? 혹은 진보라는 원칙에 보내는 충정은 아닐까? 과학자들과 정치경제학자들이 집산주의를 진지하게 만지작거린다는 사실을 대단히 예민하게 의식했던 메인은 여기서 자유와 진보에 배신하는 그들을 보았다. 왜냐하면 진보는 자유의 수준으로 측정되기 때문이다. 만약 지위에서 계약으로의 사회운동이 진보의 지표라면 사회주의는 재앙 같은 반동이다.

메인은 이렇게 말했다. 역사의 과정에서 진보는 드문 현상이다. 그러나 실재하기는 한다. 따라서 비록 영국 현실 정치에서는 한 번도 활발하게 활동하지 않은 그였지만 버크의 전통에 따라 온건한 자유주의자로 시작했다. 조심스러운 개혁을 장려하려 노력하면서 옛날의 장점을 새로운 에너지와 화해시키려 했다. 필요한 변화에 사회를 준비시키면서 옛 질서에서 가장 좋은 내용을 보존하려 했다. 그가 인도에서 벌인 활동은 버크의 이러한 영향력을 드러낸다. 그는 현지인들의 관습과 문화를 존중했다. 단순히 기계적인 고안물이 아니라 살아 있고 정신적인 존재인 사회에 조용히 헌신했다. 버크와 그의 학파가 변화 그 자체를 거부했다고 생각한 정치학자들은 심각한 오류를 범했다. 버크는 바람직한 변화는 사회를 보존하려는 신의 섭리가 채택한 도구이며, 사회를 보존하는 힘이라고 말했다. 그러나 모든 변화가 개혁이라고 생각하는 혼란에 빠지지는 말아야 한다. 세계는 개선과 퇴락을 동시에 경험한다. 퇴락의 경향이 마침내는 파멸을 초래하지만 누구나 손쉽게 채택하는 길이다. 정치인들은 해체의 과정에서 건강한 변화를 구분해내도록 사람들과 스스로를 훈련시켜야 한다. 서구 사회에서 나타나는 변화의 방황이 퇴보의 길이라고 확신했을 때 메인은 보수주의자가 됐다.

사회의 역사를 집중적으로 연구한 메인은 비관주의자가 됐다고 어니스트 바커는 썼다. "우리 대부분을 그렇게 만드는 경향이 있는 역사는 메인의 관대한 감정도 마비시켰다. 모든 일들은 이미 벌어졌다. 그렇지만 그 과거에서 무언가 많이 오지 않았다. 지금이라도 무언가 많이 기대할 수도 없다."[27] 이는 깔끔한 판단이다. 그러나 메인에게 정당한 평가인가? 현대 비교사회학 연구의 창시자로서, 천재적인 역사학자로, 인도 사회를 가장 잘 꿰뚫어본 관찰자로서, 메인은 인간의 진보는 혹은 진보를 바라는 희망은 깨지기 쉬운 창조라는 사실을 알았다. 그러나 그렇다고 진보에 절망하지도 않았다. 반대로 메인이 의미했던 진보는 서구 사회에서 수 세기 동안 활발히 일어났다. 메인은 진보를 주로 지적인 획득의 높은 상태를 장려하거나 법의 통제 아래 있는 자유의 촉진이라는 의미로 사용했다. 진보가 얼마나 달성됐는가는 사람들의 관계가 지위에서 계약으로 가는 추세로 알 수 있다. 진보의 주요한 도구는 사유재산과 계약의 자유였다. 다채롭고, 경제적으로 개인주의적이며, 다양한 재산권(다양한 형태의 공동체적 소유권과 다른)이 특징인 사회에서 정신의 삶이나 사람의 자유는 번창한다. 인간이 경제적 목적에 따라 자유롭게 계약을 맺는 사회는 진보적이다. 그렇다면 근대 집산주의는 숨이 막힌다.

메인이 주장한 제도사 연구의 일반적 논지는 음울하지 않다. 신중함과 현명함, 다시 말해 그리스의 유산들이 주어지면 인류는 진보할 수 있다. 진보는 그리스의 창조물이기 때문이다. 그리스의 사상이 죽어버릴 때 사회는 정지 상태가 된다.

> 원래 아주 협소한 영토를 차지했던 적은 사람들이 앞으로 나아가지 결코 뒤나 아래로 가지 않는 진보의 원칙과 건설적인 파괴라는 원칙을 창조했다. 그들은 그리스인이다. 자연의 맹목적인 힘을 제외하고 이 세상에서 원래 그리스가 아니었던 그 무엇도 움직이지 않는다. 그 원천에서 퍼져나간 효모가 인류의 모든 위대한 진보를 이룩한 사람들에게 활력을 주었다. 하나에서 다른 곳으로 침투해가면서, 숨어 있거나 잠재된 비범함과 일치하는 결과를 만들어냈다. 물론 그리스 그 자체에서 발현됐을 때보다 그 결과가 훨씬 더 위대한 경우도 자주 있다. 이것이 우리 영국인이 인도와 소통하는 진보의 원칙들이다. …힘써 일할 시간이 있다면 인류의 다른 어떤 사회에서나 마찬가지로 훌륭한 결

과를 인도에서 발전시키지 못할 이유가 없다.[28]

그러나 인류는 항상 제자리걸음을 하는 경향이 있다. 그들은 혁신보다는 관습과 습관을 선호한다. 과거의 손은 인간을 무겁게 내리누른다. 메인에게 반동적인 성향은 없었다. 사회적 지혜의 원천은 지나간 시대의 지식이라는 사실을 메인은 안다. 그러나 한때 살았던 사람들을 따분하게 모방한다면 가장 재주 있는 사람들을 질식시켜버린다. 법학자들은 종종 바로 그 법학이 변할 수 없다고 가정한다(심지어 벤담과 오스틴도 이 견해 쪽으로 생각이 기울었다). 그러나 아무리 안정됐다 해도 세대의 통과와 함께 법학은 변해야 한다.[29] 서구 사상을 조금이라도 아는 젊은 지식인들을 비롯해 인도 원주민들은 숨이 막힐 듯 과거에 매여 있다. 심지어 유럽인들도, "과거에서 벗겨진 너무 많은 허물이 달라붙어 우리의 움직임을 방해하거나 어지럽힌다. …비록 과거와 현재에 공통점이 많이 있지만 만약 현재의 인간이 과거로 되돌아갈 수 있다면 그들에게 꽤 쾌적한 삶을 제공해줄 만큼 공통점이 많지는 않다. 만약 백 년의 삶을 다시 살아야 한다면 그 삶이 매우 고통스럽지 않을 사람은 이 방에 아무도 없다."[30] 과거를 사랑하는 지적인 사람은 그들의 국가적 미래를 생각해야 한다. 우리가 후손을 염려한다면 우리는 반드시 진보와 생명력의 역사적 원인을 탐구해야 한다. 메인은 사비니[i]의 학생이었다. 사비니는 헤겔보다는 버크를 더 많이 추종한 학생이었다. "역사는 우리 자신의 조건을 알아가는 유일하게 진정한 방법이다." 사비니는 1815년에 이렇게 썼

---

i   Friedrich Carl von Savigny(1779~1861): 독일의 역사학자이자 법학자.

다. 사비니는 역사적 법학을 앞세워 요망스런 인간의 권리에서 추론해낸 급진적 개념에 반대했다. 메인은 제도의 역사에서 사회 개선의 포괄적인 계획의 교정 방안을 발견했다.

메인은 진정 과학적인 방법으로 수행된 탐구에나 어떤 결실이 있다고 믿었다. 사회를 연구한 그의 다섯 권의 뛰어난 책은 이런 과학적 역사학의 기초를 이루었다. 근대 법학 사상, 사회학, 정치 관념론, 역사 방법론 등에서 메인의 업적은 심오했다. 물론 그의 연구 여기저기서 잘못이 바로잡아지거나 수정됐다. 메인 자신도 그것을 당연하게 여겼다. 그럼에도 그의 저작 상당수는 아직도 그 정확성과 예측에서 당당해 보인다. 역사는 "다른 모든 과학이 가르치듯 끊임없는 사건의 전후 관계, 불변의 질서, 영원한 법칙을 가르쳐야 한다"고 메인은 선언했다. 역사적 진실은 천문학자나 생리학자의 진실과 같아야 한다. 대단히 높은 목표를 잡은 셈이었으나 메인은 그 일을 시작했다. 그의 『고대법(Ancient Law)』은 다른 모든 그의 저작과 마찬가지로 단단한 기초 위에서 역사적 판단을 재수립하려는 목표로 집필됐다. 역사는 사례로 가르치는 철학이 아니다. 18세기 프랑스학파를 지배했던 선험적 가설들은 과학적 현실주의를 선언했던 공리주의 사상가들에게도 골칫거리였다. 그러나 부지런하고 양심적인 역사 조사에는 반드시 굴복한다.

이와 같은 역사 연구 방법론을 획득해야 할 필요성은 시급했다. 그렇지 않으면 (설립자의 이름은 인기가 없지만) 벤담주의가 입법의 영역에서 파죽지세를 보일 지경이었기 때문이다. 벤담주의는 인간의 본성이라는 이론에서 엄청난 결함이 있다. 관습이나 동기, 그리고 사상의 연구에 비교 방법론을 적용하면 공리주의의 이런 협소함을 완화해줄지 모른다. 일반적으로 벤담주의자인 정치경제학자들은 "관습과 계승된 사상의 거대한 집합체에 있는 이해, 가치, 힘을 과소평가했다. 그들은 기계공에서 빌려온 비유에 따라 그런 것들이 마찰일 뿐이라고 일축해버렸다. 이러한 성향에 적용될 만한 최고의 교정은 이 '마찰'도 과학적으로 분석하고 과학적으로 측정된다고 보여주는 것이다."[31] 경직된 벤담식의 계산이 견제되지 않으면 역사학자와 법률가들은 사회에 치명적 상해를 입힐지도 모를 실수를 저지르게 된다. 예를 들어 공리주의 교의에 따라 버클은 대중들에게 다음과 같이 말했다. 인도 사람들은 쌀을 주식으로 삼기 때문에 "원주민들의 유일한 식량이 탄소적(carbonaceous)이라기보다 산소적(oxygenous)이어서 카스트 제도가 널리 보급됐고, 압제가 만연하며, 임대료가 높고, 관습과 법이 정형화됐다"고 말이다. 이 모든 주장에서 오직 하나의 문제점은, 인도 사람들의 주식은 쌀이 아니라는 단 하나의 사실이다.[32] 비슷하게 오스틴식의 주권론은 (자유로운 제도들을 위협하는 숨은 위험이 너무 많은) 이런 특징의 선험적 추론과 추상에 토대를 두고 만들어졌다. 분석적 법학자들은 특별한 역사적 선례와 민족적 차이 그리고 "물려받았거나 획득된 의견, 정서, 신념, 미신, 선입견 등 제도나 인간 본성의 특질에서 만들어진 모든 종류의 생각이라는 엄청난 집합체"[33]를 무시하거나 거부한다. 양심적인 역사학자는 근대 사상을 이런 맹목에서 되찾아와야 한다. 만약 그가 실패해서 벤담주의자들이 멋대로 입법을 하게 되면, 사회는 기계 장치로 취급되고 만다. 정신적인 존재인 자유와 진보는 그러한 체제에서 오래 살아남지 못한다. "자연에 있는 마찰력의 존재를 잊어버릴 수 있고 부자가 되겠다는 욕구 말고도 사회에 다른 동기가 있다는 현실을 잊어버릴 수 있듯이, 오스틴의 제자 버클은 실제적 주권에 무력 이상의 그 무엇이 있으며, 단순히 통제된 무력으로 주권을 간주할 때 얻어지는 그 이상이 주권자의 명령인 그 법들에 있다는 사실을 잊고 싶을 것이다." 메인의 이 말은 영국에서 계속 그 영향력을 발휘해왔다. 그러나 미국의 실용적인 법학 사조는 메인의 이런 계고를 무시했다. 그 실용학파의 저명한 학자 중 하나가 메인과 동시대를 살았던 홈 즈였다.

우리는 여기서 과학적 계획에 토대를 둔 이 보수적 역사에 메인이 얼마나 기여했는지 그 깊이와 폭을 따져볼 수 없다. 그의 위대한 명성은 계속될 뿐이다. "순수한 이성과 무한한 지식으로 공감하거나 흥분하지 않고 해낼 수 있는 그 무엇이 있다면 영국에서 메인보다 이를 더 잘 해낼 사람은 없다"[34]고 액튼 경은 말했다. 법과 관습을 공부한 이 냉정한 역사가는 엄청나게 영향력 있는 연구와 사색의 학파를 수립했다. 그리고 위압적인 양으로 이루어진 그의 연구에서 나온 직접적인 결론은 예외 없이 사회적으로 보수적이었다.

초기의 야만적인 사회 상태에서 인간은 지위라는 조건으로 존재한다. 개인의 존재는 오직 초보적인 형태이며, 재산은 집단의 소유로 나타나고, 생계 수단, 희망의 충족, 결혼과 삶 자체는 전체적으로 공동체에 의지했다. 진보는 이런 예속에서 벗어나는 데 있다. 문명화된 사람들은 계약이라는 조건으로 존재하고 사유재산을 소유하며 개인의 자질을 충분히 발전시킬 수 있다.

진보하는 사회들의 움직임은 한 가지 점에서 동일하다. 모든 경로에서 그 움직임은 가족 의존을 단계적으로 벗어나는 대신 개인의 의무가 성장하는 과정이었다는 특징이 있다. 개인은 꾸준히 가족을 대체해 민법의 행위 주체가 되었다. …가족에 그 근원이 있었던 권리와 의무의 호혜 형태들을 단계적으로 개인과 개인을 잇는 관계가 대체하는 과정을 보는 일도 어렵지 않다. 그 관계는 계약이다. 역사의 한 분기점에서 인간의 모든 관계가 가족관계로 요약되는 사회의 조건에서 출발해 인류는 모든 관계가 개인들의 자유로운 합의에서 발생하는 그런 사회적 질서의 단계로 꾸준히 움직여왔다.[35]

사유재산과 계약은 다양한 개성, 부, 여가, 문명을 지탱하는 혁신의 풍요로움을 가능하게 했다. 신중한 정치인은 계약과 고귀한 문화의 사이에 반쯤 신비스러운 관계가 있다는 사실을 느끼기 때문에, "문명이라는 강력한 도구를 서툴게 손질하려 들지 않는다." [메인은 이를 1862년 캘커타(Calcutta, 지금의 콜카타(Kolkata))에서 말했다.] 외관상의 편의나 대중적 인기에서 직접적인 장점이 보인다 해도 계약 체계를 지속적으로 존중해야 할 필요가 있다는 점을 훼손해서는 안 된다. 참으로 계약은 도덕 교육의 매우 효과적인 수단의 하나다. 정확한 이행을 통해 충절과 신용이 얼마나 중요한지 가르치기 때문이다.[36] 계약과 개인의 경제적 책임을 상찬하는 메인의 시각은 어떤 점에서 자유주의 경제학자들의 그것과 유사하지만(그는 맨체스터 자유주의자들이 인도를 잃어버리고 말리라 생각해 그들에게 적대적이었다) 공리주의 사상을 진정으로 초월해서 버크와 스미스의 경지로 오른다.

문명화된 사회는 경쟁적인 사회다. 그들의 경쟁은 경제적이고 문명적 (civil)이다. 지위라는 조건에 놓인 가장 야만적인 사람들 사이에서도 또 다른 형태의 경쟁은 발견되지만 그것은 추악한 경쟁이다. 원시사회 연구는 모든 인간이 형제이고 평등하다는 개념을 반박한다. "우리의 정신적인 눈에 제시된 광경은 동물의 세계다. 저 유명한 자연선택 이론[i]에 부합하는 사실들을 직면할 용기가 있다면 말이다. 각각의 치열한 소규모 공동체는 이웃과 영원히 전쟁 상태에 놓이며 종족과 종족, 마을과 마을의 사정도 마찬가지다."[37] 이 냉철한 역사가는 루소의 목가적 상상들을 폭파해버렸다. 만약 문명화된 사람들이 문명화된 경쟁을 포기한다면, 꾸준한 퇴보의 과정을 거친 후 그들은 자연선택의 살인적인 경쟁에 다시 직면한 자신들을 발견하게 된다. 공동체나 가족의 공동소유권이 토지의 개인적인 소유보다 오래됐다는 사실은 틀림없는 진실이다. 그러나 이것은 그저 사유재산권이 진보의 한 부분이라는 사실을 드러낼 뿐이다. 삶의 원시적 조건에서 집단 사이의 경쟁은 모질지만 집단 내 거래의 경쟁은 미약하다. 재산의 획득과 교환 과정에서 이뤄지는 경제적 경쟁은 상대적으로 그 유래가 근대적이다. 더욱이 그 완성된 형태는 뚜렷하게 서구적이다. 그것은 대단히 힘 있는 혜택이며 더 높은 형태의 진보에 필수불가결하다.

사회주의자는 이러한 사실들에서 원시 경제 체제가 인류의 현 경제 조건이어야 한다고 추론한다. 몇몇 재산권은 철폐되어 새로워진 공동체의 소유권으로 대체되어야 한다는 주장이다. 그러나 제도의 현대성이 곧 정의롭지 않다는 증명은 아니다. 오히려 높은 발전 단계라고 추정할 근거로 보인다. 과학적 역사가는 대부분의 문제에서 공평해야 하지만 제

---

i   Natural Selection: 특수한 환경에서 생존에 적합한 형질을 지닌 종이 생존에 부적합한 형질을 지닌 종에 비해 생존과 번식에서 이익을 본다는 이론이다. 진화론 논리의 핵심이다.

도로서의 소유권을 연구한 그는 한 가지 결론을 도출했다.

> 아무도 사유재산을 공격하면서 동시에 문명을 높이 평가한다고 말
> 할 자유는 없다. 그 둘의 역사는 서로 뗄 수 없게 엮여 있다. 문명은 아
> 리안[i] 세계의 옛 질서를 지칭하는 이름에 지나지 않는다. 그 질서는 대
> 단히 다양한 용제의 영향력 아래 해체됐다가 끊임없이 그 자신을 재
> 구성했다. 그중 가장 강력했던 영향력은 집단적 소유권이 몇몇 사유재
> 산으로 대체됐다는 사실에 있다. 그리고 세계의 어떤 지역에서는 다른
> 지역보다 덜 완전하게, 또 천천히 이루어지긴 했다.[38]

헨리 메인은 상원[ii]의 존립이 다시 위협을 받았고, 체임벌린의 급진
주의가 글래드스턴의 거부감을 극복하고 투표권을 확대했으며, 자유
주의가 새로운 집산주의로 가는 성향이 점차 두드러지게 분명해졌던
1884년과 1885년의 개혁 법안들을 두고 통렬한 논쟁이 벌어지기 오래
전에 이런 생각들을 해왔다. 메인의 "토리" 사상을 담은 책인, 『Popular
Government(대중 정부론)』은 그의 지적인 발전에서 새로운 단계를 드
러내진 않았다. 그는 서구 사회 전반에서 벌어지는 정부의 표류에 그가
수행했던 엄청난 연구의 역사적 판단을 적용했다. 글의 분위기는 우울
했다. 그러나 그의 친구 스티븐의 책처럼 침울하지도, 그처럼 강력하지

---

i Aryan: 고귀하다는 의미로 인도-이란 사람들이 스스로를 지칭하는 데 사용했다. 인도와 이란, 유럽에
   거주하며 인도 유럽어를 사용하는 사람을 모두 지칭하기도 한다.
ii House of Lords: 영국의 상원. 귀족들이 일부 스스로 선출하기도 하나 대부분은 선출직이 아니라 임
   명직이며 귀족과 사제 등 사회 지도층으로 구성된다. 하원은 650명으로 확정된 의석이 있지만 상원의
   정원은 확정되어 있지 않다.

도 않았다. 때때로 메인을 흠모했던 사람은 『Popular Government(대중 정부론)』에 실망하곤 했다. 명료하고 용기 있었지만 책이 항상 제1의 원칙들을 꿰뚫지는 않았다. 의무감으로 과학적 역사에서 벗어나 현대 정치를 다루어야 했을 때 메인은 아마도 행복하지 않았던지 때때로 사회의 뿌리보다는 민주주의의 특별한 측면을 더 우려하는 듯했다. 그러나 『Popular Government(대중 정부론)』은 오늘날 읽어볼 만하다.

근대의 민주 정부는 루소가 가르친 "자연 상태"라는 거짓말을 입에 달고 태어났다. "민주주의는 보통 모든 다른 형태의 정부보다 내재적인 우월성이 있다고 묘사된다. 민주주의는 거역할 수 없으며 미리 정해진 운동에 따라 진보하도록 돼 있고 민주주의에는 인류에게 주어진 축복의 약속이 가득하다고 간주된다. 만약 민주주의가 이러한 축복을 가져오지 못하더라도 혹은 심지어 무거운 재앙으로 가득하다고 증명되더라도 비난을 받으면 안 된다. 역사적이지 않고 증명할 수도 없지만 황금시대의 신임장을 가졌다는 핑계 때문이다. 이는 경험이나 관찰과는 무관하다고 주장하는 이론이 내세우는 익숙한 특징들이다."[39] 그러나 민주주의의 이런 자부심과 그 현실은 얼마나 대조적인가! 역사를 공부하는 냉철한 학생이라면 "로마 황제들의 목숨이 친위대의 손에 있었던 세기 이래, 통치자들이 공동체의 대리인이 됐던 이후 우리가 보아온 (민주주의) 정부가 가장 불안정했다"는 사실을 알아차리게 된다. 메인은 독일, 이탈리아, 스페인, 라틴 아메리카에서 민주주의가 실패한 사례를 들었다. 프랑스에서는 무시무시한 소란을 일으켰으며, 민족주의라는 치명적인 정신까지 불러일으킨 사례들 말이다. 다른 무엇을 더 기대할 수 있겠는가? 실천적으로 보통선거는 독재의 자연스러운 토대가 되는 경향이 있으며

기껏해야 뒤에서 조종하는 사람들의 정부나 만들어낼 뿐이다.[40]

그러나 지적인 혁신을 꾀하는 민주주의에 보내는 비난은 아니다. 그 반대로 민주주의는 죽어가는 극단적 보수주의 사상이라는 더 일반적인 죄가 있다. 그들은 다윈[i]의 이론을, 맬서스의 엄중한 진실을 혐오하며, 진정한 진보를 반대한다. "내게는 대단히 분명해 보인다. 만약 지난 4세기 동안 매우 광범위하게 확장된 선거권과 대규모 선거인단이 이 나라에 있었다면 종교개혁도, 왕조의 변화도, 비국교도들의 관용과 심지어 정확한 달력도 없었을 것이다."[41] 민주주의는 대신 자신들의 미덕과 무오류성에 관한 희미한 일반적 원칙들을 찬양해주길 고집한다. 고유의 공통 의지를 행사하지 못하기 때문에 ―일반의지 같은 것은 자연에 존재하지 않는다― 그들은 정부를 직업적인 조종자들이나 수탈자 도당들의 손에 넘겨주었을 뿐이다. 대부분의 사람들은 진보나 계몽에 싫증을 내듯이 현실 정치도 지루해한다. 따라서 그들은 오직 하나의 영향력인 매수를 통해 어떤 정당에 투표를 던지거나 늘쩍지근한 지지를 자원하도록 설득된다. 두 가지의 공공 뇌물이 있다. 하나는 매관매직이고, 다른 하나는 "법의 제정을 통해 한 계급의 재산을 빼앗고 이를 다른 계급에 넘겨주는 조금 더 직접적인 과정이다. 후자가 최근에 발생하는 매수일 가능성이 있다."[42]

자신의 법률들을 무시하는 치명적인 위험에 처해 있고 무자비하게 개인과 소수를 압제하는 이 민주 정부를, 이 민주주의를 그 자체로부터 구해낼 어떤 방법이 있을까? 메인은 약간의 희망을 제시했다. 첫 번

---

i Charles Robert Darwin(1809~1882): 영국의 자연과학자이자 생물학자.

째 구제 조치는 "민주주의"를 조금 더 정확하게 정의하는 데 있다. 인간은 먼저 민주주의가 정부 형태일 뿐이며 그 이상이 아니라는 사실에 주목해야 한다. 민주주의는 그 자체가 목적이 아니다. 정의, 자유, 진보로 가는 하나의 수단으로 제안됐을 뿐이다. 우리는 민주주의가 신의 목소리라는 착각을 몰아내야 한다. 이제 우리는 분명히 알아야 한다. 민주주의라는 거친 목소리와의 상의는 그리스의 신탁과 마찬가지로 위험하다. "신탁의 목소리는 신의 목소리라고 모든 사람이 동의한다. 그러나 그가 하는 말을 기대했던 만큼 이해할 수 없다는 사실 또한 모두 안다. 델포이[i]에 가야 할지 도도나[ii]에 가야 더 안전할지 아무도 확신하지 못한다." 민주주의들은 먼저 자신들의 기능이 제한적이라는 겸손을 배워야 한다. 이 이상 민주 정부의 주요한 안전장치는 엄밀하고 당당한 헌법들, 예컨대 미국의 헌법에서 발견된다.

스티븐은 일반적으로 법의 도덕적 위엄을 강조하려 했지만 메인은 헌법 문서에 존엄성을 부여하려 했다. 오직 미국에서만 민주주의가 상당한 성공을 과시했다. 그 성취의 대부분은 연방헌법의 현명한 보수주의 덕분이다. 단원제의 위험을 피하고(영국은 이제 그 방향으로 표류한다), 개별 주들의 권리와 실정법 제정의 권한을 제한할 필요성을 인정했다. 이에 따라 (비록 거의 의도하지는 않았지만) 미국 민주주의 체계를 대법원의 성스러운 견제로 마무리 지었다. 아메리카 공화국의 아버지들은 질서 있는 자유를 보장하는 보수적 권력이라는 역사상 유례가 없는 정부 도구를

---

i   Delphi: 그리스의 포키스 협곡에 있는 고대 그리스의 지명이자 도시. 고전기 그리스 시대 가장 중요한 신탁이었던 델포이의 신탁이 이루어진 곳이다.
ii Dodona: 그리스 북서부 이피로스에 존재했던 최고의 고대 신탁소. 헤로도토스에 따르면 기원전 2000년부터 신탁 장소로 쓰였으며 호메로스는 '제우스의 신탁소'라고 불렀다.

고안해냈다. 미국 헌법의 영감은 영국에서 왔지만 영국은 이제 그 후손에게 배울 필요가 있다. 기조(Guizot)와 함께 메인은 실제 행정부에 정부의 기본 원칙을 적용한 역사상 가장 위대한 사례라고 『The Federalist(연방주의자 논집)』을 상찬했다. "현명한 헌법으로 민주주의는 거대한 인공호수의 물처럼 잔잔해질 수 있다. 그러나 만약 인공 호수의 구조 어딘가에 약점이 하나라도 있다면 호수를 통제하는 강력한 힘이 붕괴되면서 산지사방으로 파괴가 번져간다."[43]

어떤 사람들은 다른 치유책을 바란다. 그중에 르낭[i] 같은 사람은 예를 들어 지적인 귀족, 엘리트의 형성을 기대한다. "사회는 정치적인 칼뱅주의 교회처럼 된다. 그곳에서 선출된 사람들은 탁월한 두뇌의 소유자들이다." 비록 지배적인 제도가 되지는 않겠지만 그러한 귀족정치가 진정으로 유익할까? "끊임없는 훈련으로 완벽해진 지성을 겸비해서 절대적으로 자신만만하고 그들의 결론을 절대적으로 확신하는 과학적인 인간이자 금욕적인 귀족"은 사회의 가슴과 정신을 어떻게 대우할까?[44] 메인은 진정 보수적인 본능에 따라 이 새로운 특권 계층을 두려워했다. 그러나 어떤 경우든 만약 민주주의와 과학이 충돌하면 "적들에 맞설 준비를 이미 마친 민주주의가 분명히 이긴다." 왜냐하면 민주주의는 문화적 진보나 어떤 형태의 수월성 발현을 몹시 싫어하기 때문이다.

마키아벨리가 말했듯이 세계는 하층민으로 이루어져 있다. 벤담식 정치는 그들의 손에 제한되지 않는 정치권력을 넘겨주었다. 그들은 신속

---

i Joseph Ernest Renan(1823~1892): 프랑스의 언어학자, 철학자, 종교사가, 비평가. 1860년 기독교의 기원을 밝히려고 시리아로 가서 학술 탐험을 하고 돌아왔으며, 20년에 걸쳐 7권의 《Histoire de L'origine du christianisme(기독교 기원사)》를 완성했다.

하게 움직여 벤담의 다른 모든 업적을 원점으로 되돌려버린다. "메인이 폭로한 '앞뒤가 안 맞는 궤변'[i]은 프랑스에서 영국으로 넘어왔고 고급 자유주의(Advanced Liberalism)의 문헌들에 등장했다. 토리가 지배하는 하원의 토론에서 메인이 조롱했던 의회의 오류들[ii]과 그 궤변들이 함께 읽힐 수도 있다."[45] 지위에서 계약으로 나아간 진보는 귀족적인 정신을 지닌 사람들의 작품이다. 계약에서 지위로의 퇴보는 민주주의의 자만이 이뤄내는 성취가 될 것이다.

엥겔스가 1877년에 "부정의 부정"이라고 불렀던 그 무엇이 민주주의의 장막 뒤에서 고개를 내민다. 사회화와 원시적 지위로의 회귀 때문에 사유재산이라는 계약의 성취가 위협받는다. 이런 반동이 정점에 이르면 이를수록 문명은 지위로 묘사되는 원시의 수준으로 침몰한다. 퇴보가 필연은 아니다. 그저 가능할 뿐이다. "의심할 필요 없다, 적절한 대의명분이 작동하면 그 결과가 항상 뒤따른다. 그러나 대부분의 사람들이 소심하고, 께느른하고, 피상적일 때 대의명분이 정치에서 가장 압도적인 힘을 발휘한다. 메인은 강력한 힘을 휘두르는 계급에 속하는 많은 영국 사람들이 계속해서 자신과 타인에게 민주주의는 저항할 수 없고 반드시 온다고 말한다면 모든 의심을 넘어 민주주의는 온다."[46]고 썼다. 그러나 1884년과 1885년의 개혁 법안들은 메인이 말했던 그 계층 중에 가장 열정적인 지주들의 영향력을 약화시켰다. 영국에선 이제 사유재산의 중요성을 거의 이해하지 못하거나 그 맛조차 보지 못한 사람들에게 투표권을 주려고 정당들이 경쟁을 벌이기 시작했다.

---

i   Anarchical Sophisms: 민주주의.
ii Parliamentary Fallacies: 의회 발언에 등장한 논리적 모순을 모아 놓은 글.

4. 렉키: 반자유주의적 민주주의

근사한 중고 책방의 선반을 보면 두 권으로 된 두툼한 책, 『Democracy and Liberty(민주주의와 자유)』를 발견할 수 있다. 렉키의 또 다른 책 『History of England in the Eighteenth Century(18세기 영국사)』 역시 아직도 꾸준히 찾는 사람이 있다. 아마도 누군가는 계속 그 책을 읽고 싶어 하리라 생각한다. 『History of European Morals(유럽의 도덕사)』도 여전히 읽힌다. 그러나 그의 정치학 책은 마땅히 누려야 할 관심을 받지 못했다. 때로 지나치게 샛길로 벗어나고, 또 부분적으로 지금은 더 이상 관심이 없어진 주제를 언급하지만 『Democracy and Liberty(민주주의와 자유)』는 19세기에 출판된 보수 정치학의 가장 완벽한 입문서다.

레슬리 스티븐은 "프로테스탄티즘은 하나의 측면에서는 아직도 머리에 가면을 쓰고 돌아다니는 합리주의에 지나지 않는다"[47]고 말했다. 렉키에 적용하면 이 익살에는 상당한 진실이 담겨 있다. 신실한 프로테스탄트이자 합리주의 역사가인 그는 신이 자비로운 존재라는 믿음을 견지했고 미신과 성직자 존중주의를 경멸했다. 로마가톨릭 교회가 죽어가는 사이비 종교로 연명해간다고 확신했다. 비록 1870년대에는 그럴듯한 정당성을 지녔지만 그가 했던 여러 불운한 예언의 하나였다. 과학과 산업의 세계에서 살아남으려면 기독교는 단순한 경신성(輕信性, credulity)과 우화의 유산을 몰아내야 한다. 피츠제임스 스티븐에게는 기독교의 가장 현실적이고 필수 불가결한 요소였던 정통 신앙의 지옥이 렉키에겐 구역질 나는 상상력의 불쾌한 발명이거나 잔혹한 시대의 우스꽝스러운 생존일 뿐이며 합리적인 인간이 그의 도덕 체계에 수용하기 불가능한 그 무엇이었다. 그러나 렉키는 인간성이란 종교를 끌어안지는 않았다. 도덕주의자들의 귀납적이고 공리주의적인 학파에 맞서 직관적인 도덕 개념을 옹호한 『History of European Morals(유럽의 도덕사)』 첫 번째 장은 근대 학문에서 타의 추종을 불허한다. 아울러 신을 사랑하고 신뢰하는 렉키의 마음도 반영됐다. "미덕 있는 사람이 느낀다는 자기만족(self-gratulation)과 종교적인 사람이 신의 특혜와 보호라는 감각을 통해 경험하는 기쁨을 많은 도덕주의자들은 혼동한다."[48]

『The Rise and Influence of Rationalism(합리주의의 등장과 영향력)』이나 『The Map of Life(삶의 지도)』를 읽은 사람은 버크의 철학에서 대단히 중요했던 신의 섭리라는 생각이 렉키에게 없다는 사실을 금세 발견하게 된다. 신의 섭리를 부인하지 않지만 거의 확인해주지도 않는다. 렉키의 합리적 종교는 직관적인 도덕, 그리스도의 모방[i], 황금률[ii]을 제외하고 거의 모든 전통적 기독교를 제거해버렸다. 그럼에도 기독교의 핵심은 여전히 살아 있다고 렉키는 생각한다.

> 만약 진정한 기독교 정신이 정열적인 자비심을 안고 악과 불행의 심연으로 뛰어들거나, 거의 무한한 선행이라는 풍요의 물길을 지구 곳곳에 흘러가도록 만들고, 집중적이고 효과가 있는 동정의 범위에 인간성의 모든 부분을 포함하는 것이라면, 진정한 기독교 정신이 모든 계급과 계급, 국가와 국가를 나누는 장벽을 약화하거나 무너뜨리고 전쟁의 가장 잔혹한 요소를 없애는 거라면, 또 필수적인 평등과 순수한 동

---

i 신학 이론에서 그리스도 모방이란 예수의 모범을 따르는 삶을 의미한다.
ii 다른 사람이 내게 해주길 원하는 처우로 상대를 대하라는 원칙.

지애의 의식이 모든 우연한 차이를 극복하도록 해주는 것이라면, 무엇보다도 진정한 기독교 정신 그 자체의 목적이 진실한 사랑을 배양하고 우리와 다른 사람들을 향해 솔직함과 관용의 정신을 기르는 것이라면 이 모든 것들이 진정성 있고 건강한 기독교 정신의 표상이라면 열두 제자들의 시대 이후 그 모두가 지금처럼 왕성했던 때는 없었다. 그리고 독선적 체제와 사제의 영향력이 쇠퇴했다는 사실은 그러한 진보의 원인은 아닐지라도 적어도 그 수단은 되었다.[49]

이들이 진정으로 참되고 건강한 기독교 정신의 표상인가? 혹은 렉키가 혐오한 감상적 인도주의의 표상일 가능성도 있는가? 어쨌든 (스스로 철저한 옛 휘그였던) 렉키는 철저하게 사제들을 의심했고 사제는 마땅히 합리적 도덕주의자들에게 양보해야 한다고 확신했다. "정통이 나의 교의"라는 긍정, 존슨, 버크, 콜리지, 뉴먼을 비롯해 나머지 사람들이 보수주의의 토대로 삼았던 그 만세반석이 렉키에 와서는 산상수훈의 관용적 승인 정도에 자리를 내준다. 그러나 피츠제임스 스티븐은 어떤 실천적 사회 체계의 토대를 세우기엔 그 산상수훈에 약점이 많다고 선언했다. "전 세계의 확실한 판단"[i]이라는 정신이 렉키에게는 없다. 그러나 이런 전제가 없는 대다수 사람들의 보수주의는 수많은 곤란에 직면할 때 비틀거린다.

비록 효용성이라는 이유에서 기존의 교회 체제를 옹호하긴 했지만 종교적 존숭은 렉키의 보수주의 교범에서는 초라하게 모습을 드러낸

---

i Securus judicat orbis terrarum: 성 어거스틴의 말로 '전 세계의 확실한 판단'이란 가톨릭 교회를 의미했다.

다. 도덕철학에 관한 풍부한 지식에도 불구하고 심지어 도덕적 고려조차 『Democracy and Liberty(민주주의와 자유)』에서 그다지 주목을 받지 못했다(책이 발간된 1896년, 렉키는 오랜 집필 생활 끝에 하원의원이 된다). 그 책에서 우리는 19세기가 20세기에 합쳐지는 현상을 목도한다. 19세기 사상가들을 애써 괴롭혔던 신앙과 도덕을 둘러싼 논란은 경제와 정치의 기술적 문제에 자리를 내주었다. 일관된 체계로서는 버려졌지만 벤담주의는 거의 모두를 미묘하게 정복했다. 정치경제학자의 설계도가 설교와 연설을 대체해버렸다. 이 종교적이고 도덕적인 논쟁이 버려졌는데도 렉키는 19세기 말에 버크를 이야기했다. 1855년 렉키가 더블린의 트리니티 대학에 입학했을 때 그는 『프랑스혁명에 관한 고찰』을 손에 넣었다. 그가 아일랜드와 스위스를 홀로 산보할 때 40년 동안 주석을 단 그 낡은 책을 계속 주머니에 넣고 다녔다.[50]

급진적인 변화를 혐오하는 버크의 주요 정치적 원칙이 『Democracy and Liberty(민주주의와 자유)』의 주제였다. 메인의 『Popular Government(대중 정부론)』이 나오고 『Democracy and Liberty(민주주의와 자유)』가 나오기까지 10년간 벌어진 구조적 변화가 영국 사회의 지속성을 약화시키는 듯했다. 그 늙은 유대인 신사는 더 이상 혼돈의 꼭대기에 앉아 있지 않았다. 렉키를 비롯해 디즈레일리를 진실로 혐오했던 사람들은 마지못해 그가 되살아나서 (그들의 생각으로는) 그 신비한 기술로 그가 고삐를 풀어놓은 대중적 충동이라는 마귀를 억제해주길 바랐다. 1867년에 받은 비판에 분노해 글래드스턴파의 자유주의 정책은 토리의 기득권을 없애고 대신 새로운 유권자들을 만족시키려 애를 썼다. 솔즈베리의 보수주의자들이 억지로 이 경쟁에 뛰어들었다. 그 직접적인 결과로

1884~1885년 제3의 개혁은 1832년이나 1867년의 조치보다 더더욱 혁명적으로 보였다. 렉키가 썼듯이 본질적으로 새로운 급진주의자들의 신념은 "민주주의라는 손으로 세금은 마땅히 재산, 능력, 근면의 불평등을 해소하는 수단이 되어야 하며 투표하고 돈을 쓰는 지배적인 계급이 있고 다른 계급이 그 돈을 제공해야 할 의무가 있다는 것이다."[51] 모든 종류의 규범적인 권리는 흔들렸다. 버크가 예언했듯이 "가난하지만 힘 있는 자들이 침을 흘리도록 부추길 만큼 부의 덩치가 커지면 어떤 형태의 재산권도 안전하지 않다." 그 가난한 권력이 1885년 이래 하원을 장악했다.

페이비언협회(Fabian Society)가 1884년에 설립됐다. 시드니 웹과 버나드 쇼[i] 그리고 그들의 친구들은 빅토리아 시대 영국의 지적인 전통을 훼손하기 시작했다. 급진적 정부가 토지 귀족들의 의회 내 보루를 무너뜨렸던 거의 바로 그때였다. 예전에 지배적이었던 어떤 계급도 그 신경이 죽기 전에 진정으로 권력을 포기한 적이 없다. 자신의 미덕과 정당성에 확신을 잃으면 강력한 계급은 정복되기보다는 홀려서 검과 홀을 쥐었던 손을 스스로 풀게 된다. 이 과정이 영국에서 이미 오래전에 시작됐다. 이제 지적인 사회주의자들은 거의 정점에 도달했다. 마르크시즘은 그 본래의 독성으로나 부드러운 변종으로나 사상의 세계에서 가장 심각한 영향력을 획득했다고 간주되어야 하며, 이제 더는 절치부심하는 망명객의 괴상한 날조가 아니었다. 사회주의는 단순한 정치적 구상보다는 더 큰 무엇이 됐다고 렉키가 말했다. "그것의 가르침은 강력한 힘을 지녔으며

---

i   George Bernard Shaw(1856~1950): 아일랜드의 극작가 겸 소설가이자 수필가, 비평가, 화가, 웅변가. 1925년 노벨문학상을 받았다.

매우 많은 대중에게 파고들었다. 그리고 새로운 종교적 특징을 지닌 채 옛 신념과 옛 전통이 썩어가며 만들어진 진공 상태를 채우려고 밀려 들어왔다."[52]

페이비언의 문학적 사회주의는 특히 어설프게 교육받은 젊은 사람들이라는 새로운 군중을 끌어들일 생각이었다. 1870년의 교육법으로 설립되고 1876년에 첨가된 의무 조항으로 확장됐으며, 1891년 무상 교육 채택으로 그 정점에 이른 국립 학교에서 이 젊은이들이 교육을 받았다. 산업가들은 기술 훈련을 제공하는 국립 학교 설립을 요구했다. 그들은 곧 학교가 생산해낸 야망 있는 기술자와 사무원 무리가 효율적인 생산 이상의 다른 것들을 생각할 수도 있게 됐다는 사실을 발견했다. 데니스 브로건[i]이 서구 교육을 받은 인도의 사무직 계급을 두고 했던 말이 있다. "장부를 관리할 줄 아는 사람은 존 스튜어트 밀과 맥컬리 그리고 마르크스를 읽을 줄도 안다."[53] 1892년쯤 영국과 웨일즈의 교육위원회는 매년 700만 파운드 이상의 돈을 써야 했다. 이 이유만으로도 세금 체계의 급격한 수정과 급진적으로 높은 세금 인상이 필요해졌다. 렉키는 교육의 정치적 가치가 과장됐다고 생각했다. "더 위험한 형태의 적대감과 이견이 대체로 줄어들지 않았으며 종종 교육의 영향력 때문에 오히려 그 적대감과 이견은 더 부추겨졌다. 읽을 수 있게 배운 사람들의 압도적인 다수가 정당의 신문만 읽었다. 그 신문들은 특별히 그들을 자극하고 오도할 목적을 지녔을 가능성이 대단히 높다. 그리고 어설프게 교육받은 사람들은 이상하게도 정치적 이상향과 광신주의에 쉽게 마음을 연다."[54]

---

i   Denis William Brogan(1900~1974): 스코틀랜드의 역사가이자 작가. 옥스퍼드대학과 하버드대학에서 수학했으며 캠브리지대학 정치학 교수였다.

또 어떤 사람들은 (기싱이 『The Nether World(지옥)』에서 묘사한) 무신론자나 페이비언의 소책자를 읽는다.

교육이 완전히 세속화되고 근대화되면서 토리의 정치적 정신을 지켜준 요새인 지방정부도 민주화됐다. 디즈레일리는 읍면 단위의 정치 체제가 전국 단위의 정치 체제보다 더 중요하다고 말했었다. 이제는 그 모두가 다 수정됐다. 1888년 지방정부법(보수정부가 통과시켰다)이 지방의회를 만들었을 때, 1894년 자유주의자들이 행정 교구의 자치기관인 교구회(parish council)나 농촌과 도시에 분교구를 세웠을 때, 소지주와 사제들은 지방행정 단위에서 오랫동안 법의 집행을 장악해왔던 그 권력을 잃게 됐다. 농촌 지방에 존재했던 명령과 종속이라는 오랜 개념을 국가가 부인해버렸다. 대중적 선거라는 원칙이 그것을 대신해버렸다. 1894년의 법은 조금 더 나갔다. 빈민구제법 시행원이나 교구위원에 선출되려면 재산이 있어야 한다는 자격 요건까지 철폐했다. 투표의 등급 자격을 다 없애버렸다. 이렇게 지방정부의 비용을 대던 계급이 보이지 않게 됐다. 그 비용 지출의 혜택을 받을지도 모를 집단 때문이었다. 견해를 반영하지 못한 채 세금만 내는 형태는 이뿐만이 아니다. "주로 지방정부를 관리했던 시골의 신사들은 적어도 자신의 과업을 아주 성실하게 수행했다. 또 그들이 지배하는 지역을 아주 촘촘하고 광범위하게 잘 파악했다. 그들의 과오가 있기는 했으나 그들의 과오는 적극적이기보다는 소극적이었다"[55]라고 렉키는 옛 체제를 평가했다. 요즘 지방 의회를 잘 아는 사람은 그 나름의 비교를 해볼 수 있을 것이다.

근로자들을 위한 주택, 위생 개선, 공장 규제, 근로자의 임금 규제, 공공 서비스의 대폭 확대 등을 다룬 상당한 규모의 사회적 법률이 제정됐다. 이 모든 법들을 시행하려면 돈이 필요했다. 육군과 해군의 비용은 꾸준히 증가했다. 1870년에서 1895년 사이 국가의 공공 지출은 7천만 파운드에서 1억 파운드로 늘었다. 1874년 소득세는 파운드당 2펜스였다. 1885년엔 그때까지 최고인 8펜스로 늘었고 그 이후 더 상승하기 시작했다. 자유주의자들 스스로 단계적으로 늘어나는 소득세를 두려워했다. 글래드스턴은 아예 소득세 자체를 없애고 싶었다. 토지에 부과되는 상속세에도 반대했다. 그러나 윌리엄 하코트 경[i]이 1894년 자신의 예산에 도입한 상속세는 살아남았다. 왜냐하면 맨체스터 자유주의자들이 토지 재산권을 싫어했기 때문이다. 그 다음 해 보수주의자들이 다시 집권했을 때 그 상속세를 철폐하지 못했다. 보수당 내 중산층 기반 세력들이 이미 토지 재산권에 기반을 둔 세력을 능가했고 예산 수입의 필요성이 더 절박했기 때문이다. 렉키는 "윌리엄 하코트 경의 세금은 과거 정통 경제학에서 당시로서는 가장 크게 벗어났다. 과거의 경제학자들에 따르면 과세의 첫 번째 원칙은 소득에 세금을 부과해야지 자본에 부과하지 말아야 한다였다. 영국에서 매년 걷는 가장 큰 직접세 둘 중 하나는 자본에 직접 부과되는 대단히 누진적인 세금이다. …가장 억압적인 특징은 시간적 제한이 없다는 것이다. 그래서 어떤 대규모 토지 재산의 소유자 두서너 명이 빠른 속도로 계속해 사망한다면 세금은 사실상 절대 몰수의 결과를 낳게 된다. 그런 상황이 결코 불가능하지는 않다. 그리고 소득을 창출하면서 쉽게 현금화할 수 있는 부동산과 수입을 만들어내지 못하면서 쉽게 현금화도 어려운 자산을 구분하지 않았다"[56]고 말했다.

---

i William Harcourt(1827~1904): 영국의 변호사, 언론인, 자유주의 정치인. 하원의원으로 글래드스턴 총리 시절에 내무상 재무상을 역임했다.

이렇게 방치된 시골집들이 그림자를 드리웠다. 높아진 상속세, 지방에 사는 가정들의 아들을 죽인 두 번의 전쟁, 더 많은 소득세, "불로"소득에 부과되는 세금의 추가로 1894년 영국 농촌의 전반적인 형태는 그 종말을 맞기 시작했다.

렉키는 토지에서 오는 불로소득이 일반적으로 사회에 가장 혜택이 되는 부의 형태라고 말했다. "사회는 주로 개인의 평화로운 재산권을 보장해주는 계약이다. 그 개인이 사회에서 자신의 역할을 충실히 다 하는 한 그의 부친에게서 물려받은 권리는 그가 스스로 벌어서 얻은 권리만큼이나 유효하다." 물려받은 재산으로 살아가는 사람들이 자수성가를 한 사람들보다 영국에 도움이 되는 일을 더 많이 해왔다. 윌리엄 윌버포스[i], 존 하워드[ii], 섀프츠베리 경이 그런 계급의 사람들이고, 렉키도 거기에 이름을 올릴 만하다. 충분한 사유재산으로 얻은 여가 시간과 학식 때문에 문명의 총량에 기여할 수 있었던 많은 학자들 사이에서도 그는 유독 뛰어났다. "거대한 상속 재산에는 대개 거대하고 유용한 행정적 책무가 따랐다. 그들은 상대적으로 덜 부유했던 영국 농촌의 신사들보다 전반적으로 더 나은 삶을 살았으며 공동체의 진정한 복지에 가장 크게 기여한 계층이다. 그들은 상속받은 소박한 수입에 만족하면서 그들이 소유한 토지에서 살았고, 마을의 행정 업무를 관리했으며 수많은 방법으로 이웃과 소작농들의 삶을 개선해주었다."[57] 렉키가 이 글을 쓴 지 거의 백 년이 지났지만 영국에 남아 있는 지주들 대부분은 비록 실망스러운 제약 조건 아래서나마 다른 어느 나라에서도 볼 수 없는 양심을 갖고 아

---

i William Wilberforce(1759~1833): 노예제도 폐지운동을 이끌었던 영국의 정치인.
ii John Howard(1726~1790): 자선 사업가이자 최초의 감옥 개혁가.

직도 그러한 의무를 수행한다.

노동당의 전신인 독립노동당(Independent Labour Party)이 1893년 설립됐다. 3년 후, 렉키는 여전히 신노동조합주의(New Unionism)와 사회주의자들이 1895년의 총선에서 참패했다고 쓸 수 있었다. 근로자 계층의 중심 세력을 보수적 성향이 지배했다. 대륙에서는 공공연하게 자신을 드러낸 사회주의당의 세력이 강했지만 영국 의회에서는 그런 현상이 거의 없었다. 그러나 얼마나 오래 이런 상황이 지속될까? 20세기 미국의 어빙 배빗처럼 렉키는 금권정치를 하인드먼[i]과 모리스[ii]의 사회주의 강령만큼 두려워했다.

재산권 존중을 심각하게 흔들 가능성은 상속된 부의 존재에 있지 않다. 심지어 상속 재산이 엄청나다고 해도 마찬가지다. 근대 사회의 조건들이 보여주었듯이, 부끄러운 수단으로 획득됐고, 부끄러운 목적에 쓰였으며, 사회와 국가에 전적으로 부당한 영향력을 행사한 거대한 부의 다양한 사례들에 그 가능성이 있었다. 부자들 가운데 의기양양한 도둑놈이 발견되면 빈자들 사이에 반역의 목소리가 커진다. 민주주의가 자주 그랬듯이 부패한 금권정치로 전락하면 국가적 타락과 사회적 혁명이 일어난다. 근대 사회주의 서적을 숙독한 사람 누구라도, 거대 도시들에 사는 대중 사이의 정서적 흐름을 관찰하는 사람 그 누구라도 그들의 의식을 알아채게 된다. 뿌리 깊고, 커져가며, 삶의 심대한

---

i Henry Mayers Hyndman(1842~1921): 영국의 작가이자 정치인. 사회민주주의연맹과 전국사회당을 창립했다.
ii William Morris(1834~1896): 영국의 섬유 디자이너, 시인, 소설가, 사회운동가. 영국 초기 사회주의 운동에서 심대한 역할을 담당했다.

불의라는 결코 불합리하지 않은 그 의식을 말이다.[58]

이는 『Lay Sermons(평신도의 설교)』에서 콜리지가, 『Sybil(시빌)』에서 디즈레일리가 했던 말과 비슷하다. 부가 사회적 의무와 이혼해버린 한 시대의 정점(이 책이 출판된 시점)에서 70년 혹은 50년 전의 이야기다.

이런 문제들에서 렉키는 빅토리아 시대의 지주들이나 중상층 계급들의 이해를 가장 잘 대변했다. 그는 헌정 체제에 의지한 공동체의 이해 균형을 파괴하는 민주주의를 대담하게 반대했다. (엘리 알레뷔[i]가 썼듯이) 렉키는 규제와 제한을 사랑하는 민주주의를 경고하며 머지않은 시기에 기력을 잃은 고용주와 근로자가 "영국 산업이 세계 시장을 석권했던 생산의 열정과 노동의 욕구에 모두 반대하는 무의식적 동맹"[59]을 맺으리라고 내다봤다. 렉키는 또 민주주의로의 이행은 "의회 정부로의 이행이나 더 많은 자유의 획득으로 나아가는 것을 의미하지 않는다"고 말했다. 오히려 정반대로 영국에서 형태를 갖추어가는 민주주의는 사회주의의 싹이었다. 렉키는 "사회주의는 노예제고 노예제는 결코 호락호락하지 않을 것"이라는 허버트 스펜서의 견해에 동의했다.

근대적 삶의 질주와 굴곡, 새로운 생각과 개념의 끊임없는 등장과 소멸, 계속성의 파괴, 싫증 난 정치적 미각이 불러오는 욕구, 가족이라는 느낌의 쇠락, 이 모두는 힘을 합해 "영국 급진주의의 무식한 보수주의라 불릴 만한 그 무엇을" 강화했다. 1789년이나 그보다 더 일찍부터 영국사회의 구조를 저해하려고 노력해온 그러한 파괴적 힘이 가장 최근에 채택

---

i Élie Halévy(1870~1937): 프랑스의 철학자이자 역사학자. 영국 실용주의자를 연구했고 19세기 영국사(1985~1914)를 다룬 책을 저술했다.

한 도구는 특정 계급에 주어지는 뇌물이었다. 이 급진주의는 변치 않는 특징을 유지해왔다. 연속성을 혐오하면서도 몇 가지 오래된 닳고 닳은 장단으로 움직인다.

삶의 경쟁을 통해 더 많은 돈과 교육을 획득한 소수의 손에서 상황의 통제력을 회수하고, 지적인 수준이 더 낮은 계층으로 계속해서 투표권이 추락해가며, 제도들이 하나 둘 계속해서 공격받고, 부동산 소유자들을 향한 체계적인 적대감을 보인다거나, 주어진 상황이나 특성과 아주 무관하게 똑같은 대의 제도를 제국의 모든 곳에 대부분 허락하는 등의 일들이 대개의 급진주의자들이 움직이는 방향들이다. …어떤 제도를 파괴하거나 어떤 계급에 타격을 주려는 의도는 헌정 체제 문제에서 매우 흔하게 보이는 급진주의자들의 첫 번째이자 마지막 생각이다.[60]

사회주의자들은 영국에서 이 오래 지속된 급진적 성향을 장악하려 했다. 그러나 거기에 강제와 영원한 규제라는 요소들을 첨가해 전보다 더 불길하게 만들어버렸다. 보편적 군사훈련은 국가가 국민에게 강제할 수 있는 가장 결정적인 부담이다. 극도로 긴장하고 예민하며 소심하지만 더 나은 형태의 인류에 가해지는 최악의 저주다. 이런 저주는 하향 평준화의 민주주의에서 발견되며 결코 단순한 우연이 아니다. 무장한 무리는 평등한 사회주의나 사회주의 국가의 계획에 반드시 뒤따른다. 옛날의 모든 습관적이고 내재적인 규율들을 포기한 모든 사회의 자연스러운 반응이다. 따라서 그 사회는 (버크가 예언한 대로) 자의적인 외부 규율에 의지해야만 한다. 사회주의가 승리한 나라에서 국민들의 개별성은 상상력과 함께 마땅히 사라져야 한다.

사회주의가 실제 영국을 지배하는 데 성공할까? 사회주의는 자유무역이나 국제교역과 영국적 삶의 유지를 반대한다. 미래에는 산업적 조건들이 의심할 필요 없이 상당 부분 수정된다. 달라진 세금 부과, 새로운 상속세법, 협동조합 시도, 정부의 산업 통제, 사회복지 입법 등의 변화들이 발생할 것이다. "그러나 근본적 법칙이나 인간 본성의 요소와 갈등하는 변화를 도입하려고 해도 장기적으로는 결코 성공할 수 없다. 옳고 그름을 판단하는 감각은 재산권과 계약의 의무를 존중하는 기반이 된다. 사회의 계속성은 가정의 사랑이라는 느낌에 의지하며, 가정의 사랑에서 세습의 체계가 자라난다. 소질과 능력, 품성에서 나타나는 인간의 본질적 차이는 결코 변할 수 없다. 그리고 그것들을 무시하는 모든 계획이나 정책은 궁극적으로 실패하기 마련이다."[61] 1896년 렉키는 비관주의 때문에 비판을 받았다. 그러나 90년이 지난 지금 마르크스주의자 국가들의 삶을 관찰한 사람은 렉키의 낙관주의를 부러워할지 모른다.

19세기의 마지막 3분의 1을 새로운 집산주의가 이렇게 위협하자, 버크의 자유주의 사상을 물려받은 사람들은 보수주의자들과 화해했다. 스티븐, 메인, 렉키는 지위가 아니라 계약을 옹호했다. 그들은 감상적 집산주의가 치명적인 노예 상태로 경화되리라는 것을 알았다. 마르크스와 엥겔스는 "부정의 부정"을, 지위의 회귀를 묵시록적인 열정으로 기대했다. 정말로 이 덜 급진적인 필자들은 사태가 그리 표류한다고 보았다. 1920년대와 1930년대에 유행했던 가부장적 국가주의에는 지위로의 회귀를 추인하는 요소가 풍부했다. 심지어 로스코 파운드[i] 학장은 1926년 20세기를 관통한 법의 과정이 메인의 이론을 반박하는 듯 보인다고 설명했다. 사회는 지금 의기양양하게 계약에서 "관계"(일종의 근대화되고 수정된 지위)로 움직이는 듯 보인다고 말이다. 따라서 관계 – 지위는 진보의 더 발전된 단계를 나타내야만 한다. 우리가 뒤로 진보하지 않았다면 말이다.[62]

그렇다, 우리가 뒤로 진보하지 않았다면 말이다. 끄나풀, 배급을 기다리는 줄, 거대한 회사, 거대한 조합, 노동 수용소, 대규모 징집, 그리고 경찰관이라는 국가의 주요 기둥들과 함께 사회에서 지위의 현대적 재연은 발전일지 모른다. 만약 이것이, 이 무정형의 계획주택단지와 텔레비전이라는 집단최면의 삶이 발전이라면 링컨 대통령과 함께 이렇게 말할 수밖에 없다.

"그러한 부류를 좋아하는 사람들에게는 그러한 것들이야말로 그들이 좋아하는 종류다."

---

i Roscoe Pound(1870~1964): 미국의 법학자. 프래그머티즘의 입장에서 법을 사회 통제의 수단으로 보았다. 법의 임무는 서로 대립하는 여러 가지 사회적 이익의 희생, 마찰, 낭비를 최소화하며 그 이익의 확보와 실현은 최대한으로 하자는 조정에 있다고 생각했다. 하버드 법대 학장을 역임했다.

THE CONSERVATIVE

X

좌절한 보수주의: 미국(1865~1918)

MIND

그 첫 번째 충격이 느껴지기 시작하는 격변의 결과가 무엇이든, 지구엔 여전히 팔꿈치를 움직일 만한 충분한 여지가 있다. 그러나 모든 남자의 심장을 부풀어 오르게 하고 그들의 생각을 형성했던 정서는, 기억과 희망, 본능과 전통으로 이루어진, 차마 말로 다 표현할 수 없는 그 정서는 비록 의식은 못하겠지만 모두 사라져 버렸을지 모른다. 우리에겐 함께 살아갈 지구만 남았을 뿐이다. 인간이 이 지구에서 풍성한 농작물을 거둘 수는 있다. 그러나 값을 매길 수 없이 소중한, 연상이라는 관념적 수확은 더 이상 불가능해졌다. 이 나라의 모든 곳에서 용기와 안락함을 말해주었던 훌륭한 미덕들은 되돌릴 수 없게 증발해버렸다. 우리는 불가역적으로 우리의 과거로부터 차단되고 말았다. 그리고 우연이 우리 앞에 흔들어대는 새로운 조건이 무엇이든 우리는 삶의 거친 끝을 이어 붙여야만 한다.

_제임스 러셀 로웰, 『Abraham Lincoln(에이브러햄 링컨)』

1. 도금 시대

애포매톡스 전투 이후 보수적인 성향의 인간들은 거친 끝을 이어 붙이는 이 우울한 일을 해야만 했다. 멸망한 남부는 어떤 생각도 할 여유가 없었다. 비상사태에 서둘러 대응하려고, 어떻게든 산산조각이 난 경제를 되살리고 흑인 해방과 사회적 안정을 조화시키려고 남부는 수십 년간 모든 신경을 쥐어짜야 했다. 그래서 1865년 이후 오랫동안 남부에는 철학자가 없었다. 특권을 빼앗긴 지도자들은 반쯤 넋이 나가 사죄문을 쓰거나, 혹은 체념하여 문명의 구조를 수선하는 데 로버트 리 장군과 함께 동원됐다. 그 지도자들의 대표적인 예가 스티븐스[i]와 데이비스다.

그러므로 보수주의 회복의 의무는 승리한 북부 사람들에게 있었다. 그러나 전혀 준비되지 않은 북부의 지식인들, 사실상 뉴잉글랜드의 지식인들은 이 막대한 과업 앞에서 비틀거렸다. 뉴잉글랜드의 특징을 굽이쳐 관통해 호손에서 가장 인간적인 표현에 이르렀던 까칠한 보수주의는 굳이 그 족보를 따지자면 본질적으로 부정의 보수주의였다. 이제 긍정과 재건의 필요성이라는 책무를 부여받았지만 뉴잉글랜드 사람들은 이러한 혼란 속에서 저주하고 신음하며 수줍어했다. 보통사람들이 아니라 찰스 프랜시스 애덤스[ii], 섬너(Sumner), 에버렛(Everett), 파커, 에머슨 같은 지도자들이, 사상가이자 치국의 경륜을 갖춘 지도자들이 급진주의, 정치적 추상, 개리슨이 대표했던 광적인 평등주의 같은 이념들이나 만지작거리는 위험하고 독선적인 일에 수년간 몰두했다. 초월주의의 영향과 개리슨주의자들의 도덕개혁운동이라는 걱정 때문에 그들의 보수적인 본능은 혼란스러웠다. 보수적 질서의 기초를 어디에서 찾아야 할지 그들은 더 이상 기억하지 못했다. 남북전쟁 후의 대호황기인 도금 시대(Gilded Age)에 존재했던 "보수적" 사상을 이야기할 때 우리는 영국의 자유주의와 대단히 흡사한 원칙들을 의미한다. 정직하고 혼란스러웠던 사람들이 이 원칙들을 보수적 목적에 적용하려 했다. 이런 보수적 열망은 합리적인 명료함을 지녔던 제임스 러셀 로웰, 고드킨[iii], 헨리 애덤스,

---

i   Alexander Hamilton Stephens(1812~1883): 남북전쟁 당시 남부맹방, 아메리카연합국의 부통령이었다.

ii   Charles Francis Adams Sr.(1807~1886): 존 퀸시 애덤스 대통령의 아들이자 존 애덤스 대통령의 손자다. 정치인이자 외교관. 매사추세츠 주 상원의원이었고 남북전쟁 시절 영국 대사를 역임했다.

iii   Edwin Lawrence Godkin(1831~1902): 아일랜드 태생의 미국 언론인. 주간지 《Nation(네이션)》을 창간했고 1883에서 1899까지 《New-York Evening Post(뉴욕 이브닝 포스트)》의 편집장이었다.

브룩스 애덤스[i]에게서 찾을 수 있다. 남북전쟁 이후 재건기에서 1차 세계대전까지는 좌절의 50년이었다.

뉴잉글랜드의 개혁가들은 남부의 암흑 풍조를 분쇄했을 때 악의 화신을 때려눕혔다고 생각했다. 그러나 도금 시대의 혼란과 부패가 만들어낸 두려움이 커갈수록 스스로 얼마나 순진했는지 알게 됐다. 그들은 제퍼슨 데이비스[ii]의 시대를 두려워했지만 이제는 새디어스 스티븐스[iii]나 그보다 더한 인물의 시대에 직면했다. 그 무자비하고 천박한 제철업자도 콩클링[iv], 모턴[v], 버틀러[vi], 랜들[vii], 챈들러[viii], 블레인[ix], 부트웰[x] 같은 사람들 옆에서는 월등하게 존경스러워 보일 지경이었다. 이들은 황폐화된 나라의 먼지 더미를 휘저어 물리적이라기보다는 정신적으로 더 심하게 악화시

i Brooks Adams(1848~1927): 헨리 애덤스의 동생. 미국의 역사가이자 정치 평론가. 자본주의에 비판적이었다.

ii Jefferson Finis Davis(1808~1889): 미국의 정치인. 미시시피 출신 하원, 상원의원을 지냈고 남북전쟁 당시 남부맹방, 아메리카연합국의 대통령이었다.

iii Thaddeus Stevens(1792~1868): 펜실베이니아 출신 하원의원. 1860년대 공화당의 급진파 지도자. 노예제와 흑인 차별에 격렬하게 반대했으며 앤드루 존슨 대통령에 맞서 재건기 흑인의 인권 옹호를 위해 싸웠다. 남북전쟁 당시 하원 세입세출위원장으로 활동했다.

iv Roscoe Conkling(1829~1888): 뉴욕 주 출신 상·하원의원. 뉴욕에서 공화당 소속으로 처음 상원의원에 세 번 당선되었다. 상원에서 대법관으로 인준을 받고도 취임을 거절한 마지막 인사였으며 새디어스 스티븐스의 측근이었다.

v Levi Parsons Morton(1824~1920): 뉴욕 출신 공화당 정치인. 22대 부통령, 31대 뉴욕 주 주지사였다.

vi Benjamin Franklin Butler(1818~1893): 매사추세츠 출신 변호사이자 정치인. 앤드루 존슨 대통령의 탄핵에 앞장섰다. 매사추세츠 주지사를 역임했다.

vii Samuel Jackson Randall(1828~1890): 펜실베이니아 출신 민주당 소속 하원의원. 29대 국회의장이었고 민주당의 미 대통령 후보 지명전에 두 번 도전했다.

viii Zachariah Chandler(1813~1879): 미국의 정치인. 공화당 창당 지도부였으며 노예제 철폐에 평생을 헌신했다. 디트로이트 시장이었으며 미시간 출신 상원의원을 네 번 연속 연임했다. 그랜트 대통령 밑에서 내무장관을 지냈다.

ix James Gillespie Blaine(1830~1893): 미국의 공화당 소속 메인 주 출신 정치인. 하원의원, 하원의장, 상원의원을 지냈고 공화당의 온건파 개혁집단의 지도자였으며 세 명의 서로 다른 대통령 밑에서 국무장관을 역임했다.

x George Sewall Boutwell(1818~1905): 매사추세츠 출신 정치인, 변호사. 그랜트 대통령의 재무장관, 20대 매사추세츠 주지사였으며 상원·하원의원을 지냈다. 앤드루 존슨 대통령의 탄핵에 앞장섰으며 공화당 창당과 노예제 철폐, 흑인 민권 운동 등으로 유명하다.

킨 사람들이었다. 개혁가들은 그들의 위대한 장군 그랜트가 어리둥절한 얼뜨기였다는 사실을 금세 알게 됐다. 개혁가들은 추상적인 미덕에 몰두하다가 동료 공화당원들이, 당의 소수 지배자들이 구체적인 노략질에 집중하는 모습을 보고 깨어났다. 산악당[i]의 과격파가 현실적인 집정관들에게 항복한 셈이다. 국가적 부패의 광경을 목도하고 그들은 잠시 어찌할 줄을 몰랐지만 품위를 회복하려고 그들이 할 수 있는 일을 했다. 그러나 그들이 실질적인 개선을 현실화하기 전에 남부는 경제적이고 정신적인 빈곤에 내몰려 아직 회복하지 못했다. 이기주의라는 체제에 미국은 노출됐고 이는 미국이라는 나라의 국가적 특징에 그 흔적을 남겼다. 남부는 영원한 정치적 위선이라는 운명에 내몰렸다. 헌법이 바뀌어 명목상 평등한 지위에 오른 흑인 인구의 특권을 사실상 **빼앗**아버렸기 때문이다. 북부는 탐욕에 **빠져** 헤어 나오지 못했다. 거친 끝을 서로 이어 붙이는 일은 잔인하고 힘들었다. 어설프게라도 이어 붙이려면 매우 실력이 뛰어난 사람들이 필요했다.

남북전쟁과 재건기의 가장 쓰라린 상처가 치유되기 시작하고 나서도 나라의 상태는 절망적이었다. 고리대금 업자와 아무도 건드릴 수 없는 막후 실력자인 트위드[ii] 같은 동료 중의 제1인자(primus inter pares)가 도시를 지배하고, 미국 개인주의라는 동전의 또 다른 면이었던 탐욕스런 기회주의자들의 무리가 활개치던 시절이었다. 브라이스는 이런 미국을

---

i The Mountain: 프랑스혁명 이후 의회의 가장 높은 부분에 앉아서 가장 급진적으로 온건파인 지롱드 파에 반대했던 사람들을 지칭하는 말. 로베스피에르가 지도자였으며 1793년 공포정치를 주도했다.
ii William Magear Tweed(1823~1878): 흔히 '두목(Boss)' 트위드로 알려진 19세기 뉴욕 시와 뉴욕 주의 정치를 좌우한 민주당의 당외 조직인 태머니 홀을 실질적으로 장악했다. 뉴욕에서 땅이 세 번째로 많았다.

『The American Commonwealth(아메리칸 연방)』에서 차분하게 잘 묘사했다. 이 시대는 또한 미국의 경제가 집요한 집중화와 멍청한 규격화에 몰두했으며, 자연 자원은 끊임없이 황폐화되던 시기이기도 했다. 짓밟힌 대중은 곧 격렬한 불만을 느끼기 시작했고 적극적으로 저항하기 시작했다. 대중은 더 많은 민주주의를 도입해 민주주의의 질병을 치유하겠다는 결의에 찼다. 정부가 타락했다면 정부를 더 대중적으로 만들자는 얘기였다. 그래서 19세기 마지막 3분의 1 동안 직접 민주주의의 수단을 성공적으로 옹호하는 경험을 하게 된다. 판사, 행정 관료의 선출, 남성 보통선거권의 마지막 예외 조항 철폐, 헌법 수정, 당원의 직접 투표로 대통령 후보자를 지명하는 직접 예비선거, 직접 투표로 뽑는 상원의원, 주민발의, 소환, 국민투표 같은 극단적인 민주주의의 도구들이 제안되고 찬양됐으며 단계적으로 실현됐다. 정부를 순수하게 만들겠다는 목표였지만 오히려 올바른 정부를 어리석게 만들어버렸을 뿐이다. 진정한 정당의 책임은 거의 파괴됐다. 압력단체들이 입법부를 위협했고 대의제는 자꾸 추락해 점점 더 대리인제의 지위에 가까워졌다. 그러한 민주주의는 아무리 직접민주주의라는 이름을 붙인다 해도 협잡에 지나지 않았다. (가끔 개혁운동이 있었을 때를 제외하고) 진짜 권력은 특별한 이해 단체가, 기민한 조직가나 압력 단체가 장악했다. 뉴잉글랜드가 그렸던 미국의 미래와는 아주 멀리 떨어진 셈이다.

기만과 착취에 대중이 점점 더 분노하게 되면서 선동가와 공상가 그리고 다양한 경제적, 사회적 몽상가들이 그나마 얼마 남지 않은 진정한 보수주의자들을 놀라게 했다. 남부에서 틸먼[i] 같은 거친 정치가들의 등장, 은화의 자유주조(Free Silver)를 요구한 사람들이나 브라이언[ii] 같은 인민주의자들의 위협, 당시 유일하게 강력하고 지적인 대통령이었던 클리블랜드[iii] 행정부 시절에 휘몰아친 엄청난 파업들. 이 모든 증상은 남용을 남용으로 맞서왔다는 사실과 "농촌 인구에서 무산계급 인구로의 치명적(내게는 슬픈) 변화"(로웰의 표현)라는 두 가지를 그대로 보여주었다. 제퍼슨의 미국은 존 애덤스의 미국만큼 무색해졌다. 만약 자유, 품위, 질서가 보존되어야 한다면 정신이 있는 사람들은 기계화된 사회의 완전히 맹목적이고 잔혹한 경향에 맞서 싸워야 했다.

여기에 점차 인기를 끌어가던 다윈의 이론들, 실용주의보다 더 오래된 실용 정신과 실증주의의 점증하는 영향력, 싸구려에 파렴치하기까지한 신문들의 승리를 더해보라. 미국적 기준, 아니 어떤 기준이더라도 그 도덕적 보존이라는 문제는 심각해졌다. 개인주의적이고 탐욕스러우며 억압을 경멸하는 미국적 특성은 언제나 완강했다. 따라서 전통을 지키려는 사람들이 그 특성을 문명으로 다듬어가기가 쉽지 않았다. 이제는 거의 무정부적인 상태에 가까워져 정신적 원자주의(atomism)라는 구렁에 빠지기 직전이다. 어떻게 해야 할까? 로웰은 걱정스레 사유했고, 고드킨은 《Nation(네이션)》[iv]이라는 잡지에서 시대를 채찍질했으며, 찰스 프랜

---

i Benjamin Ryan Tillman(1847~1918): 민주당 정치인으로 백인 우월주의자였다. 1890~1894년 사우스캐롤라이나 주지사를 지냈고 이후 사망할 때까지 상원의원을 지냈다.
ii William Jennings Bryan(1860~1925): 네브라스카 출신 정치인. 1896년, 1900년, 1908년에 민주당 대통령 후보로 나섰다. 금본위제에 반대했다.
iii Stephen Grover Cleveland(1837~1908): 미국의 변호사이자 정치가로 22대, 24대 대통령이었다. 1861년부터 1933년까지 공화당이 지배했던 시기에 대통령에 당선된 민주당 후보는 클리블랜드와 우드로 윌슨밖에 없다. 임기를 건너 뛰어 두 번 대통령에 당선된 유일한 대통령.
iv 미국에서 계속 발간되는 최장수 주간지로 자유주의적이고 진보적인 성향이며 1865년에 창간됐다.

시스 애덤스의 네 아들은 실천적인 문제와 치열하게 싸워나가려 했지만 좌절했다. 그 결과 헨리 애덤스와 브룩스 애덤스는 씁쓸하게, 사회가 맞게 될 숙명의 가능성들을 파고들었다.

2. 제임스 러셀 로웰의 혼란

사람들은 제임스 러셀 로웰을 하찮게 보는 경향이 있다. 패링턴이 그랬다. 라스키는 그보다 나중에 『American Democracy(미국의 민주주의)』에서 오만하게 로웰을 평가했다.[1] 로웰은 독창적인 천재성을 보유하지는 못했으나 대신 교양이 풍부했고 다재다능했다. 누구라도 로웰의 편지를 읽는다면 그를 한마디로 내치기는 어렵다. 박학다식하고 냉철한 레슬리 스티븐은 로웰을 대단히 깊이 존경했다. 로웰은 문학 비평에서 미국의 주요한 학파를 세웠다. 어느 정도 한계가 있을지는 모르지만 그는 대단히 고매한 재주를 지닌 시인이며 뉴잉글랜드 최상층 명문가의 문화를 대변했다. 사회 문제를 공부한 학생으로서는 논지가 오락가락하거나 서로 일치하지 않는 경우가 대단히 많았다. 그러나 그의 인생은 토머스 제퍼슨에서 제임스 먼로 대통령으로 이어지는 버지니아 왕조(Virginia Dynasty) 시대와 담자색 시대ⁱ라는 1890년대의 혼란스러운 시절을 관통했다. 비록 오래 지속될 만한 정치적 원리를 제시하지는 못했더라도 그는 그가 살았던 시대가 겪은 보수주의 ─민주주의와 산업주의, 미국인

ⁱ Mauve Decade: 1890년대를 일컫는 다양한 표현의 하나. 윌리엄 퍼킨의 아닐린 염료 기술 덕분에 당시 널리 쓰인 색깔이 담자색(Mauve)이라 그렇게 불린다. 낙관주의가 팽배했던 시기로 마크 트웨인이 이름 붙인 도금 시대에 속하기도 한다. 그러나 한편 이 시대에는 경제 불황과 대규모 파업도 있었다.

들의 미래를 의심했던 보수주의— 의 좌절을 가장 잘 보여주었다.

처음 사회생활을 시작할 때 로웰은 디즈레일리처럼 (그러나 그보다는 더 심각하게) 급진주의 사상에 가까웠다. 그의 초기 시들은 의도적으로 과격했다. "나는 이 시대 어떤 시인도 이러한 경향에 자신을 맡기지 않으면 그다지 좋은 시를 쓰지 못하리라고 믿는다. 왜냐하면 급진주의는 이제 최초로 그 자신만의 특징적이고 인정된 형태를 갖게 됐기 때문이다. 전 시대 시인들이 (그들이 이루지 못했던 더욱 순수한 조직으로부터) 획득했던 정신은 대부분 이성이 아니라 본능에 근거했다. 이성은 지금까지 한 번도 세계를 지탱한 거대한 두 날개의 하나로 보이지 않았다."[2] 이는 흥미롭게도 1930년대 마르크스주의자의 "프롤레타리아 작시법"을 연상시킨다.

이 급진주의의 어떤 측면은 로웰에 고착됐다. 그는 확고한 노예제 철폐론자였다. 비록 가장 급진적인 단체에 가세하지는 않았지만 남부의 모든 측면에 그가 지녔던 신랄함은 지워질 수 없을 만큼 마음에 깊이 새겨졌다. 거의 모든 예민한 뉴잉글랜드 사람들처럼 그는 멕시코전쟁과 그 전쟁을 촉발한 남부의 탐욕에 충격을 받았다. 이 때문에 그에게 명성을 가져다준 「Bigelow Papers(비글로우 페이퍼즈)」[i]라는 연작시를 쓰게 됐다. 노예제, 남부의 정치적 원칙, 제퍼슨 데이비스를 너무나 격렬하게 비판했기 때문에 그의 글은 근래에 읽어도 조금 불편할 정도다. 그러면서도 로웰은 그 자신이 "모든 개혁의 지도자"와 마찬가지로 "깡패"라 여겼던 개

---

i 제임스 러셀 로웰이 미 북부 사투리로 쓴 풍자시. 처음엔 《Boston Courrier(보스턴 쿠리에)》라는 신문에 연재됐다가 1848년에 책으로 묶여 나왔고. 두 번째는 월간지 《The Atlantic(아틀란틱)》에 연재됐다가 1867년에 출간됐다.

리슨과 한패로 분류된다. 북부의 양심 있는 사람들은 노예제가 있었던 메이슨 딕슨 라인 남부에서 벌어지는 일들에 충격을 받을 만한 이유가 있었다. 그러나 남부 사람들 역시 뉴잉글랜드의 거만한 불관용에 불만을 품을 정당한 이유가 있었다. 남북전쟁 후 재건기까지 지속된 로웰의 맹목적인 혐오는 버크의 제자로서는 잘 어울리지 않았다.

로웰은 언제나 안목 있는 버크의 숭배자였다. 그리고 자신의 태생적 보수주의를 고백했다. 그는 장난스럽고도 솔직하게 "나는 언제나 천성적으로 토리였다"고 1875년 토머스 휴즈[i]에게 쓴 편지에서 밝혔다. "영국에서라면 완고한 토리다. 나는 토리에 뿌리를 두기만 했다면 설사 그것이 무덤에서 자양분을 흡수한다 해도 포기하지 않겠다."[3] 케임브리지 토리가의 오래된 저택에서 태어나 뉴잉글랜드의 교양 있는 정통 가문에서 자라난 그는 살아가는 동안 내내 비록 노예 철폐론 같은 불일치는 있었지만 도덕과 사회 전통의 실질적인 수호자로 활동했다. "보수적"이라는 단어를 로웰은 당연히 칭찬이라고 여겼다. 다음의 문장에서 그가 버크의 문체와 철학을 얼마나 사랑했는지 그대로 드러난다.

"우리의 위대한 시인들은 그 누구도 단어의 정확한 의미로 대중적이라고 불릴 수 없다. 왜냐하면 우리의 변치 않는 신성함과 요동치는 인간 본성 사이에 놓인 바닷가, 그 미심쩍은 한계에서조차 가장 드문 바다 이끼처럼 살아가는, 한곳에 뿌리를 두었지만 다른 곳에 사는, 거의 직접적으로 드러나지 않는, 완벽하게 고요하고 맑은 순간에만 예외

---

i Thomas Hughes(1822~1896): 영국의 변호사, 법률가. 정치인. 1857년에 발간한 자전적인 소설 『Tom Brown's School Days(톰 브라운의 학창시절)』로 유명하다.

적으로 보이는 그런 이끼 같은 생각과 감정들을 가장 고매한 시들이 다루기 때문이다.[4]

(오랫동안 링컨 대통령을 대중적으로 존경받게 하는 데 크게 기여한) 그의 링컨 예찬은 그 보수적 민주주의자에게 바친 칭찬이다. 링컨은 버크의 정신을 추종한 정치인으로서 보존의 성향과 개혁의 능력을 겸비했다. 링컨 예찬은 그의 이름에 따라붙는 협소한 뉴잉글랜드적인 특징(Brahminsim)을 초월해 케임브리지와는 대단히 이질적이었던 일리노이(Illinois)의 정치인을 사랑, 아니 거의 경배할 수 있었던 로웰에게 가톨릭적 인간 본성의 이해가 있었음을 증명해준다. 찰스 프랜시스 애덤스가 링컨과 했던 첫 번째 인터뷰를 읽은 사람이라면 누구라도 매사추세츠 만(Masschusetts Bay)과 일리노이 스프링필드(Illinois Springfield) 사이에 있던 교육과 풍습의 엄청난 차이를 깨닫게 된다. "프랑스혁명이 가르쳐준 교훈으로 이보다 더 슬프고 분명한 것은 없다. 즉, 인간은 격정으로 무엇이든 만들어낼 수 있지만 훌륭하게 작동하는 정치 체제만은 만들지 못하고 교리로 변해버린 순수함이야말로 그 무엇보다 더 무자비하고 무의식적으로 잔혹하다는 점이다. 정당한 관할권이 없는 질문에까지 정서의 영역을 확장하면 언제나 혼란스럽다. 자신의 사적인 욕망과는 일치했지만, 폭넓은 정책이라는 그의 확신에 전적으로 반대했던 지지자들의 성향에 저항하는 일이 링컨이 맞은 가장 호된 시련이었다."[5] 맥컬리도 이보다 더 잘 표현하기는 어렵다.

비록 그 자신이 급진적인 공화당원은 아니었지만 로웰은 공화주의의 복수심 가득하고 악랄한 세력들과 뜻을 같이했다. 그러나 존슨[i] 대통령 탄핵으로 공화당이 얼마나 오만방자하고 지독한 앙심을 품었는지 드러내사, 차라리 부끄러운 듯 (그도 존슨과 수어드[ii]를 혐오했기 때문이다) 공화당의 개혁적인 세력들과 손을 잡았다. 고드킨과 마찬가지로 때로는 주목할 만한 용기를 과시하며 엽관제도와 도시를 장악했던 정치적 막후 실력자(boss)들을 공격하는데 몇 년을 보내기도 했다. 헤이스[iii] 대통령은 로웰 교수에게 그럴 만한 자격이 있었기에 처음엔 스페인에, 나중엔 영국에 대사로 보냈다. 그리고 이 몇 년간의 해외 경험을 통해 로웰의 더 흥미로운 사색이 자라났다. 그러나 로웰에게서 보수주의 사상의 일관된 논리를 기대해서는 안 된다. 그 시대 예절의 퇴락, 도덕의 타락, 프롤레타리아의 불만, 지적인 천박화와 빠른 소통의 결과인 대중의 분위기, 이민자의 홍수에 따른 미국적 삶의 혼란 등 많은 것들이 그를 놀라게 했다. 그의 해결책은 불안정했으며 불투명했으나 그의 비평은 종종 보수적 예리함과 신중함으로 빛났다.

로웰은 "민주주의에서 예절이야말로 사냥 칼에 맞서는 유일하게 효과적인 무기이자 우리를 야만에서 구해낼 유일한 수단이라고 언제나 생각해왔다"고 한 친구에게 썼다.[6] 남북전쟁 이후 로웰이 정치에 가장 중요하게 했던 기여는 도금 시대에 맞서 신사다운 전통의 유산을 지키려 노

---

i Andrew Johnson(1808~1875): 미국의 17대 대통령. 에이브러햄 링컨 대통령의 부통령으로 그가 저격당하자 대통령직을 승계했다. 민주당 소속으로 공화당의 링컨과 러닝메이트를 이루었다. 남북전쟁 이후 의회를 지배한 공화당과 갈등을 빚었다. 미 대통령으로선 처음으로 하원에서 탄핵당했으나 상원에서 한 표 차이로 탄핵을 면했다.

ii William Henry Seward(1801~1872): 남북전쟁 시기 미국의 국무장관. 뉴욕 주 출신의 상원의원이고 주지사였다. 노예제에 반대한 공화당 소속이었다.

iii Rutherford Birchard Hayes(1822~1893): 미국의 19대 대통령. 재건기 마지막에 대통령이 됐다. 공직 개혁을 장려했고, 재건기의 갈등을 봉합하려고 노력했다.

력했던 점이었다. 1876년 조엘 벤턴[i]에게 보낸 편지는 아마도 그의 사회적 보수주의가 가장 잘 표출된 경우다. 미국 건국 백 년을 맞은 그때 로웰은 짐 피스크[ii]와 막후 실력자 트위드, 그리고 그들의 앞잡이를 감히 비난했다는 이유로 폭력적인 언론의 공격과 대중의 욕설에 노출됐었다. 「Bigelow Papers(비글로우 페이퍼즈)」를 썼던 로웰은 웹스터 상원의원과 쿠싱 장군[iii], 그리고 또 다른 보수주의자들을 윽박질러 입 다물게 하고, 남부를 뉴잉글랜드의 양심에 굴복시키면 미국에 무한한 도덕적 진보가 이뤄지리라 생각했던 듯하다. 그가 생각했던 선행 조건들은 충족됐지만, 로웰은 그 결과에 경악했다.

내가 의심과 절망에 가득 차게 된 이유는 도덕 풍조의 퇴락 때문이다. 이것은 민주주의의 결과인가 아닌가? 우리 정부는 "국민의, 국민에 의한, 국민을 위한 정부인가" 아니면 차라리 무뢰한들 때문에 바보들이 희생되는 악인의 정치(Kakistocracy)인가? 민주주의는 결국 또 다른 시험에 불과한가? 그것을 판단할 유일한 방법은 그 결과를 보는 것이다. 민주주의 그 자체는 군주제보다 성스럽지 않다. 사람이 성스럽다. 오늘날 사람의 권리가 아니라 사람의 의무와 기회가 강화되어야 한다. 명예, 정의, 문화가 자유를 무한히 가치 있게 만든다. 오직 천박하고 무자비한 자유만을 의미한다면 무가치한 정도가 아니라 그보다

---

i Joel Benton(1832~1911): 미국의 작가, 시인, 강연가.
ii James Fisk, Jr.(1835~1872): 미국의 증권거래 업자. 19세기의 악덕 자본가(robber barons)의 하나로 불만을 산 동료 사업가에게 살해당했다.
iii Caleb Cushing(1800~1879): 미국의 외교관. 매사추세츠 주 출신 하원의원, 프랭클린 피어스 대통령의 법무장관.

더 못하다. …살아 있는 동안 나는 이솝 우화에 나오는 이름뿐인 왕(King Log)은 물론 민중의 왕(King Demos)에게 바치는 생일 축하 시도 짓지 않겠다. 우리의 위선적인 말투가 다른 어느 것보다 더 성스럽다고 생각하지 않겠다. 우리 모두 함께 민주주의가 작동하도록 노력하자(그 과업은 우리 모두를 필요로 한다). 민주주의는 영원히 움직이는 기계처럼 스스로 작동하는 발명품이 분명 아니다.[7]

그러나 함께 어떻게 노력하자는 건가? 부분적으로 로웰은 고드킨이나 히긴슨[i]과 다른 사람들이 이야기했던 행정적이거나 깨끗하게 정화하는 도구들, 예컨대 능력 있는 관료제, 개선된 교육, 대중적인 양식의 제고 등을 의미했다. 그러나 때로 그는 더 깊게 파고들었다. 토머스 휴즈에게 신시내티(Cincinati)로 가면서 기찻길을 따라 펼쳐진 평야의 평화로운 광경에 감동했던 여행 경험을 편지로 적어 보내며 그는 이렇게 말했다. "한 나라를 진정으로 살 만하게 만들어주는 더 고매하고 고상한 것들과 어떻게 조화를 이룰지는 몰라도 여기(민주주의)에 인간 행복의 총량을 늘려주는 위대한 이득이 있다. 과연 시간에 맞추어 올 것인가? 아니면 민주주의는 바로 그 본질적 속성상 평범함의 활기 없는 수준으로 전락할 수밖에 없는 운명인가? 어쨌든 자유를 주입하는 우리의 실험은 모든 기독교 세계에 퍼져갈 것이며 가장 현명한 사람도 그 결과를 예측할 수는 없다. 민주주의는 독창성이라는 한층 더 위험한 질병으로부터 우리의 안전만 지켜줄 뿐일까?"[8]

---

i Thomas Wentworth Higginson(1823~1911): 미국의 공리주의 목사, 노예제 철폐론자. 남북전쟁에 참전했으며 여생을 흑인의 인권운동에 바쳤다.

로웰은 지적인 실험과 새로움에 탐닉하는 "독창성"을 더 싫어했다. 그는 다윈의 이론이 미치는 영향을 두려워했으며, 물리학과 생물학 연구가 무엇이든 다 알게 해준다는 주장에 인상을 찌푸렸다. 버크와 마찬가지로 그는 역사라는 자본과 지적인 은행을 신뢰했다. "나는 진화론자들이 오래지 않아 그들의 원형질을 맹목적으로 숭배해야만 하리라 생각한다. 내게는 그러한 허튼소리가 만세반석 되신 주를 대신하는 불쌍한 대용물로 보일 뿐이다. 나는 그 반석을 어떤 상황에서도 인류의 발밑에 든든히 자리 잡은 고매한 천성의 분명한 집합이라고 이해한다. 어쨌든 나는 푸른 수염[i]의 이야기에서도 유용한 도덕을 발견한다. 우리 손에는 열쇠가 있다. 그러나 언제나 문 하나는 닫아두는 게 가장 현명하다."[9] 그렇지만, 아직도 인류의 대다수는 로웰을 무시하고 그 치명적인 방을 모독하려는 성향이 있어 보인다. 열쇠는 부서졌고 모든 감춰진 신비는 백일하에 내던져졌다. 사회의 모든 세력들에게 위대한 지구 자체는 스스로 공허해져 보이기 시작했다. 자연의 질서마저 의심된다면 단순한 규범이 사회질서를 통제하도록 인간이 내버려두리라 기대할 수 있겠는가? 사회의 계속성을 누구나 인정한다는 것이 문명에 얼마나 중요한지 로웰은 알았다.

가장 강력한 사회 접합제의 하나는 인간이 태어난 환경이, 말하자면 태양이 지구 주위를 돌듯이 자연스러운 우주 질서의 한 부분이라

---

i Bluebeard: 습관적으로 부인을 죽이는 귀족 남자와 이에 살아남으려 했던 호기심이 많은 아내를 다룬 유명한 동화 속의 표제 인물. 여러 전설과 실존 인물에 기초해 샤를 페로가 지은 동화로 1697년에 발간되었다.

는 확신이다. 인간은 강제되지 않으면 굴복하지 않는다는 건 하나의 신념이다. 현명한 사회는 이 강제가 인간에게 부여되지 않도록 조심해야 한다. 왜냐하면 개인에게 인간 본성의 밖에서 오는 근본적인 치유는 없고, 악마는 인간 본성의 후계자이기 때문이다.[10]

로웰은 자신이 영국에서 한 유명한 "민주주의" 연설에서 그렇게 선언했다. 최근 로웰의 전기 작가는 이 연설의 의의에 손상을 입히는 불일치와 머뭇거림을 폭로했다.[11] 그러나 이 연설에는 기억할 만한 생각들로 가득한데 그중 하나는 교육을 관찰한 이야기다. 근대 세계는 무차별적인 호기심으로 고통받는데 교육이 문명화된 질서의 보존에 조금이라도 기여할까? 셔브루크 경(Lord Sherbrooke)은 영국 사람들에게 미래의 통치자들을 교육하라고 말했다. 그러나 이것으로 충분할까? "지성을 교육하는 건 지성의 욕구와 필요를 확장하는 일이다. 물론 그래야 한다. 그러나 교육 사업은 그보다 더 깊이 들어가서, 그 욕구와 필요가 정당하다면 그것들을 충족시키는 방법까지 준비시켜야 한다."[12]

이렇게 우리는 불편한 질문으로 되돌아간다. "어떻게?" 그리고 또다시 로웰은 분명한 답을 하지 않고 디즈레일리와 비슷하게 말했다. "민주주의는 가장 최선의 의미로 단순히 빛과 공기만 허락했을 뿐이다." 비슷한 의미로 또 한 번 이야기한다. "습관적인 안락은 보수주의와 점잖은 사람들의 주요 도피처다. 낡은 그 두 가지 특성(보수주의와 점잖은 사람)에게 세상의 모든 가장 세련된 생각조차 공허한 대체물에 지나지 않는다."[13] 로웰은 자신이 불쌍히 여기고 두려워한 프롤레타리아에게도 사회적 이해의 한몫을 허락했다. "기존의 질서에 진정으로 가장 두려운 위험은 민주주의(적절하게 이해되면 보수적 힘이다)가 아니라 사회주의다. 사회주의는 기존 질서의 약점을 발견할지도 모른다. 우리가 인간의 두뇌를 평등화시키지 못하듯이 조건과 부를 평등화하지는 못하더라도 —'두 사람이 말을 탈 때 한 사람은 반드시 뒤에 타야 한다'고 대단히 현명한 사람이 말했다— 우리는 아마도 엄청난 불평등을 야기하는 방법과 영향력을 바로잡거나 불평등이 더 커지지 않도록 방지하는 일을 할 수 있다."

그러나 그 수단에는 또 침묵했다. 그는 노동조합을 혐오했다. 8시간을 하루 근로 시간으로 정한 법도 비판했다. 그는 "국가사회주의는 개인의 특성을 뿌리부터 잘라버린다"고 생각했다. 일반적으로 로웰은 현실 정치인으로는 거의 무능했다. 정치 현실("뉴잉글랜드에서 뉴아일랜드로의 변화"에 따라 사회로부터 절연된 늙은 뉴잉글랜드 신사에게는 충분히 자연스러운 일이다)을 이해하지 못하는 이러한 무능력은 그가 마지막으로 했던 사회적 언급, "정치에서 무소속의 위치(The Place of the Independent in Politics, 1888)"에서 드러난 결점이기도 하다. 여기서 그는 그가 일관적으로 보였던 정당 혐오로 돌아가서, "나는 옛 정당들이 내부에서 개혁될 수 없다는 사실이 증명됐다고 생각한다"고 선언했다. 그러나 이는 정파가 없는 정부라는 워싱턴의 소박한 희망으로 되돌아가자는 이야기일 뿐이며, 버크가 모든 정치인을 가르쳤던 가르침, 진정한 정당이 결여된 어떤 정부도 도당이나 선동가에 사로잡히고 만다는 사실을 무시한 선언이다. 정당이 내부에서 개혁될 수 없다면 민주주의는 전혀 개혁될 수 없다. 로웰이 문학적이고 일반적인 진실을 선언했을 때 그의 발바닥엔 훨씬 더 공고한 근거가 있었다. 정치 철학자 버크에 관해 그가 다음과 같이 언급했을 때 말이다.

위대하고 예리한 수많은 사람들이 아리스토텔레스 이래 정치를 이리저리 심사숙고해왔다. 그러나 버크는 최초로 그가 관찰한 주제와 사상을 전등 같은 상상력으로 밝게 비추었다. 그는 인간의 본성과 경험이라는 혼란스럽고 흔들거리는 구름 속을 관통하는 빛으로 비록 전체적인 체계는 아닐지라도 적어도 성스러운 질서의 지표들은 발견했다. 그 결과 그의 저작에는 예언이 그득하고 어떤 예언은 이미 실현됐으며, 어떤 예언은 실현 과정에 있다. 그의 저작들은 지혜를 담았다. 왜냐하면 그에게 인간 본성은 언제나 교과서이고 역사는 언제나 해설서였기 때문이다.[14]

비록 훨씬 더 적은 규모지만 그런 천부적인 능력이 로웰에게도 있었다. 따라서 로웰은 여전히 보수주의 사상을 공부하는 학생들에게는 의미가 있다. 고드킨은 대학교육을 받은 유권자는 다른 그 누구보다 만족시키기에 부적합하다고 말하면서 친구 로웰을 예로 들었다. 로웰은 "지금까지 살았던 모든 미국인만큼 애국적"이며 철저한 민주주의자다. 그러나 그는 다수 대중과는 생각이 다르다. 그는 서부를 결코 좋아하지 않았다. 《New York Tribune(뉴욕 트리뷴)》은 그가 "좋은 미국인"이라는 사실을 부인하기까지 했다. 공화당은 그에게 "슬프도다"라고 쓰기도 했다. "이 모든 일의 진정한 원인은 그의 정치적 기준이 다른 사람과 달랐기 때문이다. 로웰의 마음은 건국 초기의 공화국에서 살았다. 그곳에서는 사람들이 선출하고 따랐던 일등 시민이 법을 만들었다. 다수 대중이 입법가에게 이래라저래라 말하는 공화국에서 그는 결코 마음이 편하지 않았다."[15] 버지니아 사람들이 미국 정치에 끼친 영향력은 남북전쟁에서 끝나버렸다. 로웰이 대단히 뚜렷하게 대변했던 뉴잉글랜드 사람들의 영향력은 도금 시대에 시들어갔다.

3. 민주적 견해를 보는 고드킨의 시각

신문의 등장은 자연스레 귀족주의적 정책 입안 과정이 마비되는 효과를 가져왔다. 신문은 모든 사람에게 공공의 문제를 두고 어떤 의견을 수립할 만한 교재를 주었고, 판단이 옳든 그르든 무언가 말할 기회를 제공했기 때문이다. 따라서 프랑스혁명이 발생하지 않았다 하더라도 귀족주의 국가들의 몰락으로 이어졌을 것이다. …국가에 있는 모든 사람이 무엇을 해야 하는지 알거나, 안다고 생각했을 때 훈련된 소수가 주도하던 정부의 시대는 이미 가버렸다.

_고드킨, 『Unforeseen Tendencies of Democracy(민주주의의 아직 예견되지 않은 성향들)』

에드윈 로렌스 고드킨은 뛰어난 편집자로 "거대 민주정체의 가장 큰 어려움, 대중에게 공통의 생각과 동기를 전하는 소통의 어려움"과 평생 씨름했다. 젊은 시절 영국의 자유주의자들 사이에서 솟아오르는 빛이었던 그는 자신의 고매하고 진지한 능력을 미국으로 가져가 주간지 《Nation(네이션)》을 그 땅의 권력으로 만들고 로웰에게 영향을 미쳤다. 또 민주주의의 이상을 타락시키는 자들을 부끄럽게 만드는 데 최선을 다했으며 보수적 개혁가들은 물론이고 노턴, 히긴슨, 찰스 프랜시스 애덤스의 아들들과 힘을 모았다. 그는 맥컬리 류의 휘그 사상가로, 예언자라기보다는 비평가로서 더 날카로웠다. 또, 맨체스터 정치경제학을 향한 모든 공격에 맞섰으며, 보호관세와 사회주의를 경멸했다. 새로이 받아들인 나라(미국)를 구해내고 자신의 이상이었던 계몽된 민주주의의 실현에 도움이 되고 싶어 했다. 그의 도구는 미국 대중 신문들의 철없음과 경박함에 맞서 균형을 맞추어줄 영국식의 "근엄하고 예의 바르며 성숙한" 언론이었다. 도금 시대의 신문은 매우 형편없었지만 더 나빠질 수도 있었다. 코머저[i]는 고드킨을 두고 이렇게 말했다. "그는 '황색 언론의 등장을 보며 기독교 국가로는 지옥에 가장 근접했다'고 생각했다. 국가의 정책을 좌우할 수 있다고 생각하며 '수백만 달러를 마음대로 쓸 수 있는 깡패 소년'의 등장도 보았다. 그러나 그는 퓰리처(Joseph Pulitzer)나 허스트(William Randolph Hearst) 따위를 뒤쫓아가기엔 너무나 자부심이 강했다. 고드킨은 20세기에 접어들면서 은퇴했다. 비록 패했지만 평온했다. 그러나 천박해진 언론과 그가 한때 의기양양하게 조롱했던 '창녀' 문명의 도래를 보아야 했다. 또 제2의 조국은 그 자신이 재난이라고 생각했던 정복의 길을 나섰다. 그와 같은 인물은 다시 없었다."[16]

옛날의 기품이 있고 이상적인 보수적 목적을 지향하도록 대중 언론을 되돌리려는 희망은 완전히 무산됐다. 헨리 애덤스의 가장 큰 야망은 뉴욕 일간지의 편집국장이었으나 그 꿈을 달성하지 못했다. 애덤스는 자신의 인생이 완벽히 실패했다고 확신했다. 그러나 그가 이루지 못한 꿈이 일시적으로 대중에게 미쳤을 영향보다 그가 실제로 수행했던 사명의 궁극적 영향력이 훨씬 더 컸다는 사실은 전혀 몰랐다. 고드킨, 애덤스와 커티스[ii], 시어도어 루즈벨트[iii]의 건전한 —비록 때로는 변덕스

---

i Henry Steele Commager(1902~1998): 미국의 역사가. 당대에 가장 활발하게 저술하고 활동한 자유주의적 지식인으로 40권의 책과 700여 편의 수필을 썼다.

ii George Ticknor Curtis(1812~1894): 미국의 작가, 역사가, 변호사.

iii Theodore Roosevelt Jr.(1858~1919): 미국의 공화당 출신 26대 대통령. 역대 최연소 대통령이었으며 25대 부통령, 33대 뉴욕 주지사.

러운— 사회적 보수주의는 대서양 양안 모두에서 퓰리처와 허스트의 계산된 병적 흥분에, 사회적 타락에 불과했던 노스클리프[i]와 로더미어[ii]의 이름뿐인 정치적 보수주의에 굴복했다. 그러나 몇몇 품위 있는 신문들이 대중의 정서만 좇던 시대를 극복하고 살아남았다. 언론이 여전히 때때로 대중의 여론을 훈계하거나 이끌 수 있었던 이유는 부분적으로 고드킨의 비평이나 고드킨의 솔선수범이 남긴 유산 때문이었다. 고드킨의 《Nation(네이션)》은 흥미로운 편집자들이 이어받았고 아직도 살아남았다. 하지만 오늘날 귀에 거슬리는 그들의 목소리는 고드킨이 대부분 혐오했던 정서적 집산주의나 대변할 뿐이다. 대학 졸업자들이 통치하는 정부는 고드킨이 미래 민주주의가 실현하리라 반쯤 동경했던 희망이었다. 옛날식의 "교육받은 사람들이 이끄는 민주주의"를 그리는 글을 고드킨은 자주 썼다. 그런 민주주의는 이제 거의 환영에 지나지 않는다. 역설적으로 고드킨의 친구, 하버드의 엘리엇[iii] 총장과 그의 공리주의적 정신을 가진 사람들이 교육 개혁을 달성했기 때문이다. 그러나 어떤 연유인지 미국은 그럭저럭 앞으로 나아갔다. 공공의 거대한 부패는 비록 실망스럽긴 했지만 눈에 띌 정도로 고드킨 시절보다 더 악화되지도 않았다. 그리고 공공의 회의기관에서 내리는 결정들은 19세기의 마지막 30여 년간의 시절보다 훨씬 더 위험하지도 않았다. 고드킨과 그 동료들이 얼마나 대

---

i Alfred Charles William Harmsworth(1865~1922): 영국의 신문 재벌. 《Daily Mail(데일리 메일)》과 《Daily Mirror(데일리 미러)》의 소유자. 대중 언론의 선구자였고 영국의 여론 형성에 지대한 영향을 미쳤다. 노스클리프 자작으로 불리기도 했다.

ii Harold Sidney Harmsworth(1868~1940): 영국의 신문 재벌. 형과 함께 신문 경영에 나섰다. 1930년대 나치 독일의 지지자였으며 국가사회주의당이 독일에 왕정을 복고해주리라 확신했다. 로더미어 자작으로 불리기도 했다.

iii Charles William Eliot(1834~1926): 1869년 하버드대학 총장에 임명되었다. 지방 대학을 미국의 명문으로 개혁했으며 1909년까지 재임했다. 노벨상 수상자 T. S. 엘리엇의 사촌.

중의 양심을 고양했는지, 그래서 범죄와 잘못을 얼마나 억제하게 됐는지 아무도 확실하게 말할 수는 없다. 그러나 적어도 그들이 어느 정도 역할을 했음에는 분명하다.

나중에 『Unforeseen Tendencies of Democracy(민주주의의 아직 예견되지 않은 성향들)』에 함께 묶여 출판된 고드킨의 에세이, 『The Growth and Expression of Public Opinion(여론의 성장과 표현)』은 아마도 그가 근대사회 분석에 보탠 가장 통찰력 있는 기여다. 민주주의는 자연스럽고 피할 수 없다고 수용하면서 —민주주의의 지속성까지 자신만만하게 장담했지만, 금세기의 경험은 그 근거가 없었음을 증명해주었다— 개혁적인 편집장 고드킨은 토크빌, 메인, 렉키의 대중 정부 비난에 때때로 재치 있게 답했다. 그는 조심성 없이 "아마도 세계는 앞으로 몇 백 년간 또 다른 독재자를 선택하는 일이 없을 것"[17]이라고 예언했다. 그는 민주주의의 해체가 아니라 민주주의의 퇴락을 걱정했다. 시민사회의 미로에서 길을 잃거나 당황한 지성과 품성의 전반적인 하향 평준화가 가져올 결과를 염려했다. "민주주의의 성장과 관련해서 진정으로 놀라운 측면은 이 새로운 세계의 정부에 민주주의가 적절한 대비를 하지 않는 듯하다는 점이다."

근대의 독서계가 지속적으로 관심을 끌지 못해 점차 더 고통을 받듯이, 정치에서 만성적인 지루함 때문에 고통받는 사람들도 가끔 분발하여 행동에 나서는데, 그마저 대개는 무지한 행동이다. 국민이 관심을 보이지 않는 정부가 등장하면 범죄자들이나 대중에게 빌붙는 사람들과 결탁한 막후 정치 실력자와 집단이 나타난다. 국민들이 미약하게나마 이러한 실정을 혐오하고 분노하게 되더라도 그들의 분노는 "좌우로 흔들리는 추" 이상으로 발전되는 경우가 거의 없다. 그 결과 한 정당이 임기를 한 번 이상 채우기는 어렵다. 다만 비슷한 종류의 다른 사람으로 바뀔 뿐이다. 민주정체들은 특별한 적합성을 무시하거나 시기한다. 이렇게 민주정체의 국민들은 타고난 지도자들을 공직에서 배제해간다. 특히 미국은 지도층을 공급할 큰 계급이 없다. "아마도 보스턴을 제외하고 모든 미국의 거대 도시에서 부와 문화를 함께 갖춘 사람들, 그래서 우리가 사회라고 부를 수 있는 그 무엇이 부재한다. 이것이 우리 시대의 가장 두드러지고 눈에 띄는 모습이다."[18] 대중의 시각에서 볼 때, 버크가 질서에 필수불가결하다고 생각했던 존숭과 신성함의 요소가 사라져버린 근대 국가 덕분에 정부 내 이성과 품위는 거의 마비됐다. "국가가 한때 보유했던 도덕적이고 지적인 권위는 다수 대중의 눈에서 완벽하게 사라졌다. 국가는 더 이상 지구에서 신을 대표하지 않는다. 민주주의 국가에서 정부는 지난 선거에서 가장 많은 표를 획득한 정당을 대변할 뿐이다. 대부분 자신의 아이들과 재산을 믿고 맡길 만한 사람들이 통치하는 정부는 없다. 대중에 혜택을 주려고 국가가 사적인 문제에 적절하게 개입하는 순간 우리를 기다리는 영광스런 미래가 있다고 말하는 젊은 역사학자들의 설명을 읽었을 때, 뉴욕 주에서 '국가'는 주지사 힐[i]의 지도 아래 알바니(Albany) 입법부로 구성되고 뉴욕 시에서는 빅4로 알려진 태머니 평의회(Tammany junta)로 구성된다는 사실을 기억하고 깜짝 놀랐음을 나는 고백한다."[19]

심지어 이렇게 노략질당하고 망가져서 도덕적 갑옷이 벗겨진 국가라

---

i David Bennett Hill(1843~1910): 29대 뉴욕 주 주지사.

도 그 정부의 활동이 고대의 제한적 테두리 안에 국한되기만 하면 견딜
만하다. 그러나 대중 언론을 통해 주제넘게 웃자란 근대 국민은 정부의
기능을 내부 질서의 방어와 유지라는 옛 의무를 넘어 무한히 확장했다.
심지어 한때 그들이 그렇게 달라고 외쳤던 자유를 배제하는 지경에 이르
렀다. 대중이 국가의 활동을 통해 필수품과 편의를 얻을 수 있다는 가능
성에 매료됐기 때문이다. 경제적 욕구는 이제 모든 계급을 지배하며 대
중으로 하여금 가부장적인 정권을 요구하게 만든다. 대중은 널리 유행
하는 만큼 더 괴상망측한 여러 가지 싸구려 이상향이라는 헛된 생각에
빠진다. 대중은 언제나 국가가 화폐 가치를 조작해 결과적으로 인플레
이션과 불안을 조장하게 만든다. 넉넉한 공공 지출이 그 핑계다. 대중은
노동의 문제를 두 배나 더 위험하게 만든다. 미망은 이미 실망스러울 정
도로 일반적이어서 번영은 정부의 행동에 달려 있고 사회주의로 이끌어
야만 한다고 생각한다. 대중이 완벽하게 승리하면 공통의 만족으로 위
장된 정신과 육체의 공통적 빈곤으로 이어진다. "다수의 통치는 언제나
상대적으로 가난한 자들의 통치가 된다. 이 시대, 세계의 가난한 자들은
자신들의 빈곤을 감내하지 않기로 했다. 대중은 부를 추구한다. 부가 빠
르게 축적될 때 그들은 열심히 부를 추구한다. 우리는 사태의 이런 변화
를 바꿀 수 없다. 우리에게 주어진 대로 문제에 직면해야 한다. 나는 주
저하지 않고 말하겠다. 그 문제는 모든 문명화된 나라의 정부가 당면한
엄중한 문제다. 어떻게 (대중이 추구하는) 부를 법에 굴복시킬 것인가. 어
떻게 그런 부가 선거를 좌우하지 않게 할까. 어떻게 그런 부의 앞잡이가
사법부의 재판관이 되지 못하도록 막을까. 고리채를 받아내려고 육군과
해군을 움직이지 못하게 막아낼까."[20] 타락하고 어리석은 정부는 용납

될 수 있다. 규범으로 그들의 활동을 작고 특정한 분야에 국한시킬 때는 가능한 일이다. 그러나 부가 확장되는 이 시대에 어리석고 타락한 정부는 줄달음쳐 계급 전쟁과 국제적 무정부 상태만 우리에게 가져다줄 뿐이다.

이러한 욕구들을 억제하고 사회에서 질병을 몰아내려면 어떤 일을 해야 할까? 고드킨의 처방은 그의 진단처럼 상대적으로 더 좁은 의미에서 경제와 정치 문제에 집착한다는 약점이 있다. 맥컬리나 존 스튜어트 밀 등 그가 속한 철학 학파의 거의 모든 사람처럼 그 역시 합리주의의 전통이라는 좁은 유산을 아주 드물게만 회피했다. 종종 그는 사회를 효율적이든 비효율적이든 어떤 기술적 작동으로 수선할 수 있거나 고장이 나기도 하는 기계라고 생각한 듯하다. 그러나 이러한 문제들의 복잡성을 무시하지는 않았다. 인간이 제대로 찾아내기만 하면 모든 문제에는 간단한 해결책이 있거나, 적어도 모든 문제에는 해결책이 있다는, 미국 사람들에게 아주 흔한 그런 환상에 동조하고 어울리지는 않는다. 예를 들어 "'노동 문제'는 진정으로 세계의 육체 노동자가 자신의 운명에 만족하게 만드는 것이다. 내 판단으로 이는 풀 수 없는 문제다. 인류가 모두 인간이 만들어낸 산업 제품을 격렬하게 추구하는 한 어떤 발견이나 발명도 해결할 수 없는 문제다. 주어진 조건에 대중이 불만족스러워하는 원인은 시대에 따라 달라질 수 있다. 그러나 불만족은 계속된다. 그리고 손가락질은 다른 사람보다 세계의 재화를 더 차지한 사람들에게 향한다."[21] 고드킨은 실천적 해결책을 옹호했지만 지금으로 봐서는 그 부적절함이 우스꽝스러울 정도다. 그러나 그는 가끔 이 모든 해결책의 효과가 대부분의 근대적 욕구에 반하는 도덕적 조건에 달려 있다고 의식하곤 했다. 그는 근대적 욕구가 견제될 수 있으려면 오직 출판업자, 교수,

정당 지도자에게 종교적 헌신에 근접하는 책임감이 있어야만 가능하다고 여겼다.

고드킨의 즉각적인 치유책 혹은 완화제는 행정 사무 개혁, 국민투표, 주민 발의, 헌정 체제를 다루는 회의의 빈번한 개최, 정부의 경제 관리 실패에 따라 자유방임주의(laissez-faire)가 회복될 가능성 등이었다.

> 나는 민주적 입법기관의 질이 어떤 적당한 기간 안에 개선되리라고 기대하지 않는다. 정부를 개선하고 재산권 보호에 더 잘 대비하며, 질서를 유지하려면 민주 사회는 의회의 권한을 제한하고, 회기를 단축하며, 진정 중요한 법을 생산하는 일에선 조금 더 자유롭게 국민투표를 활용해야 한다고 믿는다. 앞으로 오랜 세월이 가기 전에 미국인들은 헌정 체제를 논하는 회의를 더 많이 보게 되며, 의회는 매우 협소한 테두리 안으로 제한하고, 그들이 아주 드물게 만나도록 하리라고 믿어 의심치 않는다. …이제 시작된 화폐의 이전이라는 문제를 국민투표로 몇 년 관리하게 되면 모든 문제의 배경인 화폐의 법정 통화란 특성은 철폐된다. 그러면 정부의 의무는 단순히 무게를 재고 도장을 찍는 일에 머문다.[22]

글쎄, 이는 리바이어던(Leviathan)에 고리를 걸어 끌고 나오는 격이다. 고드킨은 버크와 토크빌을 그리 많이 읽고도 예언자의 눈은 얻지 못했다. 그러나 이는 그가 살았던 당시의 성향이기도 했다. 주민 발의, 국민투표, 소환, 그리고 민주주의를 더 많은 민주주의로 치유하려는 모든 수단들은 당시 미국 전역에 퍼져갔다. 그 이후 그 수단들은 남용되거나 고

사 직전의 방치 상태로 남겨졌다. 그것들은 개혁가들이 아니라 파렴치한 막후 정치 실력자나 정치꾼이 더 잘 활용했다. 당원 집회를 지배하기보다는 청원서에 서명하도록 사람들을 설득하는 일이 더 쉬웠다. 심지어 실용적인 미국은 헌법을 논하는 회의에서 평범한 정치적 문제를 다룬다는 극단적인 해결책에 눈살을 찌푸렸다. 시험을 근거로 행정 관료의 자리를 준다는 제도 역시 정부의 고위직이나 핵심 요직엔 해당되지 않았다. 국민들은 국가권력을 자신들의 손으로 회수하기보다는 때때로 불평을 하면서도 행정부에 새로운 권력이 집중되도록 허용했다. 관리통화는 가치의 고정된 기준을 지워버리는 데 성공했으며, 금에 종속되기보다 금을 포로로 잡았다. 고드킨의 제안이 어떻게 실패했는지 더 조사해봐야 지루하고 공연히 트집을 잡는 노릇이나 다름없다. 고드킨은 스스로도 자신의 제안에 가졌던 신념을 잃었다. 그는 사적으로 찰스 엘리엇 노턴에게 1895년 이렇게 고백했다. "난 민주주의의 미래를 낙관하지 않는다. 로마제국의 몰락이 그랬듯이 민주주의도 오랜 기간에 걸쳐 몰락하고, 다른 형태의 사회에서 되살아나리라 생각한다. 그 방향으로 가는 우리의 현재 추세들은 위대한 국가적 진보로 가려졌을 뿐이다."[23]

고드킨의 한계는 19세기 "고전적" 자유주의 학파 모두의 한계였다. 그들이 보수적으로 바뀌어, 바로 얼마 전 지적인 탁월함의 높은 지위로 그들을 떠밀어 올려준 그 혁신의 물결을 억제하려 노력할 때마다 그런 한계를 드러냈다. 존 러셀 경[i]처럼 그들은 모두 최종적인 매듭을 갈망했다. 그러나 산업주의와 민주주의 그리고 대중적 욕망의 복잡한 기류는

---

i Lord John Russell(1792~1878): 영국 귀족 가문의 후예로 휘그의 지도자이자 자유주의적 정치인.

선거권 자격 제한이라는 교묘한 장치나 독창적인 정치적 계책까지 모두 뚫고 지나가버렸다. 자유주의는 때로 근시안적일지 몰라도 정직한 "합리성"의 자식이자, 사회는 엄격하게 논리적이고 실천적인 과성을 밟아나가도록 인도될 수 있다는 가설의 자식이다. 대중이 비합리적으로 남아 있겠다고 고집을 부린다면, 자유주의자들은 그들이 물레방아용 저수지라고 착각한 성난 바다에 빠져버린다. 보수주의의 지적 후손으로 칭하기조차 어려운 고드킨이 도금 시대의 혁신에 가장 존경할 만한 반대자였다는 사실은 그 어려웠던 시절에 미국의 보수주의가 얼마나 참담하게 지리멸렬했는지를 말해주는 반증이다.

그러나 고드킨이 실패했다고 생각한다면 옳지 않다. 그는 근대 대중 여론의 본질을 보았다. 여론이란 글을 읽을 줄 알기 때문에 생겨나는 욕구를 충족시켜줄 만한 무언가에 굶주린 채 꿈틀거리는 거대한 생명체로 보았다. 그는 용기와 끈기로 언론을 정치 정화의 도구이자 바람직한 기풍을 전파하는 수단으로 만들어 언론의 제국에서 도덕적 원칙을 세우려 노력했다. 그러나 죽기 4개월 전에 노턴에게 편지를 써서 "우리가 세계에서 차지하겠다고 약속한 위대한 자리는 전혀 보이지 않는다. …싸구려 언론이 이 모든 일에 크게 기여했다는 사실은 최악이다. 언론은 우리가 기대했던 대로 더 순수한 법과 더 나은 기풍을 가르치는 교사가 결코 되지 못했다."[24] 만약 일반적으로 언론이 아서 매컨[i]이 한때 불렀던 대로 "비난받아 마땅한 천한 사업"이 되었다 해도 아직 고드킨과 또 그와 유사한 사람들을 기억하는 매체들이 있다. 그들이 없었다면 어땠을까?

---

i Arthur Machen(1863~1947): 웨일즈의 작가. 초자연적인 환상과 공포물로 유명하다.

그러나 근대 사회를 조금 더 예민하게 분석해, 정치가 사회적 존재의 껍질에 불과하다는 사실을 인식하려면 우리는 "《Nation(네이션)》이라는 새로운 예루살렘"에서 고개를 돌려 실망한 두 고지식한 형제, 헨리 애덤스와 브룩스 애덤스를 보아야 한다. 그들의 친구 고드킨은 수문을 열고 양수기를 어찌어찌 동원하면 당대의 여론이라는 홍수를 다독여 민주주의라는 저수지에 가둘 수 있다는 희망을 끝까지 버리지 않았다. 그러나 애덤스 가문의 4대째 형제들은 약간의 인생을 경험한 다음에 이성과 자비심이 인간성을 지배하지 않는다는 결론을 내리고, 모든 문명을 재앙으로 몰아간 힘의 법칙을 연구해나갔다. "인간은 매년 조금씩 힘의 피조물이 되어, 힘이 생성되는 중심에 덩어리로 모인다"고 헨리 애덤스는 썼다. 늙고 고독했던 이 영감은 조셉 드 메스트르[i]가 (그를 비방하는 사람들이 인정했던 것보다 더 많은 진실을 담아) 절대로 진정한 공동체가 되지 못하리라고 선언했던 워싱턴에서 그렇게 썼다. 침침한 눈을 가진 어리석은 이 세상이라는 존재에 고드킨은 깨끗한 시야를 제공하려 했다. 고드킨의 《Nation(네이션)》 독자 수천 명과 로웰과 애덤스의 《North American Review(북아메리카 평론)》의 독자 수백 명으로는 여론을 형성하기는커녕 직접적인 의미로 여론이 만들어지는 데 기여할 가능성조차 없었다. "사회는 자신들의 실패를 공허하고 의미 없게 조롱하는 사람들을 비웃었다"고 애덤스는 블랙 프라이데이를 돌아보며 말했다. 헨리 애덤스와 브룩스 애덤스, 그들의 보수적 본능은 사회를 통제하기보다는 오직 사회를 이해하려 들었다.

---

i   Joseph de Maistre(1753~1821): 프랑스의 철학자, 작가, 외교관.

4. 민주주의적 신조의 퇴락과 헨리 애덤스

우리 사회는 오늘 은의 시대를 끝내고 그에 최후의 일격을 가했다고 생각한다. 우리는 금을 위한 투쟁에 나서야 한다. 너와 내가 완전히 틀리지 않았다면 이 투쟁은 과거의 낡은 골동품과 도자기를 대부분 부숴버리고 새롭고 다양한 경제, 사회, 정치적 인간이 살아갈 깨끗한 터전을 만들어낼 것이다. 나는 최근 개인을 더 억누르고 사회를 더 집중화하고 자동화하려는 충동을 본다. 그러나 재미는 결과가 아니라 그 과정에 있다. 그 과정은 우리에게 평생 즐거움을 줄 만큼 충분히 길어질 듯하다.

_헨리 애덤스가 브룩스 애덤스에게, 1897년 10월 23일

헨리 애덤스를 싫어하기는 쉽다. 그의 위대한 조상들에게 두드러졌던 꼬투리 잡기 좋아하는 특성이 넘쳐나고, 모든 사람을 평하는 데 무자비할 정도로 솔직하며 가장 사랑한 대상조차 조롱하고, 그의 아버지, 할아버지, 증조할아버지는 언제나 옳았으며 그들의 경쟁자들은 착각과 위선에 빠졌다는 확신밖에 없었기 때문이다. 우울하지만 유머러스한 그를 두고 제이 녹[i]은 애덤스 가문에서 가장 교양이 높은 인물이라고 평했다. 그러나 애덤스는 미국의 지성계에서 가장 짜증 나는 인물이다. 그리고 가장 도발적인 작가다. 최고의 역사가이며 그 누구보다 통찰력 있는 사상 비평가다. 애덤스를 이해하기 힘들면 그의 비판자들이 쓴 글을 읽는 게 최선이다. 왜냐하면 죽어가는 세계를 보고 초연하게 즐거워했으며 내면의 진정한 겸손함을 보였던 애덤스에 맞서 으르렁거리고 시비나 일삼

---

i Albert Jay Nock(1870~1945): 미국의 자유 의지론 작가이자 주간지 《Nation(네이션)》의 편집자로, 뉴딜 정책에 반대했다.

았던 비판자들은 오히려 그의 지식과 기지를 드러나게 해주었으며, 어떤 아첨도 달성하기 어려운 일을 해낸 구원자였다.

헨리 애덤스는 미국 문명의 절정기를 대변한다고 말할 수 있다. 분명히 그리고 호전적으로 미국인이었으며, 예외적으로 청렴함과 뛰어난 지성을 지닌 가문의 4대째 최종 산물이고, (그의 자서전은 부인했지만) 아마도 미국 사회가 배출한 사상 최고의 교육을 받은 사람으로서 중세의 유럽사를 비롯해 제퍼슨 행정부 시절을 알았으며, 뉴잉글랜드의 특성을 이해하듯 일본과 남태평양을 이해했고, 근대 과학이 20세기의 사람과 사회에 행사하는 재앙적 영향력을 동시대의 미국 사람 그 누구보다 더 잘 인지했다. 그러나 이러한 엄청난 재능이 만들어낸 그 산출물은 쇼펜하우어(Arthur Schopenhauer)를 능가하는 깊은 비관주의였다. 미국 대중의 열망을 오래 연구하고 그것을 완벽하게 거부했던 애덤스는 비관주의를 더욱 강렬하게 만들었다. 헨리 애덤스의 보수주의는 자신 앞에 놓인, 가파르고 무시무시해서 되돌아 올라올 수 없는 내리막을 보는 사람의 시각이다. 인간은 과거의 고상함을 회상할 여유가 잠시 있을지 모른다. 가끔은 내리막에 서 있는 인류의 발걸음을 잠시 멈추게 하는 의무를 수행해낼 수도 있을지 모른다. 그러나 궁극적으로 그 끝을 회피할 수는 없다.

미국의 보수주의를 설명하려면 애덤스 가문과 하버드대학에 반드시 압도적인 지위를 부여해야 한다. 과장이 아니라 애덤스 가문과 하버드대학은 적어도 북아메리카에서는 보수주의 정신을 지녔다고 말할 수 있다. 헨리와 브룩스 애덤스는 1918년의 의기양양한 제국주의적 미국에 존 애덤스가 보스턴 학살 사건 시절에 수립한 용기 있고 선견지명이 있었던 보수주의의 전통을 끌고 들어왔다. 하버드는 19세기 말과 20세기 초 헨리 애덤스, 찰스 엘리엇 노턴, 바렛 웬델[i], 조지 산타야나, 어빙 배빗을 통해 뉴잉글랜드가 지닌 비범함의 한 모습인 보수적 공화주의의 유산을 명백히 드러냈다. 몇 년간은 하버드대학의 역사학 교수로, 또 《North American Review(북아메리카 평론)》의 편집자로 애덤스는 미국인들의 마음에 아직도 뚜렷이 남아 있는 영향력을 행사했다. 그 영향력은 헨리 오스본 테일러[ii], 헨리 캐벗 로지[iii], 랄프 애덤스 크램[iv] 등의 학생과 제자들에서 시작해 이제는 어느 정도 미국의 거의 모든 유수의 대학들로 확장됐다. 그러나 이런 종류의 영향력 확장에 애덤스는 거의 의미를 두지 않았다. 우선 그는 법을 통해, 나중에는 언론을 통해 정치 사회적 지도자가 되려고 했다. 이 모든 분야에서 그의 열망이 좌절되자 그는 샤르트르[v]와 13세기에서 위안을 찾았다. "우리 체질의 바탕에는 두 가지가 있는 듯하다. 하나는 끊임없이 정치를 지향하는 성향이고, 다른 하나는 가족에 대한 자부심이다. 이 두 가지 감정이 우리 모두에게 똑같이 흐른다는 사실이 이상하다"고 애덤스는 1858년 베를린에서 아버지 찰스 프랜시스 애덤스에게 보낸 편지에 썼다. 53년이 지나 그 정치적 재능과 가문의 자부심 충족이 4대째에 와서 어떻게 좌절됐는지 분명해졌다. "나는 그랜트가 내 인생뿐만 아니라 사회를 합리적으로 고매한 위치

---

i Barrett Wendell(1855~1921): 영작문과 미국 문학사, 윌리엄 셰익스피어 등을 다룬 문학 교과서 작가로 유명하다.
ii Henry Osborn Taylor(1856~1941): 미국의 역사가이자 법학자.
iii Henry Cabot Lodge(1850~1924): 매사추세츠 주 출신 상원의원, 역사가. 하버드대학에서 역사학으로 박사학위를 받았다. 전쟁선포권을 의회가 가져야 한다고 주장했다.
iv Ralph Adams Cram(1863~1942): 미국의 유명 건축가. 고딕 양식으로 교회 등 공공건물을 많이 설계했다.
v Chartres: 프랑스 외르에루아르 주의 수도. 센 강의 지류인 외르 강에 접하고 있다. 샤르트르 대성당으로 유명하다.

에 다시 올려놓을 가능성이나 그 희망까지 짓밟았다고 언제나 생각해왔다. 그랜트 행정부는 우리가 희망했던 것과 우리가 손에 넣은 것을 가르는 선이다."[25] 도금 시대와 그 이후 애덤스는 성공적으로 사회를 이끌거나 명예롭게 봉사하지 못했다.

근대의 삶이 괴물같이 타락한 원인은 무엇일까? 영국과 대륙에서는 그 타락을 신물 나게 봤지만 미국 문명에서는 그 타락이 비교적 순수했던 이유가 무엇일까? 애덤스는 일생 동안 이런 질문을 해왔다. 런던 공사관의 젊은 청년이었던 애덤스는 존 스튜어트 밀, 토크빌 그리고 다른 자유주의자들의 책에 이어 콩트와 마르크스도 읽었다. 이 작가들은 모두 애덤스에게 어떤 흔적을 남겼지만 얄궂은 미소와 함께 그는 자유주의자들을 무시했다. 콩트에게선 오직 단계'라는 생각만 받아들였고 마르크스는 이렇게 평가했다. "나에게 대단히 많은 걸 가르쳐주었지만 그 결론에 그만큼 근본적으로 동의하지 않게 된 책은 본 적이 없다."[26] 그의 확신은 계승된 생각이며, 사실 존 애덤스와 존 퀸시 애덤스의 확신이었다. 그의 『History of the United States during the Administrations of Jefferson and Madison(제퍼슨과 매디슨 행정부 기간 미국의 역사)』는 스타일이나 방법론에서 미국인이 쓴 가장 최고의 역사서다. 그는 할아버지와 증조할아버지가 제퍼슨주의자들과 해밀턴식 연방주의자들에게 느꼈던 공평한 반감으로 그 결정적 시절을 평가했다. 그의 소설 『Democracy(민주주의)』는 애덤스 혈통이 블레인이나 콩클링같이 인생 자체가 복잡한 거짓말인 사람들이 이끄는 나라에 지녔던 높은 경멸을

---

i 콩트는 3단계론을 개발했다. 사회나 과학은 대개 정신적으로 인지될 수 있는 신학적, 형이상학적, 실증적 단계를 거쳐 발전한다고 주장했다.

그대로 드러냈다. 이 사회는 무엇이 잘못됐기에 그 사회의 재능 있는 사람들이 루즈벨트와 태프트의 인격을 왜곡하고 심지어 그의 절친한 친구 헤이[i]까지 깎아내리는가? 애덤스는 대중적인 특성을 거부했듯이 이 문제의 대중적인 답변을 거부했으며 그의 조상들처럼 과학과 역사에 의지해 답을 찾으려 했다. 그는 수 세기 전에 시작된 퇴락의 엄청난 기계적인 과정이 근대에 이르러 정점의 단계에 도달했다고 보았다. 가치의 기준으로서 금이 은을 이기면서, 이 시대에 그 퇴락의 과정이 두드러졌고, 사회주의가 모든 곳에서 우세해질 때까지 더욱더 통합과 중앙 집중화는 지칠 줄 모르고 진행되리라 생각했다. 그런 다음 사회주의가 오고 문명이 타락해간다고 보았다.

애덤스는 "근대 정치는 본질적으로 인간이 아니라 힘들의 투쟁이다"라고 『Education(교육)』에서 썼다. "갈등은 더 이상 인간 사이에서 벌어지는 게 아니라 인간을 움직이는 원동력 사이에서 벌어진다. 그리고 인간은 자기 자신의 동기라는 힘에 굴복하는 경향이 있다."[27] 수 세기 동안 사회는 중앙 집중화, 싸구려, 계산이 불가능한 물리력을 미친 듯이 추구해왔다. 이제 이 모두를 손에 넣기 직전이다. 문명화된 삶의 끝이 왔다는 의미다. 인간이 정신적 힘, 성모 마리아라는 이상이 아니라 물리적 힘, 동력(Dynamo)이라는 이상에 한번 의지하기 시작하면 인류의 멸망은 필연이다. 13세기의 아름다움과 신앙은 당대를 인류 역사상 가장 고상한 시기로 만들었다고 이 청교도의 후예는 선언했다. 그는 19세기 자본주의자들의 지배보다 더 나쁜 유일한 사회 상태는 다가오는 20세기의

---

i　John Milton Hay(1838~1905): 미국의 정치인, 작가, 시인. 에이브러햄 링컨의 비서로 시작해 매킨리 대통령과 시어도어 루즈벨트의 국무장관을 지냈다.

노동조합이 지배하는 시대라고밖에 상상할 수 없었다.

애덤스가 13세기의 머리와 가슴에 헌신했기 때문에 비판이 우박처럼 쏟아졌다. 어떤 비판은 날카로웠고 어떤 비판은 천박했다. 애덤스가 13세기의 무질서와 물리적 두려움을 무시했거나 몰랐다는 어떤 미국인 역사가들의 순진한 주장은 애덤스의 경멸을 샀다. 헨리 애덤스에게 중세 시대 역사를 가르칠 정도의 사람은 없었다. 그는 중세 시대의 위험과 불편함을 완벽하게 알았다. 동시에 행복은 물질적 환경보다는 조용한 마음과 양심에 더 좌우된다는 사실도 잘 알았다. 이보 윈터스는 "그는 미묘한 왜곡의 과정을 거쳐 중세 시대를 그 자신이 현대 뉴잉글랜드에서 원했던 동경의 상징으로 변형시켰다"고 썼다.[28] 이러한 주장이 그에 앞선 주장보다는 더 근거가 있었는지 모르지만 여전히 명료하지는 않다. 폴 엘머 모어는 애덤스가 쓴 『Mont-Saint-Michel and Chartres(몽생미셸과 샤르트르)』를 평하면서 다음과 같이 더 심각한 비평을 날렸다. "터무니없는 사랑과 터무니없는 힘의 무책임 사이에는 치명적인 유사성이 있다. 니체(Friedrich Wilhelm Nietzsche)의 신과 톨스토이(Leo Tolstoy)의 신은 같은 신의 다른 얼굴일 뿐이다. 불경스럽지 않게 그 비유를 바꾸어 보면, 샤르트르 성당의 이미지는 보정용 속옷으로 멋을 부린 디노스[i]라는 고대 우상과 위험할 정도로 비슷하다."[29] 애덤스는 결국 13세기의 샤르트르에서도 소용돌이밖에 인지하지 못했다는 말인가? 헨리 애덤스는

---

i Dinos: 완전한 기계적 동력을 상징하기도 한다. 고대 그리스에서 사용된 항아리 같은 그릇이며 술을 섞는 데 사용됐다. 아리스토파네스의 『구름』이라는 희극의 등장인물인 소크라테스가 비는 제우스가 아니라 "디노스, 위대한 하늘의 태풍"이 만든다고 주장했다. 따라서 '소용돌이'(Vortex 또는 Whirl)라고 번역하기도 한다. 궤변론자들의 술버릇을 묘사하며 술병이 술을 마신다는 뜻으로 "이제는 디노스가 왕"이라는 표현이 있다. 가정에서 흔히 보는 물건이지만 종교적 우상으로 사용되는 물건이기도 하다.

브룩스 애덤스에게 "나는 켈빈 경[i]과 토머스 아퀴나스(Thomas Aquinas)의 혼합물의 희석"이라고 말했다. 할아버지가 신의 섭리와 목적의 존재를 고통스럽게 의심했듯이 이어진 그들의 가계는 유전적으로 어쩔 수 없이 회의주의에 운명 지워진 듯 보인다. 『일곱 박공의 집(House of Seven Gables)』에 씌워진 마법보다 『Maule's Curse(몰의 저주)』가 더 지독해 보인다(해밀턴 장군이 애덤스 가문에 첫 번째 좌절을 가져왔다면 잭슨 장군은 그들의 환멸을 불러왔고, 그랜트 장군이 그들의 회의주의를 총체적으로 확신시켜주었다). 그러나 토머스 아퀴나스 시절조차 신앙이 매력적인 환상에 지나지 않았다 해도, 여전히 유익한 미망이었다고 헨리 애덤스는 암시했다. 터무니없는 기계적 동력의 경배는 계속 이어져서 1900년 파리 박람회에서 본 발전기들로 구체화됐다. 애덤스는 1902년 브룩스에게 "과학이 우리를 황폐하게 만들어 우리는 장치가 잔뜩 달린 조개를 가지고 노는 원숭이 같아질 것이라고 믿게 됐다"고 썼다.[30]

종교적 확신과 그 확신이 떠받치고 있던 기독교 국가의 쇠락은 "유대인과 중개인의 사회"로 이어졌다. 신뢰는 애덤스 가문이 투쟁을 통해 지켜온 옛 자유 공동체의 잔존물을 단일한 국가 통합으로 전환하는 도구였다. 독재자와 무정부주의자 그리고 금본위제 로비스트는 모두 그 신뢰의 협력자들이다. 사회의 다음 단계는 "경제의 러시아화"다. 생각은 이미 불신으로 간주되고 중앙 집중화의 마지막 승리와 함께 개별성은 철저하게 억압된다. 국가사회주의는 거의 불가피해졌고 전적으로 혐오스럽다. 사회주의는 자본주의에 승리한다. 사회주의가 더 싸기 때문이다.

---

i William Thomson, 1st Baron Kelvin(1824~1907): 영국의 수학 물리학자이자 엔지니어. 전기의 수학적 분석과 열역학의 첫 번째, 두 번째 원칙의 형성에 중요한 기여를 했다.

그리고 근대의 삶은 항상 싸구려를 높게 샀다. 그 시작이 상속세로 보이는 국가의 몰수는 겨우 몇 세대 전에 시작됐다. 자본가들을 빠르게 장악해가는 노동은 옛 질서를 완전히 없애도록 사회를 협박할 것이다. "내 생각은 그렇다. …우리는 이미 원칙적으로 바닥에 있다. ―다시 말해 거대한 바다의 밑바닥과 같은― 그래서 더 내려갈 수가 없다. 나는 그 사실을 내가 여기 파리에 살든 저기 워싱턴에 살든 지랄 맞은 사회주의자나 국회의원 혹은 세금 사정관의 처분에 맡겨진다는 사실로 증명한다. 뉴욕 항에 들어가면 부둣가에서 구르며, 더러운 피고용인에게 발로 차이고 손바닥으로 맞으며 그들이 뱉어대는 침 세례를 맞아야 한다. 그 피고용인은 미국의 대중이 스스로 무릎을 꿇은, 자신들을 세관원이라고 부르는 더 지저분한 유대인 사내에게 고용됐다." 근대 인간성의 지배적 충동은, 진실로 자연현상의 바로 그 법칙들은 이 종말을 확실하게 만든다. 그가 스스로를 변덕스레 "보수적 기독교 무정부주의자"로 불렀듯이 애덤스는 이러한 조류에, 1893년 은화 주조 문제를 빌미로 가장 격렬하게 맞섰다. "그는 그것이 18세기 원칙들, 엄격한 해석, 제한된 권력, 조지 워싱턴, 존 애덤스와 그 나머지 사람들을 위해 자신이 일어서는 아마도 마지막 기회라 생각했다."[31]

수탁자와 사회주의자(다른 이름이지만 같은 사람들이다)가 개별적인 인격을 없애버리듯이 금이 은을 박살냈다. "기계적 힘의 매력이 이미 미국인의 사고방식을 부자연스러운 과정으로 밀어 넣었다. …대개 과학이 받아들인 기계적인 이론은 다수의 법칙이 통치해야 한다고 요구하는 듯했다."[32] 승리의 순간이 끝나가는 자본주의자들은 자기 차례에서 마땅히 더 큰 힘에 굴복해야 한다. "다음에 우리를 집어삼킬 사람은 자본주의자가 아니라 사회주의자다. 그리고 그 둘 중에 나는 유대인을 선호한다."[33]
짧게 말해 사회는 그레셤의 법칙[i]에 굴복한다. (제이 녹이 나중에 말했듯이)
싸구려가 고귀한 것을 몰아낸다. 장기적으로 문명 그 자체도 살아남기
엔 너무 고귀할지 모른다.

퇴락의 과정은 이제 누군가의 의지로 되돌릴 수 없을 만큼 너무 멀
리 가버렸다. 1899년, 헨리는 브룩스에게 2,500년간 계속된 진화가 모
든 사물을 거의 끝으로 데려갔다고 썼다. "나는 앞으로 두 세대가 지나
면 산산조각이 나리라, 아니 나기 시작하리라 생각한다. 말하자면 다음
두 세대 안에 세계는 사람으로 가득하고 모든 광산은 바닥을 드러낸다.
그 순간이 오면 경제적 쇠락, 아니 경제적 문명의 쇠락이 시작된다."[34] 자
연 자원은 정신 자원처럼 고갈되며, 양심적인 사람이 희망할 수 있는 전
부는 글자 그대로 보수주의자(보존하는 사람)로서, 근대 삶의 격렬한 욕
구에 맞서 싸워 자연 자원과 남아 있는 문화를 간직하는 것뿐이다. 진보
라는 생각은 모조리 터무니없다. 존 애덤스의 옛날 적이었던 콩도르세의
이론이든 다윈주의자들의 생물학적 이론이든 마찬가지다. "알렉산더 대
왕(Alexander the Great)이나 줄리어스 시저 이후 2,000년이 지나 그랜트
같은 사람이 —실제로 또 마땅히 그리 불려야 하지만— 가장 앞선 진화
의 산물이라고 불린다는 사실이 진화를 우스꽝스럽게 만든다. 그런 바
보 같은 주장을 유지하려면 누구나 그랜트 그 자신의 진부함처럼 평범
해야 한다. 워싱턴 대통령에서 그랜트 대통령으로 발전해온 진화의 진보

---

i Gresham's law: 소재의 가치가 서로 다른 화폐가 동일한 명목가치를 가진 화폐로 통용되면, 소재가치
가 높은 화폐(Good Money)는 유통시장에서 사라지고 소재가치가 낮은 화폐(Bad Money)만 유통되는
현상을 말한다. 이를 "악화가 양화를 구축(驅逐)한다(Bad money drives out good)"라고 표현했다. 이
법칙은 비단 화폐유통시장만 아니라 여러 경제 현상에서도 관찰된다.

그 자체만으로 다윈의 주장을 뒤집어엎기에 충분하다."[35]

바로 인간의 과학적 지식의 획득이 그의 도덕적이고 육체적인 파괴의 수단이 된다. 1900년 라듐 성질의 발견은 반드시 붕괴로 끝나는 혁명의 시작을 의미했다. "모든 원자에서 힘이 뛰어오른다. 그리고 그 힘이 우주에 충분히 공급된다는 사실은 물질의 모든 구멍이 힘의 낭비로 이어진다는 것을 스스로 보여준다. 인간은 더 이상 그것을 늦출 수 없다. 인간의 손목을 잡은 힘은 마치 살아 있는 전선이나 도망가는 자동차를 붙든 듯 휘둘러버렸다. …만약 칼 피어슨[i]의 우주 개념이 옳다면 갈릴레이(Galileo Galilei), 데카르트, 라이프니츠(Gottfried Wilhelm Leibniz), 뉴턴(Isaac Newton) 같은 사람들은 1700년 이전에 과학의 발전을 멈추게 했어야 한다. 그들이 표현한 종교적 확신이 정직했다고 가정한다면 말이다. 1900년에 그들은 증명되지 않은 통일체에, 그들이 스스로 논박한 질서에 다시 믿음을 가져야 한다고 강요받았다. 그들은 그들의 우주를 그들 자신과의 일련의 관계로 축소했다. 그들 자신을 움직임들의 우주에서, 현기증 나는 폭력의 가속과 더불어, 움직임 그 자체로 축소해버렸다."[36] 성모 마리아는 더 이상 신앙을 북돋지 않는다. 동력, 혹은 과학은 모든 의미를 잃어버렸다. 소용돌이[ii]만 남았다.

『The Degradation of the Democratic Dogma(민주적 교리의 타락)』에 수록된 세 가지 수필에서 애덤스는 이러한 생각들을 우울하고 또 명징하게 "사회주의, 집산주의, 인도주의, 민주주의 그리고 그 나머지를 보는 과학적 토대의 역사적 연구"로 응축했다. 그 세 수필은 「The

---

i   Karl Pearson(1857~1936): 영국의 통계학자. 현대 수리통계학의 창시자 가운데 하나다.
ii Whirl: 원초적이고 기계적인 힘. 572쪽 i 참조.

Tendency of History(역사의 성향)」(1894), 「The Rule of Phase Applied to History(역사에 적용된 단계의 법칙)」(1909), 「A Letter to American History Teachers(미국 역사 교사들에게 보내는 편지)」(1910) 등이다. 애덤스가 제시한 증거를 제외하고 그가 내세운 일반적 주장은 간략하게 다음과 같이 요약된다. 에너지의 고갈은 모든 자연의 불가피한 조건이듯이 사회적 에너지도 소진되기 마련이다. 그리고 지금 사회적 에너지는 고갈되어간다. 우리가 스스로 축하하는 많은 형태의 "진보"는 이런 쇠락의 고뇌나 증상에 지나지 않는다. 열역학의 법칙들은 우리의 운명이다. 소산(消散)의 법칙에 따라 그 무엇도 에너지 총량에 덧붙일 수 없다. 그러니 에너지의 세기(intensity)는 점점 약해지게 된다. 물이 아래로 떨어지면서 일하듯이 어떤 일이 이루어지는 과정에서 에너지는 점차 소실되어간다. 사회도 같은 대가를 치르면서 그 일을 한다. 과학자가 이런 냉정한 사실을 인정하듯 그들은 질식할 듯한 비관주의에 억눌린다. 모든 활력 있는 과정들은 그들의 작동에 따라 어쩔 수 없이 따르는 쇠락으로 고통받는다. 예를 들어 두뇌의 성장은 인간의 몸을 약하게 만든다. 초자연적인 의지나 직접적인 힘은 에너지의 존재를 설명하는 듯하다. 그러나 이 힘은 에너지를 충전해주지 않는다. 심지어 인간 의식의 등장도 생명력이 퇴조해가는 단계의 하나다. 십자군과 교회로 인간의 활동은 중세에 가장 높은 강도에 도달했다. 그 이래 진정한 활력은 빠르게 이울어갔다. 1830년 인간에 봉사하려고 자연의 물리력이 엄청나게 활용되기 시작했다. 생명력을 써서 힘을 얻었기 때문에 동시에 인간성은 약화됐다. 산업화되면서 우리는 그만큼 사회적 멸망과 총체적 절멸에 더 가까워진다.

르 봉[i]은 "죽음만이 우리에게 에너지를 준다"고 말했다. 우리 근대인들은 과거와 절연했기에 이 세계에 오래 남아 있지 못한다.

미래의 역사학자들은 물리학 지식의 안내를 받아야 한다. 에너지의 쇠락이라는 문제가 설명되려면 또 다른 뉴턴이 필요하다. 원숭이가 수십만 년 전에 희미하게 자신들의 발전을 더듬어가다가 실패했듯이 인류는 이제 에너지의 실패와 인간이 멋대로 낭비한 자연 자원의 고갈이라는 함정에 빠져 있다. 인간의 진화는 근일점을 지났다. 1843년의 혜성처럼 이제 우리는 엄청난 속도로 고귀함에서 멀리 벗어나고 있다. 애덤스는 근대 쇠락의 문제에 제곱의 법칙을 적용했다. 그리고 근대 역사의 기계적 단계(Mechanical Phase)는 1600년에 시작해서 1870년쯤 정점에 이르렀다고 이야기했다. 그리고 급속히 전기 단계(Electric Phase)에 돌입했다. 이 단계는 1900년까지 계속됐으며 1917년까지 지속된다. 전기 단계는 심령 단계(Ethereal Phase)로 넘어가며 그를 넘어서는 더 많은 예언들이 있다. 애덤스의 유명한 예언으로 꼽히는 1차 세계대전 발발과 그 지속 기간, "공기, 물, 불, 땅을 무상 노동에 이르게 했듯 분자, 원자, 전자라는 생각만으로 무상 노동[ii]"에 이르게 할 가능성이 있다는 통찰력은 이런 단계 법칙의 부산물이다. 그러나 그렇게 자원들을 지속시킨다고 해도 최종적이고 총체적인 에너지의 퇴락을 막을 수는 없다.

이런 재앙에서 의기양양한 통합과 그 후계자인 사회주의로 나타나는 사회적 퇴락은 에너지의 일반적 절멸처럼 자연적이고 운명적인 발전

---

i Gustave Le Bon(1841~1931): 프랑스의 사회학자, 사회심리학자로서 '군중심리'를 연구한 것으로 유명하다. 그의 연구 분야는 의학, 이론물리학, 고고학, 인류학 등 넓고 다양했다.
ii 원자력.

이다. 사회주의는 위장된 축복인 사회적 부패로 이어진다. 사회주의의 유지는 지속될 수 없기 때문이다. 진정으로 사회주의는 그 자체로 타락이다. 바다에서 물이 멈추듯, 열이 섭씨 1도에서 멈추듯 정치 역시 끝난다. 인류도 혜성처럼 영원한 밤과 무한한 공간의 망각 속으로 맹렬히 달려간다.

기독교의 정통 교리는 그 자체로 초인간적이듯이 초지구적인 영원을 믿는다. 진정한 세계는 정신적 세계이며 인간의 운명은 지구라는 이 행성의 변화나 부침에 좌우되지 않는다. 오히려 인간의 운명은 신의 섭리에 따라 공간과 시간이라는 현 세계에서 멀리 떨어진 영역으로 이해될 수 있다. 이런 확실성으로 기독교인들은 에너지의 퇴락이라는 문제에서 벗어난다. 애덤스는 영원한 아름다움의 상징이며 생각의 화신으로 샤르트르의 성모 마리아를 대단히 존경했다. 그럼에도 그는 신의 섭리라는 개념에는 신뢰를 보낼 수 없었다. 역사는 반드시 "과학적"이어야 한다고 확고하게 생각했다. 비록 대단히 독립적인 정신의 소유자였지만, 과학적 이론의 선도를 따르려고 그는 형이상학과 신학의 잘 알려진 경향에 기꺼이 동의했다. 그는 톰슨(George Page Thomson), 피어슨(Karl Pearson), 켈빈(Kelvin)[i]을 믿지 않을 수 없었다. 만약 (역사의) 과학이 "사회가 특정한 시간에 교회로 되돌아가야 하고 계시 종교와 개인적 섭리를 절대적으로 믿는다는 옛 기초를 되살려야 한다고 증명해야 한다면 역사학은 무의미해진다."[37] 애덤스의 마음에 종교의 단계는 전기 단계보다 더 고상하다. 그러나 진보의 물결에 따라 어쩔 수 없이 부담스럽게 느꼈다. 전기 단계

---

i   William Thomson(1824~1907): 열역학 수리물리학자, 켈빈 남작.

에서 인간은 성모 마리아를 존경할 수 있을지 모르나 진정으로 숭배할 수는 없다. 솔직히 일반 사회 규범을 따르지 않던 존 애덤스의 신앙심은 존 퀸시 애덤스에 와서는 의심으로, 찰스 프랜시스 애덤스에 와서는 인도주의로, 헨리 애덤스에 와서는 절망으로 바뀌었다. 버크의 보수주의에 지속적으로 뿌리를 내렸던 신의 섭리라는 신앙은 뉴잉글랜드 사상의 부침에 따라 사라져버렸다.

무언가를 시도할 때 하나의 도덕적 지지만으로도 거의 충분하다고 애덤스는 오직 "이론으로만" 금욕적이었던 헨리 오스본 테일러에게 편지를 보냈던 적이 있다. 마르쿠스 아우렐리우스는 애덤스가 원했던 최상의 성취를 이룬 인간이었으며 안토니우스(Antonine) 왕조와 함께 도덕적 적응은 완성되었다. 어빙 배빗은 "그 쓸쓸하고 한심한 마르쿠스 아우렐리우스"라고 언급하기도 했다. 그리고 진정으로 황제의 그 탐욕스러운 고독의 광경은 전면에 있는 그의 제자 헨리 애덤스를 생각해볼 때 새삼스럽게 놀라운 중요성을 띄게 된다. 애덤스는 말했다. "가스의 운동학적 이론은 궁극적 혼란이라는 주장이다. 쉽게 말하면 혼돈은 자연의 법칙이다. 질서는 인간의 꿈이다. …교회만 홀로 끊임없이 그 혼란은 질서가 아니며, 사탄은 신이 아니고, 범신론은 무신론보다 더 나쁘며, 세상(Unity)은 하나의 모순이라 증명될 수 없다고 항의해왔다."[38] 칼 피어슨은 교회에 동의하는 듯 보였다. 열정적인 욕망에서 헨리 애덤스 역시 동의하는 듯 보였다. 그러나 애덤스의 압도적 합리성은 자신의 가슴에 복종할 수 없었다. 다음 세대의 보수주의자인 폴 엘머 모어는 헨리 애덤스의 좌절된 보수적 충절을 다음과 같이 썼다.

헨리 애덤스는 이런 종류의 뉴잉글랜드 사상을 대변할 자격이 있다고 의식적으로 생각했다. 그 사상이 한때 세상에 나온 이유는, 원래는 하나였던 종교적이고 정치적 확신을 위해, 인생의 다른 모든 가치를 부정할 준비가 됐다고 확인하고자 했기 때문이다. 이러한 확신을 추종할 자유를 위해 그들은 습관의 속박에 인간을 묶어왔던 전통, 권위, 형태, 상징 등 그 모두를 버렸다. 그러나 부정의 자유는 그 자체로 하나의 습관이 되어버렸다. 뉴잉글랜드의 지적인 역사는 처음 뉴잉글랜드가 지키려 했던 바로 그 확신을 이 부정의 자유가 잠식해간 기록이다. 긍정적인 내용의 단계적인 제거로, 사람들의 신앙은 칼뱅주의에서 일위신론으로, 다시 자유로운 사고로 넘어가서 마침내 애덤스의 시대로 왔을 때 그 지성에는 엄청난 부정 말고 남은 게 없었다.[39]

여기 후커와 로드[i]의 계승자가 인크리스 매더[ii]와 코턴 매더[iii]의 후계자를 비판한다. 종교의 강제가 박탈된 보수적 본능은 절멸의 위기에 직면했는가? 헨리 애덤스는 애덤스 가문의 생각을 20세기 철학의 정점으로 이어왔고 그의 동생 브룩스 애덤스의 필치로 그 정치적 요약을 달성한다. 브룩스 애덤스 역시 그의 형처럼 그가 증오한 결과물인 결정론에 매료되었다.

---

i William Laud(1573~1645): 17세기 영국국교회 성직자. 찰스 1세의 측근이었지만 국회가 전쟁의 책임을 물어 처형했다. 찰스 디킨스는 그가 쓴 『영국사 산책(A Child's History of England)』에서 윌리엄 로드가 죄인들의 귀를 자르고 코를 베기 좋아했던 포악한 인물이라고 평가했다.

ii Increase Mather(1639~1723): 매사추세츠 만 초기 정착자로 청교도 목사.

iii Cotton Mather(1663~1728): 뉴잉글랜드 청교도 목사.

5. 브룩스 애덤스와 가공할 에너지의 세계

인간 활동의 가속화가 얼마나 더 계속될지 확정하기는 불가능하다. 그러나 조만간 통합이 그 한계에 도달하고 나면 반드시 그 가속이 멈추리라는 건 분명해 보인다. 우주에서는 그 무엇도 정지 상태가 아니다. 전진하지 않으면 후퇴한다. 고도로 중앙 집중화된 사회가 경제적 경쟁의 압력으로 해체된다면 그것은 경주의 에너지가 고갈됐기 때문이다.

_브룩스 애덤스, 『The Law of Civilization and Decay(문명과 쇠락의 법칙)』
프랑스어판 서문에서

브룩스 애덤스는 스스로 상도를 벗어난 괴짜라고 고백했다. 정말 그랬다. 그러나 기이함은 애덤스 가문의 전통이었고, 브룩스 역시 그 전통에서 벗어날 수 없었을 뿐이었다. 그는 애덤스 가문의 구성원답게 두려움 하나 없이 비관적인 학설과 소설을 출판했다. 그를 보수주의자라고 불러야 할지는 논쟁거리다. 그는 자기가 살았던 미국 사회를 정나미 떨어지게 싫어했다. 그의 책은 은화의 자유 주조를 주장하는 사람들과 사회주의자들의 관심을 얻으려는 의도로 집필되었다. 무기력은 사회적 죽음이며 생존의 유일한 기회는 진보의 수용과 변화의 적응에 있다고 생각했다. 마르크스가 그랬듯이 자본가와 은행가들을 격렬하게 비난했다. 그리고 몇몇 특정한 사실에서, 가장 주요하게는 경제결정론에서 브룩스 애덤스의 주장은 마르크스의 이론과 거의 동일했다. 그러면서도 사회가 받아들여야 한다고 자신이 촉구한 바로 그 변화를 혐오하며 무망하게도 워싱턴과 존 애덤스 시절의 공화국을 바랐고, 민주주의를 사회적 쇠락과 그 증상으로서 저주했다. 인생 마지막을 향해가던 무렵 브룩스 애덤스는 교회와 조상에 대한 신앙을 고백했다. 자본주의 혐오는 그가 난폭한 경쟁을 극도로 싫어한 결과였다. 그는 간절하게 안정과 질서를 갈구했던 듯싶다. 그러나 그의 경제적·역사적 이론들의 논리에 따르면 우주에서 영원함은 발견되지 않는다.

> 이런 내 운명의 위기에서(1893년의 공황) 나는 변호사로서, 또 역사와 경제학을 공부하는 학생으로서 인간을 순수한 자동 기계 장치로 보도록 배웠다. 인간은 자신이 통제할 수 없는 힘에 의해 가장 저항이 적은 경로로 움직이게 돼 있다. 한마디로 나는 순수한 칼뱅주의 철학으로 되돌아갔다. 내가 인지하기로 인간의 가장 강력한 격정은 두려움과 탐욕이며, 그것으로 작동하는 자동 기계 장치에서 무엇을 기대하든 순수한 민주주의가 그것을 넘어서리라 생각하지 말아야 한다고 유추했다. 예상하건대 우리가 기대할 수 있는 최초의 대규모 사회적 운동은 고리대금 업자의 천국과 유사한 무엇의 출현이다. 그리고 태초 이래 언제나 그러한 상황의 한 부분을 형성했던 어떤 격변이 곧 뒤따르게 된다.[40]

이는 그의 책 『The Law of Civilization and Decay(문명과 쇠락의 법칙)』, 『America's Economic Supremacy(미국 경제의 우월성)』, 『The New Empire(새로운 제국)』, 『The Theory of Social Revolutions(사회 혁명의 이론)』 등 4권을 관통하는 포괄적인 주제다. 이 책들은 역사의 순환 이론과 함께 인간은 경제적 힘의 포로일 뿐이라는 저자의 확신을 설명한다. 문명은 중앙 집중화의 산물로 교환의 중심들을 둘러싸고 성장해간다. 중앙의 경제적, 정치적 대리인들이 좀 더 단순한 지방 경제의 운영자들을 제압해가는 방식이다. 로마인들이 주변을 정복하고, 중산층이 개혁을 달성하며, 지주들이 자작농을 축출하고, 스페인이 인디언들을 제압하며 문명은 더욱더 번영한다. 이 문명의 최고 산물은 역설적이게도 고리대금 업자다. 고리대금 업자는 한때 지배적이었던 군인 계층을 말살한다. 그러나 고리대금 업자와 그 괴이한 문화는 예술 정신을 질식시키듯 인류를 무시무시한 괴로움으로 물들인다. 그렇게 사회적 역동성은 시들고, 중앙 집중화된 거대 경제는 더 이상 효율적으로 작동하지 않는다. 쇠락과 붕괴가 따르며 분권화가 시작되고 야만적인 삶이 다시 승리하게 된다. 이어서 수세기에 걸쳐 목적이 없고 잔인한 역사가 똑같이 반복된다.

사회적 균형을 결정하는 문명 세계의 경제적 중심은 역사적으로 서쪽으로 옮겨갔다. 바빌론에서 로마로, 로마에서 콘스탄티노플로, 콘스탄티노플에서 베니스로, 베니스에서 앤트워프로 말이다. 문명은 네덜란드에서 1760년대에 번성했다가 1815년엔 런던으로 넘어갔다. 이러한 물결은 이어 미국으로 향했다. 브룩스 애덤스는 1900년에 그 경제적, 정치적 힘의 승계가 이제 거의 완성 단계라고 썼다. 스페인과 미국의 전쟁은 미국 경제가 우위에 있다는 증표다. 영국은 길고 두려운 쇠락에 직면했다. 미국은 마땅히 영국이 겪는 최후의 몰락에 동참하지 않도록 대단히 조심해야 한다. 엄청난 경쟁이 미국의 세력과 아마도 러시아가 지배하는 아시아 세력 사이에 떠오르기 시작한다. 이 문제는 앞으로 다가올 시대에 중국과 한국(Korea)에서 결판이 난다. 중국의 광물 자원이 새로운 경제적 단계를 만들어낼 것이다. 이 경쟁에서 이기려면 집약적인 중앙 집중화가 필요하다. "만약 팽창과 집중이 필요하다면, 가장 큰 덩어리의

598

관리에 가장 적은 비용이 들기 때문에, 미국은 가능한 한 한계에 다다를 때까지 팽창과 집중을 계속해야 한다. 정부는 경쟁하는 거대 기업에 지나지 않기 때문이다. 사용 에너지에 비해서 가장 경제적인 정부가 살아남는다. 그리고 낭비가 많고 느린 정부는 투매되거나 제거된다."[41]

생산과 분배의 비용 하락은 경제적 삶과 문명의 성공을 가져오는 근원이다. 중앙 집중화는 대체로 속도에 비례한다. 가장 빠르게 움직이는 나라가 이웃 나라들을 이긴다. 이러한 주장은 시리아, 페르시아, 헬레니즘, 로마, 중앙아시아, 플랑드르(Flandre), 스페인, 러시아의 문명을 살펴보면 입증이 된다.

비록 경쟁과 중앙 집중화의 직접적인 결과는 성공이지만 그 궁극적 효과는 쇠락이다. 이윤 추구만을 생각하는 고리대금 업자는 곧 문명의 가장 완벽한 산물이며 동시에 가장 제한적이고 비천한 형태의 인간이다. "이 돈벌이의 특성에 다른 모든 게 희생됐다. 그리고 근대 자본가들은 프랑스혁명 이전 프랑스 귀족과 변호사가 신분제의 관점에서 생각했던 때보다 더 배타적으로 돈의 관점에서만 생각한다."[42] 자본가는 스스로 만든 사회의 관리에 필요한 능력이 부족하며 자신을 사회혁명에서 보호해줄 법을 존중하고 복종할 필요성도 깨닫지 못할 정도로 어리석다. 여성, 생산자, 사상가는 이미 동전의 양면이라고 해야 할 자본주의 또는 국가사회주의의 법칙에 따라 그 가치가 저하됐다. 따라서 구역질 나는 퇴락을 방지할 활력이 사회에 남아 있지 않다. 민주주의는, 이 영혼 없는 물질문명의 동맹이자 괴뢰로서 희생과 지도력의 발휘라는 의무를 충족해주지 못한다. 따라서 사회 구조는 무너지고, 노력이라는 무시무시한 순환이 새롭게 다시 시작된다.

브룩스 애덤스는 자본가 사회를 경멸하고, 중앙 집중화에 유전적인 반감을 가졌으며, 사회주의를 경멸하고, 가격 하락이 성취의 실질적 기준이 되지 않도록 온 마음을 다해 거부했지만 통합의 승리는 불가피하게 받아들였다. 자기 보존의 본능에 표하는 경의로, 만족할 줄 모르는 자본가에 맞서는 평형추로 그 통합의 과정에 협력하라고 촉구했다. 보수주의, 사회적 타성, 전통에 따르는 복종 등의 태도들은 경제적 숙명의 기계적 과정에 따라 파괴될 운명이다. 그는 보수주의란 "지성이 아니라 본능으로 변화에 저항하는 것이며, 우리가 혁명이라 부르는 억눌린 힘의 폭력적 폭발의 원인이 바로 이러한 보수주의다. …보수적 인간들의 대량 살상이 자연의 처방이다."[43] 우리의 교육제도는 이런 엄청난 변화의 과정에 맞게 조정되어야 한다. 그래서 그 과정을 덜 폭력적으로 만들어야 한다. 우리는 사물을 있는 그대로 유지하려는 정서적 본능을 무시해야 한다. 다른 모든 일을 다룰 때와 마찬가지로 정부를 냉정하게 보고 다른 모든 개선처럼 도덕적 변화도 받아들여야 한다. 무엇으로도 그 변화의 궁극적이고 압도적인 승리를 방지할 수 없기 때문이다. "미국 산업에서 자본과 노동의 충돌은 틀림없이 생긴다. 그러나 그 불가피한 충돌은 보수주의 때문에 무한히 증가할 수 있다. 역사에는 브루투스(Marcus Junius Brutus), 프랑스의 특권층 혹은 패트릭 헨리[i] 등의 사례에서 보듯이 불합리한 사회적 타성이 초래한 문명의 파괴 사례가 가득하다."[44] 우리는 새로운 증거에 따라 모든 판단을 미뤄야 한다. "현 세대가 다음 세

---

i Patrick Henry(1736~1799): 자유가 아니면 죽음을 달라고 이야기해 유명해진 인물. 버지니아 주지사. 건국의 아버지 중 한 명으로 버지니아에서 반 연방제 운동을 벌였으나 나중에는 연방제와 존 애덤스 대통령을 지지했다.

대에게 줄 수 있는 유일하게 커다란 혜택이 있다. 어쩔 수 없는 일에 복종하는 시기를 너무 자주 늦추는 전통에의 굴종을 개선하는 데 도움을 주는 것이다."[45]

이러한 경고의 문제는 브룩스 애덤스가 그것을 믿지도 않고 따르지도 않았다는 사실이다. 그는 누구보다도 중앙 집중화가 이루어진, 억압적이고 비대한 미래의 정권에 조용히 굴복하지 않을 사람이다. 그가 잠시 머뭇거린다고 해서 애덤스 가문의 도덕적 엄격성을 포기할 가능성도 거의 없다. 브룩스 애덤스의 결론은 그의 모든 선입견과 어긋난다. 만약 그가 진정으로 다가오는 질서에 체념한 듯 협력해야 한다고 믿었다면, 당연히 그런 책들을 쓰지 않았을 것이다. 애덤스 가문은, 특히 그중에서도 헨리 애덤스는 냉소적인 역설이나 소름 끼치는 과장으로 자신을 표현하는 성향이 있다. 따라서 자주 오해를 불러일으킨다. 그러나 브룩스 애덤스의 전체적인 철학이 모두 반어법의 연습이었다고 주장하기도 어렵다. 차라리 반쯤은 심술 맞은 항의의 으르렁거림으로 들린다. 애덤스는 결정론의 포로가 됐다. 그리고 위엄을 잃지 않고 그 쇠사슬을 몸에 두르려 노력했다. 사실 그가 예견한 소름 끼치는 통일성과 그가 조언한 굴종은 존 애덤스와 그의 자손이 150년이나 맞서 싸웠던 공포스러운 미래상이었다. 팽창과 통합, 그리고 변화의 침착한 수용을 추천하는 듯했지만 사실은 그것들이 자신이 귀하게 여기는 모든 것에 독이 된다는 사실을 알았다. 그리고 이 반쯤 억눌린 고통의 신음이 그의 몸에서 새어 나오면서 그의 이론들이 거짓임을 말해주고 있다.

브룩스 애덤스는 경쟁과 통합의 과정이 1914년에서 1918년까지의 전쟁을 일으켰으며 그 과정에 내재된 지도층의 퇴락으로 빈틈없는 평화의 수립이 불가능했다고 썼다. 더 끔찍한 일은 산업 자본의 운동으로 촉발된 여성의 비여성화였다. 성적 본능은 우리의 생각에서 억눌렸고, 교육에서 무시됐으며, 여성 안에서는 부끄럽고 치욕스런 남성 모방으로 전환됐다. "여성은 사회의 접착제로서, 가정의 우두머리로, 단결의 핵심이라는 그 모든 취지와 목적으로 존재하기를 그만두었다. 여성은 방황하는 고립된 단위로 집단적 힘이 아니라 분산적 힘이 되었다."[46] 가정의 원칙이 부식되면서 삶의 총체적 구조가 위험에 처했다. 우리의 법률 체계 역시 그 독으로 타락했다. 세금의 부과는 사회적 다양성과 재산의 상속을 무가치하게 만들었다. 우리가 노동조합을 통해 보듯, 하향 평준화하려는 민주주의의 경향성은 경쟁이라는 자연의 체계와 모순되며 결국은 대규모 폭발로 귀결된다. "(기원전) 동맹시 전쟁[i] 혹은 학살은 민주적 철학의 자연스러운 결말로 보인다." 이것이 저항할 수 없는 변화에 우리가 굴복한 다음에 오는 미래라면, 고요한 적응을 위해 왜 전통을 포기하라고 권고하는지 이상하다. 브룩스 애덤스의 논지에는 일관성이 없다. 박학다식하고 그림 같은 묘사가 그득한 그의 책들은 뛰어난 일반화와 흥미로운 연역으로 가득 찼지만 질서 정연한 주장은 없다.

브룩스 애덤스는 오직 소멸만을 확신했다. "워싱턴이 무덤에 들어가자마자 민주주의가 시작됐고 그에 토대를 둔 보통 사람들의 체계에 평준화 작업이 시작되었다. …민주주의는 갈등하는 사람들과 대립하는 이해들의 무한한 덩어리이며 근대 또는 경쟁적인 산업 체계라는 용해제의 집요한 행동으로, 팽창의 완벽함에 비례해 집단적인 지적 에너지를 잃어버

---

i Social War: BC91~87년에 로마와 동맹시(同盟市) 사이에 벌어진 전쟁.

린, 본질적으로 덧없는 환상이 되어버렸다."[47] 새로운 미국 제국, 즉 대두하는 미국 경제의 우월성은 워싱턴이나 애덤스 또는 제퍼슨의 미국이라는 체계를 지워버리는 지성과 자유의 상실을 수반해야만 한다. 우리는 물질적 승리와 정신적 절멸이라는 이 광대한 전망을 직시해야 한다. 참으로, 우리는 그것을 끌어안아야 한다. "앞선 세대의 미국인들은 소박한 농촌의 삶을 영위했다. 그러한 삶은 지금보다 더 행복했을 것이다. 첨예한 경쟁은 축복이 아닐 가능성이 높다. 우리는 환경을 바꿀 수 없다. 자연은 우리가 알고 있는 가장 치열한 경쟁의 소용돌이에 미국을 던져버렸다. 미국은 우리 시대 경제 체계의 중심이 되었다. 미국은 지혜와 힘으로 그 우월성을 유지해나가야 한다. 그렇지 못하면 지금까지 버려졌던 국가들과 운명을 공유해야 한다."[48]

여기에 헉슬리나 스펜서와의 유사성이 있다. "경쟁적 진화"와 공격적 실증주의의 울림도 있다. 과학적 결정론에 포로가 된 브룩스 애덤스의 쇠사슬이 부딪히는 소리도 들린다. 희생이 보상을 능가하는 듯 보이는 이런 류의 경쟁에서 결국 "버려진 국가와 운명을 공유하는 것"이 승리자와 운명을 공유하는 것보다 더 낫지 않을까? 이는 체임벌린이나 루즈벨트의 확신이 없는, 키플링[i]의 희망과 축성(祝聖)이 없는 제국주의다. 정통 기독교의 관점으로는 다음 단계의 퇴락에 자발적으로 들어서기보다는 버려진 국가에 가세하는 편이 훨씬 더 낫다. 그러나 브룩스 애덤스의 종교적 확신은 그의 형과 마찬가지로 거의 흔적 정도만 남아 있었다. 마르크시즘이 초래한 전통 사회 파괴는 주로 혁명적 개종에서 오지 않았다.

---

i Joseph Rudyard Kipling(1865~1936): 영국의 언론인, 단편 소설가, 시인. 조지 오웰은 그를 영국 제국주의의 예언자라 불렀다.

오히려 마르크스주의자의 결정론적 이론들 때문에 마르크스주의자의 신조 전체를 경멸한 사람들의 결의가 약화된 데 있다. 최초의 신뢰가 주어진다면 마르크시즘의 예언들은 그 스스로를 완성시키는 질서가 있다. 콩트와 마르크스 그리고 과학적 실증주의를 주장했던 사람들은 헨리와 브룩스 애덤스에게서 애덤스 가문을 위대하게 만들었던 신념, 신의 섭리와 목적이라는 생각을 파괴해버렸다.

이는 미국의 보수적 믿음이 50년간 으스대며 맞은 운명이었다. 제한 없는 팽창은 당대의 격정이었다. 축적과 강화의 힘들은 규범과 관습이라는 무너진 벽에 공격을 퍼부었다. 남부의 멸망은 그 지역의 보수적인 영향력을 미국에서 없애버렸다. 텅 빈 서부를 착취하려고, 농촌 인구보다 도시 인구의 이해 때문에, 문화가 통째로 경제적 욕구에 종속되는 삶의 체계를 위해 과거에는 꿈도 꾸지 않았던 보호관세의 길을 열었다. 부흥하는 산업을 충족시키려 요구됐던 당대의 이민은 미국 인구의 특성을 바꾸어버렸다. 그래서 로웰의 "뉴아일랜드"엔 곧 이탈리아인, 폴란드인, 포르투갈인, 중부 유럽인들이 몰려들었고 이들의 어리둥절함을 활용해 도시의 막후 실력자들이 대중 정치를 장악해나갔다. 좋은 관습은 망가질 대로 망가져 땅에 밟혔다. 이 거친 시대를 훈육하고, 이질적인 대중을 동화시켜야 할 미국의 교육 체계는 스스로 혼란스러워졌고 수많은 변화로 그 수준이 떨어졌다. 식욕은 새로운 식욕을 자극해서 미국은 매킨리(William McKinley)와 함께 뻔뻔스러운 강탈이라는 실수를, 시어도어 루즈벨트[i]와 함께 혈색 좋은 호전성을 보이는 실수를 저질렀다고 애덤스 형

---

i　Theodore Roosevelt Jr.(1858~1919): 미국 25대 대통령인 윌리엄 맥킨리(William McKinley)가 암살되자 그의 부통령으로서 1901년 대통령직을 승계해 42살에 미국 역사상 가장 최연소 대통령이 됐

제는 선언했다. 순수한 보수주의자들은 숨을 쉴 기회를 찾을 수 없었다.

보수주의자들이 대중의 여론을 어느 정도 장악할 수 있었다고 해도 그들은 국가가 어느 길로 가야 하는지 기의 알지 못했다. 19세기 과학의 주장에 따라 제1원리가 흔들리고, 과거의 형이상학적 공리를 의심하게 되면서 보수주의자들은 실증주의자, 다원주의자, 천문학자들 앞에서 위축됐다. 로웰은 신과학을 무시하려 애썼다. 브룩스 애덤스는 신과학에서 이끌어낸 결론 때문에 허무주의로 빠졌다. 1차 세계대전이 끝났을 무렵 진정한 보수주의는 미국에서 거의 멸종됐다. 시대의 팽창하는 욕구에 사로잡히길 거부했던 완고한 사람들이나 혹은 변화에 막연히 저항하던 농촌 사람들 사이에 조금 남아 있었을 뿐이다. 특정한 교회나 대학 안에서 냉담하거나 갈피를 못 잡은 형태로도 조금 남아 있었다. 그 밖의 모든 곳에서는 연속성보다 변화가 선호됐다.

1906년 실용화된 자동차는 미국에서 소통의 형태와 풍습, 도시의 삶을 해체하거나 새롭게 규정했다. 1918년 무렵 사람들은 자동차와 대량 생산의 기술이 어떤 절대 권력자들보다도 훨씬 더 철저하게 국민성과 도덕성을 바꿀 수 있다는 사실을 알게 되었다. 기계로 작동되는 자코뱅 당원인 자동차는 발전기와 경쟁했다. 저렴한 자동차를 만들었던 생산 과정이 휘발유 엔진 그 자체보다 옛날 방식을 훨씬 더 많이 전복했다. 헨리 포드(Henry Ford), 이 속도의 미다스(Midas)는 소년 시절의 단순성을 기억에서 몰아내버렸다. 늙어가면서 담벼락에 둘러싸인 거대한 노천 골동품 박물관에서 피난처를 찾았던 그는 물리적 형태에 밝은 사람이었으나

다. 재선에 성공해 1909년까지 대통령으로 재직했다. 20세기 초 미국의 진보적인 시대를 이끈 대통령으로 조지 워싱턴, 토머스 제퍼슨, 에이브러햄 링컨과 함께 러시모어 산에 조각되어 있다.

기계 장치가 인간의 생각에 미친 영향에는 놀랐던 사람이었다. 누구보다 뛰어난 대량생산 방법의 활용자인 그는 가정과 신분의 자부심을 약화시킴으로써 인간 본성을 바꾸는 분야에서는 증기 기관이 이룩한 업적보다 더 많은 성취를 이뤄냈다. 피터 드러커(Peter Drucker)는 "그것은 전통적 직업이나 기술에서 왔던 사회적 특권과 함께 전통적 일에서 개인이 느꼈던 만족감도 파괴했다"고 분업의 조립 라인과 새로운 형태의 산업주의를 평했다. "그것은 정말 인간이 성장해온 사회적 토양에서 개인의 뿌리를 문자 그대로 뽑아버렸다. 그것은 개인의 전통적 가치를 평가절하하고, 개인의 전통적 행위를 마비시켰다."[49]

정부도 산업계의 속도를 따라잡느라 최선을 다했다. 1913년 통과된 헌법의 연방 소득세 개정은 영국에서 옥수수법 철회 이후 그랬듯이 비상시의 고통스러운 편법으로 인정됐다. 그리고 영국에서와 마찬가지로 비상사태가 지나간 이후에도 양당 모두 소득세를 철폐할 방안을 찾지 못했다. 신중한 사회 개변의 도구로써 소득세는 곧 무의식적인 힘인 2차 산업혁명을 촉진했다. 보수주의는 이런 혁신들과 거의 유사하게 강력한 다른 현상으로 타격을 입었다. 게다가 "자유 기업"과 자수성가한 사람들의 옹호가 보수주의자들의 원칙이라고 혼동되면서 보수주의의 참패는 놀랍지 않았다. 오히려 경솔하게 항복하지 않았다는 사실이 놀라울 뿐이다. "1840년대 이래 당신과 내가 함께 지나온 다양한 지평은 우리가 마치 마르쿠스 아우렐리우스 시대를 살았던 듯 아득하기만 합니다. 그리고 사실 나는 금욕주의자들 사이에 있는 편이 미래의 입법부들 사이에 있는 것보다 훨씬 더 편안하리라고 생각합니다." 헨리 애덤스는 죽음을 몇 달 앞둔 어느 날 친구 개스켈i에게 이렇게 썼다.[50] 1918년이었다. 미국은 세계에서 가장 강력한 세력이었다. 옛 진실을 조금이라도 보존해야 한다면 미국이 그 대의명분을 앞세워야민 했다.

---

i   The Reverend William Gaskell(1805~1884): 영국의 일위신론 목사.

CONSERVATIVE

XI

방황하는 영국의 보수주의: 20세기

MIND

⋮

이런 이야기다. "어떤 사람들에게 왕국의 경영에 한 마디 하도록 허락했다. 그러나 정작 그들이 일하는 분야에서는 발언권을 허락하지 않으려 한다." 이 말을 최대한 논리적으로 해석해보면 "딕 터핀[i]에게 권총을 주고서는 그가 지갑을 달라며 그 권총으로 위협하지 말았으면 한다"는 얘기다. 그 말에 분명 뭔가 있다. 권총을 넘겨주는 바보 같은 짓을 하지 말라는 주장으로는, 비록 슬프게도 늦었지만, 놀랄 만큼 결정적이다. 그마저도 아니라면 그저 때늦은 이야기일 뿐이다.

_조지 세인츠버리[ii], 『A Second Scrap Book(두 번째 스크랩북)』

1. 귀족주의 정치의 종말: 1906년

1895년 이후 영국의 보수당은 대단히 강력하고 다양한 이해 세력들의 지지를 받았다. 따라서 영국 역사의 그 어떤 다른 시기에 가져다 놓아도 보수당의 지위는 막강했을 것이다. 1866년 하팅턴 경(Lord Hartington, Spencer Cavendish)의 지도 아래 옛 휘그의 지주 가문들이 토리로 넘어왔다. 이 자유통일당[iii]원들은 조지프 체임벌린의 제국주의적 급진주의자들과 동맹을 맺었다. 상류층과 상위 중류 계급, 다시 말해 거대 중산층의 지배적인 세력들이 이제 보수주의자가 되었다. 영국 역사에서

---

i Richard "Dick" Turpin(1705~1739): 영국의 노상강도. 말을 훔쳐 처형된 다음 그의 약탈이 낭만적으로 그려졌다. 일찍이 아버지 직업을 이어 푸줏간 일을 했으나 1730년 갱에 합류했다.

ii George Edward Bateman Saintsbury(1845~1933): 영국의 작가 문학사가, 비평가, 와인 애호가.

iii Liberal Unionist Party: 1886년 아일랜드 자치 반대파가 자유당에서 분리되며 만들어졌다. 1911년까지 존속했다.

처음으로 토리당이 부자들의 전반적인 지지를 받았다.

토리에겐 여전히 더 소중한 무엇이 있었다. 새로운 제국주의에 보내는 대중적 지지가 그들에게 유리했다. 디즈레일리는 팽창의 물결과 제국주의적 정서를 예견하고 보수적 정책을 그와 일치시켰다. 편리에 따라 그랬다기보다는 조금 더 깊은 동기가 있었다. 그는 도시 인구의 지배를 받는 영국에서 농업의 쇠락은 돌이킬 수 없다고 받아들였고, 독일과 미국을 비롯해 다른 강대국들과의 치열한 산업 경쟁을 예견했다. 인구가 많고 가난하며 영토가 제한적이라 활력을 잃은 국가에서 보수적 정책을 펼칠 시간이 매우 짧게 남았다는 사실을 알았다. 제국주의로 확보되는 자원과 시장은 그런 미래를 회피할 최상의 보험이었다. 일반적으로 제국주의적 팽창은 어떤 보수적인 사회에도 위험이 대단히 크지만 디즈레일리의 제국주의는 그의 보수주의와 충분히 일치했다. 이제 토리들은 영국 제국주의 야망의 정치적 수혜자들이었으며 외무 업무에서 솔즈베리 경이 발휘한 솜씨는 보수주의자들에게 해외에서도 영국의 명예와 이해를 맡길 만하다는 평판을 가져다주었다.

허풍과 노련한 솜씨로 솔즈베리[i]는 여전히 보수주의자들과 자유통일 당원들을 눈에 띄게 성공적으로 지배했다. 구조적인 변화를 혐오했기에 영국의 제도들을 대단히 효과적으로 다듬고 미봉했다. 그래서 얼핏 보면 옛 질서는 실질적으로 바뀌지 않은 듯 보였다. 1867년과 1884년에 영국의 헌정 체제나 특징은 파괴되지 않았다. 그의 조카 아서 밸푸어

---

i   Robert Arthur Talbot Gascoyne-Cecil(1830~1903): 솔즈베리 경(Lord Salisbury)으로 더 유명하다. 보수당 정치인으로 모두 13년간 세 번에 나누어 총리를 역임했다. 상원에서 내각을 이끈 마지막 총리였다.

는 하원에서 보수당을 이끌었다. 철학자이자 학문이 높았으며 매력적이고 설득력이 있는 데다 대단히 현명했다. 고령에다 아일랜드 자치법안의 부결로 좌절한 글래드스턴은 1894년 3월 징계에서 은퇴했고 자유당은 15개월 뒤 정권을 내주었다. 1895년 7월 총선에서 자유통일당은 152석을 얻어 자유당과 아일랜드 자치론자들의 연합 세력에 승리했다. 체임벌린의 급진적인 에너지가 식민지 관리 부서에 투입됐다. 피트 시대 이래로 보수주의의 입지가 이렇게 굳건했던 적은 없었다.

보수주의자들의 숙적이었던 자유당은 지지 세력이나 정신력에서 폭스 시대 이후 가장 약해졌다. 그들은 산산이 부서질 운명이었다. 자유당이 입법에서 거둔 유일한 승리는 1894년 하코트[i]의 상속세였다. 그들이 집산주의적 물결에 침몰되던 순간이었다. "우리는 모두 사회주의자다."[1] 이후 자유당은 자신들이 무엇을 믿는지 확실히 알지 못했고 대중도 이들의 오락가락을 눈치 챘다. 자유당이 1906년 다시 승리하기는 하지만 그 이후로 다시는 승리하지 못했다. 맨체스터의 정치경제와 밀 가문의 윤리학과 사회학이라는 철학적 교리들은 자유당의 눈앞에서 소멸됐다. 오래된 습관적 삶의 편제를 뒤엎어버리고 대중에게 권력을 넘겨주면서 영국의 자유주의는 자기 자신을 쓸모없는 존재로 만들어버렸다. 자유주의는 20세기를 어떻게 맞아야 할지 그 방법을 몰랐다. 권력은 어떤 경로인지는 모르겠지만 정치인의 손을 빠져나갔다. 그러나 솔즈베리 경은 "그 권력이 누구의 손으로 넘어갔는지는 도통 모르겠다"고 말했다. 만약 그 저명한 귀족이 더 이상 사회 통제의 고삐를 쥐고 있지 못하다면 자유

---

i   Sir William Harcourt(1827~1904): 영국의 변호사이자 언론인, 자유주의 정치인. 글래드스톤 총리 아래에서 재무장관을 지냈다.

당은 새로운 시대를 지배하겠다고 결코 희망할 수 없다. 19세기 자유주의의 공식들은 철저히 시대에 뒤처졌다고 조지 영[i]은 썼다.

많은 남녀가 공무의 결정에 늘 관심을 보이고 그런 사람들은 언제나 늘어나며, 그들의 이해를 스스로 반영할 능력이 있다는 전제를 바탕으로 한 규범들이다. 규범들은 독서와 토론으로, 또 그 공무를 스스로 생각하고 이웃들과 논의해서 선거 때만 돌발적으로 그러는 게 아니라 끊임없이 자신들의 이해가 반영되도록 한다는 전제도 있다. 이런 전제는 또 자신의 일에 근면하고 냉철한 시민이라면 누구나 이해할 수 있는 범위 안에서 정부의 정책 결정이 이루어진다는 가정을 토대로 한다. 또 시민이 공무에 관심을 보이는 이유는 단지 여론에 기여하기만 해도 그가 공무의 결정에 무엇인가 영향을 미칠 수 있다고 느끼기 때문이다. 그러나 자유주의가 예상하지 않았거나 못했던 점은 정부의 점증하는 복잡성과 그 광범위함이 평범한 시민은 더 이상 이해하기 어려운 곳으로 공무를 끌고 가버렸다는 사실이었다. 그리고 정부가 보유한 지식의 양 덕분에 정부의 행동은 자유주의가 당초 생각했던 여론의 통제를 벗어나버렸다. 아는 게 힘이다. 그리고 내가 암시했듯이 근대 정부의 물리적이고 정신적인 권력은, 아마도 정부의 목적을 아는 치밀하고 결의에 찬 소수가 행사하는 그 권력은 지금까지 어떤 독재 국가가 상상했던 권력도 초월할 만큼 강력하다.[2]

---

i George Malcolm Young(1882~1959): 영국 역사학자.

사람들 대부분을 안내하는 지침으로서 이성은 그 실효성이 없다. 이는 토리들이 어느 정도 항상 변함없다고 알아왔던 인간 본성의 한계다. 이런 사실이 다시 등장하면서 자유당은 패퇴하게 된다. 300년 전에 볼링브룩[i]은 "이성은 대중에게 적은 영향을 미친다"고 썼다. "갑자기 휘몰아치는 바람처럼 급작스럽고 격렬한 상상력의 변화가 그들의 행동을 결정한다." 20세기 여론의 혼란은 이 오래된 토리의 가정을 입증해주었다. 분열되고 혼란에 빠진 반대 세력을 보며 의기양양했던 보수당은 그러나 10년 만에 다시 몰락했으며 그 뒤로 결코 제대로 회복하지 못했다. 19세기에서 20세기로 넘어가던 그 시절 영국 보수주의에 어떤 일이 벌어졌는가? 1906년 토리가 선거에서 참패한 정치적 이유의 근사치들은 쉽게 거론할 수 있다. 체임벌린의 관세 개혁 운동 실패, 1902년 교육법에 느꼈던 비국교도들의 불만, 남아프리카에 중국계 하급 노동자를 수입한 일, 조합원들의 파업에 따른 손해를 노동조합이 지도록 한 태프 베일[ii] 판결 등이 그런 이유라 할 수 있다. 그러나 그런 잡다한 불만들이 비록 강력하긴 했어도 위대한 정당을 망가뜨리지는 않는다. 보수주의자들의 재앙을 진정으로 강제한 원인은 더 깊은 곳에 있다. 빅토리아 시대의 확신은 쇠락했고 사회주의자들의 영향력이 부풀어 올랐기 때문이다.

빅토리아 여왕이 사망한 1901년에 빅토리아 시대의 경제적 진보도 그 끝이 분명히 드러났다. 1880년대 이래 매우 꾸준하게 오르던 실질 임

---

i Henry St John(1678~1751): 헨리 세인트 존 볼링브룩(Viscount Bolingbroke)로 널리 알려져 있다. 영국 정치인, 정치 철학자. 보수당의 지도자. 반종교적이었으나 영국국교회를 지지했다.
ii Taff Vale: 1900년 영국의 태프 베일 철도 회사가 노조를 상대로 소송을 제기했다. 노조가 파업 중에 일으킨 손해를 배상하라는 주장으로 법원은 회사의 손을 들어주었다. 이에 반발해 설립 초기의 노동당이 성장하게 된다.

금은(20년간 모두 3분의 1가량 올랐다) 20세기로 넘어서자마자 정점에 도달했고 그 다음에는 꼼짝도 하지 않았다. 영국 산업의 경쟁자들은 자국 정부의 보호관세로 지원받았고, 강력한 영국 노조의 제한적 관행들은 영국 산업의 발목을 잡았으며, (알프레드 마셜[i]이 언급했고 나중에 알레뷔[ii]도 지적한) 영국 기업인들의 흥미로운 태만은 영국의 생존이 달려 있는 해외시장을 위태롭게 했다. 1873년과 1883년의 경기 위축이 미래를 말해주었다. 이 위협은 어마어마했지만 당시로서는 경제적 진보가 잠시 주춤했던 데 지나지 않았다. 실질임금이 오르지도 않았지만 20세기 첫 10년간 눈에 띄게 떨어지지도 않았다. 그러나 벤담주의와 자유주의, 그리고 보수주의자들은 물질적 부와 일반적 행복의 꾸준한 증가를 기대할 모든 권리가 사람들에게 있다고 가르쳤고, 그런 진보라는 개념에 열중해 있던 사람들은 단순한 안정을 퇴보와 구분하기 어려웠다. 1840년대 이래 영국에서 대중의 물질적 조건은 개선되어왔다. 60년 이상 계속되어온 진보의 대부분이 어떤 정당도 통제할 수 없는 힘 때문에 중단됐다. 그러나 (싸구려 언론에 고무된) 근대 대중은 정부가 생계를 제공해야 한다고 기대했으며, 진정 신의 뜻에 따라 전 세계적으로 벌어지는 재앙마저 정부의 잘못이라 탓하는 경향이 있었다. 1906년 보수주의자들의 패배는 뒤에 영국의 문제가 어쨌든 잘못 처리됐고, 반드시 온다던 진보가 어찌됐든 방해됐다는 희미한 대중적 인식 탓이었다. (조지 오웰이 50년 뒤에 썼듯이) 영국인들은 섬 안의 자원으로만 제한되면 "우리 모두 대단히 가난해

---

i   Alfred Marshall(1842~1924): 영국에서 당대 가장 영향력 있는 경제학자. 수요와 공급, 한계효용의 개념과 생산비를 일관된 논리에 담아냈다. 수학적 요소를 많이 도입했으나 수학이 경제학을 지배하는 데는 반대했다.

ii Élie Halévy(1870~1937): 프랑스의 철학자이자 역사학자.

질 것이고 따라서 매우 열심히 일하지 않으면 안 된다"는 불안감에 떨었다. 일찍이 이런 불안을 느꼈던 대중은 제국주의를 지지했다. 영국은 제조업의 비교우위를 모두 상실했다. 어느 정도는 자연적 우위의 절대적 퇴보 때문이었다. 그리고 어떤 정당이나 정치철학도 이를 치유할 처방은 없었다.[3] 그러나 보통 사람이 모두 투표권을 가진 나라는 벤담이 기대했던 대로 상냥하게 합리적이지 않았다.

1905년 밸푸어 정부는 이런 엄청나지만 측량할 수 없는 어려움 아래에서 집권을 유지하려고 애쓰고 있었다. 밸푸어는 최고의 정치 기술자가 아니었으며 이런 상황이라면 디즈레일리도 선거에서 이길 가능성은 없었다. 이 어려움은 불안한 유권자들이 느꼈던 물질적 여건 때문이었다. 재조직되고 공격적인 사회주의 운동의 영향력도 자유통일당 정부에 똑같이 재앙이었다. 사회주의 운동은 이제 초창기의 유토피아적 이상주의와 이국 취미를 떨쳐냈다. 사회주의자들은 자유당의 등 뒤에서 근육질의 대담함을 드러냈다. 1889년 성공적인 런던 부두 파업[i] 이래 산업적 조합주의(과거의 노동조합주의와 구분해서)와 노동조합의 정치적 활동이 보조를 맞추어 증가했다. "점진주의의 불가피성"을 버린 페이비언(Fabian)들은 이런 실천적인 집산주의자들과의 동맹을 추구했다.

애스퀴스[ii]와 로이드 조지[iii]가 이끈 자유당은 당연히 급진적 사회개혁의 옹호에서 최고의 생존 가능성을 보았다. 떠오르는 자유당 정치인 세

---

i   1889년 런던 항 부두 노동자 10만 명의 파업. 비숙련 노동자들의 노조 설립으로 이어졌다. 빅토리아 시대 빈곤 문제에 새삼 주목하게 만들었다.
ii Herbert Henry Asquith(1852~1928): 자유당 단독 집권 총리로 1908년부터 1916년까지 역임했다.
iii David Lloyd George(1863~1945): 영국의 자유당 정치인으로, 1916년부터 1922년까지 전시 연합 총리로 활약했다.

대는 서둘러 경제적 평준화의 강령을 받아들였다. 마치 조지프 체임벌린이 일찍이 급진적 개선의 물결에 올라탔거나 또 윌리엄 하코트 경이 새로운 상속세를 수립하려고 이 추동력을 채용했을 때와 마찬가지다. 그러나 사회주의는 자유주의적 중도에 만족하지 않았다. 패배한 밸푸어는 1906년 하원의원에 선출된 53명 노동당원이 377명 자유당 의원보다 더 중요하다고 감지했다. 사상 최초로 강력한 노동 집단이 의회에 진입했다. 이 이후 영국 정치의 진정한 투쟁은 보수주의자와 사회주의자 사이에서 벌어졌다.

2. 기싱[i]과 지옥

솔즈베리와 밸푸어 시대에 영국 사회를 어지럽힌 비등점의 본질을 분명하게 이해하려면 조지 기싱의 책을 읽는 게 최선의 방법이다. 웨이크필드(Wakefield)의 때 묻은 약방 가게 2층 방에서 태어나 누구보다 불행을 잘 알았으며 평생을 이즐링턴(Islington), 클러큰웰(Clerkenwell), 토튼햄 코트 로드(Totenham Court Road)의 황량한 숙소에서 보낼 운명이었던 그는 정치적 도덕적 급진주의자로, 실증주의자이자 사회주의자로 글을 쓰기 시작했다. 1879년 남동생에게 "우리는 파괴적 과업을 수행해야 한다. 우리는 교회와 국가를 파괴해야 한다. 최선을 다해 대중의 마음에 자리 잡은 그들의 영향력을 약화해야 한다"고 썼다. "이곳을 잘라내고 저곳을 파헤쳐야 마침내 들판은 씨 뿌리는 사람(선동가)에게 적절한 상

---

i George Robert Gissing(1857~1903): 영국의 소설가. 교사로도 일했으며 1880년부터 죽을 때까지 소설을 23권 발표했다.

태가 될 것이다."[4] 기싱은 영국의 민감한 사람이 그랬듯이 근대[i] 프롤레타리아트의, 인간 본성의 그 거친 면을 알게 됐다. 그리고 그 지식이 그를 보수주의자로 만들었다. 진보? 그는 진보라는 길이 무엇으로 이끄는지 어렴풋이 봤다. 1892년 그는 여동생 엘렌(Ellen)에게 다음과 같이 편지를 썼다. "나는 현재 진행 중인 사회혁명 때문에 앞으로 커다란 고통을 겪어내야 하리라는 두려움을 느낀다. …우리는 그것에 저항할 수 없다. 그러나 나는 어설프게 교육된 폭도들의 잔혹한 지배에 맞서 두뇌의 귀족정치를 믿는 사람들의 편에 서서 전력을 다해 싸우겠다."[5] (기싱이 죽었던 해인 1903년에 출간된)『헨리 라이크로프트 수상록(The Private Papers of Henry Ryecroft)』은 타고난 토리를 다룬 소설이다. "한때 나 자신을 사회주의자, 공산주의자로 불렀다. 아니 혁명의 종류에서 당신이 좋아하는 그 어떤 이름으로도 나 자신을 불렀다는 걸 생각해본다. 그러나 분명히 오래지 않아 내 입술이 그런 이름을 뱉을 때마다 내 안에 언제나 무언가가 있어서 그것을 경멸했다고 생각한다. 나보다 재산권을 더 진지하게 생각하는 살아 있는 사람은 없다. 지금까지 살았던 사람 중에 모든 점에서 나만큼 열렬한 개인주의자는 없었다."[6] 매드 잭(Mad Jack)이 소설 『The Nether World(지옥)』에서 비명을 질렀듯이 이 근대 시대는 문자 그대로 지옥이며 사회주의 국가는 가장 깊숙한 지옥이다.

기싱의 초기 후원자였던 프레더릭 해리슨[ii]과 존 몰리는 그를 잠시 실증주의로 전향시켰다. 그럼에도 기싱의 외로운 기질은 곧 그에게 목적

---

i 여기서 모던, 즉 기싱이 뜻하는 근대는 1857년~1903년. 근대는 가까운 시기라는 뜻과 1887년의 개항 이후부터 1919년 3·1운동까지, 서구에서는 17~18세기에서 1914년 1차 세계대전까지를 가리킨다.

ii Frederic Harrison(1831~1923): 영국의 법률가이자 역사학자.

을 박탈당한 인간 존재의 끔찍한 고독을 알게 해주었다. 근대 생활 분석에서 기싱은 그가 끔찍한 명성을 획득한 빈민가에서나, 혹은 그의 짧은 경력에서 나중에 알게 된 상류 인사들 사이에서나 도덕적 행위가 강제되지 않는 사회가 반드시 맞게 되는 현상을 폭로했다. 기싱은 자신의 종교적 신앙을 회복하지는 못했지만 『Demos(민중)』에 나오는 와이번 씨(Mr. Wyvern)나, 『Born in Exile(유배지에서 태어난)』에 등장한 목사 등 구식 성직자들을 묘사할 때 사라진 확신을 좇는 동경을 드러냈다. 젊은 시절, 단순히 감정으로 확신하는 사람들 때문에 개종할 만큼 겸손하지 않다고 썼을 때 스스로 내보였던 편협한 불가지론을 나중에는 부인했다. 1880년에는 "인간 지식의 위계와 분명한 연결을 지어서 과학적 기초 위에 자신의 신조를 세워라. 우리는 기꺼이 그 신조들에 우리 체계 안의 한 위치를 부여한다"고 여동생에게 말하기도 했다.[7] 20년이 지나 기싱은 자신의 잘못을 고백했다. 이론과학이든 응용과학이든 과학은 우리 시대의 불행을 증가시키는 주요 도구이다. "영원이 아니라면 앞으로 오랫동안 과학은 인류의 냉혹한 적이 되리라는 나의 확신 때문에 나는 과학을 두려워하고 미워한다. 나는 삶의 소박함과 부드러움, 세계의 모든 아름다움을 파괴하는 과학을 보았다. 나는 문명이라는 가면 속에 야만을 다시 불러오는 과학을 보았다. 나는 인간의 마음을 어둡게 만들고 그들의 심장을 돌처럼 만드는 과학을 보았다. 나는 '과거의 수천 가지 전쟁'의 중요성을 하찮게 만들어버리고, 아마도 인류가 애써 이룬 진보를 피범벅의 혼란으로 몰아넣을 지도 모를 그런 거대한 갈등의 시간을 초래하는 과학을 보았다."[8]

러스킨[i]식 사회주의에 푹 빠져 『Workers in the Dawn(새벽의 노동자들)』을 썼던 1880년의 소년은 "진보적인 급진정당의 대변인"이 되고자 했다. 그러나 사회개혁은 실증주의의 전철을 밟았고 성숙해진 기싱은 비천한 거리의 주민들이 어떤 사람인지 보게 되었다. 4년 뒤 『The Unclassed(계급이 없는 사람들)』에서 웨이마크(Waymark)는 젊은 날의 기싱이 가졌던 사회주의, 감상적인 생각과 자기중심주의로 만들어진 사회주의를 해부한다. "나는 종종 과거의 나 자신을 하나하나 쪼개어 분석하는 즐거움을 누린다. 노동자들의 모임에서 연설이나 하던 폭력적 급진주의 시대의 의식적인 위선자는 아니었다. 잘못은 내가 나 자신을 대단히 불완전하게 이해했다는 데 있었다. 고통받는 대중을 대변하겠다는 열정은 사실 나 자신의 굶주린 열정을 대변하겠다는 생각에 지나지 않았다. 나는 가난했고 절망적이었다. 삶에는 아무런 즐거움이 없었고 미래는 희망이 없는 듯했다. 그러나 나는 열정적인 욕망으로 들끓었다. 내 모든 신경은 충족되길 원한다고 외치는 갈망이었다. 나는 내 자신을 무식하고 가난한 사람과 동일시했다. 나는 그들의 요구를 나의 것으로 만들지 않았다. 내 요구를 그들의 것으로 만들었다. 결코 만족될 수 없는 갈망에 예속됐기 때문에 나는 자유를 절규했다."[9] 그 이후 기싱은 모든 형태의 사회주의를 단념했다. 문학적 예술에 자신을 헌신하겠다고 선언했다. 그러나 그의 예술은 수년간 사회적 불행의 폭로였다.

웨이마크처럼 기싱은 선천적인 급진주의자가 아니었다. 가난하고 무식한 사람들을 사랑할 수 없었으며 그들 모두를 한꺼번에 볼 때 기싱에

---

i John Ruskin(1819~1900): 영국의 빅토리아 시대의 예술 비평가, 수채화가, 저명한 사회사상가.

게는 혐오의 대상이었다. 그들을 둘러싼 도시의 부패와 산업의 추악함 만큼이나 역겨워했다. 고통받는 대중은 스스로의 걱정을 억제할 수 없었다. 그들은 사회를 지배하기에 적절하지 않다. 이것이 1886년에 출간된 『Demos(민중)』의 주제다. 소설에서 노동자 출신의 사회주의 영웅인 리처드 머티머(Richard Mutimer)는 나중에 불한당으로, 야망과 번영 탓에 타락한 인물로 드러난다. 머티머의 자선 활동 계획을 망쳐버리는 몰락한 젊은 시골 지주가 사실은 더 훌륭하고 현명한 사람으로 판명된다. 1887년에 발간된 『Thyrza(티르자)』에서 길버트 그레일(Gilbert Grail)은 노동자의 다른 풍모, 겸손하고 관대한 모습을 보여주지만, 빈민가가 그를 짓밟아버린다. 런던의 프롤레타리아트를 다룬 최고의 소설은 1889년에 발간된 『The Nether World(지옥)』다. 그의 초기 작품 중에 가장 설득력 있는 소설이다. "분명히 어떤 점에서는 가장 강력한 작품이며 피로 쓰인 편지다. 비교적 평온함의 상태에서 기억된 고통의 붉은 방울들은 가장 강력하게 表現됐다"고 토머스 세콤[i]은 말했다.[10] 기싱은 사회주의와 관계를 끊었다. 이제 인간의 본성만이 유일하게 개혁 가능하다고 말하는 것은 기싱의 권리가 아니라 의무였다. 『The Nether World(지옥)』의 중심은 클러큰웰이다. 이곳에 가면 의료 봉사자들의 아치 구조물이 침몰한 시대의 파멸이라는 때가 묻은 채 서 있다. "클러큰웰에서 갈 수 있는 곳에 가라, 모든 손에는 악몽처럼 견딜 수 없는 잡다한 수고의 증거들이 있다." 품위 있는 인물이 빈곤의 타락에 맞서 싸우는 투쟁은 이 무자비한 책에서 열심히 노력하는 사람들을 묶는 실이다. 책이 끝날 때 누구에게

---

i   Thomas Seccombe(1866~1923): 영국의 작가.

도 행복은 남아 있지 않다. 그러나 그때 행복은 거의 생각조차하기 어렵다. 행복을 잠시 미뤄둔다면, 두 사람은 어떤 의미에서 빈곤을 퇴치했다. 왜냐하면 그들이 묵묵히 참으며 자신들의 의무에 매달렸기 때문이다. 그들은 자신 안에 있는 최선에 진실했다. 『The Nether World(지옥)』는 하나의 무덤에서 시작해서 다른 무덤에서 끝난다. 인생이 그들을 좌절시킨 3년 뒤 구름이 잔뜩 낀 봄 날, 희망은 잃어버리고 사랑은 거부당한 채 시드니 커크우드(Sidney Kirkwood)와 제인 스노든(Jane Snowdon)은 묘비 위에서 손을 맞잡고 작별 인사를 나누며 각자 자신들의 길로, 의무를 다하는 단조로운 삶으로 되돌아간다. 슈터스 가든(Shooter's Garden)에서 그 최악에 경악하고, 크라우치 엔드(Crouch End)의 품위 있는 지루함조차 참을 수 없는 단조로움으로 여기는 근대 도시 생활의 퇴락에서 기싱은 거룩한 장소가 아니라 금욕적 수용과 자기 수정을 인지한다. 사회 정의를 꿈꾸는 커크우드를 향해, 보통선거권을 갈망하는 존 휴이트(John Hewett)에게 기싱은 불쌍히 여기는 듯 미소를 보낸다. 이 견고한 기싱의 세계에서 인간의 전반적인 의무는 그 자신의 본성이라는 요새 안에서 전 방위로부터 가해지는 공격을 견뎌내는 것이다.

나중에 나온 기싱의 소설은 대부분 모든 사회적 계급에서 나타나는 근대적 삶의 외로움과 좌절에 맞서 싸우는 길고 긴 항의다. 과잉 교육의 세계를 다룬 소설 『The New Grub Street[i](새로운 그럽 거리)』의 해럴드 비펜(Harold Biffen)은 공원에서 독약을 마신다. 『The Emancipated(해방된 사람들)』, 『The Odd women(그 기묘한 여성들)』, 『In the Year of

---

i 영국 런던 중심부에 싸구려 대필 작가가 모여 산다는 빈민가.

Jubilee(희년의 해)』, 『The Whirlpool(소용돌이)』는 자유롭지만 불행한 여성의 세계, 그 윤곽을 그렸다. 허식과 파괴를 초래하는 자기중심주의의 세계는 『Denizil Quarrier(채석공 데니질)』, 『Born in Exile(유배지에서 태어난)』, 『Our Friend the Charlatan(우리의 친구 그 협잡꾼)』에서 나타난다. 기싱의 모든 노력은 도덕적 보수주의의 작품들로 나타났다. 노동계급을 불만족스럽게 만들겠다는 근대 개혁가들의 광신적인 결의는 우리 모두에게 저주다. "그것은 이 시대 거대한 오류의 하나다"라고 『Demos(민중)』의 와이번(Wyvern)이 말했다. "아니다. 이 개혁들은 엉뚱한 사람들에게 적용된다. 그들은 틀린 곳에서 시작한다. 의무감을 느낀다면 우리의 목소리를 높이자. 우리는 최선을 다해 옛날의 단순한 기독교 법칙을 교육받은 사람들이 우리의 말을 듣게 하자."[11] 기싱은 후기 저작에서 이런 설교자였다. 그러나 사회적 부흥을 바라는 그의 희망은 아주 작았다.

근대 사상의 오만한 세속주의는 우리의 문학과 철학의 모든 아름다움을 파괴한다. 건전한 옛 목사들은 『Born in Exile(유배지에서 태어난)』의 브루노 칠버스(Bruno Chilvers)라는 회칠한 무덤 같은 목사에게 밀려난다. 브루노는 사적으로 선언한다. "과학의 결과는 우리 시대에 주어지는 신의 목소리다. 그것을 무시하거나 두려워한다면, 새로움이 우리에게 충실한 지지를 요구하는 동안 옛 법의 아래에 그대로 남아 있는 셈이다. 이는 지나간 시절 유태인들의 과오를 반복하는 꼴이다. 성 바오로는 적게, 다윈은 더 많이 따라야 한다. 루터보다는 허버트 스펜서를 더 따라야 한다."[12] 그리고 새로운 집산주의는 사회주의로 불리거나, 이 시대의 주인인 바리새인들의 입에 더 붙는, 그 무엇으로 부르던 그나마 살덩어리의 삶이나마 견딜 만하게 만들어주는 다양성과 개별성마저 제거하려고 한다. 기싱은 "민주주의가 원하는 모든 권력을 갖게 되는 시대를 볼 때까지 오래 살지 않게 해주소서"라고 1887년에 썼다.[13] 1879년에 그는 1900년이 되면 위대한 것들이 풍성해지리라 기대했다. 그러나 20세기로 접어들었을 때 괴물 같은 사회적 노쇠의 시작을 응시하게 되었다. "세계의 야만화는 즐겁게 진행된다. 틀림없이 앞으로 몇 년간 계속되는 전쟁이 있을 것이다. 신문을 보기가 혐오스럽다. 나는 가급적 많은 옛 시인들에 고개를 돌린다. …어떤 끔직한 공포가 이 세계 앞에 기다릴지 누가 알겠는가? 문명이 나쁜 상태에 머문 지 100년하고도 50년은 되었다."[14] 하비 롤프(Harvey Rolfe)는 『The Whirlpool(소용돌이)』 마지막 페이지에서 새로운 제국주의를 반쯤 아이러니하게 추인하며 그렇게 고함친다. 어쩔 도리 없는 우리의 도덕적 혼란에서 나오는 소리다.

고귀한 쾌락주의를 표현하는 『The Private Papers of Henry Ryecroft (헨리 라이크로프트 수상록)』은 우아하고 진중하며 작은 책이다. 기싱이 마흔이 채 넘지 않은 나이에 생 장 드 뤼즈[i]에서 폐병으로 죽어가던 1903년에 출간됐다. 이 책은 벽난로에서 교회 종소리까지 영국에서 유서 깊은 것 모두를 다 사랑하는 사람의 증언이다. 그리고 사려 깊은 사람들에게 옛날 방식에 있었던 아름다움과 진실을 일깨우는 측면에서 보수주의에 끼친 영향력으로만 따지면 토리당 의원들이 이 세기에 했던 모든 발언을 합친 것보다 더 많은 일을 해냈다. 기싱은 모든 혁신적인 이단을 공공연히 버렸다. 우리는 심연 위에서 그나마 남아 있는 더 나은 세계에 매달린 사람처럼 집요하게 매달려야 한다고 말했다. 기싱은 대중의 친구가 아니

---

i St. Jean de Luz: 프랑스 남단의 서부 아키텐 피레네자틀랑티크 주 비스케이 만의 동쪽, 비아리츠의 남쪽에 위치한 어업 도시, 건축물과 요리로 유명한 휴양 도시.

었다. "내 존재의 모든 본능은 반민주주의적이다. 나는 민중이 압도적으로 지배할 때 영국이 어떻게 될지 생각하기조차 두렵다." 집단적인 존재로 인간은 어떤 악도 행할 준비가 된 주제넘은 창조물이다. "민주주의에는 문명의 모든 세련된 희망에 위협적인 것들로 가득하다. 민주주의와 부자연스럽지 않은 교우관계에 있는, 군국주의에 토대를 둔 군주권이 부활하게 되면 민주주의의 앞날은 충분히 의심스러워진다. 어떤 대량학살의 신이 나타나서 모든 나라들은 서로의 목을 찢으려 든다."[15] 대중의 이런 공포와 무질서의 충동에 맞서 우리를 최우선으로 보호하는 게 영국 정치의 전통이다. 영국인들이 난해한 정치이론보다 더 우월했다.

　　정치적으로 말하면, 그들의 강점은 수립된 사실을 존중함으로서 보완되는 편의의 인정에 있다. 특별히 그들에게 명료했던 사실의 하나는 그들의 마음, 성정, 습관은 이 바다에 둘러싸인 영역 안에 오랜 세대를 지나며 수립된 정치 체계가 적합하다는 것이다. 이는 관념들과 무관하다. 그들은 한 번도 인간의 권리들을 생각하느라 애쓰지 않았다. 만약 당신이 그들에게 오랜 시간 충분히 점원, 농부, 싸구려 고기를 팔러 다니는 사람들의 권리를 이야기한다면 그들은 귀 기울여 듣는다. 그리고 어떤 경우든 그 사실들이 분석됐을 때 그들은 그 문제를 다룰 방법을 찾게 된다. 이러한 특징을 그들은 상식이라고 부른다. 모든 사정을 고려할 때 그들에게 이는 막대한 도움이 된다. 나머지 다른 세계도 이 때문에 얻는 득이 적지 않다고 말할 수도 있다. 비상식이 때때로 그들에게 더 크게 도움이 됐다는 사실은 논점이 아니다. 영국 사람들은 사실을 있는 그대로 다루며 무엇보다도 그 자신의 존재를 받아들인다.[16]

민주주의는 영국의 전통과 그곳에 깊이 뿌리내린 정서로 볼 때 이질적이다. 영국의 미래는 귀족적인 관념(배젓이 40년 전에 사라진다고 안타깝게 보았던 존숭의 정신)과 개별성을 잃은 채 무채색으로 존재하는 대중의 문제들을 조화시키는 데 달려 있다. "민주적 영국인은 그 자신의 본성이라는 법칙에 따를 때 위험해진다. 그는 거칠고, 방탕하며, 오만한 자신의 본능을 인도해온 규범을 상실했다. 그는 명예로운 권리, 타고난 고상함의 자리에, 아마도 모든 천박한 태도를 타고난, 단순한 평민을 대신 세웠다. 자기 확신을 시끄럽게 과시하지만 그 인간은 불안에서 벗어나지 못한다."[17]

웨스트 라이딩(West Riding)의 방앗간 마을에서 태어난 "계급 없는" 소설가는 20세기가 시작되던 무렵 이렇게 버크의 확신을 다시 그대로 반복한다. 당시 보수당의 가장 인기 있는 지도자는 버밍엄 출신의 급진적 제조업자로, 영국인 4천 2백만 명에게 남아프리카 공화국의 금과 다이아몬드를 가져다주는 데 성공했다. 이로 인해 빅토리아 시대의 성실성은 서서히 약화됐다. 조지프 체임벌린이나 시드니 웹이 보았던 영국의 미래에 조지 기싱은 억누를 수 없는 혐오감을 느꼈다. 이 공장의 그림자가 드리워진 비인간화된 국가에서 아마도 "가정이라는 단어는 노령연금을 인출하는 은퇴한 노동자의 공통된 거처를 지칭하는 오직 특별한 그 의미만 가졌다." 영국의 특별한 특징이었던 안락함조차 새로운 사회 정치적 조건에 살해돼 사라지는 듯했다. "새로운 형태의 마을을, 노동계급이 거주하는 곳을, 부자들이 사는 거주지 사이에 세워진 공동주택의 고층 '아파트'를 바라보면 그렇게 생각할 수밖에 없다. '안락'이라는 단어가 여러 언어에서 계속 사용되겠지만 그 단어가 의미하는 내용을 어디에서도 전혀 발견할 수 없는 날이 올지도 모른다."[18]

이는 전체 사회로 확산된 『The Nether World(지옥)』의 정신적 기근일지 모른다. 기싱은 마치 단테의 『신곡』 「연옥」 편에 등장하는 파리나타[i]처럼 지옥을 경멸한다는 듯 이 말쑥한 사회주의적 연옥이 다가오는 모습을 응시한다. 이는 우리의 사회적 혁명들의 정점일 것이다. 숨이 붙어 있는 한 뒤흔들린 헌정 체제와 사라지는 아름다움에 굳건히 매달리려는 게 여전히 우리 같은 인간들이다.

3. 아서 밸푸어의 보수주의와 사회주의의 물결

아서 밸푸어는 지난 백 년간 가장 흥미로우면서도, 가장 실패한 정당 지도자의 하나다. 그는 현실 정치가 어설프게 교육받은 사람들의 오락이라는 기싱의 말을 의심 없이 수긍했을지 모른다. 밸푸어는 철학자였다. 그러나 독창적인 정치사상가는 아니었다. 그의 삼촌 솔즈베리 경처럼 밸푸어는 정치의 일반화를 불신했고 대중적 인기에 무관심했다. 정치인다운 그의 솜씨를 평가절하하려는 의도는 없다. 그는 새로 내린 눈 위를 흔적조차 남기지 않은 채 걸어 다닐 수 있는 대단히 운이 좋은 신사의 하나로, 모호함과 정치적 타협의 명수였다. 밸푸어는 원하면 거의 모든 사람을 만족시킬 수 있었다. 그는 인간의 동기를 꿰뚫어보았으며 정치적인 수완도 있었다. 그러나 인간으로서 천성적인 상냥함은 주요한 문제

---

i Farinata degli Uberti(1212~1264): 실명은 마넨테 데글리 우베르티(Manente degli Uberti)로 이탈리아 귀족이며 군사 지도자. 일부 동시대인들이 이단으로 치부했으며 사망 후 종교재판을 받아 다시 처형됐다. 단테의 『신곡』 「연옥」 편에 등장하는 모습으로 기억된다.

에서 실패하게 만들거나 원칙에서 오락가락하는 모습을 보이도록 했다. 1902년의 교육법, 시오니즘과 밸푸어 선언[i], 관세 개혁을 다루는 어떤 실질적인 정책도 완곡하게 회피했던 점 등이 그렇다. 보수주의자로서 밸푸어가 지닌 행동의 원칙은 그에 앞선 솔즈베리 경처럼 기민한 지연과 개선이었다. 시드니 웹이나 버나드 쇼의 사회주의보다는 솔즈베리나 밸푸어의 보수주의가 스스로를 페이비언이라 부를 권리가 있었다.

이는 조지 세인츠버리가 찬양하는 보수주의의 일종이다. 1867년 이후 토리 민주주의와 약혼한 디즈레일리의 보수주의에 뒤이어 분명히 신중한 반응이었다. 근거가 충분한 불안감의 충동에 따라 보수주의자들은 랜돌프 처칠[ii] 경의 정서적인 계급 타파 토리즘을 거부했다. 밸푸어는 처칠, 고스트[iii], 드러먼드 울프(Drummond–Wolff)가 속했던 "제4의 당[iv]"에서 떨어져 나왔다. 세인츠버리는 "그 새의 눈앞에 다른 새들이 이미 붙잡힌 채 펼쳐져 있는, 아니 펼쳐지는 전 과정과 포획의 결과가 거듭 훤히 드러나는 그물이 참사 그 자체라는 사실은 충분히 상식에 가까운 지식이다. 토리 민주주의라고 불리는 게 아마도 그 상식의 가장 근대적인 사례다"라고 썼다.[19]

밸푸어는 토리 민주주의라는 그물에서 보수주의를 구해냈다. 그러

---

i   Balfour Declaration: 영국 정부의 외교정책 방향이 담긴 문서로, 1917년 당시 외무장관이었던 아서 밸푸어는 유대인을 대표하는 월터 로스차일드에게 편지를 공식적으로 보내 유대인이 팔레스타인에서 민족적 고향을 건설하겠다는 것을 지지했다.
ii Lord Randolph Henry Spencer–Churchill(1849~1895): 영국의 정치인으로 토리급진주의자. 토리민주주의라는 표현을 만들었으며 윈스턴 처칠의 아버지이기도 하다.
iii Sir John Eldon Gorst(1835~1916): 영국의 변호사, 정치인.
iv The Fourth Party: 1880~85년에 이르기까지 영국 의회의 의원 4명(Lord Randolph Churchill, Henry Drummond Wolff, John Gorst and Arthur Balfour)을 통칭하는 명칭이었다. 명칭에도 불구하고 그들 모두 보수당 평의원들이었다.

나 다른 한편으로는 거의 무조건적으로 항복했던 버밍엄 브랜드의 새로운 보수주의에서도 보수주의를 구해냈다. 존 고스트 경은 1906년 토리가 선거에서 패배한지 몇 달 후에, 여전히 토리즘의 희망은 국민에게 보내는 의심하지 않는 믿음에 있다고 생각했다. "교회와 왕, 귀족과 평민, 모든 공공 제도는 평민들의 복지와 행복을 장려하는 한 그대로 유지된다"는 믿음이었다. 처칠과 고스트는 계급이나 경제적 이해 집단, 개인적 오류의 가능성과도 동떨어진 추상적 "국민"에게 정서적 헌신을 바쳤다. 그러나 이는 디즈레일리의 국민 공동체(nationality)라는 개념의 곡해에 지나지 않았다. 디즈레일리는 이미 "국민"이라는 개념을 오래 전에 부인했다. 1891년 밸푸어의 지도 아래 보수주의자들은 국민에 보냈던 이 신뢰에서 급히 벗어났다. 로즈버리 경[i]은 이를 토리즘이라는 양의 탈을 쓴 급진주의의 늑대라고 정의했다. 번[ii] 교수는 다음과 같이 관찰했다. "어떤 혁명적인 변화라도 토리나 보수주의 정부가 행하는 한 칭찬받을 만하다고 고스트는 생각했을까? 토리의 끈이 토리의 칼에 잘린다면 아무 때나 다모클레스의 칼[iii]이 떨어져도 된다는 말인가?"[20] 원칙을 초월해 당을 사랑하는 이 마음은 솔즈베리(아직 크랜본 자작으로 불리던 1868년 이전에)가 디즈레일리에게서 발견했던 불안함이었다. 엄청난 사회 경제적 변화가 가득한 시대에, 국민에 보내는 단순한 믿음은 바람직하지 않다. 국민들

---

i   Archibald Philip Primrose, 5th Earl of Rosebery(1847~1929): 로즈버리 경(Lord Rosebery)으로 알려진 영국의 자유주의 정치인. 1894년에 총리를 역임했다.

ii   William Laurence Burn(1906~1966): 영국의 역사학 교수, 변호사.

iii   Sword of Damocles: 위기일발의 상황. 다모클레스는 기원전 4세기 전반 시칠리아 시라쿠사의 참주(僭主) 디오니시오스 2세의 측근이었던 인물. 디오니시오스는 다모클레스를 호화로운 연회에 초대하여 한 올의 말총에 매달린 칼 아래에 앉혔다. 참주의 권좌가 언제 떨어져 내릴지 모르는 칼 밑에 있는 듯 항상 위기와 불안 속에 유지된다는 것을 가르쳐주려는 목적이었다.

이 익숙하게 생각했던 여러 랜드마크가 변화 때문에 휩쓸려가면, 국민 스스로 그들이 무엇을 원하는지 또 그들이 어디에 있는지 알지 못하게 된다. 그나마 국민이라는 통일체가 존재한다고 해도 말이다. 솔즈베리와 밸푸어는 거대한 행동의 시대에 귀족적 지도력과 예방책을 제공하려 노력했다.

이렇게 보수주의는 20세기의 스킬라는 잠시 피했으나 카리브디스[i]는 여전히 남아 있었으며 호시탐탐 위협을 받았다. 바로 조지프 체임벌린의 변형된 급진주의와 그가 대변했던 산업적 이해 집단이었다. 이들은 민주적이었으나 정서적이 아니라 오히려 제국주의적이었으며, 비국교도 혹은 세속적인 이해 집단으로서, 토지 소유자들의 이해를 경멸했고 온정주의적 입법을 통한 물질적 변화를 선호했다. 밸푸어는 매력과 재치로 토리 군단에 가세한 촌스러운 보조자들을 길들였다. 그들의 목적과 보수주의 원칙들을 조화롭게 만들었기 때문에 솔즈베리가 정치에서 은퇴했을 때 체임벌린은 기꺼이 밸푸어 밑에서 일했다. 1924년 세인츠버리는 "우리는 언제나 사태가 망하도록 도울 수는 없다. 그러나 우리는 그것들이 천천히 망하게 하거나 때로는 멸망의 길에서 벗어나게 할 수는 있다"고 썼다. 이것이 솔즈베리와 밸푸어가 영국의 문제와 보수주의에 새로이 가세한 자유통일당을 다룰 때 썼던 정책이다. 세인츠버리는 건전한 보수주의 투쟁가의 원칙이 다음과 같다고 덧붙였다. "가능한 많은 부분을 지키면서 일관되게 싸울 수 있다면 그렇게 싸워라. 그러나 단계적이고 무의

---

i Scylla and Charybdis: 그리스 신화에 나오는 괴물로 해협의 양쪽에 살면서 항해자들을 괴롭혔다. 한 쪽 괴물을 피하려면 다른 쪽 괴물을 맞닥뜨려야 한다. 그래서 "between Scylla and Charybdis"라는 표현은 진퇴양난을 의미한다.

미한 양보로 싸움을 피할 수 있다면, 싸움을 피하라."[21] 밸푸어는 비슷한 전제 위에서 행동했다. 그러나 그러한 책략에도 불구하고 1906년 자유당의 승리나, 1924년 노동당의 승리를 피할 수는 없었다.

1911년 대부분의 보수주의자가 아서 밸푸어에게 책임을 돌리면서 그의 사퇴를 강요한 것은 토리당이 느꼈던 무력감에 대응하는 혼란스러운 반응의 하나였을 뿐이다. 무력감을 느낀 이유는 1832년 이래 의회가 익숙하게 논란을 벌여왔던 빅토리아 시대의 정치적, 도덕적 논쟁들이 슬그머니 사라져가기 시작하고 대신 새로운 종류의 경제적 계급투쟁이 등장했기 때문이다. 보수주의자들은 밸푸어가 19세기 인물이며 정치학과 경제학을 경멸하는 당당한 대가이자 철기 시대의 예술 애호가 또는 그와 매우 비슷한 무엇이라고 느꼈다. 그들은 안전하고 실천적인 인물을 원했다. 그리고 그들이 보너 로[i]나 스탠리 볼드윈[ii], 네빌 체임벌린[iii]을 보유하게 되었을 때는 다른 종류의 지도부를 필요로 한다는 사실을 알게 되었다. 그래서 결국 그들은 윈스턴 처칠에게 당을 맡기게 된다. 밸푸어는 당시 시대의 변화된 정신에 맞서 싸웠을 뿐 아니라 보수당 자체의 달라진 구성원과도 싸워야 했다. 보수주의는 여전히 시골 신사들의 믿음이었지만 그들은 더 이상 당을 좌우하지 못했다. 1884년과 1885년의 개혁이 지주계층의 영향력을 상당히 감소시켰지만 그보다 더 일찍 이루어진 지방 세력의 경제적 위축이 반영됐을 뿐이었다. 필이 옥수수법을 포기했

---

i   Andrew Bonar Law(1858~1923): 영국 보수당 정치인이자 총리. 캐나다에서 태어났다. 영국 밖에서 태어난 유일한 총리.

ii Stanley Baldwin(1867~1947): 영국 보수당 정치인. 두 번의 세계 대전 사이에 영국 정부를 장악했으며 총리를 3번 역임했다.

iii Arthur Neville Chamberlain(1869~1940): 영국 보수당 정치인. 1937~1940년에 총리를 역임했으며 히틀러에 유화적인 정책으로 유명하다. 그러나 독일이 폴란드를 침공하자 전쟁을 선포했다.

을 때, 농업의 번영을 지켜준 둑은 무너졌다. 그러나 영국의 보편적 번영으로 그 피해의 상당 부분이 한 세대에 걸쳐서 감추어졌다. 영국 농촌에 빈곤을 가져왔던 1877년의 농업 불황은 매우 서서히 개선됐다. 디즈레일리는 필이 몰락한 이래 농업을 보호하는 관세에 매달리는 정당이 영국을 지배할 수 없다는 신념에 따라 바다로 둘러싸인 새로운 관세의 섬으로 농촌 인구와 토지 소유자들을 보호하려고 시도하지 않았다. 그러나 대륙의 국가들은 이미 그러한 조치를 취해서 농촌 인구의 이탈과 지나친 도시화를 억제했다. 독일과 프랑스 그리고 다른 유럽의 국가들은 징병할 농부가 필요했다. 영국은 그럴 필요가 없었다. 영국은 여전히 마을에서 순경을 충분히 징집할 수 있었다. 그것으로 도시의 지배적인 계급들은 만족할 수 있었다. 20세기 중반에 이르면 영국은 전체 노동력의 5%도 채 농업에 종사하지 않는 사회가 되었고, 경찰 지원자를 찾기도 어려워졌다.

밸푸어는 여가와 부가 있으며 농촌에 배경을 둔 계급으로, 역사 시대 이래 영국 사회를 지배해온 옛 토지 귀족의 저명한 일원이었지만 20세기 보수주의를 진정으로 대변하지는 못했다. 인구와 부는 산업적인 직업과 산업 지역으로 옮겨갔다. 정치 권력은 원래 돈과 무력에서 멀리 떨어지길 거부한다. 엔소[i]는 1906년에 끝난 자유통일당의 19년간 지배가 "집권 가문들이 그들의 지위를 유지하려고, 새로이 부상한 사람들의 가장 능력 있는 지도자 체임벌린과 동맹한 덕분이다. 동맹으로 그들의 입지가 수정되고 뒷받침됐기 때문에 가능했던 성공적인 세력의 결집이었다"고[22] 말

---

i   Sir Robert Charles Kirkwood Ensor(1877~1958): 영국의 작가, 시인, 언론인. 자유주의적 지식인이자 역사학자.

했다. 심지어 밸푸어가 더 능력 있는 현실 정치인이었다 해도 영국의 옛 지배 계급들은 존숭이라는 개념을 잊어버린 도시민주주의에의 항복을 그리 오래 미루지는 못했을 것이다. 밸푸어는 실패하지 않았다. 그가 속했던 계급 모두가 실패했을 뿐이다. 그들은 의무를 저버리지 않았다. 그들의 손은 원치 않았지만 누군가 그 의무를 낚아채갔다. 영국의 귀족계급은 서구 사회가 목도한 가장 양심적이고 지적인 집단으로, 결코 퇴폐적으로 변하지 않았다. 그들은 단지 거대한 물결에 휩쓸렸을 뿐이다. 그래서 1906년 이래 무기력하게 서 있을 수밖에 없었다. 그들의 재산권은 자신들의 정치적 영향력을 따라 도시와 산업 대중의 관리 아래 휩쓸려 들어갔다. 밸푸어는 그 귀족들이 우세했던 시대의 마지막 부분을 이끌 지도자가 되기엔 충분했다. 비록 정치 지도자라기보다는 많은 능력을 지닌 신사였는지 모르지만 말이다.

"나는 남이 칭찬해주면 다소 행복하다. 남이 나무랄 때도 그다지 불편하지는 않다. 그러나 설명되어질 때는 불편한 순간이 있다." 밸푸어는 이렇게 자기 자신을 말했다. 그의 미묘한 성정을 여기서 설명하지는 않겠다. 그것을 시도한 사람은 아무도 없기에 밸푸어 경의 만족할 만한 전기는 아직 없다. 보수주의 사회사상의 영역에서 밸푸어가 했던 행위나 말이 그 자신이나 그가 요약해 보여주는 계급이나 문화보다 더 중요하지 않다. 후세의 견지에서 보면 그의 초연함과 게으름은 미덕으로 보인다. 이제 정치적 권위는 광신자나 통계학자가 장악했기 때문이다. 서머벨[i]은 그를 멜버른 경[ii]과 비교했다. "그가 통치했던 시절 다루었던 문제 대부분

---

i   David Churchill Somervell(1885~1965): 영국의 역사학자이자 교사.
ii William Lamb, 2nd Viscount Melbourne(1779~1848): 보통 멜버른 경으로 부른다. 영국의 휘그

에서 자신의 이해를 거의 고려하지 않았거나 않았다고 보이기 때문에 그런 개인적 특성의 기준에서라도 그런 사람이 총리의 자리에 올랐어야 했다. …밸푸어 역시 가을의 장미였다. 이미 서리가 내리기 시작한 아주 늦은 시기에 위험하게 피어나 최상의 향기를 뿜는 꽃이었다."[23] 그는 음악과 철학을 정치보다 훨씬 더 사랑했다. 그는 요즘 들어 읽을 만한 글을 정치 분야에서는 거의 남기지 않았다. 그러나 그의 이론 신학 연구는 영속적인 가치가 있으며 뉴먼의 성취가 보수적이었던 의미에서 보수적이다.

1879년에 발간한 『A Defence of Philosophical Doubt(철학적 의심의 변호)』, 1895년의 『Foundations of Belief(믿음의 기초)』, 1915년의 『Theism and Humanism(유신론과 인본주의)』, 1923년의 『Theism and Thought(유신론과 사고)』 등 밸푸어는 철학적 저술 네 권을 발표했다. 이 저술의 핵심은 파스칼의 금언, 심장에는 이성이 모르는 이성이 있다는 말과 유사하다. 밸푸어는 뉴먼이 회의적이었듯 회의적이다. 근대 과학의 기초들이 절대적 지식에 뿌리를 두지 않았다는 사실을 예리하게 의식했다. 오히려 종교적 확신과 비슷한 근원에서 근대과학의 지식이 유추됐다는 걸 알았다. 사고하는 인간에게 단지 물리적 연구와 감각적 증거의 자료만 허락된다면 우리는 의심의 고통 속에 영원히 괴로워해야만 한다. 다른 점에서는 몰라도 이 점에서 밸푸어는 프란시스 베이컨에 동의한다. 의심에서 시작하는 사람은 확실성에서 끝을 맺는다. 높은 단계의 회의주의는 지혜로 가는 준비다. 의도적으로 불신을 추구하는 자기중심주의자의 편협하고 파괴적인 회의주의가 아니라 증거의 결핍을 지적으로 인

___

정치인으로 내무장관가 총리를 역임했다. 빅토리아 여왕을 정치에 입문시켰다고 알려져 있다.

정하는 회의주의이어야 한다. 회의주의는 믿음을 파괴할 필요가 없다. 오히려 믿지 않는 사람들의 정당화될 수 없는 자기만족을 폭로하는 데 기여한다. 밸푸어는 "정확한" 과학의 주장을 회의적으로 고려하기에 이르는 계몽된 회의주의로 "그들이 답할 수 없는 주장이라고 생각하는 그 무엇이나, 그들이 거의 버릴 수 없는 확신에 천천히 마지못해 굴복하는 사람들에게 일정한 신뢰를 회복해주겠다고 희망했다. 진실을 찾겠다며 그들이 습관처럼 생각해온 이 인생의 안내자와 저 세상의 희망을 포기하고, 이 시대의 창의력이 공급한 이상한 종교적 대체물에서 피난처를 구하려는 사람들에게 확신을 회복시켜주고자 했다."[24] 진정으로 합리적인 회의론자는 이러한 이상한 대체물의 뻔뻔스러움을 발견하게 된다. 실증주의가 그중 하나다. 이처럼 회의주의는 오히려 신앙심의 도구다. 회의주의는 밸푸어를 유신론으로 이끌었다. 단순히 애매한 통일체나 동일성이 아니라 존재, "인간이 사랑할 수 있는 신, 인간이 기도할 수 있는 신, 편을 들어주며, 목적과 선호가 있으며 그의 특성들이 어떻게 표현되든지 그가 창조한 사람들과의 인간적 관계의 가능성을 손상하지 않은 채 남겨 놓은 그런 신"을 믿는 것이다.[25]

콜리지는 이를 이성이라고 불렀고 뉴먼은 '추론의 감각(Illative Sense)' 이라고 불렀다. 밸푸어는 자연주의의 물질주의와 반기독교적 관념론에 이 진실을 대립시켰다. 초월적인 존재의 물질적이고 측정 가능한 증거를 요구하는 사람은 자연에 없는 무엇을 주문하는 꼴이다. 그들은 신비로움이 존재하지 않는다고 부인해서 신비를 풀려고 노력하는 셈이다. "그들은 마치 인간이 유령과 마녀의 증거를 찾으려 하듯이 신의 증거를 찾아 나선다. 그들은 우리에게 그의 존재를 말해주는 증표를 보여달라고 말한다. 그의 존재가 어떤 문제를 푸는지 우리에게 말해달라고 한다. 그리고 이 과제들이 행복하게 성취됐을 때 우리는 기꺼이 신을 가설적 원인들의 사이에 놓겠다고 한다. 그 가설적 원인들에 의지해 과학은 우리가 직접적으로 아는, 매일 경험하는 익숙한, 유일한 세계를 설명하려 노력하기 때문이라고 한다." 그러나 이는 신을 마치 하나의 주체로, 분리되는 실재의 한 부분으로 취급하겠다는 식이다. 그러나 "신은 그 자신이 과학적 지식의 조건이다."[26] 오직 자연만 인정하는 세계에서 지식, 사랑 그리고 아름다움은 인정될 수 없다. 그들의 뿌리와 그 절정은 모두 신에 있다. 그리고 신을 부정하는 사람은 지식, 사랑, 아름다움의 정의와 의미를 모두 잃어버리게 된다.[27] 주베르처럼 밸푸어도 정의하려 하지 않으면 신을 아는 게 어렵지 않다고 암시한다. 종교와 과학은 적절하게 이해되면 서로 적대적이지도 배타적이지도 않다. 과학과 종교는 모두 단순한 감각적 증거를 넘어서서 직관과 암시에 의존해야만 한다. 종교를 단순한 도덕으로 축소하려고 노력하는 사람은, 혹은 과학을 독단적인 신조의 지위로 고양시키려 하는 사람은 원시적인 존재에서 문명화된 인간을 구분하는 지혜의 원천에 눈을 감은 사람들이다.

밸푸어의 정치는 권위와 규범, 도덕적 직관에 보내는 비슷한 신뢰로 이루어졌다. 이는 버크의 원칙들이기도 하다. 버크와 마찬가지로 밸푸어는 그런 원칙들을 실제 행정 업무에 적용하는 방법을 알았다. 아일랜드 담당 장관 시절에 보여줬던 그의 실적이 이를 잘 증언한다. 그러나 학식이 높고 때때로 대단히 실제적인 사람이었지만 흥미롭게도 정치적 예견과 희망에서는 대단히 근시안적이었다. 1902년의 교육법은 이런 결함의 예다. "나는 그 법이 그렇게 많은 비용과 많은 관료를 필요로 하리라는 사실을 깨닫지 못했다"고 나중에 고백하기도 했다. 또 다른 예는 1906년 상원의 다수당이라는 지위를 활용해 기쁨에 찬 자유당과 노동당의 혁신적인 입법을 깔아뭉갠 보수당의 저항이었다. 이 때문에 1911년 의회법이 도입됐고 상원은 거의 무력해질 정도로 권한이 축소됐다. 정부 정책 정도에 관련된 판단 착오는 쉽게 복구될 수 있다. 그러나 구조적 변화와 관련된 경우 그 효과는 거의 영원하다. 구조적 변화를 원하는 풍조가 거의 제도화됐을 때 보수주의의 지도자였다는 게 밸푸어의 불운이었다.

경제적이고 재정적인 문제를 혐오한 데다 그러한 가능성을 인지하는 데 대단히 느렸다는 점에서 밸푸어는 구식 보수주의 이해의 대변자였으며 세실(Cecil) 가와 다른 여러 대가문의 유산이었다. 밸푸어는 전통적인 영국의 재기 넘치고 교양 있는 목소리였다. 20세기가 난폭하게 떠밀었지만 그는 여전히 용감했다. 밸푸어는 체임벌린을 평하면서 "조와 나의 차이는 그는 젊고 나는 나이가 들었다는 것이다"[28]라고 말했다. 대단히 맞는 말이다. 체임벌린의 국가사회주의와 산업제국주의는 미래의 물결이었다. 반면 영국 옛 지배계급의 주도권은 밸푸어와 함께 끝났다. 자신과 형제들이 죽어가는 옛 미국의 대변자라고 생각했던 헨리 애덤스는 영국의 밸푸어가 자신들과 비슷한 처지라고 느꼈다. 밸푸어가 보수당의 지도자 자리를 사임하자 애덤스는 그의 동생 찰스 프랜시스 애덤스에게 쓴 편지에서 강력하고 흥미로운 인물들이 역사에서 사라지고 있다고 말했다.

동시대 인물들의 삶이 서가를 채운다. 그러나 누구도 우리의 생각을 풍요롭게 하지는 않는다. 남북전쟁 이후 나는 평생 기억할 만한 인물이 등장하지는 않았다고 생각한다. …더 흥미롭게는 그런 인물이 아예 존재조차 하지 않았고 태어난 적도 없다는 사실이다.

만약 누군가 있었다면 나는 그들에게 매달렸을 것이다. 왜냐하면 나는 그들이 필요했기 때문이다. 인생이 그렇듯 나는 지금 홀로, 매달릴 나무 가지 하나 없이 죽어간다. 나는 우리의 옛 퀸시(Quincy) 언덕에서 겨울을 맞는 외로운 땅의 두더지 신세다. 우리는 추종자도, 학파도, 전통도 남기지 못했다. …나는 아서 밸푸어도 이곳에서 바로 같은 조건들에 굴복했을지 궁금하다. 그는 다가오는 세대를 강제하지는 못했다. 차라리 그 세대를 잘 표현했다.[29]

분명히 밸푸어는 정치적 후계자를 남기지 못했다. 그를 이어받은 보너 로는 바뀐 보수당, 산업과 상업의 정당을 대변했다. 1906년의 총선 이래 1922년 보수당이 다시 일어설 때까지, 일련의 급진적인 법안들은 밸푸어가 왔던 옛 사회를 산산조각 냈다. 정치권력은 여론을 지휘하고 형성하던 구식 정치인의 손에서는 분명 빠져나갔다. 그러나 스티븐이 말했듯이 국가가 놓아버린 권력은 다른 조직이나 개인이 장악하기 마련이다. 사회를 구성하는 수많은 개인들, 각자 자신을 위해 행동하고 공공의 문제를 결정할 때 동등한 무게를 지닌 그런 개인들의 보호 아래 주권이 포기되어야 한다는 벤담식 이론의 영향력은 1913년 다중투표법[i]과 1918년의 인민대의법[ii]의 통과에서 그 정점을 찍었다. 그 이후 거의 예

---

i Plural Voting Act: 영국에서는 1948년까지 대학과 관련된 사람은 대학 선거구와 거주지 선거구에서 두 번 투표할 수 있었다. 재산이 있다면 3번까지 중복 투표가 가능했다. 그러나 1910년 이래 자유주의자들이 정권을 운영하면서 1인 1표를 도입하려고 노력했다.

ii The Representation of the People Act: 선거제도를 개혁한 법으로 영국 성인이 모두 참정권을 얻었으며 30살 이상의 자격이 되는 여성도 참정권을 얻기 시작했다. 이때 남성 560만 명, 여성 840만 명이 새로이 투표권을 얻었다.

외 없이 1인 1표 투표제 원칙이 작동됐다. 이제 유권자는 1,800만 남녀가 됐다. 모든 유권자는 개별적으로 나뉘어 현안을 지적으로 검토해 독립적으로 투표한다고 전제됐다. 그러나 그런 의회의 입법 취지를 부인하며 정치권력은 1인 1표로 뿔뿔이 나뉘지 않았다. 옛 계급과 단체들에서 박탈된 영향력은 새로운 계급과 집단, 특별히 노동조합과 엄격한 규율로 재조직된 정당들이 차지하게 됐고 이들은 의회의 무당파 의원들을 몰아냈다. 보통선거권으로 경제적이고 정치적인 개인주의가 오게 된다던 벤담주의자들의 기대는 한 순간도 실현된 적이 없다. 오히려 정치 지도자들은 새로운 집산주의를 촉진하는 실정법의 제정으로 대중적 욕구를 서둘러 충족시키거나 그에 아첨하려 들었다. 1906년의 노동분쟁법[i], 1909~1910년의 재정법[ii], 1911년의 의회법[iii], 1913년의 노동조합법[iv], 방만한 국가 지출은 보수당 참패의 직접적인 결과물이었다. 노동 계급은 엄청나게 강해졌다. 노령연금이 시작됐고 그 나머지 복지국가의 모습이 갖추어지기 시작했다. 로이드 조지[v]는 부자에게 인질의 몸값을 지불하게

---

i   Trade Disputes Act: 영국 헨리 캠벨-밴너맨 자유주의 정부가 통과시킨 법으로 노동조합은 파업 중에 발생한 피해 보상의 책임이 없다는 내용.

ii Finance Act: 매년 의회가 당 회계연도의 세율, 관세율 세금 면제의 대상들을 정리한 입법. 1909~1910년 회계연도의 재정법은 급격한 세금 인상을 포함했으며, 토지 가격을 조사해 매매 시 인상분에 따른 세금을 매겼다.

iii Parliament Act: 하원과 상원의 의견이 갈릴 때 하원 우세의 원칙을 수립한 법. 특히 상원의 재정 문제 관련 법안의 거부권 행사를 원천적으로 봉쇄했다. 다른 법안도 최대 2년 정도 지연할 수 있는 권리 정도로 제한됐다. 1909년 보수주의자들이 지배적이었던 상원은 자유주의자들이 지배했던 하원이 통과시킨 예산안의 통과를 거부했다. 그러나 연거푸 열린 하원의원 선거에서 자유주의자들이 승리를 거두자 조지 5세는 자유주의자 귀족을 많이 뽑아서 상원의 보수주의자 우세를 무력화시키겠다고 협박했으며 이에 굴복한 상원이 1911년 의회법의 통과를 수용했다.

iv Trade Union Act of 1913: 영국 자유주의 정부의 애스퀴스(H. H. Asquith) 총리가 통과시킨 법으로 노동조합에 정치와 사회 분야 둘로 기금을 나눌 수 있는 권한을 주었다. 조합원은 두 기금에 선택적으로 혹은 동시에 회비를 낼 수 있다.

v   David Lloyd George(1863~1945): 영국의 자유주의 정치인. 영국 재무장관(1908~1915)으로서 근대 복지국가의 초석을 놓은 많은 개혁을 도입했다. 1916~1922년의 전시 연합 내각의 총리로서 숭요한 기여를 했디.

만드는 계획에 시동을 걸었다. 정치적 평등은 완료됐다. 개혁의 정신은 이제 압도적으로 조건의 평등에 초점을 맞추었다.

1906년의 재앙이 벌어진 2년 뒤 밸푸어는 뉴넘 칼리지(Newnham College)에서 국가의 퇴락(Decadence)에 관해 이렇게 말했다. "국가적 특성은 미묘하고 파악하기 어려워서 통계로 표현되지 않고, 실천적 도덕가나 정치인을 만족시킬 거친 방법으로도 측정되지 않는다. 더구나 오래되고 아직 강력한 국가에 깊은 낙담의 분위기가 퍼져갈 때, 거듭 발생하는 악에 맞서는 대응이 점점 미약해져갈 때, 이어지는 파도에 배가 자꾸 더 적게 떠오를 때, 배움이 활기를 잃을 때, 기업들이 약해질 때, 활력이 썰물처럼 빠져나가는 그때, 나는 우리가 필연적으로 인지하는, 만족할 만한 분석에 따라서는 '데카당스'라는 이름으로 손쉽게 구분할 수 있는 사회적 퇴락의 현존하는 어떤 과정이 있다고 생각한다." 한 나라가 데카당스의 상태에 도달했는지 정확하게 정의할 수 있는 사회학은 존재하지 않는다. 진보가 그렇듯이 데카당스 역시 한 공동체에서 너무나 정상적이다. 그러나 우리 사회와 관련해서 "우리 앞에 놓인 위험이 무엇이든 서구 문명에서 지난 1천여 년 간 특징적이었던 전진에서 퇴보나 휴지기의 증후는 전혀 없다."[30] 조드 교수는 1948년에 데카당스를 더 정확히 정의하려고 시도했다. 그는 데카당스가 목표를 잃어버린 삶이라고 정의했다. 보수적인 지도자들은 디즈레일리와 스티븐의 영향력에도 불구하고 심지어 1906년 이후에도 종종 사회적 목적이라는 관점에서 직접적으로 생각하지 않았다.

1914년 봄, 밸푸어는 글래스고대학에서 유신론과 인본주의에 관한 기포드 강의(Gifford Lectures)를 했다. 그 강의료로 그는 휘팅엄에 있는 저택 정원의 철문 두 짝을 샀다. 문의 소용돌이 장식에는 "1914"이라는 글자가 새겨졌다. 그 해 서구 문명의 전진은 떨다가 정지했다. 그러나 사회적 권태의 병적인 증상은 밸푸어 사회의 얼굴 전면에 거의 10년 전부터 이미 퍼져나갔다.

4. 멀록의 과학적 보수주의

잡지 등에 실린 짧은 글을 제외하고 27권에 담긴 멀록[i]의 저작을 어떻게 요약할 수 있을까? 멀록은 주로 한 권의 책, 『The New Republic(신공화국)』으로 기억된다. 그가 처음 쓴 책으로 아직 옥스퍼드대학에 다닐 때였다. 틸롯슨(Tillotson) 교수는 정당하게 "학부생이 쓴 가장 뛰어난 소설"이라고 평가했다.[31] (또한 그 장르에서 토머스 러브 피콕[ii]에 이어 가장 뛰어난 업적이며 아마도 피콕의 가장 뛰어난 작품과 견줄 만하다.) 멀록의 신학적이고 철학적인 연구서들이나, 교훈적인 소설들, 정치적 훈계와 사회적 통계를 담은 열성적인 책들, 심지어 그의 시집들도 여전히 읽어볼 만한 값어치가 있다.

세인츠버리는 "그에게는 놀라운 명민함, 위대한 논쟁적 힘, 광범위하고 정확한 지식과 훌륭한 문체가 있다"고 멀록을 평가했다. "그는 아마도, 아니 실제로 그에게는 아리스토파네스나 스위프트[iii]에 못지않은 소질이 있었다고 나는 믿는다. …『The New Republic(신공화국)』의 그 엄청

---

i William Hurrell Mallock(1849~1923): 영국의 소설가, 경제 평론가.
ii Thomas Love Peacock(1785~1866): 영국의 시인이자 풍자소설가. 대화체 글로 당대의 철학을 비판했다.
iii Jonathan Swift(1667~1745): 아일랜드 출신 풍자가, 수필가, 소설가로 『걸리버 여행기』 등이 유명하다.

난 성공에서 그는 결코 '벗어난' 적이 없었다. 그가 앞세웠던 원칙[i]이 그 이유라고 말한다면 그러한 원칙을 싫어했던 사람들이 즐겨했던 조롱인, '멍청한 무리'라는 딱지를 오히려 그들에게 되돌려주는 셈이다. 우리는 적에 속한다 할지라도 명민한 두뇌를 만나면 그것을 알아본다. 정확히 무엇이 결점이고 허튼 소리며, '악의 기미[ii]'인지 나는 모르겠다. 아마도 기질이나 취향의 과오에 있었을까."[32] 지난 이삼십 년간 사람들은 어느 정도 멀록에 다시 관심을 두기 시작했다. 아마도 멀록이 희망했고 그가 예견했던 선에서 보수주의가 부활했기 때문에 자극받지 않았나 한다. 보수주의 정신에 관심이 있는 사람이라면 누구나 멀록의 매력적인 자서전과 함께 『Is Life Worth Living?(삶은 살아볼 가치가 있는가?)』, 『Social Equality(사회적 평등)』, 『The Limits of Pure Democracy(순수한 민주주의의 한계)』 등에 특별히 관심을 가질 만하다. 멀록은 이미 반쯤은 잊힌 채 1923년에 사망했다. 그러나 영국 보수주의 사상가로서 그에 필적할 만한 사람은 그 이후 없었다. 그는 평생 도덕적, 정치적 급진주의에 맞서 싸웠다. 그 재치와 문체를 한쪽에 밀쳐 놓더라도 그 양과 완벽성에서 멀록의 작품은 어느 나라의 보수주의 저작과 견주어도 타의 추종을 불허한다.

타고 나길 유서 깊은 가문의 시골 신사이며 성향으로는 시인이었던 멀록은 스스로 벤담주의자들과 비슷한 시사 논평가나 통계학자가 되었다. 그가 『Memoirs of Life and Literature(인생과 문학의 회고록)』에서 사

---

i 보수주의
ii Dram of eale: 고전 문학에 나타나는 오타의 하나로, 셰익스피어의 『햄릿』에 나오며 'dram of evil'로 이해해야 한다.

랑스럽게 묘사한 옛 영국의 삶 −멋진 집들, 즐거운 대화, 포도주와 식사, 옛날 방식들의 평온함 등을 지키려는 노력의 일환이었다. 이는 아마도 즐거움의 보수주의일수도 있지만 멀록은 이를 지성의 보수주의로 옹호했다. 이 때문에 그는 영국 정부와 의회 간행물[i]이나 소득세 위원회 보고서에 파묻혀 인생을 보냈다. 멀록은 현대의 보수 정치연구소 전체가 감당할 만한 일을 혼자서 아무런 도움도 받지 않고 해냈다. "영혼에 '먼지 나는 답' 이상을 주고자 진실을 추구한 그의 열망은 그의 책 모두에서 두드러지고 모든 곳에서 명백하다"고 존 스콰이어 경[ii]이 말했다.[33] 진실을 찾아가는 이 노력에서 그는 당대의 가장 강력한 인물들인 헉슬리, 스펜서, 조웨트[iii], 키드[iv], 웹, 쇼를 공격했다. 이 작가들 중 누구도 심지어 버나드 쇼조차 멀록과의 승부를 멀쩡하게 극복해내지 못했다.

어린 시절 멀록은 "그렇게 많이 생각할 필요 없이, 사실상 무의식적으로 받아들였다. 기존 질서에 맞서는 어떤 저항이나 반역은 뻔뻔스러움이거나, 그렇지 않다면 중요성이 거의 없는 행위라고 말이다."[34] 보수주의자로서 그가 처음 열망한 대상은 시에서 고전적 취향을 되살리려는 노력이었다. 그러나 성장하면서 그는 "문학, 종교, 사회적이거나 고전시가 당연하다고 여긴 사물의 전체적인 질서는, 내가 앞서서 견고하다

---

i Hansard: 영국과 영연방 국가들의 의회 토론의 의사록을 지칭하는 전통적인 이름으로, 영국 의회 의사록 최초의 공식적 인쇄인이자 발행인인 토머스 핸사드(Thomas Curson Hansard, 1776~1833)의 이름을 따서 지어졌다.
ii Sir John Collings Squire(1884~1958): 영국의 시인, 작가, 역사학자, 영향력 있는 문학 편집자.
iii Benjamin Jowett(1817~1893): 유명하고 영향력 있는 옥스퍼드대학 교수이자 대학 행정개혁가. 신학자이자 플라톤과 투키디데스 번역가로도 알려져 있다.
iv Benjamin Kidd(1858~1916): 영국의 사회학자. 공무원으로 출발해 독학으로 연구, 1894년 출간한 『사회적 진화(Social Evolution)』로 유명해졌다. 사회 진화나 근대문명은 과학이나 이성이 아니라 종교적 믿음으로 이루어진다고 주장했다.

고 여긴 그 질서는 지금 더 이상 무시할 수 없는 힘에 의해 공격받고 있다"는 사실을 깨달았다. 멀록은 실증주의자와 회의적 과학의 다른 숭배자들에 맞서 전통적인 종교를 옹호했다. 비록 살아가는 내내 로마가톨릭에 끌렸지만("만약 기독교가 불확실한 정서적 분위기 이상의 어떤 명확한 내용을 의미한다면, 그 유일한 논리적 형태는 로마의 전 세계적 교회로 나타난다."), 또 자신의 책 『Doctrine and Doctrinal Disruption(교리와 교리상의 혼란)』이 몇몇 심각한 영국국교회주의자들의 마음을 바꿔 로마가톨릭 공동체에 가입하도록 강제했다고 만족스럽게 이야기하기도 했지만 정작 자신은 죽음의 병상에 이르러서야 로마가톨릭에 입교했다.

극단적 보수주의자인 멀록에게 경외와 충성심을 장려한 사람은 급진적인 토리였던 러스킨[i]이었다. 그가 ("허버트 씨"로서) 『The New Republic(신공화국)』[ii]의 잊을 수 없는 집에 마련된 단상에서 즉흥으로 설교하면서 우리 현대인은 그리스의 신들을 피리 소리로 다시 불러낼 수 없다고 말했을 때, 멀록의 일반적인 노력의 목적이 무엇인지 표현했다.

근대의 무신론은 고대의 무신론과 다르다. 겨울의 길고 검은 밤은 지난 여름의 청명하고 빠르게 스쳐가는 밤이 아니다. 그리스 철학자는 그의 삶을 검게 만들 수 없었다. 왜냐하면 어떤 신비로운 곳에서 떨어지는 빛이 그의 삶을 비추는지 몰랐기 때문이다. 근대 철학자는 그것이 신이라 불린다는 사실을 알고 있다. 이렇게 빛의 근원을 알기 때

---

i   John Ruskin(1819~1900): 빅토리아 시대 영국의 예술 비평가이자 사회사상가.
ii The New Republic: 실존 인물들의 대화로 구성된 소설로 존 러스킨은 소설에서 '허버트 씨(Mr. Herbert)'로 등장한다.

문에 단번에 그 빛을 끌 수 있다. 그럼 이 빛이 꺼지면 당신에게 무엇이 남을까? 예술이나 그림, 아니면 시가 당신에게 위안이 될까? 당신은 그것들이 당신의 삶을 비춰서 당신에게 보여주는 마술 거울이라고 말했던 적이 있다. 그런데 언제나 같고 게으른 방탕한 놀이밖에 비출 게 없다면 응접실의 유리 거울보다 더 나을 게 없다. 왜냐하면 그것이 마지막으로 당신에게 준비된 전부이며, 가장 좋은 것이기 때문이다. 소수를 위해 게으른 방탕한 놀이 대신 준비되는 오직 하나의 대안은 모두가 꿈도 꾸어보지 못한 무질서일 뿐이다. 그러나 나는 그것을 두려워하지 않는다. 누군가는 언제나 강하고 누군가는 언제나 약하다. 만약 신이 없다면, 신성하고 아버지같이 자애로운 질서의 원천이 없다면, 나를 믿어라, 귀족들은 없어도 여전히 독재자들은 있다. 여전히 부자와 가난한 사람은 있고, 그것들은 행복과 불행을 의미한다. 내가 이미 그들은 그러리라고 가끔 생각하듯이 가난한 사람들은 심지어 조금의 합리성조차 없이 신음하는 기계 덩어리이고, 부자들은 합리성 부스러기와 함께 춤추는 일군의 번지르르한 꼭두각시들에 지나지 않는다. 기계 덩어리의 일은 그 꼭두각시들이 계속 움직이게 하는 것이다.[35]

멀록은 러스킨처럼 예술가이자 윤리 사상가였다. 그에게 물질적 진보라는 개념은 바보 같고 섬뜩했다. "손더스 씨"(클리퍼드[i] 교수)는 『The New Republic(신공화국)』에서 "교육이 시험으로 측정될 수 있는 지식이듯이, 통계로 증명될 수 있는 그러한 개선"이 진보라고 정의했다. 멀록

---

i   William Kingdon Clifford(1845~1879): 영국의 수학자이자 철학자. 기하학적 대수학을 도입했다. 멀록의 소설 『The New Republic(신공화국)』에서는 '손더스 씨(Mr. Saunders)'로 등장한다.

은 통계적 오류가 어떻게 문명을 파괴하는지 『The New Republic(신공화국)』의 불가사의한 대화를 통해 드러냈다. 60년 뒤 영국에는 그런 사람들이 위안 삼아 만날 수 있는 시골집들이 거의 남아 있지 않았다. 이렇게 말할 만한 사람들조차 많이 남아 있지 않다. 멀록은 이런 가능성을 얼핏 보았다. 그래서 "어지간히 세상 물정에 밝았던, 상당한 시인이자, 학자, 논리학자, 문장가, 비평가이자 까다롭지만 매정하지 않았으며, 신비스러운 구석이 있는 현실주의자"(스콰이어가 묘사했듯이)인 멀록은 50년간 사회주의자들과 실증주의자들을 몽둥이로 두들겨 패왔다. 조웨트, 헉슬리, 틴들[i], 클리퍼드를 상당히 움츠리게 만들었던 『The New Republic(신공화국)』에 이어 실증주의자들을 풍자한 『The New Paul and Virginia(새로운 폴과 버지니아)』 또는 『Positivism on an Island(어느 섬에서의 실증주의)』로 불리는 책을 출판했다. 이 책에서 멀록은 불운한 클리퍼드 교수[폴 단리(Paul Darnley) 교수라는 이름으로]를 귀양 보낸다. 활기찬 가문의 젊은 여성으로 서른의 나이에 막대한 부 말고는 아무것도 없는 여자로 "자신을 발견한" 버지니아 세인트 존(Virginia St. John)과 함께 말이다. 1880년 그는 『Is Life Worth Living?(삶은 살아볼 가치가 있는가?)』를 출판했다. 이는 실증주의 정신에 가해진 아마도 가장 진지하고 엄격한 공격이었다. 그는 도덕의 영역에서 무신론과 불가지론이 초래할 결과를 보여주려고 분석했으며, 이를 순수한 종교적 감정이 아니라 "소위 말하는 세속적 지식, 유머 감각, 지성에 호소했다.

『Is Life Worth Living?(삶은 살아볼 가치가 있는가?)』는 저자의 신앙 선

---

i John Tyndall(1820~1893): 19세기 유명한 물리학자. 반자성학 연구로 명성을 얻었으며, 첨단 실험물리학을 일반 대중에 설명한 책을 많이 저술했다.

언을 더욱 빈틈없이 자세하게 설명한다. 도덕성과 행복은 초자연적 종교의 기초 없이는 존재할 수 없다는 얘기다. 종교적 신앙심의 대안이라고 실증주의자들이 떠들었던 "연대감"으로는 신의 나라를 결코 세울 수 없다. "사회적 조건이 계속 나아지리라고 우리는 기대할 수 있다. 사회적 기계는 단계적으로 더 부드럽게 작동하리라 희망할 수 있다. 그건 맞다. 그러나 그에 반대되는 긍정적인 무엇인가를 알지 못한다면 이 모든 진보의 결과는 단지 더 많은 조용한 권태나 영혼 없는 육욕에 지나지 않는다. 장미 잎은 더 부드럽게 놓일 수 있다. 그러나 그 위에 누운 인간은 더 지치고 타락한 존재일지 모른다."

　도덕적 목적을 시야에서 놓칠 때 인간의 타락은 시작된다. 면제의 가능성 없이, 자책이 오고, 자기 피로와 무관심도 온다.[36] 과거에 종교적인 훈련을 받은, 현실 세계를 거의 모르는 실증주의적 사상가들은 자신의 유순하고 협소한 감정만이 인류가 규율해야 할 전부라고 상상한다. 만약 그들이 인간의 도덕적 확신과 특성을 변혁하는 데 성공한다면 그들은 인간성의 껍질 바로 아래에 놓인 짐승을 알게 될 것이다. 옳은 일을 하겠다는 습관적인 욕구가 여전히 작동하는 사람들조차 무종교의 발꿈치를 쫓아오는 도덕적 무관심으로 타락을 면치 못한다. "그들을 둘러싼 전체적인 전망은 도덕적으로 창백해져간다. 그들은 물질세계를 바라보는 그들의 태도에서 내면의 세계를 봐야 하는 날이 반드시 오리란 걸 알아차린다. 이런 마음의 상태는 꿈이 아니다. 이는 근대 세계의 질병이다. 우리 세대의 질병이고 그것을 지켜보는 눈을 피해갈 수 없다. 그 질병은 우리 주위에서 매 순간, 대화와 문학, 입법에서 스스로를 무심코 드러낸다."

　과학적 부정의 논리와, 냉혹한 질문에 맞서 다른 곳에 의지하지 말고

용감하게 직면해야 한다. 우리 자신에게 정통 종교가 참인지 거짓인지 물어야 한다. 잃어버린 신앙은 회복될 수 있을까? 외부적인 증명이 종교의 정당성을 결정해야 한다는 실증주의자들의 주장을 받아들여야 할까? 혹은 교회의 전통과 규율이 무신론 그 자체가 비과학적이라고 우리를 확신시킬 수 있을까? 조상을 존중하고 후세를 생각하는 사람들은 근대 문명을 잿더미로 바꾸어버리는 지성의 반달족에 맞서 결연히 저항할 것이다.

로마 제국에 그랬듯이 이 제국 위에 마침내 재앙이 떨어졌다. 일군의 지적인 야만인들이 난입해 무력으로 제국을 구석구석 점령했다. 그 결과는 놀라웠다. 침략자들이 야만인들뿐이었다면 쉽게 퇴치됐을 것이다. 그러나 그들은 야만인이되 문명의 가장 강력한 무기로 무장돼 있었다. 그들은 역사에서 전례가 없었던 새로운 현상이었다. 진정으로 무식의 손 안에 든 진정한 지식을 보여주었다. 그 조합이 지금까지 이루어낸 일은 재조직이 아니라 파멸이었다. 어떤 거대한 운동이 그 초기 단계에 그들 고유의 진정한 성향을 의식했던 적은 거의 없다. 그러나 어떤 거대한 운동도 근대 실증주의처럼 자신들의 성향을 착각하지는 않았다. 눈이 멀었다고 하기엔 너무 잘 보고, 길을 찾아갈 정도로는 잘 보지 못했기 때문에 실증주의는 사상의 세계를 움켜쥐고 더 단단하게 조였다. 이제 인간 앞에 놓인 과업은 인내심 있고 차분하게 지성을 동원해 이 혼란을 질서로 이끄는 것이다.

이 감동적인 책을 출판한 이후 멀록은 철학과 도덕에서 정치, 경제와 사회학으로 몇 년간 방향을 틀었다. 사회민주연맹[i]이 등장하고, 헨리 조지[ii]의 사상이 인기를 끌었으며, 그의 옛 스승인 러스킨의 경제적 개념들이 멀록을 매우 경계하게 만들었기 때문이다. 정치학과 경제학을 다룬 그의 저서 일곱 권 가운데 가장 처음인 『Social Equality(사회적 평등)』이 1882년에 모습을 보이며 첫 결실을 거둔다. 마지막 사회학적 저술인 『The Limits of Pure Democracy(순수한 민주주의 한계)』가 발간되기까지 멀록의 사상은 약간의 정제 과정을 거치고 그의 통계 표들도 약간 수정되었지만 그의 원칙과 방법론은 바뀌지 않았다. 멀록의 목적은 과학적 토대 위에 보수주의 사상 체계의 수립이었다. 과학이 자기들에게 속한다고 주장하는 급진주의자들은 그들의 목적에 맞게 통계를 발명하거나 왜곡했다. 옛 토리들은 정치경제학을 경멸했기 때문에 보수주의자들이 급진주의자들의 그릇된 통계에 맞서 옳은 통계로 답하지 못하게 막았다. 멀록은 보수당 지도자들의 격려를 전혀 받지 못한 채 홀로 그 불균형을 바로잡으려 했다.

거의 초창기부터 보수당은 불쌍할 정도로 정치경제학의 이해에 취약했다. 버크는 그 분야를 존경할 만하게 꿰뚫었다. 피트도 재정은 이해했다. 그러나 [허스키슨과 헤리스(Herries)를 제외하고는, 그 둘 다 적합한 지도자는 아니었다] 그들의 시대부터 솔즈베리 정부에 이르기까지 경제

---

i The Social Democratic Federation(SDF): 하인드먼(Henry Mayers Hyndman)이 영국에 최초로 세운 사회주의 정당이다. 1881년 6월 7일 첫 모임에 윌리엄 모리스, 조지 랜즈버리(George Lansbury), 제임스 코놀리(James Connolly), 엘리노어 마르크스(Eleanor Marx)가 자리를 함께했지만, 프리드리히 엥겔스(Friedrich Engels)는 하인드먼을 돕지 않았다.

ii Henry George(1839~1897): 미국의 정치경제학자이자 언론인, 철학자. 그의 글은 대단히 인기가 있어 진보적인 시대의 개혁을 이끌었다. 인간은 스스로 창출한 가치를 소유할 권리가 있지만 토지를 포함 자연 자원에서 만들어지는 가치는 사회 구성원 모두에게 골고루 배분되어야 한다고 주장했다. 가장 유명한 저서인 『진보와 빈곤(Progress and Poverty)』(1879)은 당시 미국인이 쓴 책으로는 사상 처음으로 전 세계에서 100만 권 이상 팔렸다.

학자는 자유주의자들이었으며 자유주의자들은 보수주의자들을 이 분야에서 거듭 짓밟았다. 1920년 멀록은 "대중이 이해할 수 있도록 진정으로 과학적 보수주의를 공식화하는 길에서 마주치는 어려움을 극복할 만한 사람은 내가 마지막이다"라고 적었다. "참된 일반적인 원칙들을 명확하게 말하기에는 어려움이 있다. 일반적 원칙에 부합하도록 통계적이고 역사적인 사실을 수집하고 증명하는 데도 어려움이 있다. 어떤 정서도 영원히 바꿀 수 없는 객관적인 조건에 도덕적이고 사회적인 정서를 조화시키는 일은 쉽지 않다. 많은 사실의 분석들을 도덕적이고 합리적으로 통합되도록 변형시켜 인간이 이에 의지해 살아가도록 하기는 쉽지 않다. 나의 길을 서서히 느끼면서 나는 그러한 통합의 본질이 무엇인지 가리키려 시도했다. 그렇게 하는 과정에서 나는 삶의 정치적인 문제들이 대개 종교적이라고 부르는 것들과, 또 내 삶의 이른 시기에 내 마음을 사로잡았던 문제들과 하나가 되는 것을 느꼈다."[37] 이제는 옛 자유주의자들이 사회주의 이론에 굴복해가는 형편이라 보수적 경제학의 필요성은 더 절박해졌다.

멀록은 옛 보수주의자들의 주장이 시대에 뒤떨어졌다고 썼다. 법 이전부터 존재했던(규범적) 권리, 전통적 영향력, 오래 존중해온 재산권과 질서는 루소 이래 정치경제학 사상의 연속적인 파도로 모두 산산이 부서졌기 때문이다. 보수주의자들은 더 이상 이 오랜 진실들에 의존할 수 없게 됐다. 이제 우리의 전통들은 방어 수단으로 활용되기보다는 보호되어야 한다. 혁신가들만이 이데올로기와 "과학적" 체계, 통계학적 방법을 채택해왔다. "조직화된 사상이나 체계 비슷한 그 무엇을 지녔다면 이는 모두 공격하는 정당에 속했다. 무력을 제외하고 보수당은 스스로 설명도 못 하는 낡은 독단적인 태도로 이에 맞섰다."³⁸ 급진적 교리가 단순히 시기심에 호소한다는 항의는 소용이 없었고 질문을 낳기만 했다. 왜냐하면 평등의 교리가 진실이라면 "종교적인 인간들이 종교에서 경외를 그렇게 간주하듯이 정치에서 시기심을 건전한 안내자로 고려해야만 한다." 그렇다면 결정되어야 할 최고의 문제는 단순하다. 사회적 평등이라는 교리는 참인가 거짓인가? 사회를 완벽하게 만들려면 평등이 필요하다고 말하는 급진주의자들은 옳은가? 문명과 가난한 사람은 평등을 수립해서 무엇을 얻는가? 진보와 평등의 관계는 무엇인가? 어느 정도 멀록은 이 모든 문제들을 『Social Equality(사회적 평등)』에서 답한다. 그러나 그의 논지는 1894년에 발간된 『Labour and the Popular Welfare(노동과 대중적 복지)』에서 더욱 강화된다.

과학적으로 고려될 때 ―멀록은 모든 그의 정치적 저작에서 이렇게 시작한다― 평등의 교리에는 오류가 있다고 드러난다. 평등은 진보의 죽음이기 때문이다. 역사를 통해 문화적이든 경제적이든 모든 종류의 진보는 불평등을 지향하는 인간의 욕구로 만들어졌다. 불평등의 가능성이 없다면 사람들은 아일랜드의 농부들처럼 단순한 생존이라는 황량한 수준에서 계속 머문다. 불평등이 허락된다면 능력 있는 소수의 사람들이 야만을 문명으로 바꾼다. 평등은 누구에게도 혜택이 없다. 평등은 능력 있는 사람들을 좌절시키고 가난한 사람을 더욱 처절한 빈곤으로 몰아넣는다. 인구 밀도가 높은 문명국가의 가난한 사람들에게는 거의 기근에 가까운 상황이 된다는 의미다. 불평등은 문명화된 공동체의 부를 창출하기 때문에, 우월한 능력이 있는 사람들이 일반적인 혜택을 보려고 그 능력을 행사하도록 유도하는 동기가 된다. 이 시대 영국 인구의

16분의 1이 국가 수입의 3분의 2를 창출해야 할 책임이 있다.[39]

어떻게 해서 사회주의자들은 사회적 평등의 체계 아래 억눌리는 우월한 능력들의 막대한 가치를 인정하지 않을까? 그들의 근본적인 잘못은 마르크스가 설명한 부의 노동이론에 있고, 마르크스는 리카도에게서 그 기초적 원리를 얻었다. 마르크스의 주장에 따른다 해도 노동은 우리의 부를 가장 많이 창출하는 원인이 아니다. 보조되지 않으면 노동은 근근이 입에 풀칠하는 부 정도만 만들어낼 뿐이다. 인간은 자연적으로 노동하는 동물이 아니다. 특별한 동기가 없으면 인간은 생계를 유지하는 수준 정도로만 일을 한다. "셰익스피어의 펜이 햄릿을 쓰게 만든 원인이라는 이야기나 노동이 부를 창출하는 원인이라는 말이나 다를 게 없다. 원인은 동기에 있고 노동은 동기의 표면에 나타나는 지표다." 주요한 동기는 불평등이다. 부의 주요한 생산자는 노동이 아니라 능력이다. 멀록은 맥컬리나 스펜서에 맞서 위대한 사람의 중요성을 옹호했다. 천재들은 사회적으로 엄청난 힘이다. 위대한 사람들의 재주는 가난한 사람들이 야만으로 떨어지지 않도록 구해낸다. 위대한 사람이나 에너지와 재주가 있는 사람을 평등이라는 지루함으로 축소시키는 만큼 당신은 인류라는 총체적인 덩어리를 축소해버리는 셈이다.

주요한 생산 역량인 능력은 자연적으로 독점이다. 능력을 입법으로 으깨버릴 수는 있지만 재분배할 수는 없다. "능력은 수없이 많은 인간의 노동력에 영향력을 동시에 행사해서, 수없이 많은 업무의 달성을 촉진하거나 완벽하게 만드는 개인적인 역량이다." 역량은 노동을 지휘하며 짧게 말해 발명을 만들어내고, 방법을 고안하며, 상상력을 제공하고, 생산과 분배를 조직하며, 질서를 유지한다. 문명화된 나라에서 능력과 노동은 별도로 존재할 수 없다. 따라서 양자가 생산한 부를 완벽히 정확하게 추산할 수는 없다. 그러나 1894년의 국가 수입 13억 파운드에서 노동은 5억 파운드 이상을 생산하지 못했으며 적어도 8억 파운드 이상은 분명히 능력으로 생산됐다. 능력 없는 노동은 자연적인 인간이 생계를 획득하려는 원시적인 노력에 지나지 않는다. 단순한 노동으로는 번영할 수 없다는 사실을 인지했기에 지금까지 사회는 자극이나 동기를 보호해 능력을 고무하려 노력해왔다.

사회주의자들이 격렬하게 공격하는 자본은 단순히 모든 사회의 생산 자금이다. 노동은 지성이 통제한다. 진보 정당이 혐오하는 재산권의 상속은 능력의 가장 중요한 동기 중 하나로 유산을 물려주려는 본능을 충족시키고 저축과 자본의 축적을 동시에 제공한다. 능력의 권한을 인정해서 사회는 노동계급에 엄청난 이득을, 도움 받지 않은 노동이 결코 획득할 수 없는 이득을 가져다주었다. 19세기 전반 60년 동안 노동계급의 1인당 소득은 엄청나게 늘었다. 1860년 노동자들의 소득은 1800년 영국 모든 계급의 소득을 합친 액수와 같다. 1860년의 노동자들이 1800년 영국 전체의 부를 나누어 가진 셈이다. 그리고 노동계급의 빠른 소득 증가 과정은 계속된다. 1880년에는 노동계급의 소득이 1850년 전체 계급의 소득을 합한 액수와 같아진다. "가장 열광적인 사회주의자도 감히 약속할 엄두도 내지 못할 만한 진보였다." 노동계급의 부가 절대적으로 늘어났을 뿐 아니라 전체에서 차지하는 비율도 늘었다. 부자와 중산층이 전체 총 소득에서 차지하는 비율은 전보다 더 적어졌다. 이는 노동이 단순히 숙련되지 않은 육체적 노력에서 벗어나 특별한 기술을 획득하기 시작했고 그 결과 능력의 보상을 나누게 됐기 때문이다.[40]

이 과정이 앞으로 30년만 더 계속된다면 (멀록은 1894년에 이렇게 썼다) 1924년에는 노동자들의 소득이 지금의 두 배가 된다. 그러나 더 가난한 계급의 무식한 탐욕은 진보를 위협한다. 정부기관을 통해서라도 더 많은 번영을 추구하는 건 자연스럽다. 그러나 이 가공의 번영이 사회의 다른 계층을 약탈해서 이루어진다면 능력을 억누르게 되고, 보편적인 빈곤과 야만으로 빠르게 이끌어가게 된다. 가공의 자연적 정의를 전제로 요구되는 절대적인 사회적 평등은 군주제를 폐지해서 얻어진 거짓의 경제만큼이나 파멸적이다. 즉 왕실 유지비 백만 파운드를 절약해봤자 인구 1인당 6펜스 남짓의 돈이 돌아갈 뿐이기 때문이다. "여왕을 유지하는 데 드는 비용은 개개인이 여왕의 건강을 기원하며 마시는 흑맥주 두세 잔 값에 지나지 않는다."[41] 노동계급의 6펜스 지불 부담을 덜어주려고 오래 전에 수립된 영국의 헌정 체제를 기꺼이 폐지하려는 사회주의자는 능력을 발휘할 동기의 철폐 못지않게 엄중한 잘못을 저지르는 셈이다.

이런 생각들은 1898년에 출간된 『Aristocracy and Evolution(귀족과 진화)』에서 공적 업무 관리에 적용된다. 멀록은 사회학자들이 일반적으로 타고난 불평등을 무시했다는 말로 시작했다. 우리 사회 경제의 발전 방향은 상대적으로 전보다 더 소수의 손에 달려 있다. 우리의 임금-자본, 우리 생산의 전반적 체계는 능력이라는 요소를 대변하는 소수의 사람이 가리키는 방향을 필요로 한다. 이는 정당하고 또 마땅하다. "진보 정당"은 어리석게도 강하고 지적인 인간들이 문명에서 담당하는 역할을 평가절하했다. 그러나 그들이야말로 사회의 정신이다. 대중의 자발적인 창조로 여론이 만들어진 적은 없었다. 우리가 여론이라 부르는 것은 예외적인 사람들을 둘러싸고 형성된다. 문명은 이런 사람들의 격려와 인정에 의존한다. 평균적인 사람은 자신의 운명을 잘 가꾸도록 교육되어야지 그것에서 도망치도록 교육되어서는 안 된다. 민주주의는 지도층을 부인하는 재앙에 가까운 성향을 드러낸다. 민주주의는 위대한 일을 관리하는 사람들이 다음과 같아야 한다고 요구한다. "실천적 활동에서 그리고 다른 사람들이 원하는 내용을 빠르게 이해하는 자질이 탁월해야 한다. 그러면 그들은 머리가 여럿 달린 주인이 명령한 내용을 집행할 수 있다. 그러나 그들은 정신이나 독창성이 부족해 주인의 기질과 조화롭지 못한 행동을 하고 싶은 욕구가 없어야 한다. 혹은 주인의 미래에 이롭다 해도 그 주인의 이해를 넘어서는 행동도 하지 말아야 한다."[42] 전통적인 도덕과 정치 체계로 통제되는 이 진정한 능력의 지도를 철폐하면, 노동계급은 수없이 많은 무력한 양들처럼 잠시 공포의 기간을 거쳐, 과거의 지배보다 더 혹독하고 자의적이며 짐승 같은 통치자에게 굴복해야만 한다.

우리 사회가 다른 모든 문명화된 공동체처럼 정부의 행정이 성공적이려면 귀족주의적 원칙이 필요하다. 그럼에도 이 사회는 여전히 결사의 자유가 있고 자발적인 노력이 가능한 사회다. 상대적 소수가 설정하는 방향이 필요하다고 해서 반드시 다수의 복종을 요구하지 않는다. 왜냐하면 능력 있는 사람들의 봉사는 적절한 보상으로 확보되기 때문이다. 동기로 설득되는 인간이 있는 곳에 강제는 요구되지 않는다. 페이비언들은 이 자발적인 협력을 없애버릴 준비가 돼 있다고 선언했다. 그들은 대신 이를 회피하는 사람들의 처벌을 암시하는 "시민적 의무의 법"을 이야기한다. 그러나 비록 사회주의가 과업을 감독하는 사람의 채찍으로 노동을 강요할 수 있을지 몰라도, 능력의 자연적 기능을 수행하도록 강제할 수는 없다. 강제에 놓이면 능력은 단순한 노동의 수준으로 떨어진다.

어떤 사람도 보상이 없다면 자신의 비범한 재주를 발휘하려 들지 않는다. 시드니 웹이 도망쳐간 경제학적 노예제(페이비언은 이로써 필요의 두려움을 회피했다고 생각한다)는 모든 사람의 영원한 빈곤만 낳을 뿐이다. 멀록이 1908년에 펴낸 『A Critical Examination of Socialism(사회주의의 비판적 고찰)』은 이런 개념들을 설명했으며 아마도 집산주의자들의 잘못을 가장 명징하게 해부한 서적일 것이다.

1919년에 발간된 『The Limits of Pure Democracy(순수한 민주주의의 한계)』에서 멀록의 사회사상은 러시아 혁명이라는 시각에서 요약된다. 19세기가 시작된 이래 대규모로 증대된 근대적 부의 주요한 창출자는 지시하는 정신(Directive Mind)이다. 그러나 이 지시하는 정신이나 능력은 그들이 증대한 부에서 5분의 1 정도만 보상을 받았다. 인류는 지시하는 정신에 주어진 보상에 불평을 제기하지 말아야 한다. 오히려 그들이 겸손했다는 사실에 놀라워해야 한다. 정치에서 그리고 생산적인 노력에서 소수의 권위는 단순히 법률적 승인이나 성스러운 권리가 아니라 자연에서 유래된다. 귀족이나 근대의 과두제는 일반적인 혜택을 낳는 현상이다. "어떤 위대하고 문명화된 국가에서도 민주주의는 오직 과두제 지배자들의 협력을 통해서만 충분히 구현된다… 물질적 안락이나, 기회, 문화 그리고 사회적 자유의 경우와 마찬가지로 특별히 능력이 있는 소수의 권위나 영향력에 자신들이 복종해야만 가능한 혜택 덕분에 다수가 번영할 수 있다."[43] 사회주의는 우선 이런 정당한 지도력을 거부하다가 스스로의 실패에 따른 반동으로 독재자를 요구한다. 러시아에서 적용된 순수한 민주주의 때문에 일군의 지저분한 새 과두제 지배자들이 등장했다. 이들은 자신을 권좌에 올려준 그 개념을 은밀히 부인하는 독재자의 지배를 받는다. 이 독재자는 대중에게 계속해서 "혁명"과 "민주주의"를 계도하지만 혁명은 모든 사람들의 삶을 견디기 힘들게 만들기 때문에 새로운 전제정치가 필요해진다. 독재자는 자신의 그 전제정치에 맞서는 저항을 진압해간다.

우리가 우리의 과업을 직면할 용기만 있다면 무신론과 사회적 후퇴라는 두 가지 위협에서 우리 자신을 구해낼 수 있다. 한편으로 우리는 근대 지식과 일치하지 않는 게 아니라 오히려 초월하는 종교적 확신을 우리의 가슴에서 되살려내야 한다. 또 사회는 그들에게 혜택을 주려고 작동해왔다는 사실을 대중에 확신시키면서 시기심에 호소하는 사회주의자들에 맞서야 한다. 멀록은 비록 최근에는 거의 읽히지 않는 그의 말년 소설에서 종교적 신앙과 사회적 보수주의의 문제를 하나로 통합했다. 불가지론은 사회적 혼란에 이르는 길을 준비한다. 근대 과학의 교훈을 잘못 받아들인 실증주의자들과 그들의 동맹 세력들은 인간이 개인적인 도덕적 자원에 의지해 살아야 한다고 주장한다.

그들이 가정하듯 과학은 자연에서 신을 추방했다. 이렇게 천상의 교장 선생님을 상실한 인간에게 시작된 변화를 그들은 거의 방관했다. 그 교장 선생님은 스스로 자신의 일을 해왔지만 여러 가지 점에서 동의하기 어려웠다. 교장 선생님이 죽자 인류는 비록 외로운 조건이지만 자유로운 상황에 놓였다고 생각했다. 자연에 맞서 그들만의 자그마한 사적인 우주를 건설할 수 있게 됐다. 마치 스퀴어를 제거한 도더 보이즈 기숙학교[i] 학생들이 앞으로는 스스로 교육하고 학교를 관리하겠다고 제안하는 식이나 마찬가지였다. 그러나 그런 불가지론자들은 심지어 그들을 위한 이론에 내포된 진실을 거의 깨닫지 못했다. 지적인 능력이 있는 신에게서 그들을 해방시켜준 추론의 그 정확한 결과가 그들을 자연의 괴뢰로 만들었다는 진실 말이다. 그것은 그들이 맞서 싸워야 할 계몽된 강령이었다.[44]

멀록은 1905년에 발간된 『믿음의 재건(The Reconstruction of Belief)』에서 그렇게 썼다. 도더 보이즈 기숙학교의 새로운 민주주의는 순수이성의 규율 위에서 작동되기를 거부한다. 격렬한 개인적 격정과 문명의 경멸이 그 새로운 민주주의의 도덕적 특성이다. 그리고 인간 사이의 자연적 불평등을 부인하고, 모두 개인적인 이성의 총량을 이용하도록 강제하며, 지도층을 거부하고, 몰수가 부의 확장이라고 착각하는 "진보 정당"의 사회 체제는 실증주의가 초대하는 정신적인 무질서의 세속적인 등가물이다. 멀록은 50년 이상 지속된 이런 지적인 혁명을 상쇄하려고 솔직하고 명징한 선전 활동을 벌여왔다. 그는 "'진보적' 사상이 초래한 종교적이고 사회적이며 정치적인 해악은 보수주의 사상의 합리적 발전에 따라 때가 되면 제거될 수 있으며, 사회 체제의 문명과 안정 그리고 신성(sanctity)이 의지하는 진정한 신앙이 되살아난다"고 신뢰했다.[45] 그는 이런 보수적 노력의 어려움을 과소평가 하지 않았다. 그러나 희망도 잃지

---

i 찰스 디킨스(Charles Dickens)의 세 번째 소설 『Nicholas Nickleby(니콜라스 니클비)』의 주 무대인 남학생 전용 기숙사가 '도더 보이즈 홀(Dothey boys Hall)'이고 여기서 사감이나 교장인 스퀴어(Squeer) 부부가 학생들을 학대한다.

않았다. 비록 그 자신은 많은 사람들에게 영국 문화의 해체로 보이던 시대를 살아갔지만 말이다.

(『Aristocracy and Evolution(귀족과 진화)』에서 멀록이 특별히 비판의 대상으로 삼은) 벤저민 키드가 1894년에 발간한 『Social Evolution(사회적 진화)』라는 책을 통해 대중적 인기를 얻은 진화적 진보주의와 그럴듯한 민주적 낙관주의는 멀록의 책이나, 심지어 허버트 스펜서의 책보다 훨씬 강력하게 대중의 여론 형성에 직접적인 영향을 주었다. 멀록은 이를 알고 있었다. 키드와 그의 학파는 앞으로의 변화를 앞세워 실존을 희생하고, 진화하는 인류의 미래를 편안하게 믿으며 과거를 버렸다. 키드가 싸움의 상대가 안 되는 줄 알았지만 20세기에 들어서면서 멀록은 자신이 추방된 소수파의 피곤한 옹호자 신세라는 걸 느꼈음에 틀림없다. 에드워드 그레이 경[i]이 유럽 전역에서 꺼지던 그 불을 볼 때까지 사회적 다윈주의자들이 영국과 미국의 정신을 지배했기 때문이다.

"진화론자의 관점에서 인간이나 사회에는 결정적인 성질이 없다. 따라서 그렇게 연구될 수 없다"고 로스 호프만[ii]은 관찰했다. "따라서 제도의 성질을 분석하고 그 제도들이 살아가는 규칙들을 이해하고, 인간 본성의 영원한 표준을 참조해 그 규칙들을 판단하려하며, 바람직한 가치를 지키거나 번성케 하려는 수단을 찾으려 하는 그런 종류의 보수적 철학은 더 이상 토론의 주제로 적합해 보이지 않게 됐다. 그것이 20세기

---

i   Edward Grey(1862~1933): 영국의 자유주의 정치인으로 1905~1916년까지 외무장관으로 재직했다. 1914년 8월 3일 1차 세계대전이 발발하자 "등불이 꺼져간다(The lamps are gloing out)"는 발언으로 유명하다.
ii Ross John Swartz Hoffman(1902~1979): 미국의 역사가. 보수주의 지식인으로 근대 유럽사와 국제 문제를 전공했다.

초기 이렇다 하게 이름 붙일 만한 보수적 정치 사회철학이 거의 없는 주된 이유다."[46]

멀록은 1850년에서 1890년까지 경제의 과정이 현저히 그랬듯이 전 인구의 물질적 개선이 꾸준히 이루어지리라는 기대를 어느 정도는 믿었다. 그러나 1900년 이래 영국 산업이 처지기 시작했고 참혹한 전쟁이 발발하면서 더 가난한 계급들은 소득의 협력적 증가보다는 급진적인 소득의 재분배라는 생각으로 기울어갔다. 그렇다 해도 멀록은 절망하지 않았다. 왜냐하면 종국에는 사상에 어마어마한 힘이 있다는 사실을 알았기 때문이다. 보수주의 정신이 서구 문명의 몰락을 용케 막아낸다면 멀록이 사리에 맞는 보수주의 옹호론의 저자였다는 사실에 엄청난 점수를 주어야 한다. 그는 열정의 첫 활력이 곧바로 산을 움직이리라고 기대하지 않았다.

> 요한 바오로가 씨앗과 비교하며 생각했듯이 논점은 씨앗과 같다. 아니면 영혼과 같다. 씨앗은 죽지 않으면 소생하지 않는다. 그들이 논점의 형태로 우리에게 남아 있는 한 그들은 작동하지 않는다. 시간과 비밀을 지나 기억으로 침잠해갈 때 그리고 그곳에 버려져 있을 때만 그들은 일을 시작한다. 그 논점들에 따라붙던 적대감과 불신이 죽어 사라질 때, 의식하지 않는 순간 그들이 정신 체계로 녹아들어 그 일부가 되고 영혼의 전환을 작동시킬 때 제 역할을 다하기 시작한다.[47]

멀록의 책들은 이런 미묘한 변화에 기여했다. 그들의 영향력은 당대의 기질을 있는 그대로 반영한 사회를 통해 계속 스며든다.

5. 세계대전 시기의 음산한 보수주의

자기기만의 욕망이나 그런 일을 할 시간조차 거의 남지 않을 만큼 삶이 힘들었던 사람들을 제외하고, 세상은 모든 사람에게 연기나 흉내의 문제로 전락했다. 모든 가치를 불신하게 하고 모든 일을 왜곡해서 바라보게 됐다. 그 결과 인류사에 가장 큰 그 비극이 왔을 때 모든 나라는 똑같이 놀라고 준비가 안 됐다. 비록 각자는 현실적으로 앞서의 반세기 동안 의식적이든 무의식적이든 그에 준비하는 것 외에 할 일이 없었다 해도 말이다. 그 전쟁은 분명히 그 체제의 최종적 승리였다. 세계 각지에서 모든 인간은 민주주의를 믿든 그렇지 않든 민주주의에 조금 더 안전한 세계로 만드는 싸움에 내몰렸다. 비록 전쟁 그 자체는 의심할 바 없이 이제 그 것을 위해 싸우라고 촉구하는 바로 그 정부 형태에서 기인했으며, 그 정부는 어떻든 성공적인 전쟁을 수행하는 데 특별히 적합하지도 않았다. …모든 나라의 국민들은 동포 가운데 가장 잔인하고 위선적인 사람들이 정상에 올라 자신들을 지배하도록 허락했다. 결국 자신들이 교육으로 얼마나 얻었는지 또 그 체제 덕에 어떤 다른 축복들을 얻었는지 증명한 셈이다.

_오스버트 시트웰 경[i], 『Triple Fugue(삼중 기억상실증)』에서

두 번의 세계대전 사이에 영국의 보수주의가 어땠는지를 읽을 만하게 쓰기는 쉽지 않다. 스탠리 볼드윈은 용기 있는 사람으로 로이드 조지(Lloyd George)의 파멸적인 질곡에서 보수당을 구해냈다. 그러나 볼드윈에게서는 일반적인 생각을 끌어낼 수 없다. 하원 소속 보수당의 평의원들을 평하면서 볼드윈은 케인스에게 "전쟁 밖에서는 매우 잘한 듯이 보이는 철면피 같은 인물들"이라고 묘사했다. 총리는 보수당을 지배하려 들었던 싸구려 언론 재벌들을 더 경멸할 이유가 있었다. 두 번의 세계대

---

i   Sir Osbert Sitwell(1892~1969): 영국의 작가. 누나(Edith Sitwell)와 남동생(Sacheverell Sitwel)과 마찬가지로 예술과 문학에 인생을 바쳤다.

전 사이의 보수주의는 이미 있던 것을 굳게 지키는 데 성공만 해도 다행이라고 느꼈다. 1926년의 총파업이 벌어졌을 때처럼 경제적인 고통이 점증하던 시대에 적극적인 행동은 거의 생각하기 어려웠다. 네빌 체임벌린의 사회개혁은 자신의 아버지가 마련해놓은 형태에 따라 수행된 대중시대에 부응한 삶의 개선일 뿐이었다. 사회주의자들의 계획과 종류가 다르지 않았고 그저 정도에서만 차이가 있었다. 재무장관으로서 처칠이 이룩했던 업적은 불황이라는 시대 탓에 곧 유명무실해져버렸다. 30년대의 보수주의 정치인들은 새로운 괴물의 도래를 회피하려고 했던 일이 거의 없다고 번 교수는 말했다.

> 정부의 옛 귀족적 개념을 버리고 나서 그들은 새로운 귀족정치를 창조하려는 그 어떤 일도 하지 않았다. 민주주의라는 야생마를 타는 자신들의 기술에만 자신 있게 의지했다. 그들은 경기의 규칙을 바꾸려 하기보다 그저 돈을 따면 챙기고 잃으면 기쁘게 지불하고 마는 도박꾼 같았다. 사회의 기초적 단위인 가정을 유지하려고 무엇을 했는가? 이 질문에 나름 답이 있을 수도 있지만 회고컨대 대단히 명백하지는 않다. …어떤 관용과 어떤 효율성, 덧붙여 보다 더 기분 나쁜 사회적 충격들에 맞서 스스로를 보호할 기회를 볼드윈과 체임벌린은 각각 대변했다. 무산계급화의 과정은 계속 되도록 허용됐었다. 그러나 충분히 부자인 사람은 그런 무산계급과 접촉하지 않을 수 있었다. 오늘날의 주요 차이점은 부자에게 주어졌던 대부분의 특권들이 취소되는 동안 전반적인 무산계급화의 과정이 가속화됐다는 것이다.[48]

정치적 활동뿐만 아니라 보수적인 사상도 같은 곤경에 빠졌다. 체스터턴[i]과 벨록은 비록 보수주의 사상의 진정한 후계 선상에서는 벗어나 있고 또 정서적으로는 민주적이고 경제적으로는 공상적이지만, 그런 어두운 시대에 버크의 전통을 이어 나갔어야 할 사람들보다 옛 보수주의의 힘을 키우는 데 더 큰 역할을 했다. 사유재산 분배론[ii]은 개인주의적 결함들이 있지만 보수·자유·노동당의 연금이나 실업수당보다는 근대 삶의 문제에 더 많은 답을 제공했다. 어떤 점에서는 콜리지와 뉴먼의 생각과도 일치했다. 『Servile State(노예근성의 국가)』[iii]에는 볼링브룩과 디즈레일리의 주장들이 반영됐다. 그러나 벨록과 체스터턴은 보수주의의 조력자들이었다. 주인공들은 어디에 있는가?

조지 윈덤(George Wyndham) 같은 이는 20세기 정치적 삶의 추악함에 압도되어 일찍이 사망했다. 스미스[iv] 같은 다른 이들은 그들의 초기 약속을 지키지 못했다. 주어진 이해와 상속된 재산에 따라 보수적 원리에 매달렸어야 했던 많은 젊은이들이 이 시대 영국인들의 일반적인 정신적 혼란 때문에, 러시아의 혁명적 영감으로 고무된 희망 때문에, 집산주의적 사상가들의 정성을 다한 보살핌 등으로 유혹에 빠졌다. 잉게 사제는 이를 그의 최고의 수필, 「Our Present Discontent(우리의 현 불만)」에 압축했다. 이 글은 그의 수필집 시리즈 『Outspoken Essay(솔직한 수필)』 첫

---

i   Gilbert Keith Chesterton(1874~1936): 영국의 작가, 시인, 철학가. '역설의 왕자'라고도 부른다.
ii Distributism: 유럽에서 19세기 말에서 20세기 초에 개발된 경제이론. 가톨릭의 사회적 가르침이나 규율에 근거를 두고 있다.
iii 벨록이 1912년에 발표한 경제학 책이다. 비록 사유재산 균분론을 언급하고 있지만 명시적인 지지는 회피했다.
iv Frederick Edwin Smith(1872~1930): 버컨헤드 경(Lord Birkenhead)이라고 불리기도 한다. 법률가이자 보수당 정치인. 윈스턴 처칠의 개인적이고 정치적인 친구였다.

번째 권에 실렸다. 이때는 페이비언이 지적인 주도권을 장악했던 시절이었다. 사회적 급진주의가 마침내 옥스퍼드와 캠브리지에 밀고 들어가기 시작했을 때였다. 무어[i] 교수 주변에 몰려든 젊은이들 사이에서 케인스 경이 관념적 이론을 설명한 결과였다. "우리는 대부분의 인간에게는 광기와 사악함의 비이성적 원천이 있다는 모든 종류의 원죄 교리를 다 거부했다. 우리는 문명이 매우 적은 사람의 인격과 의지에 따라 설립된 얇고 불안정한 껍질이며, 교활하게 보존되고 교묘하게 잘 전달된 규칙과 규범으로 유지된다는 사실을 모른다. 우리는 전통적 지혜나 관습의 억제를 존중하지 않는다. …우리의 일반적인 마음 상태의 원인과 결과로서 우리는 우리 자신은 물론 인간의 본성을 완벽하게 오해하고 있다."[49]

더 젊은 세대 몇몇은 이 부정의 마음가짐을 꿰뚫어보았다. 예컨대 전쟁에서 죽은 흄[ii]은 민주주의 이데올로기는 18세기에 기원을 두며 중산층의 생각이었지 노동자 계급의 운동과는 진정한 연결고리가 없다고 말했다. 우리 시대의 혁명적 충동은 이 18세기의 열망과 새로운 무산계급의 불만이 결합했기에 불타올랐으며 그 자체로 노쇠하기 때문에 사회적 삶을 낳을 수 없다. "자유주의적 사회주의는 아직도 지난 세기 중산층 사상의 잔재 위에서 살아간다. 오늘날의 천박한 사상이 평화주의적이거나 합리주의적이거나 쾌락주의적이든, 계몽되고 해방된 인간의 불가피한 확신이기 때문에 발현돼야 한다고 믿을 때, 그 사상에는 죽었지만 마치 살아 있는 듯 움직이는 꼭두각시의 모든 비애가 담겨 있다. 우리의 젊

---

i   George Edward Moore(1873~1958): 영국의 철학자. 버트런드 러셀, 루드비히 비트겐슈타인 등과 함께 분석철학 설립자의 한 사람이다. 캠브리지대학 철학과 교수.
ii Thomas Ernest Hulme(1883~1917): 영국의 비평가, 시인. 이미지즘을 창립했다.

은 소설가들은 인간의 얼굴을 한 동상의 입에서 물이 쏟아져 나오는 로마의 분수처럼 그들 존재의 깊이에서 혼란스러운 낭만주의를 마치 자발적으로 쏟아내듯 뿜어내지만 사실은 매우 긴 도관^{i}을 통해서 나왔을 뿐이다."[50] 그러나 페이비언의 신조는 계속해서 번식되고 사회의 새로운 계층으로 꾸준히 파고들었다. 곧 좌파 독서 클럽^{ii}을 통해, 또 근대 인도주의와 근대 경제의 고유한 산물이면서 너무 자주 지적인 무산계급의 대변자였으나 스스로 무시되고 비참하다고 느끼던 학교 교사들을 통해서도 발현됐다.[51]

버컨헤드 경은 그가 죽던 해에 『The World in 2030 A.D.(2030년의 세계)』라는 반쯤 변덕스러운 예언서를 출판했다. 진지하게 받아들이든 아니든 보수주의자가 썼다고 하기에는 이상한 책이다. 버컨헤드가 상상하기로 2030년의 세계에는 질병, 전쟁, 빈곤이 사라지고 실질적으로 인간의 본성도 제거된다. 그때는 심리학자와 통계학자가 지배하는 세상이다. 인간의 체외 수정이 실행되고, 사람들은 합성 영양소를 섭취하며, 개인들의 오래된 연결망과 신비의 흔적에서 모두 해방된다. 벤담의 꿈이 실현되는 셈이다. 아니면 누군가에겐 단테의 '네 번째 지옥^{iii}'이며, 탐내는 자들이 빠지는 구렁이다. 이곳에서 모든 타락한 지옥의 생물들은 개인의 특성을 가장 처절하게 박탈당해 영원히 이름 없는 존재이다.

---

i 오랜 역사적 배경이 있다는 의미.
ii The Left Book Club: 1930년대 후반과 40년대 영국의 주요 좌익 단체로, 1936년에 설립됐다. 매월 책을 선정하여 회원들에게 보내주었는데 회원 상당수는 전국에 산재한 1500여 개의 좌파 토론 그룹에 속해 있었다.
iii 단테의 신곡에 등장하는 네 번째 지옥(Fourth Circle)은 탐욕과 낭비라는 죄를 지은 사람들을 가두는 지옥이다. 이곳의 죄수들은 형체를 알아볼 수 없을 만큼 고통을 받는다.

저 비천한 삶이여,

전에는 그들을 야비하게 만들었고,

이제는 저들을 슬픈 듯 음험하게 만드네,

분별하지 못하는 저 모든 지식에게.

조지 세인츠버리는 어느 다리에서 이름 모를 두 사람과 스쳐지나가며 그중 한사람이 동료에게 말하는 소리를 듣고 깜짝 놀랐다. "저기 영국에서 가장 키가 큰 토리가 지나간다." 이름을 알 수 없었던 그 사람은 정확했다. 세인츠버리는 1920년대 영국의 모든 사상가 중에서 토리즘을 가장 똑바로 전수받은 사람이다. 세인츠버리 교수는 버컨헤드 경이 앞서 예시한 대로 벤담주의나 사회주의적 이상향들을 쓰면서, 그것들에서 섬뜩하고 실망스러운 모습을 발견했다.

사회주의적 이상향을 건설하는 과정에서 견뎌내야 할 범죄와 고통은 전혀 생각하지 말자. 요정의 대리인들이 그 이상향을 만들어주었다고 치자. 그렇다면 그곳에 편안한 무산자 괴물이라는 하나의 거대한 쓰레기더미 말고 더 혐오스러운 무엇이 있을 수 있겠는가? 사람들은 모두 대통령만큼 훌륭하고, 모든 사람은 다른 모든 사람만큼 "잘 교육받았고" 모든 사람은 다른 모든 사람처럼 배치되고, 배급받으며, 어떤 추상적 "국가"의 통제를 받는다. 사람들은 모두 돼지우리 속의 돼지처럼 평등하고 진정으로 자유롭다. 그러나 돼지보다 크게 나을 게 없어서, 인간이라는 이름이나, 지위, 소유, 특수한 재능, 조상, 그리고 인간을 짐승에서 구별해주는 그 밖의 모든 요소가 주어질 인간적인 기회는 없다.[52]

여기 보수주의 사회의 대안이 손짓하며 부른다. 소름 끼치는 전쟁의 모습으로, 인간의 천방지축을 신이 처벌하는 가능성을 제외한다면, 정신의 보수적 기질이 이런 새로운 존재의 승리를 막아서는 유일하게 효과적인 장애물이다.

THE CONSERVATIVE MIND

XII

비판적 보수주의: 배빗, 모어, 산타야나

우리의 대중적 자유라는 이 재앙이 기적적으로 지연되거나 방지된다고 해도 우리는 여전히 변해간다. 부가 확장되면서 문학적 여가를 선택할 만한 사람의 수는 증가한다. 문학적 호기심은 새로운 국가적 욕구의 하나가 된다. 향락이 발달하면서 어떤 욕구도 거부되지 않는다. 몇 세대가 지나면 가난한 사람은 많고 부자는 적어지며, 대단히 무식한 다수와 상당수의 지식인 그리고 소수의 현저하게 학식이 높은 사람이 등장한다. 자연은 그 재능을 넉넉하게 나눠주지 않기 때문에 많은 사람들이 존경하고 모방하는 천재적인 재능의 사람은 적게 태어난다.

_피셔 에임스, 『American Literature(미국의 문학)』

1. 실용주의: 미국의 헛발질

1차 세계대전이 시작될 무렵 미국은 어느 정도 에임스의 예언을 실현했다. 광범위하고 느긋한 민주주의는 호사스럽지만 종종 지루했다. 거대한 빈곤과 거대한 부가 공존하고 있었으나 건국의 아버지들이 계획했던 소박하고 사적인 안정감은 너무 적었다. 거의 모든 사람들이 학교에 다녔지만 누구도 제대로 교육을 받지는 못했다.

당대엔 가장 강력한 나라였고 미국인들은 부자였지만 진정한 여가는 아직 귀한 물자였다. 여가는 거의 권유되지 않았고 때로는 경멸됐다. 따라서 미국 역사에서 앞선 어느 때보다 이 시대의 철학과 문학 비평이 실질적으로 가장 활발했다는 명예가 놀라울 지경이다. 이 시대 미국의 수준은 영국 사상이나 문학의 최고봉과 유사했다. 성숙한 국가는 아무리 지적인 달성을 경멸한다 해도 몇몇 사상가를 포용하는 의무를 피해 갈 수 없다.

이들 중 3명은 발군의 보수적 사상가들이다. 그들은 하딩[i], 쿨리지[ii], 후버[iii]의 시대라는 어지러운 사회적 조류에 맞서 나갔다. 2명은 어빙 배빗 과 폴 엘머 모어로 이들은 비록 그 엄격한 전통을 초월했지만 뉴잉글랜 드 청교도 정신을 계승했다. 세 번째인 조지 산타야나는 진정으로 세계 인이었다. 가톨릭 신앙 아래 자랐으며 스페인 혈통을 자랑스러워했지만 여전히 뉴잉글랜드 천재들의 강력한 영향을 받았다. 매사추세츠와 그 주변 지역은 이제 미국의 지도에서 거의 눈에 띄지 않을 정도이며, 다른 지역보다 의회 의석을 상대적으로 더 많이 차지하지도 않는다. 그러나 여전히 문명을 물질적 구조물로 취급하는 나라에 영향을 미친다.

천박함과 주제넘음이 특징인 이 시대는 또 다른 보수주의 사상가 들을 낳았거나 자극했다. 랠프 애덤스 크램(흥미로운 인물로 위대한 건축 가)은 낭만주의자의 후계자로 헨리 애덤스의 중세 찬미를 옹호했다. 버 크, 제퍼슨, 허버트 스펜서, 헨리 조지 등 이상스런 조합의 사상가 4명 을 흠모한 제이 녹은 잔잔하게 자신을 경멸하는 자서전 『Memoirs of a Superfluous Man(불필요한 남자의 회고록)』을 썼다. 이 책은 아마도 미국 의 사상에 보수적인 영향력을 지속적으로 행사하리라 보인다. 또한 도널

---

i Warren Gamaliel Harding(1865~1923): 미국의 29대 대통령. 역사적인 평가로는 가장 나쁜 대통 령의 한 사람으로 기록된다. 1921년 대통령이 되었고, 임기 중 사망했다.

ii John Calvin Coolidge(1872~1933): 미국의 30대 대통령. 하딩의 부통령으로 대통령 직을 승계하고 선거에서 다시 당선되어 1929년까지 재임했다. 작은 정부를 내세운 보수주의자였고 말이 거의 없었다.

iii Herbert Clark Hoover(1874~1964): 대공황기 미국의 31대 대통령으로 1933년까지 재직했다. 1932년 선거에서 민주당의 프랭클린 루즈벨트에 참패한 뒤로, 여생을 보수주의자로 살면서 큰 정부를 비판했다.

드 데이비슨[i]과 알렌 테이트[ii]가 속한 남부 토지 균분론자[iii]들도 있다. 이들은 옛 남부의 미덕을 미국인에게 상기시키려 노력했다. 심지어 멩켄[iv]에게도 보수적인 성향이 있었다. 『Note on Democracy(민주주의 비망록)』에서 그는 상궤를 벗어난 신랄함으로 그 기질을 드러냈다. 일간지나 번지르르한 잡지의 천박한 보수주의보다 우수한 보수 언론도 있었다. 남부의 일부 계간지들과, 잠시 존재했다 사라진 《북맨(Bookman)》이나 이와 비슷하게 덧없이 사라진 《아메리칸 리뷰(American Review)》 등이다. 만약 내가 지금 쓰는 이 책이 미국의 지성사라면 당시 대학에서 부활했던 토미즘[v]을 당연히 언급해야 한다. 그러나 이 책은 그런 역사서가 아니라 보수적 사상들의 발전을 더듬어가는 장문의 글일 뿐이다. 따라서 배빗, 모어, 산타야나를 여기서 다소 자의적으로 선택했지만 이들은 1918년 이후 미국에 존재했던 보수적 추동력의 가장 중요한 대변자들이다.

만약 이 시기에 급진적 사상이나 보수주의의 일관된 체계를 인지한 현실 정치인을 공화당과 민주당 양당에서 한 사람 선택해야 한다면 누구를 골라야 할까? 헨리 애덤스가 말했듯이 시어도어 루스벨트는 젊어서나 늙어서나 팽창을 지지했고 별명대로 곰이었다. 클리블랜드가 더 나은 보수주의자였다. 윌리엄 하워드 태프트는 그저 그런 대통령이었고 훌륭한 대법관이었지만 철학자는 못되었다. 헨리 캐벗 로지는 애덤스의 학

---

i Donald Grady Davidson(1893~1968): 미국의 시인 수필가 사회 문학 비평가.

ii John Orley Allen Tate(1899~1979): 미국의 시인 수필가 사회 평론가.

iii Southern Agrarians: 미국 남부 농촌 사회를 지지하는 12명의 작가 집단으로, 12명의 남부인 등으로 불린다. 1920~1930년대 남부문학의 부흥을 이루는 데 기여했다. 내슈빌 밴더빌트대학에 본거지를 두었고 비공식적 지도자는 존 크로 랜섬(John Crowe Ransom)이었다.

iv Louis Mencken(1880~1956): 미국의 언론인이자 풍자 작가. 사회 문제를 광범위하게 논평했으며 유려한 문체 등으로 20세기 전반기 영향력이 매우 컸다.

v Thomism: 토머스 아퀴나스(1225~1274)의 철학적 유산을 받드는 학파.

생으로 능력 있는 작가였고 명민한 정치인이었지만 대통령이 되지는 못했다. 우드로 윌슨은 버크를 읽었으나 모순이 너무 많아 미로 같은 사람이었다. 로버트 태프트[i] 상원의원은 본인 스스로를 "자유주의적 보수주의자"로 지칭할 만큼 대담했으나 최근 들어 정당 지도자 대부분은 어떤 사상 체계에서도 뒷걸음질 쳤다. 프랭클린 루스벨트처럼 그들은 대중적 인기에 현혹되어 가장 민첩하게 원칙에서 달아났다. 정치인들 사이에 정치 철학은 쇠락했지만 교수들 사이에서는 번성했다. 배빗, 모어, 산타야나 그 누구도 현실 정치에 참여하지 않았으나, 이들은 미국 사회의 혼탁한 혼란을 보면서 그 조류를 잘 짚어냈다. 모어와 배빗은 미국인의 삶을 정신적으로 부흥시키고 싶어 했다. 그들은 미국 사회를 비관했던 헨리 애덤스를 이어받아 보수주의의 도덕적 개혁을 성취하려고 끈질기게 노력했다.

생각해보면 어느 사회에서나 그것은 불길한 조짐이다. 버크는 분명 그렇게 생각했을 것이다. 점차 줄어가던 구식의 철학적 정치인들이 포기한 그 부담을 지식인들이 반드시 감당해야 했기 때문이다. 이것이 사실이든 아니든, 농촌 인구가 줄어들면서 보수주의 세력은 분명히 위험에 노출됐다. 그 중대한 추세는 1916년에 시작됐다. 그해 미국 농촌 인구의 증가는 (공화국이 출범했을 때부터 전체 인구의 비율이라는 측면에서는 계속 줄어왔지만) 거의 3,300만에 달할 정도로 정점을 찍었다. 이후 절대적으로 그 수가 줄기 시작했으며 그 추세는 돌이킬 수 없었다. 작은 도시의 활력

---

i Robert Alphonso Taft(1889~1953): 보수적 정치인. 1939년부터 1953년까지 오하이오 상원의원을 지냈다. 27대 대통령 하워드 태프트의 장남으로, 상원에서 프랭클린 루즈벨트의 뉴딜 정책을 반대해온 인물.

이나 영향력이 커져가고 애덤스 형제가 혐오하고 예언했던 사회적 중앙 집중화가 진행되면서 농촌의 미덕과 가치는 위축되고 있었다. 아울러 민주주의와 함께 성장했지만 이제는 그 민주주의를 지배하려고 위협하는 산업주의에도 밀려나기 시작했다. 제퍼슨과 존 애덤스의 미국은 사라져가는 추세였다. 해밀턴의 구상이 결국은 승리했다. 비록 해밀턴은 자신의 창조물이 독선적이고 편협한 얼굴을 가졌다는 사실에 소스라치게 놀라겠지만, 미국은 몽롱한 정서와 구체적 욕구에 지배되는 사회였다. 막강한 힘을 보유했다는 깨달음에 눈을 뜨고는 나머지 다른 나라에 선심쓰는 체하거나 거만하게 굴면서 의무는 두려워하고 훈계엔 조바심을 냈다. 미국은 그 자신의 헌정 체제를 산산이 부수거나, 과거를 파괴하지 않도록 억제될 수 있을까? 세속적이고 획일적이며, 평범함에 현혹됐고, 사회 지도층의 파멸로 병든 미국이 물질만능주의 문명으로 달려가는 자신들의 막연한 갈망을 다른 나라에 강요하지도 않도록 통제될 수 있을까? 20세기 미국은 자코뱅의 프랑스보다 비교할 수 없을 만큼 강력하며 목적과 구조도 다르다. 그러나 만약 보수주의자들이 이 사회적 힘의 파도를 약화시키거나 통제하는 일에 성공하지 못한다면 그 문명적 결과는 프랑스혁명의 영향을 압도하고도 남는다. 이는 정치인의 역량을 넘어서는 문제다. 이해하기도 쉽지 않지만 그나마 가능하다면 이는 도덕철학이나 종교적 신앙의 문제로 이해되어야 한다. 우리는 전보다 더 열심히 그것과 씨름하고 있다. 미국 사회 안에서 벌어지는 거대한 싸움은 지구상에서 도덕적이고 정치적인 증강을 열망하는 힘들이 도덕적이고 정치적인 안정을 추구하는 힘들을 공격하면서 발생한다.

이 시대의 호전적으로 팽창주의적이고 자연주의적인 성향은 존 듀이[i]라는 철학적 옹호자를 발견했다. 듀이는 어떤 철학자보다 허풍을 떤다. 그러나 그의 주장들은 단순하고 대단히 이해하기 쉽다. 그는 디드로[ii]나 돌바크[iii]처럼 철저한 자연주의로 출발해서 정신적 가치의 영역 전체를 부정했다. 물리적 감각 말고는 그 무엇도 존재하지 않으며 인생에서 육체적 만족 이외의 목적은 없다고 믿었다. 그는 벤담의 사상을 논리적 정점으로 끌고 간 공리주의로 나아갔다. 물질적 생산을 인간이 하는 노력의 목적이자 기준으로 삼았다. 따라서 과거는 쓰레기고, 미래는 알 수 없으니 현재가 도덕주의자의 유일한 관심사라고 믿었다. 루소에게서 뽑아낸 교육 이론에 따라 그는 아이가 "행하고, 발표하고, 쓸모가 있고자 하는 천성적 욕구"를 타고 태어났다고 주장한다. 따라서 아이들은 본인들의 고유한 성향에 충실하도록 격려되어야 한다. 듀이에게 교육은 단순히 길을 열어주는 데 지나지 않았다. 그는 절대적인 사회적 평등을 이상으로 하는 정서적으로 평등한 집산주의를 옹호했다. 듀이는 이 구조에 마르크스주의 경제학의 모자를 씌웠다. 물질의 효율적인 생산에 헌신하는, 그래서 대중의 욕구를 충족해주는, 계획 입안자들의 국가라는 미래를 기대했다. 1789년 이래 발생한 모든 급진주의들이 존 듀이의 사상 체계에 조금씩 자리 잡았다. 이 파괴적인 지적 혼합물은 삽시간에 어마어마한 대중적 인기를 끌었다. 어설프게 교육받은 혼란스런 군중 사이에

---

i John Dewey(1859~1952): 미국의 철학자 심리학자 교육 개혁가. 실용주의 철학과 기능 심리학의 주요 인물. 진보적 교육과 자유주의를 지지했다.

ii Denis Diderot(1713~1784): 프랑스의 철학자, 예술 비평가, 작가. 계몽주의 시대 백과사전학파의 일원.

iii Baron d'Holbach(1723~1789): Paul-Henri Thiry, 프랑스계 독일 작가, 철학자로, 무신론으로 유명하다.

서는 말할 것도 없고, 다윈과 패러데이[i]를 통해 뿌리가 잘려 시들어가는 세계에서 길을 잃고 헤매던, 조금 더 심각한 부류의 사람들 사이에서도 듀이의 주장은 퍼져갔다. 근대정신의 주제넘은 태도에는 진지하게 아부하면서 권위는 철저히 경멸한 듀이의 책들은 20세기의 불만을 반영한 거울이었다. 듀이가 젊은 세대를 이끌고 간 공리주의적 미래의 회색빛 몽롱함은 감각의 지배에 이미 스스로 굴복해버린 사람들에게 즉각적인 불쾌감을 주지 않았다. 듀이의 세계에서 존승은 죽어버렸으며 무차별적인 해방만이 골목대장 노릇을 했다. 이는 미국과 20세기의 제국주의적 갈망에 다름 아니며 그저 철학적 가면만 덧씌워졌을 뿐이다. 배빗, 모어, 산타야나는 다양한 방법으로 이 욕구의 신성화에 저항했다.

2. 고매한 의리를 요구한 배빗의 인문주의

마치 가장 강력한 경쟁자임을 확인했다는 듯 좌파 필자들은 어빙 배빗을 공격했다. 그들이 배빗에게 퍼부은 욕설은 그가 하버드대학의 사려 깊은 비교문학 교수라는 사실을 기억하면 놀라울 정도다. 오스카 카질(Oscar Cargill)은 『Intellectual America(지적인 미국)』에서 화가 치밀어 이렇게 외쳤다. "배빗이 미신에 사로잡힌 18세기 종파 아래에서 성장하지 않았음을 안다. 그러나 과학이나 민주주의를 단순히 언급하기만 했

---

i   Michael Faraday(1791~1867): 전자기학과 전기화학 분야에 큰 기여를 한 영국의 물리학자이자 화학자. 어린 시절 정식 교육을 거의 받지 못했으나 전자기장의 기본적인 개념을 확립했다. 직류가 흐르는 도체 주위의 자기장 연구를 했으며 자성이 광선에 영향을 미치고 그들 사이에 근본적인 관계가 있다고 밝혔다. 전자기 유도, 반자성 현상, 전기 분해 법칙의 원리도 발견했다. 패러데이가 발명한 전자기 회전 장치는 전기 모터의 근본적 형태가 됐다. 화학자로서 벤젠을 발견했으며 양극, 음극, 전극, 이온과 같이 널리 쓰이는 전문 용어들을 처음 도입했다.

는데도 침을 튀기며 달려드는 그는 세계인이라기보다는 시골에서 설교를 받아 적거나 찬송가를 부르는 가수처럼 보인다." 해럴드 라스키는 『The American Democracy(미국의 민주주의)』에서 배빗은 제자를 얻지 못했다고 선언했다. 어니스트 헤밍웨이(Ernest Hemingway)는 배빗의 인간 존엄을 믿는 신앙에 노발대발하며 배빗이 죽을 때 얼마나 우아하게 죽는지 알고 싶다고 말했다. 사실 배빗은 덩치가 크고 건실한 오하이오 사람으로, 젊어서는 서부 농장에서 일했고 하버드와 파리에서 공부했다. 스페인을 누비고 다녔고 남들이 성공을 향해 올라탔던 그 조류에 오히려 맞서 싸웠다. 죽을 때는 의연했고 마지막 순간까지 인간이 욕구를 억제하지 않으면 인간으로 남을 수 없다고 미국인을 확신시키려 애썼다. 종교에는 우호적이었지만 교회에는 의심을 거두지 않았다. 비록 미국적 원칙들의 타락을 혐오했으나 배빗은 여전히 가장 완벽하게 미국적인 작가 중 한 명이었다. 배빗은 아리스토텔레스, 버크, 존 애덤스를 사회사상의 스승으로 삼았으며 인문주의라고 부르는 미국 철학의 학파를 창시했다. 라스키가 런던정경대학에서 거의 잊힌 뒤에도 오래도록 지속된 영향력을 남겼다. 배빗 덕분에 미국의 보수주의는 성숙할 수 있었다.

배빗의 동지 폴 엘머 모어는 배빗 사상 체계의 핵심과 심장이 배빗의 첫 번째 책인 『Literature and American College(문학과 미국의 대학)』의 루소 비판에 담긴 각주에 있다고 말했다.

부처에 따르면 가장 큰 악덕은 기질의 충동(pamada, 放逸)에 굴복하는 것이다. 가장 큰 미덕(Appamāda, 不放逸)은 이의 반대로 감각의 혼수상태나 나태함에서 깨어나거나, 적극적 의지를 항상 발휘하는 데 있다. 죽어가던 부처가 제자들에게 마지막으로 한 말은 이 미덕을 간단없이 실천하라는 간곡한 당부였다.

인간을 짐승과 다르게 만드는 의지의 실천, 예의 바름이라는 규율의 기술은 이 시대의 무관심 속에 죽어간다. 부처와 플라톤이 함께 묘사하는 정신적 영역을 경멸하면서 근대적 인간은 기괴한 자연주의로 타락해 모든 것을 하나의 감각적 수준으로 축소했다. 인간이 존재의 이중적 본질을 망각한다면, 감각을 지배하는 사물의 법과 대조적이라 할 인간의 법이 지배하는 자신의 고매한 부분을 질식시켜 스스로 목숨을 끊는 셈이다. 고매한 부분을 파괴하면서 인간은 자신의 고매하지 않은 부분에도 사형을 선고한다. 의지라는 지휘의 힘이 없다면 인간은 동물의 무질서로 굴러떨어지기 때문이다. 우리 시대 인문주의자의 과업은 사회에 정신적 실체를 상기시키는 데 있다. 배빗과 동료들은 진정한 인문주의자(Humanist)와 구분되는 인도주의자들(Humanitarian)에게 가차 없었다. 베이컨과 루소의 전통에 따르는 인도주의자들은 물리적 조치들을 적용해서 인간의 모든 문제를 해결할 수 있다고 생각하는 감상주의자들이다. 성자와 죄인, 학자와 야만인을 분별하려면 가치의 위계가 필요하다. 그러나 인도주의자들의 무차별적인 공리주의적 발상은 이런 위계에 적대감을 만들어낸다. 평등한 사회를 만들겠다는 생각에서 인도주의자들은 진정한 인간의 삶을 가능하게 하는 그러한 인간의 정신적 본질을 박멸하려 한다.

어빙 배빗의 적들은 감각을 복속시키고 정신적인 자기 규율을 옹호하는 이 태도에 그 즉시 "청교도주의"라는 딱지를 붙였다. 마치 그런 딱지 자체가 비난이나 된다는 태도였다. 그러나 배빗의 인본주의 교리는 플라톤과 아우구스티누스(Aurelius Augustinus)가 청교도라는 의미에서 청교도적이다. 배빗과 모어는 점차 파괴적인 결정론의 성격을 띤 칼뱅주의를 극도로 혐오하며 거부했다. 그들의 신앙은 자유의지라는 전제 위에 있다. 그러나 옛 뉴잉글랜드의 엄격함은 상당 부분 이 두 중서부 사람들 안에 살아남았으며 그들에게 강철 같은 결의를 주었다고 해야 한다. 그 결과 감각과 정서에만 몰두하는 이 시대에 이원론과 정신적 삶을 소리 높여 이야기하도록 만들었다. 배빗은 그의 첫 번째 책에서 다음과 같이 말했다. "과거의 인간처럼 명백한 교리와 규율의 멍에를 쓰지 않는다 해도 오늘날의 인간은 적어도 평소의 자신보다 높은 그 무엇을 향해 내면적 경의를 표해야 한다. 이를 신 같은 무엇, 극동의 사람처럼 더 높은 나 혹은 그저 법이라 불러도 좋다. 억제하는 사람의 이런 내적 규율이 없다면 '전부와 전무 사이에 매개의 지점은 없다'고 말한 루소처럼, 인간은 단지 격렬하게 양 극단을 오갈 뿐이다."[1] 문명의 구원은 원죄의 교리 같은 그 무엇의 부활에 달려 있다.

배빗의 저서 7권 중에서 사회적 보수주의의 학생에게 가장 중요한 책은 『Democracy and Leadership(민주주의와 지도층)』이다. (모어가 이야기했듯이) 배빗은 그의 생각을 순서대로 발전시켜가기보다는 각 책에서 자신의 핵심적 논지들을 모두 다루는 "회전식" 필자라 이 용감한 저서를 자세히 분석하면 그의 인문주의적 체계 전체를 볼 수 있는 꽤 쓸 만한 시각을 얻을 수 있다. 이 책은 1924년에 출간됐다. 미국의 백만장자들이 버섯처럼 밀고 올라올 때였다. 배빗은 자코뱅을 대하듯이 백만장자를 경멸했다. 1908년에는 "해리먼[i]이 조금 더 나오면 우리는 망한다"고 쓰기도 했다. 록펠러(John Davison Rockefeller)나 해리먼은 존 듀이와 함께 같은 세력을 대변한다고 생각했기 때문이다. 그들은 인간이 공리주의 원칙 위에서 개선될 수 있다는 착각을 지지하는 사람들이었다. 로이드 조지(Lloyd George)의 말처럼 만약 미래가 현재보다 더 경제적인 문제에 함몰되면 미래는 당연히 천박해진다. 르네상스 시대에 처음 시작되어서 베이컨이 "과학적"으로 만들고 루소가 유행시킨 자연주의는 사회적 삶의 구조를 위태롭게 할 정도로 발전했다. 우리 사회 각 부문에서 자연주의적 개념들이 대중화되면서 선입견과 규범이라는 옛 성채들은 파괴됐다. 인문주의자는 사람들에게 대안적인 사상 체계를 제시할 때 이런 급진주의에 맞설 수 있다. 배빗은 1919년에 "베이컨식 운동이 등장한 이래 자연법칙에 따른 진보가 대단히 빨랐기 때문에 진보는 인간의 상상력을 장악했고 인간이 자연주의적 논리에 따라 더욱 집중하고 노력하도록 자극했다. 진보라는 단어의 그런 마법 탓에 인간은 인간의 법에 따른 진보의 실패를 보지 못했다"고 썼다.[2] 인문주의자들은 인간을 위한 법이 있고 사물을 위한 법이 있다는 사실을 세계에 상기시켜야 한다. 그렇지 못할 때 그들은 재앙을 맞게 된다. 만약 사상이 결여되어 있다면 관례와 규제만으로는 사회가 스스로 파멸하지 않도록 막을 수 없다. "정신의 자유에 가해진 외부적이고 기계적인 장벽에 저항하려는 시도는 장기적으로 거만하고 독선적인 분위기를 만들어내며 독선보다 더 견디기 힘든 것도 없다"는 배빗의 말처럼, 프랑스혁명에서 인간은 단지 그들이나 그들의 조

---

i   Edward Henry "Ned" Harriman(1848~1909): 미국의 철도 재벌. 파산한 철도 회사를 사들여 막대한 이익을 남기고 되파는 사업으로 부를 이루었다.

상이 독선적이었다는 이유로 단두대에서 처형됐다. 전통과 관례의 무기력한 수용은 머지않아 파우스트(Faust)의 외침에 직면하게 된다. "자유를 향해 밖으로 나와!"[i] [3] 아마도 배빗의 세대만큼 독선적인 세대는 없었다. 그의 말을 듣는 청중 사이에 있던 급진주의자들은 흥미롭고 무의식적인 독선에 휩싸여서 진보적 프롤레타리아의 축복을 확신하며 배빗 교수를 반계몽주의자라고 불렀다. 혼란이 다가온다고 배빗이 예견했기 때문이다.

급진적 민주주의의 이론가들 중 맨 먼저 루소가 가장 두드러지게 문명을 경멸했다. 옳은 문제에 틀린 답을 주었으며 인간 경험의 이중성을 부인했다. 일반적 행복에 이르는 수단으로 감각의 체계에 의존했다. 민주주의를 추구하는 동지애(democratic fraternity)라는 루소의 (그리고 휘트먼의) 감성적 꿈은 공리주의 이론들처럼 인도주의나 자연주의적 운동의 특별한 양상이다. 인도주의는 인간성의 가장 중요한 핵심, 즉 의지를 빠뜨렸다. "모든 종류의 팽창주의자들에게 맞서 나는 주저 없이 확인해주겠다. 인간이 구체적으로 인간답게 그리고 궁극적으로 신성을 갖도록 하는 것은 의지라는 어떤 특성이다. 평범한 자신과의 관계에서 자제의 의지로 느껴지는 그 의지다."[4] 감각, 심지어 이성의 충동에도 견제를 불러일으키는 이 힘은 인간에 고유하며 인간을 인간답게 만든다. 욕망에 굴복한 루소와 탐욕에 굴복한 공리주의자들은 인류를 짐승으로 만들고 만다. 만약 사회개혁이 자기 개혁의 대용물이라면 감정적 무질서가 모든 인도주의적 계획을 곧 무산시켜버린다. 『Literature and American

---

i Hinaus ins Freie!

College(문학과 미국 대학)』에서 배빗은 인문주의자와 인도주의자를 구분했다. 『The Masters of Modern French Criticism(근대 프랑스 비판의 거장들)』에서는 표준의 퇴락과 상대주의의 등장을, 『The New Laokoon(새로운 라오콘[i])』에서는 표준의 퇴락에 따라 발생한 문학과 예술의 무질서를 분석했다. 『Rousseau and Romanticism(루소와 낭만주의)』에서는 인간의 고상하고 저급한 본질 사이에서 상상력이 힘의 균형을 잡아주며 루소의 목가적 상상력이 근대 인간의 열망을 타락시켰다고 지적했다. 『Democracy and Leadership(민주주의와 지도층)』에서는 "진정한 지도층은 좋든 나쁘든 언제나 있다. 민주주의는 진실을 회피하려할 때 문명에 위협이 된다. …내면적 삶의 진실을 어떤 형태로든 되찾아서 자연주의의 잘못을 거부할 수 있는 지도자의 등장에 서구 문명의 바로 그 생존이 달려 있음을 보여주려" 노력했다. 『Democracy and Leadership(민주주의와 지도층)』은 미국인이 쓴 정치학 책 중에 가장 통찰력이 있는 책이다. 이 책이 적절하게 쓰인 정치적 논문이 아니라 진정으로 도덕철학적인 저작이라고 할 수 있는 이유는 바로 다음과 같은 구절 때문이다. "어느 정도 철저히 연구하면 경제 문제는 정치 문제와 마주치고, 정치 문제는 철학의 문제에 직면하게 된다. 그리고 철학의 문제는 마지막에 종교 문제와 거의 분리할 수 없을 정도로 묶여 있다." 배빗은 이 책의 첫 문단에서 이렇게 썼다. 그러나 많은 정치학자들이 이 책에 관심을 보이지 않았다. 하지만 만약 과학이 물질적 자료의 분류나 축적 그 이상이라면 정치학을 보는 배빗의 관점은 높은 경지에 있는 과학이라 할 수 있다.

---

i 그리스 신화에서 아폴론을 섬기는 트로이의 신관. 트로이전쟁 때 그리스군의 목마를 트로이 성 안에 끌어들이지 말라고 반대했기 때문에 해신 포세이돈이 보낸 두 마리의 뱀에게 두 자식과 함께 피살됐다.

근대 정치학은 대체로 근대 문명처럼 자연주의자가 행사한 해체적 영향력에 오래 노출돼왔다. "자연주의자는 인간을 물질적 질서와 다른 인간 고유의 법에 종속된 존재로 보지 않는다. 그 법을 받아들이면 종교적인 수준에서는 기독교 신자나 불교 신자가 최선의 상태에서 발견하는 초세속적 기적으로 이어지기 때문이다. 현세에서 이를 수용하면 평범한 나와 그 무의식적인 충동은 공자와 아리스토텔레스의 추종자들에게서 발견되는 적도(適度)의 법칙[i]에 굴복하게 된다." 정치학에서 이런 높은 의지를 부정한 근대의 아버지, 즉 인간이 그의 더 저급한 본성에 굴복할 수 있는 도덕 체계를 만든 사람은 마키아벨리다. 마키아벨리는 모든 자연주의자가 이원론에 보이는 혐오감을 지녔다. 따라서 세속적인 국가와 신의 도시 모두에 충성하는 분열된 충절의 보유를 인간에게 허용하지 않았다. 그러나 마키아벨리와 그의 추종자들은 진정한 현실주의자들이 아니다. "인과응보나 신의 심판이, 혹은 그것을 누가 무어라 부르더라도 조만간 도덕적 법을 어긴 사람들에 찾아온다는 사실은 굳이 그리스나 헤브라이의 전거를 찾아야 할 필요도 없이 자명하다. 이는 주의 깊은 관찰의 문제다." 홉스가 이 도덕성의 부정을 영국의 정치사상에 편입했다. 그리고 우리는 그 독소 때문에 아직도 고통을 받는다. "만약 마키아벨리와 홉스를 반박하려면 우리는 심지어 국가적 경계를 넘어서 모든 인간을 하나로 묶는 보편적 규칙을 보여주어야 한다. 조직된 폭력으로 지탱되는 특정한 국가의 법으로도 그들의 이기적 충동이 통제되지 않을 때조차 계속해서 작동하는 규칙의 존재를 말이다." 로크가 장려한 공리주

---

i Law of measure: 중용의 의미로 보인다.

의적 기질은 공직이 신성한 신탁이라는 존경할 만한 개념을 더욱 타락시켰다. "만약 지도자의 필요를 평등주의적으로 부정하는 생각에 귀족정치적 원칙이 계속 굴복하게 되면 의회제 정부는 궁극적으로 불가능해진다."

마키아벨리와 그 추종자들이 훼손한 중세 시대 정부라는 개념의 폐허 위에 루소는 일종의 유사 종교적인 정치적 고안물을 세웠다. 목가적 상상력에서 만들어진 그 자신의 신화가 제공하고, 인간의 감정에서 동정이 최고라는 개념에서 영감을 얻은 고안물이다. 루소가 이 체계를 함께 접합하려고 만들어낸 일반의지(General Will)라는 정서적 원칙은 시작부터 골칫거리로 가득했다. "이 도구로 루소는 영국의 전통적 정치사상가들이 주로 고민해오던 문제를 없애버렸다. 말하자면 어떻게 의기양양하고 독재적인 다수로부터 소수와 개인의 자유를 안전하게 지키느냐는 문제였다." 루소의 그릇된 새 이원론은, 즉 사적인 영역에서의 시민과 공동체 구성원으로서의 개인이 서로 다르다고 가정하는 사상은 루소 그 자신이 거부한 독재보다 더 잔혹한 독재의 등장을 옹호할 수도 있다.

배빗은 버크가 이 모두를 인지했다고 말한다. 버크는 살아남을 만한 오직 한 종류의 보수주의는 상상력이 풍부한 보수주의라는 사실을 누구보다 더 잘 알고 있었다. 그러나 당대의 강력한 추세는 상상력의 전통적이고 보수적 상징들을 추구하자는 그의 호소를 묵살했다. 새로움과 변화, 발견 위에 쌓인 발견, "아득하고 거룩한 사건"을 향해 인간이 움직여간다는 희망을 사랑했던 베이컨식의 사회적 풍조는 진정한 자유주의를 구하려고 버크가 의지했던 선입견, 규범, 그리고 "반성을 능가하는 지혜"의 옹호를 무력하게 만들었다. 근대적 보수주의자들은 혹은 자유주의자들은 반드시 다른 도구와 방법을 발견해야 한다.

보수주의의 이 새로운 도구들은 진솔할 필요가 있다. 왜냐하면 근대 민주주의의 엄청난 제국주의적 본능에 맞서 싸우는 데 사용돼야 하기 때문이다. 미라보가 말했듯이 민주주의와 제국주의가 서로 적대적이라고 가정하면 잘못이다. 우리 시대에 그들은 함께 사냥에 나선다. 페리클레스[i]가 이끌던 아테네가 그랬고 혁명기 프랑스가 그랬다. 일본이 만약 민주주의로 개종한다면 현재의 사회적 조건에 만족하는 보수적 귀족이 지배할 때보다 수십 배 더 위험해진다. 8년 뒤 배빗은 『On Being Creative(창조적임에 관해)』에서 다시 이 주제로 돌아왔다. 여기서 "인류를 향한 '의무'라는 더 위험한 의식"을 지닌 미국에 두려움을 느낀다는 앙드레 지그프리트[ii]에 주목했다.[5] 제국주의는 인간 내면의 거리낌 없는 자부심의 한 측면이다. 고대 그리스인들은 이것이 오만함을 낳고 맹목으로 이어져 신의 심판을 부른다고 생각했다. "때때로 그렇게 보인다. 인간은 지옥의 나락을 바로 앞에 두고 있을 때 너무나 자신 있게 돌진한다." 버크가 고매한 미덕으로 여긴 겸손만이 타고난 허영심을 유일하게 효과적으로 억제한다. 그러나 우리의 세계는 거의 겸손의 본질을 잊어버렸다. 예전에는 은총이라는 교리로 인간이 편안하게 겸손의 명령에 굴복하도록 만들었다. 그러나 근대적 방종, 루소와 에머슨에게서 퍼져 나온 독립독행이 그 정교한 교리를 압도했다. "그리고 유럽 문명이 이 교리의 붕괴 이후에도 살아남을지는 사람들이 기대하는 만큼 그리 분명하지 않다."

---

i Perikles(BC495~BC429): 고대 아테네의 정치가이자 고대 그리스 시대의 역사에서 가장 유명하고 영향력 있는 인물 가운데 한 사람. 그리스-페르시아 전쟁과 펠로폰네소스 전쟁 사이에 아테네의 지도자로서 아테네의 황금시대를 열었다.

ii André Siegfried(1875~1959): 프랑스의 지리, 정치학자. 미국과 캐나다 영국의 정치에 가한 논평으로 유명하다.

배빗 그 자신은 은총이라는 개념을 포용하지 않았다. 그러나 파스칼[i]과 얀센파[ii](Jansenists)처럼 그 초월적 중요성은 인지했다. 그는 최근 몇 십 년 동안 기독교 소설가들과 기독교 옹호론자들이 은총의 교리에 빠지기 전에 자주 이 주제를 언급했다.

은총이라는 교리의 퇴락과 종교개혁에 따른 신학적 혼동 탓에 일(work)의 교리가 자리 잡기 시작했다. 그러나 옛 신학에서 말하는 일과는 완전히 다른 개념이다. 프란시스 베이컨은 경건함과 묵상보다는 일이 더 우위에 있다고 상술했다. 로크는 그의 통치론 두 번째 권에서 이를 공리주의의 극단으로 끌고 갔다. 아담 스미스는 로크에 공감했고 리카도는 그 개념을 확장했다. 마르크스는 "일"을 순수하게 양적인 개념으로 축소시켰다. "공리주의적이고 정서적인 일의 개념을 적용하면서 동시에 경쟁을 제거하려는 시도는 러시아에서 한편으로는 잔혹한 독재를 다른 한편으로는 불명예스러운 노예 상태를 낳았다." 일의 본질에 대한 이 그릇된 개념에서 우리는 어떻게 벗어날 수 있을까? 인도주의자들은 이 잘못에 동참한 죄가 있다. "심지어 그들이 더 조잡한 양적 오류에 빠지지 않았을 때에도 그들은 노동을 자연법칙의 관점에서, 그리고 세간의 관점에서 생각했지 내면의 삶이라는 관점에서 보지 않았다."

그러나 "일"은 진정으로 이와는 매우 다르다. 그리고 배빗은 그 정의를 얻으려 부처와 플라톤에게 호소한다. 진정한 일, 고매한 일은 정신과 자기 개혁의 노동이다. 이는 우리를 정의(Justice)의 본질로 이끈다. "자신

---

i Blaise Pascal(1623~1662): 프랑스의 수학자, 물리학자, 발명가, 기독교 철학자. 어린 시절 천재였다.
ii Jansenism: 주로 프랑스에서 일어난 종교 운동으로 원죄, 인간의 악행, 신의 은총의 필요, 운명 예정설 등을 골자로 한다. 얀센주의라고도 하며 네덜란드 가톨릭 주교인 코르넬리우스 얀센(Cornelius Jansen, 1585~1638)의 영향을 받았다.

의 고유한 일을 하거나 고유한 업무에 마음을 쓴다와 같이 플라톤식으로 규정된 정의야말로 사상 최고의 설명이다." 유일하게 옳은 자유는 일할 수 있는 자유라고 배빗은 덧붙인다. "모든 문명화된 사회가 요구하는 위계질서에서 인간의 위치는 그가 하는 일의 특질로 결정되어야 한다." 정신으로 일을 하는 사람들이 손으로 일하는 사람보다 우위에 있어야 한다. 그러나 진정으로 윤리적 일에 종사하는 사람들이 그보다 더 높다. 진정한 문명이라면 어떤 사람들에게는 손으로 일할 필요성을 면제해주어야 한다. 그래야 그들은 지도력을 준비하는 데 반드시 필요한 그 여가 시간을 가질 수 있다.

이 영혼과 정신의 지도자들은 물질적 소유에 흔들리지 않도록 교육받아야 한다. 이는 진정으로 윤리적이고 인문주의적으로 일하지 않고는 달성될 수 없다. "그러한 일을 요구하지 않는 어떤 근거에 따라 평등을 주창하면 오히려 역설적인 결과를 낳는다. 예를 들어 이 나라는 독립선언서에서 자연적 평등의 교리를 받아들였다. 그러나 이렇게 고무된 개인주의의 형태는 괴물 같은 불평등으로, 또 전통적 기준의 퇴락과 함께 천박한 금권정치로 이어졌다. …상층부에 있는 사람의 이러한 실패를 바로잡는 방법은, 선동가들이 우리가 믿도록 요구하는 대로, 바닥에 있는 사람의 욕구에 불을 지르는 데 있지 않다. 진정한 정의를 어떤 주마등같이 변화하는 사회 정의로 대체하는 데 있지도 않다." 그러한 대체물은 일반적으로 재산권 자체에, 곧이어 근면성과 산업에 광적인 공격을 초래한다. 천성적인 게으름에서 벗어나도록 인간을 일깨우는 데 필요한 경쟁을 억압할 뿐이다. 적절하게 이해된 윤리적 토대 없이 절대적 평등을 포고한 혼란을 미국은 아직 극복하지 못했다. "진정한 정의와 진정한 문명이 요구하는 정도의 안전을 재산권 제도에 부여하는 문제와 보편적 선거권을 결합하는 일이 가능할지 아직 명확하지 않다." 화폐의 인플레이션은 이러한 위험의 가장 보편적이고 미묘한 형태다.

모든 사람은 자신의 일에서만 행복을 발견해야 한다. 그러나 우리 시대의 인간 집단은 자신들의 노동을 지루해한다. 부분적으로 인도주의자들이 일의 본질을 오해했기 때문에 생긴 결과다. 인도주의자들은 사랑과 자유를 규정할 능력이 없었기 때문에 이 막대한 문제에서도 비슷한 혼란을 우리에게 가져다주었다. 본질적으로 인도주의자들의 실패는 그들이 인간의 윤리적 의지에, 인간의 유일하게 실제적인 평화는 정신적 평화라는 사실에 무지했던 결과다. 우리가 인도주의자들을 미숙하게 따르는 동안 우리는 기준을 시야에서 놓쳤다. 그 기준의 회복에 우리의 문명화된 삶과 인간성의 보호가 달려 있다.

"상업주의는 그 거대한 탐욕의 앞발을 (무책임한 전율의 추구를 포함해) 전방위적으로 내밀고 있다. 그래서 이론적으로 민주주의가 무엇이든 간에 사람들은 때때로 민주주의를 표준화되고 상업화된 통속극이라고 규정하고 싶어 한다. …여러 세대에 걸쳐 서양을 휩쓸었던 운동의 결과가 규격화된 평범함의 거대한 덩어리일 뿐인지, 특히 인류를 가장 숨 막히게 할 이제껏 보지 못한 어떤 민주주의를 만들어낼 위험이 이 나라에 없는지 물어보고 싶다." 미국이 모든 일에서 양적인 시험을 수용하도록 설득한 결과 "늘쩍지근한 상태에서 일요판 신문을 읽는 미국인이 아마도 세계가 지금까지 본 중에 가장 완벽하게 질이 아니라 양의 승리를 상징하게 된 이유는 무엇일까?" 진정한 지도층의 상실이 우리의 기준에 결함을 가져온 원인이자 결과다. "따라서 우리는 민주주의 그 자체의 이해를 위해 인간의 권리(rights of man)라는 교리를 올바른 인간(right man)이라는 교리로 치환해야 한다." 민주주의는 그동안 일반의지라는 추상적 이론을 선호해 질적이고 선택적인 규율들을 제거하려는 시도에 지나지 않았던 경우가 자주 있었다. 미국에서 자유주의와 그릇된 자유주의 사이의 투쟁, 양적이고 질적인 민주주의 사이의 이 투쟁은 실질적으로 워싱턴 대통령의 자유와 제퍼슨 대통령이 내세운 자유 사이의 경쟁이었다. 제퍼슨 대통령은 인간을 외부 통제에서 해방시키고 싶어 했다. 그러나 버크와 달리 제퍼슨은 몰랐다. 내부의 힘과 외부의 힘이 어떻게 항상 비율을 유지해야 하는지, 그래서 국가 차원에서 힘의 축소가 사회적 손상의 결과로 이어지지 않으려면 반드시 개인의 자기 통제 증가를 수반해야 한다는 사실을 말이다. 쾌락주의적이고 이론적인 제퍼슨은 애덤스 가문이 헌신했던 엄격한 자기 규율의 개념 전체를 싫어했다. 제퍼슨의 사례는 상스럽게 개인주의적이고 팽창적인 미국인의 성향을 고무시켰다. 그 결과 정치적 그리고 윤리적인 측면에서 제퍼슨의 기호에 맞지 않은 사법적 통제가 우리의 자유를 보장하는 주요 수단으로 남았다. 그러나 그 사법적 통제는 제국주의와 양적 판단으로 기울던 우리의 성향 때문에 심각하게 훼손됐다.

연방 헌법과 대법원을 비롯해 대중의 즉각적 충동을 억제하는 다른 수단들은 개인의 고매한 의지가 개인에 행사하는 바로 그 역할을 국가에 하는 셈이다. 우리 사회가 성공하는 분야는 대개 우리의 사상과 정치 구조에서 이런 억제력이 발휘된 결과다. 우리 사회가 실패하는 분야는 우리의 정서적 인도주의가 작동한 결과인 경우가 잦다. "우리는 십계명이 아니라 우리의 인도주의가 작동하게 만들려 노력한다. 그러나 작동하지 않는다. 만약 우리의 법원이 죄를 벌주는 데 대단히 비효과적이라면 가장 주요한 이유는 대중적인 여론의 지지가 없기 때문이다. 지지가 없는 이유는 모든 미덕의 대체물로 약자에 보내는 동정을 앞세우는 사람들이 대중의 대부분을 이루기 때문이다." "객관적 일"을 강조하면서 공리주의적 광신자는 비인간화된 사회로 점점 더 가까이 다가간다. "우리의 고용주인 상업주의자들이 추구하는 효율을 얻으려면 많은 사람들의 인간적인 특성을 박탈해서 그들을 거대한 기계의 단순한 톱니바퀴로 만들어야 한다. 현재의 속도라면 시골 잡화상도 버터 가격을 정하는 데 필요한 자율성을 곧 상실하게 된다."

그렇다면 이 모두로부터 우리를 구해낼 지도자들을 우리는 어디서 찾아야 할까? 그들의 위대한 장점은 겸손이어야 한다. 나머지는 소용이 없다. 따라서 과학자는 자격이 없다. 우리는 그들의 주제넘음을 잘 알고 있다. 귀족 출신의 예술가도 마찬가지다. 수뇌부를 모두 없애고, 평균적인 인간의 신성을 신뢰한다는 대중적 개념은 더 나쁜 잘못이다. 대중의 변덕스러움은 심지어 급진적인 개혁가조차 이러한 꿈에 믿음을 잃게 했다. 아니다. 절실하게 지도자들을 필요로 하는 이 순간에, 우리의 힘이 대양을 가로질러 방향을 모른 채 맹목적으로 더듬거리는 이때, 우리가 "멩켄 씨의 안내를 받으며 이류의 니체 철학 추종자로 진보한다"고 해도 우리는 구원되지 않는다. 전통적 교리의 힘, 악을 사실로 직시하는 정직성으로 돌아가 도덕적 엄숙함과 지적인 진지함을 천천히 고통스럽게 발전시키는 과정만이 지도층을 우리에게 되돌려준다. 우리의 정신적인 게으름은 제1의 원리들을 다시 숙고해야만 극복된다. "새로운 윤리의 전체적인 구조가 길러진 토대는, 우리가 보았듯이, 선악 사이의 중대한 투쟁이 개인이 아니라 사회에 있다는 가정이다. 우리가 또다시 단단하게 세우고 싶다면 '동굴 속의 내전'이라는 개념을 어떤 형태로든 회복해야만 한다."

우리는 일의 정확한 의미를 분석할 필요가 있다. 이는 우리가 자연을 어떻게 규정하느냐에 달려 있다. "자유"가 무엇을 의미하는지는 다시 우리가 "일"의 의미를 어디에 두는지에 달려 있다. 우리의 갱생은 이러한 규정들과 함께 "정의"와 "평화"의 정확한 의미를 포함해 소크라테스적 방법들을 동원해야만 가능하다. 이는 단순히 학파에 따른 문제가 아니다. "물질 지향적 국가의 괴물 같은 잠식에 맞서 심지어 목숨을 희생해서라도 진정한 자유를 요구하는 인간들이 정당화될 때가 아직 오지 않았다면 언젠가 그때는 반드시 온다." 순수한 평등이 자유나 겸손과 조화를 이룬다는 개념을 우리 마음 안에서 몰아내야 한다. 우리의 삶에서 기준을 회복해야 할 필요가 있다면 우리가 마땅히 어떤 윤리적 중심을 확인해야 한다는 의미다. 인간의 본질은 올바른 모범에 쉽게 영향을 받기 때문에 윤리적 국가는 가능하다. 그러나 우리의 윤리적 중심은 우리가 현재의 "서비스"에 아첨하는 그 이상이어야 한다. 진정한 지도자는 단순한 인도주의자가 아니다. 그의 제재력은 의지와 양심에서 온다.

모든 이야기가 끝나고 우리는 다시 의지라는 질문으로 되돌아온다. 자연주의에 뿌리를 둔 "이상주의자"나 "현실주의자"라는 정치사상 학파들은 둘 다 우리 시대에 도움이 되지 않는다. 자연주의를 초월하는 사람은 "초월한 정도만큼 인도주의적인 이상주의자나 마키아벨리적 현실주

---

i 디드로가 이원론을 부정하며 붙인 이름.

의자이기를 멈춘다. 그는 물리적 자연에서 인간을 구별하는 의지의 특성을 알게 되고, 또 그 의지가 외부의 권위가 아니라 즉각적인 인식의 문제라는 의미에서 자연스럽다는 사실을 안다." 우리의 감각과 무관하고, 심지어 우리의 평범한 이성과도 무관하지만, 바로 우리 자신을 억제하는데 우리가 의지할 만한 힘이 세상에는 없는가? 냉정한 사실로 인간은 영혼이 있는가? 없는가? 이 질문들의 해답에 정치학의 토대가 있다. 만약 인간에게 영혼이 없다면, 고매한 의지가 없다면, 인간은 기계의 부품으로 취급되어도 무방하며, 정말로 다르게 취급될 수 없다. 배빗은 많은 사람들이 오르기에 너무 현기증 나는 높이에서 정치학을 숙고한다. 그러나 그의 교리를 인정하게 되면 다른 수준에서는 만족스럽게 정치학이 논의되지 않는다.

배빗은 산만하지만 고귀한 그의 책 마지막에서 한 단계 더 높은 경지인 은총을 언급한다. "전통적으로 기독교인은 그 자신의 고매한 의지의 자유와 신앙을 은총과 연결 지었다." 그러나 배빗은 애써 그 험한 산을 오르도록 자신을 설득할 수 없었다. 그것이 존재하는지 진정으로 확신할 수 없었기 때문이었다. 따라서 자신의 체계를 신과의 친교와는 구분되는 "일의 관점"에서, 즉 윤리적 일은 인간의 더 높은 본성의 활동임을 설명하려고 노력했다. 배빗은 버크 바로 앞에서 멈추었고, 그 결과 후커와 스콜라 철학자들 앞에서도 멈추었다. 폴 엘머 모어는 일의 수준에서 감히 멈추지 말고 종교적 신앙을 확보할 때까지 지속적으로 추구해야 한다고 믿었다.

이 글에서는 배빗을 제대로 대접하지 못했다. 그의 위대한 박식함은 단지 암시되었을 뿐이며 그의 복잡한 마음은 이 요약의 무뚝뚝함으로 무색해졌다. 배빗은 정치학과 도덕의 끊어진 연결고리를 다시 이었는데, 이는 천재적 작업이었다. 보수주의가 자연주의와 그 정치적 후계자를 극복하려면 우리가 사랑하는 옛것의 보존이 최고의 질서라는 유효한 관념 위에 세워져야 한다는 사실을 알고 있었다. "오늘날 보수주의자는 재산 그 자체를 보호하는 일에만 관심이 있을 뿐이다. 버크처럼 개인적 자유에 거의 반드시 필요한 지원이라 생각하거나, 진정 정신적인 이유로 재산권을 보호하려는 게 아니다"라고 말했다. 이는 급소를 찌르는 수많은 선견지명 가운데 하나다. 배빗의 가르침은 미국 보수주의 사상가들을 좀 더 단단한 경지로 이끄는 데 이미 영향력을 발휘했다. 그 영향력이 앞으로 더 커져 일과 의지라는 엄격한 대의명분으로 인간의 후손을 이끌지 모른다. 그래야 경제적으로 성숙한 국가가 단지 기계 이상의 국가가 되기 때문이다.

3. 폴 엘머 모어, 정의와 신앙을 말하다

언젠가 캠브리지의 노스 애비뉴(North Avenue)에서 배빗은 갑자기 주먹을 불끈 쥐며 폴 엘머 모어에게 소리쳤다. "맙소사, 당신은 변장한 예수회 수사인가요?" 배빗은 일생을 통해 자신에게 교회를 포용하도록 가르치려 노력했다. 그러나 모어는 달랐다. 미소 비슷하게 지으며 그 폭넓은 시각의 비평가는 이렇게 말했다. "나는 그 질문에 지금껏 만족스러운 답을 얻을 수 없었소."[6]

비록 미주리 주에서 태어났지만 모어는 뉴잉글랜드 사상의 전통에서 분명 한 자리를 차지한다. 뉴잉글랜드의 정신과 특징이 오늘날 "중서부"

라고 불리는 곳으로 진정 옮겨간 듯하다. 그 세대에서는 드문 헌신의 정신을 지니고 아직 젊은 나이에 모어는 뉴햄프셔 주의 셸번(Shelburne)이라는 작은 마을로 들어가 근대의 복잡성을 지성적으로 대처하는 데 필요한 시간과 거리를 찾으려 했다. 그런 다음 지적으로 무장된 선지자로 세상에 돌아와 강연자이자 수필가, 주간지 《네이션(Nation)》의 편집자로, 제임스의 실용주의, 듀이의 자연주의, 사회주의자들의 감상, 이원론의 진실을 망각한 사람들의 주제넘음과 맞서 투쟁했다. 영어 문체를 다듬고 사상의 비평을 벼려서 콜리지 이래 영국과 미국에서는 그의 상대가 없을 정도였다. 한때 매닝 추기경[i]은 이렇게 이야기했다. "의견이 달라지는 바탕에는 신학적 이유가 있다." 모어가 이 원칙을 고수했기 때문에 그에게 아주 강한 힘이 있었다. 처음엔 철저한 회의주의자로 시작해서 미국 역사상 가장 저명한 영국국교회 사상가가 됐다. 아마도 미국 신학자로서는 모든 종파를 망라해 가장 학문이 깊었을 것이다.

모어의 12권짜리 『Shelburne Essays(셸번 에세이)』의 첫 번째 권은 1904년 출간됐다. 이 번득이는 비평들과 다섯 권으로 된 『The Greek Tradition(그리스 전통)』, 그리고 그의 마지막 생애 10년간 출간된 『New Shelburne Essays(신 셸번 에세이)』를 통해 엄숙하게 이어지는 주제가 있다. 이 세상 또는 저 세상의 구원을 위해 우리는 정신적인 것들에 의지해야 하며, 인간 본성의 이중성을 받아들이고, 존재의 신비한 체계 안에서 현재의 이 순간은 그 중요성이 미미하다는 사실을 우리 자신에게 상기시

---

i   Henry Edward Manning(1808~1892): 영국의 로마가톨릭 추기경. 1865년부터 사망 때까지 웨스트민스터 교회의 대주교.

켜야 한다는 주장이다. 만약 윌리엄 제임스[i]와 함께 시간과 변화의 흐름에 우리 자신을 맡기면 우리는 정신적이고 물질적인 재앙을 부르게 된다.

> 종종 이런 매일의 허상이 과거의 풍부한 경험을 차단해 어떻게 해서 우리의 정신적 삶을 점점 더 척박하게 만들고 마음을 빼앗는지 홀로 숙고할 때면 우리의 처지는 마치 바다에 떠 있는 배와 같다. 자욱한 안개로 우리의 시야는 점점 더 좁아지며 수평선 저 멀리 있는 불빛과 하늘의 깊이도 지워지고 우리 주위의 파도에도 어두운 그림자가 드리운다. 음침한 어둠을 헤쳐 안개를 지나가는 동안 위협적인 경고음이 귀를 때릴 때야 비로소 우리는 그 바다에 다른 여행자가 있다는 걸 알게 된다.[7]

버크와 뉴먼을 많이 읽었기 때문에 모어는 한 세대가 다른 세대와 정신적으로 연결되기를 멈추면 처음엔 문명이, 나중에는 인간의 존재 그 자체가 시들어버린다는 사실을 이해하고 있었다. 그리고 초월적인 실체를 넘치도록 믿지 않는다면 인간은 과거와 미래를 무시하게 된다고 믿게 됐다. 모어는 『Shelburne Essays(셸번 에세이)』 첫 번째 권의 결론에서 이렇게 썼다. 인간의 공적이고 사적인 의무의 구분을 잃지 않고, 인간을 지배하는 법과 사물을 지배하는 법 사이의 균형을 유지하면서 인간은 이중의 삶을 이끌어야 한다. 근대 사회의 혼란은 지적으로 생각하면 사적인 도덕과 공적 활동 영역의 혼동에서 오는 결과다. 이는 인도주의자

---

i William James(1842~1910): 미국의 철학자, 심리학자, 의사. 미국에서 심리학 과정을 처음으로 제공한 교육자로 알려져 있다.

들의 크나큰 잘못이다. 종교적인 충동이 단순히 "인간의 형제애"로 축소될 때 형제 살해가 그리 멀지 않다.[i] 1936년에 발간된 『New Shelburne Essays(신 셀번 에세이)』 3권 말미에서 모어는 이 선언을 되풀이한다. "사회의 불필요한 악에 맞서 벌이는 운동에서 교회가 쓸 수 있는 효과적인 무기가 있다. 무덤을 넘어서는 책임감을 개인의 영혼에 회복시켜주는 것이다. 무자비한 경쟁의 법과 마찬가지로 무자비한 프롤레타리아의 권력 의지와도 차이가 나는 진정한 정의의 조치를 작동하게 만드는 이 유일한 수단이 교회에 주어졌다."[8] "오직 죽고 나서야만 그치는, 권력을 좇는 영원하고 쉼 없는 욕망"이라는 탐욕[ii]은 이 세상에서 그 어떤 힘으로도 제약되지 않는다. 오직 초자연적인 근원에서 오는 인간의 내적인 견제로만 그 억제가 가능하다.

인류의 종교적인 본능이 억눌리고 혼란스러워지면 우리 사회는 반드시 영원으로 되돌아갈 길을 찾아야 한다. 그렇지 않으면 죽어버린다. 근대적 낭만주의와 근대 과학은 비록 피상적으로는 적대적이지만 파멸적인 인상주의를 공유한다. 왜냐하면 양쪽 모두 개인의 변화하는 쾌락 말고는 판단의 원칙을 달리 갖추지 못한 채 끊임없는 변화라는 이론에 무릎을 꿇었기 때문이다. 이것이 실용주의라는 우리 지성의 암이다. 그런 시대이지만, 양심이 있는 인간은 담대하게 자신은 반동적이라고 선언해야 한다. 그렇지 않으면 철학과 학문의 혼돈이 사회의 혼돈으로, 변화의 무기력한 수용은 코브던의 개인주의나 마르크스의 집산주의로 이어진

---

[i] 신앙심이 부족해 동생 아벨을 죽인 카인의 경우를 연상시킨다.
[ii] Pleonexia: 때로 'pleonexy'라고도 쓴다. 고대에서 유래된 철학적 개념으로, 탐욕, 허영이라는 의미로 엄격하게 정의하면 다른 사람의 정당한 소유물을 탐하는 충족되지 않는 욕구라 할 수 있다.

다. 그리고 이 양쪽 모두 물질적 힘으로 문명을 질식시켜버리며 이 방향 전환에 실패한 성채는 무정부 상태가 된다. "힘은 변화의 기쁨을 의미하고 변화에 의문을 품은 자는 반동적이고 나약하다는 말이 널리 퍼졌다." 그렇다면 반동은 혁신을 앞에 둔 겁쟁이나 과거의 노예에 지나지 않다는 말인가? "반동은 아마도, 아니 진정한 의미에서 그런 헛된 꿈과는 철저히 다른 무엇이다. 그것은 본질적으로 행동을 행동으로 답하는 것이며, 상황의 혼란스러움에 차별과 선별의 힘으로 맞서는 것이고, 변하지 않는 사실이라는 공존의 법률로 목적 없이 표류하는 변화의 물결에 방향을 주며, 과거의 경험을 현재의 다양한 충동에 녹여서 질서 있게 전진하도록 한다. 만약 어떤 젊은이가 그 자신 안에 성취의 힘을 느끼면서 나약하다는 비난 때문에 더 나은 의미에서 반동적이라고 불리길 주저한다면 용기를 가져야 한다."[9]

변화의 철학에 맞서 솔직하고 지적인 반동을 선택하게 해주는 교습서는 『Aristocracy and Justice(귀족정치와 정의)』로 1915년에 출간된 『Shelburne Essays(셸번 에세이)』 9권이다. 인간은 어떻게 그 자신으로부터 구원될까? 1914년에 시작된 전쟁은 그 전조에 지나지 않으며 더 큰 재앙으로 끝나고야 말, 경솔한 진화 철학의 산물인 무기력한 권태로부터 인간은 어떻게 구원될까? 사회 영역에서 인간은 그들을 올바르게 이끌어줄 귀족정치를 필요로 한다. 이 귀족정치를 인정하면서 우리는 솔직하고 우아하게 반동적이어야 한다. "우리는 벌거벗은 질문에 답해야 한다. 민주주의로 위장된 금권정치 체제에서 새로이 벗어나서, 권위를 부여할 옛 규범이란 휘장이 전혀 없는 자연적 귀족정치를 받아들이도록 사회를 어떻게 설득할 수 있을까?"[10] 승리한 민주주의에 귀족정치를 부활해야 한다고 설득해야 하는 바로 이 점이 우리 정치가 당면한 중대한 실천적 난제다.

"더 많은 민주주의가 민주주의를 치유한다"는 유행어는 거짓말이다. 진정한 치유는 더 많은 민주주의가 아니라 더 나은 민주주의다. 양이 많아진다고 개선이 이루어지지는 않는다. 개선은 오히려 자연적 귀족정치의 과업이어야 한다. 그것은 "세습된 특권이나 금전의 노골적인 지배로의 퇴보를 요구하지 않는다. 과두지배나 금권정치와도 동의어가 아니다. 차라리 공동체 전반에서 '최선'의 사람을 선출해 그들에게 '권력'을 부여하도록 해주는 어떤 장치나 사회적 인식을 요구한다. 그것은 진정으로 민주주의의 정점이다." 자연적 귀족정치의 부활이나 창조로 가는 첫 번째 걸음은 고등교육 제도의 개혁이어야 한다.

거대한 고목처럼 우리의 사회는 꼭대기에서부터 죽어간다. 인도주의에 현혹되었거나 아마도 그들 자신의 적절한 의무를 모르기 때문에 교육받은 계급들은 그들을 지탱해온 문명을 배반할 위험에 처해 있다. "평소에도 우려는 늘 있었다. 야만적으로 시기하거나 무책임하게 욕망하는 사람들은 언제나 문명을 해치려 위협한다. 따라서 이를 견뎌낼 만큼 질서의 연합군이 강해야 한다. 반면 오늘날엔 질서의 자연적 우승자들 스스로 그들에 주어진 신뢰에 충성하는지 의심스럽다. 왜냐하면 그들을 지도층의 일원으로 통합해주던 명령어를 그들 스스로 더 이상 명료하게 기억하지 못하는 듯 보이기 때문이다."

디킨슨(Goldsworthy Lowes Dickinson) 같은 이상주의자는 "출신 계급의 이해관계와 적극적인 지지로 지성과 도덕적인 힘이 부여된 모든 사람들(근대 사회의 모든 지도자)의 반쯤은 의식적이고 느긋한 공평함"에[11] 기대를 걸었다(배빗은 해리먼 가문이 한 세대에서는 공리주의적 허욕의 부끄러운 줄 모르는 표본이었다가 다음 세대에서는 복지국가의 광신자가 됐다고 경멸했다). 엘리엇 총장이 하버드대학에서 이끈 혁신이 그 타락의 증상이었지만, 지식인 사회의 이 혼란과 반역의 주요 원인은 고등교육에서 존숭할 만한 인문주의적 지적 규율이 쇠락했기 때문이다. 우리는 교육의 대헌장인 토머스 엘리엇(Thomas Elyot)의 『Boke Named the Governour(통치자의 책)』[i]을 잊어버렸다. "인문주의자의 구상은 더 고매한 상상력을 학생에게 키워주는 데 있다는 한마디로 요약된다. 마치 하나의 장엄한 전망에서 바라보듯 가장 낮은 곳에서 가장 높은 곳까지 성스러운 질서와 복종의 칙령 아래 그 존재의 전 규모를 볼수 있는 능력이다. 그러면서도 모든 발전의 한 가운데를 차지한 변하지 않는 진실의 모습을 바라보는 시선도 잃지 말아야 한다. 그 진실의 모습은 '오직 미덕의 숭배나 미덕을 칭하는 또 다른 이름일 뿐이다.' 이는 새로운 이야기가 아니다. 지금까지 사람들은 이를 잊은 적도 없으며, 후커에게는 종교의 총체적 의미였다. 이는 후커를 통해 영국국교회의 가장 훌륭하고 가장 오래 지속될 그 무엇으로 전해졌다. 좀 더 겸손하게 표현되었지만, 블랙스톤[ii]이 체계화한 영국 헌정 체제와 자유라는 개념의 기초였다. 버크가 말하는 치국 이론의 핵심이기도 하다. 그것은 더 장엄한 과학에서 온 영감으로 다윈과 스펜서가 가르친 진화의 가정을 수용한다. 그러나 펼쳐지는 우주 안에 신비로운 목적으로 자리 잡은 이름 없고 초라한 그 힘에 존경심을 담아 인사한

---

i 현대 영어로는 'The Book of the Governor'라는 뜻으로, 1531년 출간됐다. 헨리 8세에 헌정됐으며 어떻게 정치인을 훈련시키는가라는 주제를 다루었다. 당대 교육의 윤리적 난제를 논했다.
ii Sir William Blackstone(1723~1780) 영국의 법률가. 판사. 토리 정치인.

다."[12] 그런 교육이 결핍된 인간들은 과거를 붙잡지 못한다. 그들은 교리의 부침에 따라 이리저리 휘둘린다.

시기심 때문에 모두 평등하게 만들겠다는 격렬한 자유가 아니라, 진정한 자유, 아니 진정으로 구분되는 자유를 추구하려면 사회의 지도자들에게는 인격에 중점을 둔 교양 교육이 필요하다. 그러한 훈육을 통해 그들은 진정으로 자연적 귀족으로서 금권정치와 평등한 민주주의 사이를 중재하며 봉사할 수 있게 된다. 인문주의적 훈련의 핵심은 고전의 연구다. 고전은 인간에게 영원한 시간의 의미를 가르치고 "세속적 시간의 덧없고 천박한 요구에 맞서 더 나은 판단을 내리도록 해준다." 우리의 대학과 전문학교가 전문가와 기술자와 기업인의 양산에 몰두하면 사회는 지적인 귀족을 공급받을 기회를 박탈당하게 된다. 그 결과 오늘날 근대의 전문화와 기술적 성취의 토대인 바로 그 사회적 평온을 해치고 있다.

그러나 자연적 귀족의 삶을 확보하는 정확한 수단이 무엇인가보다 진정한 귀족이 인류의 문제를 다루는 원칙이 무엇이냐는 질문이 더 중요하다. 그 원칙은 '정의'이며 문명의 존속은 그에 달려 있다. 그러나 정의의 정확한 의미를 어떻게 규정할 것인가? 모어는 급진주의의 유용한 수단이었던 "사회적 정의"라는 감상적 용어를 분쇄할 목적으로 일련의 규정을 제공한다. 대단히 간단하게 말하자면, "정의는 각자에 합당한 몫을 나눠주는, 올바른 분배의 행동이다." 그러나 그 규정이 진정한 의미를 가지려면 무엇이 옳고, 무엇이 합당한 몫인지 더 자세히 따져볼 필요가 있다. 우리가 정의라 부르는 충동을 더 꼼꼼하게 살펴보면 그것은 "정의로움으로 향하는 의지의 명령 아래 이성이 안내하고 욕구가 복종하는 영혼의 내적인 상태"다. 간단하게 말해 "정의는 행복이고 행복이 정의다."

그렇다면 사회적 정의는 무엇인가? 모어는 니체의 "권력에의 의지"와 그와 반대인 절대적인 평등의 인도주의적이고 사회주의적 이상을 편견 없이 비판한다. 모어에게 사회적 정의는 "권력과 특권, 그리고 이들의 상징과 도구인 재산을 배분하는 데 있다. 단 우월한 사람들의 경우엔 이성의 탁월성을 충족시키고, 열등한 사람들의 경우엔 감정을 분노하지 않게 하는 방법을 사용해야 한다"고 말한다. 여기서 균형을 잡는 절대적인 규칙은 존재하지 않는다. 개인의 행동에 절대적 도덕 규칙이 없는 것과 마찬가지다. 그러나 개인적 정의를 접근하는 우리 수단에 적용하는 기준은 같다. "사회적 정의나 개인적 정의는 모두 행복으로 측정된다." 입법가들은 탁월함과 자만, 특별한 가치와 대중의 만족을 깔끔하게 구분해야 한다. 중재와 타협으로 가능한 일이다. 그리고 우리는 명심해야 한다. 우리가 너무나 쉽게 "부정의"라 부르는 개인적 박탈과 부족이 정의와 함께 언제나 남게 된다는 사실을 말이다. 우리는 완벽하지 않고 완벽해질 수 있는 존재도 아니다. 그리고 우리가 자연과 조화롭게 존재하려면 우리는 반드시 사물의 본질을 매도하거나 (거울에 비친 촛불의 불을 불어서 끄려는 포슨[i]처럼), 동시에 이 세상에 존재하지 않는 절대적 정의를 요구하지 말아야 한다.

재산권이 없으면 문명은 지속할 수 없다. 재산권은 "자연적 불공평 (인간의 원초적 불평등)이 당신이 탄식해 마지않는, 만들어진 불공평으로 확대된 결과지만, 그럼에도 숙명적으로 불가피하다. 이것이 진실이다. 생각에 따라 끔찍하다고 여길 수도 있지만 재산이 많든 없든 그 진실을 진

---

i Richard Porson(1759~1808): 영국의 고전학자. 그리스 활자체인 'porson'은 그의 손글씨를 토대로 했다.

실이라고, 적어도 불가피하다고 받아들이는 사람에게 긍정적인 측면이 없지 않다." 우리가 문명을 실수라고 부르지 않는 한 자연적 불평등과 재산의 불평등을 무시하려고 시도한다면 일반적으로 불행을 초래한다. "재산권의 보장은 문명 공동체의 첫 번째이자 가장 핵심적인 의무다." 삶은 원시적이며 우리는 이를 동물들과 공유한다. 그러나 재산권은 인간의 고유한 특징이며 문명의 수단이다. 따라서 모어는 그에 반대하는 인도주의자들을 격노케 한 대담한 구절을 말한다. "문명화된 인간에게 재산권은 생명권보다 더 중요하다."

모어는 한 걸음 더 나간다. 재산은 진정으로 인간 존재에 중요하기 때문에 만약 인간이 법의 보호 아래 약탈을 한다 할지라도(어떤 법도 완벽할 수는 없다), "합법적인 약탈은 법을 희생해서라도 억압되어야 한다기보다 법의 유지와 함께 존재하는 편이 더 낫다." 왜냐하면 법에 발생할 수 있는 최악의 사태는 그 지나친 확장, 즉 관할권이 없는 분야로의 팽창이다. 그러나 법의 경시는 모든 법률상의 능력을 무시하는 결과를 낳는다. 사실을 부인하면 그 사실이 당신을 통제한다. 재산권에도 맞는 이야기다. "당신은 어느 정도 재산권을 통제하면서 인간의 이상적인 본성에 도움이 되게 만들 수 있다. 그러나 재산권의 권리를 부정하는 순간 혹은 재산권을 인정하지 않으려 입법화하려는 순간 당신은 사회의 바로 그 기초들을 잠시 뒤흔들 수는 있다. 그러나 끝내는 분명히 재산권을 당신의 종이 아니라 독재자로 만들게 된다. 그렇게 물질화되고 저급한 문명을 만들어낸다."

재산권이 보호되지 않을 때 물질주의의 정신이 기승한다. 그런 욕망의 시대에 지적인 여가는 비정상적이고 반사회적이라고 비판되며 학자는 혐오된다. "재산이 있는 사람들이 자신의 여가 시간을 활용해 자기만 족적인 생활을 불가능하게 만드는 거대한 자선 계획을 꿈꾸는 그런 모습에는 우스꽝스럽고 심술궂은 그 무엇이 있다." 사적 소유권, 생산, 분배는 사회의 발전에 필수 불가결하다. 우리는 "잘못 적용된 이상주의의 교활한 매력에 맞서" 우리 자신을 강화해야 한다. 재산권의 오래된 특권을, 재산을 생산하는 노동으로 이전한다면 우리의 존경할 만한 제도들인 교회, 그리고 무엇보다 대학은 심대한 위험에 처한다. "만약 재산권이 안전하면 재산은 목적을 위한 수단이 되지만 재산권이 불안전하면 재산 그 자체가 목적이 되기 때문이다."

귀족적인 원칙이, 정의의 고전적 개념이, 재산권이라는 제도가 모두 위협을 받는 세기에 보수주의자들은 어떤 효과적인 태도를 견지할 수 있을까? 아첨의 유혹들, 미래를 고려하지 않은 채 당면한 물질적 필요만 다루는 기회주의, 인도주의적 동정심의 힘 등 커다란 이점은 급진주의자들에게 있다. "따라서 1688년의 명예혁명[i] 이후 때때로 소심한 지체가 있었지만 영국 역사가 기회주의의 꾸준한 추동에 점진적으로 양보해온 기록이라는 사실이 전혀 이상하지 않다." 보수주의자들은 인간의 상상력에 호소할 수 있다. 그러나 우선 자신의 상상력이 건전하고 진실되어야 한다. 보수주의자는 먼저 자기 도덕성의 올바름을 확실히 해야 한다. 그는 새로운 도덕성[ii]에 맞서 싸워야 한다. 그 불투명하고 독성이 강한 사

---

i Glorious Revolution: 1688년 의회와 네덜란드의 오렌지공이 합세해 제임스 2세를 피 한 방울 흘리지 않고 퇴위시킨 사건이자 영국의 의회민주주의를 출발시킨 시발점. 어떤 영국의 왕조도 의회를 무시하는 무소불위의 권력을 행사할 수 없었다. 당시 작성된 1689년 권리장전은 영국 역사에서 매우 중요한 위치에 있다.

ii New Morality: 새로운 도덕은 전통적인 기독교적 도덕성을 대체하는 인도주의적 도덕성을 지칭한다. 새로운 도덕성을 갖추면 죄인들에게 신의 법을 지킬 힘을 주는 교회와 그 복음의 의미를 훼손하게 된다.

회적 격정은, 조금이라도 의미가 있다면 "시궁창의 수준에서 삶을 재건한다는 의미다." 인도주의는 교회의 지위를 찬탈해서 개인적인 의무와 죄의 존재를 무시하고 동정을 사회이론으로 세우려는 시도다. 동정과 정의가 뒤죽박죽 섞여버린다.

그런 낙담할 만한 상황에 직면한 보수주의자는 잠시 생각에 잠겨야 한다. 그러면 "자신의 본성은 단순하거나 단일하지 않고 이중적"이며, 헤아릴 수 없는 도덕적 가치의 반영이라는 사실을 기억하게 된다. 그 자신 안에는 "끊임없는 변화 속에 변하지 않는, 순간의 변화하는 가치 위에 영원히 계속되는 가치가 있는" 더 진정한 자신과 내면의 견제가 있다. 이런 직관의 안내로 "그는 사회적 의무가 근본적 법칙도 아니고 개인적 성실성의 근원도 아니며 오히려 개인적 성실성이 그에 앞선다는 사실을 알게 된다. 그는 사회적 정의는 그 자체로 바람직하다고 믿게 된다. 그러나 그는 개인 각자의 책무를 그들 고유의 인격에 무엇보다 먼저 가르치는 게 더 중요하다고 생각하게 된다." 한때의 구호를 버리면, 집산주의적이고 감상적 인도주의에 맞서 옛 도덕을 지키는 데 충분할지도 모를 힘을 발견하게 된다. 인도주의는 보수주의자의 반대가 없다면 그 자신을 유지시켜주는 근간을 경솔하게 먹어치운다.

결론적으로 모어는 정의를 궁극적으로 규정하려 든다. "말하자면 방향 없이 표류하는 새로운 도덕성에 맞서 자발적인 방향이 있고 기품이 있으며 영원히 지속되는 도덕성이다." 귀족적 지도층과 자발적인 사회는 자연스럽게 제휴한다. 유동적인 도덕성은 빠르게 인도주의의 단계를 휩쓸고 지나쳐 집산주의적 충동의 단계로 진입한다. 정치학은 도덕으로 이어진다.

따라서 도덕은 종교적 신념으로 이어져야 한다. 『Shelburne Essays (셸번 에세이)』 마지막 권에서 모어는 두려움이 인간 행동의 불가피한 요소라고 말한다. 종교적 두려움이 없으면 인간은 곧 더욱 직접적이고 더 완화하기 어렵다고 묘사되는 두려움, 즉 계급 전쟁과 빈곤의 두려움에, 그리고 기계에 종속된다는 두려움에 굴복하기 마련이다. "기술자가 지배하는 거대한 기계로 바뀐 세계를 생각해보면 우리는 점차 그 의미의 결여를, 인간적 가치의 공허함을 더 알아가게 된다. 기계적 효율성의 이러한 찬양에 영혼은 질식한다. 우리는 삶의 진정한 문제에 부딪힐 때 그러한 신조의 취약성을 느끼기 시작한다. 우리는 인간의 격정에 어떤 제약도 가할 수 없으며, 정신적 충절에 호소하는 어떤 정부도 수립할 수 없는 그 신조의 무능력을 발견한다. 이러한 것들을 보며 우리는 사회의 핵심을 갉아먹는 두려움을 이해하게 된다." 인도주의자들은 예전의 충절과 규범을 해체하고 나서 정치 보스, 노동조합 지도자, 정치 경찰 앞에 그리고 자신들이 환영했던 바로 그 기계 사회 앞에 무방비 상태로 놓인 자신들을 발견하게 된다. 부정이나 죄와 마찬가지로 두려움을 세상에서 없애버릴 수는 없다. 그러나 근대 문명의 두려움은 특별히 무시무시한 공포다. 어떻게 해야 할까? "우선 우리는 어떻게든 신의 두려움을 우리 사회에 다시 가져와야 할 필요가 있는 듯 보인다."[13]

이렇게 이야기하고서 폴 엘머 모어는 그가 미국의 철학과 지성계에 기여한 두 번째로 위대한 단계에 접어든다. 『The Greek Tradtion (그리스 전통)』이라고 부른 플라톤주의와 기독교 연구다. 『Platonism(플라톤주의)』와 『The Religion of Plato(플라톤의 종교)』에서 그는 이데아와 물질이라는 두 가지의 특징적인 영역과 함께 인류의 제도나 관습에서 인류를 초월하는 힘의 존재를 인정하면서 플라톤의 이원론을 분석했다. 모어는 헬레니즘 철학에서 이 이원론에 맞선 스토아학파와 에피쿠로스학파의 반역을 추적했다. 그 다음 모어가 쓴『The Christ of the New Testament(신약의 그리스도)』는 기독교를 옹호한 책으로는 미국에서 가장 위대한 작품이다. 모어는 이 책에서 자신의 박학다식함과 문체의 화려함을 동원해 근대주의자들을 공격했다. 성육신(Incarnation)을 믿는 것은 이성과 일치한다. 왜냐하면 인간이 초자연적인 현상을 분명히 이해하려면 그것을 자연적인 형태로 느껴야 하기 때문이다. 그리스도의 권능을 말해주는 역사적인 증거들은 압도적인 확신을 안겨준다. 모어는 나중에『The Catholic Faith(가톨릭 신앙)』에서 이렇게 썼다. "다른 형태의 신앙을 두고는 뭐라 말을 한다 해도 적어도 기독교에서 한 가지는 분명하다. 기독교는 묵시에 의존한다. 묵시가 없다면 기독교의 믿음은 근거 없는 가정일 뿐이다."[14]『Christ the Word(그리스도 그 단어)』와 함께 모어는 정통 기독교의 옹호를 마무리했다. 이 책들은 비록 여기서 적절하게 논의될 수는 없지만 20세기 신학적 근대주의에 가장 진지한 타격을 가했으며, 모어의 비판적이고 사회적인 개념들의 토대가 된 형이상학적 이원론의 전제를 강력하게 수립했다. 청교도 정신의 후계자로서 모어는 청교도주의가 그 모든 끈질긴 동력에도 여전히 용기 있는 부정으로 남았을 뿐이라고 인식했다. 그리고 17세기에 청교도가 들었던 반기에 필적하는 대담함으로 20세기에 와서는 긍정으로 되돌아갔다.

월터 리프먼은 언젠가 이렇게 썼다. "『Shelburne Essays(셸번 에세이)』와 다섯 권의『The Greek Tradition(그리스 전통)』은 단지 문학 비평의 기념비적인 책을 넘어선다. 그 책들은 섬세한 감수성과 현실을 보는 냉정한 본능을 절묘한 비율로 통합하면서 자연 안에서 끊임없이 이어지는 종교적 발견을 기록한 책이다. 그의 모든 특정한 판단에 동의하느냐 아니냐는 크게 중요하지 않다. 그를 읽으면 엄격하고 고양된 관념의 세계에 발을 들여놓게 된다. 비평가로 위장했지만 사실은 인간 경험의 처음이자 마지막 문제들에 진정으로 천착하는 사람을 알아가게 된다."[15] 철학의 급진적 자연주의와 사회적 논란의 분야인 급진적 인도주의에 맞서 모어가 내놓은 복잡한 대항책은 그 실행력과 일관성의 결합이라는 측면에서 미국 지성계의 그 누구도 넘보지 못할 위치에 있다. 모어는 존 듀이같이 변화를 갈망하는 네오테리즘(Neoterism)에 현혹된 사람들의 영향력을 "역사의 재앙을 막아주는 소중한 만병통치약"으로 상쇄하려고 작정했다. 모어가 보기에 실용주의자들은 불행하게도 단순했다. 죄와 구원, 정의와 신의 은총이라는 실체를 무시하는 자연주의자들은 야만적인 사회로의 퇴락이라는 대가를 치를 수밖에 없다고 모어는 보았다. 80년간의 논란 끝에 시대의 사조는 서서히 모어의 판단에 더 고개를 끄덕이는 듯 보인다.

모어는 고매한 보수주의가 상상력을 요구한다는 걸 알았다. 아니 그보다 더 드물고 귀한 헌신과 정진을 요구한다는 사실을 알았다. "종교 혹은 종교적 철학은 그 친구들과 적들이 처음부터 보아왔듯이 분명 불만을 덜어주고 혁신에 제동을 거는 그 무엇이다. 그러나 비물질적 가치의 세계에서 종교는 서로에 느끼는 시기심과 자연적 인간의 물질적 탐욕을 억제하는 데 필요한 평형추를 제공해주며, 종교가 깨우쳐주는 보수주의는 무뚝뚝하고 오만한 특권의 협력자가 아니라 질서 있는 개량의 동반자다."[16] 이것들이 반동적 철학자의 정서로 반동을 고귀하게 만들고,

서두르는 당대의 사람들에게 미국, 영국, 기독교와 그리스의 과거는 죽지 않았으며 존재의 흐름에서 실용주의자들의 물보라는 사해로 곧 흘러들어가 소멸되리라는 사실을 일깨웠다. 헨리 애덤스의 비관론과 모어의 강한 신앙 사이에는 간극이 있다. 그리고 그 간극의 존재는 애덤스 형제들의 결정론적 이론들과 "어떤 아득한 신성의 사건"에 근거한 실증주의의 자연주의적 확신이 부활한 유신론 앞에서 후퇴할 수도 있다는 걸 암시한다. 배빗과 모어를 통해 미국의 보수주의 사상은 신의 섭리라는 신비와 역사의 농단(Coquetry of History)을 증명하는 하나의 부활을 경험했다.

4. 자유주의를 격파한 산타야나

"그는 나를 두려워했다." 조지 산타야나는 자신의 친구 앤드루 그린[i]을 두고 이렇게 썼다. "나는 보수주의자의 탈을 쓴 메피스토펠레스[ii]였다. 나는 과거를 옹호했다. 왜냐하면 과거는 한때 승리했으며 아름다운 무엇을 지상에 가져왔다. 반면 나는 미래에 더 나은 무엇이 있다는 분명한 기대가 없었다. 그는 내 뒤에 펼쳐진 죽음과 진실이라는 두려운 광경을 보았다."[17] 그린처럼 미국의 교육받은 대중은 냉정하고 다방면에서 재기가 번뜩이는 산타야나에게 매력을 느끼다가도 혼란스러워했다. 산타

---

i Andrew Haswell Green(1820~1903): 미국의 변호사. 뉴욕시 개발 계획가. 시민운동가. 뉴욕에 브롱스, 브루클린, 퀸즈, 리치몬드 등을 추가해 대뉴욕을 건설한 인물. 뉴욕의 센트럴 파크를 건립하고 브롱스에 동물원을, 자연사박물관 미술관 등을 건립하는데 기여했다.

ii Mephistopheles: 독일 민간에서 전래되는 악마. 직역하면 히브리어로 'Mephitz'는 파괴자를, 'Tophel'은 거짓말쟁이란 뜻. 메피스토의 정확한 기원은 파우스트 전설이 그 기초다. 괴테가 이를 토대로 『파우스트』라는 희곡을 썼다. 비열하고 악랄한 고전적인 악마의 원조라 볼 수 있다.

야나는 미국의 사상에 강한 영향력을 행사했지만 자신은 좀처럼 미국인이라고 고백하지 않았다. 40년이나 맺은 미국과의 인연도 그가 소중하게 생각한 스페인에서 태어났다는 사실과 세계인의 성향을 씻어내기엔 충분하지 않았다. 회의주의와 미학적 천주교의 혼합물을 통해 산타야나는 미국과 영국의 사상을 기묘하게 세련된 시각으로 바라보았다. 흥미롭고 논증적이며 우울한 소설인 『The Last Puritan(마지막 청교도)』는 얼마나 깊이 영미의 특징과 제도를 꿰뚫어보았는지, 또한 얼마나 그것에 동화되지 못했는지 보여준다. 산타야나는 보수주의 사상가로서 미국과 영국 사회를 이국적 시각에서 묘사한다. 그러나 학문적 연구 분야는 영국과 뉴잉글랜드였다. 예를 들어 버크는 산타야나의 책들에서 활보한다(『Winds of Doctrine(교리의 바람)』은 제목 자체를 버크와 성 바오로에서 따왔다). 산타야나가 분석한 뉴잉글랜드 문학[i]의 고상한 전통조차 그가 받은 교육에 포함됐다. 미국 사회의 일부가 아니었다 하더라도 여전히 그는 토크빌이 결코 할 수 없었던 방법으로 미국 사회 안에 존재했다.

배빗과 모어의 유신론적 인문주의에 이어 산타야나의 물질주의는 헨리 애덤스를 다룬 글에서 설명했듯이 보수주의적 강도의 약화처럼 보일지 모른다. 그러나 산타야나의 형이상학은, 이원론과는 맞지 않지만, 일반적인 기계론을 반박하고, 이상주의자의 이기주의를 폭로하며, 부드럽게 조금씩 밀어젖혀 제임스의 실용주의를 탁아실에 넣어버린다. "내 시대의 지적인 세계는 나를 지적으로 소외시킨다. 그릇된 원칙들과 맹목

---

i Genteel Tradition of New England: 산타야나가 남북전쟁 이후 등장한 뉴잉글랜드 지성인들을 뭉뚱그려 표현하며 1911년에 만들어낸 용어. 시인, 학자, 편집자, 비평가, 출판인 등으로 문학적이고 도덕적 기준을 통제하고 사회적 위계를 유지하면서 보수적 정치 개혁을 추구한 인물들을 가리킨다.

적 열광의 바벨탑이요, 정신의 동물원이다. 나는 그 야수의 하나가 되고 싶은 욕망이 없다."[18] 헬레니즘적인 그 무엇이 산타야나의 사상을 뒤덮고 있다. 그는 이데아의 지식만이 엄밀하고 정확하며 실천적 지식은 반드시 그 형태가 신비롭다는 플라톤과 견해를 같이 했다. 그러나 헬레니즘의 도덕주의자들처럼 그는 철저한 이원론을 받아들일 수 없었다. "세계를 둘로 만들면 정신적 영역을 물질적으로 만들어버린다. 진실을 둘로 만들면 두 진실 모두가 불완전해지고 거짓이 된다. 단 하나의 세계, 자연적인 세계가 있고, 오직 하나의 진실만 있다. 그러나 이 세계 안에 가능한 정신적 삶은 있다. 그 정신적 삶은 다른 세계가 아니라 이 세계가 암시하고, 지향하며, 그리워하는 아름다움과 완벽함을 바라본다."[19]

정신은 오직 물질을 통해서만 산다. 우리가 신화에서 윤곽을 그려보는 신성한 목적은 참되지만 오직 자연적인 방법으로만 나타난다. 그 무엇도 영원하지는 않다. 산타야나의 책이 헌신하는 아름다움의 형태조차 영원하지는 않다. 그가 말하는 자연주의는 반종교적이지도 않다. 산타야나는 다음과 같이 말한다. 종교와, 신화라는 시는 단지 유치한 과학이 아니다. 오히려 "희망, 부드러움 그리고 무지의 미묘한 창조물"로서 오래 지속된다. 동시에 들끓는 구더기 같은 고립된 사실들만으로는 결코 획득할 수 없는 고매한 의미의 진실이다. 산타야나는 수많은 미덕과 아름다움을 생산해낸 기독교에 적대적이지는 않았지만 이성으로는 이 존숭할 만한 정통 교리에 동의할 수 없었다. 모든 것은 소멸한다. 가장 오래된 의견들도 소멸하며 그 철학자는 특징과 현상의 막대한 다양성에 만족하면서 진보와 쇠락에 인내심 있게 웃음 짓는다. 만약 이 우주적 우아함이 산타야나의 일관성과 의지를 감소시킨다 해도, 여전히 이 영웅적인 사상가만은, 심지어 헤라클레이토스[i]나 엠페도클레스[ii]조차 감당하기 힘든 변화를 기쁘게 숙고할 수 있다. 종종 보스턴, 베를린, 런던, 아빌라, 로마에서 동요하지 않는 침착함을 보여준 산타야나는 (세네카가 묘사한) 메가라[iii]의 참혹한 함락 속에서도 평온을 유지한 스틸보[iv]와 매우 비슷했다. 재난에도 무관심하고, 왕위에 오른 다음 그 철학자에 놀라는 정복자 데메트리오스[v]에도 무관심했던 스틸보처럼 말이다. 그는 무엇을 잃었는가? 물건, 딸들, 집? 이 모두는 아무것도 아니다. 오직 "운명의 손짓을 따른 우연한 일일 뿐이다." 아무것도 영원하지 않다. 그에게는 여전히 자기 자신과 모든 자연의 아름다움과 신비로움이 주는 위안들이 남는다.

이런 당당한 평온함이 산타야나 사회사상의 특징이다. "나는 내가 살아 있는 동안 목격하게 될 미래의 어떤 지배도 두려워하지 않아야 한다. 사람은 누구나 어떤 유행 아래서 어떤 시대를 살아야 한다. 다른 시대, 다른 장소에서는 자유주의자, 가톨릭, 독일의 공기도 숨 쉴 만하다는 것을 나는 발견했다. 공산주의도 자유로운 정신에, 그 화려한 감정에 장점이 없지 않다고 나는 확신한다. 유대인과 기독교인을 두고 타키투스[vi]

---

i   Heraclitus(BC6세기 초~?): 고대 그리스에서 소크라테스 이전 철학자. 기원전 504년 경에 아크메(Akme, 사람이 가장 많이 활동하는 나이, 40대)에 접어들었다고 하며, 에페소스의 귀족 가문에서 태어났다고 한다. "같은 강물에 두 번 들어갈 수 없다"는 말로 유명하다.

ii Empedocles(BC493~BC430): 고대 그리스 철학자. 시칠리아 섬에서 출생하였으며 정치·의술·예언 등 다방면에 재능을 가졌다. 세상의 모든 만물은 바람·불·물·흙 등 4개의 원소로 이루어졌다고 주장했다.

iii Megara: 그리스 남부에 있는 오래된 도시로 아티카의 서부 메가리스에 있었던 도시 국가다. 메가라 사람들이 이룩한 식민도시 안에는 비잔티움(현재 이스탄불)이 있다.

iv Stilpo(BC360~BC280): 메가라학파의 철학자로 저작은 남아 있지 않다. 논리학과 변증법에 관심이 있었다. 메가라학파는 소크라테스의 제자였던 메가라의 에우클레이데스를 시조로 한다. 에우클레이데스는 논쟁과 논증법이 뛰어나 '논쟁자(Eristic)'라는 이름이 붙었다.

v   Demetrius(BC337~BC283): 정복자로 불렸으며 마케도니아의 귀족과 군사 지도자였다가 BC294년에서 BC288년까지 국왕을 지낸다. 안티고니드 왕조의 시조.

vi Publius Cornelius Tacitus(56~117): 고대 로마의 역사가. 가이우스(Gaius)라는 이름으로도 기록에서 발견된다. 타키투스 출생과 사망, 가족 계보는 정확한 기록이 남아 있지 않다.

가 말했듯이 광신자들은 인류를 혐오하느라 온 힘을 다 쏜다. 인류가 그들을 성나게 했기 때문이다. 그러나 그들이 곧 인간이며 그들 안의 본성이 복수를 한다. 합리적이고 달콤한 무엇이 그들의 광기라는 샘에서 부글거리며 솟아오른다."[20] 이 관대한 포용 아래 산타야나는 지배와 권력을 판단하는 견고하고 도도한 기준을 고수한다. 좋은 사회는 아름답다. 나쁜 사회는 추악하다. 이러한 근거에서 산타야나는 자신의 보수주의를 수립하고, 근대적 삶이 선택한 방향을 비난한다.

록펠러와 나눈 대화에서 산타야나가 스페인 인구를 언급하자 그 백만장자는 잠시 머뭇거리다 중얼거렸다. "나는 스페인에서 기름을 충분히 팔지 않는다고 스페인 공직자들에게 말해야 한다." 이 한 문장에서 근대의 황량함과 추함이 엿보인다. 산타야나는 이에 덧붙였다. "나는 내 정신의 눈으로 독점주의자의 이상을 보았다. 모든 나라는 인구에 비례해 같은 상품을 소비해야 한다. 모든 인류는 그러면 단일한 행정기관을 중심으로 그들에 혜택이 되도록 배급품이 공급되는 완벽한 민주주의를 구성하게 된다. 그러면 그들에게 할당된 물건들을 가장 싼 가격에 확보할 수 있기 때문이다."[21] 헨리와 브룩스 애덤스가 가장 싸구려의 승리라고 예언한 이 공리주의적 이상향은 다른 어느 지배보다 더 철저하게 정신과 예술의 영역을 헐벗게 만든다. 자유주의의 정점, 즉 벤담과 밀, 프랑스와 미국 민주주의 대변자들이 추구한 야망의 실현은 곧 자본주의의 완성이다. 이는 곧 공산주의다. 록펠러와 마르크스는 단지 같은 사회적 힘의 두 대변자일 뿐이다. 그 사회적 힘은 이성과 예술에 이르기까지 인간의 분투에 의지해온 인간의 개성화에 잔혹하게 적대적인 욕구다.

산타야나는 초기작인 『Reason in Society(사회의 이성)』에서 말년의 저작 『Dominations and Powers(지배와 권력)』에 이르기까지 50년간 효율성과 통일이라는 이름으로 세계를 망쳐온 혁신을 일관되게 경멸했다. 반면 사회적 조화와 전통의 보호는 일관되게 변호해왔다. 1905년에는 "나무뿌리 가까이 도끼질을 하는 개혁가는 자신이 그 나무를 쓰러뜨릴 가능성이 얼마인지 모른다"고 썼다. "아마도 그 개혁가의 이상은 만약 그 이상이 경멸하는 대상이 전적으로 사라지면 비밀스러운 지지를 잃게 될 것이다." 개인주의는 유일하게 가능한 이상이다. 만약 개인들이 국가에 복종한다면 그들이 그저 합리적이고 비인격적인 것들, 즉 더 높은 개인주의에 대한 헌신을 성취할 수 있기 때문일지도 모른다. 한동안 민주주의와 개인주의는 평행선을 그리며 나란히 성장한다. 그러나 곧 민주주의는 입법으로 전부 통제하겠다며 주제넘게 나선다. 그리고 민주주의가 지지하는 산업적 자유주의는 효율적인 규격화로 개별성을 대체하려 든다. 이런 과정을 통해 아름다움과 다양성을 사랑하는 사람은 (『Dialogues in Limbo(망각의 구렁에서 나눈 대화)』[i]에 등장하는 소크라테스처럼) 사회의 진정한 목적, 정신적 삶, 예술을 잊은 사회개혁가들의 거품을 걷어 내려 노력하게 된다.

"인간의 특성이라는 힘이 이울어가는 시기에, 물질적 활동과 물질적 지식의 물결이 높게 솟아올라 모든 도덕적 자립을 물에 빠뜨리는 시대에 태어났다는 사실이 불행하다"고 『The Last Puritan(마지막 청교도)』에 등장하는 피터 알든(Peter Alden)은 말했다. 산타야나는 1926년에 진정한 인간성의 퇴조는 모든 "자유주의적" 운동으로 더 빨라졌다고 썼다.

---

i Dialogues in Limbo: 산타야나가 1925년에 출간한 저서로 그리스 철학자들과 신이 철학적 개념의 다양성을 탐구해나가는 가상의 대화.

"그 안락한 자유주의적 세계는 이미 밑동이 거의 잘려나간 거대한 나무 같았다. 그러나 나무는 여전히 서 있었고 그 모든 잎들은 여전히 조용히 부스럭거리며 나부끼고 우리는 그 그늘 아래 졸고 있었다. 우리는 그 나무가 쓰러져 반쯤 우리를 덮쳤을 때 말할 수 없이 놀랐다. 이미 뿌리가 잘려나갔는데도 다시 안전하게 일으켜 세워야 한다고 말하는 사람조차 있었다."[22] 그러나 기독교 세계의 껍질은 이미 부서졌으며, 해방되고 무신론적이며 세계적인 민주주의의 새로운 정신은 우리를 산업사회주의적 미래로 질질 끌고 들어갔다. 자유주의는 한때 자유를 옹호한다고 선언했지만 이제는 재산과 교역, 노동과 오락, 교육, 종교까지 통제하려는 운동이다. 근대 자유주의자들은 오직 결혼의 연대만 느슨하게 풀어버렸다. "자선가들은 이제 다수의 본능에, 지배자의 가장 잔혹하고 반진보적인 성향에 개인의 정신적이고 육체적인 절대적 복종을 준비시킨다. 나는 자유주의적 공리를 확신하지 못하겠다. '최대 다수의 최대 행복'이 그 의도는 대단히 정당하고 관대했다고 해도 이제는 가능한 한 많은 인구에 허용되는 최대한의 게으름을 의미하게 됐다고 확신한다."

이는 자유주의의 건강부회가 아니라 단지 자연적 진전이다. 자유주의는 (다행스럽게) 언제나 부차적인 단계였다. 앞선 시대의 기념비, 느낌, 사회적 위계를 물려받아서 그 시대의 조직에 기생식물처럼 살아간다. "자유주의는 깊게 들어가지 않는다. 그것은 우연의 원칙이다. 자유주의는 옛 구조의 단순한 이완이다."[23] 우리 세대에서 두드러진 현상은 단순히 기독교 국가에서, 귀족정치에서, 가정 경제에서 압도적인 공리주의적 집산주의로의 이동이다. 경쟁의 공포와 전쟁의 시련에 따라 자유주의자들은 신뢰를 잃었다. 『Soliloquies in England(영국에서의 독백)』이라는 책에 실린 산타야나의 수필 「The Irony of Liberalism(자유주의의 역설)」은 벤담, 코브던, 밀의 야망을 장례 지내는 추도사였다. 근대 자유주의는 —비록 고대인들이 더 잘 알았지만— 자유와 번영을 동시에 즐기기를 원했다. 번영은 물질에의 복종을 포함한다. 그러나 곧 자유주의자들의 진정한 사랑은 자유가 아니라 진보임이 드러났다. 자유주의자들의 "진보"는 팽창을 의미했다. "만약 미리 규정된 행로에 따라 움직이길 거부한다면 당신은 단지 다르기만 한 게 아니다. 당신은 정도를 벗어난 것이기에 제지된다. 야만인은 야만인으로 수녀는 수녀로 남아 있지 않아야 하며 중국은 그 장벽을 유지하지 말아야 한다." 전통은 자유주의자에게 의심의 대상이다. 자유주의자는 개혁, 수정, 새로운 진술을 고집한다. "전통이 없는 인간은, 그가 물질적으로 잘 갖추어진다면, 단순히 무언가의 후계자라는 쪽보다는 더 순수하고 더 합리적이며 더 덕행이 높을 수 있다. 당신이 누군가의 손자라니, 화가 있을진저![i] 고아들이 오히려 축복을 받았다. 왜냐하면 그들은 자식을 가질 만하기 때문이다. 미국인은 축복 받았다!" 그러나 논리적으로 자유주의적 교리의 적용은 니체의 세계로 이어진다. 누구도 실제 자유주의 체제의 맛을 본 사람은 좋아하지 않는 듯하다. 왜냐하면 자유주의 체제가 니체적인 경향을 억누르기 때문이다. 그것은 실망스럽게 공허해져버린다. 심지어 부자들에게도 자유주의 체계는 의심과 주저의 고통이다. "나는 그 속에서 어떤 도덕적 안정감이나 행복한 자유도 얻지 못했고, 그 어떤 것에 대한 지배력도 획득하지 못했다. 그러나 이는 자유주의적 삶의 정점이자 눈부신 성공이다. 기독교 국

---

i   Weh dir, dass du ein Enkel bist!

가의 전복을 통해 지루한 농부들은 공장의 일손으로, 가게 점원으로, 운전사로 고양된다는 성공 말이다."

삶의 목적이 부자의 모방에 있고 "기회"가 누구에게나 주어졌을 때 그 결과는 일반적으로 실망이다. 이는 역설이 아니다. 과거에 자신의 특별한 재능이나 예전의 소박함에 만족했던 보통 사람들이 이제는 이길 승산이 없는 부의 획득이라는 경주에 나섰다가 절망적이 됐다. 그들은 대단히 일찍 탈진해 권태로운 삶을 이어갈 뿐이다. 핑계에도 불구하고 자유주의적 체계는 대중들을 퇴락시켰다. 그러면 평범한 인간은 "철도 교량, 맥주 공장, 가스 공장 근처 더러운 지역에, 공공주택의 침침한 불빛이 구석구석 빗줄기를 뚫고 나오는 곳에, 인생에서 단 하나 남은 즐거움을 제공하는 그런 곳에 사는 거주자가 된다." 명목상으로 글을 읽을 줄 아는 이 인구는 언론으로 조종되며, 모든 다양한 미신의 처방을 받고, 선전 선동가와 광고주의 위협을 받는다. "자유주의는 모든 사람과 모든 기업이 서로 지배력을 차지하겠다고 싸우도록 들판을 말끔히 치웠다. 누가 그 싸움에서 이기든 자유주의를 끝내버린다. 그리고 새로운 질서는 스스로 구원됐다고 간주하며, 그 다음 세대의 새로운 반역 집단에 맞서 스스로를 지키려 싸워야 한다." 요즘의 자유주의자는 모든 분야에서 국가의 독재를 옹호하게 된다. 그러면서 그 변명으로 사람들을 자유롭게 만들겠다는 목적 때문이라고 말한다. "그러나 무엇으로부터 사람들을 자유롭게 한다는 것인가? 자유의 결과로부터다."

산타야나는 그의 로마 수도원에서 『Dominations and Powers(지배와 권력)』의 서문을 이렇게 썼다. "만약 하나의 정치적 성향이 나의 분노를 일으킨다면 그것은 정확히 모든 문명을 싸구려의 단일하고 음산한 형태로 격하시키는 산업주의적 자유주의의 성향이다." 심지어 물질적 풍요도 장기적으로는 이런 물질적 발전으로 위험에 처하게 된다. 우리가 바랄 수 있는 최선은 경제적 속도의 완화다. 여기서는 텅 빈 원자적 개별성이 진정한 개별적 특징을 대체한다. "모두가 동일할 때 개별 단위의 독자성은 그저 숫자로만 남을 뿐이다." 그러면 인간은 진실로 버크가 말했던 여름날의 파리가 된다. 이 무겁고 조직화된 맹목성에서 (산타야나가 거의 버크에 근접하는 어조로 찬양하는) 기사도 정신은 안전하고자 움츠린 초조함으로 대체되어 사라졌다. 자유주의자들의 현수막은 공산주의자들이 잡아채갔다. 물질적 안락과 도덕적 자유, 두 가지 열망 모두에서 자유주의자들이 실패했기 때문이다. 자유주의는 "인류의 숫자를 훨씬 더 늘리고 더 높은 생활 수준을 요구하도록 만들었다. 자유주의는 시간과 노동을 절약할 수 있는 도구들을 많이 만들었다. 그러나 역설적으로 삶을 과거보다 더 급하게 만들었으며 노동은 더 단조로워지고 그 자체로서는 보람이 더 적어졌다. 사람들은 투표권이 주어지면서 정치적으로는 명목상 자유로워졌다. 그러나 익명의 고용주들과 스스로 자임한 노동조합 지도자들 아래 떼를 지어 모여들어 경제적으로는 노예가 됐다. 한편 더 부자가 되기를 기대했던 자유주의적 부자들은 개인적으로 사업에 나섰을 때는 그렇게 됐지만, 계급으로서는 더 가난해지고 게을러졌다. 더 명백하게는 귀족적 여가, 스포츠를 마다하고, 스스로 자신들에 합당하다고 생각해왔던 자비심 많은 사회적이고 지적인 지도력도 더 이상 행사하지 않게 됐다. 생산의 기계화를 제외하고는 그 무엇도 자유주의 체제에서는 합리화되지 않았다. 반면 사회는 분열됐고 절망적이 됐으며 정부는 지적인 무능으로 무력화되거나 정당 독재로 바뀌어버렸다."[24]

우아한 항복이 일반적인 평화를 보장하리라는 환상 아래 행동하면서 자유주의자들은 전통적 질서를 느슨하게 만들었으며 이렇게 생각했다. "누구라도 극성스럽게 요구하는 전부를 우리가 포기했을 때 모두 만족하게 되리라. 그리고 만약 어떤 전통적 질서의 그림 같은 잔재물이 여전히 남아 있다면 우리는 그것을 마침내 안심하고 안전하게 즐길 수 있다." 그러나 자유주의자들의 소중한 친구이자 협력자인 개혁가는 만족시켜야 할 그 자신의 의지가 있었다. 옛 질서는 물론이고 그 자신의 정교한 계획에 어긋나는 그 무엇도 인정하지 않겠다는 비밀스럽고 통절한 편협함이 있었다. 자아의 성취를 누군가 반대하는 한 사회의 평화를 허락하지 않는다. 그 자아가 성취를 이루고 쉬는 날이 올까? 20세기 전반부는 자유주의자들에게 부, 취향, 지적인 자유가 다음 개혁에서 사라질 예정이라는 것을 보여줬다. "육체의 강한 욕망, 눈의 강한 욕망, 삶의 자부심은 그들이 먹이로 삼았던 쾌락을 피폐하게 만들고 죽여버린다. 원시적인 맹목과 폭력이라는 용암의 분출은 아마도 반드시 아래에서 솟아올라 인도적이고 여전히 일시적인 그 무언가를 또 달리 추구하도록 그 토대를 쌓는다."

현 세대 개혁가들의 우쭐한 생각은 고작 획일성의 "자유"일 뿐이다. 러시아 방식 또는 미국 방식에서 인간은 저마다 만족을 느낀다. 왜냐하면 개인적 의견은 적출됐고 인간은 다른 조건을 알지 못하기 때문이다. "스탈린처럼 되도록" 교육을 받았든, 혹은 존 듀이의 개념에 따라 "집단에 추종하도록" 교육을 받았든 이 거대 국가들의 성향은 양떼 같은 국민들을 지향한다. 러시아에서는 가혹한 강제로 달성되고, 미국에서는 전염이나 유인책으로 달성된다. 호전적인 만장일치의 요구는 통계 심리학자가 최면을 거는 사회로 이어진다. 이 심리학자는 인간의 영혼을 조정하는 줄을 손에 들고 그 줄을 조정하도록 책임이 부여된다. 그가 조종하는 대상은 프롤레타리아, "추악한 것을 묘사하는 추악한 근대의 단어"다. 이들은 그 자신의 나라에 사는 대규모의 집단적 망명객들이다. 그들은 인간으로서 단순히 물리적인 생명력을 가졌다는 점 말고는 공통점이 없다. 어떤 문명의 흔적이 그들 사이에 남아 있더라도 형언하기 어렵고 불안정한 그들의 사회에서는 빠르게 사멸한다. 그들은 예술도, 종교도, 친구도, 전망도 없다. 그들에게 일은 악마다. 따라서 일은 줄이고 임금을 올리는 것에 주력한다. 이 노력은 장기적으로 실패한다(왜냐하면 그들은 야생동물처럼 증식되기 때문이다). 프롤레타리아는 분명 한 가지 점, 그들의 불행이라는 점에서는 같아진다. 대단히 욕심 많고 주제넘은 교육으로 상상력이 말살된 행정가나 통계학자들로 구성된 엘리트가 그런 사회를 얼마나 오래 유지할 수 있을까? 산타야나는 이 행정가 집단을 플라톤의 명예 지상 정치가로 개종할 수 있을지 모른다는 희망을 암시했으나 그 수단은 간과했다. 산타야나는 빠르게 다른 주제로 이야기를 전개해갔다.

『The Last Puritan(마지막 청교도)』[i]에서 교장인 사이러스 휘틀(Cyrus P. Whittle)은 이런 프롤레타리아 계획 사회를 더 가까이 가져오려는 가차 없는 개혁 광신자다. 그의 기쁨은 모든 위대한 사람들을 악한으로 만드는 일이다. 그러나 그에게는 비밀리에 헌신하는 자신의 종교가 있다. "미국은 지구에서 가장 클 뿐만 아니라 다른 모든 나라를 곧 휩쓸어버릴 것이다. 그 성취라는 광란의 눈부신 기쁨에서 그는 후에 어떤 일이 벌어질

---

i The Last Puritan: 소설 형식의 회고록으로 1935년 산타야나가 발간했다. 뒤늦게 태어난 청교도의 본질적으로 비극적인 삶을 다루었다. 피터 알든은 소설의 주인공 올리버 알든의 아버지.

지 묻는 것을 잊어버린다. 그는 단순한 과정의 그 추진력을, 사건들의 높아지는 파도를 즐거워했다. 그러나 정신과 그 목적들은 부서지는 물마루의 거품에 지나지 않았다. 그는 그 모든 게 전부 위대하고 훌륭한 인간들의 노력 덕분이었지만 사실 그들의 의지나 기대와는 어긋나게 발생했다는 사실을 보여주면서 역설적인 기쁨을 느꼈다." 미국에 대한 산타야나의 분석에는 애정과 불안이 뒤섞여 있다. 특히 1920년에 발간한 『Character and Opinion in the United States(미국의 특질과 의견)』에 그렇게 나타난다. 새로운 형태의 미국인, 옛 양키의 꽤 까다로운 청렴함과는 이질적인 미국인이 등장했다. "훈련받지 않은, 진취적인, 세계의 고아이며, 태도에서는 자만심이 있지만 도덕성에서는 그리 확신이 없는" 그런 미국인이다. 사회적 급진주의는 미국인의 피에 흐르고 있다. 비록 미국인의 개인주의와 거친 동료애 때문에 "나약한 사회주의를 미국에 밀어 넣으려면 상당한 노력이 필요할 것이다." 양적인 수준에 집착하는 미국인, 통일성을 고집하는 그들의 미래는 불길하다. "미국은 토네이도가 그 전역을 휩쓸고 지나간 하나의 초원이다. 미국은 늘 스스로 자유의 땅이라 생각했다. 심지어 그 땅이 노예로 뒤덮였을 때도 그랬다. 미국보다 사람들이 압도적인 강제 아래 사는 나라는 없다." 문명은 진정으로 이 과도하게 자신만만한 국가에 의해, 명백히 미국적이지 않은 모든 것을 파멸시키려는 여러 사이러스 휘틀에 의해 개조되지 않겠는가?

영국과 미국식 자유의 전통은 ("절대적 자유"와는 전혀 다른) "기득권이 박탈된 소수가 이끄는 기득권이 박탈된 다수의 국제적 민주주의"에 맞서 싸운다. 그 민주주의는 "모든 협력의 요소인 사적인 이해를 철폐하고, 모든 개인의 소속감을 강제하면서 재산과 가족, 나라와 종교가 없는 하나의 보편적 무리에서 강제 봉사에 종사하도록 만든다."[25] "지하에서 그들이 절대로 사용하지 않을 금 때문에 땀을 흘리는 니벨룽 족"이 이끄는 사회이자, 자유주의자들이 승인한 협소한 공리주의의 피조물인 사회는 무산주의(proletarianism)를 보편적으로 만들겠다고 위협한다. 서양의 문명은 정신을 고매하게 만들지 않고 삶을 복잡하게 만들어 생산의 모든 개념을 능욕했다. 특히 미국에서 그렇다. 물질주의는 정통과 혼동되어서 하나의 종교가 되어버렸다. 점점 더 미국은 이런 기계화된 생산과 대규모 소비라는 신조를 대변하는 보편적 십자군이 되어간다. 미국인들은 발아래에 놓인 그 공포를 거의 인지하지 못한다. "맹목적 충동과 야망 위에 세워진 야만적 문명은 과거의 혁명들이 맞섰던 더 아름답고 기사도적이며 종교적인 독재자들이 야기했을지도 모를 혐오보다 더 깊은 혐오를 일깨울까 염려해야 한다."[26]

이성의 삶과 자유의 전통을 구해낼 남은 희망은 무엇인가? 물질적 힘이 역사 변화의 진정한 동인이라고 믿는 경향이 있었던 산타야나는 "개인의 자유의지와 의식적인 관념에 사건의 원인이 있다고 생각하는"[27] 우리의 태도를 꾸짖는다. 그러나 시대에 도전하는 게 언제나 헛되지는 않다. 찰스 1세(Charles I)가 국민의 명백한 의지에 저항하며 반역자로 죽을 수 있는 선택지가 있었을 때, 또는 국민들을 그들의 도덕적 멸망으로 이끌 수 있는 선택지가 있었을 때, 교회와 왕조의 깊은 뿌리를 비호하며 영국적 삶과 감정의 정수를 보존했던 그의 희생은 부분적으로 그 목적을 달성했다.[28] 이성과 아름다움을 사랑하는 사람은 모든 힘을 다해 잔혹하게 기계화된 단조로움에 맞서 싸울 것이다. 생각하건대 그런 사람은 어떤 지배 제체라도 수정해 귀족적 정신이 그 굴레 아래에서 견뎌낼 정도로 만들고야 만다.

산타야나는 1912년 미국을 떠났다. 런던과 옥스퍼드도 버렸다. 몇 년이 지나 빙빙 도는 어지러운 세상에서 물러난 이 노인은 세상에서 가장 보수적인 로마로 갔다. 아무것도 죽지 않고 오직 극단적인 노쇠함만이 있는 로마, 네로(Nero)의 망령이 괴물 같은 까마귀로 변해 천 년을 나뭇가지에 앉아 있는 로마, 스튜어트(Stuart) 왕가 마지막 왕들이 성 베드로 대성당의 돔 아래 카노바[i]의 대리석 조각물[ii]로 무기력하게 서 있는 로마로 갔다. 그 자체의 화로에서 불타는 맹목적인 사회의 고통이 그곳에서 산타야나를 괴롭혔다. 그래선지 수도원에서 글을 쓸 때 몬테 카시노(Monte Cassino)의 성 베네딕토 수도원은 폭파되어 가루가 되었다. 중세 시대 숙련공들의 솜씨가 발휘되던 중심지인 뉘른베르크는 근대 기술[iii]들로 지워졌다. 그는 광기의 세대에 귀족적인 맑은 정신으로 글을 썼다. 한 명의 산타야나를 보유한 문명은 분명히 재생의 기회가 있다.

5. 사상을 찾아 나선 미국

어떤 거대한 사건의 압력 아래에 있는 경우를 제외하고 일반적인 개념들은 민주주의 사회에 사는 인간의 정신과 양심에 천천히 스며들 뿐이다. 배빗, 모어와 산타야나의 저작이 미국의 행위에 미친 직접적인 영

---

i   Antonio Canova(1757~1822): 이탈리아의 신고전파 조각가로 대리석 조각으로 유명하다. 바로크 양식과 고전파의 영향을 받았으나 전자의 신파적인 성향과 후자의 차가운 인공적인 기풍을 회피했다.

ii The Monument to the Royal Stuarts: 로마 성베드로 대성당에 있는 안토니오 카노바의 조각물로 영국 스튜어트 왕가의 마지막 3대 왕을 기념했다.

iii 2차 세계대전 당시 연합군의 비행기 폭격을 뜻한다.

향은 눈에 띄지 않는다. 사적인 의견에 미친 그들의 영향력은 광대한 미국에 흩어져 사는 개인이나 작은 그룹의 사람들에게 국한된다. 심지어 1차 세계대전조차 미국이 그 성향에 가졌던 강한 확신을 흔들지 못했다. 그 결과 전쟁은 자유주의적이고 인도주의적이며 실용적인 충동의 정당화 같았다. 이는 다시 무서운 에너지로 비판적 보수주의자들이 혐오했던 세 가지 사회적 충동을 엄청나게 강화했다. 풀어 쓰자면 정치권력의 목적은 평준화된 인도주의 추구로 전환됐고, 새롭고 복합적인 미국의 제국주의가 발전했으며, 사회 전 분야에 조잡한 쾌락주의가 퍼져갔다.

그 첫 번째의 도구는 누진적인 소득세였다. 윌슨 대통령은 위대한 자유주의자 글래드스턴과 마찬가지로 오직 한시적인 편의로 이를 받아들였다. 그러나 글래드스턴처럼 비상사태가 끝난 뒤에도 그 사회적 수단에서 벗어나지 못했다. 상속세와 함께 누진적 소득세는 사회개혁가들에게는 거부할 수 없을 만큼 유혹적이다. 평범한 정부라면 간절한 필요성 때문에 그 절제가 거의 불가능하다. 랜돌프가 말했듯이 재산은 권력을 따라야 한다. 오랫동안 보통선거권을 보유한 사람들은, 처음부터 사회적 평등에 헌신했으며 사회개혁가들의 미끼에 이제 막 입질하기 시작했다. 펄떡이는 새로운 변화의 엔진을 시험하지 말라고 이 사람들을 오래 붙잡아둘 수는 없었다. 세금을 부과하는 권한은 파괴적 권력이다. 그러나 인도주의자들은 자신만만하게 그것이 창조의 힘이라고 믿었다. 점차 산업화되고, 낯선 태생의 프롤레타리아가 성장하는 나라에서 재산권은 인간의 권리들과 불가피하게 대조된다. 폴 엘머 모어는 버크처럼 재산권이 인류의 사회적 권리에서 가장 높은 지위를 차지하며 인간의 권리들과 분리될 수는 없다고 말했다. 그러나 이는 대중적으로 인기 있는 구호가 되지 못했다. 입법이라는 수단을 통해서 재산이 있는 사람들에게서 재산이 없는 사람들에게로 부가 전이되던 과정이 1918년 이래 더 빨리 진행되지 않았다는 게 그저 놀라울 뿐이다. 미국에서 재산이 있고 보수적인 사람들이 지적인 혼동을 겪고 있었다는 사실을 고려하면 더욱 그렇다.

　제국주의로 말하면 루이지애나 남서부, 태평양 연안, 하와이, 푸에르토리코, 필리핀을 먹어치운 국가적 식욕이 전보다 더욱 게걸스러워졌다. 과거와 마찬가지로 미국의 제국주의는 자유주의와 운명의 발현이라는 얼룩덜룩한 옷을 입고 있었다. 옛날 방식의 제국주의가 멕시코와 니카라과를 짓밟았다. 여기서 더 멀리 갔다면 옛날 방식의 반대에 직면했을지 모른다. 그러나 인도주의자들의 비난이 아니라 찬양을 살 만한, 더 교활하고 엄숙한 제국주의가 모습을 갖추기 시작했다. 모든 세계가 미국의 가치와 삶의 양식을 받아들여야 한다는 결의다. 인간의 독창성에서 미국 사회가 최종적으로 우수한 산물이라는 엄청난 가정에 기초한 다짐이다. 열강들이 어떻게 공통적으로 아프리카를 착취하느냐는 문제를 두고 윌슨 대통령에게 하우스 대령[i]이 보낸 권유에는 이런 야망이 잘 드러나 있다. 전쟁에 이어 이 야망은 곧 훨씬 더 명백해진다. 예언적 영감을 받은 버트런드 러셀(Bertrand Russel)은 미국이 그 자본주의적 이해 때문에 유럽을 군사적으로 점령하리라고 예언했다. 조르주 뒤아멜[ii]은『America the Menace(미국, 그 위협)』을 썼고, 조드는『The Babbitt Warren(배빗 워런)』을 묘사했다. 새로운 제국주의는 군사적이기보다는

---

i　Edward Mandell House(1858~1938): 미국의 영향력 있는 외교관이자 정치인. 우드로 윌슨 대통령의 자문. 군 경력은 없지만 하우스 대령(Colonel House)으로 불린다.
ii　Georges Duhamel(1884~1966): 프랑스의 작가, 의사. 노벨문학상 후보에 27차례 지명됐다.

경제적, 아니 경제적이기보다는 더 문화적일지도 모른다. 미국 채권자의 주장보다는 더 깊은 근원이 있는 제국주의다. 이전에는 부의 확장에 저항했던 민주당이 윌슨 시절 이후 유럽과 아시아의 문제에 "적극적인 참여"를 지지하는 경향을 보였다. 이는 민주주의를 전파하려 했다는 의미에서 루즈벨트보다는 윌슨적 제국주의라 부를 수 있다. 어빙 배빗은 일본이 민주주의를 채택하면 전율하면서 지켜보게 될 것이라고 말했다. 그리고 미국의 대중적 공감은 귀족적 신중함으로 조절되지 않은 채 멋대로 세계의 미국화를 추인했다. 국가를 도덕적으로 불인정한다는 표현을 통해 2차 세계대전에 앞서 독일과 일본에 가졌던 적대감에는 옛 영국이 지닌 원칙과 비슷하게 고매한 그 무엇이 있었다. 그러나 동시에 뉴잉글랜드 개혁가들의 특징이었던 웃자란 건방짐과 반대를 용납하지 못하는 광신적인 태도도 그만큼 강하게 있었다. 곧이어 그와 같은 민주적 의견은 승리에 조바심치며 셔먼 장군이 남북전쟁 당시 도입했던 방법의 부활[i]을 승인했다. 잘 이해된 목표의 안내를 받지도, 인문주의자들이 규정하는 내면적 견제에 일관되게 의지하지도 않은 채 미국의 외교 정책은 점점 더 사이러스 휘틀의 생각을 닮아갔다.

배빗과 모어는 도덕의 영역에서 종교가 꾸준히 "봉사"의 신조 정도로 추락해갔다고 분석했다. 내면적이거나 외적인 모든 견제를 부인하는 존 듀이의 교육 사상이 학교를 장악했다. 티팟 돔[ii]은 미국의 윤리적 혼란이

---

i 원폭 투하를 지칭한다. 셔먼 장군은 초토화 전략을 구사했다.

ii Teapot Dome Scandal: 1921~1922년 미국에서 발생한 뇌물 사건. 하딩 대통령 시절 내무장관이었던 앨버트 폴(Albert Bacon Fall)은 티팟 돔을 비롯해, 캘리포니아의 다른 해군 저유시설 두 곳을 민간 기업에 수의계약으로 싼 가격에 임대해주고 뇌물을 받았다. 이 사건으로 폴 장관은 미국 각료로서는 처음 감옥에 갔다.

라는 가마솥에서 끓어오르던 표면의 거품에 지나지 않았다. 욕망을 만족시키려는 의지만 있던 나라는 천박함의 하딩, 평균 이하의 쿨리지, 정직한 좌절이라는 후버를 대통령으로 선택했다. 미국은 애덤스의 경건함과 제퍼슨의 소박함으로부터 꽤 멀리 가버렸다. 진정한 지도력이라는 원칙은 무시됐으며, 사회의 영원불변한 목표는 잊혀졌다. 실천적 보수주의는 단순한 "사기업" 옹호로 전락했다. 경제 정책은 전적으로 특별 이익에 굴복했다. 그런 나라는 사회로 하여금 제1원리를 다시 분석하게 만드는 재앙을 불러왔다.

인도주의적 분노를 대변하는 프랭클린 루즈벨트가 그 직접적인 결과로 떠올랐다. 다행스럽게 미국의 전통에서 루즈벨트는 진정으로 급진주의자가 아니었다. 조지프 체임벌린이나 로이드 조지만큼 혁신적이지도 않았다. 그러나 미국의 보수주의에게는 불운했다. 사상 체계가 없었던 루즈벨트는 사회개혁가나 사회 수선가의 공허한 제안을 자주 받아들였다. 이런 루즈벨트가 성공하자 보수적 성향의 미국인들이 생각하기 시작했다. 물론 그 자각의 효과를 계산하기에는 아직 일렀다. 부드럽게 이야기하자면 2차 세계대전에서 승리했을 때 미국의 자유주의적 인도주의는 스스로 당황했다. 히로시마와 나가사키, 미국의 양심을 의미하는 그모두를 희생하고서, 국내에서는 통절한 중앙 집중화와 미군의 해외 상시 주둔이라는 대가를 치르고서 얻은 승리이기 때문이다. 미국의 자유주의는 산타야나가 묘사한 모든 약점과 동요를 드러냈다. 그러나 뉴딜과 페어딜[i] 이후의 방향은 무엇일까?

---

i Fair Deal: 해리 트루먼 대통령이 1949년 의회에 야심차게 제시한 국내 개혁 정책. 자유주의적 뉴딜 정책을 견지하되, 의회를 장악한 보수주의적 연합 세력과 힘을 합치자는 내용.

승리한 미국이 통제받지 않는 의지와 욕구로부터 자신을 구하려면 역사상 그 어느 때보다 순수한 보수주의가 필요했다. 배빗의 인문주의적 규율에서, 모어의 신학적 고양에서, 산타야나의 세련된 겸손함에서 그런 보수주의의 정신은 살아남았다. 돈을 얻으려 투표하고 노동하고 투쟁한 수많은 미국인들, 불안한 군중에게 이런 생각들이 전해질 수 있을까? 그렇게 되지 않는다면 "공산주의"라고 부르든, "미국식 생활방식"이라 부르든 간에 산타야나가 그려낸 무한히 억압적이고 단조로운 미래의 지배가 곧 다가올 것이다. 새로운 미국의 보수주의자는 러시아를 징벌하기보다는 더 어려운 일을 성취해야 한다. 바로 자신을 단련하는 일이다.

THE CONSERVATIVE

XIII

보수주의자들의 약속

MIND

:
:

나, 인류의 옛 모습을 슬퍼한다,

볏단들과 금으로 세운 성처럼,

지평선 위 저 멀리 번쩍이고,

사제의 목소리와 전사들의 외침이,

생명력 있는 신화를 창조하려 뭉쳤다,

우리가 얼마나 영락했는지 나는 알 수 있다.

얼마나 제 목소리를 내지 못하고, 멍청해지고, 얼마나 저주받았는지—

도박사의 삶에는 도박사의 희망이 없고,

최고의 상금이라 해야 고작 남들 다 가는 휴가지에서 보내는 일주일뿐이며,

그 상실은, 별 하나의 방해이니.

_오스버트 시트웰 경[i], 『Demos The Emperor(민중이 황제다)』

1. 급진주의의 폐해

보수주의자들은 정복되지는 않았으나 지금껏 지리멸렬했다. 그러나 그들의 경쟁자들은 어땠는가? 자코뱅주의자들의 희망은 집정부(Directoire)가 산산조각 냈다. 또한 나폴레옹의 발에 짓밟혔으며 자코뱅의 망령조차 1848년[ii]과 1871년[iii]에 박멸됐다. 벤담주의자들은 낭만주의 작가들이, 그들 자신의 현학이, 새로운 집산주의가 효과적으로 억제했

---

i   Sir Osbert Sitwell(1892~1969): 영국의 작가로 예술과 문학에 헌신했다.
ii 1848년에 일어난 프랑스혁명은 2월 혁명이라고도 한다. 프랑스 2공화국을 건립했으며, 혁명에 이어 선출된 정부는 점점 더 보수적인 정권이 됐다.
iii 1871년에 잠시 등장한 파리 코뮌, 급진사회주의 혁명 정부.

다. 따라서 1870년 이래 일관된 세력으로서 그 응집력을 잃었다. 실증주의자들은 그들의 어리석음에 무릎을 꿇었다. 비록 실증주의가 대중의 의식을 아직도 휘젓고 있지만 운동으로서는 목을 쏙 집어넣은 거북이 신세다. 킹슬리나 모리스학파의 감상적 사회주의자들은 마르크스주의의 구렁텅이로 빠졌거나 20세기 산업주의의 무미건조한 풍조에 그 소임을 잃었다. 마르크스주의와 그 분파들은 중국과 러시아에서 적용된 마르크스주의의 실제 모습을 통해 영국과 미국의 눈에 추악한 존재가 되어버렸다.

영어를 사용하는 위대한 두 나라에서 보수적 확신은 정치적이고 지적인 계속성을 200년간 유지해왔다. 전통을 혐오한 급진적인 정당들은 연이어 해체됐으며 기존 체제에 보여준 적대감 말고는 어떤 공통의 원칙도 신봉하지 않았다. 영국의 사회주의는 몇 차례 권력 획득에 성공했으나 자신들을 넌더리나게 만들기를 되풀이하며 권력을 보수당에 헌납했다.

미국의 공공 부문에서 활동하는 중요 인물 중 그 누구도 자신을 사회주의자라 칭하지 않았다. 헨리 월러스[i]라는 유명 정치인이 집산주의적 교리를 건드렸을 때 그를 숭배했던 사람들이 나서서 그를 비난했다. 1960년대에 멋지게 나타난 미국의 '신좌파(New Left)'는 대중과 빠르게 격리됐으며 고립된 폭력이라는 행동을 벌이다 사라졌다. 자유주의, 인민주의(Populism), 파시즘(Fascism), 노동조합주의(Syndicalism) 등 "진보의 정당"을 내세운 거의 모든 조직화된 이념들은 미국과 영국에서 신뢰를

---

i Henry Agard Wallace(1888~1965): 미국의 33대 부통령(1941~1945)을 지냈으며 뉴딜 정책을 지지했다. 1948년 대통령 선거에서 민주당을 떠나 진보당 대통령 후보로 출마했으나 일반 투표의 2% 득표에 그쳤다.

얻지 못했다.

프랑스혁명 이후 보수주의자들은 참으로 멀리 물러섰다. 때때로 그들은 허둥지둥 도망치기도 했다. 그러나 전장에서 패배했을 때도 절망하지는 않았다. 급진주의자들은 새로움을 추구하는 욕구와 시기심이라는 격정을 근대인들에게 불러일으켰다. 보수주의자들은 인류의 전통과 무력감 안에서 자신들을 단련했다. 이는 보수주의자들이 아직도 강력한 버팀벽으로 남아 있는 이유다. 보수주의자들은 분명 패퇴했으며, 시궁창과 담벼락에 버려진 채 지리멸렬한 시간을 보냈다. 그러나 오늘날 급진주의자들의 지위가 약화되고 그들이 서로 죽이는 만행으로 괴로워하는 지금, 보수주의자들은 근대 급진주의가 '파리 시청 현관'을 마치 지옥의 그것처럼 쇠창살에 꽂힌 인간의 머리로 장식하며 규범적 사회에 도전했던 그 시절 이래 세력을 되찾을, 지금껏 한 번도 없었던 절호의 기회를 맞았다.

1789년 7월 14일 이후로 보수주의자들이 얼마나 많이 패배했는지는 앞 장들에서 언급했다. 물론 영국과 미국에서는 그들이 빼앗긴 내용보다 더 많은 부분을 유지해왔다. 이성의 축제[i]에 참여해왔던 사람들이 1972년의 영미 문명을 볼 수 있었다면 기독교적 믿음이 대서양의 양쪽에서 여전히 지속된다는 사실에 경악했을지 모른다. 영국의 교회들이 모두 다 건전한 조건에 있지 않는다 해도, 1789년의 그들에 비해 크게 약해지지 않았다. 영국국교회 안의 광교회파 목사들은 (버크는 그들의 상당수가 프랑스에서 소란이 벌어지던 초기에 혁명에 공감하는 견해를 지녔다는 사

---

i Feast of Reason: 프랑스혁명 기간 기독교를 대신할 신념 체계로 이성의 사원(Temple of Reason)이 만들어졌다. 1793년 11월 10일 파리 노트르담 대성당에서 이성의 축제 의식이 거행됐다.

실을 알고 있었다) 더 보수적이지는 않더라도 더 근면한 후계자로 이어졌다. 제퍼슨이 북아프리카의 어느 고관에게 "기독교 국가가 아니"라고 묘사한 미국은 동시에 강력한 개신교의 고향이자 로마가톨릭의 주요 버팀목이다. 토크빌이 예언했듯이 민주적인 시대는 종교적 실천의 내용을 바꾸었지만 종교적 확신을 파괴하지는 않았다. 이렇게 보수적 질서와 종교적 제재의 기초는 상당히 안전하게 남아 있다.

정치적 제도로 말하자면 그 외형적 모습은 영국이나 미국에서 거의 바뀌지 않았다. 내면적인 헌정 체제 역시 극히 일부 예외가 있기는 하지만 대체로 질서 정연한 방법으로만 변해왔다. 영국의 헌정 체제는 여전히 '의회에서의 국왕'[i]이라는 체제에 의존하는데, 이 체계는 영국인들의 옛 권리를 여전히 인정한다. 하원은 비판자들의 강력한 기구로 남아 있고 권위가 축소된 상원은 시대의 욕구에 약간의 견제를 제공한다. 주권자와 군주의 개념을 모든 중요 정파가 존중한다. 미국에서는 연방 헌법이 정치사에서 가장 현명한 보수적 문서로 여전히 살아남아 있다. 권력과 이해의 균형은 비록 최근 중앙 집권화로 위협을 받았지만 여전히 작동하고 있다. 그리고 대중적 지지를 받는 그 누구도 미국 정치 체제를 뒤집어엎어야 한다고는 주장하지 않는다.

사유재산은 미국과 영국에서 엄청나게 강력한 제도로 남아 있다. 보수적인 요소가 있는 귀족과 중산층 세력 양쪽 모두 질서 있는 사회에서는 그 제도가 필수 불가결하다고 믿기 때문이다. 어느 누구도 이의 철폐

---

i Crown in Parliament: 영국의 헌정 체제를 지칭하는 용어로 상하 양원에 '조언과 동의'라는 절차를 통해 왕이 입법 기능에 참여한다는 뜻. 의회를 통과한 법안은 왕을 대신해 총독 등에게 보내 왕실의 동의를 구한다. 왕은 의회의 법안에 부속하는 추가 법안을 발의할 수 있고 이는 의회가 단순히 승인하거나 불승인할 수 있다. 행정과 입법의 권력분립 논리와는 배치되는 권력융합 논리.

를 제안하지 않는다. '국유화'는 영국에서 그 호소력을 잃었고, 미국에서는 영속적인 개인 소유를 바라는 전반적인 욕구가 지금보다 더 컸던 적이 없다. 소득세와 기업의 성장이 사적 소유권의 기초를 조금 훼손했을 수도 있으나 사유재산의 구조물이 급작스레 붕괴할 위험은 전혀 없다.

수립된 관행을 존중하고 계속성을 갈망하는 마음은 영어를 사용하는 양안의 사람들 사이에서는 모두 죽지 않았다. 빠른 교통수단, 산업적 규격화, 싸구려 언론, 대중매체, 인간의 정신 문제에 작용하는 그레셤의 법칙이라는 파괴적인 힘에도 불구하고, 천박한 과학 이론의 급진적인 효과와 약화된 개인적 도덕에도 불구하고, 가정 경제와 가정의 유대가 쇠락했음에도 불구하고, 20세기 남자와 여자 대부분은 여전히 조상들이 인정하고 세운 그 무엇을 존중하고 변화의 시대에 안정을 찾으려는 정서적인 열망을 표현한다. 따라서 사람들을 프롤레타리아로 만들어 인간성을 뿌리째 뽑으려는 해악은 아직 회복 불능한 단계로 접어들지 않았다. 보수주의자들은 충족되지 않은 감정의 힘에 호소할 수 있다. 이 책의 서장에서 설명한 보수주의 사상의 핵심 기둥 6개 중에 4개는 적어도 미국과 영국 사람들 대부분에게 변함없이 영향력을 행사한다. 지도층의 원칙이라는 부분, 즉 질서와 계급이라는 개념에서 보수주의자들이 당한 참패가 가장 쓰라리다. 그리고 도덕적이고 사회적인 자립의 정신과 존숭을 결합하는 문제도 마찬가지다. 우리 시대 보수주의자들의 가장 두드러진 어려움은 사회를 희미하게나마 동일한 개인들이 모여서 만든 단일한 집단으로 바라보는 사람들과 맞서야 한다는 점이다. 더구나 그 개인들의 행복이 위에서 내려오는 명령으로, 입법을 통해 혹은 공공의 가르침이라는 계획으로 얻어질 수 있다고 생각하는 그런 사람들을 상대해야 한다. 보수주의자들은 인류에게 다시 가르치려 한다. 공동체 사랑은 (버크의 표현대로) "이 사회에서 우리가 속한 작은 집단을 소중하게 생각할 때 비롯된다는 사실을 배우는 데 있다"는 내용을 말이다. 보수적 지도자들의 이 과업은 비록 19세기 정신을 굶주리게 만들었지만 19세기의 삶을 지탱해온 개인주의를 버크와 애덤스에게서 강하게 보였던 공동체의 감각과 조화시키는 일이다. 만약 근대의 대중이 볼모로 잡힌 정신에서 그들을 구해내는 과업을 보수주의자들이 실패한다면 정신과 육체를 빈곤하게 만드는 참혹한 집산주의가 영국과 미국에 드리워진다. (오웰이 썼던) "구호로 생각하고 총알로 말하는 능률적인 인간들의" 집산주의는 이미 동유럽과 아시아, 아프리카 상당 부분을 침몰시켰다.

영국과 미국에서 보수주의가 대중적으로 부활한 직접적인 동기는 무엇일까. 서구의 일부 완고한 급진주의자들조차 겁먹게 만드는 바로 이 집산주의의 전망 때문이었다. 미국이나 영국의 집산주의는 소련이나 중국의 공산주의와는 같지 않을 것이다. 영국에서 로즈[i]가 그려낸 "진보적" 교육의 모습은 영국의 집산주의 묘사에도 일반적으로 적용될 수 있다. "그 안에 있는 일정한 전체주의적인 요소를 보라. 그것은 바로 우리의 전체주의가 채택하는 바로 그 형태다. 친절하고, 인간적이며, 세심하고, 관료적이며, 균일하고, 활기 없으며, 하위직 공무원들의 꿈과 같고, 에너지나 힘도 없고, 모험심도 진취적인 정신도 없는 그런 형태다. 시심(詩心)이나 비전, 대담무쌍함도 없고 사랑하거나 미워할 능력도 없는, 글을 쓸 줄 모르는 사람들이 세운 기준들이다. 그것은 대단히 영국적이지

---

i Alfred Leslie Rowse(1903~1997): 영국의 작가 역사가. 엘리자베스 시절의 영국과 콘월(Cornwall)을 다룬 시로 유명하다. 셰익스피어 연구자이자 전기 작가.

만 바로 중하층 계급의 기준이다. 나는 이 모든 삶의 개념을 대단히 싫어한다. 우리 역사의 위대한 시절과 너무나 대조적이기 때문이다. 엘리자베스 여왕 시절의 화려함과 색조에 비교해보라. 그 창조적 활력이나 기품과 얼마나 다른가. 서로 앞 다퉈 뽐내는 풍부한 다양성, 빅토리아 시대의 번창하는 다산성, 셰익스피어의 세계, 디킨스의 세계와는 또 얼마나 대조적인가!"[1]

미국은 실정법과 규칙에 복종하는 면에서 영국보다 훨씬 더 습관적이지 않다. 그런 미국에서 새로운 집산주의는 아마 금주법의 확대판 같은 고통일지 모른다. 저항, 범죄, 부패, 회피, 억압, 쇠락하는 도덕성의 뒤범벅으로 오직 사악하고 폭력적인 집단만이 번성할 게 뻔하다. 근대 전체주의 국가의 모든 정교한 장치를 동원해도 광대한 지역에 인구가 이렇게 많은 데다 개인주의에 뿌리박은 미국 공화국을 통치하기에는 불충분하다.

대서양 양안의 자유주의자들과 사회주의자들은 근대 전체주의 국가 형태에 직면하고 트위들덤과 트위들디[i]가 "불타는 술통처럼 큰 괴물 까마귀"를 보듯 놀랐다. 그러나 그들이 그 위협에 맞서 싸우기에는 트위들덤과 트위들디보다 준비가 더 잘 되어 있지는 않았다.

20세기 미국 자유주의의 실패를 정밀하게 분석하는 일은 모기를 보고 칼을 빼는 셈이다. 20세기의 재치 있고 독립적인 작가의 한 사람으로서 자유주의를 환각제로 부른 맬컴 머거리지[ii]의 말의 인용만으로 충분한 설명이 된다. "자유주의는 역사적으로 우리 시대의 거대한 파괴적 힘

---

i   Tweedledum and Tweedledee: 영국 동요에 등장하는 가공의 인물들. 서구 사회에서는 비슷하게 생겨서 비슷하게 생각하고 행동하는 두 사람을 조롱하며 지칭하는 표현으로 사용한다.
ii Thomas Malcolm Muggeridge(1903~1990): 영국의 언론인이자 풍자 작가.

으로 기록될 것이다. 공산주의, 파시즘, 나치즘 등 직접적으로 소란을 피운 모든 광신적 신조보다 더 파괴적인 힘이었다. …악령 들린 가다라의 돼지[i]를 날뛰게 만들고, 인류가 마지막으로 불타 종말을 고할 때 자유주의자는 마침내 삶, 자유, 행복 추구가 완성됐다고 선언할 것이다."[2]

매슈 아널드는 당대의 자유주의자들이 겪는 혼란을 묘사하며 자신의 『Essays in Criticism(비판적인 에세이)』에서 자유주의자들이 다음과 같이 외치도록 만들었다. "사회 운동을 하자. 진실과 새로운 사상을 추구하는 정당을 조직하고 연합하자. 그 당을 자유당이라 부르자. 서로 뭉치고 서로 도와주자. …이런 방법의 진실 추구는 사회적이고 실천적이며 즐거운 일이다. 회장과 비서, 광고가 필요하다. 때때로 추문이 일으키는 흥분과 함께 …그러나 일반적으로 몹시 부산스럽지만 생각은 거의 없다. 괴테(Goethe)가 말한 대로 행동하기는 쉽지만 생각하기는 어렵다!"

이와 비슷한 종류였던 미국의 자유주의는 하찮은 죽음을 맞았다. 그 신봉자 몇몇은 정치적 기형인 공산주의의 유혹에 빠졌거나 혹은 (트릴링[ii]의 소설 『The Middle of the Journey(여행의 도중)』에서 묘사됐듯이) 그들을 배신해 다시 되돌아왔다. 다른 사람들은 정치적 무관심에 빠져버렸고 또 다른 이들은 보수주의자가 됐다. 이 마지막 운동은 마치 1793년 이후[iii] 영국에서 새롭게 나타난 재능 있는 보수주의자들의 등장과 비슷했다. 젊은이들에게, 호전적인 '비주류'에게, 또 대다수 불만족스러운 사람

---

i   Gadarene swine: 악귀에 들려서 무작정 갈릴리 호수에 뛰어들어 스스로 죽은 돼지. 「마태복음」과 「누가복음」에 등장한다.
ii Lionel Mordecai Trilling(1905~1975): 미국의 문학 평론가, 단편소설 작가, 수필가. 미국 현대 문학의 정치·사회·문화적 의미를 파헤친 비평가로 유명하다.
iii 프랑스혁명 이후를 가리킨다.

들에게 미국의 자유주의는 지루한 '기득권'이 되어버렸다. 1968년 시카고 민주당 전당대회에서 벌어진 좌파 시위에 "오늘은 공원이지만 내일은 세계다"라는 거대한 현수막이 걸렸다. 그 극단주의자들은 자유주의자들의 독선에 맞서 일어섰다. 비록 공원을 차지했듯이 세계를 장악할 수는 없었지만 신좌파의 분노는 자유주의자들의 위태로운 구상을 무너뜨리기에는 충분했다.

영국 자유주의의 붕괴는 더욱 파국이었다. 의석을 차지한 정당으로서 자유주의자들은 사실상 멸종했다. 애스퀴스의 지도 아래 자유주의는 노동당의 우측에 하찮은 존재로 서 있었다. 루이스[i]와 모드[ii]는『The English Middle Classes(영국의 중산층)』에서 자유주의가 맞았던 마지막 희망의 나날들을 이렇게 정리했다.

자유주의는 짧게 말해, 정치적 승리의 대가로서 계급과 대중에게 부와 권력의 재분배를 정직하게 중재하는 임무를 받았다. 노동당은 당분간 자제하도록 촉구됐다. "만약 농부와 상인이 계급 전쟁으로 위협받으면 그들은 당연히 경직돼 곧바로 토리즘에 몸을 돌린다." 노동당의 정치적 문제점은 간단하게 요약된다. 물질적으로 대개 부르주아에게 불리한 새로운 거래에서 어떻게 중산층의 지지를 획득하느냐 하는 문제다. 1945년 이전까지 그 문제는 풀리지 않은 듯했다. 그러나 먼지가 걷히자 "정직한 중재자"는 죽어버렸다.[3]

---

i Roy Lewis(1913~1996): 영국의 작가이자 언론인.
ii Angus Edmund Upton Maude(1912~1993): 영국의 보수당 정치인으로, 각료를 지내기도 했다. 보수당 전 하원의원 프랜시스 모드(Francis Maude)의 아버지.

자유당의 붕괴를 겪은 자유주의자들의 지적인 진퇴양난은 영국 복지국가의 설계자 베버리지 경이 말년에 보여준 동요가 잘 말해준다. 개인적인 노력은 거의 하지 않으면서도, 중앙에 집중된 권력에서 나오는 마르지 않는 공공의 자금을 통해 오직 자신들의 몫만 챙기려고 달려드는 대중의 부도덕과 이기주의에 실망한 베버리지 경[i]은 《스펙테이터(Spectator)》라는 잡지에서 1951년 로운트리[ii]와 레이버스(G. R. Lavers)의 『English Life and Leisure(영국의 삶과 여가)』를 평하면서) 이렇게 썼다. "(적어도 그 일부는) 무책임하고 무식한 사람들의 손에 좌우되는 국가가 잘 통치되리라 희망할 수 있을까?"[4] 그는 순수한 민주주의 개념을 버린 채 일정한 지능 검사를 통과한 사람들에게만 투표권을 줘야 한다고 제안했다. 1951년 12월 31일 라디오 방송에서 "영국에서 우리는 귀족 없이 귀족정치의 전통을 일정 부분 유지해왔다"고 말하기도 했다. 그러나 이 역설을 어떻게 풀어야 할지 그 방법론에서 베버리지 경은 모호했다. 후기 자유주의자들의 인도주의는 일반적으로 그런 탄식 속에 위축되었다.

사회주의자들은 마르크스의 집산주의라는 거대한 그늘 아래 무기력해 보였다. 사회주의자들 자신이 으깨버리거나 흡수해버린 자유주의자들의 신세와 마찬가지였다. 미국에서 스스로 사회주의자라고 밝힌 사람은 거의 찾아보기 힘들다. 노먼 토머스[iii]조차 정치에서 은퇴한 후 사적인 경제 기업은 용인할 만하며, 많은 분야에서 그 이상이라고 인정하기에

---

i   William Henry Beveridge(1879~1963): 영국의 경제학자이자 진보적 사회 개혁가.
ii Benjamin Seebohm Rowntree(1871~1954): 영국의 사회학자, 사회개혁가, 산업가. 1899년, 1935년, 1951년 세 차례에 걸쳐 요크 지역의 빈곤을 파헤친 연구로 유명하다. 빈곤의 원인이 개인적인 책임이 아니라 임금이 낮아서라고 주장했다.
iii Norman Mattoon Thomas(1884~1968): 미국의 장로교 목사. 사회주의자이자 평화주의자로 유명하다. 6차례나 미국 사회당의 대통령 후보로 나왔다.

이르렀다. 노동조합의 지지 없이는 미국의 어떤 사회주의 혁신가도 세력을 얻지 못했다. 그리고 한때 어떤 색깔의 사회주의가 노조 지도자들에게 있었는지는 모르겠으나 지금은 전혀 보이지 않을 정도로 사라졌다.

영국의 사회주의자들은 여러 파벌로 갈렸다. 사회의 신도시 개발이나 공공주택 개념도 이제는 공공의 힘이나 종교적 신앙에 의지해야 할 정도다. 사회주의가 실질적인 법령으로 더 가까이 접근해갈수록 대중의 지지나 묵인은 전보다 훨씬 더 소극적이 됐다. 열기는 죽었다. 옛 정서적 사회주의자들의 유사 종교적 열정, 다시 말해 세속적 관심에 돌려진 그 정신은 30년 전에 이미 개혁가들을 더 이상 자극하지 못하게 되었다. 조드는 『New Statesman and Nation(새로운 정치인과 국가)』에서 다음과 같이 고백했다. "사회주의는 더 이상 우리가 떠올리는 신조가 아니다. 그것은 많은 사람이 사용해서 그 모양이 닳아 없어진 모자와 같다. 옳든 그르든 우리는 대부분 우리가 초기에 가졌던 희망을 되살리려는 그 이념을 쳐다보지 않는다."

사회주의자들은 일상의 성실성에 주어지는 일상적 보상이 줄어들면 대부분의 사람들에게서 사회적 의무를 수행하려는 동기가 부족해진다는 사실을 발견하고 실망했다. 사회주의자들은 자신들이 가졌던 인간 본성 이론이 틀렸을지 모른다고 생각하기 시작했다. 콜[i]은 다음과 같은 말로 결론을 내렸다. "공산주의자들이 가까스로 준 새로운 사회적 동력이 없었다면 사회주의는 작동 불가능한 체계다." 그러면서 다소 아리송하게 더 많은 '민주화'와 복지 국가의 지방 분권화를 제안했다. 노동당 출

---

i George Douglas Howard Cole(1889~1959): 영국의 정치이론가이자 경제학자, 작가, 역사가. 페이비언파 일원으로 협동조합 운동의 옹호자였다.

신으로 한때 영연방국을 담당한 각료였던 워커[i]는 솔직하게 새로운 강제의 고안을 희망했다. "새로운 국가는 처벌과 강제라는 새로운 힘으로 권위와 사회적 압력을 직접 확장하게 된다. 개인주의나 전체주의적 국가 모두에서 이론적으로는 약해져야 하지만, 사실은 그와 달리 새로운 국가가 수립되어 더 나은 사회를 만드는 데 봉사하게 하려면 새로운 죄를 만들어내고 처벌해야 한다."[5] 카(Edward Hallett Carr)는 더 솔직하게 말했다. "나귀는 당근뿐 아니라 채찍도 봐야 한다 …나는 고백한다. 국가기관이나 노동조합, 사회의 어떤 조직에 노동의 지시라고 불리는 궁극적 권력이 주어진다는 전망이 있다 해도 남들처럼 공포에 질리지는 않겠다. 불가피해보이기 때문이다."[6]

사람들은 오웰이 썼던 잉속[ii]의 구절을 듣기 시작한다. 1959년 선거에서 노동당이 패배한 이후 어나이린 베번[iii]은 하원에서 다음과 같이 말했다. 집권했을 때 사회주의자들은 사회주의의 계획과 민주주의를 조화시킬 방법을 찾지 못했다. 그리고 어떤 면에서는 혼란 속에서 권력이 그들의 손을 빠져나가도록 방치했다. 올더스 헉슬리는 일찍이 1927년 영국사회주의의 유사 종교적 특징은 물론이고, 그 신조를 닳아 없어지게 할 의심까지 눈치 채고 있었다.

서구 사회 전반을 민주적으로 만든 저 위대한 운동의 초기 단계에

---

i Patrick Chrestien Gordon Walker(1907~1980): 영국 노동당 정치인으로 30년간 하원의원으로 활동했다.
ii Ingsoc: 일명 영국사회주의. 조지 오웰의 소설 『1984』에 나오는 전체주의 정부의 정치 이념.
iii Aneurin Bevan(1897~1960): 웨일즈의 노동당 정치인으로 석탄 광부의 아들. 1945~51년까지 보건 장관을 지냈으며 사회 정의를 주장했다.

상대적으로 작은 변화를 요구하는 불만과 욕구가 있었다. 정부의 효율성을 높이고 불만 세력들의 이해에 봉사하도록 정부의 운영 방식이 바뀌어야 한다는 요구다. 그 변화를 요구하는 불평불만에 찬 사람을 정당화하는 하나의 철학이 발명됐다. 그 철학은 정교화됐으며 결론들이 끊임없이 도출됐다. 그 철학이 근거를 둔 가정을 당연시할 때 기존의 제도에서 요구되는 변화의 논리는 거대해졌으며 포괄적이고 전반적이었다. …독선은 익숙해지면서 자동적으로 정당화됐다. …신학으로 변형된 민주주의 이론은 다수의 사람들 사이에 더 많은 민주주의를 가져다주는 방향으로 진보해야 한다는 욕구를 창조했다. 그들이 변화를 요구하는 정부의 운영 방식은 그들의 물질적 이해를 결코 훼손하지 않으면서, 오히려 더 이득을 보게 하는 방향이어야 한다. 중산층 사이에 확산된 이 사회주의와 권력을 잡은 사람들이 즉흥적으로 벌이는 인도주의적 개혁, 권력을 무자비하게 휘둘러 물질적 이득을 보며 그 무엇도 양보하지 않는 이런 현상들은 너무나 익숙해 우리는 거의 언급조차 않는다.[7]

이 단락에는 1789년 이래 전개된 급진주의의 역사가 담겨 있다. 마침내 러시아에서 제한 없는 평등 사회가 성립했다고 생각했을 때 공산당이 아닌 모든 사회민주주의자들은 그것이 불행한 평등이라는 사실을 인식했다. 그들의 교리는 타파됐다. "공산주의가 가까스로 준 새로운 사회적 추동 없이……" 이 불길한 구절은 콜이 그의 존재를 의지했던 페이비언파(fabians)에 내려진 사형선고였다.

합리적 자기 이익이라는 벤담주의 교리와 인간의 선의를 믿는 루소의 생각은 모두 위태롭게 깜박였다. 러시아에서 보듯이 "태업자"들을 가두는 수용소와 경찰만 존재한다. 수용소가 없다면 보수주의자들이 늘 믿어왔던 도덕성과 의무를 추구하는 옛날식 동기만 남을 뿐이다. 종교적 제재, 전통, 습관, 규범적 제도로 억제된 사적인 이해 말이다. 이번 세기 안에 보수주의자들이 그런 옛날의 동기를 본래의 모습으로 회복시킬지는 더 두고 봐야 한다. 그런 회복이 이루어지지 않는다면 자유주의나 사회주의보다 훨씬 더 냉혹한 그 무엇을 보게 되리라고 생각한다.

2. 새로운 선도자

세속적 질서에 믿음을 두는 자들은
신의 질서로 통제되지 않으며,
확신에 찬 무지로, 오직 무질서에 사로잡혀
그것을 견고하게 만들고, 치명적 질병을 키우며,
그들이 높여야 할 것을 추락시킨다.

_T. S. 엘리엇, 『Murder in the Cathedral(대성당의 살인)』

미국 도시에서 프롤레타리아가 늘어난다고 맥컬리가 예언한 지 100년이 지났다. 아널드 토인비(Arnold Toynbee)가 말한 "내부의 프롤레타리아"가 맥컬리가 기대한 그대로 행동하기 시작했다. 동시에 "외부의 프롤레타리아", 즉 아시아, 아프리카, 동유럽을 비롯해 라틴 아메리카 대부분의 비참하고 가난한 사람들은 이념에 속아 워싱턴과 런던의 힘 있는 사람들의 자리를 위태롭게 만들기 시작했다.

시민적 사회 질서라는 위대한 전통, "영구불변한 그 무엇"에 찾아온이 도전은 버크의 시절만큼이나 맹렬했다. 무장한 교리는 더 무섭게 무장됐다. 자기만족에 빠졌던 자유주의적 시대는 끝나간다. 도덕적 상상력이나 결정의 힘이 필요해진다면 그때가 바로 지금이다.

그러나 자유주의의 이념들과 옛날식 사회주의가 아무리 죽어가는 형편이라고 해도 변화를 추구하는 욕구는 언제나 대변자를 찾아내기 마련이다. 세계 도처에서 새로운 평준화 이론과 체계가 실체를 갖추어가고 있는 듯하다. 중국의 '문화혁명'은 비록 버려졌지만 단지 이런 현상의 더 극단적인 형태이자 문명화된 인간의 전통을 휩쓸어버렸다. 질서에는 언제나 양면이 있다. 공동체의 외면적 질서와 영혼의 내면적 질서다. 따라서 우리 시대 보수주의자들은 개인의 조화와 공화국의 조화라는 두 가지 엄청난 과업에 직면했다. 어느 한쪽이라도 무질서에 굴복하면 양쪽 다 오래 견디지 못한다.

새로운 혁명 이론과 체계는 처음에는 무질서를, 그다음에는 전면적 노예 체계를 가져온다. 그 무질서와 노예 체계에 사용되는 수단은 과거의 어느 시대보다 더 효과적이다. 폐허 위에 수립된 새 질서는 토크빌이 "민주적 독재"라 불렀던 바로 그것이다. 그러나 토크빌의 상상보다 훨씬 더 가혹한 독재다. 어떤 점에서 그것은 제임스 버넘(James Burnham)이 말한 "경영자 혁명[i]"이다. 관료나 내각에 적절하게 속할 수 없는 기능을 사취하는 극단적 관료 체제다. 단순히 합당한 경제적 영역뿐 아니라 인간 활동의 도덕적이고 지적인 영역까지 모두 아우르는 계획경제다. 거대한 형태의 계획 사업과 계획 그 자체를 위한 국가 계획 등 초기 사회주의

---

i   Managerial revolution: 경영자 계급이 자본 소유자에게서 권력을 빼앗는다는 개념.

자들에게 힘을 주었던 관대한 목적은 사라져버린 국가사회주의다.

혼란스러운 방법으로, 또 자유에 맞서는 비밀스럽고 교묘한 음모라는 개념과 뒤섞어, 조지 오웰은 자신의 소설 『1984』를 통해 이런 새로운 지배가 가져올 두려움을 미국과 영국의 대중에게 일깨웠다. 올더스 헉슬리가 일찍이 『멋진 신세계(Brave New World)』로 희미한 경종을 울렸듯이 말이다[혹자는 이런 새로운 질서가 블라디미르 솔로비요프(Vladimir Solovyov)가 90년 전에 쓴 우화에 나오는 반기독교적인 체제와 유사하다고 덧붙일지도 모른다. 그 우화에서는 하늘이 내린 새로운 섭리를 전파하는 사람들이 불만에 찬 군중에게 "당신들은 신과 비슷해진다"고 이야기한다. 그러나 불만에 찬 군중은 용광로에서 최후를 맞는다].

사회주의적 목적에 봉사하는 "계획"의 효율성과 장점이라는 개념들은 국가사회주의라는 괴물에게 길을 터주었다. 그러나 국가사회주의의 현실은 옛 자본주의가 맞이했던 최악의 상황보다 더 잔혹했다. 새로운 형태의 집산주의에서 규율이라는 필요 때문에라도 권력은 사랑받는다. 규제는 수단이 아니라 목적 그 자체가 되며, 국가는 산업적 규율을 유지한다.

예전의 민주주의는 새로운 사회를 위해 희생되어야 하며 예전의 자유는 잊혀야 한다. 그 계획된 사회는 얼마나 오랫동안 사회주의 이론과 형태를 유지할 수 있을까? 알바니아의 그런 "인민민주주의"가 민주주의가 아니듯, 옛 인도주의적 사회주의 관점에서 보면 대단히 생소한 목적에 그 새로운 질서가 봉사할 가능성이 있을까? ("자유?" 레닌은 외쳤다. "자유? 왜? 무엇 때문에?)

조지 오웰은 새로운 절대주의 국가의 관리자나 계획가들이 충원되는 계급과 직업군을 다음과 같이 묘사했다. "그들은 대부분 관료, 과학자, 기술자, 노조 조직가, 홍보 전문가, 사회학자, 교사, 언론인, 전문 정치인 등이다. …그들의 근본은 월급 생활을 하는 중산층이나 상위 노동 계층"이며 "독점 산업과 중앙 집중화된 정부라는 황폐한 세계가 만들고 모은 사람들이다." 지적인 능력 이상으로 교육받고, 재산도 종교적 신앙도 조상도 없고, 후손의 번영을 기대하지도 않으며 권력의 획득으로 자신들의 외로움과 이름 없는 불안을 달래려 한다. 바로 정확히 사회의 이러한 계층에서 혁명적인 동유럽, 중국, 대부분의 아프리카에서 관료 체제와 당의 인력이 충원됐다. 이러한 계층의 지적인 노예 상태는 이를 경험한 한 사람이 잊을 수 없게 묘사했다. 『The Captive Mind(포로로 잡힌 정신)』을 쓴 체스와프 미워시[i]다. 그러나 폴란드 공산주의는 중국에서 벌어졌던 일에 비하면 약한 편이다. 영혼의 질서를 체계적으로 파괴하는 극단적인 방법은 여전히 더 고안될 가능성이 있다. 새로운 사회의 지배자들은 그들 자신이 노예이며, 굴욕적으로 비굴하다. 그들은 모리스, 커닝엄 그레이엄[ii] 혹은 심지어 하인드먼과 같은 사회주의자들이 아니다. 그들은 노먼 토머스나 클레멘트 애틀리[iii]와 닮지도 않았다. 태생적으로나 천성적으로 귀족은 아니지만 그들은 새로운 엘리트이며, 감옥을 지키는 간수이자 감옥에 갇힌 죄수다.

---

i Czesław Miłosz(1911~2004): 폴란드의 시인이자 문인가, 외교관. 2차 세계대전 이후 폴란드의 문화 담당 외교관으로 파리와 워싱턴에서 근무하다가 1951년 서방에 망명했다. 1953년에 나온 『The Captive Mind』는 반스탈린주의의 고전이 됐다. 버클리대학 슬라브 문학 담당 교수를 역임했으며 1980년 노벨문학상을 수상했다.

ii Robert Bontine Cunninghame Graham(1852~1936): 스코틀랜드 정치인 작가 언론인. 자유당 당원. 스코틀랜드 노동당의 창시자이자 초대 총재.

iii Clement Richard Attlee(1883~1967) 영국의 정치인. 1945~1951까지 영국의 총리를 역임했으며, 1935~55년까지 영국의 노동당 당수를 지냈다.

생시몽과 콩트는 이런 전체주의적인 계획 사회, 앤드루 해커[i]가 "범용한 사람의 유령"이라 부른 개념의 아버지다. 벤담의 제자들에게 개인주의가 있었지만 이런 악정의 씨앗들은 공리주의에서도 보인다. 부르크하르트[ii] 계열의 예리한 사회사상가인 빌헬름 뢰프케[iii]는 총체적 계획가들의 이상을 "영원한 생시몽주의"라고 불렀다. 그는 그들의 꿈이 "스스로를 내세우고 싶은 이기적 충동과 '거대함'을 숭배하는 마음이 결합된, 자연과학자들의 오만과 기술자들의 정서가 뒤섞인 결과로 생기는 태도라고 묘사했다. 그들은 또 정신적으론 자신들을 위해 주요한 지갑들을 챙기는 한편 경제, 국가, 사회를 이른바 과학적 법칙과 청사진에 따라 수립하고 조직하는 사람들이다. 이들은 또 대단히 공개적으로 '사회는 기계'라고 인정하며, 따라서 인류의 완벽한 직능화와 도구화로 발생하는 문명의 진정한 지옥이라는 악몽을 구현하고자 한다. 그들은 웰스[iv]나 만하임[v] 같은 형태의 집산주의적 사회 기술자들이다."[8]

이는 자본주의도 사회주의도 아니다. 그 자체를 위해 창조된 거대 국가일 뿐이다. 사회주의자들은 이 구조물을 세우는 데 일조했을지 모르지만 그 구조를 즐기거나 관리할 만큼 오래 살아남지 못한다. 이런 모델에 따라 건설된다면 새로운 사회는 처음에는 조건의 평등을 강제하는

---

i   Andrew Hacker(1929~) 미국의 정치학자. 뉴욕 퀸즈 칼리지 명예교수로 코넬대학 교수를 역임했다.
ii Carl Jacob Christoph Burckhardt(1818~1897): 스위스의 역사학자로 문화사의 창시자.
iii Wilhelm Röpke(1899~1966): 경제학 교수, 예나대학을 시작으로 그라츠, 마르부르크, 이스탄불을 거쳐 스위스 제네바대학에서 가르쳤다. 사회주의 시장경제의 정신적 아버지로 불린다.
iv Herbert George Wells(1866~1946): 영국의 작가. 소설, 역사, 정치학, 사회평론 분야에서 많은 저술을 남겼다. 공상과학 소설의 아버지.
v   Karl Mannheim(1893~1947): 20세기 전반기에 영향력을 행사한 헝가리 태생 사회학자. 고전사회학과 지식사회학을 수립한 학자의 한 사람. 모든 사회의 본질은 이념에 있으며 이상향을 실현하는 과정에서 이 이념들은 철학 이론과 역사에 영향을 미친다고 주장했다.

데 효율적인 편제로 보일지 모른다. 그러나 마치 어둠의 신[i] 같은 본능이 그 구조물의 영감을 주기나 한 듯, 새롭게 지배 세력으로 떠오른 엘리트의 이해에 따라, 모든 고대의 제도를 파괴하고 권력의 욕구를 충족하는, 몹시 다른 목적에 특별히 쓰인다. 그것은 루이스[ii]의 『That Hideous Strength(저 무시무시한 힘)』[iii]에 잘 나타나 있다.

거대한 계획은 전쟁을 하는 사람들의 마음과 비슷한 감정적 상태를 대중이 끊임없이 유지하도록 요구한다. 기계 사회에서는 의무를 다한다는 옛 동기가 시야에서 사라진다. 따라서 전쟁을 하는 듯한 마음 상태가 없어지면 복종과 협력도 약해진다. "일, 희생, 목표 달성은 대중들이 자거나 깨 있거나 밥을 먹거나 마시거나 머릿속에 강제로 주입되어야 한다"고 존 쥬크스[iv]는 지적했다. "정치인은 모든 수단과 방법을 동원해 이 목적에 맞는 이상적인 경제적 인간을 형성해야 한다. 탐욕('황금기는 바로 코앞에 왔다'), 협소한 애국심('우리 공동체는 반드시 자립해야 한다'), 두려움('생존을 위해 투쟁한다')과 증오('꾸물거리는 사람을 규명해내자') 등 이 모두의 활용은 계획경제에서 이미 잘 확립된 방법이다."[9]

우리 일상에서 더는 초월적인 도덕적 질서를 믿지 않고, 가정에 그 의무를 다하지 않으며, 향상될 거라는 희망을 잃고, 자신의 과업에 만족하지 않는다면 빅브라더가 출몰해 나귀에게 당근은 주지 않고 채찍만

---

i Chthonian: 그리스 신화에 등장하는 형용사로 지하 세계에 사는 존재를 지칭할 때 사용한다. 올림피아 신의 상대로서 어둡고 그림자 같은 존재들이다.
ii Clive Staples Lewis(1898~1963): 영국의 소설가로 『나니아 연대기』를 썼다. 시인, 중세학자, 문학평론가, 신학자, 기독교 옹호론자.
iii 1945년 루이스가 발간한 신학적 공상과학 소설로, 부제는 'A Modern Fairy-Tale for Grown-Ups(어른들을 위한 현대 우화)'다.
iv John Jewkes(1902~1988): 영국의 고전적 자유주의 경제학자. 옥스퍼드대학 교수로 2차 세계대전 기간 영국의 계획경제가 지속되었다면 빈곤의 파국을 면치 못했으리라 주장했다.

휘두른다. 사회의 강력한 새로운 계층이 인간의 모든 관심사를 관리하면서 빅브라더 노릇을 하려고 희망한다. 더글러스 제럴드[i]는 "모든 당에는 사실상 거의 모든 사람들이 삶의 모든 필요를 국가에 의지하는 때가 오리라 기대하는 사람들이 많이 있다"고 지적했다. "그것을 바라는 사람들은, 그들에 앞서 존재했던 지배 계급처럼 공통의 목적을 향해 암암리에 동맹을 맺고 일을 해나가는, 오늘날 가장 강력한 계급의 대변자들이다. 이들은 펜과 책상으로 무장한 새로운 귀족으로서 행정부(그 자체로 방대하게 중요성이 증가하는 영역)뿐만 아니라 조직화된 노동과 자본의 기계를 통제하는 직업적인 조직가와 행정가 계급이다. 이들은 우리의 모든 생산적인 과업을 지휘할 뿐 아니라, 교육과 훈련을 통제해 모든 시민의 사적인 삶까지 좌우하고자 한다."[10]

그렇게 새로운 사회는 새로운 도덕성을 요구한다. 마치 루소가 해방의 시대를 꿈꾸며 새로운 도덕성을 공급하려 했던 방식과 마찬가지다. 그러나 도덕적 체계는 사회 기술자들이 손쉽게 만들 수 있는 물건이 아니다. 옛날의 종교적이고 윤리적인 의무가 파괴되면 강제가 그것들을 대신해야 순환의 위대한 바퀴가 계속 굴러간다. 영혼의 내적 질서가 쇠락하면 가장 사적인 관계에까지 영향을 미치는 국가의 외적 질서가 무자비하고 가혹하게 유지되어야 한다. 새로운 질서를 원하는 일부 광신자들은 이런 상황까지 기꺼이 받아들이려 한다.

늘어나는 반대를 의식하면서 급진적 계획가들은 점증하는 호전성을 드러낸다. 만약 민주주의가 설득될 수 없다면 민주주의를 협박해야 한

---

i   Douglas William Jerrold(1803~1857): 영국의 극작가이자 작가.

다. 중국과 매우 다른 지역에서 활동하는 "마오주의자" 집단의 테러리즘은 이런 운동이 취하는 유일한 형태가 아니다. 일부 덜 폭력적인 정치적 인물들의 표현에서도 지배하려는 욕구에 사로잡힌 그들의 마음이 드러난다. 영국의 사회주의자 테일러는 "비단 모자를 가져보지 못한 사람이 지배하는" 나라가 됐으면 좋겠다는 희망을 피력했다. 그럼에도 농산물 가격을 많이 받으려는 농부들에게 화를 낸다. 사회적 계획이 철저히 뿌리내리면 시골뜨기 농부들이 제자리를 찾아가도록 교육받게 된다. "농부가 더 이상 우리를 존중하지 않는다. 우리의 마지막 기회는 그가 우리를 두려워하게 만드는 데 있다. 우리는 그들이 우리에게 식량 공급을 끊기 전에 족쇄를 채워야 한다." 마르크스는 사회주의가 풍요의 경제를 가정한다는 사실을 알았다. 이를 위해선 도시가 우위를 유지해야 한다. "그는 소작농을 없애서 그 투쟁을 영원히 끝내고 싶었다. 그러나 이 이상향적인 해결책이 실패하자 도시는 모든 문명의 기초인 그 원리에 따라 행동해야 했다. '우리는 맥심 기관총이 있다. 저들은 없다.'"[11]

그것이 새로운 사회, 새로운 엘리트들의 정서이고 시각이었다. 남아 있는 20세기 기간 동안 상상력이 풍부한 보수주의자들은 전체주의적 사회라는 개념에 저항할 가능성이 크다. 그 저항의 주된 노력은 전체주의적인 국가가 불필요해지거나 실천 불가능해지는 질서 회복에 집중된다. 그러나 소박한 충고나 탄식은 계획 사업의 성장을 억제하지 못한다. 보수주의자들은 그런 실수를 너무나 자주 범한다. 만약 2000년까지 정의와 자유, 희망이 서구 사회사상과 공동체의 일반적 특징이고, 사적이고 공적인 규범의 부활이 이루어졌다면 미국 심지어 영국에서도 영향력을 늘려가는, 순수하게 개혁적이고 비판적인 보수주의학파 덕분이다.

그런 나라들에서 대개 한 사상의 실체가 충분히 대중을 일깨워 의미심장한 행동을 하도록 만들려면 한 세대가 지나가야 한다. 오늘날 교실에서 이루어진 강연 내용이 내일에는 길거리 군중의 구호가 된다는 케인스의 격언은 다소 과장처럼 들릴지 모른다. 그러나 미국에서 보수주의 사상의 지적인 회복은 1950년대 초기에 시작됐다. 그 덕분에 미국인들은 지금 사적이고 공적인 질서의 소생을 향한 길에 어쩌면 충분히 들어서 있다고 할 수 있다.

미국인들의 최종 목적지는 그들의 도덕적 상상력의 질에 따라 결정된다. 다른 책에서 나는 현재의 특별한 문제점과 가능한 그 치유책을 언급했다. 주로 사상의 역사를 다루는 이 책에서 보수주의의 그런 강령을 다루기에는 적절치 않다. 그러나 여기서 언급해야 할 대목은 오늘날의 보수주의 사상가는 근대 시민사회 질서의 특정한 주요 어려움들을 다루어야 마땅하다는 점이다. 그가 실패하면 많은 게 추락한다.

본질적으로 우리가 '보수주의'라 부르는 신념 체계는 사회적 관심사들의 정상적인 상태를 긍정하는 데 있다. 우리가 회복할 수 있는 기준은 존재한다. 인간은 완벽해질 수 없다. 그러나 어느 정도 용인되는 만큼의 질서, 정의, 자유는 획득할 수 있다. '인문과학'과 인문학적 연구들은 모두 시민사회적 질서의 기준을 획득하고, 정치인과 숙고하는 대중에게 사회적 조치들의 가능성과 한계를 알리려는 수단이다.

20세기 보수주의자들은 영혼의 내면적 질서라는 영원한 질문에 주는 답으로서, 윤리적 이해의 회복과 살아볼 만한 인생의 토대가 되는 종교적 제재에 관심이 있다. 무엇보다 정신과 인격을 되살려내고 싶기 때문이다. 그 정점에 있는 게 보수주의다. 그럼에도 이를 사회개혁의 정교한 프로그램, 가령 '정치적 기독교 정신'으로 성취할 수는 없다. 크리스토퍼 도슨[i]은 다음과 같이 이야기했다. "특별히 영어로 말하는 신교도들 사이에는 종교를 일종의 사회적 강장제로 여기는 성향이 있다. 사람들에게서 도덕적 노력을 더 많이 끌어내려는 수단으로 말이다."[12] 만약 보수주의자들의 노력이 이 정도에 그치고 만다면 이는 성공하지 못한다. 도덕적 이해의 회복은 단순히 사회적 회복의 수단에 그쳐서는 안 된다. 사회적 결과를 낳기야 하겠지만 그 자체가 목적이 되어야 한다. 엘리엇의 말대로 "신이(질투가 많은 신이다) 아니라면 히틀러나 스탈린을 섬겨야 한다."

보수주의자들은 사회 지도층의 문제에 관심이 있다. 지도층의 문제에는 양면이 있다. 우선 존중, 규율, 질서, 계급을 보호하려는 어떤 조치가 필요하며, 다음으로 우리 교육 체계의 정화로, 배움은 또다시 그 단어의 근본적 의미에 충실한 자유주의적 교육이어야 한다. 오직 정당한 지도층의 육성이야말로 비천한 엘리트의 지배에서 사회를 구해낼 수 있다.

보수주의자들은 프롤레타리아 현상에도 관심이 있다. 프롤레타리아는 단지 가난한 이들만을 상징하지 않는다. 근대적 인간 집단은 사회 안에서 희망과 지위를 발견해야 한다. 진정한 가정, 과거와의 연결, 미래를 향한 기대, 권리와 함께 의무를 발견해야 한다. 근대 프롤레타리아(부유할 수도 있다)가 목적의 상실을 잊으려 활용하는 집단적 악습이나 집단적 쾌락 이상으로 중요한 자원들을 발견해야 한다. 가정이 단순히 같은 집에 거주하는 사람들로 전락하면 인간을 인간답게 만드는 인간성의 본질

---

i   Christopher Henry Dawson(1889~1970): 영국의 독립적인 학자로 문화사 저술을 남겼다. 20세기 영어권의 위대한 가톨릭 역사학자로 꼽힌다.

을 위협한다. 사회적 권태라는 질병이 문명화된 존재 모두에 점점 더 넓게 확산되면 타락한 로마 체제의 삶보다 더 무시무시한 미래가 온다. 노동과 가정에 목적을 회복해주고, 희망과 번영의 장기적 전망과 사상을 인간에게 되돌려주려면 대담한 상상력이 필요하다.

보수주의자들은 무장한 교리와 이념의 통제에 저항한다. 그들은 진정한 정치사상의 올바른 추론을 회복하려 노력한다. 비록 이 땅에 천국을 창조할 수는 없지만 이념에 사로잡히면 지구상에 지옥을 만들어낸다는 생각을 견지한다. 정치적 정상성의 회복이 진행되는 동안 보수주의자들은 종종 단호한 외교적·군사적 결정을 통해 질서, 정의, 자유를 훼손하려는 자들에 맞서서 버텨내야 한다.

보수주의자는 진정한 공동체나, 한 고장의 협력과 에너지의 회복에, 브라운슨이 칭한 "영토적 민주주의"와 자발적인 노력에, 중복성과 다양성으로 특징되는 사회적 질서에 관심이 있다. 자유로운 공동체를 거부하면 강제적 집산주의가 찾아온다. 특별히 "작은 집단"의 수준에서 공동체가 쇠락하면 범죄와 폭력이 치솟는다. 이런 영역에서 오도된 "자유주의적" 조치들은 해악을 끼치는데, 특히 미국에서는 수십 년 또는 한 세대가 지나가도 원 상태로 되돌리기가 쉽지 않다. 이름을 잘못 붙인 '도심 재개발'(사실은 종종 도심에 사막이나 정글을 창조한다)은 인도주의적인 동시에 경제적 이득을 추구하는 복합적인 동기로 추진됐다. 또 대부분의 미국 도시에서 연방법의 의심스러운 포장지 아래 모든 계급과 지역 공동체가 뿌리째 뽑혀나갔다. 과도한 고속도로 건설 역시 같은 결과를 가져왔다. 도심 폭동, 주요 범죄들의 급작스런 증가, 마약 중독을 확산시킨 지루함은 모두 그러한 어리석은 정책의 결과들이다. 한나 아렌트[i]의 표현으로 말하자면 "뿌리가 없는 자들은 언제나 폭력적이다." 그래서 보수주의자들은 공동체에 뿌리가 필요하다고 말하지, "대규모 복지" 조치가 더 필요하다고 말하지 않는다.

물론 보수주의자는 다른 주요 문제들에도, 몹시 광범위하고 다양한 분야의 진지한 문제들에도 관심이 있다. 그에 따른 대답은 환경과 시간에 따라 반드시 달라야 한다. 부르크하르트와 함께 20세기 보수주의자는 문제를 "형편없이 단순화시키는" 사람들과 자신을 분리한다. 스튜어트 휴즈(Stuart Hughes)가 매우 진실하게 말했듯이 "보수주의는 이념의 부정이다." 육체를 위협하는 온갖 질병을 한꺼번에 없애버릴 수 있는 단순한 공식의 집합은 없다. 그러나 생각하는 인간이 때때로 의지할 만한 도덕과 정치의 일반적인 원칙들은 있다.

"우리 자신의 정치적 전통을 조금 더 철저하게 이해할수록 그 모든 자산을 우리가 더 쉽게 사용할 수 있으며, 무식하고 방심한 자들을 기다리는 환상을 우리가 껴안을 가능성은 그만큼 더 적어진다." 버크에 박식했던 학자, 마이클 오크쇼트[ii]은 런던정경대학의 교수직을 수락하는 취임 연설에서 이렇게 말했다. 이 학교는 전에 급진적 학자들, 그레이엄 월러스[iii], 해럴드 라스키 등이 장악했다. 이런 오류들은 "정치에서 행위의

---

i Johanna "Hannah" Arendt(1906~1975): 독일 태생의 미국의 유태인 정치이론가. 철학은 개인의 문세를 다루지만 자신은 지구상에 사는 인간 집단의 문제를 연구하기 때문에 철학자가 아니라 정치이론가로 불리길 원했다.

ii Michael Joseph Oakeshott(1901~1990): 영국의 철학자 정치이론가. 종교철학, 미학, 교육철학, 법률 철학 등을 전공했다.

iii Graham Wallas(1858~1932): 영국의 사회학자. 사회 심리학자. 교육가. 페이비언 학파 지도자이자 런던정경대학의 공동 창립자.

전통 없이 우리가 성공할 수 있다는 환상, 전통의 축약만으로도 충분한 지침이 된다는 환상, 정치에는 어디에나 안전한 항구, 도달할 수 있는 목적지가 있고, 혹은 발견할 한 가닥의 진보가 있다는 환상이다. 현 세계는 모든 가능한 세계 중에서 최고다. 그리고 그 안에 있는 전부는 필요악이다."[13]

이는 전체주의적 계획가의 정신에서는 멀리 떨어진 세계. 폴 엘머 모어는 1915년에 "부정적인 충동의 측면에서 보자면 보수주의는 인간 본성의 어떤 점을 불신한다는 데 그 토대를 둔다. 즉각적인 가슴의 충동과 머리의 구상이 우리를 잘못 안내할 가능성이 있다고 믿는다"고 썼다. "그러나 이런 인간 본성의 불신에는 보수주의의 또 다른 긍정적인 요소들이 연결돼 있다. 상상력의 통제적 능력에 보내는 신뢰다." 디즈레일리를 다룬 같은 수필에서 모어는 다음과 같이 말했다. "보수주의는 일반적으로 천재의 직관이다. 반면 자유주의는 능력의 효율성이다."[14] 1980년 무렵 보수주의자들은 또다시 그 상상력과 직관의 힘을 발휘하고 있다. 새로운 엘리트들[i]은 부활한 철학자들과 맞붙어야 할 필요를 발견할지 모르겠다.

3. 지식인이란 누구인가

미국의 사회적 경험에서 성공과 실패는 모두 고전적으로 보수적인 신념, 진정 모든 인간의 관심사는 가치의 위계에 따라 적절하게 연결돼 있다는 정통의 중세적

---

i 여기서는 좌파를 가리킨다.

신념을 더욱 강화했다. 삶의 어떤 모습은, 말하자면 다른 무엇을 위해 존재하며 후자인 그 무엇이 더 중요하다.

_로랜드 베르토프[i], 『An Unsettled People(불안정한 사람들)』

중앙 집중화된 정부의 권력이 증가함에 따라 정치 지도자들이 숙고할 시간은 점점 적어졌다. 의전 행사에 묶이고 나날이 복잡해지는 행정 업무에 빠져버렸기 때문이다. 독자적인 사고를 한 마지막 미국 대통령은 허버트 후버였다. 지적으로 탁월했던 영국의 마지막 총리는 아서 밸푸어였다.[15] 따라서 최근 수십 년간 사회사상을 논의할 때 정치적으로 고위직에 있었던 사람들은 거의 언급되지 않는다. 그들이 표현한 개념들은 남들의 머리에서 옮겨온 것이고, 그들이 사용한 단어는 대개 익명의 대필 작가나 사실상 익명의 부하 직원에게서 나왔기 때문이다. 또 그 작가나 부하들도 대개는 영향력 있는 학자나 홍보 전문가의 구절을 반복했을 뿐이다. 따라서 20세기 사회사상의 역사가는 역사가, 사회학자, 정치학자, (어떤 정치적 성향이 있던) 시인에게서 독창적인 생각들을 찾아야 한다. 특히 미국에서 그런 보수적 성향의 작가나 학자들은 지난 30년간 자신들의 신념을 강하게 주장해왔다.

윈스턴 처칠(Winston Chruchill)은 참으로 생동감 넘치는 기자이자 대중적 역사가였다. 그러나 처칠의 수사법과 정치적 지성에 내린 엘리엇의 혹평은 후세의 판단에서도 그대로 유지되리라 보인다.

---

i　Rowland Tappan Berthoff(1921~2001): 미국의 역사학자. 미국의 이민과 사회적 삶을 다루었다. 1971년에 발간한 『An Unsettled People: Order and Disorder in American Life(불안정한 사람들: 미국의 삶에서 질서와 무질서)』로 유명해졌다.

1950년까지 라이오넬 트릴링은 미국에서 보수적 사상이 살아남지 못했다고 주장할 수 있었다. "지금 이 순간 미국에서 자유주의는 지배적일 뿐 아니라 유일한 지적 전통이다. 왜냐하면 오늘날 보수적이거나 반동적 사상은 일반적으로 통용되지 않는다는 게 명백한 사실이기 때문이다. 물론 보수주의나 반동으로 가려는 충동이 없다는 의미는 아니다. 그러한 충동은 분명히 매우 강하다. 아마 우리 대부분의 생각보다 더 강할지 모른다. 그러나 보수적이거나 반동적인 충동은 고립된 지역이나 교회 안의 몇몇 예외를 차치하면, 개념으로 표현되지 않는다. 오직 행동으로, 혹은 개념에 이르고자 하는 짜증스러운 태도로만 드러날 뿐이다."[16]

트릴링이 자유주의적 개념들은 메마르고 공허해졌다고 말했지만 그럼에도 자유주의를 대체할 사상 체계는 인지하지 못했다. 그가 그 글을 썼을 당시 보수적 전통은 참으로 위축돼 보였다. 보수적 전통은 남부의 현대판 토지균분론자인 도널드 데이비슨(Dornald Davidson), 알렌 테이트, 클린스 브룩스(Cleanth Brooks), 리처드 위버(Richard Weaver)와 목회자인 버나드 이딩스 벨[i] 정도에서 설득력을 유지했을 뿐이다. 그러나 트릴링이 그런 문장들을 쓰자 곧 스스로 보수주의자라고 부른 작가들이나 보수주의나 다른 정치적 꼬리표에 별다른 애착 없이 자유로운 사람들은 "전통적"이고 "규범적"인 개념들의 강력한 부활을 명백히 느끼게 됐다. 1950년 이래 아마도 200권가량의 보수적 성향의 진지한 책들이 미국에서 출판됐다. 영국에서도 상당수의 책들이 출판됐다. 보수주의를 표방한다고 공언한 몇몇 정기 간행물들도 등장했다. 중요한 보수주

---

i Bernard Iddings Bell(1886~1958): 미국의 신학자. 미국 성공회 사제이며 보수적 사상가.

의 저작의 참고문헌 목록을 적으려면 이 책의 쪽수만큼 필요하다. 이 책의 초기 판본에서는 최근의 보수주의 사상가들을 언급하거나 논의하려는 시도를 했었다. 그러나 그들의 수가 너무 늘어나 대표적인 사례를 간단하게 적는 것으로 만족해야 했다. 단순히 이름만 열거하기에도 불편하고 불완전했다.

1950년 무렵 "자유주의적 지식인(intellectual)"들의 지배는 확고해 보였다. 보수로 기울어진 사람들은 스스로 지식인인 체하는 데 열정적이지 않았다. 지식인이라는 용어 자체에 합리주의적 계몽을 세속적으로 숭배한다는 의미가 연결됐기 때문이다. 1950년 이후 일어난 일은 다음과 같다. 보수적 사상가들은 "지식인들"이 지적인 능력을 독점적으로 향유하지 않으며, 지성주의(Intellectualism)와 올바른 추론이 동의어가 아니라는 사실을 보여주었다. 20세기의 주요 시인들은 자유주의적 지성주의의 패권에 결코 굴복한 적이 없었다. 우선 엘리엇, 예이츠, 프로스트만 언급해도 충분하리라 보인다. 그러나 1950년 이후 "사회 연구"와 "인문 과학"이라고 부르는 분야에서도 보수적 신념이 부활했다.

스스로 "지식인"이라고 부르는 오만함에 지친 사람들은 보수주의자들 말고 더 있었다. 이 책의 초판이 나왔을 무렵 누군가가 편지로 "지식인"의 정의를 묻자 버트런드 러셀은 솔직하게 답했다.

"나 자신을 지식인이라 부른 적이 없다. 내 앞에서 누구도 나를 그렇게 칭하려 들지 않았다."

"실제보다 지성이 더 많은 척하는 사람을 지식인이라 정의할 수 있다고 나는 생각한다. 이 정의가 나에게 들어맞지 않기를 바란다."

단어의 의미에 누구보다 정통한 러셀은 상당히 권위 있는 목소리로

"지식인"의 근대적 사용법을 이야기했다. 그 단어에는 흥미로운 역사가 있다. 17세기, '지식인'이라는 단어는 분명 명사로 쓰였다. 주로 모든 지식은 순수한 이성에서 끌어낼 수 있다고 주장하는 사람을 묘사할 때 사용됐다. 그럴 때나 심지어 그에 앞선 시대에서도 그 단어에는 비아냥의 의미가 담겨 있었다. 그런 개념으로 더 흔하게 사용된 단어는 "지성주의자(intellectualist)"였다. 베이컨은 『Advancement of Learning(배움의 증진)』에서 지성주의자를 가리켜 신랄하게 추상적 형이상학자라고 불렀다. "대개 가장 장엄하고 성스러운 철학자들에게 사용된 표현임에도 불구하고 이 지성주의자들에게 헤라클레이토스는 정당한 질책을 퍼부었다." 흄은 이성을 인간의 전체적 본질로 안내하는 수단으로 채택한 18세기 지식인들을 무너뜨렸다. 이들은 로크를 모델로 삼은 선험적 추론자들이었다. 흄처럼 콜리지도 "지식인"이라는 단어를 사용하지는 않았으나 그들을 이성이나 초감각적 기관과 구별되는 단순한 이해, 즉 "단순한 사고능력"에 헌신하는 사람들이라고 공격했다.

사람을 지칭하는 명사로서 '지식인'은 19세기의 사전들에는 거의 등장하지 않는다. 그 단어가 채택된 경우는 버크가 경멸한 "궤변가와 숫자로만 생각하는 사람"이나 "추상적 계몽철학자"를 의미했다. 비록 다른 이유였지만 낭만주의자들과 공리주의자들이 똑같이 경멸한 구분이었다. 그것은 상상력이 없는 세속주의와 밀접하게 연결됐다. 뉴먼은 로버트 필 경이 그것에 굴복했다고 공격했다. 이 모든 이야기를 종합하면 "지식인"은 베이컨이 암시했던 대로 이해력을 지나치게 평가하는 사람을 지칭한다. 그 함의로 보자면 지식인은 상상력과 통찰력, 경이로움을 비롯해 개인의 이성적 인지를 벗어나는 존재의 전반적 영역을 무시한다.

20세기에 들어 "지식인"이란 용어의 채택은 마르크스주의의 전문 용어에서 비롯됐다고 보인다. 교육을 받고 무척이나 이성적인 사람들의 집단으로 기존의 사회 체제를 완강히 반대한다는 개념과 직접 연결됐다. 그것은 어떤 의미에서 사회에서 추방된, 아둘람의 동굴[i]에 들어간, 뿌리가 뽑힌, 변화를 열정적으로 바라는 사람을 지칭한다. 그 단어는 정신적 삶과 사회적 삶 사이의 상충을 암시한다. 그 정도까지는 아니더라도 "진보한 사회사상가들"과 재산이나 권력을 가진 자들 사이에 있는 적대감 정도를 암시한다. 20세기 사전의 정의로 보면, 지식인이란 "공공의 혹은 정치적 문제와 관련해 계몽된 판단을 보유했다고 여겨지거나 그런 판단 능력이 있다고 주장하는 집단이나 계급에 속하는 사람"이다.

1920년대까지 런던과 뉴욕에서는 이러한 지식인들이 거의 보이지 않았다. 비엔나에서 "중앙 카페의 트로츠키 씨(Mr. Trotsky of the Central Cafe)"는 거리로 걸어 들어가 혁명을 일으킬 수 있었다. 그러나 그에게 앵글로 색슨 동료는 없었다. 미국과 영국의 학자들은 일반적으로 소외되지 않았었다. 오늘날에도 사정은 마찬가지다. 러셀의 언급이 암시하듯이 영국과 미국의 많은 학자들은 정제된 합리성에 적대적이었다. 그러나 1920년대 마르크스주의와 다른 유럽 이념들의 영향력이 커지고, 대공황으로 막연한 불만이 일어나자 교육받은 영국인과 미국인 상당수가 스스로 지식인이라 일컫기 시작했다. 전통 종교와 '자본주의', 기존 정치 형태를 향한 교조적 적대감이 드디어 영국과 미국에서도 느껴지기 시작했다.

---

i Cave of Adullam: 구약에 나오는 동굴로, 미래의 왕 데이비드가 사울 왕의 박해를 피해 숨어 있던 곳. 정치학에서 아둘람의 동굴은 언젠가 되돌아오겠다고 계획하지만 지금은 권력에서 멀어진 소수 집단을 지칭하는 정치 평론가의 용어로 쓰인다.

처음부터 미국의 지식인들은 '자유주의'로 느슨하게 불리던 정치사회적 운동과 자신들을 동일시했다. 스스로는 영국의 자유주의를 모방했다고 생각하지만 어떤 점에서는 무척 달랐다. 그들은 온화한 세속주의에서 시작해 공공연히 소련에 동정적인 집단까지 광범위하게 포진했다. 그들은 종종 철학적으로는 실용주의와 연결되었고, 교육과 실천적 도덕성에서는 다양한 실험을 수행했다. 그것은 세속적 교리와 구호로 빠르게 이념의 형태를 띠어갔다. 트릴링은 의도적으로 '자유주의적'이라는 단어와 '지식인'이라는 단어를 거의 동의어로 사용했다.

교육받은 많은 미국인들이 이념으로 탈주하기 시작한 데는 이유가 존재한다고 말하고 싶을지 모른다. 명백히 부의 축적과 소비에 빠져버린 국가에서 사색적인 사람들의 동요, 탐욕스런 환경에서 봉급이 적은 교사와 교수들의 형편, 학문을 존중하던 옛 미국의 쇠락 등이 그 이유라 할 수 있다. 특히 무엇이든 싸구려는 가치가 적다는 원칙에 입각할 때, 고등학교 졸업장이나 대학 학위 취득의 용이함에 비례해 오히려 학문 존중의 정신은 놀라울 정도로 쇠락했다. 이 모두가 기존 미국 사회에서 학자들과 작가들을 소외시키는 힘으로 작용했다. 미국에서 정신의 작업이 공공의 영향력을 잃어가기 시작했을 때 '지식인들'이 등장했다.

'지식인'이라는 용어는 '자유주의적'이라는 말과 동일시됐다. 따라서 트릴링이 보수적 지식인을 발견하지 못했다 해도 놀랍지 않다. 마치 육식을 좋아하는 채식주의자를 찾는 일이나 마찬가지였기 때문이다. 그러나 실제로 지적인 힘을 지닌 사람은 그의 문화적 유산이나 사회에서 격리될 필요가 없다. 그는 콜리지가 문인사회(clerisy)라고 불렀던 집단의 일원이다. 트릴링의 모델보다 더 이전의 모델도 존재했다. 오레스테스 브라운슨은 1843년 다트머스대학에서 'The Scholar's Mission(학자의 사명)'이라는 제목의 연설을 하며 다음과 같이 말했다.

> "학자는 진지하고 강건하며 완전히 성장한 인간이다. 인생을 진지한 문제라고 느끼며, 중대한 연극에서 자신이 담당할 진지한 역할이 있다고 생각한다. 따라서 최선을 다해 자신이 맡은 책임을 수행하고, 그 선한 행위로 자신의 존재를 고맙게 기억하도록 유산을 뒤에 남기는 사람이다. 학자는 단순한 현학자나 학문 애호가, 문학적 미식가나 멋쟁이를 의미하지 않는다. 신학자, 정치인, 과학자, 시인, 도덕론자 혹은 형이상학자일 수 있다. 그러나 그가 무엇이든 또 어떤 사람이든 간에 학자는 그의 온 마음과 정신을 쏟으며 높고 고매한, 이를 한마디로 표현하면 종교적인 목적과 열망을 지닌 사람이다."

1950년 무렵 바로 그런 학자들이 필요했다. 트릴링은 자유주의적 상상력이 사실상 파산을 맞았다고 생각했다. "자유주의적 인텔리겐치아"는 지적으로 주제넘은 사람들의 뿌리 없는 집단이다. 유럽식 모델로는 그들이 경멸하고 얕보거나 비현실적인 동정심을 느끼는 사람들(프롤레타리아)에게 지적인 안내를 제공할 능력이 현저하게 없는 사람들이다. 브라운슨은 이렇게 말했다. "학자는 사람들 위에 서서 사람들을 경멸하며 내려다보는 사람이 아니다. 학자는 사람들을 경멸하지 않는다. 오히려 깊고 전적으로 지속되는 사랑을 그들에게 보낸다. 따라서 학자들은 사람들 때문에 살아가고 노동하며 필요하다면 고통 받고 죽어간다. 그러나 학자는 자신이 사람들의 교사이자 안내자이고 그들의 우두머리이지,

그들을 추종하거나 그들의 노예나 도구가 아니라는 사실을 잊지는 않는다." 트릴링이 존재를 의심하던 거의 바로 그 즈음에 그런 특성의 학자들은 자유주의적 지식인들에게 도전하기 시작했다. 그들은 엘리엇과 함께 전통에 참여하면서 전통 없이는 우리 모두 하찮은 존재에 지나지 않는다는 사실을 잊지 않았다.

안타깝게도 대학은 일반적으로 자유주의적 지식인들의 득세에 굴복했다. 그러나 여전히 보수적 사상가들에게 공감하는 대중이 자유주의자들에 공감하는 대중보다 더 많았다. 1950년 무렵 외교적인 문제에서 미국과 영국은 모두 공산주의 대국들의 지원을 받은 "무장된 교리"의 이념과 맞서 싸웠다. 국내 문제에서는 토크빌이 "민주적 독재"라 불렀던 대중 사회의 위협을 대중이 인식하기 시작했다. 이념과 부주의한 중앙 집중화의 대안이 있을 수 있는가? 지적인 대중의 상당수가 어떤 형태로든 그 질문을 했다. 따라서 상상력이 있거나 어지간히 글을 잘 쓰는 보수 성향의 학자들은 그들이 활동할 수 있는 근거지를 발견했다. 미국에서 실시한 여론 조사에 따르면 점점 많은 사람들이 스스로 '보수적'이라 일컫기 시작했다. 평균적인 사람들이 보수적이라는 말로 무엇을 의미했든 말이다. 보수적 사상이 앞으로 나아가면서 이 비율은 꾸준히 올라갔다. 이 글을 쓰는 지금도, 여론 조사에 따르면 스스로 '보수적'이라고 칭하는 사람들은 단일 그룹으로는 미국 대중 가운데 가장 큰 집단이다. "온건"하거나 "중도적"이라 칭하는 사람까지 포함하면 미국 인구의 4분의 3이 자유주의나 급진주의에 반대하는 사람으로 분류된다.

사회적 학문 분야에서 보수적 경향은 소수였음에도 활기찬 연구자들의 업적을 통해 존재감을 드러냈다. 학계를 오래도록 지배해왔던 계층에게는 상당히 놀라울 정도였다. 보수적 성향의 사회과학자들은 사회적 통일성과 안정화 조치에 힘쓰는 자신들의 학문이 세계 개선론의 단계에서 이루어진 업적보다 인류에 더 많은 성과를 가져다줄 것이라고 주장했다.

인문과학자들은 평등한 집산주의로 가는 길을 닦기보다는 순수한 공동체, 지역적이고 자발적인 공동체 문제를 연구하는 편이 낫다고 선언했다. 오늘날 작은 단위의 집단들은 통합과 중앙 집중화의 힘으로 억압받는다. 그러나 그것은 다시 활성화되어야 한다. 만약 그 작은 단위의 집단들이 소멸하면 사회는 무관심과 권태에 빠져버린다.

인문과학자들은 중앙 집권제 국가에 맞는 새로운 활동을 계획하기보다는 자신들의 에너지를 자발적이고 사적인 결사체의 분석에 쏟는 편이 바람직하다. "인류의 유년 시절이라는 미신들"을 타파하려는 낡은 게임을 하기보다는 종교적 믿음에 담긴 더 깊은 의미를 조사해야 한다. 마찬가지로 "가치 중립의 과학"이라는 불모의, 때로는 부정직한 개념을 버리고 도덕적 질서의 존재를 다시 확인해야 한다. 이런 그들의 연구에 상당한 도덕적 상상력을 인정해야 한다.

"각자에게 합당한 그의 몫을"이라는 정의의 고전적 규정을 새롭게 하는 편이 낫다. 삶의 규격화보다는 각양각색의 다양성을 인정해야 한다. 질서와 계급의 미덕을 수용하고 보편적 평범함을 찬양하는 노래를 부르기보다는 능력 있는 지도자들의 발전을 장려해야 한다.

인문과학자들은 끊임없이 변화해야 한다는 주의에 맞서 영속성을 소리 높여 발언해야 한다. 왜냐하면 계속성을 원하는 갈망은 인간의 가장 깊은 욕구임에도 이런 희망이 20세기에 들어 자주 좌절됐기 때문이다. 18세기의 요구가 해방이었다면 20세기의 요구는 뿌리내림이다. 그런 학문의 영향으로 정치인과 대중이 공동체, 자유의지의 원천, 사회적 윤리, 다양성의 매력, 문화와 지역에서 요구되는 뿌리의 필요성 등을 어느 정도 이해한다면 이 시대의 무질서에 지적으로 맞서는 일, 지적인 치유책을 적용하는 일이 가능해진다고 인문과학의 보수적 사상가들은 생각했다. 그러나 만약 인문과학자들의 여론 주도층이 최근 인도주의의 천박한 생각들이나 대중적 복지의 입법화라는 얄팍한 완화제 이상을 제공하지 못한다면 시대는 무시무시한 불과 무력으로 전통적 가치의 회복을 강제하는 습자책 제목의 신들이 되돌아오길 기다려야만 한다.

1950년 이래 역사, 사회학과 정치학 이론, 경제학, 심리학, 심지어 순수철학 등 개혁된 사회과학 분야에서(인문과학의 하나로 분류된다면) 상당한 분량의 저작이 출판됐다. 이런 종류의 초기 저작물 가운데 여전히 우수하게 평가되는 책에 국한해 우리는 제법 정밀한 분석을 해볼 것이다. 바로 1953년 니스벳ⁱ 박사가 출판한 『The Quest for Community(공동체의 추구)』다. 이는 나중에 『Community and Power(공동체와 권력)』으로 제목이 바뀌었다.

니스벳 박사는 '공동체', '자유주의', '개별성', '민주주의'라는 용어들의 참된 중요성을 회복하고자 노력했다. 공동체의 개념과 실체를, 벤담식 교리와 방법론에 빠져버린 사회학 이론을 구하고자 했다. 그는 솔직하고 당당하게 시작했다.

---

i   Robert Alexander Nisbet(1913~1996): 미국의 보수적 사회학자. 버클리대학과 컬럼비아대학 교수.

마르크스의 유명한 구절을 바꾸어 말하면, 유령이, 불안의 유령이 근대의 정신을 괴롭힌다고 말할 수 있다. 분명히 인간과 사회를 보는 근대 사상의 두드러진 특징은 개인적 소외와 문화적 해체에 중대한 관심을 보인다는 점이다. 점증하는 개인주의, 세속주의, 사회적 혼란을 배경으로 표현된 19세기 서유럽 보수주의자들의 두려움은 인간과 사회를 공부하는 오늘날의 연구자들에게 놀라울 정도의 통찰과 가설을 제공해준다. 불안과 해체에 보인 폭넓은 관심은 지위, 소속감, 공동체라는 가치를 마음 깊이 존중했기 때문이었다.[17]

『The Quest for Community(공동체의 추구)』에는 루카치[i]의 저작과 마찬가지로 토크빌이 보인다. 철학적 역사학자 루카치의 저작은 부분적으로 니스벳의 사회학적 저작과 유사하다. 토크빌은 민주적 독재를 두려워했다. 그는 지역의 자유, 결사, 개인들을 소중하게 생각했고, 물질의 추구와 통합이라는 타락을 부추기는 힘을 경고했다. 니스벳도 진정한 공동체의 본질을 분석하는 그의 글에서 주로 이런 주제들을 다루었다.

보수주의자들은 가정, 종교 단체, 지역 공동체를 인간의 행위와 사상의 외연적 산물로 간주할 수 없다고 주장했다. 그 개념들은 본질적으로 개인에 앞서며 신념과 품행에 반드시 필요한 근거다. 인간을 공동체라는 환경에서 벗어나도록 풀어주면 자유나 권리를 얻기보다는 참을 수 없는 외로움과 악마적 공포와 열정에 사로잡혀버린다. 버크가

---

i John Adalbert Lukacs(1924~): 헝가리 출생의 미국 역사학자. 로마가톨릭이며 본인을 반동적이라고 묘사한다. 체스너트힐대학 역사학부 교수.

말한 유명한 구절처럼, 사회는 죽은 자, 지금 살아가는 자, 그리고 앞으로 태어날 인간의 협력체다. 사회의 뿌리와 전통을 잘라내면 불가피하게 한 세대는 그들의 유산과 절연되며 개인은 다른 동료에게서 고립된다. 그 결과 불규칙하게 퍼져나간 얼굴 없는 군중이 만들어진다.

니스벳은 우리 시대의 가장 큰 도덕적 문제는 잃어버린 공동체이자 되찾은 공동체의 문제라고 여겼다. 우리는 절실하게 우리 존재의 지속성과 방향 감각을 갈구하지만 거부됐다. 가정의 쇠락, 옛 직능 단체의 말살, 중앙 집중화된 국가에 따른 지역 정신의 후퇴, 버려진 종교적 믿음이라는 조건들 때문이다. 전통 사회의 혁명적 파괴에 따른 가장 두드러진 결과는, 대량산업주의의 귀결이기도 하지만 고독한 군중의 창조였다. 그 군중은 진정한 공동체가 없는 개인의 거대 집단으로, 서로는 누구에게도 관심사가 아니라는 사실을 의식하고, 종종 자기 자신만이 자신의 관심사라고 확신한다. 제도적 종교, 옛날 형식의 경제적 방법론, 가정의 권위, 작은 정치 공동체에 가해진 공격 때문에 개인은 사실상 그 모두에서 진정으로 해방됐다. 그러나 그 자유는 공포나 다름없다. 원하는 대로 마음대로 하도록 부모에게서 버림받은 아이의 자유이기 때문이다. 이런 부정적 자유에 맞선 반동으로 곧 혼란스럽고 분노에 찬 군중은 그들의 고독을 위로해주겠다고 약속하는 광신주의에, 공산주의나 파시스트당에, 기성 체제에 맞서는 광신적 저항에, 미망으로 가득한 전체주의 국가에 몰려간다.

개인은 점차 비인격적으로 냉담하고 세속적이며 개인주의적인 자유에서 벗어나려고 한다. 그들은 결혼에서 공동체를 찾으려 하지만 이미 제도적으로 취약해진 결혼이라는 관계에 견디기 힘든 긴장만 가할 뿐이다. 종교에서도 공동체를 추구한다. 그러나 그런 행위는 이전 세계에서는 볼 수 없었던 기독교의 세속화로 귀결되는 일이 자주 발생한다. 정신과 의사의 진료실에서, 실제적 기능이 없는 과거의 전례화에서, 신경쇠약을 구원해줄 다른 모든 취미에서 공동체를 찾으려 든다.

진정한 공동체의 안티테제(Antithese)인 집산주의는 "많은 사람들에게 제도적 갈등뿐 아니라 개인에 내재한 믿음과 가치의 갈등에 맞서 안전한 요새를 제공한다고 스스로 주장한다." 빈곤이 아니라 확신과 소속감이 대중을 이끌어 전체주의 정당을 지지하게 만든다. "잘 먹인 노동자가 공산주의 유혹에 빠지지 않는다고 한다면 잘 먹인 지식인이 결코 굴복하지 않는다는 주장만큼이나 어리석다. 하루 세끼의 식사가 존재하든 안 하든 간에 심지어 단순히 직업이 있든 없든 간에 결정적인 요소가 되지는 않는다. 결정적인 이유는 준거의 틀이다. 만약 이런저런 이유로 개인이 직접 속한 사회가 소원하거나 목적이 없거나 적대적이 되면, 사람들이 모두 차별과 배제의 희생자라고 느낀다면, 세상의 모든 음식과 직업이 있다 해도 그들을 막지 못한다. 그들은 사회적·도덕적 질서라는 소속감에서 오는 일종의 휴지를 추구하게 된다. 그 소속감이 자신의 영혼에 호소한다고 여기기 때문이다."

기능이 박탈됐을 때 제도들은 쇠락한다. 가정은 우리의 눈앞에서 해체된다. (일부 사회학자들이 애용하는) "성의 불균형"이나 "가정의 긴장" 때문이 아니라 오래 전 가정에 부여됐던 경제적이고 교육적인 기능이 박탈됐기 때문이다. 지역 정부, 장인조합, 교회, 그밖의 다른 이해 집단들이 귀족정치와 함께 수백 년간 인간과 인간을 묶어주었다. 이런 제도들이 풍부하게 만들었던 공동체 감각을 새로운 자발적인 조직들이 상당한 정도로 공급했는지는 의문이다. 그리고 벤담식 계산법으로 손쉽게 문제를 정리할 수 있다고 기대했던 사회 계획가들은 "그들의 선배들이 계획 사회의 주요한 요구가 되리라 가정했던 고차원의 문제가 아니라, 인간의 가장 구석진 부분의, 이해할 수 없는 문제들을 다루어야 한다는 사실을 너무 자주 깨닫게 된다."

모든 역사, 특히 근대 역사는 어떤 점에서 공동체의 쇠락과 그 상실에 따른 몰락을 설명할 뿐이다 이 과정에서 근대 국가의 승리는 가장 강력한 요소였다. "서구 사회 조직에 가해진 단일하고 가장 결정적인 영향력은 중앙 집중화된 영토 국가의 등장과 발전이다." 기르케[i]가 루소의 일반의지에 적용했던 구절을 활용하자면, 역사에서 그 국가를 "영원한 혁명의 과정"이라고 간주하는 데는 그럴 만한 모든 이유가 있다. 민족 국가는 자신의 권력을 견제하던 모든 제도에 적대적이므로, 중세 질서가 쇠락한 이래 진정한 공동체의 특권과 기능, 귀족, 교회, 장인조합, 가정, 지역 연합체 등을 하나씩 떼어내는 일에 매달렸다. 국가는 고원을 추구했으며 그 위에서 고독하지만 무리 지어진 개인의 집단이 익명으로 국가를 유지하려고 노력하기를 원했다. 보편적 징병제, '유동적인 노동력'과 강제 수용소는 이런 체제 아래에서 최근에 발달된 사례일 뿐이다. 메이틀랜

---

i   Otto Friedrich von Gierke(1841~1921): 독일의 법률학자이자 역사가. 독일의 삶에서 사회적 결사의 중요성과 사회적 집단들을 연구했다.

드[i]가 인식한 "근대 역사의 분쇄화와 자갈 도로화의 성향"[ii]은 '정치적 국가'와 국가와 개인 사이에 놓인 중간자적 존재인 사회적 결합체 사이의 관할권을 둘러싼 중차대한 갈등을 모른 척하게 만들었다. 그 똑같은 과정이 그리스와 로마 역사 속에서도 보인다. 긴 안목으로 보면 여기에서 권태와 정치적 죽음이 나왔다. 다양성, 현저한 차이, 경쟁, 공동체의 자긍심, 가장 인간다운 특징이 발현되는 마음이 통하는 사람들의 모임 등 이 모두의 장점들은 근대의 전권을 지닌 국가의 등장으로 위협을 받는다. 왜냐하면 이 국가는 자신의 안위를 추구하고자 전통적인 공동체의 성벽을 무너뜨리려는 결의에 차 있기 때문이다.

낭만적 해방과 '사람들의 의지'에 헌신하는 사람들의 목적은 죽은 자의 손에 묶인 속박에서 벗어나는 데 있다. 그러나 과거를 무시하는 인간은 과거를 반복하게 마련이다. 기대된 규범에서 벗어나는 해방은 20세기 유럽의 절반과 나머지 세계에 걸쳐, 구체제(Old Regime)는 물론이고 과거의 그 어떤 전제 정치보다 철저하고 회피하기 어려운 독재로 귀결됐다. '영원한 혁명'은 영원한 불안과 영원한 불이다. 마르크스의 무자비한 꿈은 ("국가의 소멸"이라는 그의 말은 부분적으로 용어의 속임수며 부분적으로는 자기기만이다) 루소나 벤담이 다른 형태로 유행시킨 평준화와 중앙 집중화의 교리에 따른 논리적 정점일 뿐이다. 마르크스는 심지어 "국가 전체에 더욱 평등하게 인구가 분산돼 마을과 국가의 구별조차 단계적으로 철폐"될 정도로 궁극적으로는 모든 요소가 무정형의 특징 없는 하나의

---

i Frederic William Maitland(1850~1906): 영국의 역사학자, 변호사. 근대 영국 법률 역사의 아버지.
ii Macadam: 스코틀랜드의 기술자 존 매캐덤(John Loudon McAdam)이 1820년대 도입한 도로건설 공법. 일정하게 작은 자갈을 길 위에 덮고 돌을 분쇄한 가루를 뿌려서 여러 번 다져서 시공한다.

전체로 융합되어간다고 예언했다. 그리고 진정한 공동체의 옛 요소들이 잘려나가면서 인간은 점차 마르크스의 꿈을 실현해나가며 그들이 상실했다고 어렴풋이 알고 있는 모든 옛 집단들의 대체재를 광대한 비인간적인 국가에서 찾게 된다.

니스벳은 19세기에 수많은 의미가 있지만 무엇보다 새로운 산업주의와 더불어 관습과 공동체의 파괴가 만들어낸 정치적 군중이 등장한 세기라고 지적했다. "국가와 군중 사이에는 유대감과 유사성이 발전했다. 그 결과 민족주의, 일원론적 민주주의, 마르크스사회주의 등 그 어떤 형태로 표현되던 정치 공동체가 미래를 가장 총명하게 내다보는 집단이 되었다. 경제적 불행과 억압으로부터의 구원이 그 유대감 안에 놓여 있었다. 새로운 형태의 자유와 평등 동지애가 있었으며 정의와 권리가 있었다. 무엇보다 풋내기 공동체가 있었다."

전체적 공동체와 전능한 국가는 그 새로운 활동적인 군중에서 승리의 도구를 발견했다. 이 전체주의적 국가는 그 권력에 도전하는 모든 경쟁자를 파괴하고 그 힘에 모든 인간관계를 복종시켰다. 전체주의적 국가의 구호는 나라마다 매년 다르다. 사실 구호는 구실에 지나지 않기 때문에 아무런 문제도 아니다. 구호는 소수자와 존중되어야 마땅한 사회적 결합체에 맞서 군중을 하나로 묶으려는 단순한 함성일 뿐이다. 그 구호는 "불평등을 앞세우거나 급진적 평등을 내세울 수 있으며, 무신론을 주장하거나 독실한 신앙심을 외칠 수 있고, 노동 또는 자본까지 옹호할 수 있으며, 땀 흘리는 군중을 우선하거나 기독교적 형제애가 더 중요하다고 말할 수도 있다." 그러나 그 모든 형태에서 근대의 전체주의는 건설적이지 않으며 오히려 파괴적이다. 나치와 파시스트 정당들은 그들을 열광적으로 지지했던 군중의 외로움과 병적 흥분 상태가 만든 파괴적 도구였다. 비록 때때로 이 이념들은 '가정'과 '전통'을 말하면서 자신들을 위장하려고 노력하지만 이는 속임수일 뿐이다. 그들의 본질과 목적은 혁명적이다. "때로 전체주의가 19세기 보수주의의 직계 적통의 산물이라는 어리석은 주장이 있지만 사실은 정반대다." 전체주의적 질서는 소수자들을 공포와 무력으로 파괴하지만, 군중의 지지를 얻으려고 아첨과 뇌물을 동원한다. 근대의 전체주의 국가는 인기 없는 창조물이 아니었다.

뿌리 없는 군중을 먹이로 번성했기 때문에 전체주의 국가는 과거의 지식을 더욱 혐오하고 적출해내려고 한다. "과거라는 감각은 미래를 향한 희망보다 자유의 유지에 더 기본적이다. …따라서 전체주의 정부는 지칠 줄 모르는 노력으로 기억을 파괴하고자 한다. 그래서 사회적 의무를 철폐하려는 교묘한 방법이 동원된다. 사회적 의무 안에서 개인의 기억은 힘과 저항의 능력을 주기 때문이다."

과거 자유주의의 지도자들은 인간이 스스로 충분한 존재라고 가정했으나 그 가정은 틀렸다. 인간은 공동체가 없으면 스스로 지탱해나갈 수 없기 때문이다. 개인주의와 대중적 주권이라는 자유주의자들의 두 가지 주요 목적은 전체주의 국가와 군중에 압도됐다. 그러나 공동체라는 개념을 포기한 적이 없는 보수주의자들은 여전히 생명력을 유지하고 있으며, 바로 그들에게 정치적 전체주의의 힘을 억제할 희망이 남아 있다. "실존주의의 기본적인 지적 중요성이 무엇이든 간에, 특히 서유럽에서 누리는 지금의 인기는 도덕적 원자주의와 유아론이 소외되고 해체된 인간들에게 주는 불꽃같은 매력의 또 다른 사례일 뿐이다. 심지어 지식인이 자본주의와 민족주의의 뼈를 보관한 시체 안치소로 인도주의적 자유주의 개념마저 보내버릴 때 지식인의 해방은 완성된다. 그는 이제 그의 외로운 불행 속에서 자유롭다." 루소와 그의 제자들은 강제로 인간을 자유롭게 하려는 결의에 차 있었으며, 이는 대부분의 세계에서 성공했다. 인간은 가정, 교회, 마을, 계급, 장인조합에서 자유로워진 반면, 국가라는 사슬을 몸에 두르고 권태와 숨 막히는 고독 속에 숨을 내쉰다.

절대적 정치 공동체를 지향하는 현재의 성향을 19세기 개인주의의 미사여구가 없애주리라는 생각은 어리석기 이를 데 없다. 우리가 지켜본 소외, 좌절, 고독감 등은 현재 서구 사회에 사는 사람들이 지닌 주요 정신 상태다. 이런 인간의 모습은 밀의 시대와 결정적으로 다르다. 오늘날의 도덕·사회적 해방 때문에 가장 화급한 문제가 발생한 사람들에게 개인적인 자유와 해방이 매력적이라고 강조한다면 우스꽝스럽다. 그렇게 한다면 살아생전 인간의 삶이 어땠는지 판단해야 할 염라대왕의 할 일만 없어지게 될 뿐이다. 왜냐하면 이는 전체주의적 예언자가 원자화된 개인들에게 견딜 수 없는 개인주의에서 그들을 "구해"내겠다는 자가당착의 호소이기 때문이다.

그러나 우리 시대에는 진정한 개별성이 절실하게 필요하다. 진정한 민주주의도 마찬가지다. 튀르고나 루소의 일원론적 민주주의가 아니라, 공동체 문제에 시민들이 순수하게 참여한다는 의미에서의 민주주의가 절실하게 필요하다. 자유도 마찬가지다. 물론 19세기의 독선적인 '자유주의'를 의미하지는 않는다. 이 모두는 전체주의 권력에 맞서는 장벽들얘기다. 진정한 개별성, 민주주의, 자유주의적 정신이 얼마나 성공적으로 국가라는 괴물에 맞서 싸워왔는가? 물론 의지는 자유롭다는 원칙에 따른 행동으로 말이다. 무엇보다 전체주의 국가를 성장시킨 힘은 그것이 역사의 과정에서 불가피하다는 가정이었다. 마르크스의 예언들은 녹스[i] 의 예언처럼 그 실현을 돕는 질서가 있었다. 단계적 불가피성이라는 확신 이 인간의 마음에 몇 년 더 계속된다면 "자유주의적 민주주의에서 전체 주의로의 전환은 그다지 힘들거나 불쾌해 보이지 않는다. '몽상가'나 '반 동 보수주의자', 이들과 비슷한 괴짜가 아니고는 오히려 아무도 주목하 지 않는다."

중앙 집중화와 정치적 집산주의는 지식인들 사이에서 무척이나 유행 하는 현재의 견해에도 불구하고 저항조차 할 수 없게 예정된 일은 아니 다. "근대 지식인들 사이에 존재하는 가장 주요한 죄는 레닌의 의미 있는 구절을 차용하자면 역사의 기관차에 남아 있지 못했다는 점이다." 유행 을 좇는 지식인은 거의 모든 경우에 그랬듯이 이 가정에서도 완전히 틀 렸다. 인간은 이성적인 존재이다. 순전히 환경의 창조물만은 아니다. 절 망적으로 퇴락한 사회의 불가피한 결과인 이런 전체주의적 악마를 가둘 힘이 인간에게는 여전히 남아 있다.

니스벳은 권력의 찬탈과 중앙 집중화를 견제하려면 우리에게 새로운 자유방임이 필요하다고 말한다. 옛날의 자유방임은 인간 본성의 그릇된 이해 위에 수립되어 (개인적 특징으로는 종종 미덕인) 개별성을 정치적 교리 의 전제 조건으로까지 격상시켰다. 그 결과 공동체 정신이 파괴됐고, 인 간은 형제애나 목적이 없는, 동일한 가치를 지닌 수없이 많은 원자적 존

i　John Knox(1513∼1572): 스코틀랜드의 신학자 사제, 스코틀랜드장로교의 창시자.

재로 축소되어버렸다. 이런 옛날의 자유방임은 군중의 잔혹한 힘과 집산주의의 복잡한 작동에 직면하면 필연적으로 붕괴된다. 왜냐하면 어떤 공동체적 힘이 뒷받침되지 않기 때문이다. 개인은 무방비 상태로 통제위원(commissar) 앞에 서게 된다. 그러나 우리의 새로운 자유방임은 "자치와 선택의 자유라는 목적을 굳게 견지한다." 우리의 자유방임은 추상적인 경제적 인간이나 시민이 아닌, "우리에게 실제 연합체로 주어진 인간의 개성"에서 시작된다. 새로운 자유방임은 "자치적 집단이 번영하는" 그런 조건을 창조하려고 노력하게 된다. 또한 기본적 사회 단위로서의 집단, 예를 들면 가정, 지역 공동체, 노동조합, 교회, 대학, 전문직군 등을 인정한다. 새로운 자유방임은 통일성이나 중앙 집권화, 군중의 힘을 추구하지 않으며 문화의 다양성, 결사체의 복수성, 의무의 분할을 추구한다. 전체주의 국가의 오류를 거부하면서 버크의 말처럼 신의 섭리에 따라 인간의 완전성을 추구하게 해주는 수단으로서의 국가를 회복하려고 한다. 그런 국가에서는 윤리의 우월성이 인정되며 공동체에 존재하는 개인의 진정한 자유가 소중하게 보호된다.

지난 20년간 수많은 학자들은 니스벳이 쓴 내용을 다양하게 변주하면서 표현했다. 그런 변주는 예상됐고 환영할 만한 일이다. 보수주의는 이념이 아니라 오히려 인간의 본성과 사회를 바라보는 태도일 뿐이기 때문이다. 어떤 학자가 인간과 공동체의 질서를 회복하는 데 필요한 수단에 대한 이해를 남들과 실질적으로 공유하고자 자신을 '보수주의자'라 부를 필요는 없다. 최근 수십 년간 인문과학에 관심을 보인 미국의 학자들만 언급해도 이 장에 다 담을 수 없을 정도다. 느슨하지만 모두 연결된 이 학자들은 간절한 이념을 열렬히 요구하기보다는 영구적인 것들의 필요성을 주장한다. 역사학자, 경제학자, 정치이론가, 사회학자 등 많은 이들이 미국 학계에 우뚝 선 데다 글도 아주 잘 쓴다. 장기적으로는 다가오는 다음 세대의 진지한 언론인, 출판인, 목사, 교사, 정치인, 행정가를 포함해 대중의 여론을 형성하는 사람들에게 이들의 영향력이 강력해질 가능성은 매우 높다. 이들과 맞서 싸울 만한 급진적인 새로운 이념 체계가 등장하지 않았기 때문이다. 그들의 이념적 경쟁자들은 단순히 오늘날의 마르크스주의자나 무정부주의자들이다. 마르크스주의자나 무정부주의자들은 그동안 아무것도 배우지 못했고 지난 수십 년의 과거에 그대로 빠져 있다. 그럼에도 보수적 학자들은 미국과 영국민주주의의 지적인 무관심이라는 저항에 직면해야 했다. 그들이 알았던 질서는 반드시 새로워져야 하며 그렇지 못하면 폐기되어야 한다고 어렴풋이 아는 대중이 보수적인 학자들에 저항한다. 오늘날 보수주의 사상가들은 지적인 경쟁에서의 실패를 두려워하지 말아야 한다. 오히려 보수주의 사상가들의 주장이 대중의 마음과 진로를 움직이기에 앞서, 근대 문명 전반의 도덕적이고 사회적인 구조가 붕괴된다는 극적인 호전[i]을 맞을지 모른다. 그들은 이것이 아마도 "몰락 바로 앞에 있는 마지막 시간"일지도 모른다는 사실을 알고 있다.

이런 학자들은 이념을 구현하려고 작동하기 마련인 이념적 예언들에 영향을 받지 않았다. 보수학자들의 기운찬 도전은 계속된다. 사회적 제도를 연구하는 보수적 역사가인 베르토프가 미국적 삶의 무질서나 공동

---

i Eucatastrophe: 영국 작가 톨킨이 만들어낸 말이다. 이야기의 주인공이 필연적이거나 매우 가능성이 높은 불길한 결말을 맞지 않도록 이야기 말미에 사건의 전개가 갑자기 바뀌는 경우를 가리킨다. 라틴어로 '좋다'는 의미의 'eu'를 'catastrophe'에 붙여서 만들었다. 톨킨은 예수의 환생이 인류 역사의 'eucatastrophe'라고 불렀다.

체 경시 풍조에도 불구하고 미국에는 보존하고 새롭게 만들 만한 게 여전히 많이 남아 있다고 확신했듯이 말이다.

단순히 개인을 모든 제도와 구조에서 잘라내어 방황하게 만든다고 좋은 사회가 수립되지는 않는다. 다행히도 미국 사회가 그 첫 360년을 보낸 흥미로운 주기는 그런 사실을 점점 더 느끼도록 해주었다. 오히려 개인의 많은 에너지와 관심이 사회를 굴러가게 하는 데 전념하도록 해야 했다. …최악의 경우 분리된 개인은 두렵고 비참해져 물질적 성공 이상으로 삶의 어떤 높은 가치를 바라보기 어렵다. 왜냐하면 더 높은 자유와 문화적이고 정신적인 자아실현에 필요한 에너지와 재능의 발현을 이루려면 명백히 안정적이고 잘 짜인 사회 구조의 지원이 새로운 경제의 견제와 균형만큼이나 필요하기 때문이다. 1960년 무렵에 미국인들은 지난 150년간의 그 어느 때보다 긍정적이고 다양한 자유를 개인에 확보해주었다. 만약 위대한 사회를 향한 다년간의 열망에서 그들이 변화와 질서, 경제적 유동성과 사회적 안정 사이에 합리적인 균형을 유지할 수 있다면 그들은 새로운 자유 청교도들이 꿈꾸었던 종교적 이상향과 모든 인류를 비추는 횃불의 새로운 탄생을 가져오고, 오래 인고해온 미국의 꿈이 새롭게 탄생하도록 만들지도 모른다.[18]

지식인들에게 학자들은 굴복하지 않았다. 그들의 학문은 오늘날 단단하게 준비된 시인들의 전망과 일맥상통한다.

4. 보수주의와 시인

이런, 어찌하여 믿음을 버리려 하는가.
단순히 더 이상 진실이기를 멈추었다고?
그에 오래도록 매달리고, 의심하지 않으면
언젠가 다시 진실이 되지, 원래 그런 법이야.
우리가 살면서 목격하게 되는 대부분의 변화는
시류에 따라 바뀌는 진실 때문이지.
나는 여기 앉아, 종종, 바란다네.
사람이 살지 않는 땅의 군주이길
끊임없이 거듭 되돌아오는 진실에
영원히 나를 바치고 헌신할 수 있기를.

_로버트 프로스트, 「The Black Cottage(검은 오두막)」

사회의 부활은 전적으로 정치적인 과업일 수만은 없다. 헌신의 정신을 잃어버린 근대의 군중은 그들이 이미 보유한 그 무엇의 더 큰 조각 이상을 기대하지 않는다. 단테는 천벌이 몹시도 단순한 상태라고 말했다. 희망의 박탈, 혹은 그리스도가 『York Mysteries(요크의 성찬 연극)』[i]에서 말한 다음과 같은 내용이다.

내게서 도망친, 너희 가증스런 겁쟁이들아.
지옥에서 끝없이 살게 되리니.
그곳에서 너희들은 슬픔만 보고
악마 사탄의 옆에 앉으리니.

---

i York Mystery Plays: 「천지창조」에서 「최후의 심판」까지 그린 중세의 48개 성찬 희곡. 14세기 중엽부터 요크 지방에서 상연되었으며 1463~1477년에 만들어진 원고가 대영도서관에 보관돼 있다.

20세기 보수주의자들이 당면한 난제는 외로운 군중에게 열렬한 신앙을 되살리고 삶에는 목적이 있다고 환기시키는 일이다. 신앙의 위로와 함께 인간의 열정적인 관심사 세 가지는 보통의 남자와 여자들에게 의무 수행의 동기를, 삶은 살아볼 만한 가치가 있다고 믿을 만한 이유를 부여했다. 그 세 가지 관심사는 다음과 같다. 자녀의 삶과 안녕을 통해 이룩되는 정신적 존재로서의 영속성, 재산의 축적과 유산을 통해 충족되는 획득의 욕구, 계속성이 변화보다 더 가능성이 높아서 마음이 편안해지는 확신이다. 다시 말해 인간은 자연적이고 도덕적인 질서에 참여하며 그 질서 안에서 자신들이 여름날의 파리, 그 이상의 가치가 있다는 확신이다. 점증하는 잔혹함과 더불어 근대의 풍조는 처음에는 자본주의 아래에서, 나중에는 국가사회주의 아래에서 이런 인류의 갈망을 무시해 왔다. 그 좌절은 개인의 모습을 훼손했듯이 사회의 얼굴을 왜곡했다. 근대 사회의 행태는 절정에 치달은 가공할 만한 좌절의 증상을 드러낸다.

"나는 근대 세계에 소년을 적응시키는 짓은 정말 무척이나 사악하다고 생각한다." 에블린 워의 소설 『Scott-King's Modern Europe(스코트 킹의 근대 유럽)』[i]에서 주인공이자 불운했던 고전 전문가인 스코트킹이 한 말이다. 자기 자신이나 다른 사람들을 실증주의적 계획가들이 염두에 둔 사물의 형태, 아니 사회의 현 풍조에 적응시킨다면 무서운 권태에 빠트리는 셈이다. 의기양양한 사회적 권태는 하나의 문명에게는 죽음이자 곧 지옥이다. 그래서 보수주의자는 인도주의적 사회학 그 너머를 내다보려고 한다.

---

i   1947년에 출간된 에블린 워의 중편소설. 교장으로서 공립 학교에서 고전어를 가르치는 스코트 킹이 주인공이다.

많은 보수주의자들은 통계학자가 아니라 시인에게서 통찰을 구한다. 20세기에 주요한 보수주의 사상가를 꼽자면 시인 엘리엇으로, 그는 평생 인문학에 천착했다. 엘리엇의 모든 노력은 황무지에서 벗어나 영혼과 사회의 질서로 가는 길을 가리키는 일이었다.

엘리엇은 『The Idea of a Christian Society(기독교 사회의 개념)』에서 "보수주의는 너무 자주 그릇된 것을 보존한다"고 지적했다. "자유주의는 규율의 완화다. 혁명은 영원함의 부정이다." 엘리엇의 보수주의는 "나를 쉬게 해다오— 나는 소유물 속에 눕는다"고 중얼거린 파브니르의 용[i]이 지닌 태도가 아니다.

엘리엇의 마음속에는 영국과 미국의 보수적 경험들이 하나로 묶여 있다. 하버드대학에서 어빙 배빗의 강의를 들었고 생애 대부분을 런던에서 살았기 때문이다. 엘리엇은 가장 이해심이 많은 사람 중 하나였으며 정치적 논쟁에는 약간 주저하며 뛰어들었다. 그러나 일단 투쟁을 시작한 뒤에는 용기를 발휘했다.

1939년에 발간한 『The Idea of a Christian Society(기독교 사회의 개념)』에서 또 1948년에 발간한 『Notes towards the Definition of Culture(문화의 정의를 모색한 비망록)』에서 가장 영향력이 있는 시인이자 당대의 비평가였던 엘리엇은 근대 문화의 황무지를 용서 없이 바라보며 문명을 살찌운 믿음과 관습을 옹호했다. 우리가 "고대의 건축물을 파괴해 미래의 야만적인 유목민들이 기계화된 이동용 주택으로 야영할 평지를 만든다"는 사실을 쓰라리게 의식했기 때문이다. 위협은 임박했다. 이

---

i Fafnir: 파브니르는 북유럽의 신으로 황금을 지킨 용이다. 아버지와 형제를 죽이고 훔친 금을 혼자 차지했으나 끝내 다른 괴물의 공격을 받아 죽는다.

미 기계화된 문명 탓에 대중은 사회가 기계라는 개념에 익숙해졌기 때문이다. "무제한으로 치닫는 산업주의의 경향은 전통에서 분리되고 종교에서 소외됐으며 대중적 견해에 쉽게 쏠리는 남녀의 덩어리, 다른 말로 하면 군중을 창조했다. 군중은 아무리 잘 먹고 잘 입으며 좋은 집에 살고 규율이 잘 됐다 해도 군중에 지나지 않는다."[19]

순수민주주의의 친구가 아니었던 엘리엇은 계급과 질서를 믿었다. 바로 그 이유 때문에 그는 정신적으로 빈곤한 군중에서 차출된 새로운 엘리트를 불신했다. 이 엘리트들은 세속적 집산주의의 새로운 정통 교리로 통일된 국가 교육기관에서 훈련됐을 뿐이다. 전통, 존숭, 가정의 명예라는 제한적인 영향력에서 벗어나 지배하는 사람들이기 때문에 주제넘게 건방지다. 이런 엘리트는 행정 관리 집단에 그칠 뿐, 과거의 귀족들처럼 문화의 수호자가 될 수 없다. "결과적으로 엘리트는 직업적 관심사로만 묶이는 개인들로 구성된다. 그들 사이에는 사회적 응집력도, 사회적 계속성도 없다. 그들은 인격의 부분으로만, 가장 의식적인 부분으로만 통합되며 위원회처럼 만난다. 그들 '문화'의 더 큰 부분은 그들이 나라를 구성하는 모든 다른 개인과 공유하는 그것뿐이다."[20]

이런 건조한 관료 계급 체제의 지배를 받는 사회에서 고급 문화는 생각하기 어렵다. 비록 지난 100년간 난폭하게 두드려 맞아 너덜대지만, 그래도 우리에게 남은 문명을 구해낼 수 있을까? "우리는 반드시 문화의 이런 조건들이 얼마나 가능할지 고려해야 한다. 심지어 특정한 시간과 특정한 상황에서 어떤 비상사태가 요구하는 즉각적이고 긴박한 모든 필요들과 얼마나 조화로울지 고려해야 한다. 피해야 할 한 가지는 보편화된 계획이며, 획득해야 할 한 가지는 계획 가능한 것들의 한계다."[21]

이런 구절에서 엘리엇은 문제의 핵심에 접근했다. 매우 일찍이 자신을 보수주의자가 아니라 왕당파라 불렀다. 엘리엇은 자신을 토리즘과 두 번의 세계대전 사이에 영국의 보수당을 구성했던 상상력 없는 파벌 연합과 구분했다. 그럼에도 정치적 원칙이라는 견지에서 엘리엇은 충분히 보수적이었다. 혹은 그 자신이 스스로 지칭했듯이 반동적이었다. 그는 1956년 보수 정치 센터(Conservative Political Center)에서 행한 "The Literature of Politics(정치학의 문학)"이라는 강연에서 이를 분명히 했다. 자기 자신을 20세기의 우뚝 솟은 시인이며 당연히 베르길리우스[i]나 단테와 같은 선상에 있다고 여긴 엘리엇이 시민사회적 질서와 문화의 규범을 옹호한 사람으로 뛰어났다는 사실은 결코 우연이 아니다.

　　엘리엇은 자신 안에서 "가톨릭 경향, 칼뱅교도적 유산, 청교도적 성정"을 통합했다고 고백했다. 오늘날 단테와 밀턴을 보면 루이스가 "인간 폐지(the abolition of man)"라 부른 것에 반대하는 공통의 근거가 있다. 엘리엇이 초기에 인기를 얻은 근거 대부분은 사람들이 그의 의도를 우스꽝스럽게 오해했기 때문이 아닌가 한다. 특별히 뿌리도 없고 목적도 없던 새로운 세대는 엘리엇이 근대 시대의 헛됨과 어리석음, 흐느끼기만 할 뿐 아무런 기력도 없는 영국과 미국의 의례적 허무주의(ritualistic nihilism)를 대변한다고 느꼈다.

　　그러나 엘리엇의 진정한 의도는 보존과 회복이었다. 황무지의 우울한 지형학자는 회복된 개인적 희망과 공공의 성실성으로 이끄는 안내자이기도 했다. 공허한 인간을 드러내고 원칙 없는 삶에 불편함을 느꼈던

---

i　Publius Vergilius Maro(BC70~BC19): 고대 로마의 시인.

엘리엇은 비슷한 시대를 살았던 베르길리우스처럼, 영원한 것들로 되돌아가는 길을 보여주었다. 엘리엇은 1931년 『Thoughts after Lambeth[i](램버스 이후의 생각)』에서 이렇게 썼다. "내가 황무지라 불리는 시를 쓸 때 조금 더 호의적인 비평가들은 내가 '한 세대의 환멸'을 표현했다고 말했지만 이는 말도 안 되는 소리다. 내가 스스로 환멸을 느꼈다는 그들만의 환상을 표현했는지는 모르겠다. 그러나 나는 전혀 그런 의도가 없었다."

영원한 것들을 유지하려는 투쟁에는 휴지기가 없다. 엘리엇이 프랜시스 허버트 브래들리에 관해 쓴 에세이에서 "우리가 대의를 가장 폭넓고 현명하게 바라본다면 잃어버린 대의는 없다. 왜냐하면 얻어진 대의도 없기 때문이다. 우리가 잃어버린 대의를 위해 싸우는 이유는 우리의 패배와 실망이 우리 후계자들이 거두는 승리의 서문이 되리라는 사실을 알기 때문이다. 비록 그 승리 자체가 한시적이라도 말이다. 우리는 우리가 승리하리라는 기대 때문이기보다 무언가 살려두려고 싸운다." 모든 기간 누군가는 영원한 것들을 끌어내리려 노력한다. 그리고 누군가는 그것들을 단호하게 지켜내려 한다.

비록 일반적인 사람들은 시인의 이름을 모른다 해도 정치인들 못지않게 위대한 시인들도 국가를 움직인다. 이 세기의 주요 시인이자 비평가가 "시대를 구원하는, 그래서 우리 앞에 놓인 어둠의 시대를 지나도록 신앙이 생명을 유지한 채 보존되고, 세계를 자살에서 구해내며 문명을 새롭게 하고 재건하는" 일에 착수한다면, 그는 지휘관이나 왕들은 물론이고 마르크스나 프로이드가 저지른 일까지 되돌릴 가능성이 있다. 당대

---

i　Lambeth: 영국 런던 중심구.

그 누구보다 엘리엇은 질서의 파괴를 내다보았고 총체적인 멸망을 회피하고자 노력했다. 1934년에 발표한 〈바위(The Rock)〉라는 야외극에서 엘리엇의 합창은 그 경고들을 읊조린다.

> 경찰서 가까이 사는 사람들은
> 폭력의 승리를 믿기가 어렵다.
> 당신은 그렇게 생각하느냐?
> 신앙이 세계를 정복했고 사자들은
> 더 이상 사육사가 필요 없어졌다고.

〈바위〉가 처음 상연되고 몇 달이 지나 아돌프 히틀러는 스스로 독일의 총통이 됐다. 엘리엇은 시간이 끝날 때까지 사자들은 사육사가 필요하며 신앙은 여전히 순교자를 발견하게 된다는 사실을 알고 있었다. 엘리엇의 모든 저작에는 영혼의 공동체라는 정신이 흐른다. 살아 있는 모두를 연결해주는 사랑과 의무의 유대, 우리보다 앞서 살았던 사람들과 이 순간에 우리를 이어갈 사람들이다. 그 인식은 세기의 이념적 교리보다 더 오래 살아남으리라 생각한다.

좋은 시의 주된 목적은 인간 존재의 규범을 정당화하고 재해석하는 데 있다. 일반적으로 시인들은 우리가 어제 태어나지 않았다는 사실을 안다. 분명 몇몇 시인들은 급진적이었다. 셸리'의 프로메테우스 같은 도전이 있었다. 그러나 '낭만적'이거나 '프롤레타리아'의 시(詩)적인 이견은

---

i   Percy Bysshe Shelley(1792~1822): 영국의 주요 낭만파 시인으로, 문인들의 모임에서 중심적인 역할을 했다. 살아생전에 명성을 얻지 못했으나 사후 점차 유명해졌다.

대중 문학을 오래 지배하지 못했다. 낭만적 혁명의 열정이라는 정점을 지나자마자 셸리는 콜리지, 워즈워스, 사우디, 스코트의 답을 들었다. 심지어 바이런[i]조차 셸리의 제1의 원리들을 터무니없다고 생각했다. 유럽문학의 시작부터 금세기에 이르기까지 진지한 시에서 지속됐던 주제는 질서와 영원이었다. 반항과 부정의 수십 년을 지나 20세기의 시 역시 계속성과 지속되는 진실의 확인이라는 주제로 되돌아왔다.

1959년에 발간된 존 베처먼[ii]의 『Collected Poems(시집)』은 『Childe Harold' Pilgrimage(차일드 해럴드의 순례)』[iii]와 『Idylls of the King(왕의 목가)』[iv] 이래 매우 드문 인기를 누려왔다. 베처먼은 토리의 재사로, 오래된 것을 사랑했으며 건축가로 누구보다 보존을 앞세웠고 세대와 세대를 잇는 만족이라는 '즐거움의 보수주의'를 대변했다. 어떤 논쟁가보다 뛰어나게 베처먼은 『The Planster's Vision(계획가의 꿈)』이라는 시에서 미래의 얼빠지고 평범한 독재정치가 가져올 멸망의 가능성과 평등을 꿈꾸는 몽상가의 총체적으로 계획된 사회를 일깨워주었다.

> 내게 미래의 꿈이 있다네, 친구여.
> 콩 밭에 세워진 노동자의 집
> 은빛 연필처럼 수없이 높이 치솟아

---

i 한때 셸리와 같이 어울렸다.
ii John Betjeman(1906~1984): 영국의 시인이자 작가. 방송인으로, 1972년부터 죽을 때까지 영국의 계관시인이었다. 언론인으로 시작했으나 가장 사랑받은 시인이자 방송인으로 생을 마쳤다.
iii 4부로 이루어진 긴 서사시로 바이런 경(Lord Byron)이 써 1812~1818년까지 출간됐다.
iv 12개의 서사시로 아서왕 전설을 다루고 있다. 알프레드 테니슨 경(Alfred, Lord Tennyson, 1809~1892, 1850년부터 계관시인)이 1859~1885년에 걸쳐 출간했다. 아서왕이 사랑했던 여인과 그녀의 배신, 아서 왕국의 등장과 몰락에서 거느렸던 기사들의 이야기를 모두 망라했다.

불어나는 수백만은 다가오는 고난을 듣는다.

마을 매점 확성기에서 들리는 소리

"맞지도 틀리지도 않아! 모두 완벽해, 언제나."

베처먼의 시 중에는 오직 이 한 편이 직접적으로 정치적이다. 보수주의자가 꼭 실천적인 정치인일 필요는 없다. 마찬가지로 보수적 시인은 자기 자신을 꼭 보수적이라 부르지 않아도 된다. 심지어 자신의 첫 번째 가정들이 키케로나 버크의 가정과 공통점이 있는지 알 필요도 없다. 당대의 논란을 두고 보수적 성향의 시인들이 정치적인 글을 쓸 때가 있다. 예를 들어 캐닝, 프레어[i]와 『반 자코뱅 리뷰(Anti-Jacobin Review)』의 다른 구성원들이다. 그러나 대개 그런 글들은 그리 오래가지 않는다. 보수적 충동은 오래도록 기억되는 긴 정치적 시를 거의 만들어내지 못한다. 그러나 시트웰 경의 「Demos The Emperor(민중이 황제다)」의 음울하게 아름다운 서막은 예외다.

신중하고 존재론적 관심사를 다룰 때는 그다지 자주 드러내지 않는다. 그러나 영혼, 정의, 질서에 속한 더욱 깊은 가정들을 이야기할 때 시인은 자주 자신의 꿈에 담긴 정치적 배경을 드러낸다. 따라서 "보수주의자"가 정치학의 명사로 등재되기 오래 전에 시(詩)적인 보수주의자들이 있었다. 당대의 기존 체제를 단순히 보호하는 사람이 아니기에 시인은 파벌보다는 규범에 충성한다. 이렇게 벤자민 존슨[ii]은 당대의 어리석은

---

i John Hookhan Frere(1769~1846): 영국의 외교관, 작가.
ii Benjamin Johnson(1572~1637): 영국의 극작가, 시인, 배우, 17세기 문학 평론가로서, 영국의 문단과 희극계에 아직도 영향을 미치고 있다.

짓을 몹시 책망했다. 인간과 사회가 마땅히 보여야 할 모습을 보이지 않는다는 점에서 모든 시대는 뒤죽박죽이다. 시인은 시간을 바르게 맞추어야 한다는 사명을 안고 태어났다는 점을 안다. 그러나 시인은 새로운 성지로 가는 행진을 이끌기보다는 그의 예술에서 영원한 것들을 부추기는 형식을 취한다. 심지어 급진적으로 간주되는 좋은 시인들도, 예를 들자면 윌리엄 모리스 같은 사람들도 용감한 신세계를 바라보지 않고, 오히려 한때 있었던 그 무엇을 회복해서 다시 되살리고자 했다.

에릭 푀겔린이 그의 『World of Polis(도시국가의 세계)』에서 지적했듯이 "장님이지만 볼 수 있는" 호메로스(Homer)는 잔혹하고 부당한 "영웅들의 시대"를 대단히 경멸했다. 아마도 더 이른 시기와 더 나은 문화를 경험했기 때문인지 호메로스는 타락한 시대의 심판을 신들에게 호소했다. 궤변으로 영락한 시대에서도 여전히 규범적 진리에 충실했던 소포클레스는 아테네인들에게 인간의 명령보다 우월한 신의 명령에 복종하라고 훈계했다. 내전의 세대를 지나 문명의 회복을 추구한 베르길리우스는 고매한 옛 로마의 미덕과 활력을 주는 로마의 경건함을 자신의 주제로 삼았다. 무지로 산산조각 난 중세의 질서를 본 단테는 질서와 무질서라는 적대자들의 세계를 자신의 시각에서 묘사했다.

어떤 다른 나라의 문학보다 규범적이며 윤리적 확신이 더욱 강하게 지배하는 영국 문학의 보수적 성향은 굳이 언급할 필요가 없다. 질서 있는 자유를 강조한 밀턴과 버크를 예견한 드라이든[ii]의 정치학, 토리의 원

---

i   역사학 개념의 하나로 원시사회에서 계급사회로 넘어가는 이행기에 상당한다. 원시적 민주제 요소를 가진 공동체에 속한 영웅이라 부르는 전설적 지도자들이 공동체를 이끌었으며 민족정신과 고대 국가 형성의 과도기에 위치한 시대를 이른다.
ii John Dryden(1631~1700) 영국의 시인, 문학평론가, 극작가. 1668년 영국의 첫 번째 계관 시인.

칙들을 앞세운 스위프트와 포프[i], 계율과 복종의 교리가 강하게 드러
난 존슨, 보수적 기독교 인문주의를 보인 콜리지, 전통과 계속성에 정
열적인 애착을 보인 예이츠 등이 그 좋은 예이다. 그러나 새뮤얼 존슨이
『Irene(아렌느)』에서 "혁신의 갈망"이라 불렀던 것에 시인들이 얼마나 반
대했는지 역사적인 조사를 시도해보기는 어렵다. 다만 20세기 영국과
미국의 가장 영향력 있는 시인들이 영원한 것들(permanent things)의 보
존자이었다는 언급만으로도 충분해 보인다.

　로버트 프로스트는 '보수주의자'라는 단어에 다소 주저함을 보였으
나, 그의 정치적 보수주의는 부정할 수 없다. 늙어서 보수주의자가 될
까 두려워 젊어서는 급진주의자가 아니었다는 프로스트의 초기 언급을
일부 급진적 비평가들이 인용하기 좋아한다. 그럼에도 프로스트는 급
진주의를 기웃거린 적이 없었다. 프로스트의 후기 보수적 특징은 그의
『Collected Poems(시집)』의 서문인 「하나의 시가 만들어내는 모습(The
Figure a Poem Makes)」에 드러난다. "우리는 자유를 주절거린다. 우리는
학교를 공짜(free)라 부른다. 왜냐하면 16살이 될 때까지 학교에서 우리
가 떠날 수 있게 자유롭지(free) 않기 때문이다. 나는 민주적 선입견을 포
기했다. 그리고 이제는 기꺼이 하층 계급들을 자유롭게 만들어 상류 계
급이 철저히 보살피도록 했다. 정치적 자유는 내게 아무것도 아니다. 나
는 그것을 왼쪽과 오른쪽에 다 부여한다. …젊은 신봉자들이 착각했듯
이 급진주의에 진정 독창성이 있었다면 나는 한 번 이상 그것에 내 영혼
을 뺏겼어야 했다."

---

i　Alexander Pope(1688~1744): 18세기 영국 시인. 호메로스의 풍자적 번역으로 유명하다. 셰익스피
　어에 이어 두 번째로 옥스퍼드 인용사전이 많이 인용한 필자.

프로스트는 새로움이나 혁신을 추구하는 사람(neoterist)이나 교조적인 개혁가에게서 동료 의식을 느끼지 못했다. 「A Case for Jefferson(제퍼슨을 옹호함)」이라는 프로스트의 시에서 해리슨[i](Harrison)은 순수한 양키 출신이지만 프로이드 학설 신봉자이자 마르크스주의자다.

> 토요일엔 돼지고기와 콩 요리에 탐닉한다.
> 그러나 그의 정신은 10대 소년을 거의 벗어나지 못했다.
> 그에게 조국애란
> 산산조각 나도록 폭파해버린 다음
> 완전히 새로 만든다는 의미다.

재능이 뛰어나다는 것 말고 프로스트가 대중적 성공을 거둔 이유의 하나는 옛 미국에 친화적이었으며 인간과 예술을 바라보는 시각이 좀 더 예스러웠기 때문이다. 그의 강점은 전통에서 왔다.

토리의 시인이었던 키플링은 습자책 제목의 신들이 대량 학살이나 불과 함께 되돌아오리라고 예언했다. 우리에게 다시 돌아와 커져가는 분노와 함께 우리를 응징한다는 얘기다. 시련을 겪은 세대는 질서의 원칙을 찾는다. 하늘은 어두워지고 냉철한 변호사는 청문회를 얻는다. 체스터턴이 「The Ballad of the White Horse(백마의 이야기)」에서 썼듯이 말이다.

---

i 　시에 등장하는 인물.

현명한 사람들은 안다 어떤 사악한 것들이

하늘에 쓰여 있는지,

그들은 슬픈 등불로 장식하고, 슬픈 줄들을 만진다.

무거운 보랏빛 날개에 귀 기울이며

잊힌 천사의 왕들은

여전히 신이 어떻게 죽어야 하는지 음모를 꾸미는 곳.

그러나 체스터턴처럼 정통성을 앞세우는 사람들은 유쾌하게 어둠으로 간다. 고난을 겪은 세대는 낭만적 자유주의의 광신자, 불타오르는 프롤레타리아의 시인, 시를 쓰는 허무주의자들에게 의지할 수 없다. 대신 정상 상태를 시적으로 보호하는 사람들을, 비록 지금은 풀죽어 있지만 그런 시인들을 바라보아야 한다. 키플링은 고통의 시대인 1차 세계대전 기간에 쓴 「The Fabulists(거짓말쟁이들)」에서 이렇게 표현했다.

필사적인 어리석음이 매일 애쓰며

우리의 모든 혼란에 혼란을 덧씌우려 할 때,

근면한 게으름이 자유의 죽음을 요구할 때,

단결한 공포가 명예의 무덤을 지배한다.

심지어 멸망을 앞둔 특정한 시간에

그들의 소리를 아무도 듣지 않아 기쁘다 여기지 않는다면.

영원의 시인들이 다시 기쁨을 주기 시작했다. 파브니르 보수주의자[i] 조차 그들의 목소리에 귀를 기울이는 게 가능해졌다. 만약 그런 일이 벌어지면 비어스[ii]의 『Devil's Dictionary(악마의 사전)』[iii]에 나오는 '보수주의자'의 정의에서 어떤 신랄함을 도출할 수 있다. "보수주의자, 명사, 존재하는 악마들로 무장한 정치인, 자유주의자와 구분된다. 자유주의자는 현존하는 악마를 다른 악마로 교체하고 싶어 한다."

최근 10년간 자유주의와 사회주의는 엎드려 있었다. 그리고 대부분 대중적인 사랑에서 멀어져갔다. 그럼에도 새로운 질서는 또다시 일어나려 애쓴다. 그 새 질서란 『트로일러스와 크레시다(Troilus and Cressida)』[iv] 에 묘사된 혼란의 지배자들이 가져오는 질서다.

> 힘은 무능함의 지배자가 되고,
>
> 미숙한 아들은 아버지를 때려죽이니:
>
> 무력은 옳다; 아니, 옳은 동시에 틀려야 한다.
>
> 끊임없이 옳고 그름을 오가는 사이에 정의가 머물고,
>
> 그들의 이름을 잃는다면 정의도 잃는다.
>
> 권력은 그 품에 전부 아우른다,
>
> 의지 속에 권력을, 욕구 안에 의지를.

---

i   Fafnir-conservatives: 필자가 명명한 파브니르 보수주의자는 경제적 기득권 유지에 골몰하는 보수주의자를 지칭한다고 보인다.

ii   Ambrose Gwinnett Bierce(1842~1914): 미국 남북전쟁 참전 군인. 저널리스트이자 작가.

iii   1911년에 출간된 풍자서로, 단어를 비틀어서 정의했다.

iv   1602년 윌리엄 셰익스피어가 쓴 비극.

생각만이 그것을 그렇게 만들어낸다. 기업인들이 시인들의 부름에 응한다면 문화와 정치 규범은 시대의 어리석음을 이겨낼 수 있다. 개인은 어리석다. 그러나 무리를 지으면 현명하다. 생각하는 보수주의자는 체스터턴이 "죽은 자의 민주주의"라 불렀던 그 무엇에 호소한다. 무자비한 혁신가의 오만에 맞서 상상력의 보수주의자는 큐피드(Cupid)의 저주를 선언한다.

> 그들이 새로움을 좋아해 옛것을 바꾼다면,
>
> 신들에게 기도하노니 그들이 더 나쁘게 바꾸길.

부록

보수의 10대 원칙[i]

　보수주의는 이념이나 종교가 아니다. 보수주의의 교리를 제공해주는 성경, 이른바 "자본론" 같은 건 없다. 따라서 보수주의자들이 무엇을 믿는지 알아보려면 지난 200년간 보수적인 저자들이나 공인들이 선언해온 내용에서 보수적 신조의 첫 번째 원칙들을 추출해야 한다. 이 글의 전체적인 주제를 잠시 소개하고 나서 그런 보수의 10대 원칙들을 제시해보겠다.

　"보수적"이라는 단어는 아마도 형용사로 쓰는 편이 바람직하다. 왜냐하면 표본이 되는 보수주의자가 없으며 보수주의는 부정의 이념이기 때문이다. 보수주의는 정신의 상태며 문명 사회의 질서를 보는 하나의 시각이다. 우리가 보수주의라 부르는 태도는 이념적 교리 체계가 아니라 어떤 일군의 정서로 이루어진다. 보수주의자는 스스로 보수주의자라 생각하는 사람들이라고 규정하면 거의 틀림이 없다. 보수적 운동이나 보수적 견해의 집합체는 매우 많은 주제와 관련해 대단히 다양한 견해들을 포용한다. 그 무엇이 보수적 신조인지 아닌지를 가늠하는 엄격한 기

---

i　Ten Conservative Principles: 이 글의 저작권은 러셀 커크 재단에 있으며, 러셀 커크 재단의 허가를 받아 번역, 게재했다("Ten Conservative Principles" is copyrighted by the Russell Kirk Legacy Trust, LLC and is used by permission).

준[심사령(Test Act)이나 영국국교회의 39개 신조]은 없다.

본질적으로 보수적인 인간은 무질서와 어둠[i]보다는 영원히 지속되는 그 무엇들을 더 기쁘게 생각하는 그런 소박한 사람들이다(그러나 보수주의자는 버크와 마찬가지로 건강한 "변화가 우리를 보존하는 수단"이라는 사실을 안다). 보수주의자는 인간 경험의 역사적 계속성은 카페의 철학자들이 생각해낸 추상적인 계획보다 훨씬 더 바람직하게 우리의 공공정책 결정 과정을 안내한다고 말한다. 그러나 물론 이런 일반적인 태도 이상의 보수적 신조들이 있다.

보수주의자의 신념을 말해주는 목록을 깔끔하게 작성하기는 불가능하다. 그럼에도 일반적인 원칙 10개를 요약해 제공해보겠다. 보수주의자 대부분이 이 10개의 원칙을 중요하게 생각한다고 해도 무난하다. 내가 쓴 『보수의 정신』의 여러 개정판에서 보수주의 사상의 특징들을 추려낸 목록을 언급했다. 개정판에 따라 그 내용은 다소 달라졌다. 버크 등 보수 사상가들의 글을 발췌해 묶은 『The Portable Conservative Reader(간편한 보수주의 독본)』에서도 나름의 유사한 목록들을 제공했었다. 그 두 책에서 내가 제시했던 목록과는 조금 다른 보수적 가설의 요약본을 여기에 제시해보겠다. 보수적 견해가 다양한 방법으로 제시될 수 있다는 사실 그 자체야말로 보수주의가 고정된 이데올로기가 아니라는 증거다. 따라서 어느 주어진 시간에 보수주의자가 강조하는 특정한 원칙들은 그 시대의 필요와 상황에 따라 달라진다. 이어지는 다음의 신조 10개는 오늘날 미국의 보수주의자들이 강조하는 내용들을 반영했다.

---

i   Chaos and Old Night: 존 밀턴의 서사시 「실락원」에 나오는 구절이다. 사탄이 천국에서 쫓겨나 굴러 떨어지는 곳으로 무질서와 원초적 어둠을 말한다.

(1) 보수주의자는 불변의 도덕적 질서가 존재한다고 믿는다. 그 질서는 인간을 위해 만들어졌으며, 인간은 그 질서에 따라 만들어졌다. 인간의 본성은 변하지 않는 상수다. 그리고 도덕적 진실은 영원하다.

이 질서라는 단어는 조화를 의미한다. 질서에는 두 가지 측면이나 형태가 있다. 영혼의 내적인 질서와 공동체의 외양적 질서다. 2,500년 전에 플라톤은 이런 학설을 가르쳤다. 그러나 오늘날에는 교양 있는 사람조차 이해하기 힘들어한다. 보수적이라는 단어가 정치학 용어가 된 이후 질서의 문제는 보수주의자의 주요한 관심이었다.

우리는 20세기에 도덕적 질서라는 신념의 붕괴가 가져온 끔직한 결과를 경험했다. 이 세기 동안 일어난 위대한 국가들의 몰락은 옛 도덕적 질서의 편안한 대안으로 약삭빠른 사리사욕 혹은 교묘한 사회적 통제를 채택했던 사회가 어떤 구렁텅이로 굴러떨어졌는지를 보여준다. 기원전 5세기 그리스에서 벌어진 대량 학살과 재난에 못지않았다.

자유주의적 지식인들은 보수주의자들이 모든 사회적 질문들을 본질적으로 개인의 도덕적 문제라고 믿는다고 말해왔다. 적절하게 이해된다면 이 진술은 대단히 맞는 말이다. 불변하는 도덕적 질서가 있다는 신념으로, 옳고 그름을 판단하는 강한 의식으로, 정의와 명예를 소중하게 생각하는 개인적 확신으로 인간이 지배되는 사회는 어떤 정치적 기제를 채택한다 해도 매우 훌륭한 사회다. 반면 도덕적으로 방황하고 규범에 무지하며 욕망 충족에만 매달리는 인간이 사는 사회는 아무리 많은 사람이 투표에 참여한다 해도, 그 공식적인 헌법이 아무리 자유주의적이라 해도 다 나쁜 사회다.

(2) 보수주의자는 관습, 널리 오래 합의된 지혜(convention), 계속성을 중시한다. 오래 지켜진 관습이 사람들을 평화롭게 함께 살도록 해준다. 그 관습의 파괴자는 그들이 알거나 희망하는 양보다 훨씬 더 많이 부숴버린다. 우리 시대에 너무 오용된 단어, 널리 오래 합의된 지혜(Conventional Wisdom)를 통해 우리는 권리와 의무의 영원한 분쟁을 회피해나간다. 법의 기초는 널리 오래 합의된 지혜의 집합에 있다. 계속성은 세대와 세대를 잇는 수단이다. 이는 개인뿐 아니라 사회에서도 중요하다. 계속성이 없다면 삶은 무의미하다. 성공적인 혁명가들이 오래된 관습을 철폐하고, 널리 오래 합의된 지혜를 조롱하고, 사회 제도들의 계속성을 파괴했을 때 곧바로 새로운 관습과 계속성 등을 수립해야 할 필요성을 발견한다. 그러나 그 새로운 수립 과정은 고통스럽고 느리다. 또 그 결과로 등장하는 새로운 사회 질서는 급진주의자들이 지상의 천국을 수립하려는 열정 때문에 부숴버린 구질서보다 훨씬 더 열등하다.

보수주의자들은 관습, 널리 오래 합의된 지혜, 계속성을 위해 싸우는 투사다. 왜냐하면 그들은 모르는 악마보다는 아는 악마를 선호하기 때문이다. 질서와 정의, 자유는 오랜 사회적 경험의 인공적 산물이며, 수세기의 고난, 반성, 희생의 결과물이다. 이렇게 사회 체제는 일종의 영적인 집합체로서 교회에 견줄 만하다. 정신의 공동체로 불릴 수도 있다. 인간 사회는 기계가 아니다. 기계적으로 취급되어서도 안 된다. 사회의 계속성, 삶에 필요한 피는 그 흐름이 끊이지 말아야 한다. 신중한 변화의 필요성을 이야기하는 버크와 보수주의자의 마음은 다르지 않다. 그러나 변화가 필요할 때도 오래된 이해 세력들을 한꺼번에 해체하지 말고 반드시 단계적이고 차별적으로 변화를 도입해야 한다.

(3) 보수주의자는 소위 규범이라는 원칙을 믿는다. 보수주의자는 현대인이 거인의 어깨 위에 있는 난쟁이이며, 그들의 조상보다 더 멀리 바라볼 수 있는 유일한 이유는 앞서 살았던 인물들의 위대한 능력 때문이라고 생각한다. 따라서 보수주의자는 오랜 기간 관습으로 굳어진 규범의 중요성을 매우 자주 강조하여 인간의 정신이 반대로 달려가지 않도록 한다. 재산권을 비롯해, 주요한 강제 집행 수단이 오래된 관습일 뿐인 권리들이 종종 존재한다. 그와 비슷하게 우리의 도덕들은 대부분 규범적이다. 보수주의자는 현대인들이 도덕, 정치, 취향에서 어떤 새롭고 멋진 발견을 할 가능성이 크지 않다고 주장한다. 개인적인 판단과 개인적 합리성을 근거로 모든 당면한 현안의 중요성을 가름하려 든다면 위험하다. 개인은 어리석지만 인류는 현명하다고 버크는 선언했다. 정치에서는 전례, 격언, 심지어 선입견을 따르는 편이 현명하다. 왜냐하면 위대하고 신비스러운 인류의 집합체는 어느 한 인간의 사소한 개인적 합리성보다 훨씬 더 위대한 규범적 지혜를 획득했기 때문이다.

(4) 보수주의자는 신중함이란 원칙에 따라 행동한다. 버크는 정치인의 주요한 덕목이 신중함이라는 플라톤의 견해에 동의한다. 어떤 공공의 정책도 거의 확실한 장기적 결과를 감안해서 결정해야지 단순히 단기적인 인기나 이점에 따라 판단하지 말아야 한다. 보수주의자는 자유주의자나 급진주의자들이 신중하지 않다고 말한다. 왜냐하면 그들이 제거해 버리려 희망하는 악덕보다 더 나쁜 새로운 폐해가 등장할 위험을 충분히 고려하지 않은 채 오직 자신들의 목표만을 향해 질주하기 때문이다. 로어노크의 존 랜돌프가 말했듯이 신의 섭리는 천천히 움직이지만 악마

는 언제나 서두른다. 인간 사회는 복잡해서 효과적인 대책이 단순할 수가 없다. 보수주의자는 결과를 가름해보고 충분하게 숙고한 다음에만 행동한다고 선언한다. 갑작스럽고 맹렬한 개혁은 느닷없이 깊이 째는 수술만큼이나 위험하다.

(5) 보수주의자는 다양성의 원칙을 중시한다. 그들은 오랫동안 수립된 사회 제도나 생활양식의 복잡성을 확산하는 일에 애정을 느낀다. 급진적 체계의 협소한 통일성이나 무감각한 평등과 구분되는 복잡성을 말한다. 어떤 문명에서도 건강한 다양성을 보존하려면 질서와 계급, 물질적 조건의 차이, 다양한 종류의 불평등이 살아남아야 한다. 오직 유일한 형태의 평등은 신의 심판 앞에서, 또 공명정대한 법원 앞에서만 가능할 뿐이다. 그 밖에 모든 평등화의 시도는 기껏해야 사회적 정체로 이어질 뿐이다. 사회는 정직하고 능력 있는 지도층을 필요로 한다. 다시 말해 그런 지도층이 등장하지 못하도록 자연적이고 제도적인 차이가 파괴된다면 곧이어 어떤 독재자나 일군의 지저분한 과두 정치 지도자들이 새로운 형태의 불평등을 창조한다.

(6) 인간은 불완전하다는 원칙에 따라 보수주의자들은 스스로를 억제한다. 인간의 본성은 치유할 수 없는 어떤 중대한 결점으로 고통 받는다. 인간은 불완전하기 때문에 완벽한 사회질서를 창조하시 못한다. 인간에게는 변화를 바라는 욕구가 있다. 따라서 인류는 어떤 이상향의 지배 아래 있다 해도 점차 반역적으로 변해간다. 폭력적인 불만 속에서 또다시 기존 체제를 벗어나려 한다. 그렇게 하지 못하면 지루해 견디기 힘들어

한다. 보수주의자는 이상향의 추구가 참사로 끝난다고 말한다. 인간은 완벽한 세상에 살도록 만들어지지 않았기 때문이다. 우리가 합리적으로 기대할 수 있는 최대치는 참을 만하게 질서가 잡혀 있으며, 정의롭고 자유로운 사회로서 어느 정도의 악과 사회적 불균형, 고통이 계속 존재하는 곳이다. 신중한 개혁에 적절하게 주의를 기울이면 우리는 이 견딜 만한 질서를 계속 유지하거나 발전시킬 수 있을지 모른다. 그러나 만약 한 나라의 제도적이고 도덕적인 옛 안전장치들이 경시되면 인류의 무정부적인 충동이 날뛰게 된다. "순수의 의식은 물에 잠긴다."[i] 인간과 사회의 완벽을 약속했던 공상가들은 20세기 세계의 상당 부분을 지상의 지옥으로 만들어버렸다.

(7) 보수주의자들은 자유와 재산권이 밀접하게 연결돼 있다고 확신한다. 사적인 소유에서 재산권을 분리해버리면 거대 중앙정부가 전부 지배하게 된다. 위대한 문명은 사유재산권을 토대로 수립된다. 사유재산권이 더 광범위하게 확산될수록 공동체는 더 생산적이고 안정적이다. 경제적 평준화는 경제적 진보가 아니라고 보수주의자들은 굳게 믿는다. 물질적 획득과 소비는 인간 존재의 주요한 목적이 아니다. 개인, 가정, 사회를 위한 건전한 경제의 기초가 무엇보다 요망된다.

헨리 메인은 『Village Communities(촌락 공동체)』라는 그의 저서에서, 공동체의 소유에서 분리된 사유재산을 강력하게 옹호했다. "사유재산권

---

i The ceremony of innocence is drowned: 아일랜드 시인 예이츠(William Butler Yeats)가 1차 세계대전 직후에 쓴 「재림(The Second Coming)」이라는 시에 나오는 구절이다. 노아의 방주를 연상시키는 구절이 이어지면서 분노한 신이 세계를 멸망시킨다는 상징이라고 해석하는 사람이 많다.

을 공격하는 자 그 누구도 동시에 문명을 소중하게 여긴다고 말할 자유가 없다. 그 둘의 역사는 결코 분리될 수 없다." 사유재산 제도, 사적 소유권은 인류에 책임감을 가르치고, 성실해야 한다는 동기를 제공하며, 문화 전반을 지원하고, 인류를 단순히 고된 일의 수준에서 벗어나도록 만들며, 생각할 여가와 행동할 자유를 제공해준 강력한 도구였다. 인간 노동의 결실을 소유할 수 있고, 인간의 업적이 영원해지는 모습을 볼 수 있으며, 재산을 후손에게 물려줄 수 있고, 찢어지는 가난이라는 자연적 조건을 극복해 지속적인 업적의 보장을 가능하게 해주며, 진정으로 자기 자신에 속하는 그 무엇을 소유하게 해주는 이런 혜택들을 부인할 수는 없다. 재산의 소유는 그 보유자에게 특정한 의무를 부과한다고 보수주의자는 인정한다. 재산의 보유자는 그러한 도덕적이고 법적인 의무를 즐겁게 받아들인다.

(8) **보수주의자는 자발적인 공동체를 지지하고 강제적인 집산주의에는 반대한다.** 비록 미국인들은 사생활 보호와 사적인 권리에 강하게 집착하지만 동시에 공동체를 번영시켜야 한다는 정신도 남다른 사람들이었다. 진정한 공동체라면 시민의 삶에 가장 직접 영향을 미치는 결정은 지역적이고 자발적으로 내려야 한다. 이런 기능들의 일부는 지역 정치 기구들이, 다른 기능은 사적인 모임들이 수행한다. 그들의 단체가 지역적이고 그들의 결정에 영향을 받는 사람들이 대개 그에 동의한다면 그들은 건강한 공동체를 구성한다. 그러나 이런 기능들이 자동적으로 혹은 찬탈이라는 형태로 중앙 집중화된 권위에 넘어가버리면 공동체는 심각한 위험에 처한다. 근대 민주주의에서 신중하고 유익한 것은 모두 의지

의 협력을 통해서만 가능하다. 그렇다면 민주주의라는 추상적 이름 아래, 멀리서 결정되는 정치적 명령이 공동체의 기능을 대신할 때 피지배자의 동의로 이루어지는 진정한 정부는 죽어버린다. 오히려 자유와 인간의 존엄에 적대적인 표준화 과정만 시작될 뿐이다.

왜냐하면 국가는 자신을 이루는 수많은 작은 공동체보다 강하지 않기 때문이다. 중앙 집중화된 정부, 일군의 선택된 관리자와 공무원들은 아무리 잘 훈련받고 선의를 가졌다 해도 옛 의무가 박탈된 대량의 인구에 정의와 번영, 고요함을 가져다줄 수는 없다. 그런 실험은 전에도 시행됐지만 그 결과는 재앙이었다. 공동체 안에서 우리 각자가 수행한 의무는 우리에게 신중함, 효율, 자선을 가르친다.

(9) 보수주의자는 인간의 격정과 권력을 신중하게 자제해야 할 필요를 인지한다. 정치적으로 말하면 권력은 다른 사람들의 의지와 무관하게 내가 원하는 대로 할 수 있는 능력이다. 개인이나 작은 집단이 다른 사람들의 의지를 아무 견제 없이 지배할 수 있는 상태는 군주정치, 귀족정치, 민주정치 등 그 어떤 체제로 불리더라도 전제 정치다. 모든 사람이 그 자신에게 권력이 있다고 주장할 때 사회는 무정부 상태로 전락한다. 무정부 상태는 오래 지속되지 않는다. 모든 사람이 그런 상태를 견딜 수 없고, 어떤 사람들이 그들의 이웃보다 더 똑똑하고 육체적으로 강하다는 피할 수 없는 사실과 모순되기 때문이다. 무정부 상태는 독재자나 과두체제로 이어지고 권력은 소수가 독점하게 된다.

보수주의자는 무정부 상태나 독재가 발생하지 않도록 정치권력을 제한하고 균형을 맞추려 노력한다. 그럼에도 모든 시대의 인간은 어떤 일시적인 이득을 꿈꾸며 권력에 물려진 재갈을 제거하려 한다. 권력을 손 안에 든 급진주의자는 대개 그 권력에 선(善)을 추진하는 힘이 있다고 생각한다. 자유라는 이름으로 프랑스와 러시아 혁명가들은 권력을 억눌렀던 오래된 속박을 풀어버렸다. 그러나 권력 자체가 풀려 없어지지는 않는다. 권력은 언제나 누군가의 손으로 찾아 들어간다. 혁명가들은 권력이 구체제의 손에서 압제적이었다고 생각했다. 그러나 국가를 새로 지배하는 급진주의자들의 손에서 그 권력은 몇 배나 더 포악해졌다.

인간의 본성에 선악이 섞여 있다는 사실을 알기 때문에 보수주의자는 단순한 호의를 신뢰하지 않는다. 보수주의자들은 헌법적 제약, 정치적 견제와 균형, 법률의 적절한 강제, 예로부터 의지와 욕구를 억누르는 억제의 미묘한 그물망 등을 자유와 질서의 도구로 승인한다. 정당한 정부는 권위라는 요구와 자유라는 요구 사이의 건강한 긴장을 유지한다.

(10) 사려 깊은 보수주의자는 활력이 넘치는 사회라면 영속성과 변화를 반드시 인정하고 조화시켜야 한다고 생각한다. 보수주의자는 비록 절대적인 의미의 진보라는, 그런 신비로운 힘이 세계에 존재하고 작동하는지는 의심하지만 사회적 개선 자체를 반대하지는 않는다. 사회가 어떤 측면에서 진보하면 다른 측면에서는 쇠퇴한다. 어느 건강한 사회에도 두 가지 힘이 작용한다는 사실을 보수주의자는 알고 있다. 새뮤얼 콜리지는 이를 계속성과 전진의 힘이라 불렀다. 어느 사회의 계속성은 우리에게 안정감과 연속성을 주는 지속적인 이해와 확신들로 형성된다. 그런 계속성이 없으면 사회의 아주 깊은 원천이 파괴되고 무정부 상태로 빠져든다. 동시에 사회에서 전진은 우리에게 신중한 개혁과 개선을 촉구하

는 재능의 실체이자 정신이다. 그 전진의 힘이 없다면 인간은 정체한다.

따라서 지적인 보수주의자는 계속성의 요구와 전진의 요구를 조화시키려 노력한다. 그러나 계속성의 정당한 요구에 눈감은 자유주의자와 급진주의자들은 의심스럽기 만한 지상의 낙원으로 우리를 서둘러 데려가려 한다. 그러한 노력의 과정에서 그들은 우리에게 전해진 유산을 위험에 빠트리게 된다고 보수주의자는 생각한다. 보수주의자는 짧게 말해 합리적이고 온건한 진보를 선호한다. 진보를 무작정 숭배하는 데는 반대한다. 진보의 신봉자들은 모든 새 것이 모든 낡은 것보다 반드시 더 낫다고 믿는다.

인간의 육체에 변화가 필수적이듯 사회 체제에도 변화는 필수적이라고 보수주의자는 추론한다. 자기 자신을 새롭게 만들지 않는 몸은 죽기 마련이다. 그러나 그 육체가 활력을 유지하려면 변화는 그 육체의 본질이나 형태와 조화를 이루는 규칙적인 태도로 발생해야 한다. 그렇지 않으면 변화는 괴물 같은 성장, 그 육체를 삼켜버리는 암을 만들어낸다. 보수주의자는 한 사회가 모두 낡았거나 그렇다고 모두 새롭지 않도록 주의를 기울인다. 이런 방법이 살아 있는 유기물의 보존 수단이듯 국가의 보존 수단이다. 사회가 얼마나 많은 변화를, 또 어떤 종류의 변화를 필요로 하는가는 시대와 국가의 상황에 따라 달라진다.

지난 200년간 보수주의 사상에서 위와 같은 10대 원칙이 거대한 모습을 드러냈다. 이에 못지않게 중요한 다른 원칙들도 논의될 수는 있다. 보수주의자들이 어떻게 정의를 이해하는지, 그리고 그들의 교육관이 무엇인지가 그런 예들이다. 그러나 그 주제들은 시간 관계상 독자들의 개인적인 연구로 남겨야겠다.

에릭 푀겔린은 다음과 같이 말했다. 근대 정치학의 거대한 경계선은 그 한쪽에 자유주의자들이 있고, 다른 한쪽에 전체주의자들이 있는 그런 구획을 나누지 않는다. 일시적인 질서가 유일한 질서고, 물질적인 필요가 그들의 유일한 필요이며, 인간의 유산으로 무엇이든 원하는 짓을 다 할 수 있다고 상상하는 모든 인간이 그 경계선의 한쪽에 있다. 그리고 그 경계선의 다른 한쪽에는 우주의 변치 않는 도덕적 질서와, 변치 않는 인간의 본질이 있다고 인정하며, 세속적이거나 종교적인 질서를 지향해야 할 고매한 의무가 있다고 인정하는 모든 사람들이 있다.

I 보수주의의 핵심 기둥

1. Hearnshaw, *The Social and Political Ideas of Some Representative Thinkers of the Revolutionary Era*, p. 8.
2. Simpson, *Memoir, Letters, and Remains of Tocqueville*, II, p. 260.
3. Feiling, *Toryism*, pp. 37–38.

II 보수주의의 시조: 에드먼드 버크

1. *Quoted in Cobban, Edmund Burke and the Revolt Against the Eighteenth Century*, p. 85.
2. *Buckle, History of Civilization in England, I*, pp. 424–25.
3. J. G. Baldwin, *Party Leaders*, pp. 144–45.
4. *Cecil, The Young Melbourne*, p. 20.
5. Birrell, *Obiter Dicta*, Second Series, pp. 188–89.
6. Burke, "Thoughts on the Present Discontents," *Works*, I, p. 323.
7. Tocqueville, *The Old Régime*, pp. 33–34.
8. Bissett, *Edmund Burke*, p. 429.
9. Wilson, "Edmund Burke and the French Revolution," *The Century Magazine*, LXII, No. 5, p. 792.
10. Burke to Lord Fitzwilliam, November 29, 1793–Wentworth Woodhouse Papers, Book I, 945 (Sheffield Public Library).
11. *P. P. Howe, The Life of William Hazlitt*, p. 60.
12. 미국 대통령 존 애덤스는 언제나 트집 잡기를 좋아해서 버크와 존슨이 "정치적 기독교인"이라고 의심했다. 그러나 애덤스는 그 둘을 다 몰랐으며, 두 사람의 전기 작가들은 애덤스의 견해를 지지하지 않았다.
13. MacIver, *The Modern State*, p. 148.
14. "Appeal from the New to the Old Whigs," *Works*, III, p. 79.
15. MacCunn, *The Political Philosophy of Burke*, p. 127.
16. "Reflections on the Revolution in France," *Works*, II, p. 370.
17. "나는 철학자들이 자신들의 오염된 무신론을 젊은이들에게 전파하려고 그들의 자연스럽거나 부자연스런 모든 열정을 체계적으로 치켜세우는 모습을 봤다. 그들은 욕구를 억제하는 부류의 미덕을 부인할 뿐 아니라 오히려 가증스럽거나 경멸할 만한 대상으로 만든다. 적어도 열 가지 미덕 중 아홉을 그렇게 치부한다. 대신 그들은 이 모두를 인간성이나 동지애라 부르는 하나의 미덕으로 대체하려고 한다. 이렇게 그들의 도덕성에는 어떤 억제나 자제의 개념이 없다. 어떤 종류의 영속하는 원칙도 두드러지지

않는다. 그들의 추종자가 이렇게 자유롭게 내버려두어지거나 순간의 감정으로 이끌어지면 좋든 나쁘든 그들은 더 이상 신뢰하기 힘들다. 왜냐하면 오늘 최악의 범죄자를 법의 집행에서 구해준 사람들이 내일은 가장 무고한 사람을 죽일 수 있기 때문이다."

_버크가 슈발리에 드 리바롤에게 보낸 편지 「Burke to the Chevalier de Rivarol」, 1791
(『Wentworth Woodhouse Papers』, Book I, 623)

18. *Ibid.*, pp. 363–64.
19. Woolf, *After the Deluge*, p. 177.
20. "Speech on the Petition of the Unitarians," *Works*, VI, p. 115.
21. Cobban, *Edmund Burke*, p. 93.
22. "Tracts on the Popery Laws," *Works*, VI, p. 22.
23. *Ibid.*, pp. 32–33.
24. *Ibid.*, pp. 21–22.
25. Hooker, *Ecclesiastical Polity*, Book V, Chapter 69.
26. Buckle, *op. cit.*, I, pp. 418–19.
27. "Speech on the Petition of the Unitarians," *Works, W*, pp. 112–13.
28. "Reflections," *Works*, II, p. 359.
29. *The World*, No. 112.
30. "Reflections," *Works*, II, pp. 366–67.
31. "Appeal from the New Whigs," *Works*, III, pp. 111–12.
32. Wallas, *Human Nature in Politics*, pp. 182–83.
33. Babbitt, *Democracy and Leadership*, p. 116.
34. "Letter to Sir Hercules Langrische on the Catholics" (1792), *Works*, III, p. 340.
35. Hoffman and Levack, *Burke's Politics*, pp. xiv–xv.
36. "Speech on Fox's East–India Bill," *Works*, II, p. 278.
37. "Letters on a Regicide Peace," *Works*, II, p. 278.
38. "Reflections," *Works*, II, pp. 334–35.
39. "Tracts on the Popery Laws," *Works*, VI, pp. 29–30.
40. "Appeal from the New Whigs," *Works*, III, pp. 108–9.
41. "Reflections," *Works*, II, p. 335.
42. *Ibid.*, pp. 322–23.
43. "Regicide Peace," *Works*, II, p. 216.
44. "Petition of the Unitarians," *Works*, VI, p. 124.
45. "Reflections," *Works*, II, pp. 331–32.
46. "Appeal from the New Whigs," *Works*, III, pp. 108–9.
47. "Reform of Representation," *Works*, VI, pp. 145–47.
48. "Reflections," *Works*, II, p. 310.
49. "Appeal from the New Whigs," *Works*, III, p. 83.
50. *Ibid.*, p. 85.

51. "Reflections," *Works*, II, pp. 332–33.

52. *Ibid.*, p. 325.

53. Thomson, *Equality*, p. 68.

54. "Thoughts on the Present Discontents," *Works*, I, p. 323.

55. "Speech on a Bill for Repeal of the Marriage Act" (1781), *Works*, VI, p. 171.

56. "Appeal from the New Whigs," *Works*, III, p. 85.

57. *Ibid.*, p. 86.

58. "Reflections," *Works*, II, p. 307.

59. Burke to Lord Fitzwilliam, November 21, 1791–Wentworth Woodhouse Papers, Book I, p. 712 (Sheffield Public Library).

60. Willey, *The Eighteenth–Century Background*, pp. 244–45.

61. Maugham, "After Reading Burke," *The Cornhill Magazine*, winter, 1950–51.

III 미국 보수주의의 창시자: 존 애덤스

1. Fay, *English Economic History, Mainly since 1700*, p. 48.

2. *The Federalist*, No. 17.

3. "The Continentalist," No. V, April 18, 1782, *Works of Hamilton*, I, p. 255.

4. *Ibid.*, p. 263.

5. John Quincy Adams to John Adams, July 27, 1795, *Writings oj J. Q. Adams*, I, pp. 388–89.

6. "The Stand," *Works of Hamilton*, V, p. 410.

7. Fisher Ames, "Dangers of American Liberty," *Works* (1809), p. 434.

8. J. Q. Adams, "Parties in the United States," *Selected Writings of John and J. Q. Adams*, pp. 325–26.

9. Ames, letter of October 26, 1803, *Works*, p. 483.

10. 이 표현은 에임스와 해밀턴이 매우 자주 사용한 구절이지만 존 애덤스가 그 기원은 아니다. 애덤스는 이 구절을 찬사의 의미로 쓰지 않았으며, 또한 몹시 조심스럽게 사용했다.

11. Ames, letter of March 10, 1806, *Works*, p. 512.

12. Ames, letter of November 6, 1807, *Works*, p. 519.

13. Hamilton, *Works*, VI, p. 391.

14. *Selected Works of John and J. Q. Adams*, p. 148.

15. John Adams, *Works*, VI, pp. 402–3.

16. *Ibid.*, VI, p. 516.

17. *Ibid.*, VI, p. 232.

18. *Ibid.*, IV, pp. 444–45.

19. *Ibid.*, VI, p. 279.

20. *Ibid.*, X, p. 101.

21. *Ibid.*, VI, p. 416.

22. *Ibid.*, VI, p. 275.

23. *Ibid.*, VI, p. 518.

24. *Ibid.*, VI, pp. 519–20.

25. *Ibid.*, X, p. 218.

26. *Ibid.*, VI, p. 454.

27. *Ibid.*, IV, p. 389.

28. *Ibid.*, I, p. 462.

29. *Ibid.*, VI, pp. 451–52.

30. *Selected Writings of John and J. Q. Adams*, p. 169.

31. John Adams, *Works*, VI, p. 457.

32. *Ibid.*, VI, p. 249.

33. *Ibid.*, VI, pp. 285–86.

34. *Ibid.*, IV, p. 193.

35. *Ibid.*, VI, p. 418.

36. *Ibid.*, IX, p. 602.

37. *Selected Writings of John and J. Q. Adams*, pp. 57–58.

38. John Adams, Works, *X*, p. 377.

39. *Selected Writings of John and J. g. Adams*, pp. 208–9.

40. Hallowell, *The Decline of Liberalism as an Ideology*, p. 23.

41. John Adams, *Works*, IV, p. 301

42. *Ibid.*, IV, p. 579.

43. *Ibid.*, IV, p. 431.

44. *Ibid.*, IV, p. 290.

45. *Ibid.*, IV, p. 290.

46. *Ibid.*, VI, pp. 477–78.

47. *Ibid.*, IV, p. 588.

48. *Ibid.*, X, p. 267.

49. *Ibid.*, IV, p. 359.

50. *Ibid.*, IX, pp. 630–31.

51. Taylor, *Construction Construed and Constitutions Vindicated*, p. 77.

IV 벤담에 맞선 낭만주의자들

1. Lockhart, *Scott*, II, p. 111.

2. Brinton, *English Political Thought in the Nineteenth Century*, p. 15.

3. Leavis, *Mill on Bentham and Coleridge*, p. 42.
4. Keynes, *Two Memoirs*, pp. 96–97.
5. Burke, "Tracts on the Popery Laws," *Works*, VI, p. 22.
6. Lockhart, *Scott*, X, p. 32.
7. Leslie Stephen, *Hours in a Library*, I, pp. 163–64.
8. Lockhart, *Scott*, III, pp. 305–6.
9. Ibid., VIII, p. 290.
10. Ibid., IX, p. 218.
11. Ibid., IX, p. 298.
12. Ibid., X, p. 50.
13. *Ibid.*, VIII, p. 124.
14. Quoted by Feiling, *Sketches in Nineteenth Century Biography*, p. 39.
15. See Petrie, *Life of Canning*, pp. 136–37.
16. *The Greville Diary*, I, pp. 317–18.
17. 페이는 (1830년 로켓이라는 기차에 치어 죽지 않았더라면) 허스키슨이 1845년 하원에서 발언권을 얻어 옥수수 한 쿼터(곡물 단위로 288리터에 해당)에 5실링의 고정 관세를 부과하고 그 세입을 제국의 개척지에 사용하자고 제안하는 모습을 상상했다. 이렇게 영국의 농촌을 살리는 그 수단이 주어졌더라면 제조업이 지속적으로 늘려온 과밀인구 문제는 완화됐을 것이다.

    _페이, 『Huskisson and His Age(허스키슨과 그의 시대)』, I, 31.
18. Willey, *Nineteenth Century Studies*, pp. 1–44.
19. Coleridge, *Lay Sermons*, pp. 149–50.
20. *Table Talk*, p. 52; see also *Aids to Reflection*, p. 105.
21. *Table Talk*, p. 135.
22. Preface to *Table Talk*, p. 10.
23. Brinton, *op. cit.*, pp. 74–75.
24. *Lay Sermons*, pp. 46–47.
25. *The Constitution of Church and State*, p. 79.
26. *Table Talk*, p. 118.
27. Hearnshaw, *Conservatism in England*, pp. 190–91.
28. Leavis, *op. cit.*, p. 152.
29. *Journal of Sir Walter Scott, 1829–1832*, pp. 154–55.

V 미국 남부의 보수주의: 랜돌프와 칼훈

1. *Annals of Congress*, Twelfth Congress, Second Session, pp. 184–85.
2. "Onslow to Patrick Henry, *Works of Calhoun*, VI, p. 347.
3. Tucker, "Garland's Life of Randolph," *Southern Quarterly Review*, July, 1851.

4. *Annals of Congress*, Fourteenth Congress, First Session, p. 1132.

5. *Ibid.*, Seventeenth Congress, First Session, pp. 820–21.

6. *Register of Debates*, Nineteenth Congress, Second Session, II, pp. 125–29.

7. Garland, *Randolph of Roanoke*, II, p. 345.

8. *Ibid.*, II, p. 347.

9. *Register of Debates, op. cit.*

10. *Richmond Enquirer,* April 1, 1815.

11. *Ibid.*, June 4, 1824.

12. *Register of Debates, op. cit.*

13. *Annals of Congress*, Seventeenth Congress, First Session, pp. 844–45.

14. Adams, *John Randolp*h, p. 273.

15. *Proceedings and Debates of the Virginia State Convention*, p. 317.

16. *Ibid.*, p. 319.

17. *Ibid.*, p. 492.

18. *Ibid.*, pp. 789–91.

19. *Ibid.*, p. 802.

20. Calhoun, "Discourse on the Constitution," *Works*, I, pp. 511–12.

21. "The South Carolina Exposition and Protest," *Works*, VI, p. 29.

22. Coit, *Calhoun*, p. 335.

23. Calhoun, *Works*, VI, p. 75.

24. *Ibid.*, VI, p. 26.

25. *Ibid.*, VI, p. 192.

26. *Ibid.*, VI, p. 229.

27. Parrington, *Main Currents In American Thought, II*, pp. 71–72.

28. "Disquisition on Government," *Works*, I, p. 7.

29. *Ibid.*, pp. 36–37.

30. *Ibid.*, p. 29.

31. "Discourse on the Constitution," *Works*, I, pp. 397–98.

32. "Disquisition on Government," *Works*, I, p. 35.

33. *Ibid.*, p. 55.

34. *Ibid.*, pp. 56–57.

35. *Ibid.*, p. 75.

VI 민주주의의 함정: 맥컬리, 쿠퍼, 토크빌의 우려

1. See Morley, *Life of Gladstone*, II, p. 530.

2. Macaulay's argument is summarized in Trevelyan, *Life and Letters of Lord*

Macaulay, I, pp. 353–54. But James Mill was the great architect of this policy in India. See Duncan Forbes, "James Mill and India," *The Cambridge Journal,* October, 1951.

3. "Southey's Colloquies on Society," *Miscellaneous Works of Macaulay,* I, pp. 433–34.
4. *Ibid.,* pp. 405–6.
5. "Lord Bacon," *Miscellaneous Works,* II, p. 410.
6. *Ibid.,* p. 411.
7. See Cotter Morison, *Macaulay,* p. 170.
8. *Miscellaneous Works,* II, p. 19.
9. *Ibid.,* V, p. 258.
10. "Mill's Essay on Government," *Miscellaneous Works,* I, p. 316.
11. 그러나 밀에 맞섰던 젊은 날의 오만을 후회하며 맥컬리는 이런 논평들을 자신의 논문집 『Critical and Historical Essays(비판적이고 역사적인 수필들)』에서는 뺐다.
12. *Ibid.,* p. 280.
13. *Ibid.,* pp. 310–11.
14. *Ibid.,* p. 315.
15. For an energetic defense of Hegel's collectivism, however, see C. E. Vaughan, Studies in the *History of Political Philosophy before and after Rousseau,* II, p. 163.
16. The complete text of this letter is printed in H. M. Lydenberg(ed.), *What Did Macaulay Say about America?* (New York, New York Public Library, 1925).
17. *Miscellaneous Works,* V, p. 450.
18. Cooper, *The Heidenmauer,* pp. 65–66.
19. *The Bravo,* pp. iii–iv.
20. See "On the Republic of the United States," in *The American Democrat.*
21. *The American Democrat,* pp. 54–61.
22. *Ibid.,* pp. 139–40.
23. *Ibid.,* p. 141.
24. *Ibid.,* p. 71.
25. *Ibid.,* p. 76.
26. *Ibid.,* p. 89.
27. *Ibid.,* p. 112.
28. Grossman, *James Fenimore Cooper,* pp. 263–64.
29. Inge, *The End of an Age,* p. 216.
30. Simpson, *Memoir, Letters, and Remains of Tocqueville,* II, p. 384.
31. Laski, "Tocqueville," in Hearnshaw, *Social and Political Ideas of some Representative Thinkers of the Victorian Age,* pp. 111–12.
32. Joad, *Decadence,* p. 393.
33. *Democracy in America,* II, p. 261.

34. Acton, *Lectures on the French Revolution*, p. 357.

35. Simpson, *Memoir*, II, p. 64.

36. *Democracy in America*, II, p. 318.

37. *Ibid.*, II, p. 136.

38. *Ibid.*, II, pp. 228–29.

39. *Ibid.*, II, p. 133.

40. *Ibid.*, II, p. 145.

41. *Ibid.*, II, p. 148.

42. *Ibid.*, I, p. 327.

43. *Ibid.*, I, p. 236.

44. *Ibid.*, II, pp. 367–68.

45. Tocqueville, *Recollections*, p. 202.

46. *Democracy in America*, II, p. 296.

47. *Ibid.*, II, p. 289.

48. *Ibid.*, II, p. 282.

49. *Ibid.*, II, pp. 245–46.

50. *Ibid.*, I, p. 10.

51. *Recollections*, p. 143.

52. *Democracy in America*, II, p. 88.

53. Tocqueville to Freslon, September 28, 1853 (Simpson, *Memoir*, II, pp. 234–35).

54. *Democracy in America*, I, p. 264.

55. Tocqueville to Mrs. Grote, February 24, 1855 (Simpson, *Memoir*, II, p. 279).

56. *Democracy in America*, I, p. 305.

57. "France before the Revolution," Simpson, *Memoir*, I, p. 256.

58. *Recollections*, p. 216.

59. *Democracy in America*, I, pp. 420–21.

60. Simpson, *Memoir*, II, p. 251.

61. Tocqueville, *The Old Regime*, p. viii.

62. Simpson, *Memoir*, II, p. 251.

63. Tocqueville to Senior, April 10, 1848 (Simpson, *Memoir*, II, p. 91).

64. Simpson, *Memoir*, II, pp. 59–60.

65. *Ibid.*, II, pp. 410–11.

66. *Ibid.*, II, p. 271.

67. Taylor, *From Napoleon to Stalin*, p. 66.

VII 과도기적 보수주의: 뉴잉글랜드 소묘

1. Bagot, *George Canning and His Friends*, II, p. 362.
2. Adams' address to his constituents, September 17, 1842, in Quincy, *Memoir of the Life of John Quincy Adams*, pp. 382–83.
3. *The Degradation of the Democratic Dogma*, pp. 34–35.
4. *Writings of John Quincy Adams*, VI, p. 60.
5. *Selected Writings of John Adams and John Quincy Adams*, pp. 400–401.
6. *Memoirs of John Quincy Adams*, V, pp. 10–11.
7. An exception is R. H. Gabriel's chapter on "Democracy and Catholicism," in *The Course of American Democratic Thought*.
8. Brownson, *Essays and Reviews*, p. 352.
9. *Ibid.*, pp. 374–75.
10. *Ibid.*, p. 379.
11. *Ibid.*, pp. 307–8.
12. *Ibid.*, p. 320.
13. *The American Republic*, p. 54.
14. R. C. Churchill, *Disagreements*, p. 197.
15. Hawthorne, dedicatory preface to *Our Old Home*(1863).

VIII 보수주의와 상상력: 디즈데일리와 뉴먼

1. Duncan Forbes, "*Historismus* in England," *The Cambridge Journal*, April, 1951, p. 391.
2. Alexander Gray, *The Socialist Tradition*, p. 331.
3. "J. L. Gray, 41 Karl Marx and Social Philosophy," in Hearnshaw, *Social and Political Ideas... of the Victorian Age*, pp. 130–31.
4. A succinct description of these conditions is to be found in R. H. Mottram's chapter "Town Life and London," in Young, *Early Victorian England*, p. 167.
5. Feiling, *The Second Tory Party*, p. 396.
6. Disraeli, *Lord George Bentinck*, pp. 498–99.
7. 정치적으로 급진적인 작가가 묘사한 이런 부드럽고 지속적인 특징을 확인하려면 「The Cornhill Magazine」 1951년 여름 호에 실린 아서 밀러(Arthur Miller)의 단편소설 「Monte Saint Angelo」를 보라.
8. 토리에 속한 250명가량의 신사들이 옥수수법 토론에서 벤팅크와 디즈레일리를 따라 로비로 나갔다. 그러나 1951년 모든 정당을 망라해 영국 하원에서 자신을 '토지 소유자'라고 부르는 사람들은 고작 15명에 불과했다.
9. Disraeli, *Coningsby*, Book IV, Chapter III.

10. *Ibid.*, Book VII, Chapter II.

11. *Ibid.*, Book I, Chapter VII.

12. Disraeli, *Letters of Runnymede*, p. 270.

13. Monypenny and Buckle, *Disraeli*, V, p. 410.

14. Bagehot, "The English Constitution," *Works*, V, p. 164.

15. Birch, *The Conservative Party*, p. 20.

16. Disraeli, "The Spirit of Whiggism," in *Letters of Runnymede*, p. 283.

17. Disraeli, *Vindication of the English Constitution*, pp. 203–4.

18. Kebbel, *Selected Speeches of the Earl of Beaconsfield*, I, p. 546.

19. Bagehot, "Lord Althorp and the Reform Act of 1832," *Works*, VII, p. 62.

20. Monypenny and Buckle, *Disraeli*, X, pp. 351–52.

21. Kebbel, *Selected Speeches*, II, pp. 530–33.

22. *Apologia pro Vita Sua*, Chapter V.

23. Young, *Early Victorian England*, II, p. 472.

24. Lord Hugh Cecil, *Conservatism*, p. 68.

25. Newman, *Discussions and Arguments*, p. 272.

26. *Ibid.*, pp. 274–75.

27. Newman, *A Grammar of Assent*, p. 353.

28. Newman, *The Development of Christian Doctrine*, p. 180.

29. *Discussions and Arguments*, p. 305.

30. *Ibid.*, p. 280.

31. *A Grammar of Assent*, p. 377.

32. *The Idea of a University*, Discourse VII, Part I.

33. *Apologia pro Vita Sua*, Chapter V.

34. G. H. Bantock, "Newman and Education," *The Cambridge Journal*, August, 1951; also see Chapter V of Bantock's *Freedom and Authority in Education*.

35. Brinton, *English Political Thought in the Nineteenth Century*, pp. 163–64.

36. Paul Elmer More, "The Spirit of Anglicanism," in More and Cross, *Anglicanism*, p. xxxii.

37. *Discussions and Arguments*, p. 268.

38. See Fergal McGrath's *Newman's University: Idea and Reality*.

39. *The Idea of a University*, Discourse III, Part 6.

40. 뉴먼의 가장 감동적인 묘사는 아마도 『The Office and Work of Universities(대학의 직무와 일)』에서 "대학이 무엇인가?"라고 결론지은 것이다.

41. *Lectures and Essays on University Subjects*, p. 359.

42. *The Idea of a University*, Discourse VII, Part I.

43. Quoted in Jarman, *Landmarks in the History of Education*, pp. 264–68.

44. Monypenny and Buckle, *Disraeli*, II, pp. 62–63.

45. 대중이 뉴먼의 교육적 확신을 얼마나 완전히 잊었으며 20세기 교육자들은 또 얼마나 깔아뭉갰는지는 다음과 같은 산만한 관찰에서 그대로 드러난다.

1) 뉴먼이 더블린으로 간 지 100년이 지나 옥스퍼드대학교육부는 처장 잭스(M. L. Jacks)가 관할한다. 그는 루소와 듀이(John Dewey)의 열렬한 제자로, "통합" 학제 도입에 열성적이다. 이 학제는 쾌락을 추구한다는 원칙에 기초해 어린이를 총체적으로 지배하려는 교육제도다. 우연히도 잭스는 뉴먼이 혐오했던 마지막 자유주의자들 중 한 명이다.

2) 《Tomorrow(내일)》이라는 월간지에서 한 서평가는 뉴먼의 전통에 따라 쓰여진 캐넌 버나드 이딩스 벨의 정력적인 책 『Crisis in Education(교육의 위기)』를 비판했다. 벨 박사가 교육은 마땅히 기독교적 신사를 만들어야 한다고 생각하는 듯 했다는 이유였다. 마치 서평가의 눈에 기독교도와 신사들이 시대 착오적이었던 미국에서는 뉴먼과 아널드 박사(Dr. Arnold)의 생각에 더 이상 타당성이 없다는 얘기였다.

46. *A Grammar of Assent*, p. 379.

47. Bagehot, "Lord Salisbury on Moderation," *Works*, IX, p. 174.

48. Bagehot, "Physics and Politics," *Works*, VIII, p. 114.

49. *Ibid.*, p. 104.

IX 법률적이고 역사적인 보수주의: 불길한 예감의 시대

1. Sir Ernest Barker, *Political Thought in England from Herbert Spencer to the Present Day*, p. 128.

2. Bagehot, "Intellectual Conservatism, *Works*, IX, pp. 255–58.

3. R. J. White, "John Stuart Mill," *The Cambridge Journal*, November, 1951, p. 93.

4. 예를 들어 윈우드 리드(Winwood Reade)의 『인간의 수난(Martyrdom of Man)』(1872)은 "기근과 페스트 그리고 전쟁은 인간의 진보에 더 이상 필수 불가결하지 않다. 그러나 정신적 괴로움의 계절은 바로 가까이 있다. 우리는 이를 반드시 이겨내 우리의 후손이 일어나도록 해야 한다. 영혼은 반드시 희생되어야 하고 영생불멸이란 희망은 죽어야 한다. 젊음과 아름다움은 사라지고 다시 돌아오지 않을지니 인류에게서 달콤하고 매력적인 환상을 빼앗아야 한다"고 주장했다.

5. 콩트의 체계가 지속적인 의미에서 얼마나 진정으로 과학적이었는지는 그가 갈(Gall)의 골상학 이론을 무비판적으로 받아들인 데서 잘 나타난다. 콩트는 모든 두뇌에서 '선의를 관장하는 기관'을 발견했기 때문에 인간의 악행이라는 신학적 원리를 논박했다고 선언했다.

6. Barker, *op. cit.*, p. 172.

7. Quoted in Annan, *Leslie Stephen*, p. 205.

8. *Liberty, Equality, Fraternity*, pp. 317–18.

9. *Ibid.*, p. 311.

10. *Ibid.*, p. 291.

11. Quoted in Leslie Stephen, *Life of Sir James Fitzjames Stephen*, p. 339.

12. *Liberty, Equality, Fraternity*, pp. 45–46.

13. *Ibid.*, p. 263–24.
14. *Ibid.*, p. 319.
15. *Ibid.*, p. 303–4.
16. *Ibid.*, p. 319.
17. *Ibid.*, p. 231.
18. *Ibid.*, p. 31.
19. *Ibid.*, p. 173.
20. *Ibid.*, p. 178.
21. *Ibid.*, p. 221.
22. *Ibid.*, p. 271.
23. *Ibid.*, p. 283
24. *Ibid.*, p. 297–98.
25. *Letters of Lord Acton to Mary Gladstone*, p. 119.
26. *Ibid.*, p. 212.
27. Barker, *op. cit.*, p. 167.
28. Maine, *Village Communities*, pp. 238–39.
29. Maine, *Early Law and Custom*, p. 361.
30. Maine, *Village Communities*, pp. 290–91.
31. *Ibid.*, pp. 232–33.
32. *Ibid.*, pp. 214–15.
33. Maine, *Early Institutions*, pp. 360–61.
34. *Letters of Acton to Mary Gladstone*, p. 31.
35. Maine, *Ancient Law*, Chapter V.
36. Duff, *Memoir and Speeches of Maine*, pp. 90–91.
37. *Village Communities*, pp. 225–26.
38. *Ibid.*, p. 230.
39. Maine, *Popular Government*, pp. vii–viii.
40. 랄프 애덤스 크램(Ralph Adams Cram)은 1937년 출간된 『The End of Democracy(민주주의의 종언)』에서 더 최근의 사례를 포함해 재앙의 목록을 다시 열거했다.
41. *Ibid.*, p. 98.
42. *Ibid.*, p. 106.
43. *Ibid.*, p. 111.
44. *Ibid.*, pp. 189–90.
45. *Ibid.*, p. 85.
46. *Ibid.*, pp. 73–74.
47. Leslie Stephen, *Life of J. F. Stephen*, pp. 309–10.
48. Lecky, *History of European Morals from Augustus to Charlemagne*, I, p. 67, note.
49. Lecky, *The Rise and Influence of Rationalism in Europe*, I, pp. 186–87.

50. See Lecky's address at Dublin University on the centenary of Burke's death, in Elizabeth Lecky's *Memoir of Lecky,* pp. 305–6.

51. Lecky, "Old–Age Pensions," *Historical and Political Essays,* p. 300.

52. Lecky, *Democracy and Liberty,* II, p. 353.

53. D. W. Brogan, *The Price of Revolution,* p. 139.

54. *Democracy and Liberty,* I, pp. 319–20.

55. *Ibid.,* pp. 301–2.

56. *Ibid.,* pp. xviii–xix.

57. *Ibid., II,* pp. 500–1.

58. *Ibid.,* pp. 501–2.

59. Halévy, *History of the English People in the Nineteenth Century,* V, p. x.

60. *Democracy and Liberty,* I, p. 155.

61. *Ibid.,* II, p. 369.

62. Pound, *Interpretations of Legal History,* pp. 54–55.

X 좌절한 보수주의: 미국(1865~1918)

1. Parrington, *The Romantic Revolution in America,* pp. 466–68; Laski, *The American Democracy,* pp. 419–20.

2. *Letters of James Russell Lowell,* I, pp. 78–79.

3. *Ibid.,* II, p. 153.

4. Lowell, *Among My Books,* II, p. 251.

5. Lowell, "Abraham Lincoln," *Political Essays,* p. 186.

6. Lowell to Miss Norton, March 4, 1873, *Letters,* II, p. 103.

7. *Letters,* II, p. 179.

8. *Letters,* II, pp. 194–95.

9. Lowell to Miss Norton, *Letters,* II, p. 276.

10. Lowell, *Political and Literary Addresses,* p. 36.

11. R. C. Beatty, *James Russell Lowell,* pp. 275–78.

12. *Political and Literary Addresses,* pp. 34–35.

13. Lowell to Godkin, October 10, 1874, *Letters,* II, p. 150.

14. *Political and Literary Addresses,* p. 197.

15. Godkin, *Problems of Modern Democracy,* p. 201.

16. Commager, *The American Mind,* p. 68.

17. Godkin, *Unforeseen Tendencies of Democracy,* p. 138.

18. *Problems of Modern Democracy,* p. 325.

19. *Ibid.,* pp. 173–74.

20. *Ibid.*, pp. 109–10.

21. *Ibid.*, p. 193.

22. *Ibid.*, pp. 297–98.

23. Ogden, *Life and Letters of Godkin*, II, p. 199.

24. *Ibid.*, II, p. 253.

25. *Letters of Henry Adams*, I, 5; II, pp. 575–76.

26. *Letters of Adams*, II, p. 49.

27. *The Education of Henry Adams*, pp. 421–22.

28. Winters, *In Defense of Reason*, p. 173.

29. P. E. More, *Shelburne Essays*, XI, p. 140.

30. *Henry Adams and His Friends*, p. 529.

31. *The Education of Henry Adams*, p. 335.

32. *Ibid.*, p. 501.

33. *Henry Adams and His Friends*, p. 438.

34. *Ibid.*, p. 463.

35. *The Education of Henry Adams*, p. 266.

36. *Ibid.*, pp. 494–95.

37. *The Degradation of the Democratic Dogma*, p. 131.

38. *The Education of Henry Adams*, p. 451.

39. More, *Shelburne Essays*, XI, p. 123.

40. *The Degradation of the Democratic Dogma*, pp. vii–viii.

41. Brooks Adams, *America's Economic Supremacy*, p. 133.

42. Brooks Adams, *The Theory of Social Revolutions*, p. 208.

43. Brooks Adams, *The New Empire*, p. xiii.

44. *Ibid.*, p. xxxiv.

45. *Ibid.*, p. 211.

46. *The Degradation of the Democratic Dogma*, p. 119.

47. *Ibid.*, pp. 108–9.

48. *The New Empire*, p. xxxiv.

49. Drucker, *The New Society*, p. xvii.

50. *Letters of Henry Adams*, II, p. 648.

XI 방황하는 영국의 보수주의: 20세기

1. 그러나 윌리엄 하코트 경은 그의 이름에 붙어 다니는 이 구절을 본인이 내뱉었다는 사실을 기억하지 못했다.

2. G. M. Young, *Last Essays*, pp. 60–61.

3. 노동계급의 실질 수입은 20세기, 특히 2차 세계대전 이후 간헐적으로 증가했다. 낙관적 통계학자들은 실질임금이 1900년에서 1950년까지 50%가 늘었다고 계산한다. 그러나 이 모든 증가는 사회적 부의 전반적인 성장이 아니라 실정법을 통해 강제로 의도적인 경제 평준화를 이끌었기에 성취됐다. 「포트나이틀리(The Fortnightly)」 1952년 4월 5월호에 실린 하위징어(J. H. Huizinga)의 논문 「The Bloodless Revolution(무혈 혁명)」을 보라.

4. *The Letters of George Gissing to his Family*, p. 3.

5. Ibid., pp. 326–27.

6. *The Private Papers of Henry Ryecroft*, p. 113.

7. *Letters of Gissing*, p. 71.

8. *Ryecroft*, pp. 268–69.

9. *The Unclassed*, Chapter XXV.

10. Seccombe, introduction to *The House of Cobwebs*, p. xxvi.

11. *Demos*, Chapter XXIX.

12. *Born in Exile*, Part V, Chapter I.

13. *Letters of Gissing*, p. 199.

14. *Ibid.*, pp. 47, 371.

15. *Ryecroft*, p. 56.

16. *Ibid.*, p. 131.

17. *Ibid.*, pp. 136–37.

18. *Ibid.*, pp. 203, 256.

19. Saintsbury, *A Second Scrapbook*, p. 318.

20. W. L. Burn, "English Conservatism," *The Nineteenth Century*, January, 1949, p. 11.

21. Saintsbury, *A Last Scrapbook*, pp. 155–58.

22. R. C. K. Ensor, *England, 1870–1914*, p. 388.

23. D. C. Somervell, *British Politics since 1900*, p. 49.

24. Balfour, *A Defense of Philosophic Doubt*, pp. 326–27.

25. Balfour, *Theism and Humanism*, p. 21.

26. *Ibid.*, pp. 273–74.

27. Balfour, *Theism and Thought*, pp. 32–33.

28. Julian Amery, *The Life of Joseph Chamberlain*, IV, p. 464.

29. *Letters of Henry Adams*, II, p. 576.

30. Balfour, *Essays Speculative and Political*, pp. 32, 49.

31. Tillotson, *Criticism and the Nineteenth Century*, p. 124.

32. Saintsbury, *A Second Scrapbook*, pp. 178–80.

33. Squire, introduction to *The New Republic*, p. 10.

34. Mallock, *Memoirs of Life and Literature*, pp. 251–52.

35. Mallock, *The New Republic*, p. 281.

36. Mallock, *Is Life Worth Living?*, p. 148.

37. *Memoirs of Life and Literature*, p. 135.

38. Mallock, *Social Equality*, p. 22.

39. Mallock, *Labour and the Popular Welfare*, p. 233.

40. Mallock, *Social Reform* (1914), p. 331.

41. *Labour and the Popular Welfare*, p. 147.

42. Mallock, *Aristocracy and Evolution*, p. 180.

43. Mallock, *The Limits of Pure Democracy*, p. 392.

44. Mallock, *The Reconstruction of Belief*, p. 303.

45. *Memoirs of Life and Literature*, p. 273.

46. Ross Hoffman, *The Spirit of Politics and the Future of Freedom*, p. 45.

47. *Is Life Worth Living?*, p. 241.

48. W. L. Burn, "English Conservatism," *The Nineteenth Century*, February, 1949, p. 72.

49. J. M. Keynes, *Two Memoirs*, pp. 99–100.

50. T. E. Hulme, *Speculations*, p. 254.

51. 「The Democrat at the Supper Table(저녁상의 민주주의자)」에 표현된 콤 브로간(Colm Brogan)의 교장은 피콕(Peacock), 홈즈(Holmes), 멀록의 존경을 받을 만하다.

52. Saintsbury, *A Scrap Book*, p. 48.

XII 비판적 보수주의: 배빗, 모어, 산타야나

1. Babbitt, *Literature and the American College*, p. 60.

2. Babbitt, *Rousseau and Romanticism*, p. 374.

3. *Ibid.*, p. 25.

4. Babbitt, *Democracy and Leadership*, p. 6.

5. Babbitt, *On Being Creative*, p. 232.

6. More, *On Being Human* (New Shelburne Essays, III), p. 27.

7. More, *Shelburne Essays*, VII, pp. 201–2.

8. *On Being Human*, p. 158.

9. *Ibid.*, pp. 268–69.

10. *Shelburne Essays*, IX, p. 21.

11. *Ibid.*, VII, p. 191.

12. *Ibid.*, IX, p. 56.

13. *Ibid.*, XI, p. 256.

14. More, *The Catholic Faith*, p. 170.

15. Quoted in Robert Shafer's *Paul Elmer More and American Criticism*, p. 271.

16. *On Being Human*, p. 143.

17. Santayana, *The Middle Span*, p. 149.

18. *Ibid.,* pp. 35–36.
19. Santayana, *The Realm of Spirit,* p. 219.
20. Santayana, *Soliloquies in England,* p. 188.
21. *The Middle Span,* p. 134.
22. Santayana, *Winds of Doctrine,* p. vi.
23. *Soliloquies in England,* p. 176.
24. Santayana, *Dominations and Powers,* p. 348.
25. Santayana, *Character and Opinion in the United States,* p. 226.
26. Santayana, *Reason in Society,* p. 69.
27. *The Middle Span,* p. 169.
28. *Dominations and Powers,* p. 384.

XIII 보수주의자들의 약속

1. A. L. Rowse, "University Education for All?," *The National Review* (London), November, 1949.
2. Malcolm Muggeridge, "Books," *Esquire,* September, 1965.
3. Lewis and Maude, *The English Middle Classes,* p. 64.
4. Lord Beveridge, "English Life and Leisure," *The Spectator,* June 8, 1951.
5. Gordon Walker, *Restatement of Liberty,* p. 319.
6. Carr, *The New Society,* pp. 57–58.
7. Huxley, *Proper Studies,* pp. 24–28.
8. Ropke, *Civitas Humana,* p. 63.
9. Jewkes, *Ordeal by Planning,* p. 228.
10. Jerrold, *England: Past, Present, and Future,* pp. 307–8.
11. Taylor, "Town versus Country," *The New Statesman and Nation,* October 20, 1951, p. 439.
12. Dawson, *Beyond Politics,* p. 21.
13. Oakeshott, *Political Education,* p. 28.
14. More, *Aristocracy and Justice,* pp. 168, 186. See also A. H. Dakin, *Paul Elmer More,* p. 159.
15. 윈스턴 처칠(Winston Chruchill)은 참으로 생동감 넘치는 기자이자 대중적 역사가였다. 그러나 처칠의 수사법과 정치적 지성에 내린 엘리엇(T. S. Elliot)의 혹평은 후세의 판단에서도 그대로 유지되리라 보인다.
16. Lionel Trilling, *The Liberal Imagination,* p. ix.
17. Robert A. Nisbet, *The Quest for Community* (title of second edition, *Community and*

Power), pp. 3, 25, 31, 37, 187, 245, 278–9.

18. Rowland Berthoff, *An Unsettled People: Social Order and Disorder in American History*, pp. 478–9.

19. Eliot, *The Idea of a Christian Society*, p. 21.

20. Eliot, *Notes towards the Definition of Culture*, p. 47.

21. *Ibid.*, p. 109.

참고문헌

Acton, John Emerich Edward Dalberg (first Baron Acton). Lectures on Church and State. Edited by Douglas Woodruff. London, 1952.

(Acton, Lord). The Correspondence of Lord Acton and Richard Simpson, Vol. I. Edited by Josef L. Altholz and Damian McElrath. Cambridge, England, 1971.

Acton, Lord. Essays in the Liberal Interpretation of History. Edited by William H. McNeill. Chicago, 1967.

Acton, Lord. The History of Freedom and Other Essays. Edited by John Neville Figgis and Reginald Vere Laurence. London, 1907.

Acton, Lord. Lectures on the French Revolution. Edited by Figgis and Laurence. London, 1916.

Acton, Lord. Lectures on Modern History. Edited by Figgis and Laurence. London, 1950.

(Acton, Lord). Letters of Lord Acton to Mary Gladstone. Edited by Herbert Paul. London, 1904.

Adams, Brooks. America's Economic Supremacy. Edited by Marquis Childs. New York, 1947.

Adams, Brooks. The Law of Civilization and Decay. Introduction by Charles A. Beard. New York, 1943.

Adams, Brooks. The New Empire. New York, 1903.

Adams, Brooks. The Theory of Social Revolutions. New York, 1913.

Adams, Brooks and Henry. The Degradation of the Democratic Dogma. New York, 1920.

Adams, Henry. The Education of Henry Adams. Boston, 1918.

(Adams, Henry). Henry Adams and His Friends: a Collection of His Unpublished Letters. Edited by H. D. Cater. Boston, 1947.

Adams, Henry. History of the United States during the Administrations of Jefferson and Madison. 9 vols. New York, 1890–98.

Adams, Henry. John Randolph. Boston, 1895.

(Adams, Henry). Letters of Henry Adams. Edited by W. C. Ford. 2 vols. Boston and New York, 1930 and 1938.

Adams, Henry. The Life of Albert Gallatin. Philadelphia, 1880.

Adams, Henry. Mont–Saint–Michel and Chartres. Boston, 1933.

(Adams, John). Correspondence of John Adams and Thomas Jefferson. Edited by Paul Wilstach. Indianapolis, 1925.

(Adams, John). Diary and Correspondence of John Adams. Edited by L. H. Butterfield. 4 vols. Cambridge, Mass., 1961.

(Adams, John). Statesman and Friend: Correspondence of John Adams with Benjamin

Waterhouse. Edited by W. C. Ford. Boston, 1927.

Adams, John. Works. Edited by Charles Francis Adams. 10 vols. Boston, 1851.

(Adams, John Quincy). Memoirs of John Quincy Adams. Edited by C. F. Adams. 12 vols. Philadelphia, 1874–77.

Adams, John quincy, Parties in the United States. New edition. New York, 1941.

(Adams, John Quincy). The Writings of John Quincy Adams. Edited by W. C. Ford. 7 vols. New York, 1913–17.

Ames, Fisher. Works. Boston, 1809. Also there is now available a two–volume new edition of Ames' writings, edited by W. B. Allen (Liberty Classics, Indianapolis, 1983).

Anderson, Theodore. Brooks Adams, Constructive Conservative. Ithaca, 1951.

Annan, Noel. Leslie Stephen: His Thought and Character in Relation to His Time. London, 1951.

Arendt, Hannah. The Origins of Totalitarianism. Second edition. Cleveland, 1958.

Arnold, Matthew. Essays in Criticism. Third edition. London, 1875.

Babbitt, Irving. Democracy and Leadership. Boston, 1924.

Babbitt, Irving. Literature and the American College. Boston, 1908.

Babbitt, Irving. The Masters of Modern French Criticism. Boston, 1912.

Babbitt, Irving. The New Laokoon. Boston, 1910.

Babbitt, Irving. On Being Creative. Boston, 1932.

Babbitt, Irving. Rousseau and Romanticism. Boston, 1919.

Babbitt, Irving. Spanish Character, and Other Essays. Boston, 1940.

(Bagehot, Walter). The Works and Life of Walter Bagehot. Edited by Mrs. Russell Barrington. 10 vols. London, 1915.

Bagot, Josceline (ed.). George Canning and His Friends. 2 vols. London, 1909.

Balfour, Arthur James (first Earl of Balfour).Chapters of Autobiography. London, 1930.

Balfour, Arthur James. A Defense of Philosophic Doubt. Second edition. London, 1920.

Balfour, Arthur James. Essays Speculative and Political. London, 1921.

Balfour, Arthur James. The Foundations of Belief. Second edition. London, 1895.

Balfour, Arthur James. Theism and Humanism. London, 1915.

Balfour, Arthur James. Theism and Thought: a Study in Familiar Beliefs. London, 1923.

Bantock, G. H. Freedom and Authority in Education. London, 1952.

Bantock, G. H. T. S. Eliot and Education. London, 1970.

Barker, Sir Ernest. Church, State, and Study. London, 1930.

Barker, Sir Ernest. Political Thought in England from Spencer to the Present Day. London, n. d.

Barker, Sir Ernest. Reflections on Government. Oxford, 1942.

Becker, Carl L. The Heavenly City of the Eighteenth–Century Philosophers. New Haven, 1932.

Bemis, Samuel Flagg. John Quincy Adams. 2 vols. New York, 1950 and 1956.

Beringause, Arthur F. Brooks Adams. New York, 1955.

Bernhard, Winfred E. A. Fisher Ames, Federalist and Statesman. Chapel Hill, 1965.

Berthoff, Rowland. An Unsettled People: Social Order and Disorder in American History. New York, 1971

Beveridge, Albert J. The Life of John Marshall. 4 vols. Boston, 1916.

Biggs—Davison, John. George Wyndham: a Study in Toryism. London, 1951.

Birch, Nigel. The Conservative Party. London, 1949.

Blake, Robert. Disraeli. London, 1966.

Boorstin, Daniel. America and the Image of Europe. New York, 1960.

Boorstin, Daniel. The Americans. 3 vols. New York, 1958, 1965, and 1973.

Boorstin, Daniel. The Decline of Radicalism: Reflections on America Today. New York, 1969.

Boorstin, Daniel. The Genius of American Politics. Chicago, 1953.

Boorstin, Daniel. The Image, or What Happened to the American Dream. New York, 1962.

Boorstin, Daniel. The Lost World of Thomas Jefferson. Boston, 1948.

Boulton, James T. The Language of Politics in the Age of Wilkes and Burke. London, 1963.

Bred void, Louis. The Brave New World oj the Enlightenment. Ann Arbor, 1961.

Bredvold, Louis. The Intellectual Milieu of John Dry den. Ann Arbor, 1934.

Brightfield, Myron F. John Wilson Croker. Berkeley, 1940.

Brinton, Crane. English Political Thought in the Nineteenth Century. Cambridge, Mass., 1949.

Brinton, Crane.The Political Ideas of the English Romanticists. New York, 1926.

Brogan, Colm. The Democrat at the Supper Table. London, 1946.

Brogan, Denis W. The Price of Revolution. London, 1951.

Brownson, Orestes. Selected Essays. Edited by Russell Kirk. Chicago, 1955. Brownson, Orestes. Works. 20 vols. Detroit, 1882 to 1887.

Bruce, William Cabell. John Randolph of Roanoke. 2 vols. New York, 1922.

Buckle, Henry Thomas. History of Civilization in England. 2 vols. London, 1857 and 1861.

(Bulwer Lytton). Lord Lytton's Pamphlets and Sketches. London, 1875.

Burke, Edmund. Correspondence. Edited by Thomas W. Copeland. 10 vols. Chicago, 1958 to 1970.

Burke, Edmund. The Speeches of the Right Honourable Edmund Burke. 4 vols. London, 1816.

Burke, Edmund. Works. 9 vols. Bohn edition, London, 1854—57.

Calhoun, John C. The Papers of John C. Calhoun. Edited by Clyde N. Wilson, W. Edwin

826

Hemphill, et. al. 16 vols. Columbia, S. C., 1949–84.

Calhoun, John C. Works. Edited by R. K. Cralle. 6 vols. New York, 1851–56.

Canavan, Francis. The Political Reason of Edmund Burke. Durham, N.C., 1960. Canning, George. Speeches, with a Memoir. 6 vols. London, 1830.

Cargill, Oscar. Intellectual America: Ideas on the March. New York, 1948.

Carr, Edward Hallett. The New Society. London, 1951.

Cecil, Lady Gwendolyn. The Life of Robert, Marquis of Salisbury. 2 vols. London, 1921.

Cecil, Lord David. The Young Melbourne. London, 1939.

Cecil, Lord Hugh. Conservatism. London, 1912.

Chinard, Gilbert. Honest John Adams. Boston, 1933.

Churchill, Lord Randolph. Speeches, 1880–1882, 2 vols. London, 1889.

Churchill, Winston. Lord Randolph Churchill. 2 vols. London, 1906.

Cobban, Alfred. Edmund Burke and the Revolt against the Eighteenth Century. London, 1929.

Coit, Margaret L. John C. Calhoun: American Portrait. Boston, 1950.

Coleridge, Samuel Taylor. Aids to Reflection. Edited by Thomas Fenby. London, 1867.

Coleridge, Samuel Taylor. The Constitution of Church and State, according to the Idea of Each. Edited by H. N. Coleridge. London, 1852.

Coleridge, Samuel Taylor. Lay Sermons. Edited by Derwent Coleridge. Third edition, London, 1852.

Coleridge, Samuel Taylor. Philosophical Lectures, 1818–1819. Edited by Kathleen Coburn. London, 1949.

Coleridge, Samuel Taylor. Table Talk and Omniana. Edited by T. Ashe. London, 1884.

Cone, Carl B. Burke and the Nature of Politics. 2 vols. Lexington, Ky., 1957 and 1964.

Cooper, James Fenimore. The American Democrat. Edited by H. L. Mencken. New York, 1931.

Cooper, James Fenimore. Works. Mohawk edition, New York, n.d.

Copeland, Thomas W. Our Eminent Friend, Edmund Burke. New Haven, 1949.

Cram, Ralph Adams. The End of Democracy. Boston, 1937.

Cram, Ralph Adams. The Nemesis of Mediocrity. Boston, 1921.

Dakin, Arthur Hazard. Paul Elmer More. Princeton, 1960.

Davidson, Donald. The Attack on Leviathan: Regionalism and Nationalism in the United States. Chapel Hill, 1938.

Davidson, Donald. Still Rebels, Still Yankees. Baton Rouge, 1957.

Dicey, Albert V. Lectures on the Relations between Law and Public Opinion in England in the Nineteenth Century. London, 1905.

Disraeli, Benjamin. Novels. Introduction by Philip Guedalla. 12 vols. Bradenham edition, London, 1926–27.

Disraeli, Benjamin. Lord George Bentinck. London, 1852.

Disraeli, Benjamin. The Runnymede Letters. Introduction by Francis Hitchman. London, 1895.

(Disraeli, Benjamin). Selected Speeches of the Right Honourable the Earl of Beaconsfield. Edited by T. E. Kebbel. 2 vols. London, 1882.

Disraeli, Benjamin. Vindication of the English Constitution in a Letter to a Noble and Learned Lord. London, 1855.

Drucker, Peter. The New Society: The Anatomy of the Industrial Order. New York, 1949.

Duff, Sir M. E. Grant. Sir Henry Maine: a Brief Memoir of His Life with Some of His Indian Speeches and Minutes. London, 1892.

Duggan, Francis X. Paul Elmer More. New York, 1966.

Eliot, Thomas Stearns. After Strange Gods. London, 1934.

Eliot, T. S. Collected Plays. London, 1962.

Eliot, T. S. Collected Poems, 1909–1962. London, 1963.

Eliot, T. S. To Criticize the Critic. London, 1965.

Eliot, T. S. Essays Ancient and Modern. London, 1943.

Eliot, T. S. The Idea of a Christian Society. London, 1939.

Eliot, T. S. Notes towards the Definition of Culture. London, 1948.

Eliot, T. S. On Poetry and Poets. London, 1957.

Eliot, T. S. The Sacred Wood. London, 1950.

Eliot, T. S. Selected Essays, 1917–1932. London, 1932.

Eliot, T. S. The Use of Poetry and the Use of Criticism. London, 1933.

Fay, C. R. English Economic History, mainly since 1700. London, 1940.

Fay, C. R. Huskisson and His Age. London, 1951.

Feiling, Keith. The Second Tory Party, 1714–1832. London, 1913.

Feiling, Keith. Toryism, a Political Dialogue. London, 1913.

Garbriel, Ralph Henry. The Course of American Democratic Thought. New York, 1940.

Garvin, J. L., and Amery, Julian. The Life of Joseph Chamberlain. 4 vols. London, 1932–51.

Gissing, Algernon and Ellen (eds.). Letters of George Gissing to Members of His Family. London, 1927.

(Gissing, George). The Letters of George Gissing to Eduard Bertz, 1887–1903. Edited by Arthur C. Young. New Brunswick, N. J., 1961.

Gissing, George. Born in Exile. London, 1892.

Gissing, George. Critical Studies of the Works of Charles Dickens. Edited by Temple Scott. New York, 1924

Gissing, George. The Crown of Life. London, 1899.

Gissing, George. Demos. London, 1886.

Gissing, George. The Emancipated. London, 1890.

Gissing, George. Eve's Ransom. London, 1895.

Gissing, George. The House of Cobwebs. London, 1906.

Gissing, George. In the Year of Jubilee. London, 1894.

Gissing, George. The Nether World. London, 1889.

Gissing, George. New Grub Street. London, 1891.

Gissing, George. The Odd Women. London, 1893.

Gissing, George. Our Friend the Charlatan. London, 1901.

Gissing, George. The Private Papers oj Henry Ryecroft. London, 1903.

Gissing, George. Thyrza. London, 1887.

Gissing, George. The Unclassed. London, 1884.

Gissing, George. The Whirlpool. London, 1897.

Gissing, George. Will Warburton. London, 1905.

Gissing, George. Workers in the Dawn. London, 1880.

Godkin, Edwin Lawrence. Problems of Modern Democracy. New York, 1898.

Godkin, E. L. Reflections and Comments, 1865–1895. New York, 1895.

Godkin, E. L. Unforeseen Tendencies of Democracy. Boston, 1893.

Gordon Walker, P. C. Restatement of Liberty. London, 1951.

Gray, Alexander. The Socialist Tradition. London, 1946.

Gray, John Chipman. The Nature and Sources of the Law. New York, 1916.

Grossman, James. James Fenimore Cooper. Stanford, 1967.

Habsburg, Otto von. The Social Order of Tomorrow: State and Society in the Atomic Ape. London, 1959.

Halévy, Elie. The Growth of Philosophic Radicalism. New edition, London, 1934. Halévy, Elie. A History of the English People in the Nineteenth Century. 6 vols. Revised edition, London, 1952.

Halévy, Elie. Thomas Hodgskin. London, 1956.

Hallowell, John H. The Decline of Liberalism as an Ideology. Berkeley, 1943.

Hallowell, John H. The Moral Foundation of Democracy. Chicago, 1954.

Hamilton, Alexander. The Papers of Alexander Hamilton. Edited by Harold C. Syrett. 10 vols. New York, 1961–66.

Hamilton, Alexander. Works. Edited by Henry Cabot Lodge. 9 vols. New York, 1886.

Haraszti, Zoltán. John Adams and the Prophets of Progress. Cambridge, Mass., 1952.

Harrod, Roy F. The Life of John Maynard Keynes. London, 1951.

Hart, Jeffrey. Viscount Bolingbroke, Tory Humanist. London, 1965.

Hawthorne, Nathaniel. Complete Works. 12 vols. Riverside edition, Boston, 1883. Hayek, F. A. The Counter–Revolution of Science. Glencoe, Ill., 1952.

Hearnshaw, F. J. C. Conservatism in England. London, 1933.

Hearnshaw, F. J. C. (ed.). The Social and Political Ideas of Some Representative Figures of the Age of Reaction and Reconstruction. London, 1932.

Hearnshaw, F. J. C. (ed.). The Social and Political Ideas of Some Representative Figures of the Revolutionary Era. London, 1931.

Hearnshaw, F. J. C. (ed.). The Social and Political Ideas of Some Representative Figures of the Victorian Age. London, 1930.

Hicks, Granville. Figures of Transition: a Study of British Literature at the End of the Nineteenth Century. New York, 1939.

Himmelfarb, Gertrude. Lord Acton: a Study in Conscience and Politics. New York, 1952.

Hoffman, Ross J. S. Edmund Burke, New York Agent. Philadelphia, 1956.

Hoffman, Ross J. S. The Spirit oj Politics and the Future of Freedom. Milwaukee, 1951.

Hoffman, Ross J. S., and Levack, Paul (eds.). Burke's Politics. New York, 1949.

Hogg, Quintin. The Case for Conservatism. London, 1947.

Hulme, T. E. Speculations: Essays on Humanism and the Philosophy of Art. Edited by Herbert Read. London, 1936.

Huxley, Aldous. Proper Studies. London, 1927.

Inge, William Ralph. The End of an Era. London, 1948.

Inge, W. R. Our Present Discontents. New York, 1939.

Inge, W. R. Outspoken Essays, First and Second Series. London, 1919 and 1923.

Jerrold, Douglas. England: Past, Present, and Future. London, 1950.

Jewkes, John. Ordeal by Planning. London, 1949.

Joad, C. E. M. Decadence: a Philosophical Inquiry. London, 1948.

Joubert, Joseph. Pensées and Letters. Edited by H. P. Collins. London, 1928.

Kenner, Hugh. The Invisible Poet: T. S. Eliot. New York, 1959.

Keynes, John Maynard. Two Memoirs. London, 1949.

Kirk, Russell. Edmund Burke: a Genius Reconsidered. La Salle, Ill., 1986.

Kirk, Russell. Eliot and His Age: T. S. Eliot's Moral Imagination in the Twentieth Century. New York, 1972.

Kirk, Russell. Enemies of the Permanent Things: Observations of Abnormality in Literature and Politics. La Salle, Ill., 1985.

Kirk, Russell. John Randolph of Roanoke: a Study in American Politics. Indianapolis, 1978.

Kirk, Russell, and McClellan, James. The Political Principles of Robert A. Taft. New York, 1967.

Kirk, Russell. A Program for Conservatives. Chicago, 1962.

Korg, Jacob. George Gissing: a Critical Biography. London, 1963.

Kuehnelt–Leddihn, Erik von. Liberty or Equality: the Challenge of Our Time. London, 1952.

Kurtz, Stephen G. The Presidency of John Adams. Philadelphia, 1957.

Labaree, Leonard W. Conservatism in Early American History. New York, 1948.

Laski, Harold. The American Democracy. New York, 1948.

Laski, Harold. Political Thought in England from Locke to Bentham. London, 1920.

Leavis, F. R. (ed.). Mill on Bentham and Coleridge. London, 1950.

Lecky, Elizabeth. A Memoir of the Right Honourable William Hartpole Lecky. London, 1909.

Lecky, William Hartpole. Democracy and Liberty. 2 vols. London, 1896.

Lecky, W. E. H. Historical and Political Essays. London, 1908.

Lecky, W. E. H. A History of England in the Eighteenth Century. 8 vols. London, 1878–92.

Lecky, W. E. H. History of European Morals from Augustus to Charlemagne. 2 vols. London, 1869.

Lecky, W. E. H. History of the Rise and Influence of the Spirit of Rationalism in Europe. 2 vols. London, 1865.

Lecky, W. E. H. Leaders of Public Opinion in Ireland. 2 vols. London, 1912.

Lecky, W. E. H. The Map of Life: Character and Conduct. London, 1899.

(Lecky, W. E .H.). A Victorian Statesman: Private Letters of W. E. H. Lecky, 1859–1878. Edited by H. Montgomery Hyde. London, 1947.

Lewis, Roy, and Maude, Angus. The English Middle Classes. London, 1949.

Lindbom, Tage. The Tares and the Good Grain. Translated by Alvin Moore, Jr. Macon, Ga., 1983.

Lippincott, Benjamin. Victorian Critics of Democracy. Minneapolis, 1938.

Lipsky, George A. John Quincy Adams: His Theory and Ideas. New York, 1950. Lockhart, J.G. Memoirs of the Life of Sir Walter Scott. 10 vols. Edinburgh, 1853. (Lowell, James Russell). Letters of James Russell Lowell. Edited by Charles Eliot Norton. 2 vols. London, 1894.

Lowell, James Russell. Writings. Riverside edition, 10 vols., Boston, 1890.

Lowi, Theodore J. The End of Liberalism: Ideology, Policy, and the Crisis of Public Authority. New York, 1969.

Lukacs, John. Historical Consciousness, or the Remembered Past. New York, 1968.

Lukacs, John. The Passing of the Modern Age. New York, 1970.

Macaulay, Thomas Babington. Miscellaneous Works. Edited by Lady Trevelyan. 5 vols. New York, 1880.

MacCunn, John. The Political Philosophy of Burke. London, 1913.

Mackail, J. W., and Wyndham, Guy. Life and Letters of George Wyndham. 2 vols. London, n. d.

Mackintosh, Sir James. Memoirs. Second edition. 2 vols. London, 1836.

Mahoney, Thomas H. D. Edmund Burke and Ireland. Cambridge, Mass., 1960.

Maine, Henry Sumner. Ancient Law. London, 1906.

Maine, Henry Sumner. Dissertations on Early Law and Custom. London, 1883.

Maine, Henry Sumner. The Early History of Institutions. Fourth edition, London, 1890.

Maine, Henry Sumner. Popular Government. London, 1886.

Maine, Henry Sumner. Village—Communities in the East and West Third edition, London 1876.

Mallock, William Hurrell. Aristocracy and Evolution. London, 1898.

Mallock, W. H. Atheism and the Value of Life. London, 1884.

Mallock, W. H. Classes and Masses. London, 1896.

Mallock, W. H. A Critical Examination of Socialism. London, 1908.

Mallock, W. H. The Heart of Life. London, 1901.

Mallock, W. H. A Human Document. London, 1892.

Mallock, W. H. The Individualist. London, 1899.

Mallock, W. H. Is Life Worth Living? London, 1880.

Mallock, W. H. Labour and the Popular Welfare. London, 1895.

Mallock, W. H. The Limits of Pure Democracy. London, 1919.

Mallock, W. H. Memoirs of Life and Letters. Second edition, London, 1920.

Mallock, W. H. The New Paul and Virginia, or Positivism on an Island. London, 1879.

Mallock, W. H. The New Republic. Introduction by Sir John Squire. Rosemary Library edition, London, n. d.

Mallock, W. H. The Reconstruction of Belief. London, 1892.

Mallock, W. H. Studies of Contemporary Superstition. London, 1895.

Mallock, W. H. The Veil of the Temple. London, 1904.

Manchester, Frederick, and Shepard, Odell (eds.). Irving Babbitt, Man and Teacher. New York,1941.

Mathew, David. Acton: the Formative Years. London, 1946.

Mayer, J. P. Prophet of the Mass Age: a Study of Alexis de Tocqueville. London, 1939.

McClellan, James. Joseph Story and the American Constitution. Norman, Oklahoma, 1971.

McDowell, R. B. British Conservatism, 1832–1914. London, 1959.

McGrath, Fergal. Newman's University: Idea and Reality. London, 1951.

Menczer, Béla (ed.). Catholic Political Thought, 1789–1848. London, 1952.

Minogue, Kenneth R. The Liberal Mind. New York, 1963.

Mises, Ludwig von. Human Action. London, 1949.

Molnar, Thomas. The Counter—Revolution. New York, 1969.

Molnar, Thomas. The Decline of the Intellectual. New York, 1961.

Molnar, Thomas. The Future of Education. Foreword by Russell Kirk. New York, 1970.

Montgomery, Marion. T. S. Eliot: an Essay on the American Magus. Athens, Georgia,

1970.

Monypenny, W. F., and Buckle, G. E. The Life of Benjamin Disraeli, Earl of Beaconsfield. 6 vols. London, 1910–20.

More, Paul Elmer. The Catholic Faith. Princeton, 1931.

More, Paul Elmer. Christ the Word. Princeton, 1927.

More, Paul Elmer. Hellenistic Philosophies. Princeton, 1921.

More, Paul Elmer. New Shelburne Essays. 3 vols. Princeton, 1928–36.

More, Paul Elmer. Platonism. Princeton, 1928.

More, Paul Elmer. The Religion of Plato. Princeton, 1921.

More, Paul Elmer. Shelburne Essays. 11 vols. Boston, 1904–21.

Morison, J. Cotter. Macaulay. London, 1882.

Morley, John. The Life of William Ewart Gladstone. 2 vols. London, 1908

Neill, Thomas P. The Rise and Decline of Liberalism. Milwaukee, 1953.

Newman, John Henry. Apologia pro Vita Sua. London, 1864.

Newman, John Henry. Discussions and Arguments on Various Subjects. London, 1872.

Newman, John Henry. An Essay in Aid of a Grammar of Assent. London, 1858.

Newman, John Henry. An Essay on the Development of Christian Doctrine. London, 1845.

Newman, John Henry. Essays Critical and Historical. 2 vols. London, 1871.

Newman, John Henry. The Idea of a University Defined and Illustrated. London, 1853.

Newman, John Henry. Lectures and Essays on University Subjects. London, 1859.

Newman, John Henry. The Office and Work of Universities. London, 1856.

Niemeyer, Gerhart. Between Nothingness and Paradise. Baton Rouge, 1971.

Nisbet, Robert A. Conservatism: Dream and Reality. Minneapolis, 1986.

Nisbet, Robert A. The Quest for Community. New York, 1953 (also published, 1962, under the title Community and Power).

Nisbet, R. A. Social Change and History. New York, 1969.

Nisbet, R. A. The Sociological Tradition. New York, 1966.

Oakeshott, Michael. Rationalism in Politics, and Other Essays. New York, 1962.

Oakeshott, Michael. The Voice of Poetry in the Conversation oj Mankind. London, 1959.

Ogden, Rollo. Life and Letters of Edwin Lawrence Godkin. 2 vols. New York, 1907.

Parkin, Charles. The Moral Basis of Burke's Political Thought. Cambridge, England, 1956.

Parrington, Vernon L. Main Currents in American Thought. New York, 1930.

Peel, Sir Robert. Speeches in the House of Commons, 1810–1840. 4 vols. London, 1853.

Petrie, Sir Charles. George Canning. London, 1930.

Pound, Roscoe. Interpretations of Legal History. Cambridge, Mass., 1923.

Quincy, Josiah. Memoir of the Life of John Quincy Adams. Boston, 1858.

Röpke, Wilhelm. Civitas Humana. London, 1948.

Röpke, Wilhelm. The Social Crisis of Our Time. Chicago, 1950.

Rossiter, Clinton. Conservatism in America. New York, 1955.

Rossiter, Clinton. Alexander Hamilton and the Constitution. New York, 1964.

Rowntree, B. Seebohm, and Lavers, G. R. English Life and Leisure: a Social Study. London, 1951.

Saintsbury, George. The Earl of Derby. London, 1892.

Saintsbury, George. Scrap Books. 3 vols. London, 1922–24.

Salomon, Albert. The Tyranny of Progress: Reflections on the History of French Sociology. New York, 1955.

Samuels, Ernest. The Young Henry Adams. Cambridge, Mass., 1948.

Santayana, George. Character and Opinion in the United States. New York, 1920.

Santayana, George. Dialogues in Limbo. New York, 1948.

Santayana, George. Dominations and Powers. New York, 1951.

Santayana, George. The Last Puritan. New York, 1935.

Santayana, George. The Life of Reason. 4 vols. New York, 1948.

(Santayana, George). The Letters of George Santayana. Edited by Daniel Cory. New York, 1955.

Santayana, George. Persons and Places. 3 vols. New York, 1944–53.

Santayana, George. The Realm of Spirit. New York, 1940.

Santayana, George. Soliloquies in England and Later Soliloquies. New York, 1922.

Santayana, George. Winds oj Doctrine. New York, 1926.

(Scott, Walter). The Journal of Sir Walter Scott, 1829–1832. Edinburgh, 1946.

Scruton, Roger. The Meaning of Conservatism. New York, 1980.

Shafer, Robert. Paul Elmer More and American Criticism. New Haven, 1935.

Sitwell, Sir Osbert. Demos the Emperor. London, 1949.

Sitwell, Osbert. Triple Fugue. London, 1924.

Smith, F. E. (first Earl of Birkenhead). Law, Life, and Letters. 2 vols. London, 1927. Smith, F. E. The World in 2030 A. D. London, 1930.

Smith, Page. John Adams. 2 vols. New York, 1962.

Somervell, D. C. English Politics since 1900. London, 1950.

Somervell, D. C. English Thought in the Nineteenth Century. London, 1947.

Southey, Robert. Essays Moral and Political. 2 vols. London, 1832.

Southey, Robert. Sir Thomas More; or Colloquies on the Progress and Prospects of Society. 2 vols. London, 1829.

Stanlis, Peter. Edmund Burke and the Natural Law. Ann Arbor, 1958.

Starzinger, Vincent E. Middlingness: Juste Milieu Political Theory in France and England, 1815–48. Charlottesville, Va., 1965.

Stephen, Sir James Fitzjames. A History of the Criminal Law of England. 3 vols. London, 1883.

Stephen, J. F. Liberty, Equality, Fraternity. London, 1873.

Stephen, Sir Leslie. The English Utilitarians. 3 vols. London, 1900.

Stephen, Leslie. History of English Thought in the Eighteenth Century. 3 vols. Third edition. London, 1902.

Stephen, Leslie. Hours in a Library. 3 vols. London, 1879.

Stephen, Leslie. Life of Sir James Fitzjames Stephen. London, 1895.

Strauss, Leo. Liberalism, Ancient and Modern. New York, 1968.

Talmon, J. L. The Origins of Totalitarian Democracy. London, 1952.

Talmon, J. L. Political Messianism: the Romantic Phase. New York, 1960.

Tate, Allen. Reactionary Essays on Poetry and Ideas. New York, 1936.

Taylor, A. J. P. From Napoleon to Stalin: Comments on European History. London, 1950.

Taylor, John, of Caroline. Construction Construed, and Constitutions Vindicated. Richmond, 1820.

Taylor, John, of Caroline. An Inquiry into the Principles and Policy of the Government of the United States. Edited by R.P. Nichols. New York, 1950.

Thomson, David. Equality. Cambridge, England, 1949.

Tillotson, Geoffrey. Criticism and the Nineteenth Century. London, 1951.

Tinder, Glenn. The Crisis of Political Imagination. New York, 1964.

Tocqueville, Alexis de. Democracy in America. Edited by Phillips Bradley. 2 vols. New York, 1948.

Tocqueville, Alexis de. The European Revolution; and Correspondence with Gobineau. Edited by John Lukacs. New York, 1960.

(Tocqueville). Memoir, Letters, and Remains of Alexis de Tocqueville. Edited by M. C. M. Simpson. 2 vols. London, 1861.

Tocqueville, Alexis de. The Old Régime and the French Revolution. Translated by Stuart Gilbert. New York, 1955.

Tocqueville, Alexis de. Recollections. Translated by George Lawrence; edited by J.P. Mayer and A. P. Kerr. New York, 1970.

Trevelyan, G. Otto. The Life and Letters of Lord Macaulay. 2 vols. New York, 1875.

Trevor, Meriol. Newman. 2 vols. New York, 1962.

Trilling, Lionel. The Liberal Imagination: Essays on Literature and Society. New York, 1950.

Utley, T. E. Essays in Conservatism. London, 1949.

Vaughan, C. E. Studies in the History of Political Philosophy before and after Rousseau. 2 vols. Manchester, 1925.

Vivas, Eliseo. The Moral Life and the Ethical Life. Chicago, 1950.

Voegelin, Eric. The New Science of Politics: an Introductory Essay. Chicago, 1952.

Voegelin, Eric. Order and History. 4 vols. Baton Rouge, 1956–1974.

Voegelin, Eric. Science, Politics and Gnosticism. Chicago, 1968.

Weaver, Richard. Ideas Have Consequences. Chicago, 1948.

Weaver, Richard. Life without Prejudice. Chicago, 1956.

Weaver, Richard. The Southern Tradition at Bay. New Rochelle, New York, 1968.

Weaver, Richard. Visions of Order. Baton Rouge, 1964.

Whitehead, Alfred North. Adventures of Ideas. London, 1942.

Willey, Basil. The Eighteenth Century Background. London, 1940.

Willey, Basil. Nineteenth Century Studies: Coleridge to Matthew Arnold. London, 1949.

Williamson, Renéde Visme. Independence and Involvement: a Christian Re–orientation in Political Science. Baton Rouge, 1964.

Wilson, Francis Graham. The Case for Conservatism. Seattle, 1951.

Wiltse, Charles M. John C. Calhoun. 3 vols. Indianapolis, 1944–1951.

Winters, Yvor. In Defense of Reason. New York, 1947.

Woolf, Leonard. After the Deluge: a Study of Communal Psychology. London, 1931.

Wyndham, George. Essays in Romantic Literature. London, 1919.

(Wyndham). George Wyndham Recognita. Edited by Charles T. Gatty. London, 1917.

Young, G. M. (ed.). Early Victorian England, 1830–1865. 2 vols. London, 1934.

Young, G. M. Last Essays. London, 1950.

서명

인명

주요 개념, 사건, 용어

버크에서 엘리엇까지

보수의 정신

지은이 | 러셀 커크
옮긴이 | 이재학

1판 1쇄 발행 | 2018년 4월 13일
1판 10쇄 발행 | 2024년 4월 30일

펴낸곳 | (주)지식노마드
펴낸이 | 노창현
편 집 | 이정원
디자인 | 제이알컴
등록번호 |제313-2007-000148호
등록일자 | 2007. 7. 10
(04032) 서울특별시 마포구 양화로 133, 1202호(서교동, 서교타워)
전화 | 02) 323-1410
팩스 | 02) 6499-1411
홈페이지 | knomad.co.kr
이메일 | knomad@knomad.co.kr

값 36,000원

ISBN 979-11-87481-37-9 03160

이 도서의 국립중앙도서관 출판예정도서목록(CIP)은 서지정보유통지원시스템 홈페이지
(http://seoji.nl.go.kr)와 국가자료공동목록시스템(http://www.nl.go.kr/kolisnet)에서
이용하실 수 있습니다.(CIP제어번호: CIP2018007934)

* 잘못 만들어진 책은 구입하신 서점에서 교환해 드립니다.